EPC ⇒ 工程总承包
合同管理与索赔实务

陈津生　编著

中国电力出版社
CHINA ELECTRIC POWER PRESS

内 容 提 要

　　本书首先从广义角度对 EPC 概念进行定义，并对广义 EPC 合同文本做简要介绍。然后，从承包商角度出发，主要以 EPC/交钥匙合同为蓝本，对合同管理、索赔以及索赔管理中常见问题进行探讨，并提出建议。同时，还解析了一定量的案例。本书具有一定的理论性和实用性，可作为建设工程项目的承包企业、发包人、监理以及外贸商务等单位相关管理人员的读物，也可以作为高等院校相关专业的教材或参考书籍，特别适合作为建设工程相关单位开展继续教育，推广 EPC 模式的培训教材或参考资料。

图书在版编目（CIP）数据

EPC 工程总承包合同管理与索赔实务/陈津生编著 . —北京：中国电力出版社，2018.5（2023.10重印）
ISBN 978 - 7 - 5198 - 1864 - 7

Ⅰ.①E… Ⅱ.①陈… Ⅲ.①建筑工程 - 承包工程 - 经济合同 - 管理 ②建筑工程 -
承包工程 - 经济合同 - 索赔 Ⅳ.①TU723.1②D923.6

中国版本图书馆 CIP 数据核字（2018）第 051408 号

出版发行：中国电力出版社
地　　址：北京市东城区北京站西街 19 号（邮政编码 100005）
网　　址：http://www.cepp.sgcc.com.cn
责任编辑：王晓蕾　　（010 - 63412610）
责任校对：马　宁　朱丽芳
装帧设计：张俊霞
责任印制：杨晓东

印　　刷：北京雁林吉兆印刷有限公司
版　　次：2018 年 5 月第一版
印　　次：2023 年 10 月北京第六次印刷
开　　本：787 毫米×1092 毫米　16 开本
印　　张：28.75
字　　数：702 千字
定　　价：88.00 元

前　　言

　　EPC 模式在国外工程项目中的应用已经十分广泛，涉及的行业领域也不断扩大，包括房屋建筑、电力、水利、石油石化、厂房、道路等行业。在经济全球化、"一带一路"战略实施的新常态下，越来越多的企业走出国门，投入到国际总承包的实践中去，在 EPC 实践中合同管理水平得到不断提升，积累了一些成功的经验。

　　从目前国内情况看，我国的建设市场模式仍处于转型时期，单纯依靠传统的承包模式，已经无法适应市场经济发展的需要，必须与国际接轨。因此，国内目前正在积极推行工程总承包模式的应用，且推广工作的步伐越来越快，推广力度越来越大。

　　我国建设项目组织模式改革工作经历了一个长期的过程，可以追溯到 20 世纪的 80 年代。1984 年 9 月，为改革建筑业和基本建设管理体制，国务院印发《关于改革建筑业和基本建设管理体制若干问题的暂行规定》，提出在全国推行工程总承包建设项目组织实施方案，开启了建设项目组织模式改革的先河。

　　1997 年 11 月，国家颁布的《建筑法》以及 2011 年 4 月 22 日修订的《建筑法》，提倡对建筑工程实行总承包，建筑工程的发包单位可以将建筑工程的勘察、设计、施工、设备采购一并发包给一个工程总承包单位，也可以将建筑工程勘察、设计、施工、设备采购的一项或者多项发包给一个工程总承包单位。在法律层面为 EPC 模式在我国建筑市场的推行，提供了具体法律依据。

　　进入 21 世纪，建设主管部门始终把建设项目组织模式改革工作放在十分重要的位置，多年来依据我国经济形势发展的需要，多次印发关于培育发展工程总承包的文件。

　　2003 年 2 月，为进一步深化国内工程建设项目组织实施方案改革，培育发展专业化的工程总承包和项目管理企业，建设部印发了《关于培育发展工程总承包和工程项目管理企业的指导意见》（建市〔2003〕30 号），明确了工程总承包的基本概念和主要方式，总包企业资质等。此政策文件的出台，为企业开展工程总承包指明了方向。

　　2005 年 10 月，为了适应扩大对外开放的要求，按照我国入世承诺，建立健全现代市场体系，加快国有建设企业制度创新，增强企业活力和市场竞争力，培育具有国际竞争力的大型企业集团，建设部等六部委再次印发《关于加快建筑业改革与发展的若干意见》（建质〔2005〕119 号），提出要进一步加快建筑业产业结构调整，大力推行工程总承包建设方式。

　　2011 年 9 月，为指导建设项目工程总承包合同当事人的签约行为，维护合同当事人的合法权益，以适应中国 EPC 市场蓬勃发展的客观需要，住房和城乡建设部与国家工商总局联合发布实施了我国第一部适用于 EPC 项目的《建设项目工程总承包合同示范文本》，为EPC 当事人双方提供了标准合同文本。

2011 年 12 月，为落实中央关于建立工程建设领域突出问题专项治理长效机制的要求，进一步完善招标文件编制规则，提高招标文件编制质量，促进招标投标活动的公开、公平和公正，住房和城乡建设部等九部委联合发布了《标准设计施工总承包招标文件》（2012 年版），对 EPC 项目的招标文件进行了规范。

2014 年 7 月，为加快完善现代市场体系，切实转变政府职能，全面深化建筑业体制机制改革，住房和城乡建设部印发了《关于推进建筑业发展和改革的若干意见》（建市〔2014〕92 号），再次指出要加大工程总承包推行力度，倡导工程建设项目采用工程总承包模式，鼓励有实力的工程设计和施工企业开展工程总承包业务，为 EPC 推广注入新的动力。

2016 年 6 月，住房和城乡建设部发布《关于进一步推进工程总承包发展的若干意见》（建市〔2016〕93 号），提出优先采用工程总承包模式，加强工程总承包人才队伍建设。工程总承包企业要高度重视工程总承包的项目经理及从事项目控制、设计管理、采购管理、施工管理、合同管理、质量安全管理和风险管理等方面的人才培养。

2016 年 8 月，住房和城乡建设部印发《住房城乡建设事业"十三五"规划纲要》，提出要求："大力推行工程总承包，促进设计、采购、施工等各阶段的深度融合。"此后不久，还出台了一系列政策。

2017 年 2 月，国务院办公厅印发《关于促进建筑业持续健康发展的意见》（国办发〔2017〕19 号），要求加快推行工程总承包，按照总承包负总责的原则，落实工程总承包单位在工程质量安全、进度控制、成本管理等方面的责任。

2017 年 5 月 4 日住房和城乡建设部印发《建筑业发展"十三五"规划》，"十三五"时期主要任务明确提出调整优化产业结构。以工程项目为核心，以先进技术应用为手段，以专业分工为纽带，构建合理工程总分包关系，建立总包管理有力，专业分包发达，组织形式扁平的项目组织实施方式，形成专业齐全、分工合理的新型建筑行业组织结构。发展行业的融资建设、工程总承包、施工总承包管理能力，培育一批具有先进管理技术和国际竞争力的总承包企业。

同时，为总结我国建设项目管理体制改革的经验，借鉴国际上的通行做法，促进建设项目工程总承包管理的科学化和规范化，以适应社会主义市场经济发展的需要，住房和城乡建设部与国家质量监督检验检疫总局联合发布第 1535 号公告，批准《建设项目工程总承包管理规范》（GB/T 50358—2017）为国家标准，自 2018 年 1 月起实施。

30 多年来，我国 EPC 工程总承包市场的法制环境逐步成熟，使我国 EPC 工程总承包模式的推广工作进入新常态，不断迈上新的台阶。

EPC 模式在国外的广泛应用和在国内的大力推广，对企业管理人员提出了更高的要求。我国急需一批 EPC 项目的管理人才，尤其是 EPC 合同的管理人才。众所周知，由于 EPC 工程项目具有投资大、周期长、错综复杂的特点，合同条款较为苛刻，在利润空间有限的情况下，承包商一旦遇到风险，势必引起承包商建设成本的增加，甚至陷入亏本经营的境地。因此，对于一个欲在 EPC 模式下化解合同风险、顺利完成预期利润、追求经济效益最大化的总承包商而言，合同管理和索赔工作就显得十分重要。当前，在"轻管理，重建设"的现状下，许多从业者忽视对 EPC 合同内容的学习，欠缺深入的把握，对当前 EPC 模式的形势发展极不适应。为此，编纂一本有关 EPC 工程总承包合同管理与索赔的书籍，作为行业内 EPC 经验交流的一个平台，是一件十分有益且较为紧迫的事情。

本书分为3篇19章，分别阐述了 EPC 的合同管理、合同索赔和索赔管理三部分内容。同时，收集了近年来在国内外 EPC 工程实践中的合同与索赔管理方面的典型案例，并依据章节专题对这些案例进行了相对的分类编排，便于读者增加感性认识。本书在编著过程中，王慎柳、杨红、王子刚、陈凯、李静等参与了资料的收集、整理以及部分文稿的编写工作，由陈津生最后统稿。作者在编著过程中参考了一些学者、专家的文献，在此一一表示感谢。由于作者水平有限，难免存在以一概全、偏颇甚至错误之处，衷心欢迎广大读者指正，以利于再版时加以修正。

陈津生

2018 年 2 月

目　录

中篇 合同索赔

上篇　合同管理

第 1 章　EPC 总承包模式

EPC 模式是工程总承包模式的一种类型，即工程总承包企业按照合同约定，根据业主的要求，承担工程项目的设计、采购、施工、试运行服务等全部工作，并对所承包工程的质量、安全、工期等负责。EPC 总承包模式比传统的分段承包模式具有很多优点，因此，越来越受到业主的青睐，在国际上被广泛应用。

1.1　EPC 总承包概念

1.1.1　EPC 模式产生的背景

建设工程总承包模式在发达国家是随着市场经济的发展自然发展起来的。近年来，由于绝大多数的项目业主投资某一项目是为了获得经济效益，其投资该项目的前提是基于项目的一个固定投资金额和项目开始投产的确定时间，只要在预计的投资金额和投产时间的范围内，业主就会盈利。因此，业主为了克服传统分段承包模式所带来的弊端和麻烦，将项目的过程阶段的全部或两个以上阶段的实质性工作交给承包商完成，并希望承包商投标价格采取基本固定不变的包干总价，并将工程施工过程中的绝大部分风险让承包商来承担，业主按照预期，达到自己的目的。这样，在实践中逐渐出现了 EPC 工程总承包模式。

在我国建设项目总承包模式是作为政府推行的一项改革而出现的，深入推行工程总承包模式，是深化我国工程建设项目组织实施方式改革，提高工程建设管理水平，保证工程质量和投资效益，规范建筑市场秩序的重要措施；是勘察、设计、施工、监理企业调整经营结构，增强综合实力，加快与国际工程承包模式和管理方式接轨，适应市场经济和全球经济一体化发展和一带一路战略新形势的必然要求。EPC 的推广工作是积极开拓国际承包市场，带动我国技术、机械设备及工程材料的出口，促进劳务输出，提高我国企业国际竞争力的有效途径。

改革开放 30 多年来，我国建设工程技术发展迅速，巨大的竞争压力催生了建设工程市场不断探索新技术、新材料，可以说我国建设项目在施工技术上已经是成熟的，需要的就是更加先进的管理手段，而 EPC 模式的优势在于发挥设计的主导作用，由总承包商从一开始就对项目进行优化设计，充分发挥设计、采购、施工各阶段的合理交叉和充分协调，由此降低管理与运行成本，提升投资效益。工程总承包，尤其是 EPC 工程总承包则逐步成为发达国家工程建设管理主流模式之一。

　　目前，我国总承包工程的比例在逐年增加，在化工、石化、电力、铁路交通等领域已取得初步的成绩，但距离经济发展的客观要求还有一定的距离，无论是国内还是境外的建设项目在投资规模日益壮大，对工程工期、质量等的要求也更加严格，同时也要求取得好的经济效益。解决我国承包企业中管理水平落后的关键是科学地分析当前国内外项目管理体系的发展现状，了解国际通用模式的程序和标准，学习国际 EPC 项目合同管理经验，取长补短，与时俱进，找出适合我国的管理方法和管理模式。这对于提高我国承包企业在国际上的竞争力，使我国项目管理规范化、标准化，更快地与世界接轨具有重要意义。

1.1.2　EPC 模式的类型

　　工程总承包模式通常表现为以下几种形式。

　　(1) 设计—建造总承包 (Design-Build，DB)：是指工程总承包商按照合同约定，承担工程项目设计和施工两部分工作，并对承包工程的质量、安全、工期、造价全面负责，其他工作由业主完成。

　　(2) 设计—采购总承包 (Engineering Procurement，EP)：是指工程总承包企业按照合同约定，承担工程项目设计和设备材料的采购工作，并对承包工程设计、采购质量负责。在该种模式下，建设工程涉及的施工等工作，由业主完成。

　　(3) 采购—施工总承包 (Procurement Construction，PC)：是指工程总承包企业按照合同约定，承担工程项目采购和施工，并对承包工程的质量、安全、工期、造价全面负责。在该种模式下，建设工程涉及的设计工作，由业主来完成。

　　(4) 设计—采购—施工/交钥匙总承包 (Engineering Procurement Construction，EPC) 或简称"交钥匙工程 (Turnkey)"：是指对设计、采购、施工总承包，并对承包工程的质量、安全、工期、造价全面负责，总承包商最终是向业主提交一个满足使用功能、具备使用条件的工程项目。该种模式是典型的 EPC 总承包模式，是国际建筑市场较为通行的项目支付与管理模式之一，是我国目前建设工程行政管理部门主要推广的一种模式。EPC/交钥匙工程总承包模式不同于单纯的施工总承包模式，通常是业主在没有具体的设计图纸的情况下，只根据项目的内容和业主要求实现的结果来进行招标，承包商中标后要承担设计、施工、采购等全部的工作，必须等项目试运营成功后才被视为完成全部工作。

　　(5) 建设—运营—移交总承包 (Build-Operation-Transfer，BOT)：是指有投融资能力的工程总承包商受业主委托，按照合同约定对工程项目的勘查、设计、采购、施工、试运行实现全过程总承包；同时，工程总承包商自行承担工程的全部投资，在工程竣工验收合格并交付使用后，特许专营权，回收投资并赚取利润；特许权期限届满时，该工程无偿移交给政府，业主向工程总承包商支付总承包价。

　　工程总承包常用的模式为上述 (1) (4) (5) 三种形式。

　　工程总承包模式其规范运作程序源于国际咨询工程师联合会 (FIDIC) 1995 年出版的《设计—建造和交钥匙 (工程) 合同条件》，俗称"橘皮书"；1999 年出版的《生产设备和设计—建造合同条件》，俗称"新黄皮书"；《EPC/交钥匙项目合同条件》又称《设计—采购—施工合同条件》，俗称"银皮书"；2007 年编制的《设计—建造—运营合同条件》，俗称"金皮书"等国际 EPC 工程总承包普遍使用的合同范本。2011 年我国借鉴 FIDIC 工程总承包合同条件，结合国情实际，第一次编制出版了《建设项目工程总承包合同示范文本》（GF－2011－0216）。

1.1.3　EPC 模式的界定

对于 EPC 工程总承包的概念，国际上并没有统一明确的定义。国际咨询工程师联合会等著名的行业协会编写的标准合同文本中也均没有对 EPC 工程总承包做出具体的定义。在建设部《关于培育发展工程总承包和工程项目管理企业的指导意见》（建市〔2003〕第 30 号）的文件中，也仅从三个层次加以描述。

（1）工程总承包是指从事工程总承包的企业（以下简称"工程总承包企业"）受业主委托，按照合同约定对工程项目的勘察、设计、采购、施工、试运行（竣工验收）等实行全过程或若干阶段的承包。

（2）工程总承包企业按照合同约定对工程项目的质量、工期、造价等向业主负责。工程总承包企业可依法将所承包工程中的部分工作发包给具有相应资质的分包企业；分包企业按照分包合同的约定对总承包企业负责。

（3）工程总承包的具体方式、工作内容和责任等，由业主与工程总承包企业在合同中约定。

住房和城乡建设部 2017 年 5 月发布的第 1535 号公告《建设项目工程总承包管理规范》（GB/T 50358—2017），第二条对工程总承包做了如下定义："本办法所称工程总承包，是指从事工程总承包的企业（以下简称'工程总承包企业'）按照与建设单位签订的合同，对工程项目的勘察、设计、采购、施工等实行全过程的承包，并对工程的质量、安全、工期和造价等全面负责的承包方式。

工程总承包一般采用设计—采购—施工总承包，或者设计—施工总承包模式。建设单位也可以根据项目特点和实际需要，按照风险合理分担原则和承包工作内容采用其他工程总承包模式。"

文件对"工程总承包"的定义中，强调了总承包企业对工程项目的全部或若干阶段（两个阶段以上）的承包工作。从以上描述可知，工程总承包是指受业主的委托，按照合同约定，对工程项目的勘察、设计、采购、施工、竣工验收、试运行等实行全过程或不少于其中的两个阶段的承包工作，称为工程总承包。担任总承包工作的称为总承包商，总承包商对工程的质量、安全、工期和造价等全面负责。

那么，对于"EPC 工程总承包"的概念如何定义？在工程实践中，EPC 工程总承包，常见的做法是业主根据自己的需要将工程的设计、采购、施工等主要核心的工作委托给一家承包公司承担，业主对工程总承包项目进行整体的、原则的、目标的协调和控制，对具体实施工作介入较少，在这种模式下，承包商按照合同约定对该项目负总责，称为 EPC 工程项目总承包。

从 EPC 概念范畴角度上分析，人们在认识上往往狭义地认为 EPC 的概念是专指 EPC/交钥匙工程模式，即设计—采购—施工/交钥匙总承包模式，其实不然。在国际理论界一直将 EPC/交钥匙模式作为设计—建造模式的一个分支进行专门研究，直至 1999 年 FIDIC 组织认识到 EPC/交钥匙模式与设计建造模式的区别及其广泛运用前景，才将原来的设计—建造模式和交钥匙模式划分为生产设备和设计－建造模式与 EPC/交钥匙模式两个单独的模式。因此从起源上讲，两种模式都是设计施工一体化的结果，均含有 E、P、C 各阶段的工作。为此 EPC 概念从广义上讲应包括上述这两类模式。除此之外，对于 BOT 模式而言，银皮书在序言中提到，FIDIC 起草银皮书的一个主要原因就是融资项目的广泛应用。对于 BOT/PPP 等类项目来说，在项目层面上通常采用的都是 EPC 模式，EPC 模式是 BOT 模式中的重要组成模块，EPC 是 BOT 模式获得成功的基础，BOT 模式也是 EPC 模式应用的重要领域。为此，广义的 EPC 概念应包括上述（1）（4）（5）三种形式，即 DB/设计建造模式、EPC/交钥匙模式和 BOT/建设运营移交模式。

1.2   DB/设计建造——广义的 EPC 模式

1.2.1   DB/设计建造模式含义

1. DB 模式概念

设计—建造总承包模式是建设部《关于培育发展工程总承包和工程项目管理企业的指导意见》中推荐的工程总承包模式之一。指导意见中指出："设计—施工总承包是指工程总承包企业按照合同约定，承担工程项目设计和施工，并对承包工程的质量、安全、工期、造价全面负责。"

2. 工作内容

DB 模式承包商的主要工作包括：按业主招标文件中规定的功能要求或业主要求进行全部设计工作，而这些设计通常要得到业主或业主代表的审核或批准，并提供与项目有关的生产设备；承担中标文件约定的为达到项目功能所需要的全部建造工作，承包商编制质量保证计划及建造组织方法，在建造中严格实施安全、费用及进度管理，以确保工程的质量和进度。

具体而言通常由业主邀请一家外部专业咨询公司为其进行项目的可行性研究（或初步设计），确定项目的可行性后，由咨询公司为业主拟订项目的目标功能要求，并在招标文件中明确项目较为完整的工作范围，然后由业主通过招标或议标的形式选定一家公司或一个联合体对项目的设计、提供所需生产设备，进行建造。DB 总承包商按照合同约定，对承包工程的质量、安全、工期、造价实施全面负责。DB 模式的合同关系如表 1-1 所示。由图 1-1 可以看出，DB 总承包模式涉及设计、设备采购和建造各个环节的工作。

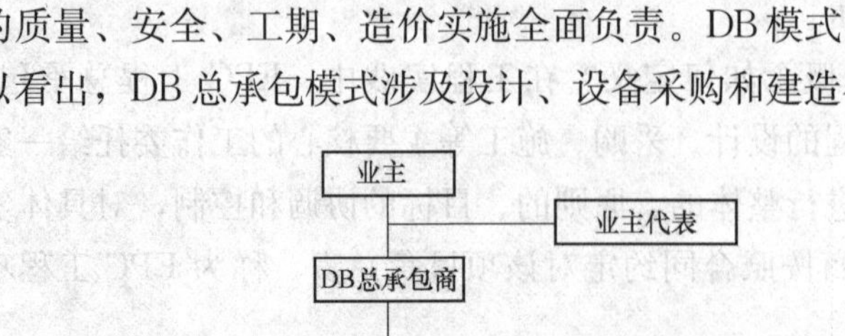

图 1-1   设计－建造模式（DB）组织关系图

DB 模式在招投标和签订合同时通常以总价为基础，但一般会允许对价格进行调整，或允许某部工程（通常与地下工程有关）采用单价合同。在 DB 模式项目中，总承包商要对整个工程承担大部分责任和风险，在国际上这种 EPC 工程总承包模式的合同通常采用 1999 年 FIDIC 编制的《生产设备和设计 - 建造合同条件》即新黄皮书为蓝本进行编制。

3. DB 模式的由来与发展

20 世纪 80 年代，随着工程建设市场需求的变化与发展，传统的分段式承包模式（设计、招投标、建造即 DBB）越来越暴露出其不足，主要体现在以下几点：

（1）业主在传统模式下，对工程监理方，如建筑师、工程师在控制预算和工期方面信心不足。

（2）在传统模式下，工程出现质量问题时，责任方不容易辨别，设计单位和施工单位相互推诿责任，导致业主利益不易得到保障。

（3）在传统模式下，设计基本完成后，才开始施工招标，耽误时间太长，这对于工期紧的项目十分不利。

（4）在传统模式下，业主单独要请设计单位进行设计，承包商根据工程量表、设计图纸等文件进行报价，但在工程执行过程中，对这些文件的理解上容易出现差异，极容易导致争端，影响项目的进行。

（5）在项目执行过程中，往往设计单位不能及时向承包商提供施工图纸等文件，导致承包商向业主提出费用和工期索赔。

鉴于以上问题，西方的工程业主希望能够寻找其他新型建设模式，来解决这些问题。于是在 20 世纪 80 年代设计－建造模式出现。

DB 模式最早出现在西方私人投资项目中，近些年来其涉及范围更为广泛，不仅包括私人投资的项目，而且还包括政府投资的基础项目，依据国外实践看，DB 模式主要在以下建设工程中得到运用：高速公路、桥梁工程、电力、机械、化工、石化、纺织、冶金等通用型工业工程、标准建筑或预制拼装、住宅工程等项目。

多年来，我国 DB 模式虽然在各行业有较快的发展，但在房屋建筑和市政工程领域发展较为迟缓。随着 DB 模式的逐步推广，政府与业界对 DB 模式的认知逐步深入，2001 年始，深圳市在轨道交通建设中率先开展了 DB 模式的试点，深圳地铁一期罗湖站及口岸/车站综合交通枢纽土建维护结构工程、地铁 3 号分标段土建及常规设备安装工程、地铁 5 号线土建及常规设备工程等大型公共建设项目相继都采用了 DB 总承包模式。深圳 DB 模式的推广，是全国推广工作迈出重要的一步。

1.2.2 DB/建造运营模式的特点

1. DB 模式的优点

（1）由一个承包商对整个工程负责，有利于设计师和建造商之间具有充分的沟通和协调空间，有利于设计、施工各环节的统筹协调，能够有效地减少设计、施工之间的矛盾和争议，对于采用高科技的项目很有意义；同时这种总承包模式允许快速建造，对于面临激烈竞争急于将新产品推向市场的行业来说具有很强的吸引力。

（2）由于承包商通常要做投标设计，业主可以通过投标设计方案的质量来选择优质的总承包商，在某些领域具有专长的许多大型设计团队、施工公司，可以脱颖而出，优质的总承包商能够保证工程质量，业主从而得到较高质量的工程。

（3）项目的设计和建造融为一体，承包商人员相对固定，有利于工作的沟通和协调，使工程建设具有良好的连续性，管理责任具有单一性，这也有利于由于范围变化和不可预见条件导致的变更比传统的承包模式更容易执行。

（4）项目采取固定价格或允许一定幅度的调整，业主在项目建设初期能准确估计项目成本和收益。

（5）设计与建造同时发标签约。由表 1-1 可见，传统的分段式模式下业主和设计单位的合同关系不见了，转为承包商与设计单位签订合同，比较适合"快速施工作业技术"，工程材料和设备包括施工设备，在施工文件编制完成之前就可以开始采购，从而使项目在较短的时间内完成，能够有效地减少工期，项目有望提前投产运营，业主可以早收益，减少成本利息上的损失。

总的来说，采用 DB 模式，与传统的分段式承包模式相比较，对业主、施工方、设计方都具有不少优点，具体汇总见表 1-1。

表 1-1   DB/设计建造模式优点汇总表

单位	内　　容
业主	（1）设计与建造统一签订合同，减少了发包次数； （2）业主仅办理合同管理，可以大量减少接口、协调问题与工程管理人员； （3）设计与施工并行作业可以缩短工期； （4）总包商利用设计者，充分运用总包商的专门施工技术，而降低工程造价； （5）总包商充分了解设计理念，可以确保工程质量； （6）易于配合执行设计变更
施工方	（1）可以促使承包商规模大型化，扩充经营范围； （2）统筹设计施工作业，增加对整体设计控制能力； （3）对业主的需求更加了解，大幅度降低项目计划风险与不确定性； （4）与设计机构建立直接合同关系，可以改善沟通渠道； （5）可选择更适用的项目施工法和材料； （6）较少设计—施工协调的时间与成本； （7）可以快速处理工程变更问题； （8）通过与设计商的合作，引入新型施工技术与概念，提升施工专业技术
设计方	（1）获得参与决策机会，有利于掌握工程质量； （2）培养现场经验； （3）提升经营规模与企业形象； （4）减少与施工厂商发生索赔的机会； （5）较少文书作业成本； （6）扩大业务来源与客户基础，提高获利机会； （7）通过与施工单位的合作，引入新式施工技术与概念，提升工程专业设计能力

2. DB 模式的不足

（1）尽管一般合同条款会约定业主有权选择参与设计单位及其设计人员，但操作性有限，往往造成业主无法控制设计人员的资质。

（2）由于项目造价固定或相对固定，可能影响承包商对材料设备以及施工方法、工艺的选择，进而影响工程质量。

（3）这种模式招标时要求投标对象既具有设计能力，又具有建造能力，对业主招标而言，会减少投标企业的投标，从而造成标价偏高。

1.3 EPC/交钥匙——典型的 EPC 模式

1.3.1 EPC/交钥匙模式含义

1. 交钥匙概念

EPC/交钥匙模式是 EPC 总承包的典型模式。建设部《关于培育发展工程总承包和工程项目管理企业的指导意见》中所列总承包模式中优先推荐的一种模式，将其界定为："设计—采购—施工总承包是指工程总承包企业按照合同约定，承担工程项目的设计、采购、施工、试运行服务等工作，并对承包工程的质量、安全、工期、造价全面负责。"EPC/交钥匙总承包是对传统的工程总承包业务和责任的延伸，最终是向业主提交一个满足使用功能、具备使用条件的工程项目。

2. 工作范围

EPC/交钥匙模式的工作内容向前可以延伸到前期机会研究、可行性研究，向后可延伸到开车操作，是对 DB 模式或其他工程总承包工作内容的扩展，承包商向业主提交的是功能满足合同要求，配套设施齐全，"转动钥匙"即可投入使用的工程。适用于业主要求承包商有确定的工期、造价、质量保证，而其中工程大部分风险由承包商承担；而作为回报，业主愿意支付较高的承包费用的工程项目。业主只按合同规定工期、造价、质量进行验收，对项目实施过程参与较少。

3. 工作内容

EPC/交钥匙模式的主要工作内容包括以下几点（不限于此）。

（1）设计：按招标文件中规定的功能要求或业主要求进行全部设计工作，有可能包括可行性研究、概念设计、详细设计及竣工设计（按照不同国家的设计阶段的划分），这些设计通常要得到业主或业主代表的审核或批准。

（2）采购：合同中约定的各种材料或设备的采购。EPC/交钥匙项目中的材料设备采购一般不需要业主或业主代表的批准，但要通过相关的检验以证明产品的质量优良。

（3）施工：中标文件约定的为达到项目功能所要的全部施工工作，承包商编制质量保证计划及施工组织方法，在施工中严格实施安全、费用及进度管理，以确保工程的质量和进度。

从 EPC/交钥匙模式工作范围来看，与 DB 模式相比较，承包商要承担更大的风险，因为 EPC/交钥匙模式一般是不能够调价的。另外，业主在招标时可能没有任何设计资料，仅在招标文件中约定了项目预期实现的功能。

4. EPC/交钥匙模式的由来与发展

EPC/交钥匙模式的出现迟于 DC 模式，是在实践中发展起来的新生的承包模式，在实践中，就业主而言，一些业主需要将 DC 模式的工作内容进一步扩展，提前到可行性研究、概念设计等工作内容，向后扩延到试车等环节的工作，业主转动钥匙就可以运行生产。同时，业主也希望在工程建设中，由承包商承担全部设计责任，合同价格的高度确定性，以及工期不允许逾期；不卷入每天的项目工作中去；多支付承包商建造费用，但作为条件承包商要承担额外的工程总价的风险；项目的管理严格采纳双方当事人的方式，如无工程师的介入等。

从承包商角度看，承包商也希望在建设项目招标阶段，业主能够给予承包商充分的时间和资料，使其全面了解业主的要求并进行前期规划、风险评估的估价；业主也不得过度干预承包商的工作。另外，业主的付款方式应按照合同支付，而无须像传统的承包模式那样需工程师核查工程量，并签写支付证书后才付款。出于上述的这些需要，EPC/交钥匙模式脱颖而出。

近年来，国内对于 EPC/交钥匙模式越来越受到欢迎，在我国一些大型市政基础设施建设、政府公共建筑建设、大型石化合资项目、大型电站、化工等领域得到广泛应用。

1.3.2　EPC/交钥匙模式特点与优势

1.EPC/交钥匙模式特点

（1）EPC/交钥匙模式是一种价格固定和工期固定承包模式。EPC 模式下，业主不允许承包商因材料、设备或人工费用进行调价和延长工期，业主和承包商事先要谈妥工程项目价格，此价格包括了承包商在执行合同过程中，应对可能遇到的各种风险的费用。为此，EPC 项目价格要比传统承包模式的价格高出许多。在 EPC 模式下，工期的结束意味着业主收回投资并盈利的开始，时间就是金钱，工期滞后也就意味着业主会使获得利润拖后，因为 EPC 模式投资巨大，业主通常采取各种融资方式进行融资，工期拖后，业主作为融资人所面临的风险就会增大。因此，业主对工期的要求也非常高，一般情况下，承包商没有工期延长的权利。

（2）EPC/交钥匙模式是一种快速跟进方式的管理模式。快速跟进模式的最大优点就是可以大大缩短工程从规划、设计到竣工的周期，节约建设投资，减少投资风险，可以比较早地取得收益。交钥匙合同模式下，承包商对设计、采购和施工进行总承包，在项目初期和设计时就考虑到采购和施工的影响，避免了设计和采购、施工的矛盾，减少了由于设计错误、疏忽引起的变更，可以显著减少项目成本，缩短工期。

（3）EPC/交钥匙模式实施过程中的绝大部分风险由承包商承担。建设工程承包合同中一般都将工程的风险划分为业主的风险、承包商的风险、不可抗力风险（亦称"特殊风险"），有时是明示的规定，有时是隐含在合同条款中。一般来说，在传统合同模式下，业主的风险大致包括：政治风险（如战争、军事政变等），社会风险（如罢工，内乱等），经济风险（如物价上涨、汇率波动等），法律风险（如立法的变更），外界（包括自然）风险等，其余风险由承包商承担。另外，出现不可抗力风险时，业主一般负担承包商的直接损失。但在交钥匙模式合同下，上述传统合同模式中的外界（包括自然）风险，经济风险一般都要求承包商来承担，这样，项目的风险大部分被转嫁给了承包商。

（4）EPC/交钥匙模式的管理方式不同于传统的分段式承包模式。有人将 EPC 模式称为

"没有咨询工程师的合同"，也就是说在 EPC 模式下不再是"新红皮书"条件下的业主、承包商和咨询工程师三角关系。业主仅派出管理项目的授权代表，或者雇佣某项目管理公司来代表业主管理项目，这一公司也被看作是业主代表，代表业主的利益来管理工程。在银皮书序言里也提到"业主基本不干涉承包商的工作"的原则。具体表现如下。

1）在 EPC/交钥匙模式下，业主（发包人）不应该过于严格地控制总承包人，而应该给承包人在建设工程项目建设中较大的工作自由。譬如，业主不应该审核大部分的施工图纸，不应该检查每一个施工工序。业主需要做的是了解工程进度，了解工程质量是否达到合同要求，建设结果是否能够最终满足合同规定的建设工程的功能标准。

2）EPC/交钥匙模式采用的是事后监督方式。业主对 EPC 项目的管理一般采取两种方式：过程控制模式和事后监督模式。过程控制模式是指业主聘请监理工程师监督总承包商的设计、采购、施工的各个环节，并签发证书。业主通过监理工程师各个环节的监督，介入对项目实施过程的管理。FIDIC 编制的《生产设备和设计—施工合同条件（1999 年第一版新黄皮书）》即是采用该种模式。事后监督模式是指发包人（业主）一般不介入对项目实施过程的管理，但在竣工验收环节较为严格，通过严格的竣工验收对项目实施总过程进行事后监督。FIDIC 编制的《设计—采购—施工合同条件（银皮书）》即是采用该种模式。

3）EPC/交钥匙项目的总承包商对建设工程的设计、采购、施工整个过程负总责，对建设工程的质量及建设工程的所有专业分包人履约行为负总责。也就是说，总承包商是总承包项目的第一责任人；在传统的分段式承包模式下，业主则是建设工程质量的第一责任人。

2.EPC/交钥匙模式的基本优势

正由于以上特点，EPC/交钥匙模式较传统分段式承包模式而言，具有以下三个方面基本优势。

（1）强调和充分发挥设计在整个工程建设过程中的主导作用。对设计在整个工程建设过程中的主导作用的强调和发挥，有利于工程项目建设整体方案的不断优化。

（2）有效克服设计、采购、施工相互制约和相互脱节的矛盾；有利于设计、采购、施工各阶段工作的合理衔接；有效地实现建设项目的进度、成本和质量控制符合建设工程承包合同约定；确保获得较好的投资效益。

（3）建设工程质量责任主体明确，有利于追究工程质量责任和确定工程质量责任的承担人。

3.EPC/交钥匙模式的不足

（1）能够承包大型 EPC 项目的国际承包商数量有限，不是任何一个公司都能够承揽的；当然，工程勘察、设计、施工企业也可以组成联合体对工程项目进行联合总承包，但联合体内部之间的关系很难处理；由于实行的是工程总承包，业主对项目标价不好估算，对准确地估价存在困难。

（2）在 EPC 模式项目中，由于是固定价格，业主将许多风险转嫁给了承包商，承包商面临着巨大的风险，项目是否能够顺利实施，达到业主的功能要求，很大程度上取决于承包商的经验和管理水平。

（3）由于承包此类工程时承包商需要承担大量的风险，所以承包商在投标时通常会预留很高的风险费用，这有可能造成合同价格偏高。

1.4　BOT/建造运营移交——拓展的 EPC 模式

1.4.1　BOT/建造运营移交模式含义

1. BOT 概念

建设—经营—移交模式（以下简称"BOT 模式"），是对 EPC/交钥匙模式的工作进一步拓展的承包模式，向前拓展至融资环节，向后推至经营等环节，即是一种带资性质的 EPC 总承包模式。具体而言，BOT 是指业主（中央或地方政府）通过合同将工程承包给总承包商（财团或若干投资人），并赋予一定时间期限内的特许经营权。允许其通过融资来建设，总承包商负责整个项目的设计、建设和运营。总承包商建设完成某项基础设施项目后，通过运营取得收入，赚取利润，回收投资、建设、运营成本，偿还债务。特许经营权期限届满时，将工程移交给业主（中央或地方政府）。BOT 模式是一种包含融资内容的总承包模式。

以上所述的是狭义的 BOT 概念。BOT 经历了数百年的发展，由于基础设施种类、投融资回报方式、项目财产权利形态等的不同因素，已经出现了不少变异模式。

（1）BOOT（Build - Own - Operate - Transfer），即建设—拥有—经营—转让，是指承包商（私人合伙或某国际财团）负责融资、建设基础产业项目，承包公司对所建项目设施拥有所有权并负责经营，经过一定期限后，再将该项目移交给政府。这种方式明确了 BOT 方式的所有权，项目公司在特许期内既有经营权又有所有权。它的特点是项目产品/服务价格较低，特许期限比较长。一般说来，BOT 即是指 BOOT。

（2）BT（Build - Transfer），即建设—移交，指政府通过与投资者签订特许协议，引入国外资金或国内民间资金实施专属于政府的基础设施项目建设，项目建成后由政府按协议赎回其项目及有关权利。是由 BT 项目公司负责融资、投资、设计和施工，竣工验收后交付使用，业主获得工程使用权，并在一定时间内根据 BT 合同约定付清合同款，业主向投资方支付项目总投资加上合理回报，工程所有权随之转移。2003 年 2 月 13 日建设部发布的《关于培育发展工程总承包和工程项目管理企业的指导意见》首次在国家正式公布的政策性文件中引入 BT 的概念。

（3）BOO（Build - Own - Operate）即建设—拥有—经营，承包商（私人投资者）根据政府赋予的建设权，建设某项产业项目，但是建成后并不将此项基础设施项目立即移交给政府或公共部门，开发商按照政府授予的特许权，承包商经营此项基础设施取得回报。它的特点是项目产品/服务价格更低，特许期限长。

（4）BLT（Build - Lease - Transfer）即建设—租赁—移交，是指项目公司负责项目的融资和建设，在项目建成后租赁给政府；租赁期内政府付给租金以使项目公司回收建设成本并获得合理的回报；租赁期结束后，项目公司将项目所有权移交给政府（或其指定的机构）。

（5）TOT（Transfer - Operate - Transfer），即移交—经营—移交。TOT 模式是 BOT 模式的新发展，也是企业进行收购与兼并所采取的一种特殊形式。通常是指政府部门或国有企业将建设好的项目的一定期限的产权或经营权，有偿转让给投资人，由其进行运营管理；投资人在约定的期限内通过经营收回全部投资并得到合理的回报，双方合约期满之后，投资人再将该项目交还政府部门或原企业的一种融资方式。

(6) DBFO (Design-Build-Finance-Operate)，即设计—建造—融资—运营。是指从项目的设计开始就特许给某一机构进行，直到项目经营期收回投资和取得投资效益。

(7) DBO (Design-Build-Operation) 即设计—建造—运营，是指承包商在业主手中以某一合理总价承包设计并建造一个公共设施或基础设施，并且负责运营该设施，满足在该设施试用期间公共部门的运作要求。承包商负责设计的维修保养以及更换在合同期内已经超过其使用期的资产，在该合同期满后，资产所有权交回业主或公共部门。

广义的 BOT 概念包括这些衍生品种在内，各种形式只是涉及 BOT 操作方式的不同，但其基本特点是一致的，即项目公司必须得到有关部门授予的特许经营权。"建设—经营—转让"一词不能概括 BOT 模式的发展。

BOT 工程总承包模式主要适用于城市公共和基础设施项目，这些项目一般来说投资较大、建设周期长而且可以通过运营获利。其运营程序、组织形式分别如图 1-2 和图 1-3 所示。

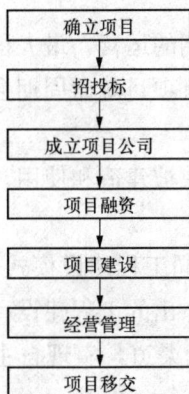

图 1-2　BOT 运营程序图　　　　　　图 1-3　BOT 组织形式图

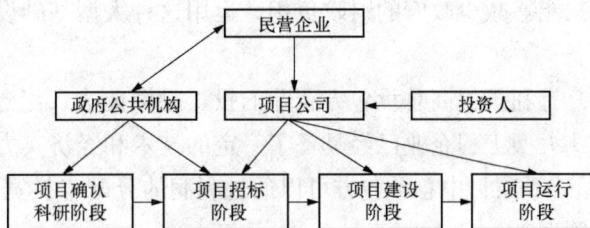

2. BOT 的由来与发展

BOT 模式适应了现代社会工业化的城市化进程中对基础设施规模化、系统化发展的需要，是政府职能与私人机构功能互补的历史产物。它作为公共基础设施建设与私人资本的特殊结合方式已引起世界各国的广泛青睐。

BOT 模式自出现至今已有至少 300 年的历史。最初出现在 17 世纪英国的领港公会负责管理海上事务，包括建设和经营灯塔，并拥有建造灯塔和向船只收费的特权。但是从 1610 年到 1675 年的 65 年当中，领港公会连一个灯塔也未建成。而同期，私人建成的灯塔至少有十座。这种私人建造灯塔的投资方式与现在 BOT 如出一辙。

BOT 在其诞生以后经历了一段默默无闻的时期。而这段时期对 BOT 来讲是如此之长，以致使人们几乎忘记了它的早期表现。直到 20 世纪 80 年代，由于经济发展的需要而将 BOT 重新捧到经济舞台上时，许多人将它当成了新生事物。

20世纪90年代，随着我国改革开放的不断深入，BOT 模式进入我国，在实践中得到广泛的运用。例如，市政污水处理工程——北京经济技术开发区污水处理厂，创造了市政污水处理厂当年开工当年竣工的奇迹；陕北将投资 66 亿元修建中国西部首条 BOT 高速路，这是中国西部地区采取 BOT 方式建设的第一条高速公路；上海南环高速公路建设在国内采用全新融资方式等均为估计内最早启用 BOT 模式的项目，目前 BOT 模式在其他领域也得到了广泛的应用。

1.4.2 BOT/建造运营模式的特点

1. BOT 模式的主要特点

（1）承包商可以将设计、施工和运营活动进行合理搭接，这样就降低了进度延误的可能性并且可以优化整个项目的施工活动。业主也就拥有了更具有可预测性的进度计划。

（2）BOT 模式为总价合同，承包商对完成合同工程的全部费用做出了承诺，并承担相应风险，业主可避免投资超支的风险。而对于承包商，设计建造完成后即能获得业主的支付，没有融资风险，这样能够大大降低成本。

（3）将设计、建造和运营归入单一合同，承包商是唯一责任主体，减少了因建设和运营为不同主体所产生的争议，减少了业主的协调工作量。

（4）承包商拥有很大的创新空间，在设计、施工时也会关注长期的运营，最大程度地优化项目全寿命周期费用，所建造的项目不仅会满足预期的目的，而且项目寿命周期会更长。

2. 对于政府公共部门的益处

（1）能够减少政府的财政负担，运用这种大型基础设施可以很快被建造和使用，发挥社会效益。

（2）有利于提高总承包方企业的投、融资能力。经过几十年不同工程建设模式的发展，我国一些大型工程企业已经具备了一定的技术和经济实力，拥有了杰出的工程建设和管理团队。在 BOT 项目中总承包方可以通过利润的分配来扩宽投资，融资渠道，实现自主经营化的项目管理。

（3）有利于降低施工成本和项目风险。由于 BOT 项目的特殊性，总承包方具有一段时间的运营收益权利。因此总承包方必须提高工艺和管理水平，优化工程配置来降低工程造价缩短工程建设时间，延长运营阶段获得更多利润。同时在 BOT 项目中资金的供应由多个投资方承担，降低了业主和承包方双方的风险，实现了风险的最小化。

（4）有利于总承包方获得持续、稳定的收益。在其他建设模式中，承包方只负责项目的建设，并不具有运营阶段收益的权力。而在 BOT 模式中，承包方具有双重身份具有获得利润的权力，即保证了企业稳定的资金来源，也实现了企业的多样化发展。

（5）有利于培养复合型人才。BOT 项目是一个实施综合难度大，管理水平高的模式，因此必须有复合型的专业人才。通过 BOT 项目可以培养一批熟悉管理、营销、财务、金融、法律、保险等领域的具有广阔知识面与实践经验的高级复合型人才。

3. BOT 模式的不足

（1）BOT 总承包模式合同关系复杂，一个以 BOT 方式投资建设的工程项目，涉及的角色众多，包括业主、总承包方、建筑承包商、供应商、运营商、债权人、保险公司等，每一个角色与项目之间的关系都是一种双重的关系，也就是说，项目是基于一系列合同协议之上的有多种角色组合而成的系统组织。为此，BOT 总承包模式需要很高的管理水平。

（2）由于总承包需要将自己的投资回收并获得一定的利润，特许经营需要较长的时间，几年、十年甚至更长，总承包商有时容易急于收回投资制定不合理的收费标准，这往往会引起民众的不满，或导致其使用率下降。

1.4.3　BOT 模式与 DBO 模式

1. DBO 模式定义

根据美国审计总署和美国的 PPP 国家委员会，以 FIDIC 的 DBO 专家小组、国际建设工程律师伯纳德昂给 DBO 所做的定义，DBO 的基本含义是：一国政府和所属机构将某些城市基础设施项目的特许权转让社会投资者，投资者独立和联合地方组建起项目公司，负责项目的设计和建造，在项目建成后独立进行项目的管理和经营，并在项目的运营中获得投资回报和合理利润。自始至终项目的投融资全部由政府负责，并且政府在特许权协议中始终保有对这些城市基础设施的所有权，各环节项目风险由政府和私营机构共同分担，该合同期满后，资产所有权移交公共部门。

2. BOT 与 DBO 区别

设计—建造—运营（Design - Build - Operation，DBO），DBO 总承包商对工程项目的设计、建造、运营环节承担全面责任。BOT 与 DBO 相比较，主要区别有以下几点。

（1）在 BOT 框架下，承包商要承担项目的融资，DBFO 框架下承包商要承担设备融资。而在 DBO 框架下的承包商不承担融资责任，融资由公共部门负责。所以 DBO 的承包商不存在融资风险。在 BOT 框架下承包商在运营结束后将项目所有权转让给公共部门，而 DBO 合同条件下，项目所有权始终归属于公共部门。

（2）在 BOT 或 DBFO 框架下，承包商要收回成本既可以直接通过用户收费，也可以通过用户收费和公共部门付款相结合的方式；而在 DBO 合同条件下，承包商收回成本的唯一途径是公共部门的付款，当然，要以其提供的必须符合公共部门预先设定的产量和标准为前提。

（3）在 DBO 合同条件下，承包商负责包括设计—建设—运营一系列工作；事实上 BOT 项目中也存在投资人负责设计的情况。严格来讲，此时应为 DBOT。DBOT 与 DBO 的直接区别如上所述：DBO 的承包商不承担融资责任；而 DBOT 模式的项目融资由项目公司完成。BOT 项目特许经营期间项目设施所有权由项目公司拥有，特许经营期满后移交。

（4）DBO 模式是以技术、运营方面的能力去获得项目的运营权，对政府和企业来说都是最划算的。这使企业更加专注于在技术、运营方面能力的提升，使一些在行业内有运营优势的企业能够脱颖而出，其服务产品的价格相对低一些。而 BOT 承包模式比 DBO 模式的服务产品价格会高一些，因为投资是必然要求回报的。

总之，DBO 与 BOT 相比，相同之处在于公共设施的建设和经营均由私营部门负责，不同之处主要体现在融资和成本回收的两个方面。DBO 不需私营部门融资，通过政府付款收获成本，而 BOT 模式需要私营部门融资，向用户收费回收成本。

3. 应用实践

DBO 承包模式在基础设施建设领域得到较多应用的一种工程总承包模式。以美国为例，对于现有国营公用事业私有化改革的主要方式是外包运营权而很少出售国有资产。对于新建设施多数是由政府投资和拥有产权，以 DBO 总包方式通过招投标选定合作经营者，较少引入私人投资。而在国内，主要方式仍是出售国有资产或采用 BOT 等方式引入私人投资。

我国澳门污水处理项目就成功地采用了 DBO 模式。澳门污水项目试运行期为 3 年以及两年建设期共 5 年合同。政府通过招标选择 DBO 的实施者，被选者需要具有丰富的技术能力、建设能力和运营能力，标的是建设的投资和运营的费用。由于澳门污水处理不向公众收费，因此，项目的投资和服务费均来源于政府财政收入。

我国香港在 20 世纪 90 年代初引进 DBO 模式用以运营环保设施，其中尤以废物处理方面最为成功。以位于青衣岛的化学废料处理中心（CWTC）为例，该中心自 1993 年 4 月交由一家私人公司经营运作，政府则负责投入共计 13 亿元的建造成本。该公司在运输和处理废料过程中，接受政府严密的监管。收费方面，政府主要根据污染者自付原则，逐步提升收费水平，令 CWTC 最终收支平衡。

2008 年我国内地第一家实行 DBO 模式招标的项目——天津市滨海新区汉沽营城污水处理厂项目开工建设。项目建设内容包括建设日处理 10 万吨污水处理厂 1 座日生产 5 万吨中水厂 1 座以及厂外配套管网 52 公里和泵站 7 座，工程总投资 3.61 亿元，资金来源于世行贷款，此污水处理新市场模式广受注目。

1.5　EPC 总承包模式的发展

1.5.1　国际 EPC 模式的发展

EPC 工程总承包模式起源于 20 世纪 70 年代左右，随着世界经济的快速发展，各国在各种关乎民生的大项目上的投资越来越多，以实现本国工业跨越式发展，同时，也有大量的民间资本涌入原本只有政府才有能力承建的大型项目中，以求通过大型项目获得更高的投资回报。在这种情况下，作为投资方的业主在投资前就越来越关心工程项目的最终价格和最后工期，以便他们可以准确地预测到项目的投资回报率。因此，此类项目业主尽可能地将项目的工期和价格控制在可以掌握的范围内，从而避开项目实施过程中可能发生的项目增加费用或延长工期等风险发生，他们更愿意将项目投资和工期确定下来。

在项目的具体施工过程中，业主为了将项目的投资和工期变为可控风险，只要通过分析认为项目具有可行的经济性，可以确定获得盈利，他们就愿意付出更高的合同价格，从而将项目实施过程中的风险转嫁到承包商身上。同时，对于承包商而言，虽然这种模式将使其承担比以往更复杂、更大的风险，但其可以通过自身专业的项目管理技能和工程实施能力，将项目风险控制在最低，从而取得比以往任何传统的工程承包模式大得多的经济利益。因此，这种由承包商负责从项目概念到生产合格产品等所有环节的合同模式越来越被广泛地应用于大型项目的工程模式中来。在这种现实情况下，FIDIC 为了规范参与各方在项目履行过程中各种行为和责任义务，以保证各方的权利和目标可以公平地予以实现，便编制了合同模板，以满足工程承包市场的需要，并为项目中的各项具体实践活动提供指导。目前，EPC工程总承包模式在世界范围得到广泛应用。

1.5.2 国内EPC模式的推广

建设项目总承包在发达国家是随着市场经济的发展自然发展起来的，而在我国是作为政府推行的一项改革措施而出现的。我国建设项目组织模式改革起始于20世纪的80年代，在国内积极推行工程总承包模式。

1984年9月，为深化国内关于建筑业和基本建设管理体制，国务院印发《关于改革建筑业和基本建设管理体制若干问题的暂行规定》（国发〔1984〕123号）提出在全国推行工程总承包建设项目组织实施方案，开启建设项目组织模式改革的先河。在我国政策的推动下，化工、石化等行业的设计、施工企业积极开展工程总承包，成效显著。

1997年11月，国家颁布的《建筑法》第24条规定：提倡对建筑工程实行总承包，禁止将建筑工程肢解发包。建筑工程的发包单位可以将建筑工程的勘察、设计、施工、设备采购一并发包给一个工程总承包单位，也可以将建筑工程勘察、设计、施工、设备采购的一项或者多项发包给一个工程总承包单位；但是，不得将应当由一个承包单位完成的建筑工程肢解成若干部分发包给几个承包单位。这一规定，在法律层面为EPC工程总承包模式在我国建筑市场的推行，提供了具体法律依据。

2003年2月，为深化国内工程建设项目组织实施方案改革，培育发展专业化的工程总承包和项目管理企业，建设部印发了《关于培育发展工程总承包和工程项目管理企业的指导意见》（建市〔2003〕30号）、《关于工程总承包市场准入问题的复函》（建办市函〔2003〕573号），明确了工程总承包的基本概念和主要方式，规定凡是具有勘察、设计资质或施工总承包资质的企业都可以在企业资质等级许可的范围内开展工程总承包业务。此政策文件的出台，为企业开展工程总承包指明了方向。

2005年10月，按照我国入世承诺，为了适应扩大对外开放的要求，建立健全现代市场体系，加快国有建筑业企业制度创新，增强企业活力和市场竞争力，培育具有国际竞争力的大型企业集团，建设部六部委再次印发《关于加快建筑业改革与发展的若干意见》（建质〔2005〕119号），提出要进一步加快建筑业产业结构调整，大力推行工程总承包建设方式。从此，我国工程总承包模式推广进入了一个新的发展时期。

2011年9月，为指导建设项目工程总承包合同当事人的签约行为，维护合同当事人的合法权益，以适应中国EPC工程总承包市场蓬勃发展的客观需要，住房与城乡建设部和国家工商总局联合发布实施了我国第一部适用于EPC项目的《建设项目工程总承包合同示范文本》（GF-2011—0216）。2011年12月，为落实中央关于建立工程建设领域突出问题专项治理长效机制的要求，进一步完善招标文件编制规则，提高招标文件编制质量，促进招标投标活动的公开、公平和公正，国家发展改革委、工业和信息化部、财政部、住房和城乡建设部、交通运输部、铁道部、水利部广电总局、中国民用航空管理局九部委联合发布了《标准设计施工总承包招标文件》（2012年版）。

2014年7月，为加快完善现代市场体系，充分发挥市场在资源配置中的决定性作用和更好发挥政府作用，紧紧围绕正确处理好政府和市场关系的核心，切实转变政府职能，全面深化建筑业体制机制改革，住房城乡建设部印发的《关于推进建筑业发展和改革的若干意见》（建市〔2014〕92 号）再次指出："加大工程总承包推行力度。倡导工程建设项目采用工程总承包模式，鼓励有实力的工程设计和施工企业开展工程总承包业务。推动建立适合工程总承包发展的招标投标和工程建设管理机制，调整现行招标投标、施工许可、现场执法检查、竣工验收备案等环节管理制度，为推行工程总承包创造政策环境。工程总承包合同中涵盖的设计、施工业务可以不再通过公开招标方式确定分包单位。"鼓励有实力的工程设计和施工企业开展工程总承包业务，为 EPC 推广注入新的动力。

近年来，国家发展进入"新常态"。建筑业作为国民支柱产业，在寻求改革突破的关键时期，国家进一步推进工程总承包模式。

2016 年 6 月，住房和城乡建设部发布《关于进一步推进工程总承包发展的若干意见》（建市〔2016〕93 号），提出优先采用工程总承包模式，加强工程总承包人才队伍建设。工程总承包企业要高度重视工程总承包的项目经理及从事项目控制、设计管理、采购管理、施工管理、合同管理、质量安全管理和风险管理等方面的人才培养。

2016 年 8 月，住建部印发《住房城乡建设事业"十三五"规划纲要》，第 15 章第 2 项中写道："大力推行工程总承包，促进设计、采购、施工等各阶段的深度融合。"此后不久，住建部就开始出了一系列政策。

2017 年 2 月 24 日，国务院办公厅印发《关于促进建筑业持续健康发展的意见》国办发〔2017〕19 号文（以下简称《意见》），《意见》规定，要求加快推行工程总承包，按照总承包负总责的原则，落实工程总承包单位在工程质量安全、进度控制、成本管理等方面的责任。

2017 年 3 月 29 日，住房城乡建设部印发《"十三五"装配式建筑行动方案》，到 2020 年，全国装配式建筑占新建建筑的比例达到 15% 以上，其中重点推进地区达到 20% 以上，积极推进地区达到 15% 以上，鼓励推进地区达到 10% 以上。鼓励各地制定更高的发展目标。建立健全装配式建筑政策体系、规划体系、标准体系、技术体系、产品体系和监管体系，形成一批装配式建筑设计、施工、部品部件规模化生产企业和工程总承包企业。

2017 年 5 月 4 日住房城乡建设部印发《建筑业发展"十三五"规划》，"十三五"时期主要任务明确提出调整优化产业结构。以工程项目为核心，以先进技术应用为手段，以专业分工为纽带，构建合理工程总分包关系，建立总包管理有力，专业分包发达，组织形式扁平的项目组织实施方式，形成专业齐全、分工合理、成龙配套的新型建筑行业组织结构。发展行业的融资建设、工程总承包、施工总承包管理能力，培育一批具有先进管理技术和国际竞争力的总承包企业。

2017 年 5 月 9 日，为总结我国建设项目管理体制改革的经验，借鉴国际上的通行做法，促进建设项目工程总承包管理的科学化和规范化，以适应社会主义市场经济发展的需要。住房和城乡建设部发布第 1535 号公告，批准《建设项目工程总承包管理规范》（GB/T 50358—2017），自 2018 年 1 月 1 日起实施。其中第三条规定：政府投资项目、采用装配式或者 BIM 建造技术的项目应当积极采用工程总承包模式。

自 1984 年起，我国经过 30 多年的努力，推行建设工程总承包取得快速发展，开展总承包的行业已从早期启动的化工、石化等少数几个行业推广到冶金、电力、机械、建材、石油天然气、纺织、电子、兵器、轻工、城市轨道交通等全国大部分领域，据统计，2010 年勘察设计企业完成工程承包收入 5634 亿，已占勘察设计企业全部营业收入的 59%。通过一系列国内外 EPC 总承包工程的锻炼，促进了企业生产组织方式的变革和产业结构的调整，适应了国际承包工程的形势需要，促进了我国工程承包企业不断创新承包模式，积极向高端市场迈进，大力拓展建筑业上下游产业链业务，打破单一的经营模式，企业得到了快速发展。为提高企业工程总承包能力，提升了企业的核心竞争力，促进了企业做强做大，获得了显著的经济效益和社会效益。

1.5.3 国内推广工作存在的问题

1. 外部因素导致的问题

（1）业主认识不足。业主对 EPC 总承包管理误解多、概念认识不清。我国工程建设公司有自己的基建队伍，设计、施工仍然习惯于传统的分别招标，没有工程总承包意识。长期受行业垄断和部门分隔，导致他们不能充分认识到 EPC 工程总承包在工程建设中所能发挥的显著作用。

我国业主受到传统观念的影响，都希望在工程中管理得细致、具体；由于投资主体和管理体制问题，国内的许多业主缺乏实行 EPC 工程总承包的内在动力，缺乏对承包商的能力和资信的信心。他们认为实施 EPC 工程总承包管理是一种加大了管理费用的"扒皮式"总承包。这些原因，严重制约了 EPC 工程总承包模式的发展。

（2）业主家长作风严重。EPC 工程总承包模式没有完全与国际接轨，未能有效的发挥其优点。EPC 工程总承包管理模式，是国际工程中采用的最普遍的一种管理模式。我国引进这种模式的初衷是为了加强管理，委托专业化的队伍完成工程设计、采购、施工等工作，保证各个环节的顺利衔接，加快工程进度。但在实际操作过程中，一些项目业主仍然存在过去的"家长制"作风，无论事大事小都要管，代行 EPC 工程总承包商部分职能，自行采购主要设备及材料，直接组织工程招标并确定施工分包商，使 EPC 工程总承包商形同虚设。EPC 工程总承包商对施工分包商、材料供应商的选择权和决策权的丧失，很容易造成工程施工与材料采购相脱节，延误工程进度，降低工作效率。同时设备采购及工程施工在整个项目中占有一个较大的费用比例，业主这样做也使 EPC 工程总承包商的积极性大大降低，使 EPC 总承包模式丧失了其本来的意义。

（3）政府政策扶持力度不够。近年来，EPC 工程总承包相关法律、法规、政策不断建立和健全，但政府对企业实行 EPC 总承包的具体扶持政策力度不够。政府的扶持政策在增强市场对工程总承包的认同感，激励、吸引企业实行实现 EPC 总承包模式，促进 EPC 工程总承包企业的发育，具有关键意义。

（4）不良市场环境的制约。不良的市场环境制约 EPC 模式的推广和发展。目前，我国建设市场环境虽然有所改善，但违规发包的现象仍然存在，有些业主肢解大工程，分块、分段进行招标，或者采用"保护伞"方式肢解工程，以此来避开相关法律的约束，不利于工程EPC 工程项目总承包模式的开展。

（5）分包商的认识不足。国内的分包商对 EPC 项目认识不足，国内的设备材料供货商，习惯于传统的承包模式，对 EPC 项目不熟悉，在实践中往往不仔细阅读合同条款，不能严格按照技术协议供货，影响供货周期。由于报价及地方保护主义的影响，在 EPC 项目实践中选用的施工分包商，往往施工水平欠佳，甚至在施工阶段影响到 EPC 项目计划的施工进度。

以上这些原因，导致工程总承包的法律保障力和推动力度不足，使 EPC 工程总承包模式难以在国内成为工程承发包的主流方式。

2. 企业内部因素导致的问题

（1）相关人才缺乏。相关人才匮乏制约着我国 EPC 工程总承包的推广和开展。我国现在不仅缺乏大量高素质的商业人才，还缺乏复合型高级项目管理人才。而商业人才必须具备能组织大型工程项目投标工作、合理确定报价、合理承包并商签合同的能力。复合型高级项目管理人才不仅应具备按照国际通行的项目管理模式、标准、方法和程序进行管理能力，还应熟悉各种合同文本和项目管理软件，能进行投资、质量、进度、信息、安全控制的能力。

（2）思想认识偏颇。重视项目法施工，忽视大型工程总承包管理。大型 EPC 工程总承包模式与单体的项目的管理方式有很大的区别。由于一些大型企业忽视总承包管理的研究，对总承包模式管理学习、实践不够，只重视项目法施工，不了解国际 EPC 承包商的惯例，不了解总包与分包的责权管理，导致企业在国际市场竞争中失利。由于在工程建设领域没有系统地总结国内外 EPC 工程总承包管理模式的方式和方法，开展 EPC 工程总承包管理还停留在施工总承包管理的经验积累上，使我国大多数企业在国际商承揽的工程最后不能盈利。

（3）项目管理水平低。项目管理水平低、管理体系不完善，不能严格按照标准实施管理。目前，我国大多数设计、施工企业没有建立起完善的项目管理体系，在项目管理的组织结构及岗位职责、程序文件、作业指导文件、工作手册和计算机应用系统等方面都不健全或使用性不强，缺乏先进、实用的工程项目计算机管理系统，多数还是运用传统手段和方法进行项目管理。

（4）学习研究不足。对国际 EPC 总承包管理模式、惯例及法规研究不够。面对机遇与挑战，我国工程建设企业对 EPC 格式、DB 格式、BOT 模式、CM 模式、NC 模式、PFI 模式了解欠缺，致使我国大企业面对国外承包商的竞争非常不利。

（5）制度缺乏创新。企业内部机制滞后、制度缺乏创新。EPC 工程总承包企业内部运行机制滞后，制度建设缺乏创新，受传统经营管理模式的影响，办事拖拉、手续烦琐复杂，往往影响进度计划的完成，例如，一些企业内部的工程采购周期程序繁杂，批复缓慢，有时严重影响了采购周期。

1.5.4　推广存在问题的对策

1. 争取较好的外部环境

（1）必须建立、健全工程项目管理法律、法规。我国应进一步完善相关的法规政策。例如，应在《建筑法》中增加有关 EPC 工程总承包实施的条款，进一步确立 EPC 工程总承包的法律地位；积极宣传、落实《关于推进建筑业发展和改革的若干意见》（建市〔2014〕92号）、《标准设计施工总承包招标文件》（发改法规〔2011〕3018号）、《建设项目工程总承包管理规范》（GB/T 50358—2017）国家标准规范；积极培育 EPC 工程总承包招投标市场，推进、落实我国制定的以国际咨询工程师联合会（FIDIC）条款为基础制定，与国际接轨的《建设项目工程总承包合同示范文本》（GF—2011—0216）的运用。

（2）加强业主对 EPC 工程总承包的认识，并加大力度宣传得到社会的认可。宣传报道 EPC 工程总承包的优势、特点和典型事例，使 EPC 工程总承包逐步得到社会的认可；与设计单位、大型施工单位、项目咨询管理单位以及勘察设计协会、施工协会、监理协会等单位联手，开展不同层次的 EPC 工程总承包研讨会，对企业和业主进行培训。

（3）规范业主行为。我国已颁布并且实施了项目法人责任制、《工程总承包管理规范》和相关合同文件，但是管理力度并不够，各行业应加快制定业主行为规范，防止业主将工程切块、分段或分块招标。逐步根治目前业主压价承包、垫资承包、拖欠工程款等顽症，为实施工程 EPC 总承包管理创造更多的机会。

（4）规范分包商的行为。积极引导分包商加入 EPC 工程总承包行列，按要求严格招标具有资格且信用度高的分包商，增强他们与总包商的协同行为规范，使其严格按照 EPC 工程总承包要求进行供货、施工。

2. 加强企业自身建设

（1）坚持人才竞争战略，培养企业所需要的项目、设计、采购、控制、财务、施工经理以及商务、合同管理等商业人才，大力培养满足 EPC 工程总承包管理需要的复合型人才，以适应国内外工程建设市场的需要，与世界接轨。

（2）创造条件，拓展服务功能，具有大型设计、施工资质的龙头企业要发挥功能优势，不断开拓服务领域。建立健全与国际接轨的、适应工程 EPC 工程总承包项目管理的组织机构和管理体系，重点开发具有自主知识产权的专有专利技术，依靠技术占领市场。

（3）大力提高项目管理的计算机应用水平，开发并推广应用具有国际先进水平的工程项目管理软件，对工程建设的全过程实施动态、量化和科学的系统管理及控制，根据实际情况减少批复手续。

3. 业主方面存在问题对策

（1）一方面要大力推行工程项目管理方式，同时要对项目业主进行项目管理人才和知识的培养、灌输；另一方面要进一步落实国家投资项目的业主项目责任制，增强业主进行 EPC 工程总承包的内在动力。要解决建设项目业主的问题，推行新的工程项目管理方式是一个重要方面。因为除了大型建设工程项目及建设单位会发生建设工程的一期、二期甚至三期，投资者会当多次的业主外，许多的业主以前没做过建设项目的业主，以后也不会再继续做建设项目业主，要求其很精通建设项目的管理是不现实的。所以，业主委托工程项目管理企业，按照合同约定，代表业主对工程项目的组织实施进行全过程或若干阶段的管理和服务这种管理方式应大力推广。

（2）针对业主对 EPC 工程总承包认可度低的问题，首先要对政府基础设施建设工程和国有企业的投资项目实行 EPC 工程总承包在政策上做强制性的规定；其次是进一步落实国家投资项目的业主项目责任制，使建设业主有实施 EPC 总承包模式的内在动力。最后，要广泛宣传，统一思想，提高认识，并使业主深刻认识到实行 EPC 工程总承包对建设项目节约投资、加快进度、提高质量的优越性。

（3）加强业主项目管理人才或总承包管理知识的培训。政府可以出台项目业主进行投资项目建设时必须要有注册建造师担任项目经理这样的强制性规定（自己没有人才时可以临时在社会上聘用），进一步推行 PM 方式，如果由业主方自己管理时，也要求有合格的项目经理。业主方的人员如果有丰富的项目管理知识，不但有利于业主对投资项目的管理和控制，而且还有利于业主、总承包商双方建立"共同语言"。

4. 总承包商存在问题对策

（1）一方面要从进一步完善工程总承包项目管理体系入手，强化 EPC 工程总承包管理有效运行机制的建立；另一方面要提升总承包功能，增强企业竞争力。

进一步完善工程总承包项目管理体系，要严格按照国家标准《建设项目工程总承包管理规范》的要求，建立、健全工程总承包项目管理组织和管理体系，建立总承包项目管理的总体统一目标和内部运行模式。要开展工程总承包业务，企业必须是工程公司，而工程公司与传统的设计院或施工单位不同，它必须以工程项目为研究和服务对象，从组织体系、技术体系、项目管理体系、人才结构等方面为建设项目全过程提供服务，所以，应转变总承包商内部原有的运行模式，切实加强内部设计与施工、采购的融合，紧紧抓住通过设计、施工方案等过程优化节约成本的本质要求，这样才能满足进行工程总承包的客观要求，也体现了总承包本来的意图。

（2）提升现有设计或施工企业的总承包功能，进一步贯彻落实建设部有关文件，通过对具有工程设计或施工总承包资质的工程设计、施工企业改造和重组，使之成为具有设计、采购、施工（施工管理）综合功能的工程公司，以满足承担 EPC 工程总承包项目的要求。

（3）EPC 工程总承包项目涉及资金数量大，与公司收益大小、风险控制有着密切的关系，所以总承包商必须增强风险意识，要意识到工程总承包的高风险性，切实加强内部风险防范和控制体系的建立，健全并完善企业内部定额和价格数据库，尤其是设备价格数据库，以满足实施 EPC 工程总承包的采购客观需要，同时最大限度降低 EPC 工程总承包的承包经营风险。

（4）EPC 工程总承包商应当大力培养复合型的、能适应国际工程总承包管理的各类项目管理人才，可以有针对性地结合企业现状及工程特点，组织学习国内外先进的管理方法、标准等，提高项目管理人员素质和水平，以适应国内总承包商迎接国外工程公司进入国内市场的挑战和"一带一路"战略实施，积极发展海外业务的需要。

第 2 章 EPC 总承包合同简介

加强合同管理，是提高 EPC 总承包项目的重要途径，而准确把握 EPC 合同条件是做好合同管理的基础。本章从广义的 EPC 概念出发，对 FIDIC《生产设备与设计—建造合同条件》（新黄皮书）、《EPC/交钥匙合同条件》（银皮书）、《设计—建造—运营合同条件》（金皮书）以及我国编制的《建设项目工程总承包合同条件》的基本内容、风险分配特点等分别予以介绍。

2.1 FIDIC 新黄皮书简介

2.1.1 编制背景

FIDIC 新黄皮书的出台与 FIDIC 合同条件的发展历史是紧密联系的。1957 年 8 月，"红皮书"第一版出版，书名为《土木工程施工合同条件（国际）》，内容由通用条件、专用合同条件两部分组成，由于题目太长，而其封面为红色，就被称为"红皮书"，此后于 1969 年、1977 年和 1987 年做了三次修改，第四版红皮书问世。1963 年由于土木工程条件合同不能完全涵盖电气和机械工程项目，"黄皮书"即电气和机械工程（包括现场安装）合同条件首次出版。黄皮书于 1980 年、1987 年两次修订后，成为黄皮书第三版。很显然土木工程和电气与机械工程有很大的区别，但第三版的黄皮书和第四版的红皮书有了相当大的协调度和兼容度，很多条款和职能是相似的，这就使一个项目既包含土木工程，又包含电气和机械工程时，同时可以使用红皮书和黄皮书，将一个工程分成两个独立的合同。

1995 年为了适应国际性的需要，FIDIC 出版了设计、建造和交钥匙条件第一版，即橘皮书。编制该合同的目的是将其用于承包商对设计承担完全责任和义务的施工合同，设计建造合同涵盖了土木、电气、机械工程与建筑工程之间的任何组合，而交钥匙合同是指提供一套完善的设施，转动钥匙即可运行。交钥匙合同包括合同文件规定的设计、施工、构筑物、装备和设备，当时的交钥匙合同通常是由承包商出资，而且可能要求其在几个月内的试运行期内运营此项目，或者以建设—运营—转让（BOT）的模式运营这项工程若干年。

1994 年 FIDIC 委员会下的一个工作组，被授予对红皮书和黄皮书以及另一本即将出版的橘皮书进行更新。该工作组通过对使用和没有使用的 FIDIC 合同条件范本的工程进行了广泛的调查，并将相关调查结果融入到修改之中，工作组最终将 FIDIC 合同做了重大改变，打破了原有的框架体系，在 1999 年出版了新黄皮书。新黄皮书是 FIDIC 于 1999 年正式出版的四本新的合同条件之一。

2.1.2　适用范围

1999版之前的合同条件彼此间的区别主要是通过它们所适用的项目类型加以区别，而新版合同之间是按照设计责任划分和工程师是否存在来区别的，这是1999版前后合同文本的区别。1999版新黄皮书主要是适用于承包商负责设计，并且存在工程师的工程总承包项目。

按照FIDIC推荐用于包括电力和（或）机械生产成套设备供货，以及房屋在内的建筑或工程的设计和实施项目（包括大型工程项目）的实施。这里合同内容包括了土木、机械、电气、房屋建筑和（或）工程构筑物以及它们的组合。如果采用这种合同方式，业主只须在"业主的要求"中说明工程的目的、范围和设计等方面的技术标准，一般是由承包商按照此要求进行设计、提供成套设备并进行安装、施工，完成的工作只有符合"业主的要求"才会被业主接收。业主一般较少参与项目进行中的工作，主要是依靠工程师把好工程的检验关。新黄皮书的适用具体条件有以下方面：

（1）该合同条件的支付管理程序与责任划分基于总价合同，因此一般适用于大型项目中的安装工程。

（2）业主只负责编制项目纲要和提出对设备的性能要求，承包商负责全部设计，并提供生产设备和全部施工安装工作。

（3）工程师来监督设备的制造、安装和工程施工，并签发支付证书。

（4）风险分担较均衡，新黄皮书与新红皮书相比，最大区别在于新黄皮书的业主不再将合同的绝大部分风险由自己承担，而将一定风险转移至承包商。

2.1.3　合同结构

将新黄皮书条款的内容与新红皮书横向比较，两合同中同为承包商，在新黄皮书中的承包商和新红皮书中的承包商有许多相同之处。特别是在一般责任，合同的保证，争议解决的程序等方面，建筑和土木工程的承包商和机电设备项目的承包商有许多相通之处。

在格式方面，新黄皮书与新红皮书相同，其通用条款都设有20条，通用条件共包括167款。20条所涉及的内容包括：一般规定；雇主；工程师；承包商；设计；员工；生产设备、材料和工艺；开工、延误和暂停；竣工试验；雇主的接收；缺陷责任；竣工检验；变更和调整；合同价格和支付；由雇主终止；由承包商暂停和终止；风险和责任；保险；不可抗力；索赔、争端和仲裁。新黄皮书与新红皮书条款结构对比见表2-1。

表2-1　　　　　　　　　　新黄皮书与新红皮书条款结构对比

款号	新红皮书	新黄皮书	款号	新红皮书	新黄皮书
1	一般规定	√	2	雇主	√
3	工程师	√	4	承包商	√
5	指定分包商	设计	6	员工	√
7	永久设备、材料和工艺	生产设备、材料和工艺	8	开工、延误和暂停	√
9	竣工试验	√	10	雇主的接收	√

续表

款号	新红皮书	新黄皮书	款号	新红皮书	新黄皮书
11	缺陷责任	√	12	测量和估价	竣工后的试验
13	变更和调整	√	14	合同价格和支付	√
15	由雇主终止	√	16	由承包商暂停和终止	√
17	风险和责任	√	18	保险	√
19	不可抗力	√	20	索赔、争端和仲裁	√

注：√为与新红皮书标题相同。

同时，新黄皮书与新红皮书一样，为合同专用条件编制了使用指南。新黄皮书的附件中包括母公司保函、投标保函、履约保函、履约担保书、预付款保函、保留金保函、业主支付保函的范例格式，之后是投标书、投标书附录（取代了黄皮书的序言）和合同协议书的范例格式。为解决合同争端，新黄皮书也采用了争端裁决委员会（DAB）的工作程序，并附有"争端裁决协议书的通用条件"和"程序规则"，以及分别用于一个人或三个人组成的 DAB 的"争端裁决协议书"。

2.1.4 基本特点

新黄皮书与新红皮书比较，在合同内容、风险分担方面有不小的差异，新黄皮书有以下特点。

1. 内容上的特点

（1）第 14.1 款【合同价格】。在新黄皮书中第 14.1 款【合同价格】，实行的是承包商负责设计的总价合同，而新红皮书则实行的是单价合同。

（2）第 1.1 款【定义】。新黄皮书第 1.1 款定义中用"业主的要求"和"承包商的建议"替代了新红皮书的"规范"和"图纸"。"担保计划"和"付款计划"代替了新红皮书的"数量清单"和"日工计划表"，第 13.6 款【计日工作】仍提到日工计划表。

（3）第 1.5 款【文件有效秩序】。在新黄皮书中，为适应第 1.1 款【定义】的不同合同文件，第 1.5 款【文件有效秩序】修改了文件的优先性。新黄皮书文件的优先次序如下：（a）合同协议书（如果有）；（b）中标函；（c）投标函；（d）专用条件；（e）本通用条件；（f）雇主要求；（g）资料表，（h）承包商建议书和构成合同部分的任何其他文件。而新红皮书的优先次序为：（a）合同协议书（如有时）；（b）中标函；（c）投标函；（d）专用条件；（e）本通用条件；（f）规范；（g）图纸，（h）表以及其他构成合同一部分的文件。

（4）第 1.9 款【业主要求的错误】。新黄皮书第 1.9 款【业主要求的错误】替代了新红皮书的【延误的图纸或指示】。

（5）第 4.1 款【承包商的义务】。新黄皮书对新红皮书中的第 4.1 款【承包商的义务】修改为："承包商应按合同设计、实施和完成工程，并修补工程中的任何缺陷。完成后，工程应能满足合同规定的工程预期目的。承包商应提供合同规定的生产设备和承包商文件，以及此项设计、施工、竣工和修补缺陷所需的所有临时性或永久性的承包商人员、货物、消耗品及其他物品和服务。工程应包括应满足雇主要求、承包商建议书和资料表的规定所需的或合同中隐含的任何工作，以及（合同虽未提及但）为工程的稳定，或完成，或安全和有效运行所需的所有工作。承包商应对所有现场作业、所有施工方法和全部工程的完备性、稳定性和安全性负责。当工程师要求时，承包商应提交其建议采用的为工程施工的安排和方法的细节。事先未通知工程师，对这些安排和方法不得做重要改变。"主要是为了适应不同情况的需要。

（6）第 4.5 款的【指定分包商】。新黄皮书第 4.5 款的【指定分包商】取代了新红皮书的第 4.5 款【分包利益的转让】。

（7）第 5 条【设计】。新黄皮书第 5 条【设计】取代了新红皮书第 5 条的【指定分包商】，【设计】条款占用了新红皮书原来的条款序号。

（8）第 8.3 款【进度计划】。新黄皮书第 8.3 款【进度计划】比新红皮书第 8.3 款【进度计划】第（a）项多了一项，要求计划应包括试运行。

（9）第 9.1 款【竣工试验】。新黄皮书该条款取代新红皮书第 9.1 款【承包商义务】，竣工试验包括试车前测试、试车测试和试运行所需的附加要求。

（10）第 12 条【竣工后试验】。新黄皮书该条款占用了新红皮书的该条款的编号，删除了新红皮书第 12 款【计量和估价】内容。

（11）第 13.1 款【变更权】。新黄皮书该条款，删除了新红皮书第 13.1 款【变更权利】和第 13.2 款【价值工程】中的具体内容，以便适用不同情况。

（12）第 14 条【合同价格和支付】。新黄皮书修改了新红皮书第 14 条【合同价格和支付】的内容，以适应于总价合同项下不同的支付程序。

（13）第 20.2 款【争议裁决委员会的任命】。新黄皮书该条款将新红皮书的第 20.2 款【争议裁决委员会的任命】修改为在一方通知另一方将争议提交争议裁决委员会后，才能任命争议裁决委员会。而新红皮书规定合同双方应在投标函附录规定的日期内，共同任命一争端裁决委员会。

新黄皮书在内容上的特点是由于在新黄皮书中承包商负责设计的总价合同的性质造成的。在承包商负责设计的总价合同中，无须对工程进行重新测量计量实际工程量，业主仅根据付款计划规定的里程碑向承包商支付合同价款。

2. 风险分配上的特点

新黄皮书的风险分担原则与新红皮书基本一致，但因为承包商要负责设计，所以自然承担了由设计产生的风险。

（1）第 5.1 款【设计义务一般要求】。新黄皮书该条款规定承包商应进行工程的设计并对其负责。在收到根据第 8.1 款【工程的开工】的规定颁发的通知后，承包商应仔细检查雇主的要求（包括设计标准和计算书，如果有），以及第 4.7 款【放线】中提到的基准依据。如果（考虑费用和时间）达到一个有经验的承包商在提交投标书前，对现场和雇主要求进行应有的细心检查时，本应发现此类错误、失误或其他缺陷的程度，则竣工时间不应予以延长，合同价格应不予调整。

（2）第 5.8 款【设计错误】。新黄皮书该条款规定，如果承包商文件中发现有错误、遗漏、含糊、不一致、不适当或其他缺陷，尽管根据本条做出了任何同意或批准，承包商仍应自费，对这些缺陷和其带来的工程问题进行改正。

2.2 FIDIC 银皮书简介

2.2.1 编制背景

自20世纪70年代以来，国际工程承包市场的承包方式有了迅速发展，根据合同的性质，从工程项目管理角度讲主要出现了以下几种类型：PM/PMC项目管理服务/项目管理承包；EPC设计—采购—施工承包；EPCM设计—采购—施工—管理承包（承包商）；LSTKL总价固定的交钥匙工程承包等。对在国际承包市场出现仅十多年的上述EPC承包方式。为指导工程实践，FIDIC组织及时对工程承包进行了总结，1994年FIDIC下设的一个工作组，在被授予对红皮书和黄皮书进行更新的同时，还包括对另一本即将出版的橘皮书进行更新，它是以设计建造和交钥匙合同为基础，并且适用于世界范围内的私人融资项目和大型项目的采购，这就是1999版的银皮书，银皮书连同新黄皮书等成为FIDIC组织1999年正式出版的系列合同新家族的成员。

2.2.2 适用范围

从1999版前后合同文本的区别特征来说，银皮书适用于承包商设计但不存在工程师的工程总承包。根据FIDIC推荐，银皮书用以交钥匙方式提供加工或动力设施、工程或类似设施、基础设施项目或其他类型发展项目。银皮书的适用具体条件有以下几点。

（1）私人投资项目，如BOT项目（地下工程太多的工程除外）。

（2）电气、机械以及其他加工设备项目。

（3）基础设施项目（如发电厂、公路、铁路、水坝等）或类似项目，业主提供资金并希望以固定价格的交钥匙方式来履行项目。

（4）业主代表直接管理项目实施过程，采用较宽松的管理方式，但严格进行竣工试验和竣工后试验，以保证完工项目的质量。

（5）项目风险大部分由承包商承担，但业主愿意为此多付出一定的费用，因为承包商在投标时肯定会加入较大的风险费。

（6）在交钥匙项目中，一般情况下由承包商实施所有的设计、采购和建造工作，业主基本不参与工作，即在"交钥匙"时，提供一个配套完整、可以运行的设施。

2.2.3 合同结构

1. 银皮书的通用条款

无论是银皮书，还是新黄皮书，或是其他EPC工程总承包模式的自编合同条款，一般都分为通用条款和专用条款两部分。通用条款20条内容包括：一般规定、雇主、雇主的管理、承包商、设计、员工、生产设备、材料和工艺、开工、延误、暂停、竣工验收、雇主的接收条件、缺陷责任、竣工后的试验、变更和调价、雇主的终止、风险和职责、保险、不可抗力、索赔、争端和仲裁。银皮书与新黄皮书条款结构对比见表2-2。

2. 银皮书专用合同条款

专用条款是对通用条款的修改和补充，通常可在以下条款中对通用条款进行的修改和补充：1.1.3.3和8.2【竣工时间】、1.3.7和11.1【缺陷通知期限】、1.1.5.6【各单位工程的定义】、1.3【电子通讯系统】、1.4【法律与语言】、2.1【给予现场占有权的时间】、4.2【履约担保】、4.4【关于分包的通知】、8.7、12.4和14.5【延误/履约损害赔偿费】、13.8【因成本改变的调整】、14.2【预付款】、14.3【保留金】、17.6【责任限度】、18.1【雇主的保险、保险的证据】、18.2【雇主的风险的保险】、18.3【人身伤害和财产损害险】、20.2【争端裁决委员会成员人数】、20.3【任命争端合同委员会的指明实体】。在专用合同条件中，对通用合同条款进行修改和补充时，必须确保专用条款中使用的措施完全适用于特定的情况，并确保不与通用条款项产生歧义，同时也不在专用条款间产生歧义。

表 2-2   银皮书与新黄皮书条款结构对比

款号	新黄皮书	银皮书	款号	新黄皮书	银皮书
1	一般规定	√	11	缺陷责任	√
2	雇主	√	12	竣工后试验	√
3	工程师	雇主的管理	13	变更和调整	√
4	承包商	√	14	合同价格和付款	√
5	设计	√	15	雇主的终止	√
6	员工	√	16	由承包商暂停和终止	√
7	生产设备、材料和工艺	√	17	风险与职责	√
8	开工、延误和暂停	√	18	保险	√
9	竣工验收	√	19	不可抗力	√
10	雇主的接收	√	20	索赔、争端和仲裁	√

注：√为与新黄皮书标题相同。

2.2.4 基本特点

银皮书和新黄皮书在内容上较为接近，这是因为在银皮书和新黄皮书中的设计任务都被分配给了承包商。在实际使用过程中，我们经常容易混淆设计采购施工/交钥匙合同和设计建造（DB）合同，把设计采购施工/交钥匙合同条件简单叫作设计—建造（DB）合同，而把设计建造（DB）合同又误称为设计采购施工/交钥匙合同。由于这两个合同都包括了设计的工作内容，因此，合同条件中有较多相同之处，但从两种合同条件下业主和承包商之间在条款内容上、风险分担上也能看出具有明显的特点，新黄皮书更偏近于新红皮书。

1. 合同内容上的特点

（1）银皮书第1条【一般规定】。银皮书中合同没有"中标函""投标函""资料表"以及"承包商建议书"。新黄皮书在第1条【一般规定】中则有。这主要是因为银皮书所适用的项目比较特殊，一般来讲是采用邀请招标的方式，这种合同的签署过程就是一个谈判的过程，而且在谈判中会出现大量的会议纪要或备忘录，作为合同协议书所列文件，这些都是对原招标文件、承包商投标书的补充和修改。

同样的原因，对于"合同协议书"的定义，银皮书的"及所附各项备忘录"字样，新黄皮书则没有。关于投标书，银皮书称为"投标书"，在新黄皮书叫作"投标函"。

可以看出，银皮书与新黄皮书比较，其编制的面向对象比较宽泛，新黄皮书对于"合同"的定义比较狭窄，新黄皮书"合同"中"投标函""资料表"以及"承包商建议书"的内容，肯定被涵盖于银皮书中的"投标书"概念之中。银皮书对合同文件的编制规定要宽于新黄皮书的合同文件的编制规定。

银皮书中没有"工程师"的角色，只有"雇主代表"。新黄皮书中仍设有"工程师"的角色，体现了新黄皮书规定靠近新红皮书的规定。

对于"缺陷通知期"的，银皮书在专用条件中做了规定，并且在专用条件中没有规定时，此期限为一年。而新黄皮书是在投标书附录中进行说明。

（2）银皮书第3条【雇主的管理】。银皮书中没有FIDIC合同中一贯存在的中立的"工程师"的角色，换成了业主的管理。相关的权利一律由雇主或雇主代表执行，鉴于EPC交钥匙合同的特殊性，业主已经不再需要"工程师"，所有协助业主进行项目管理的人员均称为"雇主人员"。而新黄皮书第3款【工程师】仍然保留有"工程师"这个角色。尽管由业主任命的工程师一直以来受到是否能够真正公正的质疑，但毕竟是合同第三方，工程师从中调解对于业主或承包商多少还能有些作用。

（3）银皮书第4.3款【承包商代表】。在银皮书中，业主对承包商的代表的要求比新黄皮书合同条件中要少。而新黄皮书要求承包商代表应将其全部时间用于负责承包商履行合同，如果要暂时离开现场，应事先征得工程师的同意，并且任命工程师认可的合适的替代人员。而银皮书中没有对此规定，承包商代表可以向任何胜任的人员，托付任何职权和权力，而且这个人并不需要经过雇主的同意。这一条的不同也反映出了业主在银皮书中，对工程的干预程度要比新黄皮书合同条件中少。

（4）银皮书第5.2款【承包商文件】。新黄皮书第5.2款【承包商文件】第二段中新黄皮书规定："雇主人员应有权在编制此类文件的任何地点，对其编制进行检查"，而银皮书中则删除了这样的规定。第三段中规定，如果在"雇主要求"中有规定的时候，新黄皮书中规定对承包商的文件是审查或批准，而在银皮书中的用词仅是审查。不难看出，在雇主对承包商文件将采取态度方面，银皮书比新黄皮书的条件较为宽松。

（5）银皮书第10.2款【部分工程的接收】。银皮书规定，除合同中可能说明或可能经双方同意以外，任何部分工程（分项工程以外），雇主均不得接收或使用。而新黄皮书第10.2款对工程接收赋予了雇主更为主动的权利，并且还规定了相应的接收程序。

（6）银皮书第11.9款【履约证书】。履约证书被视为对工程认可的标志，银皮书和新黄皮书中都规定了："履约证书应由工程师/雇主在最后一个缺陷通知期限满日期后28天内颁发，或在承包商提供所有承包商文件、完成所有工程的施工和试验，包括修补任何缺陷后尽快颁发"。而银皮书接着还规定了，如果业主未能按规定签发履约证书，则履约证书应被视为已在其应该签发的日期之后的第28天签发。相对于新黄皮书来讲，银皮书的这种规定更具可操作性。

（7）银皮书第12.1款【竣工后试验的程序】。银皮书规定："竣工后试验的结果应由承包商负责整理和评价，并编写一份详细报告"，而新黄皮书则规定："竣工试验的结果应由双方负责整理和评价"。银皮书将这么重要的"权力"交由承包商负责，应该是基于对承包商的信任，归根结底还是由银皮书产生的背景所导致的，雇主要依赖这些有经验并且拥有和掌握工程核心技术和工艺的承包商。

（8）银皮书第14.3款【期中付款的申请】。新黄皮书在期中付款的申请条件中对"拟用于工程生产设备和材料"做了非常详细的说明，规定在满足一定条件前提下，可以支付确定的生产设备和材料费用的80%。银皮书对期中支付款证书所包括的项目比新黄皮书少了一项，即"按照第14.5款【拟用于工程生产设备和材料】的规定，为生产设备和材料应增加扣减的任何款项。"银皮书对此措辞相对模糊，"如果根据合同规定，承包商有权获得尚未运到现场的生产设备和材料的期中付款，承包商必须具备下列条件才有权获得"。并且也没有像新黄皮书那样规定80%的比例。银皮书给予雇主极大的空间，可以由雇主和承包商协商解决，而不是作为合同惯例必须支付。

2. 风险分配上的特点

银皮书与新黄皮书相比较，在风险分配上承包商承担的风险责任要大一些，其特点主要表现在以下几个条款：

（1）银皮书第3条【雇主的管理】。雇主管理风险分配条款：在银皮书中是"雇主的管理"，而在新黄皮书中是"工程师"，尽管与新黄皮书中的工程师一样，银皮书中的雇主代表同样也是需要执行所有雇主交给他的工作任务，并行使雇主的权利，但是银皮书中的雇主代表的权利更加广泛，而且雇主代表受雇于雇主，它是为雇主服务的，显然是要替雇主说话的。尽管业内人士也质疑工程师的公正性问题，但是用雇主代表替换了工程师，公正性就更加容易偏颇了。同样，这对于后面的第20.1款【承包商的索赔】内容的落实，给承包商带来了更大的困难和更加不利的影响。

（2）银皮书第4.7款【放线】。放线风险分配条款：银皮书与新黄皮书相比，银皮书中的内容只是保留了新黄皮书中的第一段，而删除了新黄皮书中的由于雇主原因导致的费用增加和工期延长，承包商应得到相应补偿的内容，将放线错误的所有风险都转嫁给了承包商。

（3）银皮书第4.12款【不可预见的困难】。不可预见的物质条件条款：在银皮书中标题是"不可预见的困难"。新黄皮书中4.12款标题是"不可预见的物质条件"。银皮书中的这一条款的规定是："除非合同另有说明外：（a）承包商应被认为已经取得了对工程可能产生影响或作用的有关风险、意外事件和其他情况的全部必要资料；（b）通过签署合同，承包商接受对预见到的为顺利完成工程的所有困难和费用的全部职责；（c）合同价格对任何未预见到的困难和费用不应考虑予以调整"。根据本款，承包商必须承担不可预见的风险，基本上排除了承包商以外部条件为由的索赔请求。这一条款是银皮书下承包商要承担更大风险的一个典型条款。

在新黄皮书条件下，承包商在遇到不可预见的外部困难条件时，则可以向雇主提出索赔。

（4）银皮书第4.10款【现场数据】。现场数据准确性风险分配条款：现场数据是指项目现场地下、水文条件及环境方面的所有有关数据。现场数据是一个项目在投标和实施过程中非常重要的资料，大量的项目索赔及失败的案例都是源于现场数据的收集和使用不当。

银皮书规定："承包商应负责核实和解释所有此类资料。除第5.1款【设计义务一般要求】提出的情况以外，雇主对这些资料的准确性、充分性和完整性不承担责任。"而新黄皮书规定，承包商应负责解释所有此类资料，并在实际可行（考虑费用和时间）的范围内，承包商被认为取得了所有必要资料，并未就责任问题进行明确。

从两个合同条件的措辞很容易能看出差异，银皮书规定与新黄书规定完全不一样，规定承包商必须能辨别资料的准确性和完整性，因此，承包商对业主提供的资料，要承担很大的责任。而新黄皮书中承包商也负责设计，而现场数据与设计工作有着非常直接的关系，但是合同条件仍然对承包商有一个"实际可行"的前提，这一点与新红皮书的规定完全一样，可见新黄皮书在这一点上还是更偏向于承包商，承包商可以利用这一点保护自己。

（5）银皮书第 5.1 款"设计的一般要求"设计责任的风险分配条款：银皮书强调由承包商负责整个工程的设计，并在除雇主应负责的部分外，对雇主要求（包括设计标准和计算）的正确性负责。合同条件同时规定"雇主不应对原包括在合同内的雇主要求中的任何错误、不准确或遗漏负责，并不应被认为对任何数据或资料给出了任何准确性或完整性的表示。承包商从雇主或其他方面收到任何数据或资料，不应解除承包商对设计和工程施工应承担的职责。"而新黄皮书合同条件中要求承包商应进行工程的设计并对其负责，同时规定，承包商应仔细检查雇主要求，并将雇主要求或基准依据中发现的任何错误、失误或其他缺陷通知工程师。工程师将确定是否运用"变更和调整"的规定，并通知承包商。

通过第（4）、第（5）两条可以看出，在银皮书下，承包商必须尽自己最大的"创造性"设计出满足业主功能要求的产品，如果由于设计结果超过了当初投标时所预想的标准，而又无法证明业主的功能性要求提高了，那么想从设计入手做索赔工作几乎是不可能的。而新黄皮书的规定对承包商的设计责任要小许多，首先承认雇主提供的一些基准依据；其次这些基准依据的正确性由雇主负责；最后承包商发现了错误、失误或缺陷后可以进行合同价格的调整。而承包商在银皮书下的设计责任几乎是全部的，尽管合同条件也规定了雇主应对雇主要求的部分内容负责，但是这些由雇主负责的部分仅仅是工程本身功能性的要求，以及承包商所不能核实的部分。

（6）银皮书第 8.4 款【竣工时间的延长】。竣工延长条件风险分配条款：银皮书中将新黄皮书中的"异常不利的气候条件"和"由于流行病或政府行为造成可用的人员或货物的不可预见的短缺"内容删去，意味着这两种情况出现时候的风险是要由承包商负责的。而对于承包商有权要求延长工程的竣工时间的条件，新黄皮书有 5 种条件：（a）变更（除非已根据第 13.3 款"变更程序"的规定商定了竣工时间）；（b）根据本条件某款，有权获得延长期的原因；（c）异常不利的气候条件；（d）由于流行病或政府行为造成可用的人员或货物的不可预计的短缺；（e）由雇主、雇主人员或在现场的雇主的其他承包商造成或引起的任何延误、妨碍或阻碍。

（7）银皮书第 13.8 款【因成本改变的调整】。价格调整风险分配条款：银皮书规定："当合同价格要根据劳动力、货物以及工程的其他投入的成本的升降进行调整时，应按照专用条件的规定进行计算。"而新黄皮书中对于因劳务、货物成本的涨落，直接就给出了计算调价的公式，这就意味着新黄皮书对于劳务、货物的价格变化是可以调整的。银皮书与新黄皮书的"态度"不一样，一般来讲 FIDIC 倾向于银皮书中的合同价款不予以调整。

（8）银皮书第 17.3 款【雇主的风险】。雇主的风险分配条款：银皮书中雇主风险有 5 项：（a）战争、敌对行动（不论宣战与否）、入侵、外敌行动；（b）工程所在国内的叛乱、恐怖主义、革命、暴动、军事政变、篡夺政权或内战；（c）承包商人员、承包商和分包商的其他雇员以外的人员在工程所在国内的骚动、喧闹或混乱；（d）工程所在国内的战争军火、爆炸物资、电离辐射或放射性引起的污染，但可能由承包商使用此类军火、炸药、辐射或放射性引起的除外；（e）由音速或超音速飞行的飞机或飞机装置所产生的压力波。

而新黄皮书中雇主的风险共有 8 项，银皮书中将最后三条取消了，这三条分别是：（f）除合同规定以外雇主使用或占有的永久工程的任何部分；（g）由雇主人员或雇主对其负责的其他人员所做的工程任何部分的设计（如果有）；（h）不可预见的或不能合理预期一个有经验的承包商应已采取适当预防措施的任何自然力的作用。

从上述被取消的条款来看，（f）款规定的取消，意在提醒承包商注意，如果雇主要使用或占有永久工程的任何部分，要在合同中注明由此带来的风险应该由雇主负责，否则雇主使用或占有永久工程的所有风险以及可能遭受的损失均应由承包商自行承担。（h）款的取消是与银皮书 5.1 款即"设计义务一般要求"相一致的。（f）款的取消也是与银皮书中第 4.10 款、第 4.12 款相吻合的。

（9）银皮书第 4.11 款【合同价格】。合同价格的充分性风险分配条款：银皮书规定，承包商确信合同价格的正确性和充分性，包括根据合同所承担的全部义务，以及为正确设计、实施和完成工程并修补缺陷所需的全部有关事项的费用。新黄皮书则规定，承包商确信中标合同金额的正确性和充分性，但同时强调，中标合同额是基于现场数据以及承包商设计的基础上。这一点与新红皮书的规定是完全一致的。可见，新黄皮书下获得价格补偿还是有可能的。

（10）银皮书第 14.5 款【拟用于工程的生产设备和材料】。中期支付风险分配条款：新黄皮书中对"拟用于工程生产设备和材料"做了非常详细的说明，规定在满足一定条件前提下，可以支付确定的生产设备和材料的费用的 80%。而银皮书对此措辞相对模糊，"如果根据合同规定，承包商有权获得尚未运到现场的生产设备和材料的期中付款，承包商必须具备下列条件才有权获得"。银皮书中，对期中支付款证书所包括的项目比新黄皮书少了一项，即"按照第 14.5 款【拟用于工程生产设备和材料】的规定，为生产设备和材料应增加扣减的任何款项。"并且也没有像新黄皮书那样规定 80% 的比例。银皮书给予雇主极大的空间，可以由雇主和承包商协商解决，而不是作为合同惯例必须支付。

由上述的讨论可见，在新黄皮书中一些由业主方承担的风险在银皮书中都转移到了承包商，这也就意味着合同双方采用银皮书的情况下，承包商要承担很多由业主行为所引起的风险。毫无疑问，由于主要权利义务分配的不同，银皮书将更多的风险分配给承包商也是无可厚非的，承包商在选择合同方面注意应做出明智的选择。为此，FIDIC 建议，EPC 在下列情况下由承包商（或由其名义）设计的工程，不适合使用银皮书，可以采用新黄皮书即生产设备和设计建造合同：（a）如果投标人没有足够的时间或资料，仔细研究和核查雇主要求，或进行他们的设计、风险评估和估算，主要考虑到第 4.12 款【不可预见的困难】和第 5.1 款【设计的一般要求】；（b）如果建设内容涉及包括相当数量的地下工程或投标人未能调查的区域内工程；（c）如果雇主要严格监督或控制承包商的工作或要核实大部分施工图纸；（d）如果每次付款要经过其职员或其他中间人确定。FIDIC 建议。

2.3 FIDIC金皮书简介

2.3.1 编制背景

20世纪90年代后，在美国、欧洲以及中东等一些国家和地区出现了一种新型的工程总承包模式，即设计-建造-运营模式（Design-Build-Operation，DBO）。为满足国际工程承包市场对DBO模式合同范本的需求，在FIDIC组织2004年年会上，DBO合同工作组主席Michael Mortimer－Hawkins对DBO合同设计的总体方针和工作计划进行了介绍。在FIDIC组织的2006年年会上，DBO合同工作组专门对DBO合同文本的具体内容及实际应用进行了介绍。他指出DBO合同将包括通用条件、专用条件、流程图、案例Sample Form和指引。在2007年年会上DBO合同的研讨会版本发布，2008年正式出版了《设计—建造—运营合同条件》，俗称"金皮书"。

DBO的编制是艰难的，这是由于缺少标准格式合同，虽然FIDIC新黄皮书等已充分涵盖了DBO合同的设计和施工方面，但当时FIDIC没有一个文件涉及与该类合同所包含的长期运营相关的风险和责任。为此该合同多半是根据1999版FIDIC编制的新黄皮书以及英国的《PFI合同标准》进行对比分析，将上述三个合同的通用条件在同一张表中列出。对此种表格进行分析，并结合其他研究结果的基础上进行了修改和增减而成，做了大量修改或定制。

2.3.2 适用范围

DBO模式具有简化项目程序、保证项目质量、优化寿命周期成本等优点。金皮书主要应用于大型基础设施和公共设施项目中，如污水处理、供水工程、火电厂以及核电厂等。

2.3.3 合同结构

我们采取对比的方式，将金皮书、FIDIC新黄皮书与英国的《PFI合同标准》相比较，介绍金皮书的结构特点。

金皮书（DBO合同）与新黄皮书比较，合同格式相同，包括20个条款和2个附录，在条款顺序上两个合同的设置基本相同，同时，金皮书尽量使用其他FIDIC合同条件的术语和定义，因此，金皮书遵循FIDIC合同的基本格式和基本原则，合同结构以新黄皮书为基础，并与多边开发银行、某些欧洲组织的工作保持一致性。

与《PFI合同标准》相比较，在条款顺序上，金皮书将《PFI合同标准》中相关的分条款尽可能地总结到一个条款中去，这样使文本看起来简洁、流畅，对使用者也很方便。

金皮书合同共设有20条，195款和2个附录。内容包括了各个不同实施阶段的流程图、通用条款、专用条款等，且很多条款都一样。20条包括：一般规定；雇主；雇主代表；承包商；设计；员工；生产设备、材料和工艺；开工日期、竣工和进度计划；设计建造；运营服务；试验；缺陷；变更和调整；合同价格和支付；雇主，由承包商暂停和终止，风险分担，特殊风险，保险，索赔，争议和仲裁。

三个合同文本具有差别的条款内容基本一致，这些条款为：第3条（业主代表），第7~12条（生产设备、材料和工艺；开工日期、竣工和进度安排；竣工和进度安排；运营服务；检验；缺陷），第17～19条（风险分担；意外风险；保险），以及《PFI合同标准》中的第18条（合同终止）、第19条（服务期满的资产处理），第22条（调查、服务期满和合同终止）等条款。由于金皮书是以新黄皮书等合同条件做参照修订、定制而成的，所以我们选择新黄皮书作为参照，将金皮书与新黄皮书条款结构进行对比见表2-3。

表2-3　　金皮书与新黄皮书条款结构对比

款号	新黄皮书	金皮书	款号	新黄皮书	金皮书
1	一般规定	√	11	缺陷责任	试验
2	雇主	√	12	竣工后的检验	缺陷
3	工程师	雇主代表	13	变更和调整	√
4	承包商	√	14	合同价格和支付	√
5	设计	√	15	由雇主终止	√
6	员工	√	16	由承包商暂停和终止	√
7	生产设备、材料和工艺	√	17	风险与责任	风险分担
8	开工、延误和暂停	开工日期、竣工和进度安排	18	保险	特殊风险
9	竣工试验	设计—建造	19	不可抗力	保险
10	雇主的接收	运营服务	20	索赔、争端和仲裁	√

注：√为与新黄皮书标题相同。

2.3.4　基本特点

金皮书与新黄皮书合同条件有很多条款都是一样的。例如，其中使用了一些与新黄皮书合同条件相同的术语和定义、业主代表要在合同签订前指定、业主代表将有权代表业主做出决定，但无权解除合同双方的任何责任。除非争端裁决委员会（DAB）的决议改变了业主代表的决定，否则，其决定的约束力将一直有效等规定。由于金皮书合同期在设计—建设期的基础上加上了运营服务期，因此，其在合同内容与风险分配上，有别于FIDIC新黄皮书。

1. 合同内容上的特点

金皮书与新黄皮书相比，在内容上的最大的特点是增加了运营服务的条款，这是在FIDIC新黄皮书等系列合同中所没有涉及的，同时金皮书还对风险分担、特殊风险、保险内容的编排进行了调整和使其逻辑性更强。所以金皮书的重点在于运营这个环节上。鼓励承包商、运营商一肩挑，承包商即运营商。新增运营环节的条款主要有以下内容：

（1）增加新的定义，包括"设计—建造""运营服务""终止日期""成本加利润""财务备忘录"以及"特许协议"等。

（2）设计建造工作与运营的衔接，合同中规定了竣工和试运证书颁发的标准。试运证书（与接收证书类似）证明设计建造工作完成，同时也给出了运营服务的开始时间。如果承包商直到"终止日期"还未完成工作，造成严重延误，业主可以终止合同。如果业主延误了运营服务的开工，承包商有权获得经济赔偿。

（3）运营服务。金皮书第10条对运营做出了详细规定，与其他合同条件有本质的区别。规定在中标函发出的28天后，双方商定并签署具有法律约束力的特许协议，该协议授予承包商代表业主运营设备的权力。直到颁发试运证书并开始运营项目后，该特许协议才生效，并且一直到运营服务期满颁发合同完成证书时，保持有效。在运营期内要求承包商按照运营管理系统中商定的运作模式操作，同时也规定承包商应该根据维护计划对设施进行日常维护。

（4）付款。支付条款包括设计建造工作的支付和运营服务的支付。设计建造期间的支付条款与新黄皮书中的规定原则上一致，规定承包商必须在设计建造期竣工以后提交设计建造工作的最终报表。运营服务的最终报表要在运营服务期结束时提交。

（5）财务备忘录。业主能否保证资金方面不出现问题，这对于DBO模式的承包商来说是至关重要的，因此，金皮书明确规定业主必须提供一个包含资金安排详细信息的财务备忘录。

（6）损害赔偿。金皮书不仅规定了设计建造期的误期损害赔偿费，而且规定了无法提供正常运营服务时的损害赔偿。金皮书增加了关于项目产品不能达到合同要求的标准和产出能力时的赔偿处理；赔偿以经济形式支付，并且长期的失败可能导致合同终止。

（7）技术变更。由于DBO模式下合同期通常很长，必须将技术更新这个因素考虑进去，因此，金皮书新增了关于技术变更的条款。

（8）缺陷修复。承包商负责运营，有责任修复缺陷以避免影响正常运营该项目，因此，金皮书中不需要"缺陷通知期"的概念。

（9）资产更换资金。资产更换资金是为运营期间及时更换设备的主要部件而提供的资金（被更换的部件应是在资产更换表中已列明的）。当承包商按此表更换部件后，即可向业主申请支付相应款项。

（10）维护保留金。维护保留金是在运营服务期内为保证承包商按照合同履行其维护责任而扣留其应得款项的一部分。从颁发试运证书开始，每次向承包商支付运营费用时扣留5%，达到合同数据中规定的限额为止。

（11）独立审计。金皮书中建立了一个审计体系以代替业主代表监督审计运营的过程，其工作是检查业主和承包商的绩效，监督双方是否完成了各自要完成的工作。但是审计体系不能发出"指令"或者"决定"，只能监督和提供建议；该机构是由业主委派并用合同中的暂定金额支付此项开支。

（12）合同终止。金皮书中允许业主"为己方便利终止合同"，甚至在运营服务期间也是如此，但是终止的目的不是为了让另一个承包商来完成这些运营。承包商则无权在运营服务期间享有这种权利。

（13）风险与保险。金皮书清晰地区分了导致实物损失或损害的风险和导致财物或工期损失的风险。金皮书中"风险分担"和"特别风险"条款分别是对1999年第一版系列合同条件中的"风险与职责"和"不可抗力"条款全新的修订，不再使用像不可抗力（有多种法律解释）这样的术语。金皮书第19条规定了各种保险应由承包商办理，而不是由业主或者承包商办理。

（14）索赔的时限。金皮书中，对于承包商索赔的时间限制进行了弱化和弹性化，允许争端解决委员会接受延误的索赔，只要承包商能够提出合理的延误理由。

2. 风险分配上的特点

（1）风险条款的编排。对于风险条款，金皮书对传统的 FIDIC 方式做了很多修改，呈现出其自身特点。首先，金皮书将风险事件按逻辑顺序进行排列，即风险—责任—义务—赔款—保险，这是对风险条款的重构。因此，按这个顺序，金皮书的第 17～19 条均是针对风险做出的规定。其次，金皮书将风险事件从多个方面进行了划分，第一层划分是将所有的风险分为普通风险和特殊风险，即第 17 条和第 18 条。第二层划分是对普通风险进行的划分，从时间角度，将风险划分为设计—建造期的潜在风险和运营期的潜在风险；第三个层次从承包商和业主方面进行划分；第四个层次，从结果角度，将风险划分为导致物理损害的风险和导致金融损失的风险。损害风险系指导致物质损失或财产损坏的风险，可以通过投保方式转移；商业风险系指导致任何一方产生财务损失或时间损失的风险，且这些风险在商业上通常无法投保的。金皮书对普通风险的分类见表 2-4。最后，金皮书将上述三种风险分类方式结合起来，对设计—建造期和运营服务期合同双方的风险分配进行了详细的规定。

表 2-4　　　　　　　　　　　　　金皮书对普通风险的分类

第一层面	普通风险和特殊风险（第 18 条"特殊风险"）							
第二层面	设计建造期的风险				运营服务期的风险			
第三层面	承包商风险		雇主风险		承包商风险		雇主风险	
第四层面	损害风险	商业风险	损害风险	商业风险	损害风险	商业风险	损害风险	商业风险
具体条款号	第 17.2 款【设计建造期承包商的风险】		第 17.1 款【设计建造期业主的风险】		第 17.4 款【运营服务期承包商的风险】		第 17.3 款【运营服务期业主的风险】	

（2）风险分担条款分析。本书关注的是 DBO 金皮书中的设计建造期承包商与业主的风险分担的条款，现将有关条款做简要介绍。

1）承包商的风险承担。

第 17.2 款【设计建造期的承包商风险】

除设计建造期的业主风险以外的所有风险（包括工程和货物的照管）都属于承包商设计建造期的风险。

第 17.5 款【工程照管责任】

从工程开工日期起，到签发全部工程的试运行证书为止，承包商应对工程以及货物的照管负全部责任。

第 17.7 款【承包商风险的损害后果】

如果承包商的风险发生并且导致了工程或其他财产或货物受到了损害，则承包商应立即通知业主代表，且应按业主代表的指示弥补此类损失或修复此类损害。所有此类置换、修复或者修正工作发生的费用均由承包商自己承担。

第 17.8 款【责任限度】

除根据金皮书规定的【终止时的付款】、【由承包商保障】、【由业主保障】和【侵犯知识产权和工业产权的风险】的规定外，承包商不向雇主可能遭受的与合同有关的对任何工程的使用的损失、利润损失、任何其他合同损失或任何间接或由之引起的损失或损害。

　　上述四款属于承包商普通风险中的损害风险条款，除合同规定的设计建造期所列的业主应承担的风险外，其他所有的风险都由承包商承担。包括工程和货物的照管及由此导致的风险。照管责任指在合同终止以前，承包商应在整个设计建造期，承担照管全部工程及构成工程的货物的责任。如合同终止，承包商应自终止通知生效时，解除照管工程的责任。同时，对风险损害后果、责任限度进行了明确规定。

　　第17.9款【由承包商保障】

　　承包商应保障和保护业主、业主的人员，以及他们各自的代理人免受与下述有关的一切索赔、损害赔偿费、损失和开支（包括法律费用和开支）：

　　①由于承包商关于工程的设计、施工、竣工或运营和维修导致的任何人员的身体伤害、生病、病疫或死亡，但由于业主、业主的人员或他们各自的代理人的任何疏忽、故意行为或违反合同而造成的除外。

　　②由于下列情况造成的任何财产、不动产或私人财产（工程除外）的损害或损失：由于承包商关于工程的设计、施工、竣工或运营和维修原因导致或引起的；由于承包商、承包商的人员，他们各自的代理人，或由他们直接或间接雇用的任何人的任何疏忽、故意行为或违反合同而造成的。

　　第17.11款【保障责任的分担】

　　当业主风险也导致了所说的损害、损失或伤害时，前面条款所述的承包商对业主的保障责任应相应地减少。同样，当承包商风险也导致了所说的损害、损失或伤害时，前面条款所述的业主对承包商的保障责任应相应地减少。

　　上述两条款是承包商的保障条款，属于承包商普通风险中的商业风险。条款规定承包商应保障业主、业主代理人和他们各自的代理人免受由于承包商的原因导致的财产、人身伤害损失，如果此保障风险也有业主的责任，导致了所述损害、损失或伤害，承包商对业主的保障责任应相应地减少。

　　第17.12款【侵犯知识产权和工业产权的风险】

　　①侵权索赔的定义："侵权"是指对与工程有关的任何专利权、已注册的设计、版权、商标、商品名称、商业秘密或其他知识产权或工业产权的侵权（或被指控的侵权）；"索赔"是指对声称侵权的索赔或诉讼。

　　②保障时限的规定：如果一方当事人在收到此类索赔后28天内未向另一方当事人发出有关索赔的通知，则认为前者已经放弃了获得保障的权利。

　　③承包商的保障义务：承包商应保障和保护业主免遭下面情况导致的任何指控侵权的索赔：a. 由于承包商遵循业主要求而导致业主受到任何指控侵权的索赔；b. 由于业主使用任何工程而导致业主受到任何指控侵权的索赔。承包商还应保障和保护业主免遭以下情况的索赔：a. 承包商对工程的设计、制造、施工或实施而引起的侵权索赔；b. 由于承包商设备的使用而引起的侵权索赔；c. 由于工程的合理使用而引起的侵权索赔。

　　④侵权索赔处理原则：如果一方当事人有权得到保障，则"保障方"可以（自费）为解决索赔进行谈判和进行由此索赔而引起的任何诉讼或仲裁。应"保障方"的要求并在其承担费用的情况下，"被保障方"应该协助对此类索赔进行争辩。"被保障方"（包括其人员）不

应支持承认任何有损于"保障方"的谈判、诉讼或仲裁，除非保障方未能按照"被保障方"的要求进行谈判、诉讼或仲裁。

本款是承包商的知识和工业产权条款，属于承包商承担的普通风险中的商业风险。条款明确规定，在业主要求、使用工程、设计施工、设备使用、工程合同使用的情况下，业主如受到知识和工业产权侵权索赔时，承包商应承担侵权索赔的责任，使业主免受上述情况以及合同约定的其他相关情况引发索赔带来的伤害、损失。

2）业主的风险承担

第17.1款【设计建造期的业主风险】

损坏风险：（a）按合同施工所导致的道路、照明、空气、水或其他公共设施使用权的干扰导致的损害（但由承包商施工方法引起的损害除外）；（b）任何应由业主负责设计或业主要求中包含的工程设计因素的失误、错误、缺陷或遗漏而造成的损失（根据合同应由承包商承担的设计中的此类情况除外）；（c）一个有经验的承包商无法合理预见并做好防范措施的自然力的作用（但在合同数据中指明应由承包商分担的部分除外）。

商业风险：（a）按照合同或者适用的法律分配给业主应承担的财务损失、延误或者损害；（b）业主在现场之地面上、下、上空、内部或穿过现场，行使其建造工程或工程任何一部分的权利时，所带来的损失；（c）为了工程或工程的任何部分，或为了设计、施工或完成工程的目的，使用或占用现场（但承包商滥用或者误用除外）；（d）业主使用和占有永久工程的任何部分导致的损失或损害。

该条款所述为业主的普通风险，该条款表明，在对公共设施行使使用权时、设计中属于业主责任、无法合理预见、按照合同或法律分配、承包商使用或占用现场、业主使用和占有工程的情况下，如果造成损失，业主应承担责任。

第18.1款【特殊风险】

特殊风险包括：战争、敌对行动等风险；叛乱、恐怖活动等风险；雇员罢工等风险；地震、飓风等风险；放射性污染等风险；不可预见的风险。

第18.4款【特殊风险的后果】

如果由于特殊事件，承包商无法依据合同履行他的任何义务，如果承包商遇到上述的特殊风险（战争等风险、不可预见等风险除外），无论是设计建造期还是运营期，承包商不用承担费用风险，业主承担费用风险。

该条款是业主的特殊风险，从上述条款可以看出，如果承包商遇到特殊风险，无论是设计建造期还是运营期（战争风险除外），承包商不用承担费用风险，而由雇主承担。

2.4 国内示范文本简介

2.4.1 编制背景

众所周知，建设项目组织实施有很多方式，工程总承包是国际通行的建设项目组织实施方式之一。自1984年9月国务院印发《关于改革建筑业和基本建设管理体制若干问题的暂行规定》（国发〔1984〕123号）提出在全国推行工程总承包建设项目组织实施方式以来，在国务院有关部门领导下，经过三十多年的努力，我国推行工程总承包取得了快速发展，开展工程总承包的行业已从早期启动的化工、石化等少数几个行业推广到涉及冶金、电力、机械、建材、石油天然气、纺织、电子、兵器、轻工、城市轨道交通等全国大部分领域。实践证明，这种建设项目组织实施方式的推进，不仅有利于调整企业的经营机构，增强综合实力，而且有利于保障工程项目的质量安全、缩短工期，节省投资，提高工程项目的综合效益。

但是，开展工程总承包三十多年以来，我国一直没有可参照执行的《工程总承包合同示范文本》，造成一些工程总承包项目合同内容不完整、责任不明确、执行不到位，给建设工程的质量安全带来了隐患。因此，随着工程总承包的快速发展，并根据当前市场的实际需要，住房和城乡建设部与工商管理总局组织编制了《工程总承包合同示范文本》（以下简称"示范文本"）以明确合同双方的权利和义务，进一步规范市场行为，保证工程总承包项目的质量安全。总体上来说，总包范本体现了以下编制原则。

（1）合法性原则：总包范本严格遵循了《合同法》《建筑法》等法律要求，与国家现行的有关法律、法规和规章相协调一致。

（2）适宜性原则：总包范本根据我国法律法规和工程总承包的实际特点，实事求是地约定了合同条款及内容。

（3）公平性原则：总包范本按照公平、公正原则确定合同当事人的权利和义务。

（4）统一性原则：总包范本的适用范围广泛，适用于包括建筑、市政在内的所有行业的工程总承包项目。

（5）灵活性原则：除法律规定以外的，允许合同当事人在专用条款中进行约定，以提高总包范本的使用面。

2.4.2 适用范围

示范文本适用于建设项目工程 EPC 或其他总承发包方式。工程总承包是指承包人受发包人委托，按照合同约定对工程建设项目的设计、采购、施工（含竣工试验）、试运行等实施阶段，实行全过程或若干阶段的工程承发包。为此，在示范文本的条款设置中，将"技术与设计、工程物资、施工、竣工试验、工程接收、竣工后试验"等工程建设实施阶段相关工作内容分别作为一条独立条款，发包人可根据发包建设项目实施阶段的具体内容和要求，确定对相关建设实施阶段和工作内容的取舍。

示范文本为非强制性使用文本。合同双方当事人可依照示范文本订立合同，并按法律规定和合同约定承担相应的法律责任。

2.4.3 合同结构

示范文本由合同协议书、通用条款和专用条款三部分组成。

（1）合同协议书。根据《合同法》的规定，合同协议书是双方当事人对合同基本权利、义务的集中表述，主要包括建设项目的功能、规模、标准和工期的要求、合同价格及支付方式等内容。合同协议书的其他内容，一般包括合同当事人要求提供的主要技术条件的附件及合同协议书生效的条件等。

（2）通用条款。通用条款是合同双方当事人根据《建筑法》《合同法》以及有关行政法规的规定，就工程建设的实施阶段及其相关事项，双方的权利、义务做出的原则性约定。通用条款共 20 条，其中包括：核心条款 8 条，保障条款 4 条，合同执行阶段的干系人条款 3 条，违约、索赔和争议条款，不可抗力条款，合同解除条款、合同生效与合同终止条款和补充条款各 1 条。

（3）专用条款。专用条款是合同双方当事人根据不同建设项目合同执行过程中可能出现的具体情况，通过谈判、协商对相应通用条款的原则性约定细化、完善、补充、修改或另行约定的条款。

1. 通用条款

通用条款是合同双方当事人根据《建筑法》《合同法》以及有关行政法规的规定，就工程建设的实施阶段及其相关事项，双方的权利、义务做出的原则性约定。通用条款共 20 条，其中包括：

（1）核心条款。这部分条款是确保建设项目功能、规模、标准和工期等要求得以实现的实施阶段的条款，共 8 条第 1 条【一般规定】、第 4 条【进度计划、延误和暂停】、第 5 条【技术与设计】、第 6 条【工程物资】、第 7 条【施工】、第 8 条【竣工试验】、第 9 条【工程接收】和第 10 条【竣工后试验】。

（2）保障条款。这部分条款是保障核心条款顺利实施的，共 4 条：第 11 条【质量保修责任】、第 13 条【变更和合同价格调整】、第 14 条【合同总价和付款】、第 15 条【保险】。其中，在第 13 条中，相关约定在合同谈判阶段仅指合同条件的约定，中标价格并未包括；在第 14 条中，合同总价中不仅包括中标价格，还包括执行合同过程中被发包人确认的变更、调整和索赔的款项。

（3）合同执行阶段的干系人条款。这部分条款是根据建设项目实施阶段的具体情况，依法约定了发包人、承包人的权利和义务，共 3 条第 2 条【发包人】、第 3 条【承包人】和第 12 条【工程竣工验收】。合同双方当事人在实施阶段已对工程设备材料、施工、竣工试验、竣工资料等进行了检查、检验、检测、试验及确认，并经接收后进行竣工后试验考核确认了设计质量；而工程竣工验收是发包人针对其上级主管部门或投资部门的验收，故将工程竣工验收列入干系人条款。

（4）违约、索赔和争议条款。这部分条款是约定若合同当事人发生违约行为，或合同履行过程中山现工程物资、施工、竣工试验等质量问题及出现工期延误、索赔等争议，如何通过友好协商、调解、仲裁或诉讼程序解决争议的条款，即第 16 条（违约、索赔和争议）。

（5）不可抗力条款。第 17 条【不可抗力】约定了不可抗力发生时的双方当事人的义务和不可抗力的后果。

（6）合同解除条款。第 18 条【合同解除】分别对由发包人解除合同和由承包人解除合同的情形做出了约定。

（7）合同生效与合同终止条款。第 19 条【合同生效与合同终止】对合同生效的日期、合同的份数以及合同义务完成后合同终止等内容做出了约定。

（8）补充条款。合同双方当事人对通用条款细化、完善、补充、修改或另行约定的，可将具体约定写在专用条款内，即第 20 条【补充条款】。

2. 专用条款

专用条款是合同双方当事人根据不同建设项目合同执行过程中可能出现的具体情况，通过谈判、协商对相应通用条款的原则性约定细化、完善、补充、修改或另行约定的条款。专用条款的编号应与相应的通用条款的编号相一致。

需要强调的是，由于建设工程总承包有众多的实施方式，如设计—采购—施工/交钥匙工程总承包、设计—施工总承包、设计—采购工程总承包，以及采购—施工工程总承包等。为此，在示范文本的条款设置中，将"技术与设计、工程物资、施工、竣工试验、工程接收、竣工后试验"等工程建设实施阶段相关工作内容皆分别作为一条独立条款，发包人可根据发包建设项目实施阶段的具体内容和要求，确定对相关建设实施阶段和工作内容的取舍。

同时，示范文本为非强制性使用文本。合同双方当事人可依照总包范本订立合同，并按法律规定和合同约定承担相应的法律责任。总包范本为非强制性使用文本。合同双方当事人可依照示范文本订立合同，并按法律规定和合同约定承担相应的法律责任。

由于示范文本主要是针对 EPC 项目结合国内实际而制定的，为此我们以银皮书为参照，将示范文本与银皮书的条款结构进行对比，见表 2-5。

表 2-5　　　　　　　　　　示范文本与银皮书条款结构对比

款号	银皮书	示范文本	款号	银皮书	示范文本
1	一般规定	√	11	缺陷责任	质量保修责任
2	雇主	发包人	12	竣工后试验	工程竣工验收
3	雇主的管理	承包	13	变更和调整	变更和合同价格调整
4	承包商	进度计划、延误和暂停	14	合同价格和付款	合同总价和付款
5	设计	技术与设计	15	由雇主终止	保险
6	员工	工程物资	16	由承包商暂停和终止	违约、索赔和争议
7	生产设备、材料和工艺	施工	17	风险与职责	不可抗力
8	开工、延误和暂停	竣工试验	18	保险	合同解除
9	竣工试验	工程接收	19	不可抗力	合同生效与合同终止
10	雇主的接收	竣工后的试验	20	索赔、争端和仲裁	补充条款

注：√为与银皮书标题相同。

2.4.4 基本特点

由于我国属于成文法（也称大陆法、法典法），合同条件属成文法合同，不同于案例法（也称英美法、平衡法）。因此，示范文本与银皮书相比较，突出了与我国法律法规紧密衔接的特点。在合同内容、风险分配上都有自己的特点。

1. 合同内容上的特点

（1）不可预见的物质条件：示范文本并未做专款约定，依据我国法律规定，不可预见的物质条件应由雇主负责。

（2）不可抗力条款：在表述上，并未像银皮书那样对某些不可抗力的典型事件列举，依据1.1.51项的规定，由双方在专用条款中约定。条款更加简约，同时，合同当事人双方根据工程具体情况约定，对合同双方则具有更大的选择自由空间。

（3）竣工资料提交：按照国际惯例以及银皮书的规定，竣工资料在实施过程提交，是期中付款的条件。示范文本则规定，工程竣工验收时提交完整的竣工资料。

（4）竣工后的试验次数的规定：按照国际惯例，未能通过竣工后的试验可再进行 1 次，共 2 次。而我国行业惯例共 3 次。

（5）竣工验收规定：示范文本不存在承包商参加竣工验收的规定。因为我国国企有其上级主管部门，法律规定雇主组织其上级及政府有关部门参加竣工验收。私人企业和外企一般没有该过程。

（6）竣工结算、最终结算规定：在竣工结算、最终结算时，承包商应根据本合同规定，认为还应得到的款项单独列表说明因由和估算，过期免责。我国规定签订质量保证责任书，提交完整的竣工资料，办理竣工验收和竣工结算，没有最终结算的规定。我国合同法规定，免责不能免去给对方造成的经济损失。

（7）缺陷修复期规定：缺陷修复期为 1 年，缺陷通知期延长，最多 2 年。缺陷修复期满，办理最终结算。我国规定缺陷修复期，一般是 1 年。在质量保证责任书中还规定了不同工程部位的保修期限、工程使用寿命期的责任。示范文本约定了缺陷修复保证金、缺陷修复期的延长，最长不能超过 2 年。

（8）数据资料的约定：示范文本将银皮书中的"数据资料"划分为设计阶段的项目基础资料和施工阶段的施工障碍资料加以表述，并分别加以约定。

2. 风险分配上的特点

示范文本在风险分配上，结合我国法律法规对银皮书的风险分配有些地方做了重新调整，具体表现在以下条款。

（1）第 5.2.1 项【发包人的义务】（项目基础资料规定）。示范文本规定，发包人应按合同约定、法律或行业规定，向承包人提供设计需要的项目基础资料，并对其真实性、准确性、齐全性和及时性负责。这一规定与我国《合同法》《建设工程质量管理条例》《建设工程施工合同（示范文本）》的有关规定相一致。而银皮书规定：发包人（业主）提供的项目基础资料（除不能变的）及现场数据（地质水文气象地理环境）资料，只供承包商参考，承包商负责解释并核实。发包人对其准确性、正确性、完整性不承担责任，将风险全部转移给承包商。

（2）第 7.1.7 款【提供施工障碍资料】（施工现场障碍性资料规定）。示范文本规定，业主应按合同约定和适用法律规定，在设计开始前，提供与设计、施工有关的地上、地下已有的建筑物、构筑物等现场障碍资料，并对其真实性、准确性、齐全性和及时性负责。因提供的资料不真实、不准确、不齐全、不及时，造成承包人的设计停工、返工和修改的，业主应按承包人额外增加的设计工作量赔偿其损失。造成工程关键路径延误的，竣工日期相应顺延。这与《建筑法》《建设工程施工合同（示范文本）》的有关规定相一致。银皮书则规定，业主提供的现场数据（指地质、水文、地理环境和气象资料）只供承包商参考，由承包商负责对其解释并核实，业主将风险全部转移给了承包商。

（3）第 7.2.6 款【施工过程中需通知办理的批准】（承包人在实施过程中对公用设施影响规定）。示范文本规定，承包人在施工过程中因增加场外临时用地，临时要求停水、停电、中断道路交通，爆破作业，或可能损坏道路、管线、电力、邮电、通信等公共设施的，承包商应通知业主办理相关申请批准手续。这一规定与《建筑法》相一致。银皮书第4.14款【避免干扰】则规定，工程项目在实施过程中，可能对场外公用设施造成临时停水、停电、中断道路交通或损害的，承包商应保障并保持雇主免受因任何此类不必要或不当的干扰造成任何损害赔偿费、损失和开支（包括法律费用和开支）的伤害，即其责任应由承包商负责。

（4）第6.4款【运输与超限物资运输】（超限物资运输道路的特殊措施规定）。示范文本规定，运输途中特殊措施费用及联系、赔偿由业主负责。而银皮书关于超限物资运输道路特殊措施规定，承包商应保障并保持雇主免受因货物运输引起的所有损害赔偿费、损失和开支（包括法律费用和开支）的伤害，并应协商和支付由于货物运输引起的所有索赔，将其责任以默示原则转移给承包商。

示范文本除上述在风险分配方面的特点外，主要还有以下的特点。

（5）第8.1.1项【承包人的义务】（竣工资料交付规定）。示范文本规定，工程竣工验收时提交完整的竣工资料。银皮书则规定，竣工资料在实施过程提交，是期中付款的条件。

（6）第14.1.1款【合同总价】（合同价格充分性的规定）。示范文本没有合同价格充分性的描述。我国法律是以事实为根据，合情合理的会得到法律救助，而银皮书4.11款【合同价格】则规定，包含正确设计、实施和完成工程、修补缺陷；"已取得了对工程产生影响和作用的有关风险和其他情况的资料，对任何未预见到的困难和费用不调整；"就是说，以此"允诺"为原则，增加了承包商的风险。

（7）不可预见的物质条件规定。我国法律对此有明确的规定，如遇此种情况按照法律规定处理，由雇主负责。而银皮书第4.12款【不可预见的困难】则规定，对承包商施工时遇到不可预见的困难时，如造成工期拖延和经济损失，其责任全部由承包商承担。

（8）第6.2款【检验】（试验的规定）。因为在我国有关法律中对此尚无相关规定，为此，示范文本没有此项约定。而银皮书第7.4款【试验】则规定，本款适用于竣工后的试验（如果有）以外的合同规定的所有试验。业主有权以变更方式改变试验地点，增加附加试验细节，经重新试验不合格的，承包商承担其费用增加和竣工日期延误的责任。

2.5 EPC合同文本对比

EPC各个合同文本是根据不同国家法制环境差异、市场业主的不同需求，不同的承包工程类别而编制的，因此，各版本之间存在有许多显著性的差异。现将本书所介绍的常用EPC各个合同文本做综合对比，彰显其同与不同，见表2-6和表2-7。

表2-6　　　　　　　　　　广义EPC合同文本主要方面比较

序号	名称	合同范围	执行主体	成本和工期	业主参与度
1	新黄皮书	设计、提供设备和施工	承包商	没有确切要求	业主提供要求
2	银皮书	设计、采购、施工到交钥匙	承包商	成本、工期固定	业主参与少
3	金皮书	设计、采购、施工、运营到移交	承包商	运营时间长	业主提供要求
4	示范文本	设计、采购、施工	承包商	成本、工期固定	业主参与少

表 2 - 7 　　　　　　　　　　　　　EPC 合同条款结构对比汇总

款号	新黄皮书	银皮书	金皮书	示范文本
1	一般规定	√	√	√
2	雇主	√	√	发包人/代表/监理人
3	工程师	雇主管理	雇主代表	承包人
4	承包商	√	√	进度计划、延误和暂停
5	设计	√	√	技术与设计
6	员工	√	√	工程物资
7	生产设备、材料和工艺	√	√	施工
8	开工、延误与暂停	√	开工日期、竣工和进度安排	竣工试验
9	竣工验收	√	设计—建造	工程接收
10	雇主的接收	√	运营服务	竣工后试验
11	缺陷责任	√	检验	质量保修责任
12	竣工后的检验	√	缺陷	工程竣工验收
13	变更和调整	√	√	变更和合同价格调整
14	合同价格和支付	√	√	合同总价和付款
15	雇主提出终止	√	√	保险
16	由承包商暂停和终止	√	√	违约、索赔和争议
17	风险与责任	√	风险分担	不可抗力
18	保险	√	特殊风险	合同解除
19	不可抗力	√	保险	合同生效与合同终止
20	索赔、争端与仲裁	√	√	补充条款

注：√为与新黄皮书相同。

第3章 合同管理概述

EPC 项目投资额大、技术复杂、管理难度大、建设周期长，尤其是国际项目参与具有多方多国性，面对不同的经济环境、政治环境、自然环境和法律环境，承包商要认真研究 EPC 合同，加强合同管理，有效地规避风险。在项目管理中，合同管理是一个较新的管理职能，通过总承包市场的实践，人们越来越清楚地认识到，合同管理在工程项目管理中的特殊地位和作用。

3.1 合同管理原理

3.1.1 合同管理定义

EPC 合同管理是指在 EPC 工程总承包实践活动中，总承包商对自身为当事人的合同依法进行订立、履行、变更、解除、转让、终止以及审查、监督、控制一系列行为的总称，其中订立、履行、变更、解除、转让、终止是合同管理的环节，审查、监督、控制是合同管理的手段。"审查"就是按照法律法规以及当事人的约定对合同的内容、格式进行审核，审查是 EPC 工程总包项目签约前总承包商对合同管理的重要手段；"监督"是指总承包商依照当事人双方约定的合同条款以及法律、行政法规规定，对执行合同过程中的指导、协调、检查；"控制"是指总承包商在经营活动中的检查、了解组织项目活动的进展情况，对实际工作与计划工作所出现的偏差加以纠正，从而确保整个计划及组织目标的实现。监督和控制手段主要用于 EPC 项目履约阶段的合同管理。合同管理必须是全过程的、系统性的、动态性的。合同管理的本质是以合同为依据，保证自己一方的最佳利益，实现项目管理目标，同时尽量考虑和实现双赢或多赢，促进持续发展。

3.1.2 合同管理与项目管理的关系

合同管理与项目管理之间有着密切的关系。合同管理是工程项目管理的一个重要组成部分，它必须融于整个工程项目管理之中，要实现工程项目的目标，必须对全部项目、项目实施的全部过程和各个环节、项目的所有活动实践进行有效的合同管理，合同管理与其他管理职能密切结合，共同构成工程项目管理系统。就传统的合同管理理论而言，工程项目合同管理的工作流程与工程项目管理流程有一定的区别，因为承包商的工程项目管理工作范围更为广泛，周期更长，工作内容更为细致和具体，而且该工作流程中尚未有包括招投标，即合同形成阶段的管理工作，两者的区别有以下几点。

（1）合同管理是项目管理的起点。工程项目管理是以合同管理作为起点的，进入工程项目，如何对项目进行有效的管理？首先要对合同文件进行认真分析、明确合同规定的责任和义务，制定工程项目的进度、质量、费用的控制点，实现合同目标。为此，合同管理控制着整个工程项目管理工作。

（2）合同管理本身具有特定的、独立的管理职能和过程。它由合同策划、合同分析、合同文件解释、合同控制、索赔管理以及争议处理等组成，它们构成了工程项目合同管理的子系统。这些管理职能在传统项目管理理论中是不存在的。

（3）合同管理与其他管理职能的关系。合同管理与计划管理、成本管理、组织和信息管理之间存在密切的联系，两者之间的这种联系既可以看作是工作流程，即工作处理顺序关系；又可以看作是信息流，即信息流通和处理的过程。

当今，合同管理是市场经济条件下现代的工程总承包企业管理的一个核心内容，它不再是简单的要约、承诺，突破了传统合同管理理论，而是一个全过程、全方位、科学的管理。

对市场来说，合同管理的重要性在于：实现总承包企业对市场的承诺，承担社会责任，体现总承包企业的诚信，提升企业的品牌和形象，使总承包企业更牢固地立足于市场，实现可持续发展。对总承包企业而言，合同管理的重要性在于：使总承包企业的生产经营与国内外市场接轨，满足国内外建设市场的需要，提高总承包企业适应市场和参与市场竞争的能力；同时，使总承包企业在履约过程中维护自身的合法权益，避免和减少企业损失，提高总承包企业的经济效益。合同管理在工程建设项目管理过程中正在发挥越来越重要的作用，成为项目管理的灵魂与核心。

3.1.3 合同管理的意义

国际上从 20 世纪 70 年代开始，随着工程项目管理理论的研究和实际经验的积累，人们越来越重视合同管理。80 年代，人们主要是从合同事务管理角度进行研究和探讨。到 20 世纪 80 年代后期，人们开始更多的是从项目管理的角度对合同管理加以研究。进入 21 世纪后，合同管理已成为工程项目领域的重要分支领域和研究热点，它将工程项目管理的理论研究和实践应用推向了新的阶段。

随着经济建设的发展，现在人们越来越清楚地认识到合同管理在项目管理中的特殊地位和作用，认为合同管理对项目的进度控制、质量管理、成本管理有着总控制和总协调的作用。国外许多工程项目管理公司（咨询公司）和大型工程承包企业都十分重视合同管理工作，将合同管理看作是项目管理的灵魂和核心，不但作为工程项目管理中与成本（投资）、工期、组织等管理并列的一大管理职能，而且将其融入到项目管理的各项管理职能之中。在市场竞争日趋激烈的今天，投资结构多元化等因素使工程建设合同利润逐渐减少，而合同风险不断增大，合同条件日趋苛刻。EPC 工程总承包商加强合同管理的意义是不言而喻的，承包商要想顺利完成项目，就要加强合同管理。合同管理是承包企业发展战略及生产经营和管理活动的核心内容，企业的一切行为都必须围绕合同来进行。合同如果出现问题而导致风险，必然会影响总承包企业的利润和今后的发展。合同是企业的"利润之舟"，经营企业就是在经营合同，执行合同是经营活动的主线。承包商企业应尽力以合同的方式寻求获得最大利益，同时保障企业尽量少地承受风险。

总之，合同管理的重要意义在于通过全过程的、系统性的、动态性的合同管理以准确、按时、履行自己的责任和义务，保证自身权益；同时监督其他方的履约责任，加强沟通与合作，保证合同顺利完成，达到合同管理目标。

3.1.4　合同管理的内容

按照工程项目的建设过程，合同管理可划分为招投标阶段的合同管理（合同风险评估、招标文件审核、合同谈判和签订）、履约阶段的合同管理（合同交底、合同管理制度制定、合同索赔、合同变更管理、合同终止索赔等）、收尾阶段的合同管理（文件归档、合同后评价）等。合同管理的范围是很宽泛的，涵盖了承包工程所覆盖的全部领域，包括主合同的各个环节所涉及的单元及子项工程，也包括主合同派生的各分包、采购、运输、保险、融资、劳务、技术服务、知识产权使用许可等各类合同。为此，从 EPC 合同的特点分析，其合同管理还可以划分为两个层次，一是作为项目的总承包商与项目业主之间的合同管理，即主合同管理，这时总承包商为承包人，业主为发包人；二是总承包商与分包单位之间的合同管理，即总承包商对分包的合同管理，这时总承包商是发包人，分包单位是承包人。

3.1.5　合同管理的特点

（1）合同实施风险大。对于国际工程而言，EPC 工程总承包项目，由于项目所在国的经济环境、政治环境、自然环境、法律环境各自不同，承包商承担的不可控制和不可预测的风险很多。相对地，业主占有得天独厚的地理、环境优势。因此，承包商在国际工程承包合同的实施过程中困难重重、风险很大。

（2）合同管理工作时间长。一般 EPC 项目建设周期都比较长，加上一些不可预见的因素，合同完工一般都需要两年甚至更长时间。合同管理工作必须从领取标书直到合同关闭，长时间内连续地不间断进行。

（3）合同管理变更、索赔工作量大。对于国际 EPC 总承包工程而言，大多是规模大、工期长、结构复杂的工程项目。在施工过程中，由于受到水文气象、地质条件变化的影响，以及规划设计变更和人为干扰，工程项目的工期、造价等方面都存在着变化的因素。因此，超出合同条件规定的事项可能层出不穷，这就使得合同管理中变更索赔任务很重，工作量很大。

（4）合同管理的全员性。EPC 合同文件一般包括合同协议书及其附件、合同通用条款、合同特殊条款、投标书、中标函、技术规范、图纸、工程量表及其他列入的文件，在项目执行过程中所有工作已被明确定义在合同文件中，这些合同文件是整个工程项目工作中的集合体，同时也是所有管理人员工作中必不可少的指导性文件，是项目管理人员都应充分认识并理解的文件。因此，承包商的合同管理具有全员参与性。

（5）合同管理涉及更多的协调管理。EPC 工程总承包项目往往参与的单位多，通常涉及业主、总包、合作伙伴、分包、材料供应商、设备供应商、设计单位、运输单位、保险单位等十几家甚至几十家单位。合同在时间上和空间上的衔接和协调极为重要，总承包商的合同管理必须协调和处理各方面的关系，使相关的各个合同和合同规定的各工程合同之间不相矛盾，在内容、技术、组织、时间上协调一致，形成一个完整、周密、有序的体系，以保证工程有秩序、按计划地实施。

(6) 合同实施过程复杂。EPC 工程总承包项目从购买标书到合同结束，从局部完成到整体完成往往要经历几百个甚至几千个合同事件。在这个过程中如果稍有疏忽就可能导致前功尽弃，造成经济损失。所以总承包商必须保证合同在工程的全过程和每个环节上都顺利完成。正是由于总承包工程合同管理具有风险大、任务量大、实施过程复杂、需要全员参与和更多的管理协调的特点，决定了 EPC 工程总承包合同管理要有自己的特点。

3.1.6　合同管理制度发展

本节主要介绍国内合同制度的发展历程。我国工程合同管理制度的创立经过了长期过程，大致分为以下几个阶段。

1. 制度萌芽阶段

新中国成立后，建设工程合同制度的思想较早地体现在国家建设委员会于 1955 年颁布的《建筑安装工程包工暂行办法》之中，办法明确了建设单位发包给国营、地方国营建筑安装企业的建筑、安装工程的发包、承包、施工和竣工工程等结算手续的办法。该暂行办法将包工合同分为全部建筑安装工程量所签订的合同和年度工程签订的合同，规定发包人和承包人在进行建筑、安装工程前必须签订年度合同。对工程预付款也有明确的规定，例如，工期在三个月以上者，预付款不得超过建安工作量的 30%，工期在三个月以内者，不得超过50%。此外，还规定了施工单位按工程预算成本的 2.5% 收取法定利润等。这个文件为我国第一个五年计划建设中承发包双方协作，搞好工程建设创造了条件，同时也是我国工程建设合同制度的萌芽。文化大革命期间，建筑业的发展遭受严重挫折，之前建立的承发包制度、定额管理制度等被废除，建设工程合同制度不进反退。

2. 制度创建阶段

改革开放以后，1979 年 4 月 20 日国家建委发出《关于试行基本建设合同制的通知》，认为必须坚持按经济规律办事，采取经济方法，充分运用合同来管理基本建设，并于同日发布《建筑安装工程合同试行条例》《勘察设计合同试行条例》。1983 年 8 月 8 日，国务院颁布了《建设工程勘察设计合同条例》，该条例提出了基本建设推行合同制的意见，自此，我国基本建设全面推行合同制。同日，国务院还颁布了《建筑安装工程承包合同条例》，规定了承包合同应当具备的条件。

1987 年 2 月 10 日城乡建设环境保护部、国家工商行政管理总局印发了《关于加强建筑市场管理的暂行规定》，从市场主体角度制定了相应标准，成为我国较早的市场准入规则。

1992 年 12 月 30 日建设部颁布了《工程建设招投标管理办法》《建设工程施工合同管理办法》（建建〔1993〕78 号）。1996 年 7 月 25 日原建设部印发关于《建设工程勘察设计合同管理办法》《建设工程勘察合同（示范文本）》《建设工程设计合同（示范文本）》的通知（建设〔1996〕444 号）。由此，我国开始建立了较为系统、相对完整的建筑市场管理体系，为建设工程合同管理工作创造了良好的法制环境。

3. 制度成熟阶段

1998 年 3 月 1 日起实施的《中华人民共和国建筑法》，1999 年 10 月 1 日起实施的《中华人民共和国合同法》，2000 年 1 月 1 日实施的《中华人民共和国招标投标法》等法律法规确定了承包企业市场准入制度、施工许可制度、禁止违法分包和转包制度、竣工验收制度、承包人优先受偿权制度等，明确了合同双方当事人的法律地位和权利、义务、责任，建设工程合同制度得到进一步的发展和健全。为了规范承发包双方的合同行为，规范合同条款格式，1999 年 12 月国家工商局与原建设部编制了《建设工程施工合同（示范文本）》（GF－1999－0201）、2003 年 8 月 12 日颁布《建设工程专业分包合同（示范文本）》（GF－2003－0213）、《建设工程劳务分包合同（示范文本）》（GF－2003－0214）。

此后，2005 年 1 月 1 日施行《最高人民法院关于审理建设工程施工合同纠纷案件适用法律问题的解释》；2005 年 4 月劳动和社会保障部、建设部、全国总工会印发了《关于加强建设等行业农民工劳动合同管理的通知》（劳社部发〔2005〕9 号）；这些标准文件以及违法行为记录公告办法，进一步规范了建设工程合同管理，为政府有关部门加强建设市场的监管提供了依据，大大推动了建设工程合同管理制度的健康运行。

此外，国务院以及各部委为保障建设工程质量、安全等工作，还制定了一系列法律、法规和规章，如《建设工程质量管理条例》《建设工程安全生产管理条例》《建设工程发包与承包计价管理办法》《建设工程施工许可管理办法》《建筑师执业资格制度暂行规定》等。上述这些法律法规进一步健全了建设工程合同与管理制度，确立了承包主体必须是具有相应资质等级的勘察单位、设计单位施工单位制度、招标投标制度、建设工程合同应当采用书面形式制度、禁止违法分包和转包制度、竣工验收制度、承包人优先受偿权制度、质量管理制度、安全生产制度、项目经理资质管理制度、劳动用工合同制度等各方当事人的法律地位和权利、义务、责任，对提高建设工程质量起到了极大的推动作用。

4. 制度发展阶段

2014 年住房和城乡建设部下发《关于推进建筑业发展和改革的若干意见》（建市〔2014〕92 号），提出切实转变政府职能，全面深化建筑业体制和机制改革。其中，在建立统一开放的建筑市场体系和强化工程质量安全管理内容中，分别提出进一步开放建筑市场、推进行政审批制度改革、改革招投标监管方式、推进建筑市场监管信息化和诚信体系建设、完善监理制度、强化建设单位行为监管、加强勘察设计质量监管、落实各方主体的工程质量责任、完善工程质量检测质量和推进质量安全标准化建设等内容，为全国工程合同管理的长远发展奠定了更加坚实的基础。此前，为了适应建设市场发展的需要，2011 年颁布了《建设工程总承包合同示范文本》（GF－2011－0216）以及颁布《标准设计施工总承包招标文件》（2012 年版）；2013 年修订了《建设工程施工合同示范为本》（GF－2013－0201），并下发对《建设工程分包合同示范文本》《建设工程劳务分包合同示范文本》修订的征询意见稿。2017 年住房和城乡建设部发布第 1535 号公告，批准《建设项目工程总承包管理规范》（GB/T 50358—2017）为国家标准。预示着我国建设工程合同管理工作迈入新阶段。

3.2　合同关系体系

3.2.1　主合同的关系体系

从业主的角度，围绕业主有第一层次的合同内容，如图 3-1 所示。在 EPC 总承包合同模式下，业主通过 EPC 合同将设计、采购、施工等内容通过交钥匙合同一并交给总承包商，

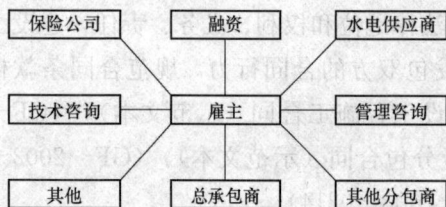

图 3-1　项目干系合同关系体系

并通过邀请招标文件、投标须知以及最后形成的合同文件明确工作范围、工期、质量、验收、设计施工标准的使用、培训等。工程保障性内容如项目的征地、水电的服务等，也都是通过合同条款和内容予以落实的。业主层面的合同内容和合同体系，构成了第一层总承包合同关系。

3.2.2　分合同的关系体系

围绕着总承包商的项目干系人与总承包签署一系列合同就组成了 EPC 合同体系和 EPC 总承包行业的价值链体系。总承包商作为 EPC 合同主要执行者、责任者和风险管控者，为完成工程项目必须与专业分包商分工合作，分包商是通过合同的纽带与 EPC 总承包商形成经济关系和责任义务关系的。管理这些分包商的平台和依据也是合同。为此，从 EPC 总承包角度看，围绕着总承包商有第二层次的合同内容即分包合同关系体系，如图 3-2 所示。

EPC 工程项目，根据分包合同的内容可以分为以下几类。

（1）设计服务合同：设计服务合同是根据项目要求包括项目前期工程勘察、基本设计、施工图设计、竣工图设计以及现场服务等工作内容。

（2）设备材料采购合同：EPC 总承包需要采购工程的永久设备和材料，在某些行业的 EPC 总承包中，采购合

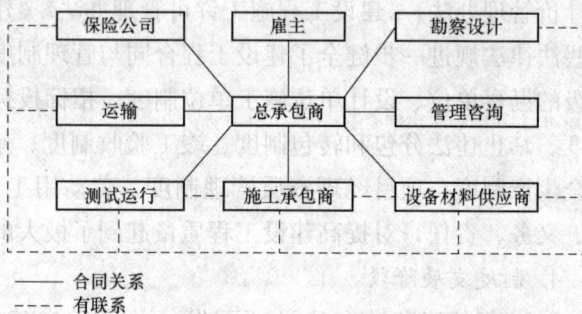

———— 合同关系
- - - - 有联系

图 3-2　分合同的关系体系

同累计金额约占总合同金额的 60% 以上。设备采购合同还包括项目进入安装调试阶段后发现和发生设备丢失、损害和漏采购的补漏、补缺合同。

（3）施工合同：施工分包合同内容主要包括土建、安装以及设备调试和分系统调试期间的耗材等。国外 EPC 总承包施工分包合同较国内工程合同包括的内容更加广泛、合同执行的要求也更高，对施工单位的自身要求也更高。因此，合同范围的界定以及施工合同在分包的审批是合同管理的重点之一。

（4）物流服务合同：EPC 总承包项目需要大宗的设备材料，与国内项目相比，国外项目物流服务工作难度更大。大宗的设备材料往往需要海运，如果条件允许，部分设备材料还可以采用空运和陆路运输。物流合同内容包括设备材料的集港、报关、运输、清关和项目所在地的清关、运输和入库等。

（5）保险服务合同：保险是转移风险的有效措施和防火墙，在 EPC 总承包项目中应按照合同规定投保。如建筑工程一切险、施工机具险、人员保险、车辆保险、设备材料运输险、第三方责任险等。明确保险数额、索赔流程和支撑性文件是此类合同管理的一个重点。

（6）管理服务合同：视 EPC 总承包商自身和项目的需要，需要加强某方面的管理和协调力量，采用管理服务合同方式引入专业队伍，确保管理有效。例如某项目，为确保当地政府和相关部门对消防系统设备和系统安装审查一次通过，通过管理咨询方式邀请项目所在地

有经验的消防设计审查咨询公司帮助完成图纸和设备选型的审核工作。

（7）其他服务性合同：调试、性能性试验、运行服务合同是根据 EPC 合同的约定，总承包商通过调试、性能性试验、运行服务合同引进专业公司来完成上述工作的，劳动服务合同是根据现场管理需要，临时邀请项目人员的方式进行的，如邀请翻译、律师。

3.3　合同管理的原则与方法

3.3.1　合同管理的原则

就国内建设工程合同管理而言，应遵循以下原则。

（1）依法管理原则：合同管理应以法律为依据，只有以合法为前提进行合同管理，才能切实保障业主的根本利益，促进工程的顺利建设。与建设工程合同管理密切相关的法律概括起来有两类，一类是包括《物权法》《合同法》在内的民事商事法律，一类是包括《建筑法》《招投标法》在内的经济法。合同管理人员应熟知以上法律并能能够较为熟练地应用，以保证合同条款的合法性，从而才能保证条款的有效性。法律赋予业主的权利和利益是业主最根本的利益，如合同条款因违法而无效，则业主的根本利益就没有任何保障了。

（2）科学管理原则：合同管理应以建设工程的实际情况为出发点和突破点，保证建设工程在实现质量、进度、成本三大目标的前提下顺利竣工并投入使用。合同管理应根据建设工程的实际情况制订出科学的合同管理方案，编制出操作性较强的合同条款，并且，工程在质量、进度、成本方面的目标应是包括合同管理工作在内的所有工程管理工作的纲领，任何合同甚至任何合同条款都应体现和贯彻以上目标，只有如此，合同管理才会在建设工程项目管理中发挥出较大的推进作用。

（3）预防为主原则：合同管理应以预防为主，减少甚至避免索赔、争议纠纷以及其他合同风险的发生。提前发现、提前预防是进行合同风险控制的有效方法之一，承包商应综合考虑项目管理过程中的各种风险，并尽可能制定出相应的风险控制方法并体现在具体合同条款中。同时，应确保合同条款的明确、具体，避免歧义和含糊。

（4）保障权利义务原则：最大限度地将建设工程参建各方的权利、义务及责任纳入到合同管理的范围中，使参与项目建设的任何一方都能以合同为依据，享有权利，履行义务，共同保证建设工程的顺利竣工和投入使用。

3.3.2　合同管理的方法

1. 合同总体策划方法

（1）合同总体策划概念。要对工程合同进行有效的管理，保证工程目标的顺利实现，无论是业主或总承包商（相对分包项目），首先都要对所计划建设的工程合同进行总体策划，以确定对整个工程项目有重大影响的带有根本性和方向性的合同问题，就以下合同问题做出决策。如项目应分解成几个独立合同及每个合同的工程范围？采用何种委托方式和承包方式？合同的种类、形式和条件？合同中一些重要条款的确定，合同签订和实施时对重大问题的决策，工程项目各个合同的内容、组织、技术、时间上的协调处理等。对上述所有问题所进行的谋划与布局就是合同总体策划。合同总体策划过程主要包括以下工作：项目分解结构、工程承发包策划、招标方式的选择、合同种类和合同条件的选择、合同风险策划、合同体系协调等等。

(2) 合同总体策划依据。在工程总体策划过程中，应对项目相关的各种因素予以考虑。这些因素可以分为项目特点、发包人信息、承包商信息以及项目所处环境四个方面。

1) 项目特点包括工程的类型、规模、特点，技术复杂程度、工程技术设计准确程度、工程质量要求和工程范围的确定性等因素。

2) 发包人信息包括发包人的资信、资金供应能力、管理水平和具有的管理力量，发包人的目标以及目标的确定性，期望对工程管理的介入深度等。

3) 承包商信息包括承包商的能力、资信、企业规模、管理风格和水平、目前经营状况、过去同类工程经验等。

4) 环境项目所处包括工程所处的法律环境，建筑市场竞争激烈程度，物价的稳定性，地质、气候、自然、现场条件的确定性，资源供应的保证程度等。

(3) 合同总体策划原则。合同总体策划原则有以下六个方面。

1) 保证总目标实现原则。合同总体策划的目的是通过合同保证项目总目标的实现。

2) 合同总体策划要符合《合同法》基本原则。

3) 系统性和协调性原则。总体策划应有系统性和协调性。通过合同总体策划保证整个项目计划与各项目工作全面落实。

4) 创造性原则。能够发挥各方面的积极性和创造性，保证各方面能够高效地完成工程。

5) 发挥主导原则。发包人是承包市场的主导（总承包人是分包市场的主导），在合同总体策划、发包、合同签订中是主要方面。

6) 理性思维原则。发包人（或总承包商）要有理性思维，作为理性的发包人，应认识到合同总体策划不是为了自己，而是为了项目的总目标而实施的。

(4) 合同总体策划程序。合同总体策划包括以下程序。

1) 进行项目的总体目标和战略分析。研究企业战略和项目战略，确定企业及项目对合同的总体要求。由于合同是实现项目目标和企业目标的手段，所以它必须体现和服从企业和项目战略。

2) 相应阶段项目技术设计的完成和总体实施计划的制订。现在许多工程项目在早期就进行合同策划工作，在 EPC 工程总承包项目中更是如此，在设计任务书完成后就要进行合同策划，然后进行招标。

3) 工程项目结构的分解工作。项目分解结构图是项目发包（或分包）策划最主要的依据。项目的合同体系是由项目的分解结构和发包模式决定的。发包人在项目初期将项目进行结构分解，得到项目分解结构图（图 3-3）。工程项目分解结构图应当是完备的，它应该包括工程项目所有的活动，为项目合同策划的科学性和完备性提供保证。

4) 确定项目的实施策略。包括该项目哪些由组织内部完成，哪些准备委托外包。发包人准备采取的发包模式，它决定发包人面对承包商数量和项目合同体系；对工程风险分配的总体策划；发包人准备对项目实施的控制程度；对材料和设备所采取的供应方式。例如，是由发包人自己采购，还是由承包商采购等。

```
                        ┌──────────┐
                        │ 工程项目 │
                        └──────────┘
      ┌──────────┬──────────┬──────┬──────┬──────────┬──────┐
      ▼          ▼          ▼      ▼      ▼          ▼
 ┌──────────┐ ┌──────────┐ ┌────┐ ┌────┐ ┌──────────┐ ┌────┐
 │可行性研究│ │勘察设计  │ │采购│ │施工│ │ 项目管理 │ │运营│
 └──────────┘ └──────────┘ └────┘ └────┘ └──────────┘ └────┘
```

工程勘察	材料	土建	咨询
方案设计	设备	安装	设计监理
技术设计	系统工程	装饰	施工监理
详细设计		绿化	招标代理

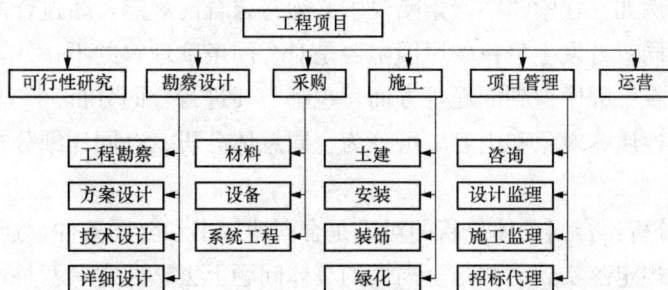

图 3-3　项目分解结构

5) 发包人项目管理模式的选择。例如，发包人是否自己投入管理力量，或采取其他管理方式；将项目分阶段委托（如分别委托设计监理、施工监理、造价咨询等）或采用项目管理承包。项目管理模式与工程的发包模式相互制约，对项目的组织形式、风险分配、合同类型和合同内容有很大的影响。

6) 项目发包策划。由于工程项目分解结构图中的工程活动都要通过合同委托出去，形成项目的合同体系，发包人必须决定对项目分解结构图中的活动如何进行组合，以形成一个个合同，根据发包人不同的项目实施策略，上述活动可以采取不同的发包模式，发包人可以将整个工程项目分阶段（设计、采购、施工等）、分专业（土建工程、施工工程、装饰工程）委托，将材料、设备供应分别委托，也可以将上述活动及各种活动及各种形式合并委托，甚至可以采取设计—采购、采购—施工等总承包。一个项目承包方式是多样性的，将上述活动进行不同的组合就可以得到不同的承发包模式。

7) 进行与具体的相关合同的策划。包括合同种类的选择、合同风险分配策划、项目相关各个合同之间的协调等。

8) 项目管理过程策划。包括项目管理流程定义、项目管理组织设置和项目管理规则制定等。通过项目管理组织策划，将整个项目管理工作在业主、工程师（业主代表）、总承包商、分包商之间进行分配，划分各自的管理范围，分配职责，授予权力，进行协调。这些都要通过合同进行定义和描述。

9) 招标文件和合同的起草。上述工作成果都必须具体体现在招标文件和合同文件中，这项工作是在具体合同的招标过程中完成的。

上述合同策划过程涉及项目管理的各个方面工作，如项目目标、总体实施计划、项目结构分解、项目管理组织设置等。在上述工作中，属于对整个项目有重大影响的带有根本性和方向性的合同管理问题有：(a) 工程的发包策划。即考虑将整个项目分解成为几个独立的合同，每个合同有多大的工程范围等，这是对合同体系的策划；(b) 合同种类的选择；(c) 合同风险分配的策划；(d) 工程项目合同在内容、实践、组织、技术上的协调等。

2. 合同分析与解释方法

(1) 合同分析方法。合同分析是指承包商对合同协议书和合同条件等进行深入分析和深化理解的工作。合同分析不单是许多人认为的只是在合同实施前承包商需要对合同进行分析，作为项目管理的起点，实际上在合同的实施过程中，许多地方也都需要采取合同分析方法进行合同分析。例如，在索赔中，索赔要求必须符合合同规定，通过合同分析可以提供索赔理由和根据；合同双方发生争执的原因主要是对合同条款理解的不一致，要解决争议就需要进行合同分析；在工程中遇到问题等方面，也都需要进行合同分析。

按合同分析的性质、对象和内容，可分为合同总体分析、合同详细分析、特殊问题的合同扩展分析。

1) 合同总体分析：合同总体分析的对象是合同协议书和合同条件，通过合同总体分析，将合同条件和合同规定落实到一些带全局性的具体问题上去，通常有两种情况：一种情况是在合同签订后实施前要对合同进行总体分析；另一种情况是在发生重大的争执处理过程中，例如重大的或一揽子索赔处理中，首先必须对合同进行总体分析。合同总体分析的内容有以下几个方面：ⓐ法律背景分析：承包商了解适用于合同的法律的基本情况（范围、特点等）；ⓑ合同类型分析：按照合同关系可分为工程承包（分包）合同、联营合同、劳务合同等；ⓒ合同文件和合同语言分析：对合同文件的分析主要是对合同范围和优先次序的分析；ⓓ承包商的主要任务分析：主要分析承包商的责任和权力；ⓔ发包人的责任分析：主要分析发包人的合作责任；ⓕ合同价格分析：合同所采取的计价方法及合同价格所包括的范围等等；ⓖ施工工期分析：重点分析工程的开竣工日期、主要工程活动的工期、工期的影响因素、获得工期补偿的条件等；ⓗ违约责任分析：如果合同一方未遵守合同规定，造成对方损失，应受到何种相应的合同惩罚；ⓘ验收、移交和保修分析；ⓙ纠纷和索赔处理条款分析：如纠纷的处理方式和程序、仲裁条款，包括仲裁依据的法律、仲裁地点、方式和程序、仲裁结果的约束力、索赔的程序等。

2) 合同详细分析：为了使工程有计划、有秩序、按照合同实施，必须将承包目标、要求和合同双方的责权利关系分解到具体工程活动中去，这就是合同详细分析。合同详细分析的对象是合同协议书、合同条件、规范、图纸、工作量表等。它主要通过合同事件表、网络图、横道图等方法来定义工程活动，合同详细分析结果最重要的是合同事件表。合同事件表从各个方面定义了合同事件。合同详细分析就是承包商的合同执行计划，它包容了工程施工前的整个计划工作。合同详细分析不仅针对承包合同，还包括与承包合同同级的各个合同的协调，包括各个分合同的工作安排和各分合同之间的协调。所以合同详细分析是整个项目组的工作，应由合同管理人员、工程技术人员、计划师、预算师（员）共同完成。

3) 特殊问题的合同法律扩展分析：在工程承包合同的签订、实施和纠纷处理、索赔（反索赔）中，有时会遇到重大法律问题，通常有以下两种情形，需要进行合同法律扩展分析：①有些问题已经超过了合同的范围，超过了合同条款本身。例如，对干扰事件的处理，有的合同并未规定，或已经构成民事侵权行为，需要进行合同的扩展分析。②如果承包商签订的是一个无效合同或部分内容无效，相关问题必须按照合同所适用的法律加以解决，进行合同扩展分析。

例如，某国一个公司总承包伊朗的一项工程，由于在实施过程中出现许多问题，合同出现大的纠纷和争执，有难以继续履行合同的可能，承包商想解约，提出这四个方面的问题，请法律专家做鉴定：伊朗法律中是否存在合同解约的规定？伊朗法律中是否允许承包商提出解约？解约的条件是什么？解约的程序是什么？法律顾问必须精通适用合同关系的法律，对这些问题的解决提出意见或建议。在此基础上，承包商才能决定处理问题的方针、策略和具体措施。由于这些问题是重大问题，常常关系到承包工程的盈亏成败，所以必须认真对待。

（2）合同解释方法。合同解释是指对合同及其相关资料所做的分析和说明。合同解释有广义和狭义之分。对合同及其相关资料的含义加以分析和说明，任何人都有权进行解释，此即广义的合同解释。狭义的合同解释专指有权解释，即受理合同纠纷的法院或仲裁机构对合同及其相关资料所做的具有法律拘束力的分析和说明。我们这里指的是广义的合同解释。

合同解释的客体是体现合同内容的合同条款及相关资料，包括发生争议的合同条款和文字、当事人遗漏的合同条款、与交易有关的环境因素（如书面文据、口头陈述、双方表现其意思的行为以及交易前的谈判活动和交易过程）等。

合同解释对于解决争议纠纷，判断合同问题是非是具有重要意义的，由于实际工程问题相当复杂、千奇百怪，所以特殊问题的合同分析和解释常常反映出一个工程管理人员对合同的解释水平，对本工程合同签订和实施过程的熟悉程度以及他的经历、处理工程问题的经验，所以这项工作对于工程合同管理人员十分重要。我国《合同法》第126条规定："当事人对合同条款有争议的，应当按照合同所使用的词句、合同的有关条款，合同的目的、交易的性质以及诚实信用原则，确定该条款的真实意思。"但是工程承包合同的内容，签订过程、实施过程是十分复杂的，有其特殊性，对工程合同的解释也十分复杂。

合同解释分为合同出现错误、矛盾的解释，合同出现二义性的解释，合同中没有明确规定的解释这三种情形，其解释原则分别表述如下。

1）合同出现错误、矛盾的解释原则。

①以字面解释为原则；合同条款由语言文字所构成。欲确定合同条款的含义，必须先了解其所用的词句，确定该词句的含义。因此，解释合同必须由文义解释入手，《合同法》第一百二十五条第一款规定，关于当事人对合同条款的理解有争议的，"应当按照合同所使用的词句"来确定该条款的真实意思，就是对这一原则的确认。

②以业主征询意见答复作解释原则；合同解释的根本目的在于确定当事人的真实意思。对此，现代合同法奉行表示主义，即主张按当事人表示出来的意思加以解释，即依据合同用语解释合同。但由于主客观原因，合同用语往往不能准确地反映当事人的真实意思，有时甚至相反，这就要求合同解释不能拘泥于合同文字，而应全面考虑与交易有关的环境因素，可以通过业主征询意见答复作为探求当事人的真意作为解释。

③从合同整体层面解释原则；整体解释又称体系解释，是指把全部合同条款和构成部分看成一个统一的整体，从各条款及构成部分的相互关联、所处的地位和整体联系上阐明某一合同用语的含义。《合同法》第一百二十五条第一款关于按照"合同的有关条款"解释的规定，就是对这一原则的确认。

合同解释要遵循体系解释原则，首先在于合同条款经双方当事人协商一致，自然需平等对待，视为一体；其次，表达当事人意图的语言文字在合同的整个内容中是有组织的，而不是毫无联系、彼此分离的词语排列，如果不把有争议的条款或词语与其上下文所使用的词语联系起来，就很难正确、合理地确定当事人的实际意图；最后，合同内容通常是单纯的合同文本所难以完全涵盖的，而是由诸多其他行为和书面材料所组成（如双方初步谈判、要约、反要约、信件、电报、电传等），其中可能包含对合同文本内容的修订或补充等。因此，在确定某一争议条款或词语的意思的过程中，应将这些材料放在一起进行解释，以便明确该条款或词语的真正意义。

2）合同出现二义性的解释原则。

合同的二义性是指合同中一种表达可以有两种解释的现象。当合同出现二义性问题时，经过上面的分析仍没有得到统一的解释，则可以采取以下原则。

①优先次序原则：合同是由一系列文件组成的，例如，按 FIDIC 合同的定义，合同文件包括合同协议书、中标函、投标书、规范、图纸、工程量表等。各个合同都有一个相应的合同文件优先次序的规定，当矛盾出现在不同文件之间时，则可使用优先次序原则。例如，合同的专用条款、特殊条款优于通用条款；文字说明优于图示、工程说明；规范优于图纸；数字大写优于小写；合同文件有许多变更文件，如备忘录、修正案、补充协议等，以时间最近的优先；手写文件优先于打印文件；打印文件优先于印刷文件。

②对起草者不利的原则：合同的起草者常常是买方（业主或总包）的权利，按照责权利平衡的原则，合同起草者又应承担相应的责任，如果合同中出现二义性，即一个表达有两种不同的解释，可以认为是起草者的失误或认为是他有意设下的陷阱，则应以对他不利的解释为准。我国《合同法》也有相应的规定，例如第 41 条规定：对格式条款的理解发生争议的，应当按通常理解予以解释。对格式条款有两种以上解释的，应当做出不利于提供格式条款一方的解释。格式条款和非格式条款不一致的，应当采用非格式条款。

③合同中没有明确规定的解释原则：在合同执行过程中常会遇到一些合同中没有明确规定的特殊细节问题，它们会影响工程施工、双方合同责任界限的划分，因为在合同中没有明确的规定，所以容易引发纠纷。对此类问题如何解释，通常有以下解释原则：

（a）按照工程惯例解释原则：考虑在通常情况下，本专业领域对这一类问题的处理或解决方法，如果合同中没有明示对问题的处理规定，则双方都清楚的行业惯例能作为合同的解释，例如，标准合同条款可以引用来做解释。《合同法》第一百二十五条第一款对"交易习惯"原则进行了确认。

（b）公平原则和诚实信用解释原则：当事人在合同中没有明确规定，对问题的理解产生争议的，难以解决的，当事人双方应该遵守公平和诚实信用原则办事。例如，当工程规范和图纸规定不清楚时，双方对本工程的材料和质量产生争议纠纷时，则承包商应采取与工程目的和标准相符合的良好材料和工艺。《合同法》第一百二十五条第一款规定的："诚实信用原则"是对这一原则的确认。

（c）按照合同目的解释原则：对合同中没有明确规定的问题，当事人双方对合同理解不同，又不能统一认识时，当事人不能违背、放弃、损害工程目标的实现，不能违背合同的精神，应从实现合同目的为原则对问题进行解释和处理，这是合同解释的一个重要原则。在我国《合同法》第一百二十五条第一款关于"当事人对合同条款的理解有争议的，应当按照合同的目的定该条款的真实意思。"就是对此原则的确认。

3. 合同实施控制方法

(1) 合同实施控制概念。合同实施控制是合同管理的重要方法和手段，是指承包商的管理组织，立足于现场，加强合同交底工作，为保证合同所约定的各项义务的全面完成及各项权利的实现，以合同分析的成果为基准，运用合同监督、合同跟踪、合同诊断、合同措施等方法和手段，达到总协调、总控制的作用。

(2) 合同实施控制方法。

1) 合同监督。合同监督包括以下内容：合同管理人员与其他项目部门人员一起，落实合同实施计划；在合同范围内协调业主、工程师、各职能人员之间的工作关系，对各工作小组和分包商进行工作指导，做经常性的合同解释；会同各职能人员对合同实施情况进行监督，保证自己全面履行合同责任；会同造价工程师对合同价款单进行审查和确认；合同管理工作进入施工现场后，做好合同的变更管理工作；承包商对环境的监控责任。

2) 合同跟踪。合同跟踪是决策的前导工作，通过对合同项目的跟踪可以使合同管理人员对所建项目有一个清楚的认识。合同跟踪的依据是：合同与合同分析的结果；各种施工合同文件、对现场的直接了解。合同跟踪的对象是具体的合同实施工作、对工程小组或分包商的工程和工作进行跟踪；对业主和工程师的工作进行跟踪；对总工程进行跟踪。跟踪中应全面收集并分析合同实施的信息，将合同实施情况与合同实施计划进行对比分析，找出其中的偏差。

3) 合同诊断。对于在跟踪过程中发现的问题要进行及时诊断，合同诊断包括以下内容：合同执行差异分析、合同差异责任分析、合同实施趋向预测。及时通报合同实施情况及存在问题，提出有关意见和建议，并采取相应措施。

4) 合同措施。对于合同实施过程中出现问题的处理，可以从技术方式、经济方式、组织和管理方式和合同方式中加以选择，对实施中出现的问题及时采取措施进行处理。

4. 合同管理绩效评价方法

(1) 合同管理绩效评价概念。合同管理绩效评价是通过对建设项目的各方面进行评价和分析，协调、指挥、处理工程建设各个阶段中出现的重大经济、技术问题，调解、仲裁各种纠纷，化解矛盾，提高效率的重要方法，是建设工程合同管理方法体系中较为重要的一种管理方法和手段。通过合同管理绩效评价，可以对一定时期、一定范围内的建设工程项目所取得的成果进行评价和分析，查找存在的问题和不足，及时发现管理中存在的问题，及时进行纠正、调整、优化合同管理偏差，为今后实施的合同管理工作和工程项目建设提供借鉴和参考。

(2) 合同管理绩效评价特点。合同管理绩效评价具有其特殊性，表现在以下两个方面。

一是评价对象的复杂性。建设工程项目的不可重复性决定了其合同管理的多变性，同时也决定了绩效评价的复杂性。合同管理绩效是合同管理集体工作的成果，也是组织的绩效，在分工合作的情况下，个人绩效对组织绩效会产生重要影响，个人绩效与管理对象是密不可分的。但合同管理将涉及技术部门、管理部门等，因此，合同管理绩效是由多个部门共同作用产生的结果，合同管理绩效评价应针对整个项目进行。

二是绩效表现的复杂性。合同管理绩效是通过结果绩效和行为绩效两个方面表现出来的。合同管理工作实现途径较多，动态性强，很难用一套过程指标衡量活动的整体效果，应从结果绩效和行为绩效两方面衡量。管理结果绩效是指在项目的每个阶段中合同管理目标完成的具体情况，具体表现为每个阶段工程质量、进度和计划目标的偏差。管理行为绩效是指合同管理工作的有效性，其受多种因素的影响，管理行为与合同管理的组织行为（组织结构、组织制度、组织文化、信息管理）是密不可分的。通过管理结果绩效评价可以看出管理实现的成果。评价合同管理行为绩效，有利于提高合同管理的整体水平。因此，在合同管理绩效评价中应充分考虑行为绩效和结果绩效两个方面的内容。

（3）合同管理绩效评价方法。合同管理绩效评价过程复杂，指体系是动态的，结果绩效是可进行定量评价的，而行为绩效的评价则需要用定性指标定量化的方法进行评价。合同管理绩效评价的方法是多样化的，目前，对建设工程项目合同管理绩效的评价常用方法有：调查问卷法、德尔菲法、鱼刺图法、成熟度理论、层次分析法、模糊数学法等，对建设工程项目合同管理的绩效进行综合、定量的分析评价。

3.4　合同管理的组织制度基础

3.4.1　建立有效的合同管理组织

合同管理是整个项目管理的核心。合同管理的任务必须由一定的组织机构和人员来完成。要提高合同管理水平，必须使合同管理工作专门化和专业化，尤其是在国际工程 EPC 项目中应设立专门的机构和人员负责合同管理工作。

合同管理部门的内部组织结构无论何种方式都是依据项目实际的需要而定的。最重要的是为合同管理部门创造良好的外部环境，使得合同事件、文件的传达在项目管理内部得到很好沟通，提高应对能力和反应速度。合同管理人员在项目投标阶段就应成为项目投标组的主要成员，并在总承包公司的职能部门支持下参与项目的投标工作。项目中标后，合同经理应该作为项目管理组的核心成员组织与业主的合同谈判和签署工作，并在合同签署后配合项目经理做好合同交底和项目组全体人员的合同学习。项目实施后，合同部将作为项目经理直接管理的一个重要的核心职能部门。如图 3-4 所示为典型的项目组织机构图。

3.4.2　制定严格的合同管理程序

如前所述，EPC 总承包工程的特点使其合同管理具有全员参与的特点，内部所有部门都会与合同管理部门发生直接联系。合同管理部门的工作需要其他部门支持其管理规定需要其他部门严格执行。毕竟所有工作的目的都是使承包商按照合同要求，在规定的时间和费用内完成建造任务。而合同管理工作程序化是达到上述目的的必由之路。合同管理工作的标准化、规范化使得整个项目管理工作有章可循变得易于协调和沟通，工作效率会得到显著提高。

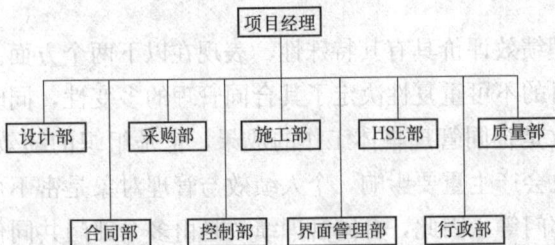

图 3-4　典型的项目组织机构

3.5 合同管理存在的问题与对策

通过实际调查与分析发现,单纯从技术对合同要求的相应度看,无论是在国内市场,还是在国外市场,我国 EPC 承包商都是能够胜任 EPC 项目的,部分技术甚至走在世界前列;但若从项目管理水平角度分析,大部分企业则缺乏有效的管理体系及管理措施,和国际主流承包商差距明显。在合同管理方面上存在诸多问题。

3.5.1 对主要问题的分析

1. 对 EPC 条款缺乏深入了解

国内工程项目的合同是以发包的形式制定的,在制定过程中一些条款有利于发包方,且存在边执行、边修改合同的情况。虽然 FIDIC 编制的合同条款中对国际 EPC 项目的总承包合同具有标准化、示范性的要求,但实际操作时,我国大部分承包商因急于获得项目,仍参考国内做法,寄希望于执行过程中修改合同,在签约时对于合同条款中隐含的风险没有充分重视或视而不见。虽然我国企业走出去执行国际 EPC 项目多年,也通过执行过程积累了经验,交了学费,但整体水平发展速度仍相对缓慢,无法满足风险管理的要求。当然,FIDIC 编制的合同条款作为国际通用性的范本被大部分业主采用,但也存在一些业主采取自制的、非标准化的合同文本,这就要求 EPC 承包商更要全面了解项目所在国的法律法规,及时发现合同中对承包商不利的条款。

2. 合同管理体系和制度建设尚不完善

在一些工程项目中,由于不重视对合同体系的建设,加之项目的管理部门混乱,合同管理程序不够明确,缺乏必要的审查以及对合同管理的控制与监督不到位,我国承包商在国际 EPC 项目的合同管理中即使存在着明显的不公平也不能及时发现。合同管理制度及管理体系的缺失,在实际执行过程中的风险就表现为重复采购、成本超支、款项超付等。

3. 合同管理信息化滞后

随现代信息技术的高速发展与网络技术的普及,现代信息技术在各行各业中的应用越来越广泛,但对于我国承包商而言,由于缺乏对合同归档的重视、缺乏信息化管理的新理念,合同的管理手段极为落后,特别是对于合同的归档管理更显得乏力、分散,也没有明确的规定与程序化的设计。在合同履约过程中并没有严格进行监督与控制,在合同履约完毕后也没有及时进行总结与评价分析,对合同的粗放式管理使得我国国际 EPC 承包商屡屡在合同中吃大亏,有的企业甚至由此走向破产。

4. 合同管理人才缺失

在国际 EPC 项目合同管理中,我国人才缺失十分严重。EPC 项目合同的内容涉及多方面的知识与理论,专业性极强,一般专业人员也需要特别培训及学习才能胜任 EPC 项目合同管理工作。而现实是,具有较强的专业知识、法律知识与工程管理知识的人才在我国国际 EPC 项目合同管理中本就极度匮乏,相关企业对这个问题的重视程度存在较大差异,这也就使得我国承包商缺乏对合同管理人才的系统性培养。

3.5.2 解决问题的有效对策

为了尽快提高我国承包商的工程 EPC 项目的合同管理能力，解决我国承包商在合同管理中常见的问题，应努力采取如下措施：

1. 树立较强的合同管理意识

针对我国承包商在工程 EPC 项目合同管理中存在的法律意识缺失的问题，应将合同管理的时点前置到项目签约时，在 EPC 项目履约全过程树立较强的合同风险管理意识。明确项目执行过程中对合同的遵循和履行，简而言之就是"做工程就是履行合同的过程"。特别是在项目的施工过程中，一定要最大限度遵循合同，承包商一定要熟知合同条款，遇到突发事件或问题，承包商应首先明确事件是否与合同有关，是否是合同中的一个事件，如果这一事件属于合同中的事件，那么该依据合同条款中的哪些约定程序来解决？这些全面的思考可以有效地防止承包商陷入合同纠纷风险中。特别是对任何项目进行决策前，都要从合理性、可行性、经济性、合同效应等方面进行全盘考虑。

2. 在企业内部树立全员参与的合同管理理念

对于合同的全面管理涉及工期、成本、质量、财务、劳务等与工程项目相关的各方面的内容，这就要求企业必须在内部树立全员参与合同管理的新理念，不要将合同管理的责任全部推到合同的管理部门，企业的工程部、财务部、设计部等都必须全员参与，每一名员工都是自身工作职责范围内的合同管理员。

3. 加强对合同实施的过程性管理

对于工程 EPC 项目合同的管理必须重视对其进行过程管理。首先建立清晰的文件管理系统，及时对各项合同文件进行整理与分析，如有必要还必须建立专档，一定要对所有合同事件中的证据准备齐全；其次，加强对合同书面证据的收集，一定要做到有函必回，一定要将所有的与合同相关的承诺落实到书面上，保存证据，以备不时之需；最后，一定要提高相关合同管理人才的引进和培训，帮助本企业尽快建立起一支业务素质过硬、思想素质过硬、理论知识扎实的合同管理人才队伍。

总之，工程 EPC 工程总承包的项目管理已经基本趋于成熟，面对丰富的项目管理经验、成熟的市场条件、规范的合同文本设计、精细化的合同管理等都为我国企业走出国门带来了巨大的挑战与机遇。我国一些承包商在承揽了国际 EPC 项目后由于种种原因出现了亏损，绝大部分都可追溯至 EPC 合同签约阶段缺乏对关键条款的理解，因此必须在签订合同前要审查 EPC 合同的条款，将合同中潜在的风险列出清单，在合同签约时与业主对风险清单中的项目进行商讨，争取在合同条款中属于自己的权利，尽可能地降低合同风险带来的损失，为我国企业走向国际市场奠定基础。

第4章 主合同管理

EPC 工程项目中的主合同是总承包商与业主双方在工程中各种经济活动的依据，是工程建设过程中双方的最高行为准则和双方纠纷解决的依据，同时，又是总承包商实施分包计划的纲领性蓝图。为此，加强对主合同的管理至关重要，对于实现 EPC 工程目标具有十分重要的意义。

4.1 招投标阶段的工作

招投标阶段是工程合同形成阶段，招投标的行为后果直接影响工程项目的实施，在招投标阶段实施合同管理有利于总包商规避风险，有利于选择合适的分包商，有利于总包商准确地报价和对风险采取有效的对策。在这一阶段，承包商合同管理的主要工作内容是：市场调研风险评估、招标文件审核分析、合同谈判及签订。

4.1.1 市场调研

在投标、承接 EPC 交钥匙工程总承包项目前，首先对项目进行信息追踪、筛选，对业主资质、项目资金来源等进行认真调查、分析、了解，弄清项目立项、业主需求、资金给付等基本情况。在此基础上，总包商一项重要工作是组织技术人员到项目现场进行实地考察，对工程所需当地主要材料、劳动力供应数量及价格、社会化协作条件和当地物价水平等做到准确了解、掌握。实地考察的另一项重要工作，就是到当地建设主管部门、税务主管部门、会计师事务所进行咨询，对项目所在地的经济、文化、法规等做到更全面的了解。承接 EPC 工程总承包项目前，对以上项目基本信息的收集、整理和分析工作，是决定是否承接该项目的前提，更是规避、防范工程总承包企业风险的第一关。

4.1.2 招标文件的审核

虽然在招投标安排下，承包商修改招标书的合同条件（含通用条件和专用条件）的机会较小，但是仍然可以在投标书中针对一些关键问题提出澄清、偏差或者要求删除的可能。至于议标项目，承包商与业主谈判修改合同文件的余地较大。无论哪一种情况，通过风险审核至少可以对有关条件和条款做到心中有数，在编写投标书时尽量防范或规避这些风险，并且在商务澄清、技术澄清和合同文件谈判时予以落实。

1. 审核环节

首先，总承包商要对业主制定的招标文件进行细致而深入的研究，对模糊不清的条款要及时誊清，招标单位的誊清文件、会议记录、其他补充文件以及后来的中标通知书等都将成为合同的组成部分，同时要对招标文件条款进行审核与分析，特别是业主针对合同总价风险控制方法、付款方式、结算方式、质保金及保修服务条款等制定的条件进行仔细研究。因为，这将是投标方下一步是否响应业主招标要求，能否中标及中标后EPC工程总承包项目合同签订的基础。经分析，一旦决定参与竞争承接项目，以上信息就将成为投标文件编制、工程成本测算的重要依据，同时，也基本框定了下一步合同具体条款及合同总价。作为总包商的合同管理部门和相关人员，应将此项工作视为合同管理的首要条件来控制，这是总承包合同签署的前提。

例如，某EPC总承包商，通过对业主招标文件的分析，针对建筑业的税金须交由项目所在地的税务机关，但受地区差异的影响，各个地方的税率不尽相同，总包商在承接某钢铁公司3号高炉供料系统EPC交钥匙工程总承包项目前，通过实地考察，认真咨询，了解到项目所在地的城建税税率比总包商所在地低2%，这为总包商在测算项目成本时提供了准确的依据，保证了总包商对项目成本预测的准确性，为其最终参与竞争并承接该项目，创造效益起到了重要作用。

其次，总承包商应对施工现场进行详细调查，如地形、地貌、水文地质条件、施工现场、交通、物质供应等条件进行调查。通过对招标文件的研究分析和现场调查所发现的问题进行分类归纳，并做好书面记录，以便在合同管理各个阶段予以高度注意。

最后，应注意的是在一份EPC合同中，承包商的风险贯穿了整个合同的每一个条款和每一份附件。在审核合同正文条款以及有关附件时，应该从头到尾仔细审核，不遗漏任何一个潜在的风险。例如，对于档案式的合同文件，在招标文件（含通用条件和专用条件）、投标文件、技术澄清、商务澄清、合同协议书等文件之间，还有一个合同文件构成和合同文件的优先顺序问题，通常规定在具有最高合同文件效力的合同协议书中，应该特别注意对优先顺序的规定是否合理。下面我们对合同的审核重点加以介绍。

2. 审核要点

(1) 工程范围。工程范围技术性比较强，必须首先审核合同文件是否规定了明确的工程范围，注意承包商的责任范围与业主的责任范围之间的明确界限划分。有的业主将一个完整的项目分段招标，此时应该特别注意本承包商的工程范围与其他承包商的工程范围之间的界限划分和接口。

例如：以某水力发电站项目为例，业主往往将土建、机电设备和输变电分开招标，甚至土建标本身还划分土建一标段（CW1）、土建二标段（CW2）等，这个时候就必须注意有关各标段之间接口的划分问题。又如，在火力发电站项目中，承包商和业主的责任划分接口通常是在开关场的并网点，超越并网点以外的输变电工程接入系统就属于业主的责任范围。此时应该注意审核业主方面的技术风险：一是业主能否在开工日将施工用电输送到工地；二是业主能否在预定工期内将输变电工程建成并通过接入系统在电站的开关场并网点与发电机组并网；三是业主能否让电网当局按期保证电站试运行期间的反送电并接收全部上网电量。

(2) 文件顺序。EPC合同中要有明确规定合同文件效力优先次序的条款，否则一旦产生纠纷，很难得到合理解决。在一份原油处理厂EPC总承包合同中，"工程范围"规定该合同项下的原油处理厂的设计能力为接受原油150000BPD，但合同协议附件技术规范规定，设计能力为出口量150000BPD，工艺流程图显示也是150000BPD。如果按照工艺流程图处理能力设计，与合同协议附件规定的处理量相比，该原油处理厂的处理能力要增大约1%。整个系统的设备、设施参数都要做相应调整。业主认为设计规范和工艺图都明确表示为处理量150000BPD，同时项目性能担保也规定为150000BPD。因此，业主要求承包商按照原油处理厂处理能力为150000BPD设计。承包商认为"工程范围"作为合同协议的附件二，而"技术规范"是合同协议的附件四，前者应当优先于后者。因此，该原油处理厂的处理能力应当为接受能力150000BPD。如果业主要求按照出口能力150000BPD规模设计，那么属于合同工作范围变更，业主应当给予变更补偿。为此，双方发生争端。

在本例中，由于合同不同文件，对合同标的规定不一致，导致承包商与业主之间就工程处理量的理解发生分歧。该EPC总承包合同对合同文件优先顺序做了规定，即如果合同组成部分相互之间含糊不清或者矛盾，其解释优先顺序按照附件排列顺序，附件二"工程范围"应当优先于附件四"技术规范"和附件七"性能担保"。因此，从合同规定来看，该合同的设计能力应以原油进口量为准。如果业主坚持承包商按照出口量为150000BPD规模设计，那么，应当属于合同变更，FIDIC编制的标准合同都对合同文件的优先次序做了专门性规定。

（3）合同价款。EPC合同的合同价款通常是固定的封顶价款。关于合同价款，重点应审核以下两个方面：

1）合同价款的构成和计价货币。此时应注意汇率风险和利率风险，以及承包商和业主对汇率风险和利率风险的分担办法。例如：国际工程中，在一些亚非国家承包项目，合同价款往往分成外汇计价部分和当地货币计价部分。由于这些国家的通货膨胀率通常会高于美元或欧元，应考虑在合同中规定当地货币与美元或欧元之间的固定汇率，并规定超过这一固定汇率如何处理。

2）合同价款的调整办法。这里主要涉及两个问题：一是延期开工的费用补偿。有的项目签完合同后并不一定能够马上开工，原因是业主筹措项目资金尚需时间，这时就有必要规定一个调价条款。例如：合同签订后如果6个月内不能开工，则价款上调××%；如果12个月内不能开工，则价款上调××%；超过12个月不能开工，则承包商有权选择放弃合同或者双方重新确定合同价款。投标书中更应该注意对投标价格规定有效期限（如4个月，用于业主评标），以防业主开标期限拖延或者在与第一中标人的合同谈判失败后依次选择第二中标人、第三中标人使得实际中标日期顺延、物价上涨造成承包商骑虎难下。二是对于工程变更的费用补偿规定是否合理。至少对于费用补偿有明确的程序性规定，以免日后出现纠纷。有的业主在招标书中规定，业主有权指示工程变更，承包商可以提出工期补偿，但是，不得提出造价补偿，这是不公平的。应该修改为根据具体情况承包商有权提出工期和造价补偿，报业主确认，并规定协商办法和程序。

（4）支付方式。

1）如果是现汇付款项目（由业主自筹资金加上业主自行解决的银行贷款），应当重点审核业主资金的来源是否可靠，自筹资金和贷款比例是多少，是政府贷款、国际金融机构（如世界银行、亚洲开发银行）贷款还是商业银行贷款。总之，必须审核业主的付款能力，因为业主的付款能力将成为承包商的最大风险。

2）如果是延期付款项目（大部分付款是在项目建成后还本付息故需要承包商方面解决卖方信贷），应当重点审核业主对延期付款提供什么样的保证，是否有所在国政府的主权担保、商业银行担保、银行备用信用证或者银行远期信用证，并注意审核这些文件草案的具体条款。上述列举的付款保证可以是并用的（同时采用其中两个），也可以是选用的（只采用其中一个）。当然，对承包商最有利的是并用的方法。例如，既有政府担保又有银行的远期信用证。对于业主付款担保的审核，应该注意是否为无条件的、独立的、见索即付的担保。对于业主信用证的审核，应该注意开证行是否承担不可撤销的付款义务，并且信用证是否含有不合理的单据要求或者限制付款的条款。此时还应该审核提供担保或者开立远期信用证的银行本身的资信是否可靠。例如，某中国公司曾经试图做一个非洲某国的电站项目，业主提出由非洲进出口银行提供延期付款担保，但是经承包商调查非洲进出口银行的年报，却发现该银行的净资产额不足以开立该项目所需的巨额银行担保。

3）审核合同价款的分段支付是否合理。通常，预付款应该不低于10％，质保金（或称"尾款"）应该为5％，或者不高于10％，里程碑付款（按工程进度支付的工程款）的分期划分及支付时间应该保证工程按进度用款，以免承包商垫资过多，既增加风险又增加利息负担。要防止业主将里程碑付款过度押后延付的倾向。还要注意，合同的生效，或者开工指令的生效，必须以承包商收到业主的全部预付款为前提，否则承包商承担的风险极大。

4）应该审核业主项目的可行性。除了其本身的经济实力外，业主的付款能力关键取决于能否取得融资，如银行贷款、卖方信贷、股东贷款、企业债券等。融资的前提除了技术可行性之外，还有财务可行性。财务可行性的关键则是项目的内部收益率能否保证投资回收和适当利润。在电站建设投资额（主要涉及折旧）确定的前提下，影响电站收入和运行成本的主要因素涉及燃煤电站的上网电量、上网电价和燃煤成本，燃气电站的上网电量、上网电价和燃气成本。水电站虽然没有燃料成本，但需注意它的上网电量可能会受到枯水季节的制约。

5）尽量不要放弃承包商对项目或已完成工程的优先受偿权。根据我国合同法的规定，承包商对建设工程的价款就该工程折价或者拍卖的价款享有"优先受偿权"。在英国、美国和实行英美法律体系的国家和地区，承包商的这种"优先受偿权"被称为"承包商的留置权"。有的业主在招标文件中规定，承包商必须放弃对项目或已经完成的工程（包括已经交付到工地的机械设备）的"承包商的留置权"。对此，应该提高警惕。因为这往往意味着：业主准备将项目或已经完成的工程（包括已经交付到工地的机械设备）抵押给贷款银行以取得贷款。如果承包商放弃了"承包商的留置权"，势必面临一旦业主破产，就会货款两空的风险。

（5）承包商的三个银行保函。通常业主会要求承包商在合同履行的不同阶段提供预付款保函、履约保函和质量保证金的保函等三个银行保函。如果业主只要求提供其中的两个（如省略了履约担保），不要盲目乐观，此时很可能是业主跟你搞了一个文字游戏而已。例如，某中方公司在东南亚某国承包一个电站项目，业主名义上没有要求承包商开具银行履约保函，但是，该项目的预付款保函却规定该预付款保函的全部金额必须在合同项下的工程完成量的价值达到合同价款的 90% 时才失效，等于是一份预付款保函加一份变相的履约保函。以下按照顺序分别介绍这三个银行保函。

1) 预付款保函：审核预付款保函的重点有三项：一是预付款保函必须在承包商收到业主全部预付款之时才同时生效，而且生效的金额以实际收到的预付款金额为限；二是应当规定担保金额递减条款，即随着工程的进度用款，预付款金额逐步递减直至为零（递减方法有许多变种可以采用，包括按照预付款占合同价款的同等比例从里程碑付款中逐一扣减；按照设计图纸交付进度以及海运提单证明的已装运设备的发票金额逐一扣减；限定在海运提单证明主要设备已装运之后预付款保函失效等多种方法）；三是预付款保函的失效越早越好，尽量减少与履约保函相重叠的有效期限。应该避免预付款保函与履约保函并行有效直至完工日。如果对预付款保函的有效期作如此规定，则无异于将预付款保函变成了第二个履约保函，增加承包商的担保额度及风险。尤其应当拒绝预付款保函超越完工期，与质保金保函重叠。

2) 履约保函：审核履约保函的重点有三项：一是履约保函的生效尽量争取以承包商收到业主的全额预付款为前提；二是履约保函的担保金额应该不超过合同价款的一定比例，如 10%。此时应注意，通常现汇项目的业主会要求承包商提供较高的履约保函比例，如 20% 或 30%。但是，对延期付款项目，鉴于承包商已经承担了业主延期付款的风险，应该严格将履约保函的比例限制在 10% 以下。三是履约保函的失效期应争取在完工日、可靠性试运行完成日或者商业运行日失效之前，并避免与质保金保函发生重叠，否则会增加承包商的风险。也就是说，在质保金保函生效之前，履约保函必须失效。否则，等于在质保期内业主既拿着质保金保函，又拿着履约保函，两个保函的金额相加，会增加承包商被扣保函额度的风险。

3) 质保金保函：也称"滞留金保函"或"保留金保函"。审核质保金保函的重点有三项：一是质保金保函的生效应该以尾款的支付为前提条件。也就是说，业主支付 5% 的尾款，承包商就交付 5% 的质保金保函；业主支付 10% 的尾款，承包商就交付 10% 的质保金保函。应该避免在业主还未交付尾款的情况下，承包商的质保金保函却提前生效的规定。二是质保金保函的金额不应该超过工程尾款的金额，通常为合同价款的 5% 或 10%，最多不能超过 10%。三是质保金保函的失效应当争取不迟于最终接受证书签发之日。为了避免业主无限期推迟签发最终接受证书，也可以争取规定："本质保金保函在消缺项目完成之日或者最终接受证书签发之日起失效，以早发生者为准，但无论如何不迟于××年××月××日。"

(6) 误期罚款。对误期罚款，应重点审核以下三个方面：

1) 工期和罚款的计算方法是否合理。例如，燃煤电站项目应尽量争取从开工日到可靠性试运行的最后一天为工期，逾期则罚款。有的项目规定除了上述工期罚款之外，还另行规定了同期并网的误期罚款。此时应注意：如果有一台以上的机组，应将每台机组的罚款工期分别计算，并争取性能测试不计入工期考核。如果是燃气电站，由于是联合循环，往往是将整个电站的所有机组合并考核工期和性能指标。也有的业主比较苛刻，规定从开工指令发出之日到商业运行日为工期，并对商业运行设定了许多条件，甚至将承包商付清违约罚款（包括误期罚款）作为达到商业运行的先决条件之一。应该尽量避免这种苛刻的规定。

2）罚款的费率是否合理，是否过高，是否重复计算。

3）罚款是否规定了累计最高限额。为了限制承包商的风险，应争取规定累计最高限额，例如，合同规定"本合同项下对承包商每台机组的累计误期罚款的最高限额不得超过合同价款的 5％ 或者该台机组价款的 10％"。

（7）性能指标罚款的审核。

1）对性能指标的确定和罚款的计算方法是否合理。以电站项目为例，通常应该对每台机组的性能考核缺陷单独计算。

2）罚款的费率是否合理，是否过高，是否重复计算。如电站项目，应对机组的出力不足、热耗率超标、厂用电超标、排放量、噪声等考核指标的具体罚款数额或幅度予以审核。

3）罚款是否规定了累计最高限额。以某电站项目为例，为了限制承包商的风险，应尽量争取规定对每台机组性能考核缺陷的累计罚款不超过该台机组价格的××％，例如 5％。

4）要特别注意审核业主对性能指标超标的拒收权。因为拒收对承包商的打击是致命的，所以必须严格审核性能指标超标达到什么数值可以拒收是否合理。以电站项目为例，有的业主规定如果机组的出力低于保证数值的 95％ 或者热耗率超过保证数值的 105％，业主有权拒收整个工程。

（8）承包商违约的总计最高罚款金额和总计最高责任限额。许多 EPC 合同并不规定对承包商违约的总计最高罚款金额。这个总计最高罚款金额包括上述误期罚款限额、性能指标罚款限额在内，通常应该低于上述各个分项的罚款限额的合计数额。如有可能，应尽量争取规定一个总计最高罚款金额，如不超过合同价款的 20％，以免万一出现严重工期延误、性能指标缺陷的情况，使承包商承担过度的赔偿风险。

总计最高责任限额与上述总计最高罚款金额不同，它通常除了上述合同约定的误期罚款、性能指标罚款之外，还包括缺陷责任期内的责任以及承包商在合同项下的任何其他违约责任。所以，总计最高责任限额要大于总计最高罚款金额。通常，承包商的总计最高责任限额不应超出合同价款的 100％。也有的 EPC 合同并不区分上述两个概念。在约定各个分项的误期罚款限额、性能指标罚款限额之后，不再约定总计最高罚款金额，而是直接规定一个总计最高责任限额，如合同价款的 35％。总之，规定一个或数个最高限额以限制承包商的赔偿责任对承包商是有利的，关键是具体限额定得是否合理可行。

（9）业主责任条款。

1）业主最大的责任是向承包商按时、足额付款。合同条款中应该争取对业主拖延付款规定罚息，并且对业主拖延付款造成的后果规定违约责任。

2）在合同中明确规定业主有义务对施工现场提供条件标准，其中包括：施工现场应该具有什么样的道路、施工用电、用水、通信等条件。

3）注意规定业主按期完成其本身工程范围内工程的责任，例如，在电站项目的 EPC 合同项下，业主应该按期完成输变电工程和接入系统，以确保电站的按时并网发电。如果是燃气电站，还应该规定业主应该按期完成天然气的接通，以不延误机组的同步并网、性能测试和可靠性试运行。

4) 在分标段招标的 EPC 合同项下，还应争取规定：如果业主聘用的其他承包商施工，干扰了本合同承包商施工，业主应该承担的责任。

5) 业主往往在招标文件中规定，对于招标文件中的信息的准确性业主不负责任，承包商有义务自己解读、分析并核实这些信息。这里有一个区别：例如水文地质情况，承包商可以自己调查并复核有关情况；但是，对于招标文件中有关设计要求的技术参数，应该属于业主的责任范围。

(10) 税收条款。对税收条款的审核应明确划分承包商承担项目所在国的税收种类，业主承担项目所在国税收种类。如有免税项目，则应明确免税项目的细节，并明确规定万一这些免税项目最终无法免税，承包商应有权从业主那里得到等额的补偿。

(11) 保险条款。

1) 明确工程保险的范围，目前就境外 EPC 工程总承包项目主要涉及的险种有建筑（安装）一切险、第三者责任险、货物运输险和雇主责任险。

建筑（安装）一切险及第三者责任险（EAR & TPL）条款属于列明除外的条款，即条款的范围为列明除外责任以外的自然灾害和意外事故造成的损失。该保险责任范围由两部分组成，第一部分主要是针对工程项下的物质损失部分，包括工程标的有形财产的损失和相关费用的损失。第二部分主要是针对被保险人在施工过程中因可能产生的第三者责任而承担经济赔偿责任导致的损失。该保险的被保险人不限于 EPC 项目所有参与者，包括项目所有者即业主、总承包商、土建和安装的分包商以及材料设备供应商等。

货物运输险承保的是项目建设过程中相关方所面临的材料和设备以及施工机具在运输途中由于自然灾害或意外事故可能遭到的损害或灭失的风险，保险范围是从供货仓库开始装运至项目现场的全程风险，包括运输过程中的临时仓储。雇主责任险承保的是被保险人的雇员在受聘期间从事工作过程中因遭受意外导致伤亡、残疾或患有与职业有关的职业病而依法或根据雇佣合同应当由被保险人承担的经济赔偿责任。

2) 投保与保险有效性的维续。由于 EPC 工程总承包项目具有多样性和复杂性，各国保险法不同，项目的实际情况和业主的要求也不尽相同，因此，进行保险合同安排时，需要根据项目的实际情况设计保险方案：（a）一般合同规定，保险合同需要由业主批准，在合同签订前应与业主书面确认相应保险条款，明确保险公司的范围；（b）在项目谈判期间，应争取由中国保险公司承保，原因是我国企业 EPC 工程所在国大多数属于发展中国家，当地保险公司承保能力有限，出险后理赔无法获得充足的保障，国内保险市场相对稳定，像 PICC、平安和太平洋在境外的业务都非常成熟。在 EPC 工程领域的投保实践中，更多的国家会要求在项目所在国出单，此时可以由当地保险公司出单，通过再保险的方式将尽可能多的份额回分国内，通过采取穿透条款（cut through）的方式，由再保险公司独立承保并承担理赔责任，降低海外保险带来的风险；（c）安装一切险的保险额一般是合同总额，但在工程建设过程中往往会根据实际情况扩充合同范围，这将导致合同总价的增加，这时应及时通知保险公司增加保额，以免出险后由于投保的额度不足，而无法获得足额赔偿；（d）安装工程保险在保险单上有列明的保险期限，保险公司仅承担列明期限内的保险责任，但是如果在保险到期日无法按时完工时，应及时进行保险延期。值得注意的是，随着完工比例的增加而逐渐上升的过程，在工程项目后期办理安装保险延期的保险费率和难度都将大大增加；（e）货运险投标时应尽量提供运输货物的详细价格。货运保险发生的损失往往是一批货的某几项配件或者主体设备的一部分受损，而货运险是定值保险，受损项目往往由于事前无法提供明细价格而不能获得及时有效的补偿。

对保险条款的审核除了应当注意关于承包商必须投保的险别、保险责任范围、受益人、重置价值、保险赔款的使用等规定是否合理外，还应注意避免在保险公司的选择上受制于人。例如，孟加拉国为了保护本国的保险业，规定凡是政府投资的项目，其工程险必须向本国的国营保险公司投保，而该国的国营保险公司只有一家。一旦受此限制，在保险费的谈判上就会处于非常被动的地位。也有的国家规定本国境内项目的工程险必须向本国保险公司投保。所以，在合同的保险条款内应尽量争取排除这种限制性条款。

如果受所在国法律的限制，工程险必须向所在国的保险公司投保，则退一步，还可以争取在合同中规定，作为投保人的承包商有权自行选择第一层保险公司背后的再保险公司。因为大多数亚非国家的保险公司往往对重大项目的承保能力有限，通常是向国际上具有一定实力的再保险公司（如慕尼黑再保险公司、瑞士再保险公司等）寻求再保险的报价之后才自己报价。如果承包商保留对再保险公司的选择权，那么也可能通过自己选择甚至组织再保险来降低保费。

（12）知识产权条款。知识产权条款的类型主要分为三类：一是知识产权权属约定；二是侵权责任约定；三是保密约定。知识产权权属条款指的是合同双方约定合同标的中的知识产权客体（如某某产品、某项目设计方案等）；产生的知识产权类型（如专利权、著作权、版权等）以及各类知识产权的权属和知识产权转让许可的利益分配。有的涉及专利和技术诀窍的知识产权归属，涉及技术后续开发的知识产权归属。侵权责任约定，指的是合同双方在合同中约定，一旦发生合同标的物侵犯第三方知识产权的情况，由何方承担应诉和赔偿责任，以及侵权行为如影响合同履行的相应的违约责任，等等。保密约定是指合同双方约定本合同中需保密的内容、保密期限、保密措施等事项。

1）知识产权归属。工程总承包项目包括设计、采购、施工，通常在设计阶段会产生较多的知识产权，如技术诀窍、专利、软件著作权、图纸版权等。业主往往不仅希望得到这些技术成果的使用权，还希望得到知识产权，便于将来在其他项目上的实施。因此，工程总承包合同最常出现争议的知识产权条款是知识产权归属。一些业主通常会在合同中要求享有本项目产生的知识产权，甚至在招标方案中便已写明承包方投标方案的知识产权归发包方所有。在此情况下，承包方不得因短期利益放弃自身合法权利，应根据业主需求分析其要求知识产权权属的目的，采取合理的应对措施，在知识产权保护与利益之间进行平衡，可采取的应对措施有以下三种。

①根据我国《专利法》和《著作权法》相关规定，在无约定的情况下，专利和著作权等知识产权归实际完成者所有。因此，若无知识产权权属约定，知识产权由谁创造就归谁所有，承包商可说服业主在合同中不设知识产权归属条款，由国家相关法律规定为准，可以规避知识产权争议。

②若业主要求享有知识产权是为了自己将来能够在该项目上自行实施和改进，在此情况下，承包商可以在合同中明确给予业主技术使用许可，约定业主可以在合同项目范围内使用该技术，但不得转让或许可给他人。这样既满足了业主的需要，又保护了承包商的知识产权。

③若业主要求享有知识产权不仅是为了在本项目使用，还想在其他项目上推广实施，这时承包方可根据项目实际情况与甲方协商，至少要求共同拥有本项目产生的知识产权，并约定将来该知识产权实施的收益分配比例，以保证自己的市场利益。

2）侵权责任。工程总承包项目中，通常也包括该项目所用技术或产品的侵权责任。业主一般会要求承包方所提供的技术和产品，不得侵犯第三人知识产权，一旦发生侵权纠纷由卖方承担一切责任。面对此类条款，承包方为保证自身合法利益可以从以下四方面考虑应对策略。

①若引起侵权纠纷的产品或技术，是承包商应业主要求而设计和采纳的，应在合同中约定免除承包商的侵权责任。

②若引起侵权纠纷的产品或技术，并非是承包商独家提供的，还包括其他承包商提供的产品或技术，则应约定不能由承包商承担全部责任。

③若引起侵权纠纷的产品或技术，并非在合同约定的使用范围内使用，应在合同中约定免除承包商的侵权责任。

④一旦发生合同所属侵权行为，对合同执行造成损失，可以赔偿直接损失，但不能视为违约。另外为了降低承包商可能的侵权风险，最好与业主在合同中约定，一旦发生侵权纠纷，在承包商协调解决侵权纠纷时，业主不得做出任何不利于承包商的认错表示或行为。

3）保密约定。对于工程总承包合同执行过程中，业主提供给承包商的技术资料，业主通常要求保密，在合同中约定了保密内容和保密期限。这时承包商需考虑以下几个方面的应对策略。

①保密责任应当是双向的，不仅承包商需对业主保密，业主也需对承包商提供的技术成果进行保密。

②为了业绩宣传的需要，明确保密范围和例外情形。

4）其他限制技术进步的条款。在一些工程总承包合同中，业主为保护自身利益，有时会提出一些限制性条款，例如，要求承包商不得在业主提供的技术上进行改进或创新，后续开发的技术知识产权归业主所有等。但我国《合同法》已有相关规定此类条款属于非法垄断技术、阻碍技术进步，属于无效条款，承包商可引用相关条款说服业主删除此类条款。

工程总承包商在项目合同的审核或谈判过程中，不仅要把眼光放在价格、付款条件、性能考核、罚则等常规的关键条款上，也应将知识产权条款作为一个主线贯串在项目谈判过程中，采取有效合理的知识产权条件制定策略，能够做到既取得既得利益，又保护知识产权，提升整个合同质量，保证项目顺利有序进行。

（13）法律适用条款和争议解决条款。

1）法律适用条款。就国际EPC工程而言，法律适用条款通常均规定适用项目所在国的法律，这一条几乎没法改变。有的外商在我国内地投资的项目，却在合同条款中规定适用外国法律为合同的准据法，这是不能同意的。因为关于工程项目（如电站等）的许多法律是属地法，只要项目建在中国，就必须受这些法律的约束，如项目的设计规范、质量标准、环保法规、建设法规、消防法规、安全生产标准等，均必须适用所在地的法律。有的业主因为是国际资本，工程项目建在印度，却要求 EPC 合同的准据法规定为英格兰法，这也应尽量避免。

此外，还有两点应该引起注意：一是尽量争取适用所在国法律的同时，更多地适用国际惯例，例如，关于 EPC 合同以及 FIDC 编制的条款、"跟单信用证统一惯例"（国际商会第500 号出版物）（UCP）、国际商会关于"见索即付担保的统一规则"（国际商会第 458 号出版物）（URDG）等；二是尽量争取如果法规变化导致承包商的工程造价（成本及开支）增加，业主应该予以等额补偿。

2）争议解决条款。

就国际 EPC 工程而言，关于争议解决条款的审核重点有以下几个方面。

①应该避免在项目所在国或业主所在国仲裁，争取在第三国国际仲裁，尤其应该避免在一些对中方怀有偏见的西方国家仲裁机构仲裁。例如，某中国公司在南亚某国的项目，因该项目的股东在美国、迁就了业主的要求，规定在美国仲裁协会仲裁，最终被裁决巨额赔款。更奇怪的是，整个仲裁裁决书才一页，既没有对案情的陈述、分析，也没有判案的理由，只有裁决时间、仲裁员姓名、申请人姓名、被申请人姓名和裁决赔款的金额和支付时间。

②应该明确选择仲裁机构和仲裁条款。如果适用联合国国际贸易法委员会仲裁规则等实行的"临时仲裁"规则，则可以不选择仲裁机构，但是，必须明确仲裁庭的组成程序。"临时仲裁"并不是指仲裁裁决是临时的，而是指仲裁庭并不是从属于一个常设的仲裁机构，仲裁庭是"临时"组成的。

③必须明确规定仲裁裁决是终局的，对双方均有约束力。任何一方不应试图另行向司法当局寻求其他裁决，但是，任何一方均有权向有适当管辖权的法院申请对仲裁裁决书的强制执行。此外，还应该规定仲裁程序中使用的语言文字，以及仲裁费用的分担办法等。

4.1.3　合同商务谈判及签订

在招标投标的商务谈判中，承包商应注意以下问题：

1. 商务谈判的基本策略

商务谈判是指人们为了实现交易目标而相互协商的活动。"讨价还价"是商务谈判的基本内涵，除此之外，商务谈判还有另外两层意思：一是寻求达成交易的途径，二是进行某种交换。

商务谈判作为以人为主体而进行的一项活动，自然受到商务谈判者的态度、目的及商务谈判双方所采用的商务谈判方法的影响。商务谈判按商务谈判者所采取的态度和方法来区分可分为三种：

（1）软式商务谈判：软式商务谈判也称"友好型商务谈判"。商务谈判者尽量避免冲突，随时准备为达成协议而做出让步，希望通过商务谈判签订一个皆大欢喜的合同。软式商务谈判强调建立和维护双方的友好关系，是一种维护关系型的商务谈判。这种商务谈判达成协议的可能性最大，商务谈判速度快，成本低，效率高。但这种方式并不是明智的。一旦遇到强硬的对手，往往步步退让，最终达成的协议自然是不平等的。实际商务谈判中，很少有人采用这种方式，一般只限于在双方的合作非常友好，并有长期业务往来的情况下使用。

（2）硬式商务谈判：硬式商务谈判也称"立场型商务谈判"。商务谈判者将商务谈判看作一场意志力的竞争，认为立场越硬的人获得的利益越多。因此，商务谈判者往往将注意力放在维护和加强自己的立场上，处心积虑地要压倒对方。这种方式有时很有效，往往能达成十分有利于自己的协议。

但这种方式同样有其不利的一面。如果双方都采用这种方式进行商务谈判，就容易陷入骑虎难下的境地，使商务谈判旷日持久，这不仅增加了商务谈判的时间和成本，降低了效率，而且还可能导致商务谈判的破裂。即使某一方迫于压力而签订了协议，在协议履行时也会采取消极的行为。因此，硬式商务谈判可能有表面上的赢家，但没有真正的胜利者。

（3）原则式商务谈判：原则式商务谈判有四个特点：①主张将人与事区别对待，对人温和，对事强硬；②主张开诚布公，商务谈判中不得采用诡计；③主张在商务谈判中既要达到目的，又不失风度；④主张保持公平公正，同时又不让别人占你的便宜。

原则式商务谈判与软式商务谈判相比，注重了与对方保持良好的关系，同时也没有忽略利益问题。原则式商务谈判要求商务谈判双方尊重对方的基本要求，寻找双方利益的共同点，千方百计使双方各有所获。当双方的利益发生冲突时，根据公平原则寻找共同性利益，各自做出必要的让步，达成双方均可接受的协议，而不是一味退让，以委曲求全来换取协议。原则式商务谈判与硬式商务谈判相比，主要区别在于主张调和双方的利益，而不是在立场上纠缠不清。这种方式致力于寻找双方对立面背后存在的共同利益，以此调解冲突。它既不靠咄咄逼人的压服，也不靠软弱无力的退让，而是强调双方地位的平等性，在平等基础上共同促成协议。这样做的好处是，商务谈判者常常可以找到既符合自己利益，又符合对方利益的替代性方案，使双方由对抗走向合作。

（4）三种商务谈判方式的特征比较，见表 4 - 1。

表 4 - 1　　　　　　　　　　　三种商务谈判方式的特征比较

	软式商务谈判	硬式商务谈判	原则式商务谈判
目标	达成协议	赢得胜利，要有所获才肯达成协议	有效地解决问题，达成对双方都有利的协议
谈判态度	对人和事都温和；尽量避免意气用事；信任对方；视对方为朋友	对人和事都强硬；视商务谈判为双方意志力的竞赛；不信任对方，视对方为敌人	对人温和，对事强硬；视对方为问题的共同解决者；信任与否与商务谈判无关；根据客观标准达成协议
立场	轻易改变自己的观点，坚持要达成协议	坚持自己的立场	重点在利益而非立场。坚持客观的标准
做法	提出对方能接受的方案和建议	威胁对方，坚持自己接受的方案	规划多个方案供双方选择，共同探究共同性利益
结果	屈服于对方压力；增进关系，做出让步	施加压力使对方屈服；迫使对方让步，不顾及关系	屈服于原则，不屈服压力；将问题与关系分开，既解决问题，又增进关系

在 EPC 工程项目招标投标阶段，原则式商务谈判策略得到广泛应用。

2. 商务谈判的两种观点

商务谈判是每一笔交易的必经路程。大多数情况下，目的一致（为了盈利）的方式各异的谈判双方最终都要通过商务谈判来达到交易。众所周知，商务谈判实际上是一个艰难的沟通和相互认可的过程，特别是一项 EPC 交钥匙工程的商务谈判中，充满大量的冲突和妥协。在各类商务谈判中，总有一方占上风。这种优势产生于供需关系的不平衡、商务谈判人员能力的差异。商务谈判的结果是否令人满意，取决于商务谈判者是否具备高超的商务谈判技巧、准确的判断力和英明的策略。对于商务谈判有两种完全不同的观点："零和博弈"与"创造附加值"。

（1）零和博弈。零和博弈论者认为，商务谈判双方的利益总和是固定的，一方的直接获利就是另一方的损失，一方获利多了，另一方受损就多。"零和博弈"商务谈判的特点是：从一开始，商务谈判就集中在如何分配已经存在的优势、劣势、盈利、损失、责任、义务上，双方的利益取向是相反的。如果一味地运用这种商务谈判方式，容易导致一方认为自己是赢家，另一方认为自己是输家，或双方都认为自己是输家。这种观点认为，"零和博弈"的结果必定有赢有输，所谓"双赢"的结果是不可能存在的。在亲切的微笑、友好的握手、盛情的宴会背后，双方都在为赢得最大利益而针锋相对。典型的例证是，正是认识到"零和博弈"的趋势，许多刚刚开放的发展中国家在制订开放引资政策时，就对外国投资者在本国取得的最大利益做出法律规定，如给予本国投资者以否决权、51％以上的控股权等等。

目前，太多的商务谈判者运用零和博弈方式，这样的商务谈判容易发展成为口角、欺诈、不愿倾听、单方辩论、产生不确定感和不信任感，更糟糕的是没有创造出更多的附加值。这样的商务谈判方式即使成功了，收益也是有限的，或者得不偿失。

（2）创造附加值。另一种观点是"创造附加值"，即双方建立长期的合作伙伴关系，达到"双方共赢"的结果。商务谈判要求双方就不同方案对每一方的全部费用和盈利产生的影响进行坦率的、建设性的讨论，提出创造附加值或降低建造成本的办法，并公平地分配其中的利益。这种合作能创造附加值，当一方获得更多时，无须对方受损或减少收益。

创造附加值的方式对商务谈判双方有很高的要求，如果商务谈判者对这种商务谈判方式的好处缺乏远见，他们就不能展开坦率和建设性的对话。

上述两种商务谈判方式都有其存在的依据，这不是孰是孰非的问题，而是为了达到最好的结果，如何使两者有机地结合起来的问题。通过初步的合作，双方可以建立起良好的相互信任的关系，创造出能令双方都受益的附加值。在附加值被创造出来后，双方还可以通过零和博弈方式，有效地分配附加值。对于 EPC 交钥匙工程总承包项目的建设，更应该提倡创造附加值的方式。

1）EPC 工程总承包项目的关键问题是保证工程的进度和质量。这方面一旦出现问题，处理的结果绝不是扣除一点违约金那么简单。若能在保证质量的基础上将工期有所提前，就能让业主的投资尽早得到回报。

2）EPC 工程总承包项目的工程内容极其复杂，合同条款上难免有考虑不周或说明不清的地方，如果业主和承包商相互不合作、不配合，势必会发生很多的合同争议，双方处理起来既非常棘手，同时也耗费双方大量的时间和精力。

3）EPC 工程总承包项目工期一般很长，施工质量的好坏直接影响到项目在运营期的运行质量和成本。而施工质量在建设期的验收阶段是不能完全反映出来的，需要经过运营期的检验方可得出结论。

工程总承包项目为了保证工程按期完成，在国际 EPC 项目中普遍采用的做法是在合同中确立若干个进度里程碑，并根据每个里程碑的重要程度事先设定不同金额的奖金或违约罚金。

工程实施中以这些里程碑来考核进度，实现一个就奖励一次。同样一旦某个里程碑出现延误，业主则扣除该里程碑所对应的违约金作为对承包商的处罚。有的项目甚至约定若最后的竣工目标没有实现，则以前阶段发放的奖金将全部扣除，以鞭策承包商按时完成所有里程碑设定的目标。

具体实践中可以采取更好的做法，即在设定里程碑的同时，一方面按照国际上的通行惯例，从合同价格中提取一部分金额分配到各个里程碑中，作为违约偿金；另一方面，业主还准备了等额的奖金，同样分配到这些里程碑中。承包商如果按时完成了某个里程碑，将会得到双倍的支付，反之若未能按时完成某个里程碑，则不仅得不到合同价格内的违约偿金，同时还将失去一笔数量不菲的奖金。通过各种方式，可以激发了承包商积极合作、保质保量完成工程的热情，使工程进度提前，创造极其可观的附加值，为业主提前运营、提前取得效益、提前偿还贷款利息都带来极大的好处。为此，业主也会额外向承包商增发一笔可观的奖金。这是对"创造附加值"商务谈判思想的运用。

3. 商务、技术合同条款并重

目前的 EPC 工程总承包项目，双方签约时，按照一般原则，工程完工后都需留有一定比例的质保金，质保金往往就是一个项目最终的利润，而质保金金额和质量保期，却经常与业主在签约时提出的性能考核指标挂钩。因此，对于 EPC 交钥匙工程总承包企业来说，达到考核指标越早，质保金拿到手的时间就越早，从而获得该项目的最终利润。为此，总包商应改变在总承包合同专用条款中，只注重商务条款，对工期和造价的确定投入的精力多，而对性能考核指标的研究投入精力少的弊病，总包商应要求项目部人员对承接项目的性能指标加强学习，高度重视技术合同条款的约定。由于 EPC 工程总承包项目涉及行业较多、较广，这一问题的解决往往有些困难，该总包商可采取以下相应的措施：①组织人员对同类已建成项目进行考察、了解；②请专家进行专门培训；③邀请行业专家做顾问；④引入行业权威机构作为合作伙伴，提供技术支持。

这一系列措施为总包公司与业主在性能考核指标上达成一致意见创造了条件，同时也使项目部对项目考核指标做到胸有成竹，有效地避免了项目建设与使用脱节现象的发生，使项目建成后能迅速达到性能考核指标，尽早收回质保金，履约完毕，真正实现项目的完全收益。这也为企业信誉及形象的树立打下了基础，有效地提升了企业的管理水平和竞争实力。

商务条款洽谈阶段，总承包对商务条款的洽谈约定有许多技术性问题应很好地处理，采取适当策略，制定公平合理的风险分担条款，才能有效地规避风险，下面通过总包商商务条款洽谈示例加以阐述。

4. 商务谈判的策划和运作

一个 EPC 工程总承包项目的商务谈判往往令人感到费神费力费时。由于商务谈判标的数额巨大，技术复杂程度高，使商务谈判者感到责任重，压力大。因此，商务谈判者必须以认真谨慎的态度对待整个商务谈判。一个完整的商务谈判包括商务谈判准备、初步接触、实质性商务谈判、达成协议和协议执行五个阶段，这五个阶段彼此衔接，不可分割。

（1）商务谈判准备阶段。对于 EPC/交钥匙工程总承包项目，如果想通过商务谈判达成包括质量、成本、工期在内的预期目标，那么首先就要做好充分的准备，对自身状况与对手状况有较为详尽的了解，由此确定合理的商务谈判方法和商务谈判策略，才能在商务谈判过程中处于有利地位，使各种矛盾与冲突化解在有准备之中，获得圆满的结局。

EPC 工程总承包项目涉及面广，准备工作的内容也相对较多，大致包括商务谈判者自身的分析、对对手的分析、商务谈判人员的挑选、商务谈判队伍的组织、目标和策略的确定、模拟商务谈判等等。

1）自身分析。商务谈判准备阶段的自身分析主要指项目的可行性分析。如果对项目只进行定性的分析或机械地按照上级领导的意志进行分析，是难以保证决策的正确性的。

①技术选型：人们总是容易被先进技术的"光环"所迷惑，以为先进的技术一定具有良好的经济性和可靠性，实际上，先进的技术不一定能带来良好的经济效益。若要通过采用先进的技术取得良好的经济效益，往往需要雄厚的资金实力、优良的技术素质、先进的管理水平相配套，而这些要素却常常不同时具备。因此在技术选型上要有战略眼光，不能盲目崇拜先进技术。

②市场分析：技术选型确定之后，就要对市场原材料的行情及变化、资金需求量、融资条件、汇率风险等因素进行定性、定量、静态和动态的经济效益分析。只有通过量化的经济分析证明是收益明显的项目，才是可行的。

③资金来源：资金来源是 EPC 工程总承包项目首当其冲的问题。EPC 工程总承包项目投入资金量大，占用周期长，业主可能会遇到融资的困难，有的国内项目还出现业主要求承包商垫资的情况，这就需要考虑利用银行贷款等多种融资形式的可行性。因此，如何及时融到足够的资金，在项目的可行性分析中应该非常谨慎。

以上都是商务谈判准备阶段对自身情况作全面分析的基本内容。在完成上述各项工作之后，基本可以确定项目是否可行，以及供应商、承包商（也就是今后潜在的商务谈判对手）的选择方向。

2）对商务谈判对手的分析。孙子曰："知己知彼，百战不殆"。要取得商务谈判的主动性，必须对商务谈判对手进行全面细致的分析研究。只有掌握了对手的各方面情况，才能探察对方的需要，掌握商务谈判的主动，使商务谈判成为满足双方利益的媒介。

EPC 工程总承包项目的业主始终处于"买方市场"的有利地位，业主可以利用这个有利形势，在选择承包商之前，就能够以"潜在承包商资格预审"的名义，调查和了解承包商的各种资料，包括人员组成、技术实力、商务情况，甚至承包商近几年的财务报表，以了解对手的基本情况。需要了解掌握的资料主要包括：①对手的综合实力；包括公司的历史背景、社会影响、资金实力、财务状况、技术装备水平、以往业绩等。这方面的资料通常可以通过事先的调查问卷、源地考察等方式进行。②对手的需求与诚意：包括对方的合作意向、合作目的、合作愿望是否真诚、达成合作的迫切程度及以往与其有过合作的项目情况。总之，要尽可能了解对手的需要、信誉、能力和作风。③对手商务谈判人员的状况；即对方的商务谈判者有哪些人员，他们的身份、地位、性格、爱好、商务谈判经验，其首席商务谈判人的权力、权限、特长和弱点、以往商务谈判成败的经历、商务谈判态度及倾向性意见等。

总之，对未来的商务谈判对手了解得越详细越深入，估计得越准确越充分，就越有利于掌握商务谈判的主动性，把握商务谈判的进程。

3）商务谈判队伍的组织。

①确定首席商务谈判代表：首席商务谈判代表必须责任心强，心胸开阔，全局意识坚定，知识广博，精通商务和其他业务知识，商务谈判经验丰富，有娴熟的策略技能，思维敏捷，善于随机应变，同时富有创造力和组织协调能力，具有上通下达的信息沟通渠道，善于发挥商务谈判队伍的整体力量，最终实现预期目标。商务谈判队伍的其他成员则可各具所长，善于从思想上、行动上紧密配合，协调一致。

②谈判分组：EPC工程总承包项目的商务谈判大多分技术、商务等若干商务谈判小组分别进行。各商务谈判小组成员应具有明确的分工，职责分明，人员不宜过多。必要时，专业小组还可细分质量保证、信息化管理等，以形成专业化的商务谈判力量。这样不仅专业对口，商务谈判深入，而且有利于提高商务谈判效率，节省时间。

③谈判角色确定：就像一支足球队需要前锋、后卫、守门员一样，商务谈判小组需要一些"典型"角色来使商务谈判顺利进行。这些角色一般包括商务谈判首席代表、白脸、红脸、强硬派和清道夫。配合每一个商务谈判特定的场合还需要配备其他角色。理想的商务谈判小组应该有3~5人，而且所有关键角色都要有。一般来说，一个人担当一个角色，但常常是一个商务谈判者身兼几个相互补充的角色，见表4-2。

表4-2　　　　　　　　　　　商务谈判小组不同成员的角色及任务

角色	作用
首席代表：任何商务谈判小组都需要首席代表，由最具专业水平的人担当，而不一定是职位最高的人	指挥、协调商务谈判，及时汇报裁决与专业知识有关的事；精心安排小组中的其他人
白脸：由被对方大多数人认同的人担当。对方非常希望仅与白脸打交道	对对方的观点表示同情和理解；看起来要做出让步；给对方安全的假象，使其放松警惕
红脸：白脸的反面就是红脸。这个角色就是常常提出一些尖锐的问题，使对手感到如果没有他或她，会比较容易达成一致	需要时中止商务谈判；削弱对方提出的任何观点和论据；胁迫对方并尽力暴露对方的弱点
强硬派：在每件事上都采取强硬立场，使问题复杂化，并要其他组员服从	用延时战术来阻挠商务谈判过程；允许他人撤回自己提出的未确定报价，观察并记录商务谈判的进程，使商务谈判小组的讨论体现在商务谈判目标上
清道夫：将所有的观点集中，作为一个整体提出来	设法使商务谈判走出僵局，防止讨论偏离主题太远；提出对方论据中自相矛盾的地方

如何正确地配置商务谈判小组人员，做到人尽其才，也是商务谈判的战略之一。作为首席代表必须仔细地为每个组员分配角色和责任，以使商务谈判小组能够应付对手的任何行动。

4）目标与策略的确定。建立商务谈判的目标是对主要商务谈判内容确定期望水平，包括技术要求、验收标准和办法、价格水平等。当其他条件确定后，价格就是商务谈判的重点目标。商务谈判目标要有弹性，通常可分为最高目标、中间目标和最低目标三个层次。最高目标是一个理想的目标境界，必要时可以退让或放弃；最低目标是达成交易的底线，底线常常是决策者制定的，谈判者不能再有让步；中间目标则是最高最低两个目标之间的商务谈判平衡点，是力求最终实现的期望值。

具体确定某个商务谈判的目标是一件复杂的事情，它依据对许多因素的综合分析和判断。

①要分析商务谈判双方各自的优势、劣势。如果对方是唯一的合作伙伴，则对方处于有利地位，我们的目标就不能订得太高；反之，若我们有若干类似项目可供选择，那么我们的目标可以订得适当高些。

②应考虑与商务谈判对手是否有大范围、长期合作的可能性。如果这种可能性很大，那么就应该着眼于更大范围、更加长期的合作空间，而对于其中某个商务谈判目标就可适当地确定合理的水平，不能过于苛求。

目标一旦确定，就可以对商务谈判进程做出具体计划：

①要对人员各自的分工和职责予以明确；

②充分落实各项准备工作，如选定咨询专家、搜集文件资料、分析有关的数据；

③确定商务谈判过程的进度，向对方表明最后期限的方式也应该是策略性的，不能随意或不明确；

④合理地分解商务谈判目标，并把实现各分项目标作为各商务谈判阶段的具体任务；

⑤制订每个商务谈判阶段的具体策略，充分估计对方的反应和各种可能出现的情况，对各种僵局的化解要有可行的对策。

5）模拟商务谈判。模拟商务谈判往往不被重视，这是一个普遍存在的问题。尽管前面已经制订了详细的商务谈判计划和策略，但仍不能确保商务谈判一定按自己的设想进行，因为计划和策略不可能尽善尽美，商务谈判过程中难免出现未能预见的突发问题。为了更直观地预见商务谈判前景，对一些重要的、难度较大的商务谈判，应该采取模拟商务谈判的方式，通过"换位思考"来检验准备工作是否充分，及时修正和完善商务谈判准备工作。模拟商务谈判还可磨合商务谈判小组的队伍，明确各个角色的职责，提高商务谈判小组成员的默契配合程度。

（2）初步接触阶段。初步接触开始进入商务谈判议题，无论选择什么样的初始议题和讨论方式，都会对实质性商务谈判阶段问题的解决产生直接的影响。因此，从初步接触开始，商务谈判人员就应该像优秀的演员那样进入角色，发挥各自的经验和才智，促使这场真枪实弹的"表演"圆满结束。

1）营造商务谈判气氛。初步接触阶段的任务，一是要为双方建立良好的商务谈判气氛创造条件，二是要尽可能了解商务谈判对手的特点、意图和态度，掌握对方的信息资料，调整自己的商务谈判策略和方案，以求取得商务谈判的主动权。

一般来说，初次接触不宜立即进入实质性洽谈，相反，应该选择一些与商务谈判无关、令双方都感兴趣的话题随便聊聊，使双方感到有共同语言彼此之间形成轻松和谐的气氛，为后续商务谈判的沟通做好准备。

2）确定商务谈判地点。商务谈判的成果可能会受到商务谈判地点环境的影响。商务谈判地点的确定应该与商务谈判的正式性和规模相适应，从商务谈判一开始就为对方创造一种良好的气氛。选择地点时，要考虑许多因素，包括双方的交通便利程度、会议配套设施、对方的食宿方便性。选择尽可能满足自己要求的商务谈判地点。有专家建议，在墙上挂一面钟，让大家都看得见时间，一来可有利于提醒商务谈判的节奏，二来也给人一定的紧迫感。

3）留意细节。商务谈判主持方要完全掌握现场情况，巧妙利用气氛、时间及商务谈判间歇来增强自己的优势。EPC项目的每一次商务谈判可能都是长时间的。因此主队有必要检查卫生间的设施，确认会场的光线是否适宜。身体的舒适度也可能成为决定因素：略微调低室温，或者延迟供应早点，可以促使对方尽快做出决定。

4）安排座位。除非相当正式的商务谈判，对任何商务谈判来说，5人小组是最大极限。面对面方式的商务谈判最为常见，尤其是当商务谈判双方想强调各自不同的立场时，在座的每一位都会淋漓尽致地发挥他们的能力，并融为一体。双方面对面坐在方桌的两边，主队坐在进门的一侧，这是一种通常采用的正规做法。为了削弱对手，尽量让首席代表坐在上手，给人控制会议局面的印象。

5）初次接触时的做法。初次商务谈判时，不要一次性暴露所有的战术，而应该把注意力放在摸清对方的底牌上。通过摸底可以大致获悉对方利益之所在，以便发现对方共同利益的共同点，这个阶段的工作应该是确定商务谈判的规程、计划进度，提出一些关于商务谈判的建议，甚至可以交流一下对商务谈判的期望、基本立场、评判标准，明确商务谈判的内容和范围。应避免可能形成分歧和冲突的问题，而强调双方已达成的一致意见，为今后商务谈判留出充分的磋商余地。

（3）实质性商务谈判阶段。随着初次商务谈判的不断深入，商务谈判自然转入实质性阶段。商务谈判实质性阶段是对合同的工作范围、技术要求、验收标准、合同进度、价格及付款条件、违约责任等内容进行磋商，这是商务谈判的重点内容，处于各方利益的考虑，双方都可能在某些敏感问题上形成立场的对峙和态度的反复，从而使商务谈判显得波澜起伏、艰难曲折。

EPC项目的合同商务谈判，绝对不是指经过一两次实质性商务谈判就能进行合同签订的。实质性商务谈判一般都要分为若干个阶段，每个阶段又同时分几条线同时进行，如提出报价、（技术、商务）反复磋商、重要问题的一揽子处理、双方高层协商确定价格、合同条款的最终确定等等。

1）正确报价。对于EPC工程而言，大多数做法是总承包商先行报价，而不论其报价是否合理，业主都不会一次性接受初始的报价，免不了会讨价还价。因此，总承包商的报价都应留有一定的让步余地，但不论如何，报价必须合情合理，否则会使业主觉得对方缺乏诚意，破坏会谈气氛或在业主的质询和攻击下，原先的价格防线一溃千里。报价的高低没有绝对的界限，它取决于特定的项目、特定的合作背景、合作的意愿。一般来说，标的越大，价格条件就越复杂，标价的弹性就越大。所以，对报价正确性的判断，不仅依赖于商务谈判前的充分准备，而且还依赖于经验丰富的商务谈判人员的正确判断。

2）反复磋商。商务谈判磋商的同时，业主应对报价做反复研究和分析，理解对方的报价内容和报价的策略，调整自己的商务谈判目标和策略，不断降低对方的期望值，尽量缩小双方的差距。

由于商务谈判双方对商务谈判结果的期望不同，在初期报价上多少带有技术上、策略上的考虑，因而双方不会就有关问题达成一致。参与商务谈判的双方总想竭力降低对方的期望值，挑剔对方的问题，不厌其烦地证明自己观点的合理性，争取说服对方。其实，任何商务谈判者要想维护自己的利益，首先应充分了解对方报价的依据，让对方说明价格结构的合理性，争取说服对方。其实，商务谈判者要想维护自己的利益，首先应充分了解对方报价的依据，让对方说明价格结构的合理性，对照自己对价格的分析，找出与对方的差距以及产生原因，从中找出都可以接受的中间价格。

3）一揽子处理与高层协调。对于经过反复磋商后仍不能解决的问题，双方应列出详细清单，进行一揽子处理。常见的一揽子处理方式有两种：交换式让步、无交换式让步。交换式让步包括工程范围的交换、某些费用之间的交换和妥协；无交换式让步仅指合同价格上的双方的折衷。

妥协和让步是商务谈判技巧成熟的表现。让步要讲究艺术，有效的让步策略有以下三种：

①让对方感到我方做出的是一次重大让步。不能让对方理解为我方的让步是迫于压力，是轻率的、仓促的，否则对方非但不感到满意，反而会得寸进尺。

②以相同价值的替代方案换取对方立场的松动。替代方案的含义是，我方愿意以放弃某些利益为代价，换取对方同等价值的利益；

③以让步换取对方同等的让步。对方的让步是否相同一般难以衡量，只能估计。

商务谈判是一个循环的过程，每个阶段的商务谈判、每个分歧的消除，都可能经历分析准备、融洽气氛、实质性磋商、最终达成一致。每一个循环的完成，都是对商务谈判朝着达成协议的方向推动。

EPC 工程总承包项目的商务谈判，即使经过了上述的商务谈判过程，仍会遗留一些双方谈判层面无法妥协的重大问题，这就是 EPC 工程总承包项目的商务谈判始终离不开双方最高层领导最终"拍板"的原因。这有它的客观性，也有其必要性，原因有以下几个方面：①工作层经过长时间的商务谈判，对该谈的议题都已经进行了各种形式的分析、辩论、僵持和妥协，该用的手段和技巧都已用尽，商务谈判已进入僵持状态，难有新的突破，就需要高层决策层的介入，通过决策层高瞻远瞩的手段和方法，促成协议；②EPC 工程总承包项目合同价很高，即使双方的差距很小，也仍可能高达几百万甚至上千万美元，这不是一般谈判层可以轻易决定的，也需要高层领导的介入；③工作层商务谈判权限的限制，迫使其只能做出有限的让步，不能对大的分歧做过多的妥协。为了体现商务谈判的激烈和艰苦，双方工作层都不愿意直接解决所有的分歧和争议，加上对高层领导的依赖，总会将最后遗留的分歧交由高层领导拍板。

如果到高层商务谈判阶段，双方的合作意愿已基本确定，不会出现意外的问题。高层的商务谈判依然是上述商务谈判过程的重复，只是议题的数量较为集中。在听取工作层的汇报之后，高层对遗留的分歧都会有清楚的了解。高层的商务谈判主要是利用各自的优势，做出最后的妥协，促成协议的签订。一般来说，待双方的差距不是很大时才有必要提交高层拍板，因而，高层商务谈判的问题往往只是一两次会面就可以解决的问题。

（4）达成协议阶段。

经过高层的协调，商务谈判的所有问题基本得到全面的解决，开始进入协议阶段。但在协议尚未签订之前，仍有大量的工作要做，双方仍不能过于乐观，而是要更加小心，这个阶段的主要工作有以下几方面：

1）回顾商务谈判过程，将商务谈判结果落实为合同条款；商务谈判结果与合同文本是有一定差别的，商务谈判是对主要问题进行定性的辩论，而合同文本要通过文字将商务谈判结果准确地表达出来，特别是对边界条件要做出准确的描述，消除误解。在这个阶段，原本已达成一致的问题，仍可能出现理解上的分歧，需要经过重新商务谈判进行澄清，达到更严谨的理解上的一致。

2）准备合同文本：由于存在文字表述出现歧义的可能性，特别是非母语合同文本，合同由谁起草则大有学问。EPC工程总承包项目的商务谈判，一般都是基于事先由一方初步起草的合同文本进行的。进入合同文本最终定稿阶段，仍有大量的文字编写工作，如对原来有争议条款的修改、合同附件的编写等等，对此双方依然不能有丝毫的疏忽，也不能过分相信对方会完全按照自己的理解去表述合同条款。合同条款叙述得详细清楚还是简单粗略，是否有什么"伏笔"，都是双方必须密切注意的事宜。稍有不慎就可能为合同的履行留下隐患。

3）合同签字与生效：前述的工作全部完成，合同文本准备完毕，就可进入合同的签字，合同签字只表明合同已经成立，但并不等于合同已经生效。合同生效需要一定的条件，这在合同条款的生效条件中应该有所规定。生效条件多种多样，如对方要求承包商提交合同履约保函、合同须经过双方政府部门的批准等等，有的合同总承包商还将甲方支付预付款作为生效的条件之一，这都是正常的。

4.1.4 商务条款洽谈案例

【案例一】某水泥熟料生产线EPC商务洽谈案例

【案例摘要】按项目周期划分，EPC总承包项目包括策划、投标、洽商、实施、收尾等阶段，本案例结合境外某水泥熟料生产线EPC项目经历，对EPC总承包项目洽商阶段的合同商务条款制定原则和经验做了介绍。

【洽谈原则】

1. 从最大利益出发，协调各方关系和利益

从当前EPC项目实施的发展现状来看，利益方主要由业主、总承包方、分包方、材料供应商、工程监理和最终用户等组成。由于各方所站的角度不同，关注的焦点和利益也不相同，经常会产生一些利益矛盾关系。不断协调各方矛盾形成合力，保证总承包在项目实施中得到最大利益是承包商取得成功的前提，也是总承包商合同制定的原则。

2. 尽力争取有利条款，保证顺利达成

总承包商在洽谈阶段需要提前评估项目可能产生的问题，关于技术和管理上的困难要从自身角度着手，调整适应项目的需要。关于项目所在地的特点（人文风俗、法律法规、设计施工标准、税费、签证审批等方面），总承包商应在合同谈判阶段向业主尽力争取，为项目的执行打下基础。

3. 规范和界定 EPC 项目的对象、领域和范围

就境外 EPC 项目来说，涉及的领域和对象包括设计、采购、施工、调试、海运、内陆运输、清关和关税、银行保函、境外开户、国际保险理赔等。首先要纳入洽商阶段的合同谈判内容，力求全面翔实。其次，在协议条款的具体拟订上，依据风险因素的概率大小和可能造成的损失程度，选择避重就轻，为总承包利益着想。

【条款分析】

1. 工期定义分析

为避免工期定义混淆，可能造成的推诿，总承包商在 EPC 合同中，对工期采用了多种定义，依据对项目工程的影响的节点进行协商。如开工日期为某年某月、重要设备、材料等的到场日期、主变电站开始送电日期等，并在条款中明确最终确认工期，以定义最大值为准。

2. 水、电及通信费用分析

确定水费的时候，应该明确业主负责的主要供水来源，管道到承包商营区的管道连接工作，以及各项供水系统的保证和维修，保证各项工作必须由相应的业主或责任方承担，制定出合适的计算方法，促进各项活动的顺利进展。计算电费时，可以在合同条款中明确业主必须根据总承包商要求，在指定的场合给工程建立提供临时电源，负责施工生活用电、电网架设、管理和维护等工作，并将责任分配到人。提供的临时电源场地如果与施工场地距离太远，必须给总承包商提供一定的补贴。在合同签订过程中，还要明白施工中所需要的网络费用和电话费用。如果业主没有给施工提供电话线和网线，必须给总承包商一定的经济补偿。中方承包商可以与分承包商共同承担责任，将项目建设租赁产生的各项费用平摊，借助费用自理方式进行处理。

3. 滞港费用分析

在合同条件中必须明确指出，在 CIF、CFR 等条件下产生的滞港费用，在运输港中由卖方支付，在卸货港由买方支付，此种操作方式在一定程度上减少了滞港费用造成的不必要风险，保证了条款签订的有效性。

4. 港杂费分析

明确指出承包商在不同情况下，承包商的服务费和港杂费的主要承担方，并将其列入条款中，保证条款的顺利实施。

5. 保险分析总结

在合同条款中明确项目总承包商必须承担运输设备产生的保险费用：业主负责人员从国内将材料运输到现场后，必须承担运输车辆和相关人员的保险。由于受到法律限制，必须选择所在国保险公司，同时总承包商保留选择保险公司的权利。

6. 保函分析

保函必须在原有条款的基础上，分析以下两方面内容：一方面，分解出保函费用，并明确各项责任；另一方面，为了防止类似状况的再次出现，必须对总包方实施保护。

7. 更改技术标准

合同条款中的明确如下所示：在货物尚未离开运输港发生了技术标准更改，业主所需承担的费用为新标准与旧标准产生的差额，如果总承包货物离开港后，业主提出修改标准要求，业主需要额外支付的费用为新标准全额采购费用。

8. 分析产生的其他税务费

在项目合同商务条款中，必须明确指出中方必须承担的税费名录，地方当局或政府收取的税后必须由业主承担相应的职责。

总之，国际 EPC 总承包项目在签订合同时，总承包方必须根据项目的整体计划进行分析，充分考虑合同签订中涉及的各领域问题，从工期合理性、合同生效、业主责任和延期惩罚等出发，给总承包方创造有利的发展条件，给项目的顺利进展奠定基础，这是合同管理工作应有的责任。

【案例二】某水电站 EPC 商务洽谈案例

【案例摘要】

本案是某水电站是某国电力开发公司开发的水电站，由中方承包商协助向中国进出口银行申请贷款，按照 EPC 总承包模式实施。案例介绍了商务谈判的原则和费用测算、条款谈判的策略。

【洽谈原则】

承包商在谈判中遵循以下思路：第一，由于采用中国进出口银行贷款，选择中国的设备应为先决条件，第二，为今后进一步开拓该国市场，投标报价时采用稳妥的思路，即以微利为基础，在合同谈判时界定清楚边界条件，对较大潜在的风险条款做到尽量不让步。

【洽谈策略】

1. 费用测算策略

(1) 考虑国别人工效能差异：在测算本项目人工费用时，考虑国别人工效能差异，将中国劳务和当地劳务分开计算。中国劳务的主要费用有：签证费用、培训费用、公证和认证费用、出国和回国探亲差旅费、在所在国办理居住证和劳动保证许可证费、体检费、劳动用品费、工资、社会负担费等。而当地劳务费主要包括：工资、社会负担费、劳保用品、上下班交通费等。同时还要考虑劳务生活和娱乐的修建、运行维护和管理费用，不能漏项。

(2) 考虑国别材料价格差异：工程材料费用分为当地采购材料和国内采购材料两部分，为当地采购材料以分包询价为基础计算材料综合单价，而国内采购材料费用包括：出厂价、国内运输费、离岸港杂费、装船费、海运费、保险费、到岸港杂费、清关费、到岸港口到工地运输费等，通过向海运公司、清关代理和相关港口获取。

2. 商务条款谈判策略

(1) 争取采用中国标准：在投标前的誊清中，确定设计标准，积极引导业主采用中国的设计标准，为建安与业主已经明确土建施工由当地合作伙伴实施。因此，土建和机电之间的工作界面划分和工作衔接关系一定要明确，避免在执行合同时由于界面模糊，增加项目成本而蒙受损失。

（2）抓大放小，紧盯变更、索赔、调整：该项目在业主要求下降价多次，利润空间小、不符合银皮书适用的高风险、高回报的条件，加上前期地质勘探资料有限，工期为两年半，潜在伊朗里亚尔贬值，人工材料价格上涨风险很大，鉴于业主在招标文件中对银皮书条款作了大量的修改，去掉了条款中对承包商有利的或相对公平的部分条款，并人为地设置了一些合同陷阱，把相关责任转嫁给了承包商。因此，在和业主对合同条款的商谈期间，总包商积极和业主磋商，对条款进行了修改，修改过程中采用"抓大放小"的策略，即紧盯合同变更、索赔、调价等核心内容，对专用条款中的第 4.6 款"合作"、第 4.10 款"现场数据"、第 4.12"不可预见的物质条件"、第 5.2"反对指定"、第 13.8 款"因成本改变额调整"和第 17.3 款"雇主的风险"等不合理的专用条款进行了梳理并修改。基于以下原则与风险控制有关的条款：①对于可能产生的风险，哪一方更有能力控制？②在风险发生时，哪一方能更好地应对？③业主是否需要参与控制风险？④遇到认为不能控制风险时，哪一方应承担由此产生的不利后果？⑤承担风险的一方是否能够接受投标所需的保险费？⑥在风险发生时，承担风险的一方是否有能力承受风险事件造成的后果？⑦业主的风险转移转给总包方承担时，某种不同性质的风险是否也会同时由业主转移给总包商？

按照银皮书第 4.10 款"现场数据"以及相关条款，本项目业主已经将现场地下、水文及环境方面的所有资料交给了总包商，由总包商负责核实和解释这些资料，业主对这些资料的准确性、充分性和完整性不承担责任。由于有限的投标时间内不可能组织地质勘查工作，总包商不可能对资料的准确性、充分性和完整性做出判断。按照第 5.1 款"设计义务一般要求"规定，雇主应对承包商不能核实的数据、资料负责。

在该项目中，承包商很难界定什么是能核实的，什么是不能核实的，在实践操作中没有可采用的判定标准。一般而言，业主处于合同主体的强势地位，在此类事件的争议过程中，承包商很难获得公平的裁决。尽管为了获得尽可能多的现场资料，承包商在投标前，进行了现场全面的考察，但未能获得全面翔实的资料，特别是地质资料。因此，承包商将条款修改为：这些资料仍需要补充，并以新的资料为准。

关于物价上涨调价条款方面的情况，根据银皮书第 13.8 款"因成本改变的调整"规定：调价公式应在专用条款中予以确定。而业主在专用条款中又规定第 13.8 条款在此不适用。本项目工期为两年半，存在物价上涨的风险，特别是在里亚尔和美元汇率不稳定的情况下，业主设置这样的条款显然是不合理的，也不符合 FIDIC 合同本身编写的基本原则。在修改此专用条款时，承包商套用黄皮书中的第 13.8"因成本改变的调整"规定的调价公式。经过多轮谈判，上述条款的调整方案得到业主的同意，为项目实施规避风险打下良好的基础。

4.2 履约阶段的工作

合同履约过程中的合同管理与控制是 EPC 工程总承包项目合同管理的重要环节。EPC 工程总承包项目合同一旦签订，整个工程建设的总目标就已确定，这个目标经分解后落实到项目部、分包商和所有参与项目建设的人员，就构成了目标体系。分解后的目标是围绕总目标进行的，分解后各个小目标的实现及其落实的质量，直接关系到总目标的实现，控制这些目标就是为了保证工程实施按预定的计划进行，顺利地实现预定的目标。

4.2.1 合同交底

EPC 工程总承包项目合同签订后，EPC 的总承包商首先应该明确主合同确定的工作范围和义务，项目的主要管理人员要向项目的具体的执行者进行合同交底，对合同的主要内容和潜在的风险做解释和说明，并根据合同要求分解合同目标，实现目标管理。使项目部所有人员熟悉合同中的主要内容、规定及要求，了解作为总承包商的合同责任、工程范围以及法律责任，并依据合同制订出工程进度节点计划。按照节点计划，项目各部门负责人随即对各自部门人员进行较详细分工，即将每个节点作为一个小目标来管理，当每个小目标都实现的时候，那么总的目标也就实现了。克服在传统工程管理中只注重按图样来划分工作范围，而忽略了以合同交底的工作。合同交底意义重大，只有明确了合同的范围和义务才能在项目实施过程中不出现或少出现偏差。

做好合同交底，总包商应积极组织相关人员进行 EPC 工程总承包项目的现场管理培训，本着"磨刀不误砍柴工"的精神，聘请专业人员对现场的工程人员进行系统的培训，重点内容是在实施工程管理的过程中，将现场管理与合同实质联系起来，并用工程进度、工程质量、工期等作为评定现场管理的标准，同时与现场项目经理的绩效相挂钩，这就保证工程项目随时处于受控状态，避免工程管理人员依靠经验管理项目的情况出现。

4.2.2 合同控制

合同控制是指双方通过对整个合同实施过程的监督、检查、对比引导和纠正来实现合同管理目标的一系列管理活动。在合同的履行中，通过对合同的分析、对自身和对方的监督、事前控制，提前发现问题并及时解决等方法进行履约控制的做法符合合同双方的根本利益。采用控制论的方法，预先分析目标偏差的可能性并采取各项预防性措施来保证合同履行，具体有以下几项内容。

（1）分析合同，找出漏洞。对合同条款的分析和研究不仅仅是签订合同之前的事，它应贯穿于整个合同履行的始终。不管合同签订得多么完善，都难免存在一些漏洞，而且在工程的实施过程中不可避免会发生一些变更。在合同执行的不同阶段，分析合同中的某些条款可能会有不同的认识。这样可以提前预期发生争议的可能性，提前采取行动，通过双方协商、变更等方式弥补漏洞。

（2）制订计划，随时跟踪。由于计划之间有一定的逻辑关系，比如工程建设中某项里程碑的完成必定要具备一些前提条件，把这些前提条件也做成合同计划，通过分析这些计划事件的准备情况和完成情况，预测后续计划或里程碑完成的可能性和潜在风险。

（3）协调和合同约定的传递。合同的执行需要双方各个部门的组织协调和通力配合，虽然多个部门都在执行合同的某一部分，但不可能都像主管合约部门的人员一样了解和掌握整个合同的内容和约定。因而，合约部门应该根据不同部门的工作特点，有针对性地进行合同内容的讲解，用简单易懂的语言和形式表达各部门的责任和权利、对承包商的监督内容、可能导致对自身不利的行为、哪些情况容易被对方索赔等合同中较为关键的内容进行辅导性讲解，以提高全体人员履行合同的意识和能力。

（4）广泛收集各种数据信息，并分析整理。比如各种材料的国内外市场价格、承包商消耗的人员、机械、台班、变更记录、支付记录、工程量统计等等。准确的数据统计和数据分析，不仅对与对方进行变更、索赔的商务谈判大有裨益，也利于积累工程管理经验，建立数据库，实现合同管理的信息化。

4.2.3　变更管理

1. 工程变更概念

广义上说，变更指任何对原合同内容的修改和变化。但在工程项目中，严格地讲，变更分为合同变更与工程变更，从一般定义上讲，合同变更指任何对原合同的主体或内容的修改和变化。但从我国合同法的第五章的有关规定看，合同变更仅指合同内容的变更，合同主体的变更称为合同的转让。因此，合同变更仅指合同内容的变更。合同的变更不影响当事人要求赔偿的权利。原则上，提出变更的一方当事人对因合同变更所受损失应负赔偿责任。

工程变更则是指在工程项目实施过程中，按照合同约定的程序对部分或全部工程在材料、工艺、功能、构造、尺寸、技术指标、工程数量及施工方法等方面做出的改变。引起工程变更的原因有多种，如设计的变更、更改设备或材料、更改技术标准、更改工程量、变更工期和进度计划、质量标准。频繁的工程变更是 EPC 工程总承包项目的工程合同的显著特点之一。由于大部分工程变更工作给承包商的计划安排、成本支出都会带来一定的影响，重大的变更可能会打乱整个工程部署，同时变更也是容易引起双方争议的主要原因之一，所以工程变更必须引起合同双方的高度重视，是合同管理的重要内容。

EPC 银皮书及 FIDIC 合同条件均规定，业主有权实施工程变更（但当事人任何一方无权擅自修改合同内容。否则承担法律责任），并一般对工程变更的提出与处理都有详细的规定，比如工程变更发生的前提条件、工程变更处理的流程、工程变更的费用确定等。至于具体的操作，则需要双方在工作程序中做出具体的规定。一般情况下，只有变更导致工程量变化达到 15% 以上，承包商才可停工协商，变更的实施必须由双方代表协商一致后才可以执行。

大多数情况下，国际工程合同尤其是采用 FIDIC 条款为蓝本的合同授予了业主直接签发工程变更令的权力，承包商必须无条件地先执行工程变更令，然后再与业主协商处理因执行该变更令而给承包商带来的费用或工期等问题。这主要是考虑到工程变更发生的频繁性以及避免双方过久的争执而影响工程的工期进度。

2. 工程变更的种类

常见的工程变更类型有两种：工期变更和费用变更。最容易引起双方争议和纠纷的是费用变更，因为无论是工期变更，还是合同条款的变更，最终往往都有可能归结为费用问题。合同中通常会规定合同变更的费用处理方式，双方可以据此计算变更的费用。

3. 工程变更费用

在确定变更工作的费用时，国际工程合同则赋予业主在多种费用计算方法中选择或采用某种计算方式的权利。这种选择权并不代表业主可以随心所欲地一味选择对自己有利的计算方法，其衡量的标准应该是"公平合理"。对于一个有经验的承包商，通过工程变更和索赔是获得成本补偿的重要机会。

对于业主来说，必须尽量避免太多的变更，尤其是因为业主临时改变、增加工程项目功能要求、合同范围界定不清、自身失误等原因引起的返工、停工、窝工。变更导致争议性的问题时，如果承包商按照业主的要求实施了变更，那么，对承包商造成的间接费用是否应给予补偿？对涉及工程量较大的变更，或处于关键路径上的变更，可能影响承包商后续的诸多工作计划，引起承包商部分人员的窝工。对此，业主除了补偿执行该项变更本身可能发生的费用外，对承包商后续施工计划造成的影响所引起的费用或承包商的窝工费用，是否应该给予补偿？我国合同法以及国际工程合同条款中对此均未有明确的规定，只是更多地从"公平合理"的角度做了简单的说明。这些纠纷就需要合同管理者与业主进行磋商和协调。

4.2.4 索赔管理

1. 索赔动因

EPC总承包工程建设规模大、周期长、合作单位多，环节繁多，情况复杂。为此，其合同管理是一个动态过程：一方面合同在实施过程中，经常受到外界干扰，出现不可预见事件、地质情况意外、政治局势变化、政府新法令实施、物价上涨等，这些情况将影响工程成本和工期；另一方面，随着工程项目的进展，业主可能会有新的要求，合同本身也在不断变化，绝对不变的合同是不存在的。此外三边工程（边设计、边施工、边修改）在施工过程中的不可预见性、随意性较大，引发的变更较多，这也是合同管理的难点。依据法律和合同的规定，对非承包商过错或疏忽而属于业主及其代表责任的事情，造成损失的，总包商可以向业主方提出补偿或延期的请求。许多国际工程项目中，成功的索赔成为承包商获取收益的重要途径，很多有经验的承包商常采用"中标靠低价，赢利靠索赔"的策略，因而索赔受到合同双方的高度重视。

索赔必须有合理的动因才能获得支持。一般来说，只要是业主的违约责任造成的工期延长或承包商费用的增加，承包商都可以提出索赔。业主违约包括业主未及时提供设计参数，未提供合格场地，审核设计或图纸的延误，业主指令错误，延迟付款等，因恶劣气候条件导致施工受阻，以及FIDIC条款中所列属于承包商"不可抗力"因素导致的延迟均可提出索赔。当然有的业主会在合同的特殊条款中限定可索赔的范围，这时就要看合同的具体规定了。向业主索赔以及业主对承包商的反索赔是合同赋予双方的合法权利。发生索赔事件并不意味着双方一定要诉讼或仲裁。索赔是在合同执行过程中的一项正常的商务管理活动，大多可以通过协商、商务谈判和调解等方式得到解决。

2. 索赔管理中需要注意的一些问题

（1）对于业主无过错的事件，比如恶劣气候条件和不可抗力等给承包商造成的损失，承包商有责任及时予以处理，尽早恢复施工。然后再提交影响报告和证据并提出补偿请求。

（2）工期索赔中要注意引起工期变化的事件对关联事件的影响。工程中计算工期索赔的办法是网络分析法，即通过网络图分析各事项的相互关系和影响程度。如对关键路径没有造成影响，则不应提出工期索赔。

（3）重视研究反索赔工作。习惯上将业主审核承包商的索赔材料以减少索赔额、业主对承包商的索赔等称为"反索赔"。通过收集必要的工程资料、加强工程的监督和管理，不仅可以减少承包商对业主的索赔，还可以作为业主向承包商提出反索赔的依据。承包商要多研究反索赔的理论与实践，尽量不给业主以反索赔的机会，或者尽量在索赔前就做好应对业主反索赔的工作准备。

综上所述，在合同履行过程中，承包商的合同管理人员要对合同规定的条款了如指掌，随时注意各种索赔事件的发生，一旦发现属于业主责任的索赔事件，应及时发出索赔意向通知书并精心准备索赔报告。总承包商还应尽量保证分包文件的严密性，保证设计质量，尽量减少设计变更，减少分包单位的索赔概率。

4.2.5 保险管理

保险管理是合同管理的重要内容之一，在合同履约阶段，往往发生保险事故，总承包商应积极应对保险索赔事件。保险的基本职能是分散风险和经济补偿，分散风险是前提条件，经济补偿是分散风险的目的。了解保险公司理赔程序，理解相关保险法规和保险原则，是风险事件发生后，充分利用保险的损失补偿职能，及时获得赔偿的重要条件。保险索赔过程中总包商应注意以下的问题。

1. 认定保险责任

保险公司在处理理赔工作时首先要对损失进行定性分析，确定损失原因，认定保险责任范围，工程项目的损失并不总是单一原因造成的，原因经常错综复杂，有些原因有时并不完全是保险责任，对于这种情况，认定责任归属时将使用"近因原则"进行判定，因此，发生风险事件时，应根据"近因原则"充分分析损失原因，掌握发生损失的决定因素。总承包商在这一阶段应做的工作是积极配合保险公司所进行的责任认定，提供真实、可靠的索赔原因分析等有关资料，协助保险公司尽快完成对保险责任的认定，尽快获得索赔款项。

2. 核准损失量

确定保险责任后，保险公司会对损失的工程量和货币量进行确认，并依据保险合同的相关规定核算赔款。保险公司遵循的是"被保险人不可获利原则和赔偿方式由保险人选择原则"。保险公司的赔偿责任是使被保险标的恢复到出险前的状态，这种恢复不能使受损标的的状态好于保险事故发生前，主要有三种方式：一种是支付赔款；当被保险人不打算修复或重置受损设备时，根据受损情况，核定准确的损失金额支付给被保险人；第二种是修复：当受损设备遭到部分损失并可以修复的情况下，保险公司支付给被保险人相应的修复费用，这种修复由被保险人完成，也可以由第三人完成；第三种是重置：当设备的损失程度已经达到全部损失或者修复费用已经超过该设备的原价值，保险公司支付相应的费用进行重置。上述三种方式的选择权在保险公司，但作为被保险人的总包商可提供相应的证据为保险公司的选择提供参考，争取获得更为有利的赔偿方式。

3. 注意核对保险规定

保险事故发生后，并不是所有事故都可以得到索赔，承包商应核对本事件是否符合保险合同要求。例如，我国某公司在国外承包了一项大型工程，按照 EPC 合同规定业主负责工程一切险的保险，承包商负责雇主责任险、第三方责任险以及施工机具保险。在施工过程中由于突发洪水，将正建的工程冲毁，造成加大损失，承包商向业主提出索赔。业主回复，按照业主保险单，承包商是联合被保人，承包商可以向保险公司直接索赔，业主可以协助安排保险索赔事宜。

在通知保险公司后，保险公司派来了理赔估算师，对损失进行估算，双方认可的损失共计28万美元。在理赔估算师回到保险公司后，承包商与业主接到保险公司信函，通知按保险合同规定，保险公司没有赔偿义务，因为保险合同单免赔额为30万美元。承包商于是向业主提出索赔，业主认为该损失应该由承包商承担。承包商查阅了保险合同文件，原来合同规定："工程一切险保险单免赔额范围的损失由承包商承担"。

4. 应用代位求偿原则

"代位求偿"是指保险公司在向被保险人支付了保险求偿之后，依法取得被保险人享有的向第三方责任人请求赔偿的权利，取代被保险人的位置向第三方责任人进行追偿。发生保险事故时，一旦存在有责任的第三方，被保险人—总承包商就应该注意对求偿权益的保全，并在获得保险赔偿之后将该权利转让给保险公司。

5. 把握索赔时效

被保险人提供的损失原因分析、弥补损失的相应合同、发票以及第三方责任求偿书等文件是保险公司理赔的重要依据。总承包商应保管好此类资料，并积极提交，注意索赔的时效性，索赔期限从损害发生日起，至向保险公司提供上述材料止，不得超过两年。

随着"一带一路"倡议的实施，总承包商企业应与中国保险公司联手，建立长久的关系，不断解决新问题，融入新元素，从民族利益角度出发，将保险利益尽量留在国内，从而促进工程总承包企业和保险公司的双赢。

4.2.6 纠纷处理

EPC项目产生纠纷的原因有很多，双方的行为均可能导致在履约过程中产生实质性纠纷。业主方的因素主要有：未充分考虑项目具体情况和EPC合同特点，对不适用EPC合同的工程项目套用EPC合同格式；采取不适宜的管理方式，过多干涉承包商设计、施工工作，随意变更设计、材料和质量标准等。

承包商的因素主要有违约行为如转包工程；质量保证体系缺位导致质量缺陷；未能及时对业主的不合理要求提出异议，以致工程变更失控，导致工期延误等。如果EPC产生的纠纷不能得到及时、正确的处理，排除对立，就有可能影响整个建设项目的进度甚至质量。为此，纠纷处理是合同管理的重要工作。

承包商可以根据具体情况采用合适的非诉讼方式解决。如当事人双方通过友好协商（双方在不借助外部力量的前提下自行解决）、对抗性谈判、第三人调解方式、ADR方式来解决双方之间的实质性纠纷。有些纠纷通过上述非诉讼方式仍然不能解决，可以进一步通过仲裁（借助仲裁机构的判定，属于正式的法律程序）和司法诉讼（进入司法程序）进行处理。下面我们仅对仲裁与司法诉讼做一介绍。

仲裁属于法律程序，有法律效力。目前，有70多个国家加入了联合国《承认和执行外国仲裁裁决公约》，中国也是成员国。缔约国的法院有强制执行不遵守仲裁决议的当事人的权利。即使未加入该公约，一般国家之间的双边或多边协议也会保证仲裁协议的有效执行。双方有选择仲裁方式的自由。双方当事人可以在合同中约定，或在争议发生后再行约定仲裁条款。

对于仲裁应注意以下事项，仲裁应符合国家法律的规定。大多数国家的法律规定，合同争议采用或裁或审制。如《中华人民共和国仲裁法》规定了两项基本制度：或裁或审制和一裁终局制，以保证仲裁机构决议的权威性。一些国内企业对此在认识上存在误区，认为协商不成可以调解，调解不成可以仲裁，仲裁不服可以起诉（除非有充分的证据证明仲裁机构违反仲裁程序或国家的法律规定，存在受贿舞弊等行为），片面地认为只有诉讼才是最具权威性和最有法律效力的措施，其实这种认识是错误的。最好选择仲裁规则与仲裁地国家的法律相一致的仲裁。合同双方都希望仲裁能够在自己的国家适用本国法律进行，这是不公平的，除非一方的合同地位占据绝对优势。最常见的处理办法是选择第三国并按该国的仲裁规则进行仲裁。这就要求对该国的仲裁规则有清楚的认识。

坚持"能协商就协商，能调解的就调解，能不通过仲裁的就不通过仲裁，能不诉讼的就不诉讼"的原则。不管怎样，走上仲裁庭或法院对合同双方都不是一件好事，除非一方违反了合同的基本原则进行恶意欺诈。不论采用仲裁或诉讼都会劳神费力。尤其是旷日持久的取证、辩论，对公司商誉的影响对双方的合作关系都是一种伤害。

对有些不接受仲裁的国家或双方当事人不愿意采用仲裁的情况，除了协商、调解之外的唯一解决办法就是诉讼。对国际合同的诉讼，一般应注意以下两点。

（1）合同中尽量写明法律的适用规则以及争议提交某一指定国指定地点的指定法院。如果合同中未指定法院，那么可能会有两个或两个以上国家的法院有资格做出判决，而不同国家法院的判决结果可能是不同的，甚至某些国家不同州的法院的判决结果也是不同的。

（2）合同在选择适用法律时，要考虑合同双方对该法律的了解程度。对该法律的哪些强制性规定会妨碍合同争端的合理解决，该法律的规则变化时如何处理，该法律适用于整个合同还是合同中的某一部分等内容都要进行规定。

作为一个完整的合同管理过程，合同管理还包括合同结算、合同执行结果反馈等后续过程，以及贯穿于整个合同执行过程中的各种程序的编写发布、各种数据的整理分析等等，这里不进行赘述了。

EPC 工程总承包商的合同管理从市场调查、项目分析、工程投标、发标、签约、组织实施直至通过业主验收、质保期满收到最后的质量保证金为止，自始至终贯穿整个过程。它既是项目实施的有力保证，又是企业管理水平的综合体现，EPC 交钥匙总承包上必须紧紧抓住这一主线，在每个 EPC 交钥匙工程总承包项目实施过程中认真总结、不断完善，不断提升自身管理水平，使每一个项目均成为企业的闪光点，从而全面提升企业竞争力，树立企业良好形象。

4.3　收尾阶段的工作

4.3.1　收尾的基本概念

收尾是在合同双方当事人按照总承包合同的规定，履行完各自的义务后，应该进行合同收尾工作。就是说，如果总承包商按合同要求为业主所建设的提供工程项目竣工，那么合同可能在工程交付后终止。

在多阶段项目中，合同条款可能仅适用于项目的某个特定阶段。在这些情况下，合同收尾过程只对该项目阶段适用的合同进行收尾。EPC合同的收尾包括分包合同的收尾工作和总承包合同的收尾工作。在合同收尾后，未解决的争议可能需进入诉讼程序。合同条款和条件可规定合同收尾的具体程序。

工程项目合同提前终止是合同收尾的一项特例，可因双方的协商一致产生或因一方违约产生。双方在提前终止情况下的责任和权利在合同的终止条款中规定。依据EPC合同有关条款，业主可根据条款有权终止整个合同或部分项目，承包商也可以根据有关条款，对业主的违约提出终止合同。对于业主原因而造成的合同终止，业主可能需要就此对承包商的工作进行赔偿，并就与被终止部分相关的已经完成和被验收的工作支付报酬。

4.3.2 收尾的管理内容

1. 文件的归档

工程总承包项目建设周期长、涉及专业多、面临的情况复杂，在经过一个长期的建设过程之后，很多具体问题都需要依靠相应的资料予以解决。为此，做好资料整理归档工作，不是一个简单的文档管理问题，应由专人负责到底。在总合同签订后，合同管理人员就应该将合同文件妥善保存，并做好保密工作，在合同进入收尾阶段后，要对合同文件进行逐一清理，主要是清理合同文本和双方来往文件，发现与合同不一致的情况要及时进行沟通，需要进行合同变更的要及时进行合同变更。另外要加快合同管理信息化步伐，及时运用信息化管理手段，改善合同管理条件，提高合同管理水平。

2. 合同后的评价

EPC总包合同在执行过程中可能存在许多问题，执行完毕后要进行合同后评价，及时总结经验教训。在这一阶段进行总结，不仅是促进合同管理人员的业务水平，也是提高总包企业整体合同管理水平的重要工作。合同后评价主要对以下三个方面进行总结。

（1）合同签订过程情况的评价。评价的重点是：①合同目标与完成情况的对比；②投标报价与实际工程价款的对比；③测定的成本目标与实际成本的对比。通过上述对比分析，总结出合同文本选择的优劣、合同条款制定、谈判策略的利弊的评价结论，对以后签订类似合同的重点关注方面进行总结。

（2）合同履行情况的评价。评价的重点是：①合同执行中风险与应对能力的高低程度；②合同执行过程中索赔成功效率的高低情况；③合同执行过程中有没有发生特殊情况，按照合同文件无法解决的事项。针对合同在执行过程中所发现的问题进行分析评价，并提出改进的办法。

（3）合同管理情况的总评价。EPC工程项目的合同风险虽然具有客观性、偶然性和可变性，但是项目合同的实施又具有一定的规律性，所以合同风险的出现也具有一定的规律性，通过对上述情况的评价，找出合同管理中的问题和缺陷，对在整个项目过程中合同管理的难题和解决难题的办法进行归纳总结，用以指导今后的合同管理工作。

第5章 分包合同管理

对分包合同的管理是 EPC 工程合同管理中的另一个重要方面，是合同管理的有机组成部分，分包合同管理是 EPC 主合同目标实现的支撑，从工程项目的最终目标来说是实现工期、质量、安全、环境和成本目标的关键要素，也是创造项目效益最大化的保证。对分包合同的管理与对主合同的管理一样，应贯穿于 EPC 工程项目周期的全过程。

5.1 分包合同管理概述

5.1.1 EPC 分包合同的组成

EPC 工程项目总承包商是对工程项目的设计、采购、施工、试运行、竣工验收等实行全过程或若干阶段的承包，向业主交付具备使用条件的工程，对承包工程的质量、安全、费用和进度负责。在 EPC 工程项目实施全过程中除了总承包商完成自行承担的部分任务外，其他工作必须委托专业化的分包方完成相应的工作或服务。例如，在 EPC 工程中，设计专业工作，要由勘察设计分包商（或由总包商自行）完成；施工安装、土建部分的工作，要由具备安全资质或生产许可证的专业化分包商完成；供应采购工作，要由技术咨询、服务分包商完成；劳务服务工作，要由中介劳务服务分包商来完成等。

面对众多的分包商，形成相应的分包商合同体系，如勘察设计的分包合同、设备和材料采购的分包合同、施工安装的分包合同、土建等专业分包合同、加工定作的分包合同、技术服务分包合同、劳务服务分包合同等。另外，还包括安全合同，HSE 合同等平行合同，如图 3-2 所示。

5.1.2 EPC 分包合同的分类

EPC 分包合同按其性质可分为两类：一类是普通分包商合同，另一类是指定分包合同。

1. 普通分包合同

普通分包合同又称"乙定分包合同"，是指总承包商根据工程项目建设需要自主选择的分包商，由分包商完成部分专业工作或服务。由总承包商与该分包商签订分包合同，分包商直接对总承包商负责，与总承包商具有法律关系，但与业主无直接法律关系，即由总承包商分包部分工程的分包合同。从法律关系上分析，在 EPC 建设工程中，普通分包有两种情况：

（1）分别分包，即各分包商均独立地与总承包商建立合同关系，各分包商之间并不发生法律关系。

（2）联合分包，即分包商相互联合为一体，与总承包商签订分包合同，然后各个分包商之间再签订数个合同，将项目建设中所分包的工作落实到联合体内的每一个分包商身上。

在实践中，这两种分包合同被广泛地使用，但它们的法律效果很不相同。在分别分包中，各个分包商相互单独地对总承包商负责，相互之间不发生任何法律关系；在联合分包中，分包商共同对总承包商负责，分包商之间发生连带之责的法律关系。

2. 指定分包合同

指定分包又称为"甲定分包合同"，是指总承包商根据业主的指令将承包工程中的某些专业部分交由业主选择或指定的分包商来完成。业主指定分包的专业工程包含在总承包商的承包范围之内，指定分包合同由总承包商和指定分包商签订或与业主签订三方合同。现阶段我国法律对指定分包尚没有明确定义。分包商的选择和定价主要是由业主完成的，指定分包商与业主往往有实际的权利义务关系；总承包商虽然名义上与分包商签订分包合同，但总承包商对于指定分包商来说实际上更接近项目管理公司的角色。

指定分包一定程度上可以增强业主对分包工程进度、质量的控制力，降低项目施工的成本。与普通分包相比，指定分包有如下的特征。

（1）选择分包商的权力不同；普通分包由总承包商自主选择，而指定分包商主要由业主选定。

（2）工程款支付的监督力度不同：为了不损害承包商的利益，给指定分包商的付款从暂列金额内开支。而对普通分包商的付款，则从工程量清单中相应工作内容项内支付。普通分包中，业主一般不介入分包合同履行的监督管理。对指定分包商业主往往对工程款有绝对的控制权。

（3）业主与分包商的关系不同。在指定分包中，业主对指定分包商通常有更多的了解，指定分包商与业主往往有实际的权利义务关系。

（4）总承包商所获利益不同。在指定分包中，总承包商的经济利益通常很有限，一般仅限于管理费，实际上承担了接近项目管理公司的角色。

（5）总承包商承担责任的范围不同：除非由于承包商向指定分包商发布了错误的指示要承担责任外，对指定分包商的任何违约行为给业主或第三者造成损害而导致索赔或诉讼，总承包商不承担责任。如果一般分包商有违约行为，业主将其视为承包商的违约行为，按照主合同的规定追究承包商的责任。在总承包商对分包合同的管理中，对指定分包合同的管理是较为复杂的管理。

5.1.3 分包合同管理的意义

EPC 工程项目中，对分合同的管理是项目管理的核心，因为在 EPC 工程总承包中，部分工作是需要分包出去的，项目最终目标的实现要依靠总承包商和分包商的共同合作来完成，分包商工程完成得好坏，直接影响到项目总目标的实现，是为企业争取利润最大化的基础和保障。

总承包商对分包合同管理程序贯穿于 EPC 工程项目管理的全过程，与工程招标投标管理、工程范围管理、质量管理、进度管理、成本管理、信息管理、沟通管理、风险管理等紧密相连。对分包合同的管理是综合性的、全面的、高层次的、高度精确、严密、精细管理工作，在 EPC 实践过程中，总承包商必须认识对分包合同管理的重要性，切实加强对分合同的管理工作。

5.2 分包合同管理过程

5.2.1 管理的定位与目标

在 EPC 工程建设项目管理体系中，对分合同的管理工作属于项目经营管理范畴，是 EPC 总承包项目的策划、投标报价、合同谈判、签约等工作的延续，为此，对分包合同的管理应定位于总承包项目合同履行过程中一系列的后续工作。具体工作内容是对拟定分标计划、对分包商的选择、分包合同履行过程的监督、分析、协调和报告，处理分包合同变更和分包合同纠纷、执行分包合同履行期间或合同结束后与顾客的联络、沟通等。从经营思想出发，分合同管理的目标是确保总承包合同的顺利履行，维护在合同条款规定中总承包商的合法权益，保护总承包商的正当利益，维护 EPC 总承包商企业良好的社会声誉。

5.2.2 准备阶段的工作

1. 编制合适的分标计划

根据项目工作内容及项目类型，编制恰当的分标计划，分标太细，单个分包合同工作量较小，单价势必上升，费用较高，接口管理工作量也较大。分标太粗，施工单位较少，但受某个施工单位的影响较大。分标计划的编制可以从管理难度、总承包企业能力、工程工作面、业主指定分包及专业分包的情况等方面加以综合考虑。

拟定项目分包计划，初步确定分包范围、数量、开竣工时间等。确定合同范围，便可对分包工程进行合同内容确定。这里所说"合同范围"不仅指工作内容，而是指"对分包工程合同价格构成影响的所有因素"，包括工作范围、质量标准、技术规范、材料规格、开竣工时间、进度安排、责任和义务、使用设备、技术和管理人员、风险分摊等因素。对多分包商构成的项目，合同管理的关键是厘清各分包商之间的责任和工作界面。若中标，则对分包计划进行修正和细化。制定分包计划的好处：一是可以将项目的工作进行细化管理；二是便于送业主审核和协调指定分包；三是能在前期了解项目成本，分包计划应与项目进度计划紧密结合。

2. 对分包商的选择

对分包商的选择是 EPC 总承包的重要一步，决定着项目质量、投资及进度，所以在满足经济效益的同时，也要考察分包单位的实力，不仅是资质，更重要的是分包商的专业实力，做到真正的强强联手。

（1）注重对设计分包商的选择。

作为分包的基础，设计是 EPC 项目合同的重要组成部分和关键阶段之一，是项目成本核算及分包结算的依据，设计不仅要考虑实现业主的建设目标，还要考虑项目的实施，要对业主提供的方案和思路进行深化和优化，在实现业主建设功能的同时获取合理的利润，需要发挥设计院的优势，对每个细节考虑周全，以免对总承包的现场施工造成损失，做到"绝不把设计问题留给现场"。

（2）选择合适的合同类型。

除采取招标形式外，还需严格招标文件的审查，选择合适的合同类型，合同类型决定合同管理的难易，也决定着项目管理成本的高低。选择合同类型可以从项目的复杂程度、项目的设计深度、项目的工期、施工技术的先进程度、施工进度的紧迫程度等方面进行考虑。

通行的合同类型有总价包干、固定综合单价、成本加酬金三种方式，需根据工程特征选择。成本加酬金的方式是按照工程的实际成本再加上一定的酬金的方式进行计算，采用这种合同，承包商不承担任何价格变化或工程量变化的风险，这些风险主要由发包人承担，对发包人的投资控制很不利，从利润及风险共担角度，设计院作为 EPC 总承包项目的分包一般不采用此种合同。固定综合单价合同允许随工程量变化而调整工程总价，若采用单价合同，总承包商需要安排专门力量来核实已经完成的工程量，需要在施工过程中花费不少精力，协调工作量大，对投资控制也不利。总价包干合同分固定总价合同和变动总价合同两种。固定总价合同由承包商承担了全部的工作量和价格的风险。对发包人而言，在合同签订时就可以基本确定项目的分包合同额，对投资控制有利；在双方都无法预测的风险条件下和可能有工程变更的情况下，承担了较大的风险，发包人的风险较小。变动总价合同在合同执行过程中，由于通货膨胀等原因而使所使用的工、料成本增加时，及设计变更、工程量变化和其他工程条件变化所引起的费用变化时，可以按照合同约定对合同总价进行相应的调整。设计变更、工程量变化，设计院可以通过自身的优势，深化设计等加以避免，但通货膨胀等不可预见因素的风险由发包人承担，不利于其进行投资控制，突破投资的风险就增大了。

总价合同对总承包商而言风险较小，EPC 分包合同类型中以总价分合同最佳，容易控制成本支出。但需要详细、周密的设计作为基础，否则合同执行过程中变更调整将非常困难，成本控制也变得被动。

5.2.3 履约阶段的工作

在合同履约过程中，加强对分合同的管理与有效控制，是对主合同实行控制的重要内容。

1. 对工程目标进行强有力的控制

项目承包主合同定义了整个工程建设的总目标，这个目标经分解后落实到各个分包商，这样就形成了分目标体系。分解后的目标是围绕总目标进行的，分目标的实现与否以及其落实的质量，直接关系到总目标的实现与否及其质量。控制这些分目标就是为了保证工程实施按预定的总计划进行，顺利地实现预定的总目标。

工程控制的主要内容包括：合同控制、质量控制、安全控制、进度控制和成本费用控制。其中合同控制有着特殊性，其最大的特点是动态性，一方面在合同的实施过程经常会受到外界的干扰，是呈波动状向合同目标靠拢，这就需要及时发现，并加以调整。另一方面，合同本身也在不断变化，尤其像 EPC 工程建设这种庞大而复杂的工程，更是在时刻变化。作为总承包商的合同控制，不仅是针对与业主之间的主合同，而且也包括与总承包合同相关的其他合同，目前尤其在我国的总承包模式还不尽完善的情况下，沟通和协调总承包商与其他的合同之间关系变得尤为重要。

在当前工程建设市场，EPC 总承包模式因其具有管理层界面统一、上下协调便利、风险承担责任明确等优点，已成为业主与工程公司合同关系的主流方向和首选模式，并逐步完善。但是由于 EPC 工程项目分包单位众多，存在交叉施工，协调难度大，对分包商的管理特别是分包合同的管理成为总承包项目管理的一项重要内容。

2. 对分包合同实施进行跟踪和监督

在工程进行的过程中，由于实际情况千变万化，导致分合同实施与预定目标发生偏离，这就需要对分合同实施进行跟踪，不断找出偏差，调整合同实施。总承包商对分合同的实施要进行有效的控制，就要对其进行跟踪和监督，以保证承包主合同的实施。此外，作为总承包商有责任对分包商工作进行统筹协调，以保证总目标的实现。

3. 对合同实施过程加强信息管理

随着工程建设项目规模的不断扩大，工程难度与质量要求不断提高，工程管理的复杂程度和难度也越来越大。因此信息量也不断扩大，信息交流的频度与速度也在增加，相应地工程管理对信息管理的要求也越来越高。因此，要加强合同实施过程的信息管理，尤其是要加强对分包商的信息管理。总承包商必须从三方面着手：一是明确信息流通的路径；二是建立项目信息管理系统，对有关信息进行链接，做到资源共享，加快信息的流速，降低项目管理费用；三是加强对业主、总包商、分包商等的信息沟通管理，对信息发出的内容和时间有对方的签字，对对方信息的流入更要及时处理。

4. 对分包工程变更管理

与对主合同管理一样，分包合同管理也包括对分合同的变更管理。分包商工程内容的频繁变更是工程合同的特点之一。分包商的工程变更往往比承包主合同变更更加频繁，这是因为主合同往往采用固定总价合同，而分包合同采用的形式多样，有单价合同、固定总价合同等等。要特别注意的一种现象是，有的分包商在投标时为了获得工程，低价中标，中标后又期望通过增加工程量试图变更合同，提出的变更价格竟然比中标价格高出一倍多。为此，总包商在选择分包商时应始终坚持公开招标确定的原则，认真评审，尽量签订固定总价的分包合同，有效地降低了相关经营风险。

分包工程变更是分包商索赔的重要依据，因此，总承包商对分包工程变更的处理要迅速、全面、系统，分包工程变更指令应立即在工程实施中贯彻并体现出来。总之，在合同变更中，量最大、最频繁的就是工程变更，它在工程索赔中所占的份额也最大，这些变更最终都通过各分合同体现出来。对工程变更的责任分析是工程变更起因与工程变更问题处理、确定索赔与反索赔的重要的、直接的依据。因此，总承包商在对分包工程变更的处理中，要认真做好分包工程变更的责任分析工作。

5.2.4　对包分合同关闭的工作

分包项目合同履行完毕后，应及时签署合同关闭协议，确定双方权利义务已经履行完毕的书面证据。一旦发生纠纷必须要早发现、早处理，避免不必要的诉讼。按照分合同中规定的节点、条件和程序及时准确地关闭分合同是规避潜在或后续分合同风险的重要环节。

1. 分包合同的关闭

分包合同内容完成后，应在最后一笔进度款结清前，对分包商以下工作内容进行全面验收，包括：工作范围、工程质量和 HSE 执行状态；支付或财务往来状态；变更索赔、仲裁诉讼状态等，如发现问题，应及时要求分包商，按照整改检查单的内容进行整改，验收合格后，形成合同预关闭报告，释放进度款。

（1）对分包商单件设备的退场，应分别签署移交文件，避免因设备损害发生纠纷。

（2）质保期满，合同关闭报告上的所有遗留问题全部解决后，当工程没有发生明显质量缺陷，方能出具合同关闭报告，关闭合同，释放质保金。

2. 分合同索赔与反索赔管理

对 EPC 总承包商来说，索赔与合同管理一样有两个关系方面，一是与业主关系，二是与分包商的关系。分合同管理贯穿工程实施的全过程和各个层面，而合同管理的重要组成部分就是工程索赔。工程索赔亦同时贯穿于工程实施的全过程和各个层面。总承包商一方面要根据合同条件的变化，向业主提出索赔的要求，减少工程损失；另一方面利用分包合同中的有关条款，对分包商提出的索赔进行合理合法的分析，尽可能地减少分包商提出的索赔。对分包商自身原因拖延工期和不可弥补的质量缺陷及安全责任事故要按合同罚则进行反索赔。同时，要按合同原则公平对待各方利益，坚持"谁过错，谁赔偿"。在索赔与反索赔过程中要注重客观性、合法性和合理性。

总之，总承包企业的分合同管理从工程投标、发标开始直至质保期满收到最后的质量保证金为止，贯穿于整个工程。它既是项目实施的有力保证，又是总承包商企业管理水平的综合体现，必须认真抓好对分合同管理这项工作。

5.3 设计分包合同管理

在 EPC 项目的合同管理中，对设计的分包合同管理难度很大，在项目实施中，承包商与业主之间的许多矛盾、纠纷都与设计密切相关。为此，EPC 总承包商加强对设计的分包合同管理工作至关重要。下面以设计分包为基础，针对 EPC 设计中常发生的一些敏感问题，对 EPC 总承包商如何做好设计分包合同管理做初步探讨。

5.3.1 设计分包合同的管理意义

一般来说，建设项目的设计费用在总建设费用中所占比例不超过 5%，但设计成果对工程造价的影响可达工程总建设费用的 70%以上，因此，设计控制是项目成本控制的关键与重点，设计成果的好坏直接影响工程造价和建设工期。总承包商工作的重点除了选择符合要求的设计分包商外，就是要做好设计阶段的法律风险防范，以及对工程造价的有效控制。从这个意义上来说，如果一个总承包商不具有足够的设计能力或者没有足够的能力来控制设计分包商的话，是不适合承揽 EPC 工程的。

5.3.2 EPC 合同有关设计条款分析

1. 设计义务一般要求的分析

EPC 合同一般都设有设计义务一般要求条款，如 FIDIC 的银皮书第 5.1 条款"设计义务一般要求"规定："承包商应被视为，在基准日期前已仔细审查了雇主要求（包括设计标准和计算，如果有）。承包商应负责工程的设计，并在除下列雇主应负责的部分外，对雇主要求（包括设计标准和计算）的正确性负责：

除下述情况外，雇主不应对原包括在合同内的雇主要求中的任何错误、不准确或遗漏负责，并不应被认为，对任何数据或资料给出了任何不准确性或完整性的表示。承包商从雇主或其他方面收到任何数据或资料，不应解除承包商对设计和工程施工承担的职责。

但是，雇主应对其要求中的下列部分，以及由雇主（或代表）提供的下列数据和资料的正确性负责：①在合同中规定的由雇主负责的或不可变的部分、数据和资料；②对工程或其任何部分的预期目的的说明；③竣工工程的试验和性能的标准；④除合同另有说明外，承包商不能核实的部分、数据和资料。

从第 5.1 款来看，业主只承担了极有限的责任，而总承包商则承担了设计阶段绝大部分的责任与风险。业主甚至不需要对自己所提出要求中的任何错误、不准确或遗漏负责，这就要求总承包商在设计前能够完全领会业主的意图、修正业主的错误，并且运用限额和优化设计来实现对工程造价的控制，做到以最少的投资获得最大的经济效益。因此，总承包商在设计阶段，要选择技术先进、经济合理的最优设计，既要保证工程质量、实现工程目的，又要达到控制和降低工程造价的目的。

鉴于总承包商在设计阶段所承担的巨大风险，在以下情况中总承包商不应当选择 EPC 合同条件：①承包商在投标阶段没有足够时间或资料用以仔细研究和证实业主的要求或对设计及将要承担的风险进行评估；②建设内容涉及相当数量的地下工程或承包商未调查区域内的工程；③业主需要对承包商的施工图纸进行严格审核并严密监督或控制承包商的工作进程。

在设计过程中，如果总承包商发现业主所提出的要求有错误，应当及时向业主提出并要求其修正，如业主拒绝修正的，应要求业主以书面形式确认该部分内容为"在合同中规定的由雇主负责的，或不可变的部分、数据和资料"，以此来规避己方可能承担的责任。

另外，EPC 合同要求承包商所提供的设计、文件和工程不仅要符合合同的约定，对于境外工程还要符合工程所在国的法律的规定，此处的"法律"应作广义理解，包括工程所在国的法律、行政法规及各种规章，这就要求总承包商不仅要熟悉合同的各项文件，还要在工程所在国律师的帮助下熟悉该国的各种法律文件，以保证不会因设计内容违反约定或者法律规定而承担责任。

2. 设计风险分担条款

EPC 合同一般都设有设计风险分担条款。如 FIDIC 的银皮书 5.2 条款"承包商文件"规定："……（根据前一段的）任何协议，或（根据本款或其他条款的）任何审核，都不应解除承包商的任何义务或职责。"第 5.8 条款"设计错误"规定："如果在承包商文件中发现有错误、遗漏、含糊、不一致、不适当或其他缺陷，尽管根据本条做出了任何同意或批准，承包商仍应自费对这些缺陷及其带来的工程问题进行改正。"

从以上条款可以看出，业主的批准，并不能免除项目总承包商在设计上存在缺陷的责任。因此，总承包商在自行设计时，应确保自己的设计人员所设计的成果符合法律法规、技术标准和合同约定，如果总承包商将该设计工作分包给其他设计单位完成，应当在设计分包合同中约定如果出现此类缺陷时，其责任由设计单位承担，以便总承包商在向业主承担责任后，可以向设计单位进行追偿。

建设工程合同在本质上属于承揽合同，订作人在订作物完成前可根据自己的使用目的要求承揽人进行变更。FIDIC 的银皮书第 13.1 条款"变更权"，也支持这一法理，其业主可以在颁发工程接收证书前要求对工程进行变更，此时总承包商应当满足业主的要求。但当业主所提出的变更要求导致总承包商难以取得所需要的货物，或者变更将降低工程的安全性或适用性，或者将对履约保证的完成产生不利影响时，总承包商应当及时向雇主发出通知，说明以上原因，并要求业主对以前发出的指示进行取消、确认或者改变。如果业主坚持原指示并进行了确认，则总承包商不需要对以上变更所导致的后果承担责任。

无论业主的变更要求是否存在以上情形，当其变更要求将导致总承包商费用的增加，总承包商都应当要求业主对变更内容及变更所增加的费用和工期进行签证，以作为将来索赔的证据。但如果合同文本中已经对工程总费用约定了调整的范围，比如在总费用的基础上增减5%时，合同价款不做调整时，则总承包商只能对超出部分所增加的费用进行合同总价调整，未超出部分无法要求调整。因此，如果总承包商对合同进行当中可能发生的变更和工程量增减没有把握时，建议不作调整范围的约定，而约定当业主要求进行工程变更时，应当据实调整工程费用和所需的工期。

以上为 EPC 总承包商在设计阶段可能遇到的部分法律风险，但 FIDIC 系列合同的内容之复杂及烦琐远远超过了国内总承包合同范本，而且 EPC 合同的各个条款均具有相关性，如果要有效规避总承包商的设计风险，必须对全部合同条款进行研究，并在全面理解通用条款的基础上，利用专用条款及补充协议做出有利于自己的约定和解释。

5.3.3 对"工作范围"的管理

明确工程范围是进行设计分包的前提条件，为此我们将对"工作范围"的管理问题放在本节中探讨。

1. 对工作范围的解释

在 EPC 项目中，业主提供的原始资料仅达到初步设计的程度，只满足招标时各投标人能够对项目进行估价的程度。投标人（总承包商）一旦中标，要承担详细的设计工作。在这种情况下，总承包商常常因不能透彻理解合同中对"工作范围"的描述而产生合同风险。当然，如果熟悉国际工程管理惯例，并具有一定经验的总承包商，可使风险化为利润，反之则"遭受损失"。总承包合同中对"工作范围"描述的特点是仅对项目的主要部分进行描述，起到定义项目的作用，但未说明这些主要部分所包含的细节内容，这些细节内容总承包商在进行详细设计时应考虑。

对总承包商来讲，由于投标时间短，难以考虑周全而容易产生合同风险，而 EPC 合同中又会列入相关条款，明确地将这种风险转嫁给总承包商。例如，某 EPC 合同中规定："承包商的设计必须满足项目的使用和功能要求，同时应满足未来扩大其生产能力的要求""在设计和施工工艺方面，承包商应保证工程无任缺陷、偏差或遗漏""承包商应保证由承包商或分包商提供的用于永久工程的材料应是新的、符合合同规范的要求，无任何缺陷、偏差和（或）遗漏并且满足预期的目的。"就上述合同条款分析来看，总承包商将很难准确理解其中的"项目的使用和功能要求"以及"满足预期的目的"，势必造成承包商和业主对条款理解的不一致，业主会利用上述条款提出一些特殊要求，导致 EPC 承包商的造价提高。而合同中一般规定合同的解释权在业主一方,使得承包商很难提出不同见解。因此,EPC 承包商在投标报价时,应对合同中工作范围的一些模糊描述给予高度重视,从专业角度考虑满足其基本功能要求即可。同时,应尽可能在投标或合同谈判时要求业主对某些表述模糊的内容给予书面澄清。

例如,某工程项目的 EPC 合同中,关于对"工作范围"有下述条款:"如果在炼油厂附近 60km 范围内有现有机场存在,则不需要再建新机场,否则应建一个符合国际标准的新机场。"对该条款就存在三种模糊定义:一是 60km 是指陆路距离还是直线距离? 二是现有机场是否包括所有类型的机场,如军用机场等? 三是采用什么样的国际标准建设机场? 为此,EPC 承包商应在投标时要求业主对上述疑问给予书面澄清。EPC 承包商明确认定"工作范围",才能够做好设计分包合同编制,这是设计分包合同管理的前提和基础。

在履行合同期间,如果业主要求提高使用标准或提出其他任何变更设计内容的要求,承包商应慎重考虑是否超出合同规定的"工作范围",切不可盲目应允业主的要求,否则承包商有可能给设计分包合同的履行带来麻烦,使 EPC 总承包商遭受经济损失。

2. 对合同"工作范围"的管理

合同"工作范围"管理是指确定项目所要求的全部工作,并且仅仅是工作范围中所要完成的工作,即定义和控制项目中包括哪些工作,不包括哪些工作。具体管理程序为:

(1) 定义"工作范围"。恰当定义工作范围,对成功实施工程项目是非常关键的,否则将由于某些不可避免的变化,导致费用增加或工期延长。定义"工作范围"就是将项目主要应交付的成果(一个主要的子工程或产品)划分成较小的、便于管理的多个单元。定义"工作范围"后有助于提高对成本、时间和资源估算的准确性,同时也确定了在履行合同义务期间对工程进行测量和控制的基准线,可明确划分各部分的责任。

1) 定义应考虑的因素包括:①限制条件,工作范围只是合同的一部分,定义工作范围时必须考虑合同中的各种限制条件。②假定条件,为制定计划而将某些因素设定为真实的、确定的,在具体执行时,有可能发生变化。例如,设备或材料的价格,在计算投标价时只能估算,实际发生的费用是采购时的市场价格,而非投标时设定的价格。假定条件一般会给承包商带来一定程度的风险。③承包经验,项目往往具有一定的相似性,EPC 承包商每完成一个项目均应进行总结,用于指导以后的工作。承包商可借鉴先前承担类似项目的经验,考虑如何定义本项目的工作范围。如输油管线上的"阀室",合同中可能只写明沿整条管线有多少个"阀室",EPC 承包商只是对整个"阀室"进行报价,至于阀室中所包含的具体设施,由承包商根据自己的经验确定,但前提条件是 EPC 承包商的设计必须满足"阀室"的基本使用功能。

2) 定义的方法。目前,主要采用工作分解结构 WBS(Work Breakdown Structure)方法对项目的工作范围进行定义。一般地,承包商需在其投标书中运用 WBS 方法编制一个进度计划,而在中标后、开始施工前,提交更详细的进度计划报业主审核批准。WBS 是采用多级(Levels)划分方法将项目分成较小的,便于管理的单元(或工序)。视项目的大小和复杂程度,可分为三级、四级或五级。项目的划分由粗到细,适用于不同的管理层。但要求划分应足够详细以便在实施项目时有效控制各作业活动,即能够对在最低级别列出的各个单元（或工序）进行恰当的费用和时间估算，有利于业主对承包商的支付。列入 WBS 中的工作即属于合同工作范围，反之则不属于承包商的工作范围。在得到业主的书面批准后，如果业主要实施 WBS 之外的工作，就必须向承包商颁发变更令。

（2）控制"工作范围"。

1）"工作范围"的监控。工作范围的监控是业主正式接受项目工作范围的一个过程。它包括设计监控、现场施工监控和文件监控等。描述项目产品的文件包括计划、规范、技术文件及图纸，必须保证随时能够接受检查。这就要求承包商以及承包商的分包商按一定的标准和方式对正在进行的工作和已完成的部分工作进行检查。这种检查不同于质量控制，工作范围监控着眼于如何使业主接受承包商的工作，而质量控制则着眼于如何保质保量完成工作。

检查（Inspection）是确认和监控承包商工作范围的直接手段，它包括诸如测量、检查及试验等用于确定承包商的工作成果是否满足合同要求的全部活动。

在设计阶段主要是指业主审核和批准 EPC 承包商的设计文件和图纸，对业主批准用于施工（Approved for Construction）的文件和图纸，即可视为业主对承包商工作范围的接受，承包商应严格按图施工，不可随意更改。同时，对已批准的设计图纸，如果由于业主的原因进行修改或导致作废，EPC 承包商均有权提出索赔。

"工作范围"监控的最终结果是业主对 EPC 承包商已竣工工程的最终接受，即业主通过现场检测和检查确认承包商是严格按设计图纸施工，并满足合同规定的全部要求。但这种接受可能是有条件的，即要求承包商在一定期限内，继续履行合同的某些义务，如 EPC 承包商在维修期内的责任和义务等。

2）变更控制。在履行合同义务过程中，变更（指对业主批准的所定义的，WBS 工作范围的任何修改）是不可避免的。"工作范围"的变化一般要求对费用、工期或项目的其他方面进行调整。变更可以是口头的或书面的，可能因内部或外部因素而引起的。对业主口头指示的变更，EPC 承包商有义务执行，但应在合同规定的时间内要求业主给予书面确认，这是承包商保护自己利益的最佳选择。

每一个项目应编制一个工作范围变更控制系统，用于描述在变更工作范围时 EPC 承包商和业主应遵循的程序，包括文书工作、跟踪系统和必要的授权变更批准级别等。变更控制系统的编制必须符合合同的有关规定，在 EPC 承包商和业主达成协议的情况下，可作为主合同的一部分。

"工作范围"的变更控制有下面几个难点：一是 EPC 承包商的管理人员应熟悉合同工作范围并具有敏感的合同管理意识；二是具有辨别业主提出的要求或颁发的任何指示是否构成变更的能力。业主提出的要求或颁发的任何指示构成变更时，应要求业主颁发变更令。确定变更工作的费用，有两种做法：一是双方先协商确定变更工作的费用，然后实施变更；二是先开始设计工作，在实施变更工作期间双方协商确定变更工作的费用，前者对承包商较为有利。以下几种情况均可认为构成"工作范围"的变更。

①业主指令实施的工作超出合同工作范围，即在 WBS 中未明确列入的工作的。

②EPC 承包商的设计已满足合同要求，而业主指令的工作可有可无。例如，业主要求增加设备的某些附属设施，但 EPC 承包商已完成的设计而言，没有这些附属设施仍可满足合

同规定的功能。

③EPC 承包商已经完成的某些工作，因业主的变更令而受到直接或间接影响，导致重复实施该项工作的。

3）进度计划的调整。每一个项目均是按照事先编制（依据 WBS）的进度计划实施项目。如果工作范围产生较大变化，则必须对原来的工作分解结构（WBS）进行修改。在下列情况下 EPC 承包商应考虑及时修改 WBS，在向业主提交的进度计划报告中反映出当月的变更状态。

①由业主的原因造成 WBS 中某些工作拖延，导致整个工程延误。

②增加工作内容。

③因业主风险或不可抗力造成的工程延误等。

5.3.4 设计标准的选用与成本核算

1.对规范标准的选用

某些 EPC 项目是跨行业项目，行业不同其标准、规范就有不同。比如电力设计院承建石油公司的自备电厂 EPC 项目，由于电力行业与石油行业都有自己的规范、标准，如某电力设计院进行的 EPC 总承包工程，由于原先从事的大多为设计工作，因此往往只关注明确设计规范，而忽视了验收规范、交工技术文件执行标准等方面。如果在合同中未明确约定应执行的规范、标准，那么在实际合同执行中业主可能会要求承包商按石油规范、标准进行工程的验收、技术资料的整理，从而增加工作难度及各种不确定因素，影响工程进度并造成总承包商不必要的人力、财力损失。因此，在签订合同相关规范条款时，不仅要设计人员参与，也要工程管理人员参与，认真研究合同中的执行规范、标准，才能保证合同条款的全面性及可执行性。

2.设计标准与成本核算

设计标准与工程成本密切相关，应严格遵守 EPC 合同的有关规定，恰当选择设计标准。对 EPC 合同中没有明确说明采用何种标准的工作项目，则应选择成本低，且满足合同要求的标准。标准提高，势必增加工程成本。因此，EPC 承包商在设计分包合同中对此应有明确的规定。

EPC 承包商应按照 WBS 做较详细的费用分解（Cost Breakdown），一般做出两种分解，分别用于外部和内部费用核算。外部费用核算是指报给业主的费用分解。合同规定承包商必须将所报投标价格，按合同所附表格的要求进行分解，此费用分解表是合同的一部分，用于今后对承包商的进度支付和变更估价。在每一分解价格中，包括了承包商完成该部分工程的动员费、设备费、材料费、人工费、施工费、管理费、风险费以及利润等全部费用。

内部费用核算则是 EPC 承包商用于自己内部核算的费用分解，对业主是保密的，业主也无权过问，例如，分包合同的价格，它也是对设计分包商进行管理的主要依据。承包商将每一工作项目按材料费、设备费、人工费等进行详细分解，只考虑工程成本，不计其他费用；每一工作项目在完成详细设计报业主批准前，估算工程师应立即根据设计文件或图纸对该工作项目进行费用估算，通过对比，确定该工作项目是否超支以及超支的原因。遇超支的情况，应进行超支的合理性分析，此处的合理性分析是指在满足合同要求的前提下，尽可能降低成本，以避免不合理的费用开支，包括确定超支费用是否可以索赔等。

总包商可将关于设计造成工程成本增加的一些规定列入设计分包合同，以控制设计分包商由于设计经验不足或其他设计方面的原因，盲目或有意增加设计安全度，造成工程成本增加。由于 EPC 承包商不可以索赔此部分费用，必然造成利润损失。

对业主每次审核设计文件或图纸后提出的修改意见，EPC 承包商均应审查是否超出合同工作范围，并进行费用核算和费用支出的合理性分析。为了做好核算工作，可在设计分包合同中写入一个工作程序，达到对设计变更进行完全控制的目的。

5.4 采购分包合同管理

5.4.1 采购分包合同管理的意义

在 EPC 合同下，承包商对设计、采购和施工进行总承包，改变了传统的等待设计完成后，再进行采购和施工的串行工程建设模式，很好地解决了工程项目中进度控制、成本控制等矛盾。企业采取 EPC 采购方式，变分散采购为集中采购，可以充分发挥 EPC 项目整体协调优势，提高项目的经济效益。

在 EPC 合同的大多数项目中，设备采购费用一般占整个工程造价的 40%～60%，设备采购在 EPC 工程项目管理中具有举足轻重的位置，对整个工程的工期、质量和成本都有直接影响。从某种意义上讲，设备采购工作的成败、对采购合同的管理成为决定项目成败的关键之一。由于 EPC 工程项目设备材料种类多、需求量大，供应商多，合同各式各样，且采购周期长、采购形式多样、采购责任重大以及采购业务涉及的地域广泛，接触面广等特点，更增加了采购合同管理工作的难度。

EPC 承包模式的核心问题是施工与设计的整合，这种模式的有效性，取决于项目实施过程中每个环节的协调效率，尤其采购工作在项目实施过程中起着"承上启下"的衔接作用（其逻辑关系，见图 5-1）。要搞好 EPC 项目的采购管理，采购部充当着与其他主要部门相协调的关键角色。由此可见采购合同管理在 EPC 工程项目合同管理中的重要位置。

综上所述，EPC 承包商必须对设备采购工作给予高度关注，做好采购策划，编制采购计划，选择供应商、设计好采购合同条款、与供应商谈判并签订采购合同。同时，在采购合同履约阶段，EPC 承包商要严格监控采购合同的执行情况，为后续的工程施工做好铺垫，为整个项目的成功奠定良好的物质基础。

图 5-1 EPC 项目中设计、采购和施工之间的逻辑关系

5.4.2　EPC 合同有关采购条款分析

EPC 合同对项目采购的相关规定是承包商开展采购工作的前提和基础，也是业主方验收和接受相关材料设备的依据。因此，认真研读和充分理解合同中关于采购的一般规定，对于 EPC 总承包商来说尤为重要。EPC 合同的规定一般包括采购总体责任、物资采购的进度和质量监控、业主方的采购协助与甲方供材。

1. 采购总体责任

EPC 涉及采购责任的合同规定一般包括如下方面内容：除非合同另有规定，承包商应负责采购完成工程所需的一切物资，这些物资包括生产设备、材料、备件和其他消耗品。其中备件可分为两类：一类是工程竣工试运行所需的备件，其价格一般包括在 EPC 价格中；另一类为工程移交后在某固定时间内，工程运行所需的各类备件，这类备件有时要求承包商采购，并在合同价格中单独报价，有时只要求承包商提供备件清单，由业主根据情况自行采购。

上述"合同另有规定"的含义是，在某些 EPC 项目，业主可能提供某些设备或材料，即"甲方供材"，详见下面的叙述。

总承包商应为采购工作提供完善的组织保障，在项目组织机构中设置采购部，负责工程物资采购的具体开展以及与业主相关部门的协调工作。承包商负责物资采购运输路线的选择，并应根据线路状况合理地分配运输车辆的载荷。如果货物的运输导致其他方提出索赔，承包商应保障业主不会因此受到损失，并自行与索赔方谈判，支付索赔款。承包商应根据合同的要求编制完善的项目采购程序文件，并报送业主，业主以此作为监控承包商采购工作的依据。

2. 采购过程监控规定

采购过程监控指根据业主的项目组织安排和投入的项目管理工作量，对采购过程的进度和质量进行监控。有的 EPC 合同业主监控较松，只在合同中要求承包商进行监控；有的业主则监控得较严格，除要求承包商具体监控外，业主还会派员直接参与各类采购物资的检查和验收。具体规定如下。

（1）承包商应编制总体采购进度计划并报业主，采购计划应符合项目总体计划的要求，并对关键设备给予相应的特别关注。

（2）承包商应将即将启运的主设备情况及时通报业主，包括设备名称、启运地、装货港、卸货港、内陆运输、现场接收地。

（3）对于约定的主要材料和设备，承包商的采购来源应仅限于合同确定的"供货商名单"以及业主批准的其他供货商。

（4）承包商应对采购过程的各个环节对供货商/厂家进行监督管理，包括：厂家选择、制造、催交、检验、装运、清关和现场接收。

（5）对于关键设备，承包商应采用驻厂监造方式来控制质量和进度。

（6）业主有权对现场以及在制造地的设备和材料在合理时间进行检查，包括制造进度检查、材料数量计量、质量工艺试验等。承包商在此过程中应予合理的配合。

（7）合同可以约定对采购的重要设备制造过程的各类检查和检验。当设备就绪可以进行检查和检验时，承包商应通知业主派员参加，但业主承担己方的各类费用，包括旅行和食宿。检查或检验后承包商应向业主提供一份检验报告。

（8）业主有权要求承包商向其提供无标价的供货合同，供其查阅。

3. 关于业主方的协助规定

业主方的协助对于物资采购，由于涉及很多法律程序，合同常规定业主在这些方面给予承包商协助，协助的形式通常是提供支持函。对于一些特殊物资，如炸药等，合同常规定由业主负责获得此类特殊物资的进口许可证。

4. 关于"甲方供材"的规定

"甲方供材"在 FIDIC 编制的银皮书中被称为"业主免费提供的材料"。EPC 合同相关规定通常如下。

（1）若 EPC 合同规定业主向承包商提供免费材料，则业主应自付费用，自担风险，在合同规定的时间将此类材料提供到指定地点。

（2）承包商在接收此类材料前应进行目测，发现数量不足或质量缺陷等问题，应立即通知工程师，在收到通知后，业主应立即将数量补足并更换有缺陷的材料。

（3）承包商目测材料之后，此类材料就移交给了承包商，承包商应开始履行看管责任。

（4）即使材料移交给承包商看管之后，如果材料数量不足或质量缺陷不明显，目测不能发现，那么业主仍要为之负责。

5.4.3 采购分包合同条款的设置

在 EPC 工程总承包项目中，合同更多的是保证整个项目整体性能和可靠性，因此合同更多的是技术的要求和界定，同时对于合同的违约责任更多的是在技术指标的违约和罚款。另外，对图纸设计的确认会对交货期产生很大的影响，这样合同文本中难免要出现出部分商务条款，非常容易出现与商务条款不统一的甚至矛盾的部分，为解决此问题，总承包商在签订采购分包合同时应采取技术、商务一起谈的策略。同时在合同签订后，建立合同执行动态表，作为贯穿合同执行的一条主线，直至合同结算完成。

合同生效、交货期往往是采购合同容易起纠纷的地方，图纸设计是否及时确认？付款是否及时到账？中间付款是否按照合同约定？出厂检查是否及时？船期安排是否满足交货期的要求？这些因素使采购的分合同具有很多不确定性。这就要求总承包商在签订采购分合同前，要设定一些对合同管理与合同结算有利的条款，以达到减少损失的目的。

1. 必须明确合同签字及合同生效的时间

在合同中必须明确合同签字及合同生效的时间，交货期的计算应从合同生效开始，图纸的确认时间和中间付款时间不挂钩，供货商所供货图纸的确认是需要供需双方共同努力合作，才能按照合同约定的时间进行图纸确认的。对图纸的确认不是对图纸所有的信息的确认，有时会出现一些由于业主的要求，导致所供货设备与其他设备的接口不确定，对于设备主体已经可以开始制造，如果由于接口信息没有确认导致的供货延期，显然对总承包商是不合理的。因此，在采购合同中就应该明确两点：①对供货商提供图纸时间的约定；②如果主体图纸已经确认，那么接口信息在一个合理的时间范围内确认，即可确认图纸是满足合同要求的。

2. 明确合同交货期的有关条款

如果总承包商承揽的是国外工程项目合同，合同交货期就受到船期和质检的影响，货物海运出货的时间安排对于合同交货时间无疑是一个重要的影响因素，因此，对于船期安排不但要考虑到施工进度的需要，还要考虑供货分包商的供货能力，最好的办法就是总承包商在项目启动的时候就对总体进度有一个统筹的进度计划，按照这个进度计划来指导项目执行，具体到设备采购，就要统筹考虑，把设备采购顺序和交货顺序做一个合理安排，做到组织有序，这样可以避免出现采购合同交货期与船期不符造成供需双方的意见分歧。

最终出厂质量检验也是影响交货期的另一个重要因素。国内供货商技术水平参差不齐，管理理念也有所不同，再加上地域的差异和产品的不同会导致对总包商的一些技术要求理解不透彻、不到位、甚至错误。会出现同样的产品，不同的厂家制造出来的质量相差很大。对于有些产品，可能到最终的出厂检验时才会发现存在不满足客户要求的质量问题，而整改这些问题又需要花费时间，一般的厂家都是在发货前 3～5 天要求总包方做出厂检验，此时一旦发现问题，整改时间肯定不够充裕，势必影响到发货，有的还需要整改后再检验，以上种种现象都要求我们在采购时做到以下几点：①选择质量可靠，信誉好，经验丰富的供货商；②总承包商在合同执行过程中间要不断到厂家去巡检、沟通，通过不断的反复的沟通交流，使厂家充分了解总包商的真实技术要求；③最终的出厂检验要提前做，给整改预留足够的时间；④总承包商最好在采购过程中实行采购项目经理制度，项目经理对合同中涉及的商务、技术、包装、检验、技术资料等负全责，作为与卖方唯一的联系人。总之，合同交货期是买卖双方最容易产生纠纷，也最容易扯不清的地方。

3. 明确现场移交和验收有关条款

设备的移交和签收在合同执行过程中处于一个不清晰的状态。供货商交货到港口，总包商不可能在港口对设备包装箱内的零部件进行逐一清点，只是对设备的总箱数进行清点，对包装箱的外观质量进行检查。一旦发现包装箱破损或者包装不合理，必须及时通知厂家进行整改、做好行程完整的港口签收记录并把此单据作为合同支付到货款的必需单据。对于大宗货物的集港，供货商必须要派驻集港人员，协助总承包商完成集港工作。设备缺件少件、漏发等问题要到设备安装时才能发现。这就需要双方在合同签订时就要明确此类问题的解决方法，如果厂家有服务工程师在现场，服务工程师必须在开箱验收记录上签字确认，如果厂家没有人员在现场，则需要厂家明确给出设备开箱授权委托同时现场做好设备开箱记录，以便厂家补发和后期的合同结算设备在现场调试和生产过程中存在的质量问题，往往是供需双方扯皮最多的地方，也是法律认定最难的地方，因此，就需要的采购合同中，尽可能地明确现场质量问题的处理方法，最大可能地保护总包商的利益。

4. 质量事故处理程序有关条款

鉴于总承包项目的特殊性，总承包商对业主担保的是整个项目的进度和性能担保，项目现场经常碰到的问题是，一台很小的设备出了问题而导致整条生产线停止运转，而问题的处理就显得非常的紧迫，如果此时，总承包商再按照质量事故的处理流程处理，就会带来时间上的损失，损失更大。由于项目现场在国外，供货商派遣到现场的技术人员也不是很容易的，办理护照、签证、订机票都需要花费大量的时间。

（1）因此，一旦总承包商需要现场技术服务，供货商必须无条件地尽快给予反应，否则有可能给总包商带来巨大的损失。因此，在采购合同中必须明确：对于项目现场出现的质量事故，总承包商可以自行处理的可以不经供货商的同意先行处理，处理之后必须通知供货商。

（2）对于出现的总承商不能自行处理的问题，总承包商通知供货商 2 天后，供货商必须按照总包商的要求，派遣相关技术人员处理，否则视为供货商认可总承包商对该质量问题的原因分析，由此所产生的费用由供货商全额承担。

（3）对于现场服务延期的约定，对于设备正常的安装调试，总承包方提前 15 天通知供货商，供应商在接到通知后三天内向总承包商提交现场服务工程师的护照信息且护照的有效期必须在一年以上。

（4）对于现场紧急情况下，供货商必须在 24 小时内提交服务工程师的护照信息，护照的有效期在一年以上。对于供货商不能满足以上要求的，视为服务延期违约，适用合同延期违约罚则。

关于采购合同条款的签订，还有很多需要注意的地方。总之，一个总承包交钥匙的成功运作，需要项目的组织者、参与者、配合者通力合作，总承包项目实施最主要的三个环节是项目设计、项目采购、项目施工，项目采购在整个项目运作中起到了承上启下的作用，而项目采购的主要工作集中在采购合同的签订和执行上面，为此，总承包商在签订采购分包合同时应对其高度重视，考虑周全，以免由于合同条款模糊或遗漏使整个工程工期延误，造成总承包商不必要的经济损失。

5.4.4　采购分包合同的管理过程

1. 采购分包前期工作

（1）采购合同管理组织设置。由于设备材料采购工作的主要性和特殊性，项目部需要组建专门负责部门，即采购部，设备与材料采购部并安排商务部门人员和技术部门的人员，负责采购设备材料的询价、谈判、与供应商的合同签订、合同监控等工作。

（2）研究采购条款。总承包合同条款是业主验收和接受相关设备材料的依据，因此，总承包商要认真研究 EPC 总包合同条款，尤其是关于采购部分的条款，分析合同风险，商讨对策；尤其是要明确业主对 EPC 总承包项目的关于设备材料的要求、功能、设备材料的标准、规格、质量等。

（3）采购策划。项目开始，总承包商负责部门要对设备采购工作进行详细的策划，包括设备的分类、分工，采购计划，预算，资金的保证等，并做出 WBS 工作图表。

（4）筛选采购分包商。选择供货商，要考虑多方面的因素，如品牌、信誉、实力、业绩等。项目采购时本着公平公正的原则，给予所有符合条件的供货商同等的机会。在进行供货商数量的选择时避免单一货源，要寻求多家供应，同时又要保证所选供货商承担的工作量，获取供货商批量供货的优惠政策，降低产品的价格和采购成本。按照产品需求，将供货商可分为高、中、低不同的等级，每个等级中选择 2~4 家供货商。对于关键设备材料不承诺最低价中标，一方面体现市场经济的规则，另一方面也能对采购成本有所控制，提高产品的质量。

2. 签约阶段管理工作

（1）物资采购必须按照技术规格书和设计文件的要求进行，性能参数满足设计图纸、资料的要求，并在合同中规定专门的技术协议，在满足通用要求的前提下，对产品的技术要求进行详细的描述，以免发生偏差。

（2）合同签订前，总承包商与分包商对其所提供的设备材料要充分沟通，明确各项具体要求，包括合同中应有专门条款规定分包商提供的资料和清单；明确规定分包商应提交的如材料清册、安装使用说明、合格证书、出厂试验报告、材质证明等。

（3）对通用技术规范、标准中规定的内容，具体与设备、材料有关的部分应直接写入分包合同技术规范书中。

3. 履约过程管理工作

（1）保持与分包商的信息沟通及时顺畅。分包商和总包商直接签订合同后，有时还存在部分产品由外协单位供货的情况，总包商与分包供货商的沟通和信息传达就显得十分重要。由于分包合同签订时有时会不详细，在执行过程中必然会提出新的要求，或者根据项目的进展，业主又提出新的要求，新要求传达到分包供货商就存在一定的难度。有时分包商对新的变化清楚了，但分包供货商并不见得清楚。因此，总包商应保证信息一定传达到具体的执行单位。

（2）对采购分包商的合同实施全过程进行全面监控，从原材料的进厂检查、产品的加工制造、材料的检验试验、产品的试验测试、货物的发运仓储、设备的安装调试、运行效果等等，记录不良行为和违章记录，建立供应商档案制度，并实行动态考核。

5.5　施工分包合同管理

建设工程施工分包合同的管理是 EPC 总承包商完成项目、实现既定项目目标最重要的手段，而恰当的合同模式、完善的施工分包合同条款又是 EPC 总承包商进行合同管理的前提和保障。因此，研究如何签订好施工分包合同及利用分包合同条款对分包商进行约束，是 EPC 合同管理中的十分重要的问题。

5.5.1　施工分包合同模式的选择

如前所述，目前在工程建设中普遍使用的有三种价格模式：固定总价合同、单价合同和单价与包干混合合同。

1. 固定总价合同

适合采用固定总价合同的工程一般具有以下几个特点：

（1）工程项目规模较小、工期较短、工程量小、合同执行过程中风险较小。

（2）该工程在招标时施工图设计深度完全能满足施工要求。

（3）招标人要求投标人自己计算工程量后进行报价，或招标人留给中标人足够时间对工程量进行复核。

由于固定总价合同的这些特点，分包商几乎承担了工程项目的所有风险，除非 EPC 总包商发出变更令，否则合同价格不能进行调整。总承包商的财务责任理论上很确定，但分包商需要承担市场价格变化等许多不可预见风险，因此，施工分包商报价较高。

对施工分包商采用固定总价合同的，应该在合同中明确固定总价所包括的风险范围，及超过约定风险幅度时的价格调整方法，以及发生工程经济签证及索赔时，工程价款调整的方法。对于不满足条件的工程项目，总承包商的合同主管部门应限制采用固定总价模式或采取其他特殊措施来平衡固定总价所带来的巨大风险。

2. 单价合同

适合采用单价合同的工程一般具有以下特点：

(1) 招标时，项目的内容和设计指标不能准确确定。

(2) 项目的工程量可能会发生较大变化。

单价合同一般采用工程量清单的计价方式，是应用得最广泛的合同类型。在单价合同下，如果工作范围不发生变化，EPC总承包商的财务支出较易得到控制；填入单价的工程量清单有利于EPC总承包商评判投标人的报价优劣情况。但是，编制工程量清单十分费时，工程量清单中的工作内容如果描述不清，或清单项划分不合理，会给施工分包合同管理工作带来较大麻烦，对施工分包商应用此种单价合同要求总承包商清单的编制有较高水平。

3. 单价与包干混合合同

在使用单价合同模式时，也可以视项目的具体情况，采用单价与包干的混合式合同，以单价合同为基础，但对其中某些不易计算工程量的分项工程（如小型设备购置与安装调试等）采用包干的方式，对容易计算工程量的，要求报单价，按实际完成工程量及合同中的单价结算。

5.5.2 施工分包合同的关键条款

1. 风险分担条款

一份施工分合同体现的是合同各方责、权、利的划分，而在工程项目的合同中，责、权、利的划分充分体现在两个方面：工程的范围、工程的风险分担。工程范围在招标文件的技术标中有详细的说明，而工程的风险分担则体现在合同条款中。

往往EPC总承包商希望将风险尽可能地转移给施工分包商，以减轻自身所承担的风险，但需要注意的是如果向施工分包商所转移的风险超过了其可承担的限度，这种做法是没有意义的。施工分包商无法承担此风险所带来的后果时，必定以各种方式要求EPC总承包商进行补偿，因此，风险分担应合理。风险分担的原则是风险应由最有能力承担的一方承担。事实上，风险不仅意味着可能的损失，也意味着可能的收益，对于EPC总承包商能够自行应对或完全有能力应对的风险，EPC总承包商可以自留此风险，只要控制好了此风险，就可以获得此风险所带来的收益。

2. 调价条款

虽然订立固定总价或固定单价合同从理论上看，是很好的规避物价上涨风险的方式，但在实际操作上却会出现很多问题，一旦物价上涨过大，施工分包商为了弥补自身的损失，必然想尽办法从其他地方获得补偿，甚至会影响分包商保质保量地履行合同，因此，对于工期较长、执行过程中价格可能会发生较大变化的项目在合同中确定调价条款是有必要的。

合同中的调价条款需要确定可调价格的范围，是单一材料、机械使用费或人工费的调差，还是分项工程的调差。如果是采用分项工程的调差，一般而言，只有当分项工程的价格超过了一定比例后，对超出比例的部分才进行调整，也就是说，施工分包商应承担一定比例内物价上涨的风险。不仅造价增加了需要调整，同时在合同中也应相对地规定，若有费用节省，也应就超出费用节省比例以外的部分进行调整。

3. 奖励或处罚条款

为了鼓励施工分包商更好地履行合同项目，在分包合同中常设奖励或处罚条款，以起到激励或负激励的作用。使用奖励或处罚条款应坚持以下两点原则。

(1) 奖罚对等，有奖才有罚。如 EPC 总承包商为了控制进度，往往希望在施工分包合同中设立罚款条款，一旦施工分包商未按时完成节点，则对其进行处罚，但如果其进度超过了计划，对工程起到了良好的效果，施工分包合同中却没有奖励条款，则会影响激励的效果。

(2) 奖励或处罚比例恰当，不应超过总包或分包可承受的程度。尤其对于处罚条款而言，如处罚的比例过大，有可能会影响施工分包商继续履行合同，分包商也很难接受这样的处罚；而处罚比例太小，又起不到惩戒的作用。对于奖励条款，同样如此。

4. 签证工作的计价方式

经济签证在每个项目中都是不可避免的，但在费用的确定上，总承包商和分包商往往存在较大分歧。总承包商一般希望采用合同中类似工作的价格，而分包商一般则要求按照其企业定额进行报价。

签证一般仅对小额的零星工程，若此工程为分项工程，是既定目标实现不可或缺的一部分的，为新增工程，应参照合同的单价；对于数额较大的，将此工程从整体中去掉，不影响分项工程的既定目标和用途的，为额外工程，可不采用合同价格，应重新招标或签订补充协议，因此，签证的原则及单价应在合同中确定。对于施工现场的零星用工，最好能够确立一套零星用工标准，每个施工分包商发生零星用工时都可按此标准执行，能极大地减少此类用工的议价工作。

5. 技术规格书与清单项的匹配

如前所述，工程量清单中的工作内容如果描述不清或清单项划分不合理，会给合同执行管理工作造成很大障碍。工程量清单应尽可能地体现合同的工作范围，而目前的工程量清单中，对于各清单项的工作范围描述往往不清，在技术规格书中的许多要求不能反映到清单的描述中，许多有经验的分包商往往会利用这一点，在投标前已发现这些问题，在投标中却不进行澄清。而是在合同执行的过程中，将工程量清单中未体现技术要求的部分作为变更提出，要求 EPC 总包商进行补偿。

例如，在某些"河堤"或"海堤"施工分包合同中，往往未考虑到"堤底"基础、"堤身"检验检测要求，而此工作为合同执行中不可或缺的一部分，但分包施工单位在实际操作时就会以招标文件中没有具体要求为由要求另行委托。因此，总承包商在编制招标文件及工程量清单时要认真仔细，考虑到分部分项工程的施工工艺和特点，将技术规格书和工程量清单的工作范围和要求的描述对应起来，尽量囊括所有的该工作应完成的内容。

5.5.3 施工分包合同常见缺陷

目前，施工分包合同中常出现的问题可归纳为以下几类。

（1）施工合同签订人员希望把绝大部分风险转嫁给施工分包商，但不合理的风险划分却失去了预定的目的。如在某分包合同中有这样的条款，"在合同执行期间，甲方可以书面指令乙方进行与该工程相关的任何附加工作，其费用均已包括在合同价中，乙方不得在合同执行期间就此提出任何费用补偿的合同"，事实上分包商不可能完全接受总包商的此类指令。

（2）合同中某些问题没有明确定义，如上例中的"附加工作"没有明确定义工作的范围。又如，某些施工分包合同中关于工期延误的条款中往往缺乏"工期延误"的定义，没有明确只有关键线路上工期延误才能进行工期索赔，由此导致只要工程出现延误分包商就可以进行工期索赔。

（3）合同中某些问题，缺乏操作细则。大部分的施工分包合同里都有规定，如果由于分包商的原因致使工程不能达到合同中规定的完工日期或关键节点日期，EPC 总包商有权对施工分包商进行违约处罚。但在合同内不能只确定每天的罚额，还应说明处罚具体是如何操作的；如造成工期拖延合同双方都有责任，需要对各方的责任进行界定。

（4）合同分包范围划分不合理。施工分包合同的工作范围划分需要和施工工艺、整体的施工组织设计紧密联系，并进行合理的接口协调，一旦合同承包的工作范围划分不清，在工程的进展过程中，会给工程带来许多接口问题，造成施工障碍。针对目前施工分包合同条款中常常出现的问题，建议的解决方法主要有以下几种。

1）在施工招标文件编制完成后，成立合同评审小组对合同进行评审并提出意见，小组成员应为各专业经验丰富的专家和人员，对合同范围的划分、技术要求、各分包合同工作接口的处理等方面提出意见，最好能吸纳这些人员参与到分包合同的谈判中。同时需要有经验丰富的商务专家对所有的施工分包合同进行整体把握，处理各分包合同之间的关系。

2）在施工分包合同签订后，合同的签订人员对直接执行合同管理的人员及施工管理的人员及时宣传贯彻，指明合同的范围及风险划分及在施工和管理中容易发生分歧的条款，以便各管理人员及时做好预防措施。

3）加强合同管理人力储备和培养，在合同管理人员的配备中形成人员梯度，由经验丰富的合同管理工程师指导和培养年轻的合同管理人员；同时经常进行合同管理相关培训，以提升合同管理人员的工作经验和技能。

一份约束力强的施工分合同必然具有以下几个特点：合同模式选择得当、公平、可操作性强。这些特点的实现需要合同签订人员具有丰富的合同管理经验，不断从合同执行人员处汲取意见反馈及参考同类项目的经验。为使合同条款发挥预期的约束力，实现项目目标，在执行过程中应建立相应的实施细则，对具体的操作进行指导。EPC 总包商只有将施工分合同的签订与执行结合起来，才能从真正意义上起到分包合同管理强有力的作用。

5.6　分包合同管理中存在的问题及对策

5.6.1　管理存在的问题

1. 违背合同管理的基本原则

总承包方与分包方在合同签订及执行中违背符合法律法规的原则、平等自愿原则、公平原则、诚实信用原则及等价有偿原则，不能严格遵守《中华人民共和国建筑法》《中华人民共和国合同法》及相关法律法规的规定。如合同签订中承、分包商的经济法律地位不平等，一方意志强加给另一方，双方平等协作的"伙伴关系"成为主从关系；分包商中标愿望迫切，采取低价策略，中标后放弃合同，或不能完整履行合同；合同签订、执行中偏离中标及最终谈判状态，造成合同纠纷等。

2. 分包合同条款缺乏严谨性完整性

由于缺乏分包合同管理的专业经验，承包商签订的合同文件不够严谨，合同条款不全面、不完善，合同文字不细致、不严密，使合同存在比较严重的漏洞。或者订立的合同约束性不强，或者合同存在单方面的约束性、过于苛责的责权利不平衡条款。施工分包合同签订不能从 EPC 工程项目过程实际出发，没有兼顾分包合同的差异性，丧失有效性。合同文件中的错误、矛盾或漏洞导致的合同缺陷，为合同的正常履行埋下隐患，容易造成合同纠纷。

3. 分包合同管理系统性关联性不强

缺乏对 EPC 工程项目全局的把握，导致分包合同管理系统性、关联性不强是分包合同管理中普遍存在的问题。EPC 工程项目的分包合同管理中，不能从 EPC 工程项目全局出发，孤立认识各分包合同。分包合同技术质量标准不统一，分包合同工期与整体进度计划不能有效衔接，相互关联的界面划分不清，接口不匹配等问题，直接影响 EPC 工程项目目标的实现。如采购合同与施工安装合同是紧密关联的，采购合同应服从于施工合同的总体计划和进度等。还有分包合同商务部分与技术部分脱节，合同商务部分仅强调价格、工期、付款等因素，对于合同技术部分的技术指标、质量要求、标准配置、服务范围等特殊要求重视不够，没有很好解决两者之间的矛盾。

4. 分包合同动态管理机制不健全

EPC 工程项目分包合同管理中，存在重合同签订而轻管理的问题。一方面，缺乏对各独立分包合同履行阶段的动态管理，另一方面，缺乏对各关联分包合同的综合动态管理。分包合同履行中过多依赖分包方的自觉性，对分包合同履行中的质量、进度、资源配置等放弃有效的跟踪控制和监督，部分信誉不良的分包方在具体的履行中发生随意降低质量标准、拖延进度、降低资源投入、挪用工程专项款等行为，对于各分包商在执行合同过程协调不足，分包商各自为政，严重影响 EPC 工程项目总体目标的实现。

5. 分包合同管理缺乏风险意识

分包合同管理缺乏风险意识，增加了 EPC 工程项目风险。分包合同管理对于各阶段由于不确定因素产生的风险缺乏认识，不能客观、科学地进行风险识别、风险评估、风险响应、风险控制等管理。具体在分包合同中缺乏保险、担保、索赔等应对风险的条款或条款不完善。缺少因第三方影响而造成延误或经济损失的风险应对条款。风险发生后无法实现风险规避、风险转移、风险减轻、风险利用等应对策略或响应措施，造成风险扩大、蔓延，影响了 EPC 工程项目目标的实现。

5.6.2 存在问题的对策

1. 做好分包合同的事前控制

总承包商应将分包合同招标投标管理纳入分包合同管理之中。完善的招标投标管理是分包合同管理的前提和基础，是做好分包合同事前控制的重要手段。完善的招标投标管理包括：招标计划的制订，招标文件的编制，资格预审，标书发售，标书的澄清和答疑，评标议标及授标等内容和程序。招标计划阶段必须做好标段的划分，标段划分应界面清晰合理，避免各分包合同间的错漏与重叠。招标文件编制应坚持"公开、公平、公正"原则，评议标的标准、办法要科学、合理、具备可操作性，标书的澄清、答疑要客观、准确、实事求是。结合 EPC 工程项目实际，通过招标投标管理，最终确定中标人，选择合格的分包商，对分包合同管理将起到积极的作用。

2. 严格分包合同签订评审工作

分包合同签订前的合同评审，其目的是全面和正确理解招标文件和合同条件，为制订合同实施计划、签订等提供依据。要求针对合同的合法性，基于招标投标文件、谈判结论等合同状态的准确性，合同条款的完备性，合同各方的责任、权益、范围等的合理性，标的、服务的特殊性，合同的风险性等进行全面评审。严格、专业、科学的评审是分包合同与项目总体质量、费用、进度、安全等目标统一的保证。

3. 加强分包合同的系统性管理

EPC 工程项目是复杂的系统工程，项目本身投资大、周期长、涉及专业多，同时分包合同种类多、个性差异大、数量大的客观特点对分包合同的系统性管理提出了要求。实现 EPC 项目目标，必须对不同专业之间，不同分包合同之间，不同分包方之间的关系进行系统的协调和管理。每个分包合同有其主体部分，同时又有配合的内容，通过不断调整、修正、补充使合同靠拢目标，准确把握合同状态。对于不同分包合同间的工作界面，内容的平行、交叉、关联部分，要保证工作内容不重复、无缺漏。对于 EPC 工程项目分包合同系统性管理，采取集中式的管理更易于处理相互关联的不同项目间的接口，这是实现系统性管理的积极做法。

4. 加强分包合同的动态管理

对于 EPC 工程项目全过程、各个环节、所有工程的分包合同实施动态管理，保证工程质量实现，工期实现，投资受控。合同交底是动态管理的主要环节，有利于落实和明确合同责任。合同动态监督，对于特殊要求的设备、材料和服务，可以委托有资质和有能力的第三方进行监督、监造和检验。合同跟踪诊断，对于合同执行差异的原因分析、合同差异责任分析、合同实施趋向预测。及时通报合同实施情况及问题，提出合同实施方面的意见、建议或警告。制定动态管理措施，防止合同问题的扩大和重复。通过分包合同动态管理有利于及时解决合同变更的相关问题、索赔问题等。

5. 建立分包商合同信息化管理系统

EPC 工程项目分包合同涉及信息量庞大，传统的信息管理手段无法适应工程实际的需要，必须实施现代化的信息管理系统。通过建立分包合同信息管理模式和制度，充分利用现代计算机技术、通信技术、成熟的网络、先进的专业化软件系统，建立科学的、可以实现信息共享和快速信息交流的信息系统，及时、准确、真实、有效的分包方信息管理对项目运行效益的提升意义重大。

6. 加强分包合同管理的后评估工作

各分包合同按约定履行结束，合同即告终止。分包合同的后评估是对合同管理工作的总结，及时做好合同后评估工作有着重要的意义。切实总结分包合同签订、执行、管理等方面的利弊得失、经验教训，对 EPC 工程项目运行有重要影响的合同条款进行分析研究，对可预见及不可预见的重要因素重新标识，制定预防措施，作为以后类似工程分包合同管理工作的借鉴。

总之，在 EPC 工程项目实践中，涉及分包商的合同管理问题还很多，从思想认识上重视分包合同管理，建立健全合同管理机制，培养合同管理专业人才，提高分包合同系统化、动态化、信息化等有效管理手段及措施，推进 EPC 工程项目分包合同管理上水平，以创造项目效益最大化。

第6章 合同管理案例

近年来，随着我国经济建设进入新的常态，走出国门的企业越来越多，投入到国际承包市场之中，与国际合同标准对接。在 EPC 实践中，积累了一定的合同管理经验，这些经验是行业的宝贵财富，学习交流这些经验成果，对提高我国企业的 EPC 合同管理水平，具有很大的现实意义。本章介绍 EPC 合同管理实例共 8 例，相对划分为合同的综合管理、合同的专项管理和非常态合同条件下的合同管理。

6.1 综合管理案例

6.1.1 合同全过程管理案例

【摘要】

EPC 总承包项目承发包模式的特点决定了总承包合同管理工作的难度较高，需要项目部将其作为重点进行管理。本案例结合某自备电厂 EPC 总承包项目管理实际，从 EPC 总承包项目的特点出发，对总承包项目部合同管理的全过程进行了分析，并结合该项目提出了加强合同管理的经验，总结了合同管理实践的体会。

【合同简介】

某自备电厂 EPC 总承包项目涉及的相关合同类型包括：总承包合同、勘察设计分包合同、施工分包合同、调试分包合同、设备材料采购合同、保安服务合同、造价咨询委托合同、临建工程合同、租赁工作合同。合同管理工作包括合同履约管理、合同变更管理、合同违约索赔管理、合同收尾管理。

【合同履约管理】

履行阶段的合同管理是指总承包项目部在合同正常履行过程中的管理工作，包括合同主要内容的整理、承发包范围及责任划分管理、合同工期管理、合同费用管理等工作。

1. 合同条款的梳理

合同签订后，双方负责执行合同的项目人员需要全面熟悉合同要求。从全员参与管理合同的角度，要求项目部所有人员熟悉合同，并掌握合同中自身岗位所负责的工作。项目部根据合同的约定建立了合同管理流程，并将合同目标分解，分阶段、分项目落实。项目部梳理合同的重点如下：

（1）分析、统计合同工作范围；包括合同双方从合同生效到终止的责任划分及其对应工作内容，将范围内的工作汇总成清单，明确界限划分，便于过程中管理。

（2）分析、理解工期要求；将所有工期要求汇总成清单，然后分解到每个单位工程，制订工程进度控制计划。

（3）熟悉合同工作目标及检验标准；包括质量优良率等质量控制目标、消防设施器材完好率等安全控制目标。

（4）统计、汇总合同中所有的罚则条款。

（5）对合同金额、结算规则、付款条件及付款方式条款的梳理。

由合同管理人员将上述收集的主要合同条件进行汇总，并填入统一格式的表格内，如内容较多，可以附件的形式附在主表后面。每份合同都建立了一份上述主要条件的台账，由合同管理人员保管，用作项目计划制订和结果检查的依据，便于查阅和过程管理。

2. 合同承发包范围、责任划分管理

由于合同内容不一定详尽，合同执行过程中也可能发生双方对具体范围理解的分歧，需要双方进一步明确。可以说合同范围管理及责任划分贯穿合同管理的整个过程，对最终合同结算额和工程建设的顺利进行有重要影响，须进行科学、规范的管理。

（1）总承包合同。总承包合同属于固定总价合同，对应着固定的工作内容，总承包范围，总承包合同的工作范围必须明确，应附有分项价格表。

项目实施前，项目部与业主代表沟通明确合同范围，有助于双方正确理解合同约定。由于初步设计的详尽程度不高，部分外部接口位置可能分界不明确，在施工图设计时与业主依据合同责任划分原则对具体范围进行明确，以会议纪要等书面形式予以确定。

在合同执行过程中，业主经常提出增加一些工作，项目部依据明确的总承包范围立即确定变更的工作量，以书面形式由双方进行确认。对于业主提出的工作量增加承包商应迅速做出反应，及时与业主沟通达成书面一致。增加的工作量完成后，立即以书面方式报业主，形成业主验收意见。对于大范围的变更应以补充协议的形式确定，如本案自备电厂的输煤总承包补充协议、化水系统变更协议等。

（2）工程分包合同。对于大型的总承包项目，往往会有多个分包标段，需要签订多个分包合同，包括设计、施工、调试、咨询等。本案自备电厂 EPC 总承包项目签订了 36 个分包合同、协议，其中设计 2 个、勘察 2 个、咨询 1 个、临建 5 个，多个合同在时间、空间上相互关联。分包合同范围管理的难点是分包合同间的界限确定及执行过程中责任的划分，如土建与安装间关于设备基础的验收移交、保管，如管道接口的划分等。在每个分包合同签订前必须明确与其他合同的分界和责任划分，如规定后施工一方负责管道整体清扫等。划分范围和责任应与预算定额规定相对应，否则无法核算费用划分，如应理解设备基础误差是否包含在"安装垫铁施工"定额中。

合同执行过程中会发生交叉施工等现象，难免会出现分包方关于责任划分的分歧。在后执行的合同签订后，项目部组织相关分包方进行了交底，依据分包合同明确了范围、责任划分，如施工区域内的主要单位负责施工垃圾的清除管理和成品保护，辅助施工的单位负责费用分摊。对于合同中有遗漏的项目，组织办理了合同变更或另行委托。

减少分包合同间责任分歧的关键是科学、有效地划分标段。如将建筑和装饰分开分包，将容易出现装饰单位的装修质量问题责任难以界定、装饰单位将建筑物破坏、建筑单位导致装饰单位窝工等问题。应尽量将建筑和装饰、小安装分包给一个单位，将一个系统的安装工程分包给另一个单位。

分包合同的范围应于执行过程中进一步明确，便于验收和结算。在施工图发放时，通过通知单的形式将合同范围对应的图样进行了明确，详细到卷册内的每张图样，减少了范围分歧。

(3) 物资合同。物资合同是总承包单位分包的一个重要项目，合同数量多、类型多，范围管理工作量较大。物资合同范围管理中易出现问题的地方是设备配件、设备间的接口划分。本案自备电厂EPC总承包项目的设备供应商经常以"合同分项价格表中未计列"为由拒绝提供相关配件，导致出现紧急采购，影响了工期和质量。对于该类问题，在合同签订时就应明确合同价格所包含的范围，尤其是设备外部接口位置，对于供货加安装的物资合同尤为重要。除在设备招标时认真复核供货范围外，项目部在合同签订后组织盘点合同漏项，及时组织采购。

3. 合同工期管理

总承包合同一般实行里程碑节点控制，并依据里程碑完成情况支付总包款。每个里程碑节点完成后，立即向业主申报了里程碑证书，形成里程碑付款的直接依据。总承包项目部将分包合同各节点的实现事件及时予以记录，并组织双方进行书面确认，作为工期进度的记录文件予以保存。记录中说明工期提前或滞后的原因。

4. 合同费用管理

本案自备电厂EPC总承包项目部在费用控制方面的主要措施是：按期催要总包款，保留滞付依据；以进度款支付周期为节点，定期核算分包已完工作量和增加的签证费用，注意扣减相应扣款，杜绝进度款超付；定期整理、归档合同结算所需资料；根据实际，适当调整付款比例；在允许的范围内，合理安排工程、物资等分包的付款时间，尽量避免集中付款，使月度净资金流量始终保持为正值。

【工程变更管理】

由于合同签订时的设计深度和合同管理的水平有限，合同变更是不可避免的。合同变更需要在一定条件下进行，否则合同变更不发生法律效力。为了能够有效维护当事人的法律权益，需要掌握合同变更的条件及转让后的法律效果。合同变更分为约定变更和法定变更。工程建设中发生最多的是约定变更，本案自备电厂EPC总承包项目共发生约定变更32个，其中总包4个、分包7个、物资21个。

总承包合同易发生工程变更的方面包括范围、质量标准、性能要求。分包合同易发生工程变更的方面包括范围、质量标准、单价；物资合同易发生变更的方面包括供货数量、供货进度。合同变更依据包括合同范围、工期、目标、性能要求、合同单价、报价清单（工程量报价清单）、费用结算依据等。

工程变更应按照程序执行。项目部根据合同及相关规定制定了详细的项目合同变更管理程序，用于指导、规范合同变更管理，并将管理责任落实到了项目部各岗位。合同变更后应更新合同台账，将最新变更附在台账的后面，保持台账时刻符合实际情况。

【违约索赔管理】

工程建设过程较长、较复杂，容易产生违约现象，所以违约索赔及争议处理是合同管理中处理最多的工作。

（1）违约定义依据：一方是否违约是依据合同对该方的工作要求定义的，所以项目部应首先组织研究、理解合同中对双方的要求。

（2）违约证据收集：发生违约事件时，应立即收集所有相关证据，尤其是书面证据。就国内工程而言，根据《最高人民法院关于民事诉讼证据的若干规定》第 10 条，违约证据应遵循优先提供原件或者物证的原则。应尽量为书面、图片等直观形式的证据，应保存好原件，并应尽量保证是由监理等第三方予以见证违约事实的资料，如签审意见，提高违约证据的有效性。总承包项目部在与业主的联系文件中加入了监理审核栏，通过监理见证事实。

总承包商面对的违约事件较多，应注意全面收集证据。收集完后应分析证据的有效性，对证据进行分类，对重要的证据应加强保管，尽量采用存档的形式保管，有利于保证索赔和反索赔工作的效果。违约证据应全面反映违约行为，包括违约的时间、数量、费用等，提高违约证据的有效性。

如为了全面规范地收集物资合同履约情况，本案总承包商设计了"某某项目物资供方人员现场服务记录单"，将系统调试过程中物资供方人员到场指导及消缺情况予以记录，将时间、事件、人员情况形成统一格式的书面记录，并由相关方签字确认。本表格应在设备厂加工代服务结束或阶段性服务结束后办理，主要由项目物资部人员落实填写，各方会签确认后移交项目物资部存档。

（3）合同抗辩权：我国《合同法》规定，合同双方都有履行抗辩权，包括同时履行抗辩权、先履行抗辩权和不安抗辩权。抗辩权是对抗辩权人的一种保护措施，应合理、有效利用。对于总包合同，总承包方可能遇到总包合同款支付无保障问题，这时要应用不安抗辩权，如 2008 年业主付款严重不足，为躲避风险减缓了施工进度；针对分包方未执行合同要求的，总承包商可以用先履行抗辩权，不支付相关费用；针对预付款支付后分包方未遵守合同要求的问题，总承包商可用不安抗辩权，暂停付款，并扣留履约保证金。要行使抗辩权，必须注意先期沟通，并留有书面依据。项目部特别注意保留第三方证据，如经业主、监理等第三方签审的联系单等。

（4）索赔时效问题：根据《民法通则》的有关规定，诉讼具有时效性，通常普通诉讼时效为 2 年。FIDIC 编制的银皮书中规定索赔通知于事件发生后的 28 天内提出，如未能及时提出索赔，就失去了就该事件请求补偿的索赔权利。所以，发生违约事件或变更通知时，项目部一般于 2 日内以书面形式提出索赔通知。

【合同收尾管理】

因为合同费用对应着合同要求的工作，所以每个合同执行完毕后都应有关于合同执行情况的评价。人们一般重视最终验收，却忽视中间验收和最终评价，导致出现合同分歧，结算缺乏依据。承包商认为，对合同执行结果的评价不分合同大小，不分阶段，只要承包方在某个位置、系统的工作结束，就对其工作结果进行检验、评价，如设备基础交安装验收、建筑交装饰验收等。总承包商将合同中相关要求的执行结果予以汇总，形成了对合同标的物及工作的评价，既是合同履行阶段工作的关闭，也是合同价款结算的直接依据。

验收、评价要形成书面文件，应能全面反映标的物的质量、性能、状态（如缺陷清单、照片等）。因此，本案总承包商设计了《物资供方合同执行情况记录单》，组织项目人员对物资供应合同的履行情况进行了评价，对存在的问题进行了说明，并附上证明文件，提交给公司采购部作为后期付款调整的证据。

【合同管理体会】

本案自备电厂总承包商项目部在合同管理中，紧抓重点，实行规范管理，使众多分包合同能够有序实施，结算及时、准确，取得了较好的管理效果。随着市场经济规则逐步渗透到经济生活的各个方面，合同的依据作用越来越重要。总承包项目部的管理应以完成合同目标为出发点，抓住各合同管理的重点，制定配套管理措施，实行规范管理，才能有效地管理好总承包项目众多的合同。

6.1.2　合同管理基础建设案例

【摘要】

本案结合双线电气化铁路 EPC 工程实践，总承包商对该项目中的合同架构特点、合同管理组织安排和制度建设的经验做法和体会进行了全面的介绍，同时，对分包合同管理工作体会进行了全面总结，为同业者的合同管理工作提供了有益的经验。

【合同简介】

境外某国修建一条长 170km 的双线电气化铁路的 EPC 工程，业主为该国铁路管理局，并提供了投标须知、投标技术细则、特殊行政条款等招标文件。在招标技术细则中明确了项目功能、起始点、途经站点、运营时间要求。文件中不含地质地形图资料、设计图纸，投标时间为 3 个月。总承包商需要完成"预初设计"（投标设计 EP）、简明初步设计（APS）、详细初步设计（APD）、施工图设计（EXE）以及施工、试调、维护期的维护工作。项目由一家中方公司和土耳其一家公司联合体中标，标价约为 17.28 亿欧元。土耳其公司负责隧道工程施工，其他工作由中方公司负责，中方公司为联合体牵头公司。该项目投标工程量为土方 3242 万 m^3，单孔双线隧道 22 座 16.50km，正线铁路桥 75 座共 21.70km，新建车站 5 座，以及全线所有的铺轨、电气化、通信信号工程。该工程工期 48 个月。

【合同架构特点】

该项目按照框架合同加六个分期应用合同的模式实施（第一期为所有设计加临建工程；第二期为索道工程；第三期为其他土木工程；第四期为铺轨工程；第五期为电气化工程；第六期为通信信号工程）。在业主受标后可进行框架合同以及第一期应用合同的谈判和签订，其他五期应用合同的签订则需要在完成初步设计后谈判签订。

由于项目所在国是原法属国，其法律与法国一样，属于大陆法体系，与普通法系 FIDIC 的 EPC 项目合同条件完全不同。在该项目的合同条件下，框架合同包括了投标书、签字说明、特殊行政管理条款、招标技术细则、承包商投标时设计的投标方案、框架合同条件、应用合同模板、包干价格表、单价表、工程量清单、质量保证示意图等 11 份文件。各期应用合同还包括经签署的应用合同、每期的应用合同的设计与施工图纸、详细的工程量估算单、书面材料、设计/施工进度计划等文件。以上文件顺序也同时体现了文件的优先顺序。从合同结构与合同文件可以看出，该项目 EPC 的合同文件比 FIDIC 编制的 EPC 合同条件要复杂得多。

该项目的框架合同文件中，特殊行政管理条款是重要的合同文件，它约定了项目的管理程序，包含四章 83 条合同条款，设计项目的目的、施工、工程估价模式、最终条款等四大部分；框架合同条款也是非常重要的合同文件，它包含了总则、管理条款、财务条款、最终条款等四大部分 57 条合同条款；各期应用合同则包括了四章 29 条合同条款，对本期应用特殊事宜进行了补充。在框架合同的各个合同文件中，均多次提到合同文件的编制是依照工程所在国的《公共合同法》以及适用于公共工程的《通用条款》编制的，更多考虑了该国的法律环境。

与 FIDIC 编制的 EPC 合同条件相比较，该项目增加了投标书、投标技术细则等合同文件，而且这些文件处于非常优先的位置。在组织模式上，该项目处于 FIDIC 编制的银皮书、新红皮书和新黄皮书之间，引入了工程师的角色，但是业主代表的权力更大，通常是由业主代表做出工期和费用变更的决定。同时，为了平衡隐蔽工程给承包商带来巨大风险，在该项目中，隧道工程采取单价，但基于投标设计工程量确定其他土木工程为包干价格，该项目的风险仍然比一般的 EPC 项目风险要大。

【管理组织制度建设】

1. 构建合同管理架构

按照中方公司与土耳其公司联合体协议的约定，该联合体为松散的联合体，由中方公司牵头履行联合体职责。为保证该大型 EPC 项目的实施，中方公司融合各方面资源，构建后的项目实施框架如图 6-1 所示。

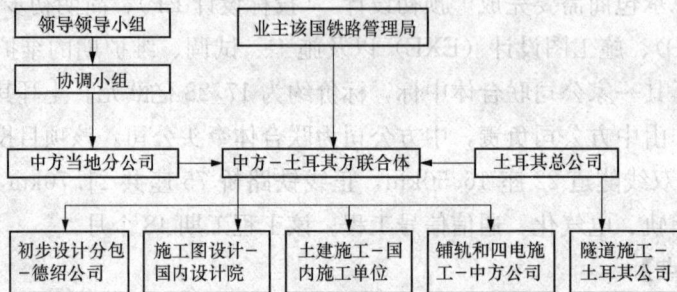

图 6-1   项目实施组织架构图

如图 6-1 所示，协调领导小组成员，由中方公司母公司领导兼任，实施领导小组成员由中方公司及中铁某局主管领导兼任。由于联合体为松散的联合体，因此，联合体项目部的功能是由中方项目部实施的，中方项目部的组织结构如图 6-2 所示。

在图 6-2 中，合同成本部是合同管理的主管部门，合同成本部由商务副经理和项目经理直接领导，商务副经理和项目经理从宏观上进行合同决策，把握合同谈判、验工计价和变更索赔的主方向。

2. 明确各部门合同管理的责任

项目组织结构确定后，项目经理确定了合同成本部主要管理五方面工作：合同管理、合

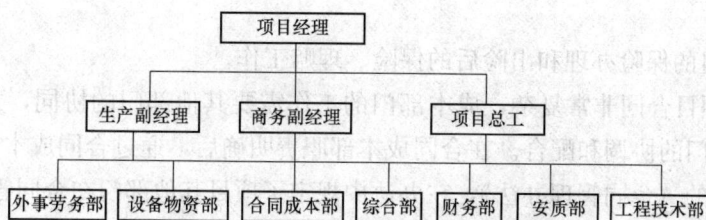
图 6-2　中方项目经理部组织结构

同变更管理、风险管理、成本管理以及验工计价。合同成本部在合同管理、合同变更管理和风险管理这三方面的职责规定如下：

（1）合同成本部合同方面的管理职责。

1）负责合同起草和审查工作；参与项目的合同证、谈判和签订工作，履行合同的报批手续。

2）协助项目领导组织重要合同的谈判，做好合同签订的各项准备工作，研究合同的法律依据，并提出规避合同风险的意见。

3）建立合同管理台账，督促合同的履行，汇总并按季度反馈联合体及各个合作单位的关于合同履约的情况，并就合同补充、修改和变更等事宜提出处理方案。

4）负责监督各分部的合同管理工作；做好与各分部的合同交底和解释工作，定期组织合同检查，协助办理授权委托、主合同相关材料认证手续。

5）负责牵头收集与本项目相关的法律法规，进行识别和辨认，并传达到各分部和相关部门。

6）负责组织联合体的合同学习和培训工作，制订合同培训计划，定期组织合同培训，提高联合体全体人员依照合同办事能力和风险防范意识。

7）制定并监督落实联合体的合同管理办法，明确各部门及各分部门合同管理责任。

（2）合同成本部变更索赔的职责。

1）负责业主、合作单位反索赔的防范工作。

2）协同工程技术部做好合同边界的管理工作，确保项目设计、实施内容的工程边界在合同规定的范围内；对于超出合同范围内的工作内容，提出明确的处理意见。

3）负责项目对业主的变更索赔工作，做好现场变更索赔资料的收集工作，确保现场资料的积累满足变更索赔工作的需要；按期收集、整理与分析变更索赔资料，为项目领导提供决策依据。

4）负责审核各协作单位的变更索赔申请，通过友好协商解决问题。

（3）合同成本部风险管理的职责。

1）负责做好风险防范工作。结合国内外经营环境和项目特点，重点收集合同、财务、政治风险相关资料，对项目实施过程中可能遇到的风险进行识别、衡量，提出风险应对策略，为项目领导提供决策依据。

2）负责风险的监控工作。通过定期或不定期的风险相关资料汇总，对应对风险策略进行修正，并对风险管理的效果实施监控，不断细化和改进风险管理计划，及时将相关信息反馈给项目领导。

3）负责项目的保险办理和出险后的保险、理赔工作。

由于 EPC 项目合同非常复杂，成本部门的工作需要其他部门的协同，尤其是工程技术部、财务部等部门的协调和配合。在合同成本部职责明确后，通过合同成本管理部制定并由项目经理部签发的《合同管理办法》，在办法中规定了项目其他部门在合同管理方面的职责。

①工程技术部：负责月进度报告中与工程技术相关部分的撰写工作；负责施工日志和施工记录的提供，尤其是在恶劣天气方面的施工情况；负责工程能够范围的确认工作，及时向成本管理部分提出超出合同范围的设计和施工的依据；提供劳动力、机械设备和材料的使用消耗记录。

②财务部：负责财务相关法律法规的收集对比工作；及时提供各种票据和财务支付记录。

③物资设备部：负责材料、设备关税的统计工作；收集海关关税调整的法律法规。

④安全质量部：负责工程安全及人员财产有关资料的采集工作，及时反映项目不可抗力事件的发生及处理经过。

⑤各项目分部：负责施工现场施工日志的采集以及工程量清单的确认工作。

3. 建立健全合同管理制度

合同成本管理部成立后，根据项目的特点及人员配备情况，迅速制定了项目合同项目管理办法及相关的风险管理办法、变更索赔管理办法，成立了风险内控管理小组；在合同管理中充分坚持责任明确、群策群力的原则，对所有合同相关事宜明确责任部门和责任人，同时也明确协办人；建立了较为实用的收发文件处理制度，确保重要文件得到主要管理人员的审核确认；建立了合同台账，随时掌握各种合同的状态；建立合同评审制度（见表 6 - 1），确保所签署的合同得到充分的讨论，消除了各种可能的风险。

通过对以上制度的落实，有效地保证了项目合同管理工作的顺利进行，项目开工以来，从未发生过合同管理的重大失误。

表 6 - 1　　　　　　　　　　　项目部的合同评审表　　　　　　合同成本部制表　编号

合同名称		
合同拟签订时间		
评审要点		
承办部门		
评审时间		
评审地点		
承办部门负责人意见		
参加评审单位	评审意见	签名
工程技术部		
安质部		
合同成本部		

续表

合同名称		
外事劳务部		
财务部		
综合部		
合同专项管理部门审查意见		
分管领导意见		
总工程师意见		
生产副总经理意见		
商务副总经理意见		
总经理批示		
合同编号		合同档案号
登记时间		备注

注：1. 合同基本内容以上部分，由承办部门填写。

　　2. 本表作为合同档案，与其他合同资料一并保存。

4. 加强合同管理培训，提高项目全体人员合同、风险、索赔意识

针对本项目大部分人员第一次出国工作，并且从来没有接触过类似的 EPC 项目的实际情况，项目启动一开始就制定了全员学习合同，以提高全体人员的合同、风险、索赔意识。具体的合同管理培训由项目合同成本管理部组织，各个学习阶段的主要形式如下。

（1）第一阶段（合同概况的学习）：第一阶段学习目的是使全体人员对项目合同的大概情况有所了解。学习采取全体人员集中学习的形式，由合同主管通过 PPT 的形式放映，听课与讨论相结合，每周两次，共学习了六周。

（2）第二阶段（专业模块学习）：第二阶段的学习目的是专业模块的学习，加强对合同条款进行更为深刻的理解和有关问题的研究，由各个专业负责人对本专业或所负责的相关领域的合同条款进行培训，通过幻灯片的形式讲评，共 8 位负责人进行了讲评。

（3）第三阶段（考核测试）：对全体学习人员进行考核测试，其目的是对前两阶段的学习成果进行考核测试，由合同成本部自编题目。测试成绩表明（及格率 60% 以上），前期的培训学习有了较为明显的效果。

（4）第四阶段（专家讲座）：邀请专家开展讲座，共邀请当地的合同专家进行了两次讲座，讲述了合同管理的实战经验。

（5）第五阶段（经验交流）：开展合同管理经验交流，由合同管理的骨干人员开展与本单位其他项目、兄弟单位进行合同管理经验交流。

5. 建立证据收集和文件管理制度

由于本项目合同复杂，关系众多对外信函、会议纪要等书面材料鉴于书面证据在项目管理中的重要性，项目一体开始就非常重视文件管理和证据收集工作，专门出台了项目部的公文处理办法，由专人负责文件的守法和整理工作。据统计，项目仅开工三年来，项目对外（业主、监理、涉及分包、联合体伙伴等）收发文超过 3000 份。尽管文件繁多，但是由于建

立了有效的文件管理制度，使文件的收发和管理工作有条不紊，各业务部门在此基础上整理本业务相关的文件专档，收集相关的证据。通过文件专档，各负责人能够迅速掌握与该义务有关的所有事件，掌握这些事件的前因后果、来龙去脉，为相关事件的迅速处理提供了有力依据，为日后的索赔和谈判工作积累了必要的证据。项目开工三年，共建立了线路优化相关、封顶价相关、2 号补充协议、详细的 APS 设计、营地审批、设计审批、二期应用合同谈判等 20 余个专档。有效的文档管理制度和证据收集习惯不仅有利于提高各项工作的效率和工作准确度，丰富的有力证据，出色的文件管理能力，也赢得了业主和监理的信任和尊重。

6. 邀请合同和法律顾问

大型国际工程项目对合同管理的人才要求较高，既要求综合能力强，也要求语言、专业、法律等方面非常出色，这些标准要集中到一两的合同管理人员身上，几乎是不可能的，尤其是对当地法律研究以及办事程序领域更不可能在短时间内培养出这方面的人才。通常的做法就是邀请当地的或长期在当地工作的合同、法律专家协助做好合同管理方面的工作。本项目邀请了一位当地的合同专家、一位当地法律专家和一位欧洲索赔专家。事实证明，三位专家在项目管理中发挥了重要的作用，尤其是在信函的书写、重大会议的出席以及会议纪要的起草、索赔谈判中发挥了积极的作用。

7. 合同管理的原则与技巧

在项目的合同管理中，灵活运用以下技巧非常重要要：① 注重书面证据的留存，一切以书面证据为准；②不轻信谎言，不轻信承诺；③有函必复，避免遗漏导致的责任；④提高信函协作能力，做到直接、简洁、有依据，不随意发挥；⑤ 在合同谈判前做好充分准备，以掌握谈判的主动权；⑥复杂的事件不明朗的时候要静观其变，切忌冒进处理；⑦在项目管理中，要很好地平衡合同条款约定、双方信任程度、自身博弈能力三者的关系；据此调整自己的管理行为；⑧在国际工程项目中，中国推崇的"关系"管理法已经越来越受到重视，在合同管理中用充分使用我国的传统关系和西方管理理论；⑨关注大型项目对当地居民的影响，改善与当地居民和政府的关系，争取有利的舆论导向。

【对设计分合同的管理】

在大型 EPC 项目中，设计是决定成本的重要因素，一般而言设计能够决定成本的75％，因此对于总包商而言，对设计分包合同的管理是合同管理的重要组成部分，应该引起总承包商的高度重视，下面将对总承包商对设计分包合同的管理问题进行简要探讨。

1. 设计分包策略的制定

在我国企业承揽和实施国际 EPC 项目工程中，一般都将设计分包，根据以往的实践，设计分包策略的制定需要考虑以下几个方面的因素。

(1) 宏观因素：包括业主的要求、市场环境和法律限制等内容。要分清项目是业主和当地政府主导、市场主导还是承包商主导的类型，充分考虑当地法律对分包商的资质、人员入境、环境保护方面的限制，选择熟悉当地审批程序的设计分包商。

(2) 微观因素：包括总包商自身的承包能力、投标策略、工作界面等内容。总包商要认清国际类似工程的承包能力，制定适当的投标策略以及明确工作界面。例如，我国某公司在波兰的一个高速公路项目的设计分包商选择上，就出现了三个偏差：①总包商在投标时，原打算将设计和施工实施工作全部由中国人来做，结果发现由于签证问题这种做法根本行不通；②前期邀请的中国设计公司由于不熟悉欧洲的设计标准，根本无法进行相关设计，而不得不转向邀请欧洲设计公司来担任，欧洲设计出的方案工作量比投标预计的工程量大幅增加；③在选择中方还是当地人员问题时，总承包商出现摇摆，忽视了当地要求参与项目的工程师必须是注册工程师，造成项目进度的严重滞后。

（3）合同的类型：我国企业签署的国际承包工程合同一般都不是标准的国际通行的合同条件，大多数都是由业主自己编制的，对于承包商极为不利。在进行分包时一定要根据业主编制的合同类型，制定相应的分包合同类型。比如业主的主合同为固定总价合同，设计分包合同也应该是总价合同。因为如果这时分包合同为单价合同，总承包商可能因为地质条件改变而造成工作量的增加导致设计分包商的索赔。对于设计分包商策略的制定，总包商最好能够在投标和市场调查阶段，摸清当地市场条件，摸清设计分包商的实力，在投标阶段就与设计分包商签署适当的设计分包合同。

2. 设计分包合同的谈判和签约

设计分包合同谈判和签约时应该注意以下几个问题。

（1）合同文本：应尽量采用 FIDIC、AIA、JCT 等国际权威组织出具的相关分包合同文本，在采用这些合同文本时应注意其中在实践中证明过的细微差距。

（2）界面的划分：对于设计分包合同，工作范围、价格和工期是分包合同的核心内容。对于工作范围，如果承包商在设计方面能力不够强的话，最好的方法是和设计分包商签订一个"背靠背"的合同，而价格和工期的选择往往与选择分包商的时机有关，选择得越早，工期就会越充裕，价格也可能越低。

（3）支付条件：应尽量与承包商从业主方取得支付相挂钩，保证承包商在设计方面的现金流。

（4）保函：尽量要求设计分包商出具当地最优信誉银行开具的见索即付的保函。

（5）不可抗力、法律适用、不良地质条件、争议解决的相关条款应明确。

3. 对设计分包合同的管理技巧

在该项目中对设计分包合同的管理要点如下：

（1）选择当地市场认可的设计分包商。在阿尔及利亚市场，活跃着许多西方设计公司，最终承包商在业主的推荐下选择了加拿大 DESSAU 设计公司作为投标方案的设计单位，并与其签署标签协议，承诺在中标后将初步设计工作按照 DESSAU 此前的报价，交给 DES-SAU 设计公司承担。

（2）工作范围以"背靠背"的形式签署协议，总承包商与 DESSAU 设计公司的设计协议中约定的工作范围以业主招标文件中约定的内容为主，同时明确如果设计协议中的涉及范围与招标文件相违背，将以后者为准。

（3）加强对设计过程的控制。尽管该设计公司在语言、标准和获准方面优于我国设计公司，但由于该设计院从事类似条件的铁路项目的设计工作经验有限，尤其是选线方面属于该公司的弱项。因此，总承包商多次派出国内顶尖铁路选线专家参与到初步设计中，又组织

DESSAU 设计公司到我国参加该项目选线的评审会，评审会邀请国内多个专业的知名专家参加评审，真正做到技术与经验相结合。实践证明这种做法相当好，选线的正确性经得起监理的验证。

（4）建立施工分包与设计分包的有效沟通机制：总承包单位建立了施工分包与设计分包的定期会晤机制，同时约定重大设计方案需首先得到施工分包的认可，以最大程度上确保设计方案的可靠性和经济性，以及施工工艺的可行性。

【合同管理体会】

EPC 工程项目的合同是复杂的，尤其是在 EPC 国际工程实践中，在并不完全按照标准合同签订时，业主往往会给总包商构成很大的风险负担。因此，总承包商要十分重视合同的管理工作，做好 EPC 的合同管理。首先，要针对项目特点构建项目组织架构及合同管理架构，明确各部门的合同管理责任，建立健全各项合同管理制度。其次，总承包商应充分认识到，设计是工程的龙头，设计成功与否是项目成败的关键，因此，总承包商在对分合同的管理中，对设计分包合同管理给予充分的重视，决策时需要慎重。

6.2　专项管理案例

6.2.1　合同风险与索赔管理案例

【摘要】

合同风险与索赔管理是 EPC 工程合同管理的重要方面，在 EPC 工程中具体如何防范合同风险？如何在履约阶段做好索赔管理工作？这是 EPC 工程合同管理中经常需要思考的问题。本案例结合某天然气管道工程实践，对合同风险与索赔方面的经验做法进行了详细总结。

【合同简介】

境外某国西部陆上天然气管道工程，业主以及监理方均为意大利某公司，中方某石油天然气管道局与中方某建设集团公司联手，经过激烈的国际竞标，一举中标获得了该工程项目 EPC 总承包权。该工程由中方某石油天然气管道局承担设计、采购、施工、预试运行、试运行和管道的性能测试。合同总价为 1.461 亿欧元（不包括主管材费和试运等费用）。项目采用欧洲和美国标准设计和施工难度之大，对健康、安全、环境的要求之高，尤其对合同风险管理和合同索赔管理控制之严，在以往的境内外长输管道工程中都是罕见的。

【合同风险管理】

1. 合同谈判风险规避

合同的生效日期是 20××年 6 月 17 日（授标函的日期），尽管双方签署合同的日期是同年 10 月 23 日，但合同都被认为从生效日期起全部具有效力和生效。

合同条款在签署授标函时就被限定，没有多少谈判的余地，在合同签署前，仅给中方承包商一次合同澄清谈判的机会。

8 月 14 日，业主根据招标文件和双方确认的来往传真、信函、投标文件、澄清会议纪要、双方签署的授标函，以及按授标函的内容起草的合同草稿一并交给总承包商征求意见。

通过对合同条款和 ITT 文件认真复阅、评审，特别对不确定的因素进行分析和风险评估，中方总承包商共提出 30 条修改意见，其中包括：合同文件第 C 部分"承包商工作范围"第 14.3.2 款，履约保证中的输油能力 540Sm³/h。由于 16 英寸管子的壁厚从 7.9mm（ITT）增加到了 11.9mm 和 17.5mm（钢管订单），根据理论计算，管道的输油能力也应从 540Sm³/h 降到 510Sm³/h。这样就与原要求的数据有偏离，需要中方总承包商在合同谈判时加以解决。

国际工程没有慈善家，任何一个业主都是以自身利益为重。这样中方总承包商将合同谈判的重点列为合同条款的合理性、全面性和可操作性，目的是规避合同风险，保护自身的利益。谈判非常艰难，当中方总承包商提出有关原则性的条款和对索赔有利的条款的修改意见等业主比较敏感的问题时，业主以投标过程中中方对合同条款已经确认，并已签署授标函为由，拒绝了中方总承包商的修改意见，并明确表示如果这些意见在签署授标函前提出，还有可能接受，但这些合同修改意见会直接影响到中方总承包商的中标。在谈判过程中，通过有效的沟通，第一轮谈判双方对 17 条修改意见达成共识并签字通过，遗留了 13 条修改意见留着第二轮合同谈判解决。

第二轮合同谈判遗留 4 个问题，其中 3 个问题中方总承包商是可以让步的，但为了稳妥解决输油管道的输油能力问题，总承包商把可退让的 3 个问题一起放到第三轮合同谈判中加以解决。通过进一步的沟通、磋商、妥协，逐步减少了双方的不同认识，增加了相同点。

业主在第三轮谈判中，不仅同意履约保证中的输油能力从 540Sm³/h 降到 510Sm³/h，还同意中方总承包商修改的变更指示程序以及在业主选项中提高总承包商后勤保障人工单价的意见。经过三轮历时一个月的紧张、艰难的合同谈判，中方总承包商按预期目标顺利完成合同签署工作。

合同签署标志着该国西部陆上天然气管道项目最重要的法律性文件得到双方的确认生效，为整个项目的执行提供了标准和依据。

2. 合同风险的化解

该天然气管道项目地质条件十分复杂，80% 为岩石地段。尤其是该项目采用海水从最低端上水试压，淡水从最高端注水试压，高端与低端有 370m 的高差，这在管道局的经历中尚属首次。

在淡水注水试压前，业主和监理按合同规定，要求中方进行水质分析化验。中方在监理监督下取出水样，在该国权威机构进行水质分析化验，其结果硫酸盐的指标为 246ppm[①]。

在预试运和试运指南 T-70-S-Z-0002-00 中，第 5.1 条水质化验标准："对试压管段首先要注入填充水，水质要满足以下上限：硫酸盐 42ppm；脂肪酸 14ppm；氨 3ppm"。水质化验结果大大超出合同规定的指标，业主和监理要求中方再次化验，结果不能如愿。

因为水质硫酸盐指标严重超标，业主和监理要求中方打井。合同规定：业主在沙漠提供淡水井。打井，一是时间不允许；二是费用不在合同总价之中。这样一场合同纠纷就摆在中方面前。

---

① 1ppm＝1mg/L。

中方先从文件的优先权顺序入手进行争辩。依据澄清和修改文件第 42 条相关数据进行判断，在澄清和修改文件中，水质化验标准硫酸盐 239ppm，脂肪酸和氨的指标虽然没有被提到，但应按上述"第 5.1 条　水质化验标准"给出同样脂肪酸和氨的数据作为水质化验标准：硫酸盐 239 ppm；脂肪酸 14ppm；氨 3ppm。尽管业主和监理同意了中方提出的建议，水质化验硫酸盐指标还是比合同规定指标超出 7ppm，合同纠纷没有停止。如何说服业主现有水源水质是满足试压水质标准的，成为双方的关注点。

中方把该国境内几种品牌矿泉水汇集在一起，把水质化验数据与商标上显示的数据进行比较，结果发现，水质化验数据都在矿泉水商标显示的水质化验数据范围内，一场水质化验合同纠纷在铁的事实面前结束了。

通过这场合同纠纷，中方认识到，在项目实施中，中方一定严格按合同中规定的工作范围和标准履行合同，避免违约。充分利用合同中对中方有利的条款，在工作中规避风险，预防合同纠纷，并及时收集有关索赔资料、依据，使整个项目在执行中能处于有利地位。

【索赔管理】

1. 合同变更问题

在光缆施工中，由于业主没有按合同要求提供 PVC 套管，在三方（业主、监理、承包商）的协调会上，因总承包商急于施工，建议业主在《三方界面会议纪要》上增加一条，PVC 套管由承包商供货。由于当时现场对 PVC 套管由谁供货的合同要求不是很了解，尽管事后总承包商在合同文件中找到了 PVC 套管属于业主供货的有利证据，业主仍以签署的《三方会议纪要》为依据，以会议纪要优于原合同的论据驳回了中方总承包商提出的索赔要求。通过这个案例，总包商对项目部相关人员进行合同变更培训，让大家进一步熟悉合同文件并充分认识合同变更的重要性，提醒大家合同变更工作要提到工作日程上来，在熟悉合同文件基础上，掌握合同变更相关条款，积极开展项目索赔工作。

合同条款是非常苛刻的，对中方项目执行不利。尽管如此，通过全面分析后总承包商仍然发现有许多工作值得重视，特别是索赔工作要从以下几个方面入手：

（1）业主已经批准的或已确认的方案，要求中方总包商重新修改的，要做好人工时统计工作。

（2）工程质量标准的提高，要做好与原标准费用差价比较工作。

（3）做好界面的综合登记管理工作，界面的变化是整个项目合同变更的突破口。

（4）做好沙尘暴、下雨天的记录工作，并及时与业主共同签字确认。

（5）业主对设计、采购、施工方案等的调整（包括合同范围以外的工作）。

在合同变更时，总承包商一定以业主的变更指示或相关信函为依据，严格执行变更指令程序。

在合同变更工作中，总承包商掌握合同文件优先权顺序。在准备支持文件过程中，如出现合同文件相互抵触或矛盾的地方，总包商应该按照合同文件优先权顺序执行。如果在合同一般条款和合同特殊应用条款之间出现抵触或矛盾，后者优先。

特别注意的是，总承包商在项目执行过程中双方所签署的协议或备忘录要优于合同。所以，要求总承包商有关专业人员在与业主签署澄清协议或备忘录过程中，要按合同文件的优先权顺序核对相关的内容，如果所签署的内容已包含在合同文件中，要以合同文件为准。反之，根据双方谈判情况签署相关协议或备忘录。

2. 保持合同变更的权利

在管线施工中，由于业主提供的坐标错误，导致管线走向的修改。由于施工人员没有按合同变更程序的要求进行工作，在没有业主指示和设计变更情况下，没有通过项目部直接按监理要求改变了管线走向，事后总包商提出索赔，业主以没有业主指示和设计变更为由，使总包商丧失了合同变更的权利。

在项目执行过程中，总承包商遇到的一些合同变更问题，大都是业主提出问题以后，总承包商马上拿出解决方案，这种做法经常得到业主和监理的默许。从表面上看，总承包商这种做法提高了工作效率，体现出中方解决问题的能力，这仅是有利于现场施工的一面。从另一个方面来看，总承包商处理问题既要对施工有利，又要为索赔工作创造条件。所以，在总承包商提出问题和解决问题过程中，一定注意业主是否有相关信函或变更指示要求中方解决合同变更问题。一般说来，业主遇到合同变更不会主动给总承包商发变更指示，总承包商只能巧妙地要求业主解决合同变更问题，从而获得业主有暗示性的变更指示或相关信函。

业主对合同变更问题非常敏感。总承包商遇到与合同变更有关问题要分两步进行。第一步，先给业主去一封信函，提出问题，需要业主尽快解决。在中方等待业主回复时，中方内部进行充分协调和沟通，以便做好应对方案的准备。第二步，通常业主的回复会非常巧妙，如果遇到"计算你们的工期、交货期等"与时间有关的词语和"请你们拿出方案、报人工时、估算等"与费用有关的词语的暗示性信函，应立即组织有关人员进行确认，如果属于合同变更，总承包商以此信函作为业主变更指示，按变更程序向业主提出变更索赔。

值得强调的是，合同变更是有程序的，合同变更工作是一个艰苦、细致、大家相互配合的过程，不是一次性了结的事情。要求总承包商在今后工作中，向业主提出问题，待业主发给总承包商变更指示或有暗示性的相关信函之后，再对业主提出解决问题的方案，这样会使中方总包商合同变更工作处于有利地位。在变更准备工作过程中，需要有双方文字记录作为依据，既不给业主提供可乘之机，又提高了中方总包商全员合同意识、索赔意识，从而降低风险，保持总承包商合同变更的权力。

3. 索赔与反索赔

此项合同纠纷是由后勤物资保障问题引起的。业主给中方总承包商发来一封信函，要求中方给业主增加办公室，中方总承包商后勤人员以书面形式要求业主付费（索赔）。结果业主以此为契机提出反索赔，原因是按合同要求，中方总承包商提供给业主办公面积不够房间数量不够，要求中方按合同办事，把不足面积的费用单发给他们，使得中方处于进退两难的境地。最后中方总承包商只好付出一定的代价来了结这场索赔纠纷。

随着中国在海外承包工程的增多，会遇到各种风险和索赔问题。如本案例提到的在对合同条款和 ITT 文件认真复阅、评审后，对不确定因素进行了风险评估。在合同谈判中，巧妙地利用了沟通、磋商、妥协等手段，解决了中方提出的 30 条修改意见，极大地减少了后续工程中的风险问题。此外，要高度认识到合同管理过程即是合同履行的过程，也是项目执行过程，尤其在国际工程项目的实施中，要严格按照合同中规定的工作范围和标准履行，避免违约。还要充分利用合同中对中方有利的条款，在工作中规避风险，预防合同纠纷，并及时收集有关的索赔资料、依据，使项目管理在执行中能处于有利地位。

重视合同变更问题，掌握合同文件优先权顺序。在准备支持文件过程中，如出现合同文件相互抵触或矛盾的地方，应该按照合同文件优先权顺序执行。如果在合同一般条款和合同特殊应用条款之间出现抵触或矛盾，特殊应用条款优先执行。在项目执行过程中双方所签署的协议或备忘录要优于合同。

在合同变更准备工作过程中，注意保留有双方签字的文字记录，作为索赔依据，不给业主提供可乘之机，提高全员合同意识、索赔意识和反索赔意识，从而降低风险。

【合同管理体会】

通过本项目的实践，中方总承包商有以下几点体会。

（1）合同是工程建设的依据和准则；总承包商在签订合同时要十分重视合同的签订工作，在谈判中争取设立有利于承包商的条款，为防范合同风险奠定良好的基础。本案例总承包商经过三轮艰苦的谈判，取得了有利于承包商的合同条件，为项目合同执行创造了有利的条件。

（2）总承包商严格按照合同执行；在项目实施中，总承包商一定严格按合同中规定的工作范围和标准履行合同，避免违约。充分利用合同中对中方有利的条款，在工作中规避风险，预防合同纠纷，并及时收集有关索赔资料、依据，使整个项目在执行中处于有利地位。

（3）增加索赔意识，把握索赔机会；合同索赔是合同管理的重要内容之一，总承包商要不断提高有关人员的索赔意识，并积极采取应对索赔的措施，把握好索赔时机，讲究索赔策略，积极开展索赔工作。

6.2.2　合同变更与索赔管理案例

【摘要】

以中乌天然气管道工程为例，详细分析和探讨了该EPC总承包项目的合同变更及索赔管理条款的整个过程，结合工程建设实践对变更索赔的原因、基础、依据、方法一一进行了分析和研究，对EPC合同变更与索赔管理工作中的疑点与难点给出了合理建议与解决方案。

【合同简介】

境外中亚天然气管道工程单线全长1833km，已建成A、B、C三条线。中乌管道作为该天然气管道项目的一部分，工程建设均采用设计、采购和施工EPC总承包合同模式，共签署10多个EPC合同，涉及不同国家的多家承包商，合同执行过程中出现很多合同变更和索赔项，签署了多个变更索赔的补充协议，中乌天然气管道项目采用国际通用的EPC合同模式及文本，具有典型的国际EPC工程项目特点。

【变更管理依据】

EPC合同及所在国法律法规是合同变更与索赔管理的依据，不能抛开合同谈索赔，否则，要么直接失败，要么陷入没有结果的争议之中。为此，合同双方都要认真熟悉合同及项目所在国法律法规，才能做好合同变更与索赔管理工作。

1. EPC合同条款分析

该EPC天然气管道项目所使用的EPC合同条件涉及变更与索赔的主要条款有以下

内容：

第1.1.1款3.4.1、3.4.3"承包商应审核辨析业主提供的资料和数据，业主不对所提供的资料和数据引起的错误和遗漏负责，承包商应该充分考虑到因为资料和数据不准确带来的成本增加风险。"

该条款明确界定了业主对招标文件中的初步设计文件和勘查资料的责任，承包商在投标时应充分考虑初步设计文件和勘察资料可能存在的错误，组织投标技术团队进行详细的审核，进行风险评估并在投标报价中予以考虑。比如，因为现场勘察资料的不准确导致承包商土方量的增加，如果承包商提出变更索赔申请，这种索赔就容易陷入争议，难以成功。如果初步设计文件中存在明显的错误与不合理，在施工图设计阶段予以纠正导致与初步设计文件相比较工程量增加，这类变更索赔也很难成功。

第1.1.2款3.9.1"承包商必须熟悉并在任何时候遵守及服从所在国和地区适用的法律、法规、命令、规范，包括过去的、现在的及在合同执行期间颁布的"。这一条款在合同索赔谈判中也往往引起争议。

争议一：承包商在投标报价时未考虑地方主管部门对有关设计标准的强制性规定，而且该规定在初步设计文件中也没有体现，在合同执行时承包商发现如果按照地方强制性规定执行则必须对设计进行变更，将导致工程量和成本增加，从而向业主提出索赔。这类争议，承包商提出的索赔往往很难获得业主同意。

争议二：在合同执行期间颁布的法律法规及规范，引起设计变更和工作量增加，承包商就此向业主提出索赔。在合同中只明确要求承包商遵守和服从合同执行过程中的颁布的法律法规及规范，但对于谁承担可能增加的费用并未明确规定，因此，这类索赔只能由双方协商解决。

第1.1.3款3.13.3、3.13.4"承包商必须充分了解现场施工及周边环境，包括天气、进场施工条件、周边水电气接入条件、仓储条件、劳动力条件等，任何因为对现场条件不够了解造成的后果由承包商自己负责，也不能作为变更索赔和工期延长的依据"。实际变更索赔谈判中，围绕这一条款的应用也有很多争议。

合同执行过程中，承包商发现施工进场道路的工程量远远超过了预计工作量，因此，承包商对增加的工作量向业主提出索赔。承包商的理由是业主提供的现场信息不够准确导致其投标时估价过低，因此，业主应承担责任。

对这类索赔，合同条件描述的十分清晰明确，而且也没有图纸作为审核工作量的依据，承包商的索赔也很难获得批准或者获得批准后在价格上达成一致意见。

第1.1.4款3.2.2"变更单及额外工作"。这一条款主要说明了变更的审核流程、变更索赔的费用构成及变更索赔需要的文件支持。

这一条款规定：对于额外工作业主补偿的费用主要由四部分组成：直接劳动力费用、该工作需要的材料费用、机械设备费用和分包工作费用。如果该额外工作经业主批准可由承包商分包给第三方完成。这一条款还规定：对于额外工作除了按合同中规定的方法进行工程造价测算外，还可以由双方根据合同条款进行协商确定一个固定价格。

第1.1.5款5.3.2"承包商在合同生效日后30天内，应书面通知业主初步设计文件中存在的错误和遗漏，若在 30 天内承包商为书面通知，承包商视为完全接受业主初步设计文件并对初步设计文件负责"。该条款仅在部分 EPC 合同文本中出现。

这一条款中，承包商需要在合同签订后 30 天内对初步设计进行誊清。相对条款 3.4.1 而言，承包商有更充分的时间在合同价格确定后对初步设计进行誊清，对承包商更为有利。由此带来的争议是，在合同签订后初步设计文件誊清可能导致设计文件的修正、设计变更和工程量增加或减少，而此时固定总价合同已经签订，由此发生的索赔与反索赔如何处理很难界定。在实际执行中，这类索赔与反索赔只能靠双方协商解决。

第 1.1.6 款 5.4.1 "在承包商施工图纸设计阶段，初步设计文件中的工程量是可以修改的，承包商应保证自己在提交投标报价前已经了解工程量和现场条件。所有施工图设计中完成工作所需要的工程量，都被认为已经在合同报价中考虑"。

实际变更索赔谈判中，是否适用这一条款，在合同双方及业主内部均引起很大争议。来自业主方的一个主要观点是：从完成工作最终目标，倒推引起相应的设计变更和工程量的增加，均应适用于这一条款，承包商不能进行索赔。来自承包商方的有两个观点，一个观点是：这些设计变更是因为业主要求的工作范围发生了变化，是因为业主提出了在原合同外的工程目标而导致，因此，业主应该为增加的工作量进行补偿。来自承包商方的另一个观点是：有些设计变更是来自业主的要求，如果不实施该项设计变更并不会影响最终工作目标实现，比如压缩机站的工程建设目标，可能并不会受到一个用于工作生活的建筑面积的增加影响，但面积增加确实会增加成本，承包商应该得到费用补偿。对此类争议，需要双方综合考虑 FIDIC 条款，仔细分析变更性质，双方协商解决。

2. 以合同条款为依据

该天然气管道工程项目中，承包商来自不同的国家，具有不同的投标背景：业主方是中国和项目所在国组成的 50：50 的合资公司，合同管理和索赔谈判的专业人员来自不同国家具有不同的工程建设体系和文化背景，各项目管理关系方有着各自的判断标准和认识。

对于这样一个复杂的合同变更和索赔管理的背景，既不能用中国的标准和惯例，也不能用乌国、哈国的标准和惯例，只有 EPC 合同以及国际工程建设惯例，才能成为各方都能接受的变更索赔谈判的平台和沟通讨论的基础。这就要求业主和承包商认真学习领会 EPC 合同条款，国际工程合同条款和所在国的法律法规，一旦发现变更和索赔，就要找到合理的依据提出索赔和进行索赔审核。

3. 以文档资料为支撑

由于国际工程项目工作环境的复杂性，合同变更和索赔原因也非常复杂，变更索赔涉及工作界面也很多，不论是业主还是承包商提出索赔和审核索赔都需要有依据。合同只是基础和原则，有效地索赔还需要有大量的文档资料做支撑，为此，资料管理和文档管理是做好索赔管理的关键。

除合同文件之外，变更索赔还需要的依据有初步设计文件、施工图设计文件、补充协议、会议纪要、来往信函、采办合同及其凭证、现场施工记录、环境资料等资料，很多索赔因为缺乏现场资料、现场工作记录而失败。

在做好文件管理的同时，合同变更与索赔工作人员还要认真研究技术规范和来往信件，从中找出可供索赔与反索赔的机会和依据，从而为索赔和反索赔增加成功的可能性。

【变更与索赔关系】

探讨合同变更与索赔产生的主要原因有两个方面的意义：一是在合同签订时，对变更与索赔的处理有一个可操作性的安排；二是便于在合同履行中的管理，防止由于程序不清带来管理过程中的失误与争议，在此仅讨论费用索赔。

1. 引起变更的主要原因

在工程建设中，从类型方面可划分为业主变更和承包商内部变更。业主变更是指业主发出指令的变更，其中既包括因为业主直接发出的变更，也包括由于承包商方面的原因导致业主发出的变更。而承包商内部的变更则属于承包商内部管理范畴，不构成合同变更，当然即使是承包商内部变更也要得到业主的认可。事先必须履行一定的合同手续。

在该 EPC 合同项目中，业主变更主要分为工程范围的变更和工程量的变更两类，具体归纳如下：

(1) 工程范围变更。

额外工程：如本案例的 A、B 线中，因为改线导致增加的工程；因为承包商的工作能力和进度要求对承包商工作范围的调整等。

附加工程：如 A、B 线中因为需要为 C 线工程预留接口增加的工程及在站场工程中为未来工程预留的接口等。

工程某个部分的删减：如 A、B 线中，因为承包商破产关闭删减其部分设备材料采办工作，由业主直接完成采购。

配套的公共设施、道路连接和场地平整的执行办法与范围、内容等的改变；如在 A、B 线中，将部分伴行路调整为沥青路、增加沥青进口道路等。

(2) 工程量变更。技术条件（如工程设计、地质情况、基础数据、工程标高、基线、设备尺寸等）改变；质量要求（包含技术标准、规范或施工技术规程）改变；施工工序改变；业主供货的范围、地点和装卸条件的改变；试运行和运行服务范围的改变；进度加快或减缓。

2. 引起索赔的主要原因

引起索赔的原因是多方面的，可能是业主的原因，也可能是承包商的原因。在 EPC 合同中，一般把承包商向业主的索赔称为"索赔"，把业主向承包商的索赔称为"反索赔"。引起索赔的原因有很多，但 EPC 工程总承包合同对业主和承包商的责任进行了明确的界定和划分，由此避免了许多索赔和反索赔的麻烦，该项目中引起索赔的主要原因有以下三种情况。

(1) 合同变更引起的索赔。在 EPC 合同索赔管理中，大多数索赔都是因为变更所引起的。对于工程范围引起的变更，如果是额外的工程量而引起的索赔，双方很容易达成一致，争议主要是索赔价格的高低。对于工程量变更引起的合同变更，由于各自立场不同，往往对合同条款的理解上不一致，在变更索赔谈判时会发生很大的争议。

（2）违反约定引起的索赔。对于这类索赔，尽管合同中对双方的责任和义务有界定和描述，但是并没有对如何赔偿进行详细的描述，而且对于因为对方违反合同造成己方损失进行量化也是个难题。因此，这类索赔也一直是谈判过程中的难点。比如，业主对承包商工期延误提出反索赔，承包商就能够提出许多工期延误的理由，每一个理由都需要双方投入大量的精力核对与沟通，最终都很难说服对方。再比如，承包商对进度款延期支付向业主提出索赔时，业主往往会指出是因为承包商的进度款发票及支持文件存在问题，这类索赔也很难达成一致意见。

对于这类索赔，因为涉及违反合同规定导致受罚，就必然存在责任部门，责任部门就一定尽力反驳，最后即使能够获得索赔成功的结果，但在其他方面可能被对方找回损失。与其投入大量人力、物力，不如能够避免就尽量避免。在实际操作中，这类索赔往往成为其他变更索赔谈判的筹码，也就是策略性的索赔，很少成为索赔的主要目标，而索赔谈判的重点往往是合同变更引起的索赔。

（3）窝工、赶工引起的索赔。国际工程建设项目受项目所在国的政治、经济和法律环境的影响，这些环境的变化会给合同双方带来很大的风险。中亚天然气项目在建设过程中，就遇到因为法律变化导致管材供应长时间的滞后，因劳动配额问题导致总承包商人力调遣困难，这都导致了总承包商的严重窝工。而为保证工期消除窝工的影响，EPC 总承包商往往需要采取各种赶工措施。

关于窝工索赔，虽然在一些合同中明确规定了窝工不能进行费用索赔，只能对工期延长进行索赔，但实际上严重窝工会给承包商带来巨大的经济损失。国际项目不像在国内工程，机具和人员一旦被迁过去，几乎不再可能来回调遣或是调剂给其他项目使用。在某种程度上而言，窝工风险是总承包商一个很大的成本风险，是承包商在投标报价阶段和合同管理中需要重点考虑的一个因素。

关于赶工索赔没有可以依据的核算标准和体系，很难对赶工费用进行准确的计算，理论上赶工费用主要由赶工人员动迁费、赶工人员加班费、夜间施工降效调节费、冬季施工降效费、冬季施工管理费增加、营地设施费等项组成。但实际上很难准确计算出非关键路线施工活动的赶工资源数量，很难准确地将合理调节施工活动得以充分利用的资源与索赔中涉及的赶工资源区分开来，这需要合同双方的控制工程师具有丰富的工作经验和沟通技术，对各种进度计划和大量的工作记录、工作报告、统计数据进行分析，反复沟通，合理让步，才有可能最终达成一致。

【变更索赔处理方式】

从事合同管理的人都知道，变更索赔需要通过正式文件来进行，如何提交、审核、执行都应由合同规定的程序来界定。因此，为了规范变更与索赔管理，减少争议，在 EPC 合同中就应该明确规定变更与合同管理的主要程序，在合同签订后，合同双方根据合同中规定的主要程序，制定变更与索赔管理的工作流程。

处理索赔一般有协商、调解、仲裁和诉讼四种方式。实际执行过程中一般都采用协商解决。合同双方在合同的基础上，本着合理、双赢和面向未来市场开发的原则进行协商处理，是做好的方式。但对于某些无法协商的情况，比如承包商因为破产倒闭（在本案中亚天然气工程中就出现过这种情况）引起的变更索赔，则需要通过法院判决解决。

【变更索赔的计算】

合同变更索赔谈判的最终目标是对合同金额进行调整，合同变更索赔工作的核心是价格谈判，在项目实践中，有以下几种索赔报价方法，在实际中可根据实际情况和需要，选择合适的索赔报价核算方法，也可能采用一种，也可能综合使用这些方法。

1. 按照实际投入的人、材、机核算

一般来说，工程建设费用是由人、材、机等资源费以及附属设施费、其他费用、管理费用、税费及利润等核算而成，因此按照人、材、机进行核算的这种方法，是国际合同文本中较为常见和较易得到认可的方法。

索赔报价一般由以下三部分组成：①直接人工费用：指直接参与工作的人工费用，但不包括经理、质量管理人员、监督检察人员、安全管理人员、日常管理人员；②材料费用：用于变更索赔工作中的材料；③机械费用：用于变更工作中的机械设备，但不包括小型工具。

人工单价及机械设备单价作为合同价格的重要组成部分，一般由合同谈判双方在合同谈判中确定，作为合同执行阶段索赔费用核算的依据。

合同双方每天在现场对每一项变更所投入的人工时和机械时进行核实和记录，并由双方代表在记录单上签字，有时业主会要求第三方监理在工作单上签字，这些现场签单将成为变更索赔工作量审核的依据。

这种核算方法有两个问题，一是当合同变更项较多时（多于 30 项）时，业主现场代表或第三方监理很难准确地分辨哪些资源适用于合同额外的工作部分，哪些适用于合同原工作范围内的部分；对于合同额外工作部分的人工合机械数量很难准确核算。二是由于 EPC 国际工程环境的特殊性和复杂性，在实际操作过程中，很多变更性质在得到业主批准时，该工作已经完成，这种情况也不可能有现场签单，遇到此类问题时，只能选择其他方法。

2. 按原合同价格表中单价核算

对于能够在原合同价格表中找到对应的工作项或参照工作项的合同变更，合同双方可通过协商按照合同价格表的单价进行核算，这种核算方法简便易行，比较容易在合同双方和各方内部达成一致。

如原合同中有某建筑物价格为 A 美元，面积为 Bm^2，现经合同变更增加面积为 Cm^2，则新增面积对应费用 D 为 A/B・C 美元。比如增加的土方量、增加的阀室、增加一定长度的线路施工、增加的穿越、增加的伴行路或进场路等，均可按照这种核算方法进行。

3. 按照工程量清单方法核算

对于工作活动比较多的合同变更项，可以按照工程量清单报价的模式进行核算，通过施工图纸计算出工程量，再根据合同中的工作活动单价计算出相应的费用。工作活动的单价，一般由合同双方在合同谈判时确定，作为合同执行阶段索赔费用核算的依据。

4. 按照项目所在国的工程概（预）算指标核算

按照项目所在国的工程概（预）算指标或工程造价管理软件对合同变更索赔费用进行核算，这种方法一般容易获得当地业主或当地占有一部分股份的业主的认可与批准。

若采用这种核算方法，首先应通过项目所在国的工程造价管理软件测算出完成变更索赔工作项所需的人工时、机具时及施工材料数量（设备材料数量按照施工图和采购合同测算）；再根据合同中确定的人力资源、机械设备的单价、确定资源价格；最后确定变更索赔价格。

这种核算的难点是：一是来自中国的部分工程建设企业不熟悉、不了解项目所在国的工程造价管理体系和工程造价软件，操作起来比较困难；二是对于人工时和机具时的单价选择上，是选择项目所在国的单价还是选择合同中的单价，容易产生争论。各方都会选择对自己有力的单价。

5. 按照中国工程概（预）算指标核算

按照中国工程概预算指标或工程造价管理软件对合同变更索赔费用进行核算，是中国工程建设企业比较熟悉的方法，这种核算方法与项目所在的中亚地区的概（预）算核算方法相同。

这种核算的难点是：一是当地公司或是合资公司的当地伙伴不了解、不熟悉或根本不愿意接受中国工程造价管理模式和工程造价管理软件，存在抵触心理。二是中国工程造价软件对应国内的人工时和机具单价，如果采用国际 EPC 合同中的索赔单价有可能产生明显高出原合同水平的价格，从而得不到业主的认可。

6. 其他索赔核算

以上索赔核算主要是针对工作范围变更进行索赔的核算，对于违反合同条款的变更索赔，比如工期索赔、进度款延期支付、合同责任履行索赔等，则主要是通过合同条款、当地法律法规及国际惯例由双方协商谈判解决。

【合同管理体会】

（1）合同变更与索赔管理工作是合同管理的重要组成部分，对额外工作和损失进行索赔是合同双方的合理权利，为此总承包商在合同管理中应高度重视对变更的管理工作，同时做好变更引起索赔的准备。

（2）加强变更与索赔管理工作，合同各方必须都应该建立完善的合同变更和索赔管理体系，建立和完善变更和索赔处理的组织、制度、流程，为快速处理这类工作提供基础。

（3）总承包商应认真分析项目所在国的政治、经济、法律和行业环境，选择合理的索赔报价或索赔报价审核方法，才能被业主所接受，提高索赔效率，总承包商才能有效地保护自己的合法权益。

6.2.3　财务部门协同管理案例

【摘要】

财务部是企业的核心部门，合同管理离不开财务部门的支持与协同。本案例结合某 EPC 高炉供料系统的工作实践，从发挥财务管理部门在合同管理的作用角度出发，对合同管理的经验体会进行了总结，对财务部门的制度建设经验做了介绍，并提出了有益的建议。

【合同背景】

某工程公司在承接 HH 钢铁公司 3 号高炉供料系统 EPC 工程总承包项目中，在合同管理的前期工作、项目实施过程、合同变更索赔与反索赔管理方面有效地实施了合同管理。

【前期合同管理】

1. 调查研究工作

在投标、承接 EPC 工程总承包项目前，首先对项目进行信息追踪、筛选，对业主资质、项目资金来源等进行认真调查、分析、了解，弄清项目立项、业主需求、资金给付等项目基本情况。在此基础上，组织技术人员到项目现场进行实地考察，对工程所需当地主要材料、劳动力供应数量及价格、社会化协作条件和当地物价水平等做到准确了解、掌握。实地考察的另一项重要工作，就是到当地建设主管部门、税务主管部门、会计师事务所进行咨询，对项目所在地的经济、文化、法规等做到更全面的了解。承接 EPC 工程总承包项目前，对以上项目基本信息的收集、整理和分析，是决定是否承接该项目的前提，更是规避、防范企业风险的第一关。

然后，总承包商应对业主制定的招标文件，特别是业主针对合同总价风险控制方法、付款方式、结算方式、质保金及保修服务条款等制定的条件进行仔细研究，因为，这将是投标方下一步是否响应业主招标要求，能否中标及中标后 EPC 工程总承包项目合同签订的基础。经分析，一旦决定参与竞争承接项目，以上信息就将成为投标文件编制、工程成本测算的重要依据，同时也基本框定了下一步合同具体条款及合同总价。作为合同管理部门和相关人员，应将此项工作视为合同管理的首要条件来控制，这是总承包合同签署的前提。

例如，针对建筑业的税金须交由项目所在地的税务机关，但受地区差异的影响，各个地方的税率不尽相同的情况，总承包商在承接 HH 钢铁公司 3 号高炉供料系统 EPC 工程总承包项目前，通过实地考察，认真咨询，了解到项目所在地的城建税税率比总承包商所在地低2％，这为总承包商在测算项目成本时提供了准确的依据，保证了总承包商对项目成本预测的准确性，为其最终参与竞争并承接该项目，创造效益起到了重要作用。

2. 商务、技术合同条款并重

在 EPC 工程总承包项目中，双方签约时，按照一般原则，工程完工后都需留有一定比例的质保金，质保金往往就是一个项目最终的利润，而质保金金额和质保期，却经常与业主在签约时提出的性能考核指标挂钩。因此，对于 EPC 工程总承包商来说，达到考核指标越早，质保金拿到手的时间就越早，从而获得该项目的最终利润。针对这一情况，该项目总包商改变了以往在总承包合同专用条款中，只注重商务条款，对工期和造价的确定投入的精力多，而对性能考核指标的研究投入精力少的弊病，要求项目部人员对承接项目的性能指标加强学习，高度注重技术合同条款的约定。但由于 EPC 工程总承包项目涉及行业较多、较广，给这一问题的解决带来了困难，总包商采取了以下相应的措施。

（1）组织人员对同类已建成项目进行考察、了解情况，取得经验。

（2）请专家对项目部有关人员，对项目的性能指标进行专门培训，把握要点。

（3）邀请外部知名行业专家对工程项目在性能方面指导，做顾问，以确保项目达标。

（4）引入行业权威机构作为合作伙伴，提供有关方面的技术支持。

这一系列措施为总承包商与业主在性能考核指标上达成一致意见创造了条件，同时也使项目部对项目考核指标做到胸有成竹，有效地避免了项目建设与使用脱节现象的产生，使项目建成后能迅速达到性能考核指标，尽早收回质保金，履约完毕，真正实现项目的完全效益。这也为企业信誉及形象的树立打下了基础，有效地提升了总包商企业的管理水平和竞争实力。

【合同履约管理】

项目实施过程中的合同管理与控制是 EPC 工程总承包项目合同管理的重要环节。EPC工程总承包项目合同一旦签订，整个工程建设的总目标就已确定，这个目标经分解后落实到项目部、分包商和所有参与项目建设的人员，就构成了目标体系。分解后的目标是围绕总目标进行的，分解后各个小目标的实现及其落实的质量，直接关系到总目标的实现，控制这些目标就是为了保证工程实施按预定的计划进行，顺利地实现预定的目标。

1. 合同评审

本案总承包商在签订合同前，非常注重合同的评审工作，专门成立了合同评审小组，对拟好的合同进行了仔细的评审。各部门从不同角度对合同条款进行认真的推敲，诸如根据对某个项目前期的调查，及对业主的资金情况的了解，确定款项的收取或者支付比例等，做到既能尽快收到资金，又能及时完成工程项目，大大减少在项目上的资金垫支。这样做的好处主要是让大家明白，一个项目越早完成，就能越早将项目款全部收回，时间拖得越长，资金的成本就会越多，资金的时间价值就得不到体现，最终不仅整个项目的盈利不能保证，甚至由于长期收不到工程尾款而造成呆死坏账，导致项目亏损。在合同评审时应有的放矢，针对各个项目的不同情况具体协商合同条款，从而在很大程度上降低经营风险。

2. 认真研读合同，分解合同责任，实行目标管理

在 EPC 工程总承包项目合同签订后，具体的执行者是项目部人员。总承包商公司要求项目部从项目经理到项目各管理人员，都要认真学习合同条款，对合同进行认真的分析，对合同的主要内容及存在的风险做出解释和说明，使项目部所有人员熟悉合同中的主要内容、规定及要求，了解作为总承包商的合同责任、工程范围以及法律责任，并依据合同制订出工程进度节点计划。按照节点计划，项目各部门负责人随即对各自部门人员进行较详细分工，即将每个节点作为一个小目标来管理，当每个小目标都实现的时候，总的目标也就实现了。彻底改变了以往只注重按图样来划分工作范围，而忽略了以合同为主要实施手段的传统做法。

总承包商公司结合自身情况，针对现场管理的大部分人员在之前是从事监理工作，在项目建设中总是以"裁判"身份出现的情况，积极组织相关人员进行 EPC 工程总承包项目的现场管理培训，本着"磨刀不误砍柴工"的精神，聘请了专业人员对现场的工程人员进行系统的培训，重点内容是在实施工程管理的过程中，将现场管理与合同实质联系起来，并用工程进度、工程质量、工期等作为评定现场管理好坏的标准，同时与现场项目经理的绩效相挂钩，这就保证了工程项目随时处于受控状态，避免了工程管理人员依靠经验管理项目的情况出现。

3. 按照合同条款履行合同，发挥财务管理职能

在工程实施过程中，切实按照合同条款履行合同是极为困难的。有的业主虽然在合同条款中注明预付款的比例，但在实际执行过程中却由于各种各样的原因，并没有按合同约定的比例进行支付，甚至根本没有履行合同，这给 EPC 工程总承包企业的工程组织带来较大的

困难。针对这种现象，总承包商公司首先取多协调、多沟通、多交流的方法，协调好各个方面的关系，采取定期召开协调会的制度，在协调会上，业主、总承包商、施工分包单位及供应分包商将各方在项目建设过程中遇到的问题及困难逐一陈述，大家围绕这些问题积极想办法，换位思考，统一思想，找出最好的解决途径，会后逐一落实，一切围绕总承包合同总目标的实现开展工作。另一方面，对于一些日常性的工作，订立相应的工作程序，使管理人员有章可循，不必进行经常性的解释和指导。总承包商公司制定了一系列的管理规定及办法，诸如：加强廉洁自律教育，对总承包项目进行资金管理，包括差旅费、业务招待费及汽车费用的使用办法等，确保各项管理工作有序进行。

财务部门作为 EPC 工程总承包项目的价值管理部门，其反映、监督和综合服务职能发挥的情况，直接影响到资金的使用效果和工程项目管理一般采取以下措施。

（1）在事前筹划阶段，做好资金的安排、制度的制定和政策的引导。对照集团公司下达的全年预算指标，结合公司实际，认真谋划和积极建议公司合理分解各个项目的预算，按照合理额度进行资金的预留管理。

（2）在工程项目资金的财务核算和日常结算工作中，财务部门规范核算，及时预警，严格管理。在日常结算中，严格领料的计划管理，实行领料超计划后出库自动停止和项目超支后资金付款自动停止两项办法，及时发出预警信息，并督促相关单位尽快拿出下一步的整改措施、方案，在业绩考核时重罚。

（3）强化经营分析对 EPC 工程总承包项目的指导和预警作用。从查找影响公司成本费用的关键因素着手，明确分包项目的成本是公司成本项目控制的一大重点，具有操作弹性大和存在一定挖潜空间的特点，拓展了分析的深度和广度。

通过定期对 EPC 工程总承包项目费用进行全面盘点，从中总结经验，发现问题，制定整改措施，明确工作重点，避免"事中失控、事后失察、被动调整"的不利局面，使项目管理更加科学、规范。

4. 加强预算管理，提高资金的使用效率

强化资金预算管理的力度，实行预算管理状态控制，突出"全员、全方位、全过程"的管理模式操作。该总承包商企业制定了《总包工程资金管理办法》，按照预算指标"横向到边、纵向到底"的原则，科学编制 EPC 工程总承包项目的资金实施计划，并由财务部门依据合同严格按计划控制费用，遵照"有合同才能有费用，资金跟着计划走，没有合同就不能发生费用"的原则，全过程参与到 EPC 工程总承包项目的实施、采购、结算等工作中来，严格财务预算，提高资金的使用效率。

总承包公司的预算管理，包括月度预算和年度预算的管理。坚持"全年统筹、月度管理、急事特办"的原则，切实改变了以往"走着看，推着干"的现象，提高了 EPC 工程总承包项目工作的计划性和预见性。

（1）实行全年统筹。为了科学安排预算资金，制订好下一年度的用款计划，合理使用资金，各部门于每年 10 月之前完成第二年的用款计划。公司相关职能部门根据 EPC 工程总承包项目的可行性、必要性、费用发生情况进行论证。年底前，形成次年的工程项目预算，提交公司审批，从而形成了科学合理的统筹计划。

（2）实行月度预算管理。对于已经签订的合同，公司采取了月审批制度。要求各项目部，在每月 15 日前，将下月需要支付的工程项目计划报公司项目管理部审核。项目管理部按项目的专业分类，采取由专业主管人员初审、主管领导复审的二级审批程序审批。专业主管人员对工程项目的完工情况、设备材料的到货及质量情况严格审查。

（3）急事特办。在工程项目预算中设定合理的预留额度，公司进行统筹管理。对于应急的工程项目，严格按照各种应急预案的要求，由主管总经理特批，以确保用最短的时间、最少的费用使其尽快得到解决，投入运行，绝不延误工程进度。

（4）严格预算考核。EPC 工程总承包项目预算得到批准以后，公司将其列入公司与各个项目部签订的业绩指标考核责任状，与风险抵押金奖惩挂钩，对项目实施进行严格的考核。公司财务科、项目管理部、总图室等部门按照月份、季度、半年或者采取随机专项检查的方式，对各项目部执行预算的准确率、完成率进行严格的检查与考核，定期通报，并将结果与各个项目部的奖金分配紧密挂钩，奖优罚劣，变"事后控制"为"事前控制"。

同时，在每年的 10 月中旬，提前对总承包公司 EPC 工程总承包项目的完成情况进行总盘点，以避免年终结算集中，不能细审的局面。从而有效地控制了 EPC 工程总承包项目的费用超支，对未中标的项目坚决不允许施工，确保各个项目处于控制下。

（5）对超支较大的项目进行重点检查。年终财务结算后，要对一些重点、成本超支较大的项目，列出明细提供给有关部门进行详细分析。从设计、施工、设备材料采购以及废旧物资回收等管理环节入手，找出管理不到位、效益流失和达不到性能考核指标的问题所在。

【工程变更管理】

变更是工程合同的特点之一，但在 EPC 工程总承包项目中，一般是分包合同的变更。这是因为 EPC 工程总承包项目合同往往采用固定总价合同，而分包合同采用的形式多样，有单价合同、固定总价合同等。要特别注意的一种现象是，有的分包商在投标时为了获得工程，低价中标，中标后又期望通过合同变更进行弥补。如某分包商曾低价接受总承包商的分项目工程，接手后随即通过增加工程量试图变更合同，提出的变更价格竟然比中标价格高出一倍多的要求。此后，总承包公司吸取前车之鉴，在选择分包商时始终坚持公开招标确定的原则，认真评审，尽量签订固定总价的分包合同，有效地降低了相关经营风险。

对总承包商来说，合同索赔主要涉及两个方面：一是与业主关系，二是与分包商的关系。总承包商一方面要根据合同条件的变化，向业主提出索赔的要求，减少工程损失。另一方面要利用分包合同中的有关条款，对分包商提出的索赔进行合理合法的分析，尽可能地减少分包商提出的索赔。总承包公司在遇到这样的情况时，及时做仔细的分析，对由于分包商自身原因拖延工期、不可弥补的质量缺陷及安全责任事故按合同进行反索赔，同时尽可能地向业主进行索赔，力求实现合作各方在合作过程中共赢的目标。

【合同管理体会】

（1）在 EPC 合同管理实践中证明，合同管理不但是合同管理部门的事情，而且需要各个部门的联动，共同配合才能取得显著成效。财务部门与合同管理部门息息相关，充分发挥财务部门在合同管理中的作用，严格各种财务制度，总包企业才能赢得利润，本案例在这一方面为我们提供了很好的经验。

（2）EPC工程总承包企业的合同管理从市场调查、项目分析开始，到工程投标、发标、签约、组织实施直至通过业主验收、质保期满收到最后的质量保证金为止，自始至终贯穿于整个过程。它既是项目实施的有力保证，又是企业管理水平的综合体现，EPC工程总承包企业必须紧紧抓住这一主线，在各个EPC工程总承包项目实施过程中认真总结、不断完善、提升自身管理水平，使每一个项目均成为企业的闪光点，从而全面提升企业竞争力，树立企业良好形象。

6.3　非常态合同下的管理案例

6.3.1　非标准EPC合同管理案例

【摘要】

某国铁路EPC建设项目是一个基于非标准合同条件下的EPC项目，其与标准合同条件下的EPC项目相比有很多不同点。由于诸多不同点的存在，引发了合同各参与方，尤其是业主、承包商以及工程师之间的很多重大分歧。本案例以该国铁路EPC总承包项目为例，对该项目、合同条件与标准合同的差异进行了对比分析，并对如何在非标准合同条件下的合同管理经验与体会进行总结。

【合同简介】

本案铁路EPC项目是由某国政府作为业主进行招标的，该项目的标的是在两城市之间，建造一条新的电气化混合铁路，全长约200km，用来降低运行压力和缩短列车运行时间。该项目招标时没有任何设计图纸，只有功能性要求的描述。同时，由于前述的历史原因，该国政府当时在本国基础设施领域的法律法规的建设和引入还没有跟上，因此，在招标文件中附上的合同模板仍然跟其他单价合同几乎相同。这些合同模板在谈判落实后将转为正式的合同条件。中方某铁路建设公司参与了该项目投标工作并最终中标，中标合同额约为17.3亿欧元，总价固定，合同工期4年，项目分六期应用合同进行实施，其中框架合同与第一期应用合同（设计及临建）最先同时生效。

【合同差异分析】

1. 标准合同模式的适用性分析

FIDIC在银皮书中明确指出了不适用银皮书的4种情形，即：①如果投标人没有足够的时间或资料，以仔细研究和核查雇主要求，或进行他们的设计、风险评估和估算，尤其是投标人不能满足4.12款"不可预见的困难"以及5.1款"设计义务的一般要求"时；②如果建设内容涉及相当数量的地下工程，或投标人未能调查的区域内的工程时；③如果雇主要严密监督或控制承包商的工作，或要审查大部分设计图纸时；④如果每次期中付款都要经职员或其他中间人确定时。

因此，我们可以看到EPC实施模式以及银皮书之所以在石油、化工、电力等行业可以得到广泛推广，是因为这些行业的共同特点是地下工程量很少、工艺成熟。

2. 本案项目与标准EPC项目的差异

本案例200km铁路EPC项目在承包模式与合同条件采用方面，与传统EPC项目以及其他铁路 EPC 项目相比的差异主要表现在以下方面。

（1）投标时间短、投标参考资料缺乏、招标时没有任何设计图纸、无法计算出投标所需的各项工程数量。

（2）本案例存在相当数量的地下风险，且存在投标人未能调查的区域。

（3）合同条件约定雇主要过多干涉承包商的行为，业主引入了世界著名的两家咨询公司的联合体作为工程师，由工程师审批本项目所有设计文件。

（4）期中付款的审核制度过于严格。

（5）本项目为国际招标项目，采用欧洲标准并引入西方监理公司；且本项目相对较为复杂，并且地下工程数量比重大。

上述差异直接决定了本案项目的复杂性、艰难性，项目实施的难度可想而知。

3. EPC 合同条件差异性的对比

以下以 FIDIC 银皮书通用条款为基础，对本案项目的合同条件与银皮书进行对比分析，主要差异如下。

（1）工程师：银皮书中没有工程师这一角色，而本案例中引入工程师，且明确工程师是为了业主利益的。

（2）现场及现场进入权：FIDIC 银皮书中约定了现场的定义以及规定雇主应自开工日期起给承包商进入和占用现场的权利；本案例中承包商的现场进入权只能在完成全部设计之后。

（3）设计：FIDIC 银皮书中承包商需制作最终设计文件，最终设计文件只需要提交给业主代表审查（Review）即可，而无须经过其批准（Approval）；本案例合同中，所有的设计都需要得到工程师的批准。

（4）承包商的索赔以及工期延长：FIDIC 银皮书 20.1 款约定了承包商索赔的权利和工作程序；本案例则没有任何条款约定此类索赔程序，只约定在恶劣天气和不可抗力两种情况下承包商才有权利获得工期延长。

（5）暂时停工：FIDIC 银皮书约定了暂时停工的情形、承包商可获得的索赔以及暂时停工期超过 84 天时承包商的权利，包括申请复工、删减受到影响的项目以及终止合同；本案例中则没有相关的暂时停工条款。

（6）价值工程：FIDIC 银皮书约定了价值工程的提出和变更程序，业主和承包商均有可能从中受益；本案例中则没有相关的条款。

（7）因法律改变的调整：FIDIC 银皮书约定在基准日期之后因发生改变导致费用增加的，承包商有权获得调整；本案例合同中没有相关条款。

（8）因成本改变的调整：FIDIC 银皮书条款允许因成本改变进行合同价格调整，本案例只约定隧道工程可以进行价格的更新与调整，而其他工程则不能进行价格的更新与调整。

（9）保险：FIDIC 银皮书的保险条款是常规性的约定；本案例合同则要求承包商在合同通知下达后 10 日内投保第三方民事责任险以及工程一切险等。由于在设计完成之前无法合理投保，这一条款形成了很大的困难并引发了承包商与业主之间的重大分歧；

（10）不可抗力：与 FIDIC 银皮书相比，本案例所列举的不可抗力情形明显偏少，没有包含"叛乱、恐怖主义、革命、暴动、军事政变或篡夺政权或内战",也没有包括项目外其他人员的"骚动、喧闹、混乱、罢工或停工"等内容。

（11）争议解决：FIDIC银皮书第20款约定了引入DAB并由DAB负责争议解决的途径，也对友好协商和仲裁做出了详细约定；本案例合同中则约定争议解决则是协商解决或通过当地法院判决。

（12）合同固定总价：FIDIC银皮书中没有具体的条款对项目的价格约定为固定不可调整的总价；本案例的合同谈判期间业主强加入一个条款"任何条件下，报价金额不得被超出"。在项目执行过程中，业主与承包商对该条款的理解产生了巨大的分歧，成为该项目的核心争议，争议期超过了4年。

从以上12点可以看出，本EPC项目的合同条件与银皮书相比更加苛刻，在这么一个地下工程量大且工程量不确定的特殊的EPC项目中，其苛刻程度是可想而知的。因此，不可避免引发了在合同执行期间的诸多争议。

【合同管理体会】

由于合同模式实用性的限制，以及本项目合同与传统标准条件下的EPC合同的诸多不同点，在项目实施中业主、工程师及承包商各方对合同均有不同的解读，导致了在合同总价确认、工程一切险投保、设计的审批程序等方面有很多重大分歧。在合同执行期内工程进展缓慢，各方长时间地进行了合同谈判或对抗，经过本案例的实践，总承包商对于该项目，或说是对于非标准合同条件下EPC项目的合同管理体会如下：

1. 注重投标过程文件的作用

对于投标过程中的过程文件，承包商一般会想起澄清与答疑文件，这些文件的内容会在合同谈判中纳入到合同条款中或作为附件清单列出来。但是，也有其他的一些文件应该引起注意，比如在本项目中，出现过3个版本的EPC设计方案，分别是投标时候的设计方案、在合同谈判期间的经过两次修改的EPC设计方案，那么究竟哪个版本的方案是有效的EPC方案呢？由于不同版本EPC方案的工程量有很大的改变，因此哪个是合同中约定的EPC方案对各方来说都是影响巨大的，业主与承包商就此进行了长期的争论。这些争议只能通过对合同定义的查阅确认，但是确实给各方提了个醒，需要特别留意投标过程文件的作用。

2. 注重合同语言的准确性与严谨性

举一个关于合同语言的准确性的例子。在本项目合同中，一些合同条款描述为"APS"，另外一些条款则描述成"详细的APS"。在项目所在国的设计标准中，只有EP、APS、APD和EXE设计阶段，从未出现过"详细的APS"阶段。业主提议进行APD设计，但是当2号补充协议遭到了该国合同委员会的拒绝后，业主为了推卸责任，硬把承包商已经按照其书面指示完成的APD设计归纳为"详细的APS"的一部分。该争议充分说明了合同语言描述准确性的重要。

3. 善于事先对合同事件进行推演

这里再用一个案例说明实现对合同事件进行推演的重要性。根据本项目框架合同第26条的规定，承包商需要在合同通知下达10日内购买第三方民事责任险和工程一切险。业主理解这里的合同通知是以框架合同下达的开工令作为时间点。在本项目中，框架合同是包括

1～6 期应用合同的，而 2～6 期的应用合同是要等施工设计获得业主批准之后才能缔结生效。因此，承包商认为在项目开始阶段只需要购买针对框架合同的第三者责任险以及针对一期应用合同内容的工程一切险。另外，通过咨询国际上有名的保险公司及保险经纪公司得知，要获得较为公平的费率，需要承包商提供大量的基础资料，比如详细的线路图、水文地质资料等，而项目开始之初，在设计没有达到一定的深度之前是无法提供这些资料的。同时，工程一切险的保险内容应该为在"现场"或在"工地"上实施的活动，而在 2～6 期应用合同没有签署之前，这些施工活动是不存在的。如能在签约谈判的时候，事前推演按照该合同条件购买保险这一合同事件，很容易判断这是不合理的。

4. 善于利用合同背后的法律

在 FIDIC 的银皮书中，约定了承包商可以就因为法律的改变而造成的损失或者成本的增加申请补偿。在实际的应用中，法律很多时候是隐藏在合同背后的，甚至有些法律与合同的约定并不完全一致。在本案例中，合同对于预付款保函以及履约保函的开具要求是"经过阿尔及利亚国立银行反担保的一家外国银行开具的"，而在该国《公共合同法》中规定，对于预付款和履约保函的开具要求是"经阿尔及利亚认可的一家国外一流的银行开具的"。本项目前期是按照合同的要求开具的，由中国某银行开出、并由阿尔及利亚 BNA 银行反担保，保函的年费率是 0.8%；在与业主交涉并争取后，承包商改为由中国另一家银行的巴黎分行直接开具保函，年费率约为 0.3%。对于本项目这种投资规模大、工期长的项目而言，保函费用的节约是惊人的。

5. 敢于对抗业主的重大不合理行为

任何重大工程的实施都是业主、承包商等合同相关各方以及其背后的力量长期博弈的过程，各方的力量在博弈中会出现此消彼长的情形。在某一时期力量的天平发生倾斜时，处于优势的一方往往会采取进攻性的态度，从而可能出现一些重大的不合理行为。这种不合理行为是真假难辨的。此时处于守势的一方能否抵挡住这种攻势，或者转守为攻，取决于管理者的智慧以及博弈各方真实实力及意志力的准确判断。

本项目实施期间由于业主与承包商双方长期谈判无法达成一致，业主在阿尔及利亚官方报纸上刊登了对承包商的催告函，指责承包商存在 5 个方面的违约行为，并限期承包商在 15 天内改正。根据项目所在国的法律规定，刊登催告函后如果被催告方无法在催告期限内要求完成催告事项，则业主可以单方面取消合同。

承包商综合多方面信息判断，本次催告函是业主的恐吓行为，是重大的不合理行为，目的是迫使承包商在一些核心问题上做出让步。考虑到业主一些人长期的不作为以及不友好态度，并且业主在催告函中存在大量的漏洞，承包商决定抓住机会，以攻为守，在催告期内由合同顾问、法律专家一起完成了对该催告函的回复并在同一家报刊上全篇刊登承包商对于催告函的回复。该回复占据了两大版本，译文近万字，引用了 30 多份书面文件。

回复刊登后，在项目所在国政府部门及民众间产生了较大的震撼，因为这是该国历史上第一次有承包商采用这种方式对待业主的催告函，同时该回复有理有据，可以从中明显判断造成项目现状的主要责任人并不是承包商。业主很快陷入被动局面，并对其草率刊登该催告函懊恼不已，催告函也只能不了了之。该催告函的回复也成为该国业界称赞的案例，成为各公司日后应对催告函的经典模板，也提醒各界的业主不能滥用催告函。至此，承包商在这次对抗业主的重大不合理行为中转守为攻，占据了上风。

6.3.2 融资危机下的合同管理案例

【摘要】

本案通过分析境外某大型 EPC 交钥匙合同，在融资危机下而将遭到合同解除时，中方总承包商与业主围绕争议焦点而进行的一系列艰苦而复杂的博弈过程，解析融资银行在国际工程管理中的决定作用和影响方式，在此基础上提出总承包商在项目融资困境发生时所应采取的一系列应急措施建议。

【合同简介】

中方某公司（总承包商）与境外某工业集团（业主）订立一系列共 4 份工业生产线的 EPC/交钥匙合同，其中每份交钥匙合同均以 FIDIC 的银皮书为基础。但出于避税方面的考虑，每份合同均由岸上合同、离岸合同以及关联协议三部分构成。此外，附件中还有一份需要由项目融资机构代理、业主、承包商三方共同签署的直接协议。合同适用法律为英格兰和威尔士法律，仲裁地点为伦敦国际仲裁院。

双方约定，预付款为合同总价 10% 预付款保函及履约保函总额为合同总价的 10% 货物部分的 90% 合同价款采用 L/C（信用证）支付，现场部分的 90% 合同价款采用 T/T（电汇）支付，合同价款以美元计价，但锁定美元与人民币汇率。2008 年年初，承包商与业主签订补充协议，增加预付款比例，同时保函比例相应增加。2008 年 4 月，承包商向业主提供保函，业主支付相应预付款并申请开立 L/C。

随后总承包商开展了前期的各项工作，包括方案设计、与主要供应商和分包商分别签订各类分供合同，并向其支付分供合同项下的预付款按约定开立 L/C 前期现场准备工作，包括现场管理人员进驻、临时设施建设、场地平整等。

在准备开工的过程中，总承包商收到业主通知，指责承包商进度迟延，影响业主根本利益，导致项目调整，要求以承包商违约为由解除 EPC 合同包中的全部合同。总承包商则回函声明，项目刚进入前期准备阶段，总承包商完全有能力通过加大投入按约定进度完成工程，根本不存在总承包商违约的情形。

总承包商随即展开调查，了解到业主此举的真实原因是受全球金融危机影响，项目融资银行自身出现困难，拟取消融资安排。鉴于已经实质性开展工作，总承包商并不希望终止全部项目。此举涉及金额高达 10 亿美元，关系到双方的根本经济利益，为此，双方围绕着与解除合同有关的一系列焦点问题，展开了异常激烈而艰苦的谈判。

【争议焦点和博弈过程】

1. 化解业主的惯用"杀手锏"——没收保函

与绝大多数国际工程项目一样，本项目承包商提供给业主的预付款保函及履约保函均为见索即付保函。为迫使承包商就范，业主依次通过口头通知、电子邮件、出示保函索赔文件及资料、律师"最后通牒"等方式，威胁没收保函。

在国际工程项目中，虽然阻止见索即付保函被没收的手段非常有限，但是本案中，总承包商在中方律师的帮助下做了大量细致深入的准备工作。其中，总承包商除了提前告知担保银行业主"恶意"没收保函的意向，从而与担保银行形成有序互动以外，还特别针对保函启动诉讼保全措施的可行性进行了充分论证，并为申请仲裁做好了充分准备。

同时，在整个项目融资安排中，由于保函实际已成为业主提供给项目融资银行的融资担保，因此，在正常情况下，即使业主没收保函，所获得的款项也可能置于融资银行控制之下。为此，根据"直接协议"的安排，总承包商及时与项目融资银行代理机构取得联系，借以防止业主将没收的保函款项据为己有。这项措施虽然看似无助于阻止业主没收保函，但明确给业主释放出这样的信号，即使没收保函，受益者也只能是融资银行而不是业主本身。

总承包商这些有针对性的准备工作，彻底打消了业主以"没收保函"为手段来迫使承包商就范的念头，这使得总承包商在接下来的谈判中处于相对有利的地位。

2. 双赢方案——以说服业主将终止全部合同调整为解除部分合同

迫于项目融资的困难，业主一开始企图取消 EPC 合同包中的全部项目。总承包商在反驳业主关于承包方违约的主张，以及对抗业主没收保函的同时，基于对外部环境及自身条件的分析和判断，及时向业主提出如下建设性方案。

一是暂停原 EPC 合同包中部分项目，该部分是否重建由业主决定。

二是若业主重启暂停部分的项目建设，双方调整合作方式，总承包商除提供 EPC 总承包服务外，还可提供部分融资协作。

三是适当降低价格：对于保留的项目，总承包商在原合同价格基础上，同意适当降低价格。

四是设备供应改变：该项目的部分生产线核心装备原产地由欧洲改为中国。

总承包商原合同报价是建立在高成本的基础之上，因此，考虑了相当程度的风险费及利润。按照当时情况分析，由于全球经济危机尚待复苏，一方面国际工程承包市场出现萎缩，承包商盈利预期相应下降；另一方面，原材料、设备、运费等项目履约成本，也有一定程度的下降。综合分析上述利弊，总承包商及时提出上述调整方案，既有利于通过协助融资和增加国产设备出口等措施有效减少损失，也有助于业主摆脱融资困境。

对总承包商的这种建设性的提议，业主立即做出积极回应，同意仅取消部分小项目，双方一开始的紧张局势开始出现缓和。

3. 如何确定总承包商的损失——部分项目合同解除的核心问题

总承包商因业主解除部分项目合同而面临的损失主要有两方面：一是已经完成的前期设计、现场动员、办公开支等前期费用；二是因取消已经完成的第三国设备订货所发生的费用和损失赔偿，集中体现在业主已经向总承包商支付的设备预付款（简称"预付款 X"）和开具给承包商的设备款信用证（简称"信用证 x"）以及承包商向供应商支付的设备预付款（简称"预付款 Y"）和开具给供应商的设备款信用证（简称"信用证 y"）。业主对承担上述损失在定性上并无异议，但关键在于如何定量，而这也恰恰是合同解除后结算清理的核心问题。

关于上述第一方面的损失，双方的主要分歧在于具体金额。为此，总承包商出具相关发票、票据、单证、合同等。由于存在一定程度的信息不对称，业主对这些单据的真实性和关联性疑虑重重，双方针对某一单据的争辩常常可以持续很长时间。为提高工作效率，双方成立了专门工作小组,整理并核对相关数据和金额。总承包商抓住业主急于达成谅解备忘录,以尽快摆脱融资困境的心态,最终争取到了一笔可以接受的补偿金额。

在因部分项目取消而导致第三国设备退货损失的解决方案上,双方分歧很大。鉴于部分项目已经取消,总承包商同意因此向业主退回预付款 X 和信用证 x,但前提是第三国设备供应商向承包商退回预付款 Y 和信用证 y 以及放弃对承包商的相关索赔。为此,总承包商的方案是:在业主监督下,总承包商与供应商进行谈判,在供应商向承包商退还预付款 Y 和信用证 y,且业主据实承担承包商对供应商的赔偿责任后,总承包商再向业主退还预付款 X 和信用证 x,而业主的方案则是总承包商先将预付款 X 和信用证 x 退回,然后总承包商授权业主与供应商谈判,业主负责索回预付款 Y 和信用证 y,并据实承担总承包商对供应商的赔偿责任。

对于总承包商提出的方案,由于信息上的不对称,业主担心总承包商不尽力减损,甚至与供应商串通,进而夸大实际损失。而对于业主提出的方案,总承包商则担心预付款 X 和信用证 x 退回给业主后,如果业主不能与供货商就预付款 Y 及信用证 y 返还以及损失赔偿问题达成一致或没有支付赔偿款项,那么根据第三国设备供货合同,总承包商仍需要向供货商承担全部责任。最后,经双方律师协商,提出由业主预先向总承包商提供支付保函——保函金额为总承包商可能向供应商承担的最高赔偿额,以及供应商不退还预付款 Y 和信用证 y 给承包造成的损失(实际为第三国设备供应合同总金额)。在总承包商收到该支付保函的同时,总承包商退还预付款 X 及信用证 x,并允许业主直接面对供应商,以最大限度降低双方损失。该方案虽然在支付保函内容设计上相对复杂烦琐,但比较好地解决了对供应商责任具体金额未确定,以及信息不对称给双方造成的不信任问题。因此,最终为双方当事人所接受。

4. 汇率纠纷——双方的另一争议焦点

如前所述,在 EPC 合同包中,双方约定锁定美元兑人民币汇率。此后由于美元兑人民币持续大幅贬值,业主在向总承包商支付预付款时,即已支付了 100 万美元左右的汇差补偿。EPC 合同包中部分项目取消后,该部分项目对应预付款"美元"应退回业主。但是,总承包商在收到预付款"美元"后,均已结汇为人民币。因此,该部分应退回业主的"美元"需要承包商以人民币换汇。而与支付预付款之时相比,谈判时美元兑人民币的汇率已经回升,而总承包商不同意承受该笔汇率损失。这一问题使得双方的谈判又陷入胶着。

总承包商由于有效制约了业主没收保函的威胁,再加上较好地抓住业主更加着急的心态,最终说服业主在汇率问题上同意了总承包商提出的方案,即以支付预付款当日汇率所结人民币数额,按返还预付款当日的汇率兑换成美元后,再支付给业主,从而有效避免了大笔汇差损失。

【合同管理体会】

1. 总承包商应重视对融资环节的信息不对称而可能面临的困境

在本案例中,项目出现重大变故的根源在于融资银行向业主提供的资金链出现断裂。在大多数情况下,当项目受融资危机影响时,项目自身的重大调整往往不会有序而顺利地进行。当业主因融资危机而陷入资金困境时,为了避免向承包商承担违约责任,往往会利用承包商对项目融资环节的信息不对称，向承包商释放出各种各样的"烟雾弹"。例如，一是增加对承包商的违约指责，尤其是在进度上更加缺乏耐心；二是咨询工程师变得难以合作，缺乏友好合作精神；三是承包商所需业主提供的必要配合，诸如签证、清关、劳工配额、地勘报告、设计审查、施工进度计划审查等越发困难。

总之，业主会尽可能通过指责承包商违约，尤其是进度问题，而暂停或解除合同，进而减轻甚至免除因项目提前终止而应向承包商承担的损害赔偿责任。在这种情况下，承包商针对项目进度延误的一些常规性应急措施，如加大投入，加强现场管理，提高工效等，将难以从根本上扭转危局。因此，承包商如果不能及时"拨开迷雾"抓住纠纷的要害并据理力争，那么将很可能陷入业主布下的"迷魂阵"最终不得不放弃本应享有的合同权益，并遭受重大经济损失。

2. 项目融资危机影响下总承包商的应急策略建议

（1）尽量获取项目融资情报，争取"博弈"的主动权。在当前全球正处于经济调整的形势下，中国承包商首先必须高度关注项目融资链的变化，充分重视融资环节对项目的关键性影响。在整个项目融资架构中，承包商虽然相对处于产业链的下游，但由于项目融资的自身特点，承包商仍有可能由于其提供的银行保函、对在建工程和设备可能享有的优先权（需视适用法律而定）等，成为影响项目融资担保安排的重要一环。在这种条件下，中国承包商必须要改变固有思维定式，积极了解项目融资端的信息，及时与项目融资银行取得联系，以保函或优先权等担保品为杠杆，主动参与到与融资银行、业主之间展开的三方"博弈"中，变被动为主动。在本案中，该承包商正是利用了融资银行和业主在保函利益上的矛盾，有效制约了业主没收保函的威胁，为后续谈判创造了有利空间。

（2）做好停工的必要准备。一旦发现项目融资危机的信号，承包商应立即就停工做好事先准备，包括：①力促工程师及时下达停工通知；②就已经完成的永久工程进行计量与估价；③就已经完成的工程设计（如有），进行计量与估价；④就已经运抵现场的材料、设备进行计量和估价；⑤对现场人员进行分类与统计；⑥对已发生或应予摊销的现场管理费用和总部管理费用进行估价并准备凭据；⑦研究承包商人员和设备在工程所在国其他项目间进行调配的可能性；⑧提前做好材料、设备采购合同以及分包合同尚未履行部分的清理预案，包括中止合同的可能性，可能承担的赔偿额度等。

（3）法律准备。虽然合同中通常包括合同中止（暂时停工）的相关约定，如 1999 版银皮书第 8.8～8.12 款以及第 16.1 款等。但是，承包商仍应当结合适用法律，就该等中止进行充分的法律论证，主要包括：①中止合同的法律依据；②中止合同的责任承担；③中止合同纠纷解决程序；④中止合同与解除合同的关系等。

在此基础之上，总承包商还应深入论证与解除合同有关的合同及法律依据，特别是要收集证明业主违约的相关证据，避免产生因承包商违约而使业主得以停工或解除合同的事实。

（4）与业主积极合作，贯彻双赢方案。"覆巢之下，岂有完卵"，如果业主陷入重大融资困境，身处产业链下游的承包商是不可能全身而退的。在这种情形下，承包商要及时调整思路和战略。一方面，在条件允许的情况下，应当积极帮助业主摆脱融资困境；另一方面，也可以通过实施价值工程等方式，帮助业主降低成本和缩短建设周期，实现"双赢"。这些策略不仅有利于避免重大损失，更有利于维持与业主的良好合作关系，从而为危机过后的深入合作奠定坚实基础。

在本案中，中方总承包商正是很好地把握了上述几项策略，不仅成功说服业主取消全部项目的初始计划，还促进了国产关键设备的出口，最终成功实现"转危为机"，有效地维护了自身重大经济利益。

6.3.3 疏忽合同管理导致项目失败案例

【摘要】

本案例以境外某标段高速公路为例，从合同管理的角度（合同管理投标阶段的工作、履约管理、索赔管理、风险管理）方面分析了项目失败的原因，并就该项目带来的教训进行了探讨，以期为我国承包商开展国际 EPC 工程总承包提供借鉴。

【合同简介】

境外某高速公路工程，共分 5 个标段，A 标段、C 标段是最长的两个标段，设计时速 120 公里，为项目所在国最高等级（A 级）公路项目。该工程是该国政府公开招标项目，由中方联合体中标。工期 32 个月（含设计期），投标报价为 4.50 亿美元。这是中方企业在欧盟地区承建的第一个基础设施项目，对进一步开拓欧盟市场具有重要意义。

但是，在总承包商中标后，总承包商不及该国政府预算一半的报价一度引来低价倾销的指责。针对外界对低价投标的质疑，总承包商当时曾对外解释称，公司将"依靠特殊的管理方式压缩成本，并非亏本经营"。然而，不久总承包商就发现低估了所面临的困难。

在建设施工过程中，因为没有按时向该国分包商支付货款，后者拒绝继续向工地运送建筑材料，并最终造成工程停工。当时 32 个月的合同工期已过去了三分之一，而总承包商 A 标段才完成合同工程量的 15%，C 标段也仅完成了 18%，工程进度严重滞后。

工程进展迟缓的背后是项目亏损逐渐浮现，由于资金周转不开，中方总承包商最终决定放弃该工程，因为如果坚持做完，总承包商可能因此亏损 3.94 亿美元。该国业主则给总承包商开出了 2.71 亿美元的赔偿要求和罚单。项目所在国主管政府官员，根据该国法律，总承包企业在未来 3 年内，都不能在该国参与任何道路工程的建设，而联合体参与方（该国公司）也可能在业主方的强硬追索下破产。

【失败原因分析】

1. 忽视前期工作，投标体系不规范

总承包企业急于进入高端市场，制定了低价中标的策略，希望利用中国廉价劳动力的优势降低成本，通过工程变更抬高价格获取利润，此策略在海外项目上确有很多成功的例子。当时该项目总承包企业参与该国标段高速公路项目竞标时的策略是，该项目所在国原材料价格低，汇率也低，再加上劳动力成本低廉等优势，即便是 4.47 亿美元的价格，仍然有利可图。但是，此项目的实施过程并不顺利，事实不是预想的那样。

首先，预想的劳动力低成本优势不存在；很多设备必须在当地租赁，需要当地有资质的工人操作，无法雇佣中国劳工；很多工程分包给项目所在国当地的基建商；按照项目所在国的劳工法，海外劳工必须按当地工资水平雇佣。这使得总承包商在劳动力成本方面增加了一大笔支出。

其次，当总承包商以原材料、人工、汇率等成本骤升，施工过程中发生多项重大工程变更等为理由提出索赔时，该国方面则从始至终强调"以合同为准"，拒绝给予补偿，总承包商没能通过工程变更抬高价格，最终导致该项目成本严重超支。

总承包商在急功近利的心态下，盲目地依据在国内积累的经验做出决策，虽然凭借超低价优势中标，凭借工程变更抬高价格的预想却落了空。

同时，本案总承包商把在国内养成了把商业问题政治化的习惯带到国外，认为"船到桥头自然直"，而且用政治手段就可以轻易化解风险的思想很严重。其实所有风险（包括变更的困难）早已呈现在该国公路局发给各企业的标书中，但急功近利的心态和政治可以为经济决策失误兜底的思想，使总承包商在投标阶段合同管理思想淡薄，忽视了前期的风险分析，投标报价前的准备工作做得很粗略。在制定策略编制报价时没有认真研究招标文件，没有吃透技术规范以及业主提供的基础资料，对于经济环境、地理环境、人文环境及相关法律等了解得不全面，施工组织设计不够详细，报价中没有合理考虑各种风险和不确定因素。总承包商没有一个规范的投标体系，只是草率地凭经验制定报价策略，简单地复制以前的低价竞争模式，随意编制报价，最终导致项目资金入不敷出。

2. 缺乏合同意识，合同管理不科学

中国建设企业在国内承包工程时，政治因素对工程项目有时存在一定的影响，所以中国建筑企业有时比较重视政治关系，但对于合同重视不够。合同不能充分发挥约束双方、规避风险的作用，甚至使合同流于形式。

国际工程承包的项目投标、管理、建设等是一个系统的法律工程，项目的任何内容都要靠法律合同来界定与保障。总承包商在不了解国际市场的情况下，根据在国内的经验，草率地将重心放在经营与该国的关系上，并将该国政府的热情，误解为该国会竭尽所能为中方提供方便，习惯性地认为这是承诺赋予合同之外权利的暗示。这就导致总承包企业忽视合同的重要性，没有利用合同来规避风险，保护自己的权利的意识。

本案标段项目招标采用国际工程通用的 FIDIC 合同，总承包商中标后和该国公路管理局签署的是该国语合同。但是总承包商只是请人翻译了部分该国语合同，英文和中文版本的合同只有内容摘要。此外，由于合同涉及大量法律和工程术语，摘要也翻译得不尽如人意。没有经过专业翻译的详细的合同，也就不可能对合同条款进行仔细地研究。同时，总承包企业急于拿下该项目，认为一些工作不必过细，其中甚至包括关键条款的谈判。这导致总承包商首先在观念上就处于被动地位，然后谈判中也没能坚持自身的立场，有理有力有节地争取有利的合同条款，没能通过合同达到规避风险，保护自己的权利的目的。

合同规定了双方的责权利，是解决纠纷、分担风险的有效途径。合同中的每一个条款都不容忽视，一个小细节就可能导致成本大幅增加，对关键条款的研究与谈判就更加要重视。急于求成加上没有认真研究合同，没有成功展开谈判，导致最终签署的合同与 FIDIC 标准合同相比，缺少了很多有利于总承包商的条款，而且其中包括很多关键条款。

关键条款的删除产生了严重后果。例如，业主需要支付预付款的关键条款被删除使总承包商面临巨大的资金压力。"因原材料价格上涨造成工程成本上升时，建筑企业有权要求业主提高工程款项""建筑企业实际施工时有权根据实际工程量的增加要求业主补偿费用"等关键条款的删除，相当于把所有风险都转嫁给了总承包商，并且将其逼到"总价固定"的绝境，使本来成功概率就较低的工程变更索赔变成不可能。

施工过程中，总承包商发现很多工程量都超过项目说明书文件的规定数量，仅 C 段就有 22 座桥梁的钢板桩用量需要增加。项目说明书规定，桥梁打入桩为 8000m，实际施工中则达 6 万 m；桥涵钢板桩在项目说明书中没有规定，可实际工程中所有的桥都要打；软基的处理数量也大大超过预期。对当地地质条件缺乏了解，项目说明书上的很多信息并不清晰，是造成工程变更巨大的原因。但这是一个工程总承包项目，加上 FIDIC 合同中可以作为变更依据的条款被删除，所以后来发生的实际工程量很难被界定为工程变更。

本案总承包商在建设过程中曾向该国公路管理局提出，由于砂子、钢材、沥青等原材料价格大幅上涨，要求对中标价格进行相应调整，但遭到公路管理局的拒绝。公路管理局的理由和依据就是这份工程总承包合同，以及该国的《公共采购法》等相关法律规定。因为以前该国也经常出现竞标时报低价，后来不断发生变更，以至最终价格比当初竞标对手还高的情况。为了避免不正当竞争，该国《公共采购法》禁止建筑企业在中标后对合同金额进行"重大修改"。预付款条款的删除本来就使总承包商的资金捉襟见肘，材料大幅涨价又得不到补偿，导致项目成本超支，没能及时给分包商付款，从而造成停工，这进一步加剧了项目失控的局面，并最终导致项目失败。

从中标到合同谈判，再到合同执行过程中出现的问题，都暴露出总承包商缺乏合同意识、合同管理不科学，这是导致合同解除的重要原因。

3. 风险意识淡薄，风险控制机制不完善

风险客观地存在于工程项目实施的各个环节，面对各种各样的风险，总承包商应该在深入分析风险的形成原因后，积极利用合同条件及各种有利的自然条件对风险进行规避、控制、分散、转移和利用，将风险转化为对己有利的因素，成功地管理风险，是项目取得成功的至关重要的环节。

在投标报价阶段，总承包商急于拿下项目，对前期工作做得马马虎虎，没有认真分析合同风险；合同签订时，没有充分利用合同防范风险；在施工阶段也没有利用有利条件积极地控制风险。

项目施工伊始，全球经济形势处于低谷，且同时中标的其他路段施工亦未展开，因此原材料供应不紧张，价格尚处于低谷。但总承包商没有认清该国是个新市场，没有意识到价格、供给变化很快，不了解当地建筑行业操作流程，加上手头现金流吃紧，没有认真评估分析价格上涨带来的重大风险，没有及时地与分包商签订分包合同、绑定利益，无从规避价格上涨带来的风险。一年间，由于该国经济复苏以及欧洲杯带来的建筑业热潮，该国国内一些原材料价格和大型机械租赁费大幅上涨，砂子的价格从 8 兹罗提/t 飙升至 20 兹罗提/t。挖掘设备的租赁价格也同时上涨了 5 倍以上。初来乍到的总承包商因为没有确定固定的供货商，没有锁定原材料价格，所以享受不到优惠的原材料供应价格，加上欧洲竞争对手的排挤，最终被迫与分包商签订了对自身不利的合同。

对材料价格上涨的风险的忽视反映了总承包商的合同风险管理系统的不完善。项目立项后，没有做充分的准备工作，没能清晰地认识到材料价格上涨的风险及严重后果，在各个阶段也没有采取措施。投标时没有将风险反映在报价中；合同签订时可以用来规避风险的条款都被删除；施工阶段没有提前预订材料，与分包商绑定利益等。结果是材料大幅涨价，索赔也不成功，损失巨大。如果当初依据完备的合同风险清单进行详细的风险分析，并制订相应的合同风险应对计划，虽不能完全规避风险，却有可能采取措施降低风险影响，减少损失。

此外，在陌生的环境中，总承包商的管理人员没有尽快适应项目实施环境，认真进行合同风险控制，却任其发展，错误地认为政治因素可以为风险兜底，风险发生时利用已经培养起来的良好的政治关系就可以化解。有时政治关系确实能帮助解决商业问题，但欧洲民主国家不一定行得通，当这些国家的政府最终遵循商业运行规律时，总承包商就为这样的惯性思维和淡薄的风险意识付出了惨重代价。所以合同管理与风险意识淡薄，对风险的识别、评价、防范与转移处理较差，没有形成完善的合同风险管理系统是项目失败的重要原因之一。

【合同管理体会】

EPC总承包项目需要企业具有工程设计、采购、施工和项目管理的全部能力，业务范围要涵盖工程项目建设的全过程。中方建设企业深受国内传统建设体制的影响，往往按照国内工程项目的管理模式进行国际工程项目管理，致使整个项目比较混乱，无法顺利完成。国际工程项目的管理必须遵守国际惯例。中方建设企业首先应该对自身所处的环境有一个清晰的认识，然后积极主动地学习国际知名建设企业的经验，提高自身的管理水平，加快与国际惯例接轨的步伐。

1. 重视前期工作，规范投标体系

国际工程承包项目和国内项目的最大不同就在于，国际承包项目所处的国际市场环境复杂，同时中方建设企业对周围环境相对陌生。然而，许多企业普遍不愿意花费更多费用和时间去认真研究国际市场。本案总承包商的教训是深刻的，承包企业必须重视合同签订前的调研、分析工作，认清项目所处的市场、法律环境，为后续工作的顺利开展打下坚实基础，形成良好运作的合同管理体系。合同管理投标阶段的工作通常包括以下内容。

（1）阅读研究招标文件资料。国际工程招标文件一般采用英语，所以首先要翻译文件，邀请专业英语翻译人员准确翻译招标文件非常重要，确保每个工程术语，每个专业名词都翻译得准确。然后组织人员专门研读招标文件和基础资料，其中必须由专业技术人员研读技术规范部分。

（2）现场勘查和市场调研。现场勘查和市场调研是合同管理投标阶段的重要工作内容。投标企业在开始踏勘前由现场考察组根据对招标文件的研究列出考察计划、内容和提纲，然后组织调查人员仔细开展现场踏勘，解决研究资料过程中遇到的问题，并进一步加深对项目所在地的地质、水文、气候的了解，熟悉现场资源、施工机具、交通运输等情况。开展全面的市场调研，了解当地的语言环境情况、民俗风情、宗教信仰、生活习惯、文化水平等，同时了解近年来当地的经济发展水平、工业技术水平，尤其是建设行业的水平以及相关政策及法律法规。

（3）编制项目投标书。通过阅读研究招标文件资料，进行现场勘查和市场调研后，结合自身情况编制详细的技术标书。在此基础上，编制商务标书，分析和预测项目中可能存在的对总承包企业不利的因素，并将合同风险因素反映到报价中，从而减少风险造成的损失。在标书编制过程中，要根据具体情况组织各专业人员的协调会议，使各方面能够充分交流，防止因了解信息不全面出现失误。因为各投标方也要以英文撰写投标文件，所以专业英语人才在此阶段必不可少，从工程术语到当地语言习惯尽量符合要求，不能因翻译问题而影响标书质量或出现文字表达失误，引起不必要的风险。

一个投标团队对资料越熟悉，对环境越了解，标书编得越仔细，对项目隐含风险的分析就越透彻、准确，制定具体的措施成功防范风险的机会也就越大。所以要重视投标前的准备工作，同时注重建立完善的合同管理投标阶段的制度体系，将前期工作、决策机制等纳入规范的合同管理系统之中，保证投标决策的合理性和可行性。

2. 强化合同意识，重视合同管理

国际工程承包市场一直是买方市场，建设企业面临的一个大问题就是双方签署的合约往往更倾向于保护业主利益。在 EPC 工程总承包模式下，由于设计、采购、施工是一体的，建设企业获得很高的利润的同时，也要承担更多的风险，工程变更的可能性更小。中国建设企业要强化合同意识，重视合同管理。合同的管理在合同签订阶段，首要任务就是细致开展前期工作，只有清楚了解相关资料和环境，才能较准确地识别未来的各种风险，从而更容易地通过合同条款把握风险、控制风险。同时，充分的前期准备工作可以保证在合同谈判中占据主动，从而签订对自己有利的合同。

谈判前首先要研究合同条款，详细分析和评估合同条款，包括对双方的责任和权利、对方的技术要求、补偿条款、环境保护、保险、专利保护和侵权、变更和索赔、涉及的法律法规等。在国际 EPC 工程总承包项目中，总承包商往往和业主签订总价合同。此时，业主希望由总承包商承担工程建设过程中的绝大部分风险，而业主的过失风险往往也要求总承包商承担，还要求总承包商对合同文件的准确性和充分性负责，如合同价格并不因为不可预见的困难和费用而调整，业主并不承担合同文件中存在错误、遗漏或者不一致的风险等。因此，总承包商在熟悉合同条款，透彻理解条款的含义，分析可能造成的风险之后，谈判时就要针对业主的趋利意图，尽量争取增大工程变更可能性的条款，包括针对材料设备价格波动的物价调整条款等，以此来规避风险。

3. 树立风险意识，完善风险控制机制

意识指导行动，行动决定结果，正确的观念意识是项目成功的前提。成熟的国际市场具有良好的环境和完善的法律法规体系，想通过"政治游戏"来规避风险，通过一些不太正当的竞争手段获取利润是不可能的，中方总承包企业要分清政治和商业的界限，改变两国政治关系会为经济决策失误兜底的错误观念。同时，国际工程项目管理是一项复杂的系统工作，由于项目的内部结构、项目本身的动态性及外界干扰的复杂性，工程项目的风险性很高，风险管理的好坏将直接关系到工期的长短、质量的优劣、成本的高低，并最终影响与工程项目相关主体的经济利益。本案例项目的失败警示中国建设企业要注重提高合同风险意识，同时加强合同风险管理，建立完善的合同管理体系，制定风险识别防范机制，以适应国际环境。

要建立良好的合同风险管理机制，首先，管理层应该认识到风险管理的重要性，自觉加强对风险管理理论知识的学习，结合实际，不断总结和积累经验，增强对风险因素的识别判断和分析评估能力。要善于利用各种理论及工具进行风险分析、防范，并尽可能地将风险量化，积极主动地控制风险，从而减少工期拖延和成本增加的风险。其次，在项目建设的整个周期内，要不断识别和评估项目存在的风险因素，列出风险清单，制定相应的风险应对策略，形成风险分析报告。最后，由于风险是复杂的外部环境和内部管理相互作用的结果，具有不确定性和动态性，所以要指定风险控制责任人，检查和监控风险对策实施情况，及时组织有关人员分析和评估风险对策的实施对项目产生的作用和影响，识别可能产生的新的项目风险因素，并制定有效的风险对策，进行动态的风险管理。

在国际市场中，如果不能根据国际市场的特点制定合同风险管理制度，不能随着市场的变化及时发现风险因素，调整风险防范对策，那么建设企业将会很被动地去应对发生的风险，不能主动控制风险，直接结果就是工期的拖延和成本增加，相应的连锁效应甚至会最终导致项目的失败。所以，有效的合同风险管理，完善的合同风险机制展现的是建设企业对国际市场的良好适应能力，是项目成功的重要因素。

4. 接轨国际惯例，提高合同管理水平

中国建设企业"走出去"时经常遭遇这样一种现象：搞施工总承包很成功，却不能很好地完成像 EPC 这样的工程总承包项目。深入研究会发现，在国际市场开展工程总承包时，往往要求建设企业有成熟的技术和很高的管理水平，当中方企业以低价中标时，却总因为没有实力完成项目而不得不付出很高的代价，甚至还有可能终止合同，此类案例在我国并非一例。此外，中国企业以往靠较低的生产要素价格抢占国际工程承包市场的竞争力逐渐被削弱。因此，更新观念，走智力密集、技术密集和资金密集的道路，提高管理水平，成为提高中国国际承包工程竞争力的关键。

在项目层面上，通过人力资源管理、合同索赔管理、合同风险管理等对项目进行全员、全方位、全寿命周期的管理，形成科学规范的管理系统；吸收先进的管理理念，利用成熟的管理方法，构建合理的组织结构；通过对项目相关资源进行系统整合，合理使用项目管理技术和应用工具，进行项目的集成化管理，从而实现项目管理效益的最大化。

在公司层面，通过调动现有的所有资源，将优势力量集中投入到国际工程项目中，采用适应国际工程市场的公司结构形式等手段，改变原来在管理方面的弊端，不断向国际惯例靠拢，向国际化管理水平看齐。

适合国际市场的管理原则就是要满足市场需要，有利于有效管理项目，有利于企业可持续发展。管理只有适应市场才是有效的管理，才能带动项目顺利实施并取得成功。中国建设企业要注意在管理方面虚心学习成功经验，尽快与国际接轨，才能在国际市场上取得竞争优势。

中篇 合同索赔

第7章 索 赔 概 述

索赔是一种正当的权利要求，它是业主、监理工程师和承包商之间一项正常的、大量发生而普遍存在的合同管理业务，是一种以法律和合同为依据、合情合理的经济行为。由于施工现场条件、气候条件的变化，施工进度、物价的变化，以及合同条款、规范、标准文件和施工图纸的变更、差异、延误等因素的影响，要确保企业不受损失并获得利润，就不可避免地会出现索赔。为此，承包商应对工程建设中的索赔活动给予高度重视，积极正当地进行索赔。

7.1 索 赔 的 含 义

7.1.1 索赔的基本概念

在实际工作中，"索赔"是双向的，承包商和业主都可能向对方提出索赔的要求，我们在这里要讨论的是承包商针对业主提出的索赔。

承包商发起的"索赔"（Claim），并不是要求业主赔款，而是在合同履行过程中，对于发生并非自己过错的事件所造成的实际损失，承包商有权利向业主提出经济补偿或工期顺延的要求。其中，"非自己过错的事件"，在 FIDIC 条款中被定义为业主应承担的风险与职责。

在银皮书的第 17.1 条款中，规定了业主的风险和职责，保证了承包商有索赔的权利："业主应保障并保持承包商、承包商人员及他们各自的代理人，免受以下方面所有赔偿、损害赔偿费、损失和开支（包括法律费用和开支）带来的损害：①由业主、业主人员或他们各自的代理人的任何疏忽、故意行为或违反合同造成的人身伤害、患病、疾病或死亡；②如第 18.3 款'人身伤害和财产损失险'd 项所描述的其他责任可以不包括在范围的各类事项。"

承包商所受到的损害和损失，与业主的行为并不一定存在法律上的因果关系。导致索赔事件的发生，可以是一定行为造成，也可能是不可抗力事件引起，可以是业主或监理的行为导致的，也可能是任何第三方行为所导致。索赔在一般情况下都可以通过协商方式友好解决，若双方无法达成妥协时，争议可通过仲裁方式解决。

7.1.2 承包商的索赔权

实际上，用过 FIDIC 合同条款的人都知道，在国际项目承包中，银皮书是一个"硬性"的条件，即它对业主和承包商都进行了严格的制约，各自的责任和义务明确、清晰，是合同双方必须按照合同强制性履行的。同时，它又是一个有"弹性"的条件，即双方最初签订合同中的工作内容、合同金额和合同工期并非一成不变，而是根据具体情况，在履行合同过程中不断地变化、调整，使得最终费用和工期目标得以实现。

（1）在合同双方初步签订合同时，确定了一个费用目标即合同价，但同时又规定了有关情况下，业主付款的具体操作，使得费用目标（合同价）从一开始就具有弹性。在这个费用管理过程中，目标、执行、对过程的检测、结果和各种情况下相应的处理方式以及相应方的权利义务都有一个明确的规定，使最终费用的目标得以实现。

（2）在合同中，首先确定了开工日期和项目的完工时间，即工期。同时确定了项目时间管理的过程，并结合在项目执行过程中可能出现的有关问题，明确了这些结果出现时所采取的措施（工期的延长、停工和复工、工程变更等）和双方的权利义务关系。同样，这种规定可以使得对工程项目的进度控制在尽可能保证目标的情况下以一种更为弹性的方式实现。

例如，银皮书第19.3款【不可抗力的后果】规定，对发生不可抗力后，承包商有权进行索赔：如果承包商因已根据规定发出不可抗力通知后，妨碍其履行合同规定的任何义务，使其遭受延误或招致增加费用，承包商应有权根据第20.1款【承包商的索赔】的规定，要求：①根据规定，如果竣工已或将受到延误，对任何此类延误给予延长期；②如果不可抗力发生在工程所在国，对任何此费用给予支付。

在银皮书中规定的费用、时间工期所具有的弹性条款，使得承包商有了进行索赔的空间和条件。

7.1.3　承包商索赔意义

1. 索赔是承包商与业主风险分担的再分配

EPC合同条款一般将大部分的工程风险都转移给了承包商，承包商在工程建设过程中肩负巨大风险压力。一旦发生风险，项目成本将会大幅提高，不但将影响企业获得合理利润，还将面临严重亏损，甚至导致整个项目的失败。承包商依据合同条款或合同外法律以及国际惯例，对风险造成的损失向业主进行索赔，挽回损失，实质上是承包商与业主之间风险分担的再分配过程，是风险分担的再平衡，索赔使风险分担进一步趋于合理，有利于承包商减少成本、确保合理盈利目标的实现。另一方面，这种风险分担的再平衡，对于业主而言，也符合其最终利益，保证承包商资金链条不断，承包商才能更好地履行合同义务，按照预定工期，确保工程质量，顺利完成合同最终目标，促使项目早日投产，实现经济效益。

2. 索赔是承包商维护其合同权益的重要手段

从合同权益角度而言，索赔是合同赋予承包商的正当权利，是维护承包商合法权益的重要途径和手段。承包商的合同价款是通过精细估算而来的，按照预期控制成本，赢得合理利润，是每个承包商的价值观念。如果因为不属于承包商责任的风险，造成了承包商的经济损失，而这种损失不能及时得到补偿，就侵害了承包商的合法权益。为此，承包商应积极行使索赔权利，提高灵活运用FIDIC合同索赔条件的能力，通过工程索赔才能有效地维护自身权益。工程索赔实际上是承包商维护其合同权益的最基本的经济活动。

3. 索赔是承包商经营管理水平的体现

一个对工程索赔缺乏敏感力的承包商，肯定对施工成本控制和经济效益缺乏管理能力。

既能优化内部施工管理降低施工成本，又善于运用工程索赔的手段减少损失的承包商，才能使自身的竞争力不断发展强大。从这个意义上说，能够成功且合理地进行工程索赔的承包商，才是综合经营管理水平比较高的承包商。

7.2　索赔起因与分类

7.2.1　常见索赔起因

在 EPC 工程总承包中，合同是双方履约的唯一依据。然而，由于 EPC 工程总承包项目的特殊性与复杂性，合同的规定往往不够清楚、完整，从而导致承包商的索赔。引起承包商索赔的起因是多方面的，以 FIDIC 编制的银皮书为例，大致在下列情况下，承包商有权向业主进行索赔。

（1）业主失误。如招标文件中的合同范围有时界定得不十分清楚、文件优先顺序不明确造成了承包商时间的延误或经济损失。再如，业主批准承包商工程资料发生延误、提供的关键性基础资料存在严重失误，等等。

（2）业主违约。如未按合同的规定时间交付施工场地；业主未在合同规定的期限内根据合同要求办理土地征用、青苗树木补偿、房屋拆迁、清除地面等工作，导致施工现场不具备或不完全具备施工条件；又如业主未按合同规定将施工所需水、电等从施工场地外部接至约定地点，业主对试验的拖延和干扰，或不能保证施工期间的需要；业主没有按合同的约定及时向承包商支付工程款等。

（3）业主的指令。在 EPC 合同执行工程中，业主可能从安全、方便角度出发对工地发出一些指令，而这些指令可能造成承包商工期延长和费用增加，这些指令包括：如发现化石、硬币、有价值的物品或文物等发出指令；工程变更和调整指令；通知施工暂停的指令；加速施工的指令；改变规定试验的位置和细节或进行附加试验的指令。上述指令造成承包商工期延长和费用增加，承包商可以向业主提出索赔。

（4）第三方影响。如政府行为延误的干扰；不可抗力如承包商人员及其分包商以外的人员进行暴动、罢工或停工或战争、政变、内战；市场变化如劳动力和材料的异常缺乏，价格上涨、汇率发生变化；不可预见事件发生如反常恶劣天气、自然灾害、无法预见的异常地质情况、发现古物等都会引发承包商的索赔。

7.2.2　索赔的一般分类

1. 按索赔目的进行分类

按承包商索赔的目的进行分类，可以将工程索赔分为工期、费用和利润索赔。

（1）工期索赔。工期是工程项目中最重要和最复杂的问题。一般工程项目的实施比较复杂，经历的周期也比较长，相比与质量、成本、安全等，项目进度控制要复杂得多。承包商提出工期索赔的目的通常有两个：一是免去或推卸自己对已产生的工期延长的合同责任，使自己向业主不支付或尽可能少支付误期赔偿；二是减少因工期延长而造成费用损失的索赔。工期索赔一般采用分析法进行计算，其主要依据合同规定的总工期计划、进度计划，以及双方共同认可的对工期修改文件，调整计划和受干扰后实际工程进度记录，如施工日记、工程进度表等。承包商应在干扰事件发生时，分析对比上述资料，以发现工期拖延以及拖延原因，提出有说服力的索赔要求。在工期索赔中，要注意只有当发生的事件对项目总工期有影响时，也就是关键线路造成延误时，承包商才能够得到工期延长，而对于非关键线路造成的延误，承包商是不能得到工期延长的。

（2）费用索赔。在工程索赔过程中，费用索赔成功的难度一般要大于工期索赔的难度，而且索赔费用的种类繁多。比如人工费、材料费、施工机械使用费、分包费用、工地管理费、总部管理费等等，其计算也更为复杂。费用索赔都是以补偿实际损失为原则，索赔的补偿原则是使受到损害的一方恢复到另外一方没有违反合同时的状态。所以，索赔的费用应该是真正的损失，而不能对一些不能预期的间接费用进行索赔。

（3）利润索赔。在工程建设中，利润是指承包商完成所承包工程的总收入与总成本的差额，且不包含税金，可以说是经济学上的经济利润，也可以说是会计学上的纯利润。利润作为业主对总承包商按合同约定完成工程任务，并承担一定承包风险给予的成本以外的报酬，是总承包商从事经营活动的最终目的。如 FIDIC 的银皮书中，在规定费用索赔的同时，也对利润索赔做了规定，承包商对利润索赔一般发生于业主违约导致承包商整个合同工期被延误、业主根据合同做出工程变更安排、业主违约导致合同提前终止之时，总承包商有权向业主提出利润索赔。

2. 按索赔事件的性质分类

按照索赔事件的性质分类可以将工程索赔分为工程延期索赔、工程变更索赔、合同终止索赔、业主要求赶工索赔、无法预见不利地质和特殊自然条件索赔等。

（1）工程延期索赔。工程延期索赔通常包括两个方面：一是要求延长工期；二是要求偿付由于非承包商原因导致工程延期而造成的费用损失，一般这两方面的索赔报告要分别编制，因为工期和费用索赔并不一定同时成立。例如，由于特殊恶劣气候等原因承包商可以要求延长工期，但一般不能要求费用补偿；也有些延误时间并不影响关键路线的施工，承包商可能得不到延长工期的承诺。但是，如果承包商能提供证据说明其延误造成的损失，就可能有权获得这些损失的补偿，有时两种索赔可能混在一起，既可以要求延长工期，又可以获得对其损失的补偿。

（2）工程变更索赔。在执行合同过程中，由于工地上不可预见的情况、环境的改变或为了节约成本等，在监理工程师认为必要时，可以对工程或其任何部分的外形、质量、数量做出变更，由业主或工程师发出指令增加或减少工程量或增加附加工程、修改设计、变更工程顺序等，造成工期延长和费用增加，承包商有权就此向业主进行索赔。

（3）合同终止索赔。包括两个方面，一个方面是由于业主不正当地终止工程，承包商有权要求补偿损失，其数额是承包商在被终止工程中的人工、材料、机械设备的全部支出以及各项管理费用、保险费、贷款利息、保函费用的支出减去已结算的工程款，并有权要求赔偿其盈利损失。另一个方面是由于承包商违约以及不可抗力等原因造成合同非正常终止，无责任的受害方因其蒙受经济损失而向对方提出索赔。

（4）业主要求赶工索赔。一项工程可能由于业主的需要提前竣工而下达加速施工指令，或遇到各种意外的情况，或由于工程变更而必须延长工期。但由于业主的原因坚持不给予延期，迫使承包商采取赶工措施来完成工程，从而导致工程成本增加，即为加速施工费用的索赔。在如何确定加速施工所发生的费用，合同双方可能差距很大，因为影响附加费用款额的因素很多，如投入的资源量、提前的完工天数、加班津贴、施工新单价等等。

（5）法律、货币及汇率变化索赔。如果在基准日期以后，工程施工所在国政府法律、政令发生变化，或授权机构支付合同价格的一种或几种货币实行限制或货币汇总限制、市场价格上涨、汇率变化致使承包商建设成本增加，则业主应补偿承包商因此而受到的损失。

（6）无法预见不利地质和现场特殊物质条件索赔。

1）无法预见的地质条件变化引起的索赔。在招标文件中规定，地质条件是指由业主提供有关该项工程的勘察所取得的水文及地表以下的资料。虽然 EPC 工程项目往往在合同中写明："承包商在提交投标书之前，已对现场和周围环境及与之有关的可用资料进行了考察和检查，包括地表以下条件及水文和气候条件。承包商应对他自己对上述资料的解释负责"。客观地说，对此项条款规定是有损总承包商的合法权利的，往往会成为合同当事人双方各执一词争议的缘由所在。针对这种情况，在投标过程中应予以必要的重视。

2）不利的现场物质条件引起的索赔。在施工过程中，往往会因为遇到地下构筑物、文物、地下电缆、管道等各种装置或化石等而导致工程费用增加，只要在业主给定的合同中没有予以明确的标明，合同的当事人均可提出索赔。

3. 按索赔有关当事人分类

按索赔有关当事人分类可分为总承包商与业主之间的索赔、总承包商与分包商之间的索赔。

（1）总承包商与业主之间的索赔。承包商向业主提出工期延长或费用补偿的要求称为索赔；业主向承包商的索赔称为反索赔。承包商向业主的索赔在 EPC 合同中大都是有关业主设计变更、合同范围划分不清、意外地质条件、施工变更、成本上涨等原因引发的工期延误和费用增加的争议，也有合同暂停或合同终止等其他违约行为的索赔。

（2）总承包商与分包商之间的索赔。其内容大致与上述索赔内容相似。总承包商向分包商提出的索赔主要是由于分包商原因导致图纸误期、供货延误、在工程质量不达标而造成总承包商损失向分包商进行罚款或扣留支付款等索赔。分包商向总承包商的索赔但大多数是分包商向总承包商索取工程款等方面的赔偿。

4. 按索赔的依据分类

按索赔的依据分类可分为合同内索赔、合同外索赔、道义索赔。

（1）合同内索赔。合同内索赔是指索赔所涉及的内容可以在合同文件中找到依据，并可根据合同规定明确划分责任。一般情况下，合同内索赔的处理和解决要顺利一些。

（2）合同外索赔。合同外索赔是指索赔所涉及的内容和权利难以在合同文件中找到依据，但可从合同条文引申含义和合同适用法律或政府颁发的有关法规中找到索赔的依据。

（3）道义索赔。道义索赔是指承包商在合同内或合同外都找不到可以索赔的依据，因而没有提出索赔的条件和理由，但承包商认为自己有要求补偿的道义基础，而对其遭受的损失提出具有优惠性质的补偿要求，即道义索赔。

道义索赔的主动权在业主手中，业主一般在下面四种情况下，可能会同意并接受这种索赔：第一，若另找其他承包商，费用会更大；第二，为了树立自己的形象；第三，出于对承包商的同情和信任；第四，谋求与承包商更理解或更长久的合作。

5. 按索赔处理方式分类

按索赔处理方式分类可分为单项索赔和综合索赔。

（1）单项索赔。单项索赔就是采取"一事一索"的方式，即在每一件索赔事项发生后，报送索赔通知书，编报索赔报告，要求单项解决支付，不和其他的索赔事件混在一起。单项索赔是针对某一干扰事件提出的，在影响原合同正常运行的干扰事件发生时或发生后，由合同管理人员立即处理，并在合同规定的索赔有效期内向业主或业主代表提交索赔要求和报告。单项索赔通常原因单一，责任单一，分析起来相对容易，由于涉及的金额一般较小，双方容易达成协议，处理起来也比较简单。因此，合同双方应尽可能地用此种方式来处理索赔。

（2）综合索赔。综合索赔又称一揽子索赔，即对整个工程（或某项工程）中所发生的数起索赔事件综合在一起进行索赔。一般在工程竣工前和工程移交前，承包商将工程实施过程中因各种原因未能及时解决的单项索赔集中起来进行综合考虑，提出一份综合索赔报告，由合同双方在工程交付前后进行最终谈判，以一揽子方案解决索赔问题。在合同实施过程中，有些单项索赔问题可能比较复杂不能立即解决，为不影响工程进度，经双方协商同意后留待以后解决；有的是业主或业主代表对索赔采用拖延办法，迟迟不作答复，使索赔谈判旷日持久；还有的是承包商因自身原因，未能及时采用单项索赔方式，都有可能出现一揽子索赔。由于在一揽子索赔中许多干扰事件交织在一起，影响因素比较复杂而且相互交叉，责任分析和索赔数值的计算都很困难，索赔涉及的金额往往又很大，双方都不愿或不容易做让步，使索赔的谈判和处理都很困难。因此，综合索赔的成功率比单项索赔要低得多。

6. 按照索赔条款明示度分类

（1）明示条款。明示条款是指在条款中明确规定，如果当事人一方违反合同规定，另一方当事人有权提出索赔。例如，银皮书第 4.24 款【化石】明确规定，在现场发现的所有化石、硬币、有价值的物品或文物，以及具有地质或考古意义的结构物和其他遗迹或物品，承包商应立即通知雇主，雇主应就处理上述物品发出指示。如果承包商因执行这些指示遭受延误和（或）招致费用，承包商可向雇主提出工期或费用索赔。这一条就是明示索赔条款。

按照造成索赔的原因、涉及索赔的明示条款可以分为三类，业主的原因、工程师的原因和业主负责的客观原因。在某些情况下这些原因兼而有之，对于涉及综合原因的情况，也列入客观原因一类。

一般来说，由业主原因直接造成的索赔，承包商不仅可以得到延长工期，还可以得到费用和利润的补偿；业主代表原因直接造成的索赔也是如此，这是因为在双方的合同中约定，业主代表业主履行职责，如果业主代表没有按照合同规定履行职责，即被认为业主违反了合同规定。由客观原因引起的索赔，承包商可以得到工期的延长，有时还可以得到费用的补偿，但不能得到利润的补偿。这体现了"谁违约，谁担责"以及"客观原因由双方共同承担损失"的公平原则，反映了 FIDIC 编制的系列合同在处理索赔事件中所持的态度。索赔条款只是为承包商要求业主对其补偿提供了合同依据，承包商要想让业主承认其索赔权，还需要依据这些索赔条款，结合实际发生的事件予以论证。

（2）默示索赔条款。默示索赔条款是指在合同条款中对工期、费用等索赔并没有明确，但可以结合其他合同条款规定的风险和责任中分析或推断得出承包商应享有索赔权。一般来说，在EPC合同的履行过程中，承包商根据明示条款论证自己的索赔权比较容易，而依据隐含条款去支持索赔则显得相对难一些，经常需要联系明示条款、法律法规、政策、惯例并结合具体情况进行论证和解释。

例如，第1.3款【通讯交流】规定："批准、证明、同意和确定不得无故被扣压或拖延。"分析：在工程实施过程中，有许多地方需要工程师批准、许可、决定或签发证书。在承包商申请后，如果工程师没有正当理由而对申请拖延答复或给予否决，则工程师就违背了明示条款第8.4条【竣工时间的延长】的规定，承包商在出现"由雇主、雇主人员、或在现场的雇主的其他承包商造成或引起的任何延误、妨碍和阻碍"的情况下可以向业主提出工期索赔。

再如，第1.8条款【文件的保管和提供】规定："如果一方意识到文件中有技术方面的错误或缺陷，该方应立即通知对方。"分析：对这一条款可采用推断分析方法，按照该规定，如果承包商发现雇主的文件有错误或缺陷，应立即通知雇主，由此推断承包商因执行雇主的错误文件或雇主代表的指令所进行的施工，并未违反合同规定，其所造成的损失，承包商有权提出索赔。

7.2.3 索赔的责任归属

在EPC工程实践中，索赔责任归属概括起来有以下几种：

（1）当事人违约。当事人违约可分为承包商违约和业主违约。对于承包商违约，如机械损坏、组织不利、质量不合格等因素，属于承包商责任，业主或其代表对其工期与费用索赔不予以确认；对于业主违约，如延误提交有关资料、不能及时提供施工现场、未能按合同要求提供相应的施工条件等，属于业主责任，业主或业主代表工程师对承包商提交的工期与费用索赔应予以确认，具体数量应结合具体情况计算。

（2）工程变更。按EPC工程总承包合同条件下，进行工程变更及业主代表指令，如加快施工、业主改变自己依然批准的设计方案等，属于业主责任范围，未执行这些指令，对承包商所产生的费用增加及工期延长，经业主代表确认，业主应给予相应赔偿。

（3）不可抗力。按EPC合同文本规定，在不可抗力条件下的索赔，工期应予以顺延，费用索赔方面业主应坚持责任分担的原则进行索赔确认。属于业主应承担的费用有：工程本身的损害、业主及第三方人员损伤、留守现场人员工资、清理恢复生产现场费用；属承包商应承担的费用有：人员窝工和机械降效、机械损坏、施工人员伤亡。

（4）共同延误。在实际施工过程中，工期拖期很少是只由一方造成的，往往是两三种原因同时发生形成的，故称为"共同延误"。在这种情况下，要具体分析哪一种情况延误是有效的，应依据以下原则。

1）首先判断造成拖期的哪一种原因是最先发生的，即确定初始延误者，它应对工程拖期负责。在初始延误发生作用期间。其他并发的延误者不承担拖期责任。

2）如果初始延误者是业主原因，则在业主造成延误期内，承包商既可得到工期延长，又可得到经济补偿。

3）如果初始延误者是客观原因，则在客观因素发生影响的延误期内，承包商可以得到工期延长，但很难得到费用补偿。

4）如果初始延误者是承包人的原因，则在承包人原因造成的延误期内，承包人不能得到工期补偿，也不能得到费用补偿。

7.3　索赔机会分析与处理

7.3.1　索赔机会概念

1. 索赔机会的表现

在工程项目建设中，在什么情况下可以提出索赔？承包商如何才能及时发现索赔机会？虽然说承包商合同中的条款可以成为索赔的依据，但是在工程建设中通常是首先出现意外状态，即由于计划外的困难或干扰，使工程进度受阻，或引起费用的增加，承包商才开始寻找原因，考虑是否可以索赔，这时承包商才从合同中寻找依据，从一条或数条可以引用的条款中选择最为切题的条款来论证自己的索赔权。因此，在工程实践中，索赔机会一般表现为可以索赔的情况和索赔事件的发生。

2. 索赔机会分析的意义

在合同实施过程中潜在的索赔机会是客观存在的，能否及时从中发现索赔的机会并合理地提出索赔要求，对承包商尤为重要。潜在索赔机会的发现与识别是承包商合同管理与索赔管理的基础和前提，没有潜在的索赔机会的识别就谈不上有效的索赔，现行的许多索赔识别分析和处理方法都是以索赔机会的及时发现为其前提的。

（1）因为合同中对索赔事件一般都有索赔的时间限定，如 FIDIC 的银皮书第 20.1 款规定，承包商应在察觉（或应已察觉）该事件或情况后 28 天内向雇主发出。在承包商觉察（或应已觉察）引起索赔的事件或情况后 42 天内，或在承包商可能建议并经雇主认可的其他期限内，承包商应向雇主递交一份充分详细的索赔报告。如果承包商未能在上述 28 天期限内发出索赔通知，则竣工时间不得延长，承包商应无权获得追加付款，不但丧失索赔的权利，有时还会遭到业主的反索赔。

（2）在索赔的过程中，有时会遭到业主对索赔的拖延，这样原来比较简单容易解决的单项索赔，因为业主的拖延，使单项索赔与后来发生的各种索赔事件叠加而相互渗透、事件相互交织在一起，到最后承包商不得不采取一揽子索赔处理的方式加以解决，这时承包商不得不做出某些重大的让步，遭受一定的损失。

因此，承包商只有及时辨识索赔机会，才能使自己处于积极主动的索赔地位，提出和采取有效的控制措施和索赔对策。

7.3.2　索赔决策的一般过程

索赔决策的一般流程如图 7-1 所示。从狭义上讲可以把索赔决策过程分为四个阶段：索赔机会分析过程、索赔机会出现过程、索赔博弈过程、索赔处理过程。从广义上讲，前两个过程可以称为索赔发现过程，后两个过程称为索赔处理过程。

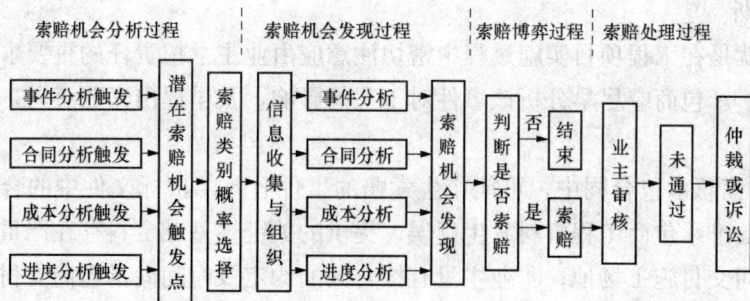

图 7-1　索赔决策流程

7.3.3　索赔决策过程分析

1. 潜在索赔机会分析过程

潜在索赔机会分析开始于工程项目招投标阶段，一直到工程项目竣工。该阶段的工作主要是分析招投标文件、合同文件的缺陷，比较这些文件中所界定的工程项目内容与实际环境的差距。进入实际施工阶段后，特别注意对合同外的事项加以高度关注，如发现合同外事项，要跟踪发展趋势，观察其是否导致索赔机会的成立。这一阶段所得结果是一些索赔机会的触发点，并没有完全确定的证据来支持，该阶段的分析主要根据事态、合同、成本、进度四个方面，在得到潜在索赔机会的触发点之后需要判断索赔机会的发展方向，这是一个带有人为经验的主观过程，相对客观的处理方式是统计分析以往相似的索赔案例，在此基础上进行判断。

2. 索赔机会发现过程

索赔机会发现过程是在确定了潜在索赔机会触发点后，根据所确定的索赔机会的初步发展方向，通过成本分析、进度分析、事态分析、合同分析，逐步求证索赔机会是否成立。在索赔决策过程中，索赔机会的求解也就是索赔机会的发现是最为重要的，问题的求解就是搜索出支持相应索赔机会成立的所有搜索数据的可逆过程，其中问题的发现和问题的求解没有明显的界线，甚至可能同步进行。在此过程中，索赔人员收集信息、组织信息，做出判断，最终确定索赔机会，受人为因素影响相对较小。

3. 索赔博弈过程

索赔博弈过程是承包商与业主之间的过程。在这个过程中承包商的最终决策并不完全依据客观事实，很多主观因素会影响到最后的结论。承包商会从整个工程项目实施的全局以及未来的合作局面考虑，对是否提出索赔做出判断。即使不做出索赔的决定，及时发现索赔机会对承包商来说也是十分有利的。

4. 索赔处理过程

索赔处理过程就是承包商提出索赔请求，与业主或业主代表谈判，以获得满意的索赔额为目标。索赔处理过程是一个复杂的博弈过程，涉及的技术、理论与索赔博弈过程相同。

7.3.4　索赔机会分析方法

目前，在工程索赔中，事态分析、合同分析、成本分析和进度分析是承包商索赔机会分析的一般途径，几种方法相互依存、互为条件。

1. 事件分析

事件分析就是在工程项目实施过程中密切注意应由业主承担责任的重要事件，一旦出现某种重大事件，承包商应尽早分析该事件对工程的影响，及早提出索赔意向，以免丧失索赔权利。

在 EPC 工程总承包合同中，可能产生索赔的事件有：①招标文件中的合同范围界定得不清；②业主批准承包商工程资料发生延误、提供的关键性基础资料存在严重失误；③未按合同的规定时间交付施工场地；④业主没有按合同的约定及时间向承包商支付工程款；⑤发现化石、硬币、有价值的物品或文物；⑥业主通知施工暂停或加速施工；⑦政府行为延误干扰；⑧发生军事叛乱等突发事件；⑨材料价格上涨、汇率发生变化；⑩自然灾害或施工中遇到异常地质情况等。

如果承包商事先针对各类索赔按照事态发生的可能性及影响程度从大到小列出一份索赔事件分析表，将会大大提高承包商辨识和发现索赔机会的能力。

2. 合同分析

合同分析就是对合同文件进行全面、完整、详细的分析，深入了解合同规定的缔约双方的责任、权利和义务，预测合同风险，分析合同变更和索赔的可能性，以便采取最有效的合同管理策略和索赔策略。

合同是索赔的重要依据，无论承包商还是业主，都应信守合同、平等诚实、按合同规定办事，否则一旦给对方造成经济损失，都应给予补偿。应用合同分析方法索赔，必须熟悉和掌握合同条款，领会合同条款的精神实质。应用合同分析法索赔并不是孤立地依据单一条款，往往是一项索赔事件发生时，涉及几个合同条款，需要综合考虑应用。合同条件一般都相当严谨且具有逻辑性，但不乏其灵活性，同一索赔事件也有因为引用不同条款发生争议的事情。因此，做好合同管理，熟悉合同条件及有关法律法规对索赔人员十分重要。

合同分析包括结构分析、风险分析、总体分析和扩展分析。合同分析的结果就是将分清的责、权、义的关系和合同的基本特征，落实到合同执行过程中的具体的问题和具体的事件中去，得出具体的结论。合同分析信息处理过程，如图 7-2 所示。

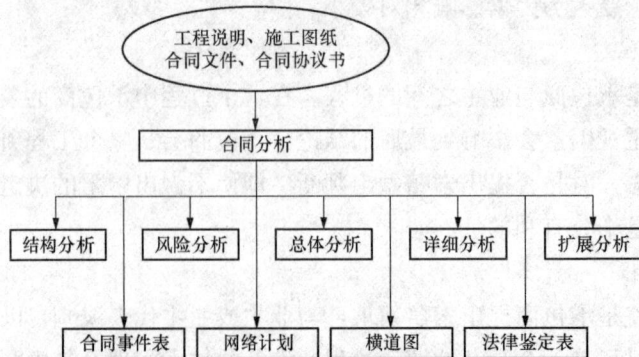

图 7-2　合同分析方法示意图

合同分析的前提条件是索赔事件已然发生，如果没有发生任何干扰事件，进行合同分析意义不大，因为此时的合同分析是对可能发生的合同风险即潜在索赔机会的一种全面预测，只是一项索赔的基础工作，至于会不会发生或按照预测情况发生要看各种条件和外界环境的变化。另外合同分析过程是一个内容多、范围广、工作量大的烦琐过程，没有目标，没有选择地进行笼统分析，就会造成大量的人力、物力的浪费，而且也得不出有价值的结论。虽然合同分析是一种索赔的基础性工作，但其真正意义在于索赔事件发生之后，这样"有的放矢"的进行，才能够节约人物力，因此，合同分析是作为索赔确定的一部分工作，而不是索赔机会识别的方法。

3. 成本分析

成本分析是指合同实施过程中，承包商不断监测各种费用的实际支出情况，并把实际成本和计划成本加以比较，一旦发生偏差，应立即进行原因、责任分析，以辨识和谋求索赔机会，同时采取积极、有效的措施加以纠偏。

成本差异分析是成本分析的重要内容，造成成本差异的原因有多种，如果是由业主或非承包商的客观原因造成的成本差异，承包商可根据这一差异向业主提出索赔申请；如果是由承包商本身工程管理、技术的错误或预算有误，可通过合理的成本差异分析，发现错误，并予以改正。

由于索赔事件发生的时间往往难以估计，索赔成本分析应按周进行，主要步骤如下：①状态参数：管理人员从现场采集实际支出作为数据；②将状态数据与计划目标对比，若偏差在允许范围，则进入下一轮，若偏差超过允许值，进行责任分析；③责任分析：分析偏差产生的原因和责任，若属于业主的责任，则存在索赔机会，转入索赔处理程序；④信息反馈：把状态参数和计划目标或调整后的目标偏差值作为信息反馈；⑤调整决策：根据偏差值，对工程实施过程做出调整、控制策略，以减少偏差。

成本分析的有效性是建立在详细、合理的工程预算和有效的会计基础之上的，这就要求承包商的工程预算分解深度与工程实际发生的工作项目一致，其会计核算体系能够随时、全面地记录所发生的烦琐成本的支出，这样承包商才能及时统计分析出累计成本发生数、实际成本超预算等数据，以发现索赔机会，准确提交索赔申请报告，以科学准确的数据为索赔提供有利的证据。但是做到这一点是比较困难的。另一方面还要求承包商的工程预算应合理、符合客观实际，否则在进行实际成本和计划成本比较时，很难反映出实际情况。当工程在实施过程中，某些项目尚未完工而需要进行成本比较时，如何确定已完工的比例和所占费用，当工程有索赔额款、预付款等费用时如何进行分摊等，解决起来也比较麻烦。

即使上述问题得到解决，假设已经分析出费用变化，也不能断定发现了索赔机会，因为这时还要对发生偏差的原因进行责任分析，这一点在理论上是可行的，但在实际运用中，要从烦琐的工程预算费用中找出发生费用的项目，才能进行责任分析，其工作量也是很大的。

4. 进度分析

进度计划在实施过程中，由于主客观因素的干扰，与实际进度总会有些差异。对承包商来说，一方面要调整工程计划，另一方面要分析比较实际进度和计划进度差异产生的原因，看其是否有据以索赔的工程变更、业主延误干扰等情况，以便及时抓住索赔机会进行索赔。实施进度分析，主要步骤如下。

①进度跟踪、检查：经常跟踪、检查计划进度执行情况；②数据采集处理：主要是定期填写进度报告，及时整理、统计、分析实际完成的工作量，工程量及其累计值，并计算其百分比；③进度偏差识别：将实际进度与计划进度比较，识别实际进度与计划进度有无偏差，偏差值是多少？是延后还是提前？④分析偏差产生的原因：根据进度实施周期，定期分析进度偏差产生的原因，及时辨识潜在索赔的机会，并进行有效的控制，减少偏差的发生；⑤分析产生偏差的影响：分析偏差对后续工序进度乃至整个工程项目进度的影响，识别应采取什么样的进度调整方法和采取怎样的进度调整措施，以及分析能否且如何突出索赔的前提和基础；⑥进度调整的方法：根据进度偏差的影响程度，决策调整进度的优化方法；⑦进度调整的措施：根据进度偏差的影响程度，调整进度的优化方法，选择进度调整的措施；⑧进度调整的方案：由于进度计划调整具有动态不确定性，导致存在很多的精度调整方案，因此必须对各种进度调整方案在技术上和经济上进行评价。根据评价结果，做出进度调整和进行调整方案的决策。上述步骤是进度偏差识别与调整的一般程序，索赔机会的识别，特别是工期索赔的识别与其有密切的联系。

进度分析同样要求进度计划制订中的工序安排与实际工程实施中的情况相符合，这样才便于比较，两者符合程度低，分析结果就会产生偏差，影响分析结论。另外，引起进度变化的原因也是错综复杂的，要分清进度变化是由那种原因引起的，需要对"多种进度"条件下的工程进度进行比较。这样就要消耗大量的人力、物力和时间。同样，对于工程只完成一部分时，如何准确地估计出剩余部分所需要的工期，也是一个问题。

7.4　业主应尽义务条款分析

近年来，由于国际EPC合同中的规定对承包商越来越严格，造成承包商承担的风险过大，索赔更加困难。明确EPC合同下业主的义务，有助于承包商把握和识别索赔机会，在合同双方实施工程的博弈过程中，更好地保障承包商的利益。

7.4.1　业主的总体义务

工程合同是合同双方为实现工程项目中的特定目的而签订的协议，其在合同中确定双方的权利和义务。具体到EPC合同，从管理目标来看，业主与承包商各自享有终极的静态权利（Rights），即业主有权及时得到竣工的工程，并投产运营获得投资收益，承包商有权按时获得相应的工程款支付，实现其工程承包经营的目的，合同双方同时承担与其权利相对应的义务，即国际工程中常说的："The Employer gets what he has paid for and the Contractor gets paid for what he has done."

按照管理过程分类，合同双方在项目实施过程中，各自享有相应的动态权力：决策权、执行权、监督权、建议权和知情权，这些权力根据合同约定，在双方之间分享，双方就各自权力承担相应的行为职责与责任。这些权利和义务、权力和职责、责任分别体现在项目的设计、采购与施工（EPC）的整个过程中。

从国际工程合同的基本原理来看，业主义务可以分为两大类：一类是按合同约定，提供"承包商实施工程所需要的条件"；另一类是"不得无故妨碍承包商正常作业"，即业主在整个项目实施过程中的管理不得构成"过分干预"或"不作为"。前一类义务主要来自合同双方为完成项目而进行的"分工"，如提供项目现场以及支付工程款；后一类义务主要来自对"业主过分滥用监督权的行为"或"对承包商的合理要求不响应"的适当约束，业主对工程某部分进行检验时应提前通知承包商以及承包商就雇佣分包商名单申请时，业主拖延答复等。

7.4.2　业主的支付义务

支付是业主的一项核心义务。业主不但有义务支付整个合同价款，包括项目执行过程中因变更等原因而增加的各类调整款项，而且还必须按规定的时间与方式来支付。通常情况下，业主支付的工程款分为三大类：第一类是预付款；第二类是进度款；第三类是最终结算款。对于 EPC 合同，常采用里程碑付款形式，合同中包含一份里程碑支付计划表，规定每达到一个里程碑，业主须按百分比支付若干合同款。无论采用何种付款形式，若业主没有履行支付义务，则应承担下述责任。

（1）应对到期未支付款项（Overdue Payment）支付承包商一定的融资费，包括利息和各类手续费。利息的收取一般按约定的商业银行短期贷款利率再加上一个固定值，如 LIBOR（伦敦银行同业拆借利率再加 2%。有的合同则约定支付货币所在国中央银行颁布的年贴现率外加三个百分点，且按月复利进行计算。

（2）若到期应支付款项发生拖欠，EPC 承包商享有降低工程进展速度或暂停工作的权利，后果责任由业主承担。

（3）拖延时间较长，例如，业主到支付款期后的某一时间段内仍不支付的，承包商有权终止合同，后果责任由业主负担。

关于业主支付义务的其他详细规定，可参见 FIDIC 的银皮书第 14.8 款"拖延的付款"，以及第 16 条"承包商的暂停与终止"。

7.4.3　提供现场和通行权的义务

现场的征地是业主的另一项基本义务。在土地征用后，业主按合同约定，将现场用地提供给承包商占用，同时赋予承包商进入现场的通行权。关于此类合同中的业主义务，通常约定的具体内容包括给予承包商现场占用权的时间；给予承包商现场占用权的方式；未及时给予承包商占用权和通行权的后果。

1. 给予承包商现场占用权的时间

这一时间一般在合同中专用条件或业主要求中专门进行约定。有时由于业主对完成征地的时间没有把握，在合同中没有给出明确的时间规定。在此情况下，业主给予承包商现场占用权的时间应在开工日期之前。

2. 给予承包商现场占用权的方式

有的时候，业主不能完成现场用地的全部征收，可以采取分若干次部分的方式给予承包商占用权。如果没有规定具体时间，则采取分期给予专用权的方式，以不影响承包商的总体工程进度为条件。承包商总体进度的界定以业主批准的工程进度计划为准。

合同中一般规定业主给予承包商的占用权是否具有排他性质，即 EPC 承包商在现场实施工程的同时，是否有其他承包商或业主人员在现场从事 EPC 合同外的工作。对于业主的大型复杂项目系统，业主可能分几个合同包来进行发包，此时在合同中通常明确规定某个 EPC 承包商对项目现场没有专用权。在此情况下，EPC 承包商应要求业主澄清另外承包商的项目工作计划，以便做出相应安排。

如果合同中对业主所提供的现场占用是否专用没有明确规定，则应认为，即使允许其他人员使用现场，他们的使用也不能对 EPC 承包商的工作构成影响，否则，业主应承担相应责任。因为这违反了国际工程界所谓的"充分占用权"原则。

有些合同，业主为了避免这方面的责任，在合同中规定 EPC 承包商应与现场可能同时工作的其他承包商保持合作与协作，业主不承担相互干扰带来的后果。这一规定有时被称为"无赔偿条款"。在签订合同时，承包商应当注意这个问题。如果按照合同，EPC 承包商需要向其他承包商提供合作，则 EPC 承包商应该给予合理的合作，但如果此项合作内容没有体现在 EPC 承包商的工作范围或合同义务内，则承包商可以按照可推定变更的理论，掌握好证据，就此类合作给 EPC 承包商带来的费用和工期影响向业主提出索赔。

3. 未及时给予承包商现场进入权和占用权的后果

由于提供现场进入权和占用权是业主的核心义务，如果业主违反该义务，承包商可就下列三个方面提出索赔：延长工期、追加费用、补偿利润。但应当注意，在国际工程中，业主通常不提供"三通一平"等条件。业主提供的通常是承包商"进入项目现场的权利"，但并不保证进入现场的道路适宜承包商进出项目现场，甚至也不保证有可用的通往现场的道路。

7.4.4 提供工程资料和数据的义务

承包商实施项目需要大量的基础数据和资料。其中很多都应由业主提供。就工程资料和数据提供，EPC 合同通常规定业主义务和责任如下：一是业主在招标期间，主要是通过招标文件，就项目现场的地质、水文、环境等情况，向承包商提供所掌握的一切项目资料，不得隐瞒；二是即使在承包商中标后和项目实施期间，只要业主后来又获得了后续项目现场的相关资料，也应提供给承包商；三是就工程本身的规定，一般在"业主的要求"中，业主必须明确提出"项目的预期目的""工程实施规范与标准""竣工验收的测试与性能标准"以及管理程序要求等。

关于业主提供的项目现场资料和数据，业主不对相关数据和资料的准确性、完整性和充分性承担责任。这些资料由承包商自己负责解释，并根据自己的解释来确定技术方案关于业主提供的工程本身的数据，业主应对其正确性负责。一般来说，业主负责的范围除了上述第三条中的内容，还包括业主提供的但承包商无法核实的数据，如某些坐标点等。如果此类数据出现错误，业主应当承担后果责任。

以上是 EPC 工程中的一些常用原则。当然，针对业主提供的任何资料或数据，合同双方都可以根据项目的具体情况来约定各自责任，在不违背法律的情况下，以约定的条款为准。

7.4.5 提供协助和配合的义务

在承包商实施项目过程中，需要进行很多对外协调，为了使承包商高效率地工作，在国际工程合同中，通常要求业主在许多方面给予承包商协助，主要包括以下几部分：

（1）协助承包商获得其需要的各类许可证与相关部门的批复。例如，承包商人员出国签证、当地工作许可证、特殊工种工作许可证（如一些爆破危险工作，通常需要当地警察局与劳工部门联合批准)、物资进口与再出口许可证。对某些特殊设施的设计方案的行政审批。但应当注意,有些批准必须是业主自己负责办理的,而不是协助承包商办理,如项目的总体规划许可等。在合同的相关条款,应约定有关项目执行过程中各类行政批准的申请手续由何方办理。如果法律规定由哪一方负责办理,则按法律规定执行。

(2) 合同中要求承包商在实施项目过程中要遵守当地的各类法律。鉴于业主比承包商更熟悉当地环境,因此,合同通常要求业主协助承包商获得与实施工程相关的政策法规,如劳动法、文物保护法、税法、海关法、环境保护法等法律文件。

(3) 在安全、环保等方面,业主应约束己方人员与承包商保持合作,配合承包商的工作,遵守承包商制定的项目安全和环保等各项规定。若业主在项目现场同时雇用其他承包商实施其他工作,则业主也应要求其与承包商保持合作。

(4) 按期验收、颁发证书。对按合同已完成的工程和分项工程,在承包商报送申请后规定的时间内业主应当及时组织竣工检验,并颁发工程接收证书,履约证书等,不得无故拖延,给承包商造成损失。

7.4.6 业主的其他义务

除了上述核心义务外,业主在 EPC 合同中常常还有下列义务。

(1) 业主对承包商的保障义务。如由于业主负责的原因引致承包商遭到其他方的索赔时,业主有义务赔偿承包商的相关损失,包括处理该索赔的律师费和其他开支。

(2) 业主及时答复义务。在 EPC 项目执行过程中,许多工作需要得到业主的指令、批准或答复才能执行,如果业主对此拖延,则会影响项目执行进度。因此,业主一般有义务对承包商的申请或要求有及时下达指令、给予答复的义务。任何此类答复都不得无故被延误或拒绝。

(3) 业主告知义务。针对项目执行中的某种情况,在承包商提出要求时或应由业主主动告知承包商。如在承包商要求时,应通知承包商资金到位。当业主负责保险时,应将办理保险的情况及保险单提供给承包商等。

(4) 业主任命代表义务。如果业主为法人,它有义务任命一个业主代表,代表业主来管理和协调承包商的工作。

(5) 业主提供辅助设施义务。在有些 EPC 项目中,如果合同规定业主在提供项目现场的同时还应提供一定的附属设施或条件,如"水、电、气"等临时设施的接口条件、进场通道等条件,则业主应履行此类义务。

同样,如果业主违反上述义务,承包商有权寻求其他补救措施,并可向业主提出工期与费用方面的索赔。

在国际 EPC 工程中,即使合同规定得很苛刻,但如果业主违反其合同规定的义务,总承包商就有获得索赔的权利。因此,作为总承包商合同管理的一个工作,应当着重研究清楚业主在履约过程中承担有哪些义务,并监控业主是否违反了其合同约定的义务,据此提出索赔。但同时注意,总承包商在保障自己的权益时,最好应建立在与业主"共赢"的伙伴关系上,只有这样,才能达到更好的管理效果。

第8章 索赔条款分析

EPC 合同一般均采取总承包的固定合同方式，业主与承包商之间的风险分配有其特殊性，与其他合同条件比较截然不同，更多的风险要由承包商负担。以典型 EPC 工程项目合同银皮书为例，按照索赔目的，即工期、费用、利润分别对合同索赔条款进行梳理、归类和分析，有助于对 EPC 合同条件下索赔条款有一个清晰认识，为索赔实践提供理论和应用指导。

8.1 工期索赔条款分析

所谓"工期索赔"是指由于非承包商原因，造成施工工期超出合同规定的条件，承包商提出的工期顺延或部分费用要求，以弥补本身遭受的损失。承包商提出工期索赔的目的通常有两个：一是免去或推卸自己对已产生的工期延长的合同责任，使自己不支付或尽可能少支付误期赔偿；二是进行因工期延长而造成的费用损失的索赔。

FIDIC 银皮书中工期延误索赔条款共有 12 条款，具体分析如下所述。

1. 第 2.1 款【现场进入权】

承包商开出履约保函后，就应有进入工程的所有部分，使用工程的运行和工作记录的权力。如果业主未能及时向承包商提供进入和占用现场各部分的权利，使承包商遭受延误，承包商有权要求延长工期的索赔。

2. 第 4.24 款【化石】

在施工现场，承包商可能会发现的化石、硬币、有价值的物品或文物，以及具有地质或考古意义的结构物和其他遗迹或物品，雇主发出指令要求暂时停工，如果承包商执行雇主处理上述物品发出的指示而遭受延误，承包商有权提出工期索赔。

3. 第 7.4 款【试验】

承包商在试验过程中，因执行工程师的指示或因业主原因致使试验拖延，而使承包商遭受延误，承包商有权向业主提出工期索赔。

4. 第 8.4 款【竣工时间延长】

由于变更、其他有权获得延长期的原因或由雇主、雇主人员或在现场的雇主的其他承包商造成或引起的任何延误、妨碍和阻碍，致使竣工受到或将受到延误，承包商有权提出工期索赔。

5. 第 8.5 款【当局造成的延误】

如果工程所在国有关公共当局制定的程序，延误或打乱了承包商的工作，延误或中断是一个有经验的承包商在递交投标书时无法合理预见的；承包商有权提出工期索赔。

6. 第 8.9 款【暂停的后果】

如果承包商因执行雇主暂时停工发出的指示，和（或）因为复工，而遭受延误，承包商有权提出工期索赔，业主应对任何此类延误给予延长期。

7. 第 10.3 款【对竣工试验的干扰】

如果由业主应负责的原因妨碍承包商进行竣工试验而此项拖延，使承包商遭受延误，承包商有权向业主提出工期索赔。

8. 第 13.3 款【变更程序】

为雇主指示或批准一项变更，雇主应商定或确定对合同价格和付款计划表的调整，如造成承包商工期拖延，承包商有权向雇主提出工期索赔。

9. 第 13.7 款【因法律改变的调整】

如果在投标基准日期后工程所在国的法律改变，包括适用新的法律、废除或修改现行法律，或对此法律的司法或政府解释有变化，使承包商遭受工期的延误，承包商有权向业主提出工期索赔。

10. 第 16.1 款【承包商暂停工作的权利】

如果业主不能履行自己的财政计划或者不能按时支付工程款，承包商在发出通知 28 天后，有权暂停或减缓工程进度，直到承包商接到相关证据或支付，如果由此使承包商遭受工期延误，承包商有权向雇主提出工期索赔。

11. 第 17.4 款【雇主风险的后果】

如雇主承担的任何风险对工程、货物或承包商文件造成损失，承包商应修整此类损失或损害。如果因修整此类损失或损害招致工程延误，承包商有权向雇主提出工期索赔。

12. 第 19.4 款【不可抗力的后果】

如果承包商遭受不可抗力，且妨碍其履行合同规定的任何义务，使其遭受延误，承包商有权提出工期索赔。不可抗力包括战争、骚乱、罢工、地震、海啸、火山爆发等。

FIDIC 银皮书承包商工期索赔条款汇总见表 8 - 1。

表 8 - 1　　　　　　　　　　FIDIC 银皮书承包商工期索赔条款汇总表

序号	条款序号	条 款 内 容	相 关 条 款
1	第 2.1 款【现场进入权】	承包商开出履约保函后，就应有进入工程的所有部分，使用工程的运行和工作记录的权力。如果业主未能及时向承包商提供进入和占用现场各部分的权利，使承包商遭受延误，承包商有权要求延长工期的索赔	第 11.7 款【进入权】、第 20.1 款【承包商的索赔】、第 3.5 款【确定】
2	第 4.24 款【化石】	如在施工现场，承包商可能会发现的化石、硬币、有价值的物品或文物，以及具有地质或考古意义的结构物和其他遗迹或物品，雇主发出指令要求暂时停工，如果承包商执行雇主处理上述物品发出的指示而遭受延误，承包商有权提出工期索赔	第 8.4 款【竣工时间的延长】、第 20.1 款【承包商的索赔】

序号	条款序号	条款内容	相关条款
3	第 7.4 款【试验】	承包商在试验过程中，因执行工程师的指示或因业主原因致使试验拖延，而使承包商遭受延误的，承包商有权向业主提出工期索赔	第12.2款【延误的试验】、第12.3款【重新试验】、第3.5款【确定】、第20.1款【承包商的索赔】
4	第 8.4 款【竣工时间的延长】	由于变更、其他有权获得延长期的原因或由雇主、雇主人员或在现场的雇主的其他承包商造成或引起的任何延误、妨碍和阻碍，致使竣工受到或将受到延误，承包商有权提出工期索赔	第10.1款【工程和分项工程的接收】、第20.1款【承包商的索赔】、第13.3款【变更程序】
5	第 8.5 款【当局造成的延误】	如果工程所在国有关公共当局制定的程序，延误或打乱了承包商的工作，延误或中断是一个有经验的承包商在递交投标书时无法合理预见的；承包商有权提出工期索赔	第8.4款【竣工时间的延长】、第8.8款【暂时停工】、第20.1款【承包商的索赔】
6	第 8.9 款【暂停的后果】	如果承包商因执行雇主暂时停工发出的指示，和（或）因为复工，而遭受延误，承包商有权提出工期索赔，业主应对任何此类延误给予延长期	第20.1款【承包商的索赔】、第8.4款【竣工时间的延长】、第8.8款【暂时停工】、第3.5款【确定】
7	第 10.3 款【对竣工试验的干扰】	如果由业主应负责的原因妨碍承包商进行竣工试验而此项拖延，使承包商遭受延误，承包商有权向业主提出工期索赔	第12.2款【延误的试验】、第3.5款【确定】、第8.4款【竣工时间的延长】、第20.1款【承包商的索赔】
8	第 13.3 款【变更程序】	为雇主指示或批准一项变更，雇主应商定或确定对合同价格和付款计划表的调整，造成承包商工期拖延，承包商有权向雇主提出工期索赔	第3.4款【指示】、第5.4款【技术标准与法规】、第3.5款【确定】、第13.2款【价值工程】、第20.1款【承包商的索赔】
9	第 13.7 款【因法律改变的调整】	如果在投标基准日期后工程所在国的法律改变，包括适用新的法律、废除或修改现行法律，或对此法律的司法或政府解释有变化，使承包商遭受工期的延误，承包商有权向业主提出工期索赔	第3.5款【确定】、第20.1款【承包商的索赔】、第8.4款【竣工时间的延长】
10	第 16.1 款【承包商暂停工作的权利】	如果业主不能履行自己的财政计划或者不能按时支付工程款，承包商在发出通知28天后，有权暂停或减缓工程进度，直到承包商接到相关证据或支付，如果由此使承包商遭受工期延误，承包商有权向雇主提出工期索赔	第20.1款【承包商的索赔】、第8.4款【竣工时间的延长】、第3.5款【确定】
11	第 17.4 款【雇主风险的后果】	如雇主承担的任何风险对工程、货物或承包商文件造成损失，承包商应修整此类损失或损害。如果因修整此类损失或损害招致工程延误，承包商有权向雇主提出工期索赔	第3.5款【确定】、第8.4款【竣工时间的延长】、第17.3款【雇主的风险】、第20.1款【承包商的索赔】
12	第 19.4 款【不可抗力的后果】	如果承包商遭受不可抗力，且妨碍其履行合同规定的任何义务，使其遭受延误，承包商有权提出工期索赔。不可抗力包括战争、骚乱、罢工、地震、海啸、火山爆发等	第8.4款【竣工时间的延长】、第19.1款～第9.3款【不可抗力的定义】、【不可抗力的通知】、【将延误减至最小的义务】、第20.1款【承包商的索赔】

8.2 费用索赔条款分析

所谓"费用索赔"是指由于非承包商原因，造成工程费用超出合同规定的条件，承包商为弥补本身遭受的成本损失，而向业主提出补偿部分费用的要求。FIDIC 银皮书涉及承包商费用索赔的有关条款共 26 款，分析如下。

1. 第 2.1 款【现场进入权】

承包商开出履约保函后，就应有进入工程的所有部分，使用工程的运行和工作记录的权力。如果业主未能及时向承包商提供进入和占用现场各部分的权利，使承包商遭受延误和（或）招致增加费用，承包商有权提出工期、费用索赔。

2. 第 4.6 款【合作】

承包商为可能被雇用在现场或其附近从事本合同未包括的任何工作的下列人员进行工作提供适当的机会，如果任何此类指示导致承包商增加费用，承包商有权提出费用索赔。

3. 第 4.24 款【化石】

如在施工现场，承包商可能会发现的化石、硬币、有价值的物品或文物，以及具有地质或考古意义的结构物和其他遗迹或物品时，雇主发出指令要求暂时停工，承包商执行雇主处理上述物品发出的指示而遭受延误，和（或）招致费用，承包商有权提出工期、费用索赔。

4. 第 5.1 款【设计的一般要求】

在 EPC 合同中规定业主不承担在业主要求中的各种错误不准确或遗漏责任，但对于属于业主责任需要提供的位置、数据和信息，工程预定用途定义，执行或试验标准以及和承包商不能复核的位置、数据和信息等应承担责任。由此造成承包商费用的增加，承包商可以提出费用索赔。

5. 第 7.4 款【试验】

承包商在试验过程中，因执行工程师的指示或因业主原因致使试验拖延，而造成承包商遭受延误和（或）增加费用，承包商有权提出工期、费用索赔。

6. 第 8.9 款【暂停的后果】

如果承包商因执行雇主暂时停工发出的指示，和（或）因为复工，而遭受延误和（或）招致增加费用，承包商有权提出工期、费用索赔。

7. 第 8.10 款【暂停时对生产设备和材料的付款】

生产设备的生产、生产设备和（或）材料的交付被暂停达到 28 天以上；承包商已按雇主的指示，标明上述生产设备和（或）材料为雇主的财产时，承包商有权得到尚未运到现场的生产设备和（或）材料（按暂停开始日期时）的价值的付款。

8. 第 10.3 款【对竣工试验的干扰】

如果由业主应负责的原因妨碍承包商进行竣工试验而此项拖延，使承包商遭受延误和（或）招致增加费用，承包商有权提出工期、费用索赔。

9. 第 11.2 款【修补缺陷的费用】

承包商完成扫尾工作和修补缺陷的费用，由承包原因造成的，其风险和费用由承包商承担。如果是由于合同规定的外的任何其他原因达到造成此类工作的程度，雇主应根据情况做出变更，对承包商的损失进行补偿。

10. 第 11.6 款【进一步试验】

如果任何缺陷或损害的修补，可能对工程的性能产生影响，雇主可要求重新进行合同提出的任何试验，包括竣工试验和（或）竣工后试验，如果缺陷或损害修补的原因是由合同规定以外其他原因造成的，由业主承担试验的风险和费用。

11. 第 11.8 款【承包商调查】

如果雇主要求承包商调查任何缺陷的原因，承包商应在雇主的指导下进行调查。调查结果如果是合同规定外的任何其他原因造成的，雇主应补偿承包商的调查费用。

12. 第 12.2 款【延误的试验】

如果由于雇主对竣工后的试验无故延误，致使承包商增加费用，承包商有权提出费用以及合理利润的索赔。

13. 第 12.4 款【未能通过的竣工后试验】

如果对承包商为调查未通过某项竣工后的试验的原因或为进行任何调整或修正，要进入工程或生产设备，雇主无故延误给予许可，招致承包商增加费用，承包商可以提出费用索赔。

14. 第 13.3 款【变更程序】

为雇主指示或批准一项变更，雇主应商定或确定对合同价格和付款计划表的调整，造成承包商工期拖延和（或）费用增加的，承包商有权提出工期、费用索赔，如果适用，并应考虑承包商有关价值工程条款提交的建议。

15. 第 13.5 款【暂列金额】

雇主规定的暂列金额支付中的实际金额，如果合同规定有关百分率计算，这些实际金额的一个百分比，可作为管理费的金额。

16. 第 13.6 款【计日工作】

对于一些小的或附带性的工作，雇主可指示按计日工作实施变更。这时，工作应按照包括在合同中的计日工作计划表，并按程序进行估价。

17. 第 13.7 款【因法律改变的调整】

如果在投标基准日期后工程所在国的法律改变，包括适用新的法律、废除或修改现行法律或对此法律的司法或政府解释有变化，使承包商已（或将）遭受延误和（或）已（或将）招致增加费用，承包商有权向业主提出工期、费用索赔。

18. 第 13.8 款【因成本改变的调整】

当承包商遇到劳动力、设备、材料以及工程的其他投入的成本上涨或货币汇率发生变化时，承包商应按照双方在专业条款的规定，要求业主对成本进行调整。

19. 第 14.8 款【延误的付款】

如果业主未按照约定按时支付承包商款项，承包商应有权就未付款按月计算复利收取延误期的融资费用。

20．第 16.1 款【承包商暂停工作的权利】

如果业主不能履行自己的财政计划或者不能按时支付工程款，承包商在发出通知 28 天后，有权暂停或减缓工程进度，直到承包商接到相关证据或支付，承包商遭受延误和（或）招致费用，承包商有权提出工期、费用索赔。

21．第 16.4 款【终止时的付款】

由于雇主原因造成承包商提出终止合同，雇主应向承包商支付应得的工程款；付给承包商因此项终止而蒙受的任何经济损失或损害的款额。

22．第 17.4 款【雇主的风险及其后果】

如果由雇主承担的任何风险对工程、货物或承包商文件造成损失，承包商应修整此类损失或损害。如果因修整此类损失或损害使承包商遭受延误和（或）招致增加费用，承包商有权提出工期、费用索赔。

23．第 18.1 款【有关保险的一般要求】

如果应投保方对合同要求没有按照规定办理并维持的任何保险，另一方可以办理该保险范围的保险，并付应交的保险费。应投保方应向另一方支付这些保险费，并相应调整合同价格。

24．第 19.4 款【不可抗力的后果】

如果承包商遭受不可抗力，且妨碍其履行合同规定的任何义务，使承包商遭受延误或其他损失，承包商有权提出工期索赔。不可抗力包括战争、骚乱、罢工、地震、海啸、火山爆发等。如果承包商遭受不可抗力，且妨碍其履行合同规定的任何义务，使其遭受延误和（或）招致增加费用，承包商有权提出工期、费用索赔。不可抗力包括战争、骚乱、罢工、地震、海啸、火山爆发等。

25．第 19.6 款【自主选择终止、支付和解除】

如发生不可抗力，使工程实施受到阻碍已连续 84 天或由于同一通知的不可抗力断续阻碍几个期间累计 140 天，任一方可以向他方发出终止合同的通知。在此类终止的情况下，雇主应支付承包商已完成工程应付金额、已订购或交付雇主的生产设备、材料费用、撤场和返回费用以及其他合理的任何费用或债务。

26．第 19.7 款【根据法律解除履约】

如果发生各方不能控制的任何事件或情况（包括担不限于不可抗力），使任一方或双方完成他或他们的合同义务成为不可能或非法或根据管理合同的法律规定，各方有权解除履行合同的义务终止合同的，雇主应支付给承包商应得的款额。

FIDIC 银皮书承包商费用索赔主要有关条款汇总见表 8-2。

表 8-2　　　　　　　　　FIDIC 银皮书承包商费用索赔主要条款汇总

序号	条款序号	条 款 内 容	相 关 条 款
1	第 2.1 款【现场进入权】	承包商开出履约保函后，就应有进入工程的所有部分，使用工程的运行和工作记录的权力。如果业主未能及时向承包商提供进入和占用现场各部分的权利，使承包商遭受延误和（或）招致增加费用，承包商有权提出工期、费用索赔	第 3.5 款【确定】、第 8.4 款【竣工时间的延长】、第 20.1 款【承包商的索赔】

序号	条款序号	条 款 内 容	相关条款
2	第 4.6 款【合作】	承包商为可能被雇用在现场或其附近从事本合同未包括的任何工作的下列人员进行工作提供适当的机会，如果任何此类指示导致承包商增加费用，承包商有权提出费用索赔	第 13 条【变更和调整】、第 20.1 款【承包商的索赔】
3	第 4.24 款【化石】	如在施工现场，承包商可能会发现的化石、硬币、有价值的物品或文物，以及具有地质或考古意义的结构物和其他遗迹或物品时，雇主发出指令要求暂时停工，如果承包商执行雇主处理上述物品发出的指示而遭受延误，和（或）招致费用，承包商有权提出工期、费用索赔	第 8.4 款【竣工时间的延长】、第 20.1 款【承包商的索赔】
4	第 5.1 款【设计一般要求】	在 EPC 合同中规定业主不承担在业主要求中的各种错误不准确或遗漏责任，但对于属于业主责任需要提供的位置、数据和信息，工程预定用途定义，执行或试验标准以及和承包商不能复核的位置、数据和信息等应承担责任。由此造成承包商费用的增加，承包商可以提出费用索赔	第 20.1 款【承包商的索赔】
5	第 7.4 款【试验】	承包商在试验过程中，因执行工程师的指示或因业主原因致使试验拖延，而造成承包商遭受延误和（或）增加费用，承包商有权提出工期、费用索赔	第 12.2 款【延误的试验】、第 12.3 款【重新试验】、第 3.5 款【确定】、第 20.1 款【承包商的索赔】
6	第 8.9 款【暂停的后果】	如果承包商因执行雇主暂时停工发出的指示，和（或）因为复工，而遭受延误，和（或）招致增加费用，承包商有权提出工期、费用索赔	第 20.1 款【承包商的索赔】、第 8.4 款【竣工时间的延长】、第 8.8 款【暂时停工】、第 3.5 款【确定】
7	第 8.10 款【暂停时对生产设备和材料的付款】	生产设备的生产、生产设备和（或）材料的交付被暂停达到 28 天以上；承包商已按雇主的指示，标明上述生产设备和（或）材料为雇主的财产时，承包商有权得到尚未运到现场的生产设备和（或）材料（按暂停开始日期时）的价值的付款	第 20.1 款【承包商的索赔】
8	第 10.3 款【对竣工试验的干扰】	如果由业主应负责的原因妨碍承包商进行竣工试验而此项拖延，使承包商遭受延误，和（或）招致增加费用，承包商有权提出工期、费用索赔	第 3.5 款【确定】、第 8.4 款【竣工时间的延长】、第 20.1 款【承包商的索赔】

序号	条款序号	条款内容	相关条款
9	第 11.2 款【修补缺陷的费用】	承包商完成扫尾工作和修补缺陷的费用，由承包商原因造成的，其风险和费用由承包商承担。如果是由于合同规定的外的任何其他原因达到造成此类工作的程度，雇主应根据情况做出变更，对承包商的损失进行补偿	第 11.1 款【完成扫尾工作和修补缺陷】、第 13.3 款【变更程序】、第 20.1 款【承包商的索赔】
10	第 11.6 款【进一步试验】	如果任何缺陷或损害的修补，可能对工程的性能产生影响，雇主可要求重新进行合同提出的任何试验，包括竣工试验和（或）竣工后试验，如果缺陷或损害修补的原因是由合同规定以外其他原因造成的，由业主承担试验的风险和费用	第 7.4 款【试验】、第 11.2 款【修补缺陷的费用】、第 20.1 款【承包商的索赔】
11	第 11.8 款【承包商调查】	如果雇主要求承包商调查任何缺陷的原因，承包商应在雇主的指导下进行调查。调查结果如果是合同规定以外的任何其他原因造成的，雇主应补偿承包商的调查费用	第 3.5 款【确定】、第 11.2 款【修改缺陷的费用】、第 20.1 款【承包商的索赔】
12	第 12.2 款【延误的试验】	如果由于雇主对竣工后的试验无故延误，致使承包商增加费用，承包商有权向业主提出费用以及合理利润的索赔	第 3.5 款【确定】、第 20.1 款【承包商的索赔】
13	第 12.4 款【未能通过的竣工后试验】	如果对承包商为调查未通过某项竣工后试验的原因，或为进行任何调整或修正，要进入工程或生产设备，雇主无故延误给予许可，招致承包商增加费用，承包商可以提出费用索赔	第 3.5 款【确定】、第 12.1 【竣工后试验的程序】、第 20.1 款【承包商的索赔】
14	第 13.3 款【变更程序】	为雇主指示或批准一项变更，雇主应商定或确定对合同价格和付款计划表的调整，造成承包商工期拖延，和（或）费用增加的，承包商有权提出工期、费用索赔，如果适用，并应考虑承包商有关价值工程条款提交的建议	第 3.5 款【确认】、第 8.3 款【进度计划】、第 13.2 款【价值工程】、第 20.1 款【承包商的索赔】
15	第 13.5 款【暂列金额】	雇主规定的暂列金额支付中的实际金额，如果合同规定有关百分率计算，这些实际金额的一个百分比，可作为管理费的金额	第 20.1 款【承包商的索赔】
16	第 13.6 款【计日工作】	对于一些小的或附带性的工作，雇主可指示按计日工作实施变更。这时，工作应按照包括在合同中的计日工作计划表，并按规定程序进行估价	第 20.1 款【承包商的索赔】
17	第 13.7 款【因法律改变的调整】	如果在投标基准日期后工程所在国的法律改变，包括适用新的法律、废除或修改现行法律，或对此法律的司法或政府解释有变化，使承包商已（或将）遭受延误和（或）已（或将）招致增加费用，承包商有权提出工期、费用索赔	第 3.5 款【确定】、第 8.4 款【竣工时间的延长】、第 20.1 款【承包商的索赔】

续表

序号	条款序号	条 款 内 容	相关条款
18	第 13.8 款【因成本改变的调整】	当合同价格要根据劳动力、货物以及工程的其他投入的成本的升降进行调整时，应按照专用条件的规定进行计算	第 20.1 款【承包商的索赔】
19	第 14.8 款【延误的付款】	如果业主未按照约定按时支付承包商款项，承包商应有权就未付款按月计算复利收取延误期的融资费用	第 14.7 款【付款的时间安排】、第 3.5 款【确定】、第 20.1 款【承包商的索赔】
20	第 16.1 款【承包商暂停工作的权利】	如果业主不能履行自己的财政计划或者不能按时支付工程款，承包商在发出通知 28 天后，有权暂停或减缓工程进度，直到承包商接到相关证据或支付，承包商遭受延误和（或）招致费用，承包商有权提出工期、费用索赔	第 3.5 款【确定】、第 8.4 款【竣工时间的延长】、第 20.1 款【承包商的索赔】
21	第 16.4 款【终止时的付款】	由于雇主原因造成承包商提出终止合同，雇主应向承包商支付应得的工程款；付给承包商因此项终止而蒙受的任何经济损失或损害的款额	第 16.2 款【由承包商终止】、第 19.6 款【自主选择的终止、支付和解除】
22	第 17.4 款【雇主的风险及其后果】	如果由雇主承担的任何风险对工程、货物或承包商文件造成损失，承包商应修整此类损失或损害。如果因修整此类损失或损害使承包商遭受延误和（或）招致增加费用，承包商有权提出工期、费用索赔	第 3.5 款【确定】、第 8.4 款【竣工时间的延长】、第 20.1 款【承包商的索赔】
23	第 18.1 款【有关保险的一般要求】	如果应投保方对合同要求没有按照规定办理并维持的任何保险，另一方可以办理该保险范围的保险，并付应交的保险费。应投保方向另一方支付这些保险费，并相应调整合同价格	第 18.2 款～第 18.4 款【工程和承包商设备的保险】、【人身伤害和财产损害险】、【承包商人员的保险】、第 20.1 款【承包商的索赔】
24	第 19.4 款【不可抗力的后果】	如果承包商遭受不可抗力，且妨碍其履行合同规定的任何义务，使承包商遭受延误或其他损失，承包商有权提出工期索赔。不可抗力包括战争、骚乱、罢工、地震、海啸、火山爆发等	第 3.5 款【确定】、第 8.4 款【竣工时间的延长】、第 19.1 款【不可抗力的定义】、第 19.2 款【不可抗力的通知】、第 20.1 款【承包商的索赔】
25	第 19.6 款【自主选择终止、支付和解除】	如发生不可抗力，使工程实施受到阻碍已连续 84 天，或由于同一通知的不可抗力断续阻碍几个期间累计 140 天，任一方可以向他方发出终止合同的通知。在此类终止的情况下，雇主应支付承包商已完成工程应付金额、已订购或交付雇主的生产设备、材料费用、撤场和返回费用以及其他合理的任何费用或债务	第 16.3 款【停止工作和承包商设备的撤离】、第 19.2 款【不可抗力的通知】、第 20.1 款【承包商的索赔】
26	第 19.7 款【根据法律解除履约】	如果发生各方不能控制的任何事件或情况（包括担不限于不可抗力），使任一方或双方完成他或他们的合同义务成为不可能或非法，或根据管理合同的法律规定，各方有权解除履行合同的义务终止合同的，雇主应支付给承包商应得的款额	第 19.6 款【自主选择终止、支付和解除】、第 20.1【承包商的索赔】

8.3 利润索赔条款分析

利润是承包商赖以生存和发展的根本，FIDIC 银皮书中规定，成本（费用）不包括利润。需要说明的是，在工程索赔中，利润索赔一般是不能单独成立的，往往与费用索赔结合在一起。FIDIC 银皮书中与利润索赔有关的条款共有 11 款。

1. 第 2.1 款【现场进入权】

承包商开出履约保函后，就应有进入工程的所有部分，使用工程的运行和工作记录的权力。如果业主未能及时向承包商提供进入和占用现场各部分的权利，使承包商遭受延误和（或）招致增加费用，承包商有权提出工期、费用、合理利润索赔。

2. 第 7.4 款【试验】

承包商在试验过程中，因执行工程师的指示或因业主原因致使试验拖延，而造成承包商遭受延误和（或）招致增加费用损失的，承包商有权提出工期、费用、合理利润索赔。

3. 第 10.3 款【对竣工试验的干扰】

如果由雇主应负责的原因妨碍承包商进行竣工试验而此项拖延，使承包商遭受延误和（或）招致增加费用，承包商有权提出工期、费用、合理利润索赔。

4. 第 11.8 款【承包商调查】

如果雇主要求承包商调查任何缺陷的原因，承包商应在雇主的指导下进行调查。调查结果如果是合同规定外的任何其他原因造成的，雇主应补偿承包商的调查费用加合理的利润。

5. 第 12.2 款【延误的试验】

如果由于雇主对竣工后试验的无故延误，致使承包商增加费用，承包商应向雇主发出通知，有权向业主提出费用和合理利润索赔。

6. 第 12.4 款【未能通过的竣工后试验】

如果对承包商为调查未通过某项竣工后的试验的原因，或为进行任何调整或修正，要进入工程或生产设备，雇主无故延误给予许可，招致承包商增加费用，承包商可以提出费用、合理利润的索赔。

7. 第 13.3 款【变更程序】

为雇主指示或批准一项变更，雇主应商定或确定对合同价格和付款计划表的调整，造成承包商延误和（或）增加费用的，承包商有权提出工期、费用、合理利润的索赔。如果适用，并应考虑承包商有关价值工程条款提交的建议。

8. 第 13.5 款【暂列金额】

雇主规定的暂列金额支付中的实际金额，如果合同规定有关百分率计算，这些实际金额的一个百分比，可作为管理费和利润的金额。

9. 第 13.6 款【计日工作】

对于一些小的或附带性的工作，雇主可指示按计日工作实施变更。同时，该工作应按照包括在合同中的计日工作计划表，并按程序进行估价。

10. 第16.1款【承包商暂停工作的权利】

如果业主不能履行自己的财政计划或者不能按时支付工程款，承包商在发出通知28天后，有权暂停或减缓工程进度，直到承包商接到相关证据或支付，如果由此使承包商遭受延误和（或）增加费用，承包商有权向雇主提出工期、费用、合理利润索赔。

11. 第16.4款【终止时的付款】

由于雇主原因造成承包商提出终止合同，雇主应向承包商支付应得的工程款，付款；向承包商付给承包商因此项终止而蒙受的任何利润损失或其他损失或损害的款额。

FIDIC银皮书中，与承包商有关的利润索赔主要条款汇总见表8-3。

表8-3   FIDIC银皮书承包商利润索赔主要条款汇总

序号	条款序号	条 款 内 容	相关条款
1	第2.1款【现场进入权】	承包商开出履约保函后，就应有进入工程的所有部分，使用工程的运行和工作记录的权力。如果业主未能及时向承包商提供进入和占用现场各部分的权利，使承包商遭受延误和（或）招致增加费用，承包商有权提出工期、费用和合理利润索赔	第3.5款【确定】、第8.4款【竣工时间的延长】、第20.1款【承包商的索赔】
2	第7.4款【试验】	承包商在试验过程中，因执行工程师的指示或因业主原因致使试验拖延，而造成承包商遭受延误和（或）招致增加费用损失的，承包商有权提出工期、费用、合理利润索赔	第8.4款【竣工时间的延长】、第20.1款【承包商的索赔】
3	第10.3款【对竣工试验的干扰】	如果由雇主应负责的原因妨碍承包商进行竣工试验而此项拖延，使承包商遭受延误和（或）招致增加费用，承包商有权提出工期、费用、合理利润索赔	第3.5款【确定】、第8.4款【竣工时间的延长】、第9.2款【延误的试验】、第20.1款【承包商的索赔】
4	第11.8款【承包商调查】	如果雇主要求承包商调查任何缺陷的原因，承包商应在雇主的指导下进行调查。调查结果如果是合同规定外的任何其他原因造成的，雇主应补偿承包商的调查费用加合理的利润	第3.5款【确定】、第11.2款【修改缺陷的费用】、第20.1款【承包商的索赔】
5	第12.2款【延误的试验】	如果由于雇主对竣工后的试验无故延误，致使承包商费用增加，承包商有权向业主提出费用以及合理利润的索赔	第3.5款【确定】、第20.1款【承包商的索赔】
6	第12.4款【未能通过的竣工后试验】	如果对承包商为调查未通过某项竣工后的试验的原因或为进行任何调整或修正，要进入工程或生产设备，雇主无故延误给予许可，招致承包商增加费用，承包商可以提出费用、合理利润的索赔	第3.5款【确定】、第20.1款【承包商的索赔】
7	第13.3款【变更程序】	……为指示或批准一项变更，雇主应按照3.5款【确定】的要求，商定或确定对合同价格和付款计划表的调整。这些调整应包括合理的利润，如果适用，并应考虑承包商根据第13.2款【价值工程】提交的建议	第3.4款【指示】、第4.6款【合作】、第5.4款【技术标准与法规】

序号	条款序号	条 款 内 容	相关条款
8	第 13.5 款【暂列金额】	雇主规定的暂列金额、支付中的实际金额，如果合同规定有关百分率计算，这些实际金额的一个百分比，可作为管理费和利润的金额	第 13.3 款【变更程序】、第 20.1 款【承包商的索赔】
9	第 13.6 款【计日工作】	对于一些小的或附带性的工作，雇主可指示按计日工作实施变更。这时，工作应按照包括在合同中的计日工作计划表，并按程序进行估价	第 20.1 款【承包商的索赔】
10	第 16.1 款【承包商暂停工作的权利】	如果业主不能履行自己的财政计划或者不能按时支付工程款，承包商在发出通知 28 天后，有权暂停或减缓工程进度，直到承包商接到相关证据或支付，承包商遭受延误和（或）招致费用，承包商有权提出工期、费用、合理利润索赔	第 3.5 款【确定】、第 8.4 款【竣工时间的延长】、第 20.1 款【承包商的索赔】
11	第 16.4 款【终止时的付款】	由于雇主原因造成承包商提出终止合同，雇主应向承包商支付应得的工程款，付款；付给承包商因此项终止而蒙受的任何经济损失或损害的款额	第 16.2 款【由承包商终止】、第 19.6 款【自主选择的终止、支付和解除】

8.4　索赔条款汇总

FIDIC 银皮书中关于工期、费用和利润索赔条款综合汇总见表 8-4。

表 8-4　　　　　　　　FIDIC 银皮书工期、费用和利润索赔条款综合汇总

编号	FIDIC 条款	内 容 概 要	索赔内容
1	2.1	现场进入权	T+C+P
2	4.24	化石	T+C
3	7.4	试验	T+C+P
4	8.4	竣工时间的延长	T
5	8.5	当局造成的延误	T
6	8.9	暂停的后果	T+C
7	8.10	暂停时对生产设备和材料的付款	C
8	10.3	对竣工试验的干扰	T+C+P
9	11.2	修补缺陷的费用	C
10	11.6	进一步试验	C
11	11.8	承包商调查	C+P
12	12.2	延误的试验	C+P
13	12.4	未能通过竣工后试验	C+P
14	13.3	变更程序	T+C+P

续表

编号	FIDIC 条款	内 容 概 要	索赔内容
15	13.5	暂列金额	C+P
16	13.6	计日工作	C+P
17	13.7	因法律改变的调整	T+C
18	13.8	因成本改变的调整	C
19	14.8	延误的付款	C
20	16.1	承包商暂停工作的权利	T+C+P
21	16.4	终止时的付款	C+P
22	17.4	雇主风险的后果	T+C
23	18.1	有关保险的一般要求	C
24	18.2	工程和承包商设备的保险	C
25	18.3	人身伤害和财产损害保险	C
26	18.4	承包商人员的保险	C
27	19.4	不可抗力的后果	T+C
28	19.6	自主选择终止、付款和解除	C
29	19.7	根据法律解除履约	C

注：T—承包商有权获得工期延长；C—费用赔偿；P—合理利润。

8.5 索赔时限条款分析

8.5.1 索赔时限条款

1. 第 20.1 款【承包商的索赔】

第一、第二和第三段的规定，承包人应在知道或应当知道索赔事件发生后 28 天内，应向雇主递交索赔意向通知书，并说明发生索赔事件的事由；承包人未在前述 28 天内发出索赔意向通知书的，丧失要求追加付款和（或）延长工期的权利。承包商还应提交所有有关该事件或情况的、合同要求的任何其他通知，以及支持索赔的详细资料。

2. 第 20.1 款【承包商的索赔】

第五段规定，承包人应在承包商觉察（或应已觉察）引起索赔的事件或情况后 42 天内，向雇主递交一份充分详细的索赔报告，包括索赔的依据、要求延长的时间和（或）追加的付款的全部详细资料。

3. 第 20.1 款【承包商的索赔】

第五、第六段还规定，如果引起索赔的事件或情况具有连续影响：①上述充分详细的索赔报告应被视为中间的；②承包商应按月向雇主递交进一步的中间索赔报告，说明累计索赔的延误时间和（或）金额，以及雇主可能合理要求的此类进一步详细资料。

4. 第 20.1 款【承包商的索赔】

第五段（c）规定，在索赔事件影响结束后 28 天内，承包人应向监理人递交最终索赔报告，说明最终要求索赔的追加付款金额和（或）延长的工期，并附必要的记录和证明材料。

8.5.2 处理时限条款分析

依据第 20.1 款"承包商的索赔"第 7 项规定，雇主在收到索赔报告或对过去索赔的任何进一步证明资料后 42 天内，或在雇主可能建议并经承包商认可的其他期限内，做出回应，表示批准，或不批准，并提出具体意见。雇主还可以要求承包商提供任何必需的进一步的资料，但雇主仍要在上述时间内对索赔的原则做出回应。

第9章 工期索赔原理

工期索赔是承包商向业主索赔的重要目的之一，是工程索赔的常见内容。在实践中，如果承包商造成工期延误将受到业主的惩罚，势必对承包商信誉产生不良影响，进而影响总承包商今后在项目所在国或地区的后续项目营销。为此，当非承包商原因造成工期延误时，承包商必然向业主进行工期索赔。

9.1 工期索赔概述

9.1.1 工期延期的含义

1. 工期索赔的概念

严格地讲，工程进度拖延分为工期延误和工程延期两种情况。工期延误是由于承包商自身原因而导致的工程进度拖延，工程不能按照合同规定的竣工日期完工。工程延期则是由业主或承包商无法控制的原因导致工程工期延长的一种情况。对于工程延期，承包商有理由根据 EPC 合同有关条款提出工程延期的索赔要求，如银皮书第 8.4 款【竣工时间延长】。

因业主或客观原因导致的工程延期又可分为可原谅工程延期和可以补偿的工程延期两种。可原谅工程延期主要是由于客观原因如不可抗力的破坏作用、不可预见的地质条件变化等原因而造成的。可补偿工程延期是由于业主原因造成的。不论是可原谅工程延期，还是可补偿工程延期，承包商均有权索赔获得工期延长。

如果该项工程延期影响到关键路线上的工作，承包商不仅有权要求延长工期，还有权要求业主就此延期给承包商造成的经济损失和额外开支给予费用补偿。如果工程延期仅仅影响了非关键线路上的工作，那么承包商无权要求工期延长。但是，如果承包商能够证明该延期给他造成了经济损失或额外开支，承包商可以要求业主给予一定数额的补偿费用。

2. 工期索赔的起因

在建设工程项目中，引起工期索赔的起因很多。常见的起因有：业主原因而引起的设计变更；施工条件变化引起的；业主要求加速施工引起的；业主指令工程暂停引起的；特殊风险和不可抗力所引起的，等等。

工期索赔虽然是源于多种因素，但其根本是要基于 EPC 合同条件。在银皮书下，承包商可利用工期索赔的主要条款进行索赔，例如，第 2.1 款【进入现场的权利】：业主没有在规定的时间内给予承包商现场，而导致工期延误，承包商可以提出工期索赔；第 4.24 款

【化石】：业主应就处理上述物品发出指示。如果承包商因执行这些指示遭受延误和（或）招致费用的，承包商可以向业主提出工期索赔。第7.4款【试验】：承包商在检验的过程中，因业主应负责的延误的结果，而造成承包商损失的，承包商有权提出工期等索赔。

在工程建设进程中，承包商一旦发现上述原因影响工程进度，承包商应积极引用有关条款进行工期索赔，从而达到以下两个目的：一是免去或推卸自己对已经产生的工期延长的违约责任；使自己尽量不支付或少支付工期延长的违约金；二是索赔因工期延长而造成的费用损失。

3. 工期索赔的地位

"承包商以工作得到报酬，业主付款获得工程"是一切工程建设合同的宗旨，EPC工程合同也一样。索赔是具有风险的工作，若处理不当，会给企业在当地及日后的市场扩展中带来严重的负面影响。因此，承包商要认真研究合同工期相关的索赔问题，争取按计划竣工。

（1）工期索赔目标。工期索赔在实际操作上，如上所说，对承包商来说主要为两个目的：一是工期索赔是承包商向业主要求工期延长（将原来竣工日期合理延期）时间，由于合理的工期延长承包商可以不承担误期损害赔偿费。在国际工程合同中，业主向承包商索赔的误期损害赔偿费是用以补偿由于工程项目较晚投入运行使用而发生的经济损失，按日计算赔偿金，其数额是相当大的。可以累积达到工程项目合同额的10%。二是争取因为业主责任造成工期延长使承包商发生经济损失的补偿。可以看出，一般来说工期索赔与费用索赔是紧密相关的。

（2）工期索赔重点。工程项目首先应在资源均衡前提下，选择并实现项目最佳的经济工期，确保工程最终盈利。工期设定应遵循切实可行的原则，进行动态、全过程管理。尤其是国际工程，不确定因素越多，对工期的影响就越大，因此，承包商要做好工期索赔的管理。工期索赔的重点有以下几点。

1）索赔成功的前提条件。承包商建好工程项目是索赔成功的前提条件。承包商只有把工程项目建设好，使业主的资金投入产出效益，便可以拉近业主与承包商的关系，并改善索赔氛围，才会有最终盈利。承包商在项目投标决策时要进行相应的风险分析，在签订合同时要考虑周详，使得合同双方风险承担均衡，避免大量索赔事件发生。

2）把握好索赔时机。承包商应识别并把握好索赔时机，做好单项索赔。依据银皮书条件，索赔应在索赔事件发生28日内提出，并应该尽早提出书面索赔报告。实践表明单项索赔的成功率远大于一揽子索赔，所以应争取做好单项索赔。

3）积极准备基础材料。索赔理由遵循合同条件，做到有理有据。包括有针对性的基础材料齐备并参考国际通用的计算方法进行计价，做到数据准确，材料齐全。

4）加强管理，防范反索赔。工期索赔工作应从开始就进行系统化管理，积极防范业主索赔。系统化管理是指从项目组成筹划到项目收尾的全过程项目周期内，把工期索赔纳入合同管理范畴。通过对合同条件逐条分析，识别索赔机会，根据潜在的索赔机会落实到具体的负责人，建立项目索赔程序，策划需要的记录；一旦出现索赔时机，立即启动索赔程序进行索赔，同时应积极防范业主的索赔。

9.1.2　工期索赔的特点

1. 单向性

在工程项目建设的整个周期中，不难发现，由于业主掌握着实施关键的财权，在这个以经济利益为出发导向的契约中，总承包商大多数情况下相对处于被动地位，与其他索赔不同，工期索赔往往是单向性索赔，因为一般合同中，业主通常可以采用误期损害赔偿费、扣减履约保函等多种形式确保自身关于工期的合同利益，往往不存在或较少出现业主向总承包商提出延期索赔情形。工期赔偿形式上是对权力的要求，以避免在原合同竣工日不能完成时，被要求支付误期损害费用。总承包商必须确实搞好索赔的管理工作，通过工期索赔来获得经济补偿或减少经济损失，维护其合同的合法权益。

2. 不可逆性

工期索赔的不可逆性是指对于承包商前期已经获得的工期延长，业主不可能再次扣回。工期延长一旦确定，承包商会按照批准的延长天数调整进度计划及施工组织设计，然后按照此计划实施工程，如果业主再扣回给予的延期天数，就会打乱承包商的施工计划，对承包商的资源和工期造成损害，基于此，银皮书第 8.4 款【竣工时间延长】规定，如果承包商认为他有权提出延长竣工时间，应按照第 20.1 款【承包商的索赔】的规定，向业主发出通知。业主每次按照第 20.1 款确定延长时间时，应对以前所做的确定进行审核，可以增加，但不得减少总的延长时间。即业主在决定是否对总承包商提出的工期索赔给予批准时，应考虑已经批准的延期时间，但只能增加，不得减少已经给予的总的延长时间。这一点与费用索赔不同，对于费用索赔，如果雇主发现由于失误，前期工程款支付以及费用索赔中存在多付给承包商部分款项，业主可以按照合同规定的相关程序予以扣回。

3. 工期索赔与费用索赔的关联性

在工程实践中，工期索赔与费用索赔从来都是相辅相成的，具有较强的相关性，这种关联性主要体现在承包商向业主提出工期或费用索赔的根本目的均在于获得经济补偿或减少经济损失。一般来说，尤其是在国际 EPC 工程中，由于具有高复杂性，高风险性等特点，业主希望尽快完工，尽快投产获得收益，对工期的要求比较严格，如果工程延误承包商可能需要支付一笔可观的延误损害费，这时承包商进行工期索赔就是维护自身合法利益的一种必然手段。如果获得工期延长，就可以免除误期损害赔偿的责任，如果在此基础上还存在提前或按期完工，承包商还可以提出由于加速施工引起的费用索赔，最终体现在经济收益上。为此，承包商在进行索赔时应整体考虑工期索赔和费用索赔，在两者综合的基础上实现项目利润的最大化。

9.1.3　工期索赔的依据

1. FIDIC 银皮书工期索赔条款

对承包商提出工期索赔，FIDIC 银皮书第 8.4 款【竣工时间延长】规定，发生以下三种情况，承包商具有工期索赔权：①变更（除非已根据第 13.3 款【变更程序】的规定商定调整了竣工时间）；②根据本条件某款，有权获得延长期的原因；③由雇主、雇主人员或在现场的雇主的其他承包商造成或引起的任何延误、妨碍和阻碍。由此可见，总承包商可依据工程变更或变化、依据本条件某款，有权获得延长期的原因（如从未预见的外界环境条件）；

非承包商原因工程延期等方面进行工期索赔。

详细工期索赔条款见第8章表8-3，共有12条款，在12项条款中，只能提出工期索赔的（T）共2款，即第8.4款【竣工时间的延长】和第8.5款【当局造成的延误】；既能进行工期索赔，同时又能进行费用索赔（T+C）的共10款；可以同时索赔的工期、费用和利润（T+C+P）的共5款。

2. 国内示范文本工期索赔条款

依据《建设项目工程总承包合同范本》（GF—2011—0216）和《标准设计施工总承包招标文件》（2012年版），涉及工期索赔（T）的共40款，只能索赔工期（T）的1款，既能索赔工期，又能索赔费用（T+C）的37款，可同时索赔工期、费用、利润的（T+C+P）的共35款。详见后面第13章中的表13-1。

无论何种合同条件，承包商进行工期索赔时，都要事先做好策划，抓住索赔时机，准备详细的文字材料和相应的索赔证据。此外，对具体的索赔事件，承包商要进行具体分析，来推断自己是否有权获得工期索赔。这取决于事件本身及其所产生的实际后果和承包商对合同条款的理解、分析和应用能力。

9.2　工期索赔处理原则

9.2.1　工期索赔处理特征

1. 多发复杂性

EPC工程项目复杂，影响因素较其他工程模式要多得多，协调工作量大，施工中的各种困难难以预测。因此，工程项目的工期索赔具有多发性的特点。从工程项目设计、采购到施工工序，每个施工工序又都会受到各种内外环境条件的影响，都有可能引起工序持续时间的改变，而各个工序在施工进度网络计划中所处的位置又有所不同，有的是关键工序，有的是非关键工序，而非关键工序又具有不同的时差。因此，由于各种工序的持续时间拖延对网络计划实施的影响不同，工程项目工期索赔的原因分析具有多发复杂性。

2. 多变综合性

对于EPC工程项目，建设周期长，涉及参建单位多，从设计、采购到施工准备，进度控制，质量控制，投资控制，工程管理和竣工验收等各个环节的工作都存在潜在的影响工期的不确定因素。因此，引起工程项目工期索赔的原因具有多变性。工程项目建设涉及单位多，环境因素影响较大，引起工程工期延期的原因可能是业主原因，总承包商自身原因或不可抗力的自然因素，不同因素引起的工期拖延需要区别处理，因此，工程项目工期索赔具有多变综合性的特点。

3. 处理的复杂和困难性

工程项目的工期索赔是反应业主和承包商合同利益纠纷的一种表现形式，双方提出工期索赔的出发点和要求往往容易带有片面性，这种以各自维护自己利益的驱使，加大了对工期索赔的处理难度，工程项目工期索赔具有的复杂性和困难性。

4. 法律严密性和结果公正性

由于工程项目的工期索赔是依据合同规定的一种权利要求，因此，对工程项目工期索赔的处理应该具有法律的严密性，处理工期索赔的目的是维护业主和承包商、分包商的合法权益，因此，需要处理程序的合法性，处理依据的准确性，处理结果的科学性，监理工程师工作的公正性和公平性。

9.2.2 工期索赔处理的一般原则

导致工期索赔的根本原因在于进度拖延。因此，处理工期索赔过程也是对进度拖延进行分析和责任界定的过程。而在工程建设中，由于导致进度拖延的原因非常复杂，这使得对进度拖延的分析和责任的界定也是异常复杂。一方面，由于进度拖延的原因往往涉及参与工程建设的各方，而且常常是多方面原因共同造成的，即存在多事件、多责任主体交叉干扰下的进度拖延；另一方面，由于进度拖延分析要通过技术和商务分析、责任归属分析和责任量化分析；这两方面原因使得进度拖延的分析和处理非常困难。工期索赔处理的一般原则如下。

1. 以合同条款为依据原则

工程项目工期索赔的处理既要以事实为依据，以 EPC 合同为准绳，坚持公正、公平的原则，又要双方相互让步，妥善协商，减少索赔纠纷，坚持平等互利的原则独立公正地协调处理好工期索赔维护双方的合法权益以达到协调一致的目的。

2. 程序合法性原则

工期索赔处理的前提是按照 EPC 工程合同条件规定的期限，及时向雇主提出工期索赔申请，总承包商在工程施工进展中要注意准确收集和积累工期索赔资料，保证对工期索赔的处理程序具有合法性，索赔依据具有真实性和可靠性。

3. 处理的合理性原则

如上所述，在建设工程中，一般把由于承包商原因而造成的进度拖延称为工程延误，也称为不可原谅的进度拖延，把由于非承包商原因而造成的进度拖延称为工程延期，也称为可原谅的进度拖延。而可原谅进度拖延又可分为可原谅并给予经济补偿的拖延和可原谅但不给予经济补偿的拖延。各种情况的具体处理方法见表 9-1。

表 9-1　工期索赔处理的合理性原则

是否可原谅	拖期原因	责任者	处理方法
可原谅拖延	业主提出修改设计、施工条件变化以及业主各方面的原因	业主原因	可给予工期延长，可补偿经济损失
	人力不可抗力，如自然灾害；特殊风险、不利施工条件等	客观原因	可给予工期延长，不给予经济补偿
不可原谅拖延	工效不高、施工组织不好、承包商设备材料问题等	承包商原因	不延长工期，不补偿经济损失，向业主支付工程误期赔偿费

4. 关键线路法优先原则

（1）应用的优先性原则。工程进度计划作为项目实施者和项目监管者的共同参照系，在大型 EPC 工程承包中，由于合同条件和项目自身的要求，其编制和实时控制越来越重要，这在 FIDIC 银皮书第 8.6 款【工程进度】的规定中表现得最为具体和清楚，业主和工程师通过工程进度计划了解、监控承包商履行合同，实施项目的情况和发展趋势，承包商通过提前规划安排施工、自我检查和控制实施速度，并在发现问题时及时纠正和调整。

进度计划是对施工的各个环节进行分解，施工的逻辑进行合理安排，以反映施工顺序和各个阶段工程面貌及完成情况的施工计划。现实中应用网络计划对任务的工作进度进行安排和控制，以保证实现预定目标。网络计划技术的种类很多，主要有关键线路法（CPM）、计划评审技术（PERT）、图示评审技术（GERT）和风险评审技术（VERT）等。其中 CPM 有单代号网络图、双代号网络图、搭接网络图三种形式，在工程项目管理中应用最为普遍，最为广泛。工程进度计划能够准确反映各活动之间的逻辑关系及各活动需要的资源状况，因而它是所有进度计划中最可靠和最准确的一类。同时，由于 CPM 施工进度计划能够用网络图和"横道图"来直观表示活动之间的逻辑关系和持续时间，从而使进度分析和施工延误分析更容易和方便。

需要指出的是，在国外一些施工延误的案例中，部分法院和评审团已经开始拒绝接受单纯的"横道图"施工进度计划。如在美国某些案例中，美国联邦法院认为单纯"横道图"施工进度计划不能用于协调整个合同工程进度计划。与此同时，在另一些案例中，陪审团也拒绝了采用单纯"横道图"施工进度计划编制的施工延期证明文件，因为他们认为单纯"横道图"施工计划不能证明施工延误对项目完工时间的影响程度，也不能向 CPM 施工计划那样能够根据活动间的逻辑关系反映各种变化或施工延误的影响程度。因而，在有 CPM 施工进度计划的情况下，应尽量使用 CPM 工程进度计划进行工程延误分析。其他的工程进度计划一般只在不得已或特别需要的情况下采用或作为 CPM 工程进度计划分析的一种补充。

（2）进度计划的时间性原则。通常，在承包商进场后第一次提交基准进度计划（进场后，由监理人和承包商进行细化的商谈并确定的合同进度计划）以后，在合同工程的施工过程中，还会多次更新或修改此基准进度计划。因而，在多数工程中常常有多个不同时段的基准进度计划存在。为使所选择施工进度计划准确用于施工延误分析，就必须选择一个相应于施工延误时段最适合的基准进度计划，这就是施工进度计划选择的时间性原则。例如，在某大型工程开工后的第二个月末，承包商提交了初始进度计划并得到了批准；随后，在整个施工过程中该进度计划共修改了 5 次。在该工程施工过程中，共存在 6 个基准进度计划。通过分析，发现某个施工延误主要发生在第三次和第四次修改基准进度计划期间，那么相对该延误分析而言，最合适的施工进度计划就是第三次修改的基准进度计划。

（3）进度计划完整性原则。用于施工延误分析的进度计划应尽量是完整的。这一点主要针对部分项目无基线进度计划但有其他形式的进度计划的情况，例如承包商提供的施工进度计划未获得批准，或是存在若干个子项进度计划等。所谓完整，就是一个进度计划应尽量包含了合同范围内的所有施工活动内容。

（4）进度计划客观性原则。依据上述原则初步选定用于施工延误分析的合同进度计划后，还必须对该进度的逻辑性、可行性和客观性进行分析和复核，确认其是否能够反映工程客观情况、是否符合合同目标要求、各活动之间的逻辑关系是否合理等，以保证施工延误分析结果的客观性。

5. 多因素干扰延误处理的原则

由于单一事件造成施工延误处理责任划分比较简单，一般很少发生争议。而在实际工程实践中，工程拖延很少是只由一方面原因造成的，往往是两三种原因共同引起的，称为多因素造成工程延误或共同延误，其处理较为复杂，也较容易引起争议，现有处理此类工期索赔的原则有以下几种。

(1) 初始拖延原则。根据这一处理原则，凡在同一时间段内发生两种以上原因的拖延，首先判别造成工程拖延的哪一种原因是最先发生的，即确定"初始延误"者，初始延误应对工期拖延负责。在初始拖延发生作用期间，其他并发的拖延者不承担延误责任。初始事件原则体现的是"逻辑责任"，有其逻辑合理性，但是它不考虑交叉时段内其他因素所引起的延误事件可能带来的交互影响，则违反了公平原则。

(2) 不利于承包商原则。在多干扰事件交叉时段内，只要出现的责任或风险与承包商有关，不管这些责任或风险中有没有业主的原因，一律由承包商承担。不利于承包商原则简单易行，但它既不符合逻辑又违背公平原则，也与以 FIDIC 为代表的国际惯例相抵触。

(3) 按比例分摊责任的原则。根据我国合同法中第三条及第五条有关合同双方平等、公平的原则，凡是在因承包商原因引起的工期延误与因发包人或客观原因引起的工程延期同时发生的时段内，可根据相关资料，对引起施工延误双方各自所负的责任，按比例分摊的原则进行处理。这是一种折中的处理，符合公平原则，但责任比例难以确定，且可操作性比其他原则低。

9.3　工期索赔分析的方法

选择合适的工期索赔的计算方法是工期索赔的重点和难点，目前在国际 EPC 工程中，如果业主给承包商工期延长时，都需要做基于关键路径法进行分析，在国际工程中，工期延误分析已经成了很多人的专门职业。

现在常用的工期延误分析方法有：①实际与计划进度对比法；②计划影响分析法；③影响剔除分析法；④时间影响分析法等。其中第一种方法不必采用关键线路法（CPM）；第二、第三、第四种方法都需要基于关键线路法（CPM）进行分析。

除上述工期索赔分析方法外，还有里程碑分析法、窗口分析法等等。各种方法在计算工期索赔和说服力方面存在诸多差异，本节将对上述四种分析方法进行简介，通过各种指标对比分析上述各种方法的优劣，为实际应用提供针对性的参考。

9.3.1　实际和计划对比法

1. 方法简介

在关键线路法出现之前，工期延误分析只能采用非关键线路径法，其原理是以基准进度为基准，是将基准进度计划（或施工计划）与实际计划（或反映某一时刻的实际进度）进行对比，得出的计划工期与实际工期之差，即为承包商有权要求工期延长的时间。

实际和计划对比法是一种事后分析的方法，它不必使用 CPM 网络分析技术，但可使用现有的计划管理软件程序进行分析、陈述和递交索赔报告。对于相对复杂的项目而言，实际与计划工期对比法涉及了开始和结束日期、活动持续时间、活动的相关次序以及导致延误的根本原因等因素。事实上，实际与计划工期对比法的复杂与否取决于项目和评估事项的性质、复杂程度。

需要注意的是，在没有使用 CPM 网络技术进行分析时，可能很难确定活动的关键线路，从而无法判断延误对竣工日期的影响，所以使用时要特别谨慎。这种方法比较简单，容易使用，即使在现在，仍然是一种常用的方法。

2. 适用范围

一般来说，现在使用基于非关键线路法的工期延误分析方法，都是用于一些比较简单的情况，工期延误的原因很简单，对于过程的影响非常明了，而且造成延误的原因只有一方，最好是工期也不太长。比如，总承包雇佣桩基分包进行桩基施工，工期长度一般几个月，过程中只有一家分包施工，如果过程中没有其他的延误，而仅仅由于单一的原因造成的延误，这时采用实际进度和计划对比来分析，就是一种简单适用的方法。

为此，实际与计划工期对比法适用于相对简单的工程项目，例如，公路、管道等线性工程项目。另外，为了比较计划工期和实际工期，这种方法要求具备充分的进度计划中活动的信息以及实际进度信息资料。虽然存在基准计划和实际计划，但没有进行同期计划更新，或者更新的计划则无法满足进行延误分析的要求。同时，实际与计划工期对比法适用于因变更或其他承包商有权要求工期延长导致的延误，但归责于承包商的延误原因除外。

3. SCL 准则建议

英国建筑法学会《延误和干扰分析准则》（SCL Protocol）第 4.5 节和第 4.12 节认为，实际与计划工期对比法可用来识别进度的延误，但其局限在于无法识别共同延误、重新安排施工次序、采取减轻措施和赶工的影响。这种方法适用于施工更为复杂的分析方法之前的开始阶段。在存在进度计划和实际进度或者已对进度计划进行定期更新，但缺少相关的网络逻辑关系时，可使用实际与计划工期对比法。

4. 主要优缺点

实际与计划进度对比法的主要优点有：①直观易懂；实际进度记录可以支持通过分析所得出的结论；②无须经常对进度计划进行更新；③不需要确定活动的逻辑关系和实际进度中的时差。

实际与计划进度对比法的主要缺点有：①过于简单，容易使人对这种分析方法产生不信任感，怀疑是否能够使用这种方法进行延误分析支持承包商索赔工期延长的主张；②由于无须使用 CPM 网络技术，导致无法准确判断共同延误、随后延误、次生延误、赶工、重新安排施工次序以及采取减轻措施的影响。

总之，如果适用实际与计划进度对比法可以准确反映实际进度的事实，且有同期记录支持时，可以使用这种方法进行延误分析和主张工期延长。不可否认的是，由于这种方法相对简单，在处理争议时，容易遭受对方的批评和质疑，但在国际工程纠纷司法判决中的 City Inn Ltd 诉 Shepherd Construction Ltd. 〔2007〕ALJR 190 案中得到了法官的支持。

9.3.2　计划影响分析法

1. 方法简介

计划影响分析法又称为计划进度法，是一项以进度计划为基准，是基于关键线路法及网络技术的基础之上的一种在施工过程中对发生的工期延误进行事中分析的方法，预测延误事件对工程项目竣工日期影响的分析技术。其原理是在使用这种分析技术时，应将已经确定的可原谅的延误事件，无论是单个的延误事件，还是多个的延误事件加入（插入或加载）到进度计划之中，确定延误事件对进度计划的影响程度，并重新修订进度计划，得出受到延误影响后的修正进度计划。将原基准进度计划与受到影响的修正进度计划进行对比，两个进度计划之间的时间差，就是承包商有权索赔的工期延长时间。

2. 适用范围

计划影响分析法主要适用范围是：①简单的工程项目以及相对复杂的工程项目；②发生延误事件的期限较短，或发生了一个或几个延误事件，并影响到了进度计划；③制订的进度计划非常充分、详细，对所需资源进行了合理的分配，可以将可原谅的延误加入（插入或加载）到受影响的活动中，并对影响事件进行判断。

3. SCL 准则建议

英国建筑法学会（SCL）在《延误和干扰分析准则》中建议，计划影响分析法可能适用于承包商制订了充分的进度计划，但在施工过程中没有及时根据实际进度进行更新，并且没有保存实际施工进度记录或者保存不完整的情况。

4. 计划影响分析法的优缺点

计划影响分析法的主要优点：①不需要复杂的项目管理软件程序，凭借手工即可完成延误影响的评估；②无须花费很多时间即可完成评估和分析；③不需要考虑工程的实际进度，可以缺少实际进度记录时对延误时间进行事中分析；④表述简单，易于理解；⑤结论简明，一目了然。

计划影响分析法的主要缺点：①由于无须考虑工程的实际进度，因此，与实际进度记录相比，延误时间可能只是理论数值；②这种方法完全依赖于充分的进度计划，可能会因输入延误事件的方式和活动之间的逻辑关系不同而得出不同的结论，如果进度计划是不合理的，不够充分或者活动之间的逻辑关系不正确，可能会出现误导的结果；③由于不需要考虑实际进度，这种方法完全忽略了共同延误的问题，特别是不利于归责承包商的延误和雇主负有责任延误同时发生的情况。

鉴于上述缺点，计划影响分析法受到了工程业界和司法界的广泛批评。在国际工程纠纷司法判决中的 Great Eastern Hotel Company Ltd 诉 John Laing Construction Ltd and Aonthe〔2005〕案中，法官对计划影响分析法提出了强烈批评，认为这种方法没有考虑工程的实际进度，得出的结论只是一个理论数值。

尽管计划影响分析法过于主观，但是，如果没有在工程项目中使用项目管理软件，且无法重新追溯延误的影响时，计划影响分析法也是一种可以承认的分析方法。在 Ctiy Inn ltd Shepherd Construction Led〔2007〕案中，法官接受了承包商提出的计划影响分析法，并将此作为判决承包商要求延期的依据。

9.3.3 影响事件剔除法

1. 方法概述

影响事件剔除法又称为实际进度法，该分析方法与实际计划工期对比法相同，影响事件剔除法是一种在工程结束后的对工期延误的事后分析法，或追溯延误的分析方法。其基本原理是以竣工计划（as built schedule）为基础，将竣工计划中非归责于承包商的延误剔除，通过重新计算得到新的竣工日期，竣工计划中的竣工日期与新的竣工日期之差即为延误事件对竣工时间造成的延误时间，也就是承包商有权要求工期延长的期限。影响时间剔除法需使用 CPM 网络计划，根据可靠的竣工资料建立竣工计划，通过识别活动中的非承包商的延误进行模拟分析，这种方法要求具有良好的竣工记录。

2. 适用范围

一般而言，影响事件剔出法适用于存在可靠的竣工计划，但没有对基准计划或者同期计划进行更新，或者更新的计划不足以支持延误分析的情形。这种方法也适用于没有定期针对进度计划报告实际进度，或者实际进度记录不可靠或不一致的情况。这种方法特别适合于在竣工之后承包商和业主发生争议，需要对进度计划和实际进度进行追溯分析的情况。影响事件剔除法是仅次于时间影响分析法（见 9.3.4 节）的第二种使用最多的延误分析技术。

3. SCL 准则建议

SCL 准则第 4.7 节认为，影响事件剔除法是一项对实际完成进度计划中业主风险事件影响进行分析的方法。与实际和计划工期对比法一样，这种方法无法识别共同延误、重新安排活动次序、重新分配资源和赶工的情况。特别是在竣工逻辑关系十分复杂时，需要对逻辑关系进行主观的界定。在施工过程中，如果为了克服业主风险事件的影响而发生了赶工、重新分配资源和重新安排活动次序，使用这种分析方法会产生不太可靠的结果。

SCL 准则第 4.15 节认为，由于从记录中创建准确的竣工逻辑关系是一件困难的事情，因此，影响事件剔除法是一种费时费力且带有一定主观性的分析方法，但这种方法仍不失为一种简单的分析工具。

4. 影响事件剔除法的主要优缺点

影响事件剔除法的主要优点有：①需根据可靠的竣工计划进行分析；②适用的基本原理简明易懂；③无须对进度计划进行更新；④无须基准计划；⑤仅仅根据竣工计划进行分析；⑥可以将业主延误事件从承包商延误事件中分离出来。

影响事件剔除法的主要缺点有：①重新创建模拟竣工计划费时费力；②模拟的竣工计划中的逻辑关系具有主观的特点；③无法识别竣工或同期关键线路；④在重建模拟竣工计划时需要对活动内容、活动详情、逻辑关系和活动持续时间进行许多主观假设；⑤无法从关键延误中区分出平行延误；⑥只能识别可补偿延误的竣工期限；⑦无法根据承包商在延误发生时递交的索赔意向计算延误。

9.3.4 时间影响分析法

1. 方法概述

时间影响分析法是在计划影响分析法基础上发展演变而成的一种处理更为复杂延误事件的分析方法。与计划影响分析法相同，它是一种分析延误事件对竣工日期影响的事中分析方法。这种方法的原理是以进度计划为基准，将计划更新到当前进度，然后将延误事件插入或加入到相关活动之中，重新计算进度计划，定新的竣工日期。新的竣工日期（如有）和原计划的竣工日期之差即为延误影响的时间。它与计划影响分析法的区别在于前者是在延误发生之前将计划更新到当前进度，而后者是对基准计划进行直接分析。

与计划影响分析法不同，时间影响分析考虑了实际进度，表明了相关活动的关键线路，时间影响分析法可以预测延误事件对竣工日期的影响。虽然这种方法不能精确反映实际发生延误的影响，但承包商可以使用这种方法主张自己有权对延误事件提出延期索赔。目前，时间影响分析法是一种使用最为广泛的、可以接受的工期延误分析技术。

2. 适用范围

时间影响分析法适用于进度计划准确，实际进度和竣工日期可靠且一致，并对计划进行了正常更新的项目。如在插入延误事件之前所获得的进度数据不足以保证评估结果的准确性，则应考虑使用视窗分析技术或者分界分析法（Watershed Analysis）对延误事件的影响进行分析。

时间影响分析法主要适用于如下情形。

（1）冻结的工作计划。如果承包商没有收到采取补救措施的指示，也无法动用其他资源复工，则可将这种状态称为"冻结"。

（2）着眼于今后计划的情况。

（3）短期延误。一般而言，在使用时间影响分析法时，延误时间应少于1个月。如果延误时间超出1个月，则应由有关规则进行调整。

时间影响分析法不适用于下述情形。

（1）非线性工作计划。

（2）在延误期间，承包商采取了减轻延误的措施。

（3）延误时间超长，计划进度与受到延误之前的实际进度的条件发生了重大改变。

3. SCL 准则

英国建筑法学会在《延误和干扰分析准则》（SCL Protocol）中认为，时间影响分析法是一种解决与延误有关的复杂争议以及解决延误补偿问题的更好的方法，建议使用这种方法进行延误工期的分析。

《延误和干扰分析准则》中规定："时间影响分析法是根据发生延误时的实际进度，通过分析延误事件对承包商未来活动影响的一种分析手段，这种方法有助于解决共同延误、赶工和干扰所涉及的复杂的延误情形。它也是一种在发生业主承担风险的事件时，确定应批准承包商工期延长时间的最好方法。在这种情况下，工期延长时间可能无法准确地反映承包商所遭受的实际延误情况，但这并不意味着时间影响分析法得出的只是一种假设的结论，使用这种方法可以得出承包商有权要求延期的期限。"

4. 时间影响分析法主要优缺点

时间影响分析法的主要优点有以下两点。

（1）与计划影响分析法相比，时间影响分析法考虑了工程项目的实际进度，虽然还有可能在未来的活动计划中得出一些理论结果，但这种方法在最大程度上去除了得出理论值的因素。

（2）与计划影响分析法相比，时间影响分析法可以处理共同延误、赶工和干扰事件，不会得出极端的或投机性的结论。

时间影响分析法的缺点有以下四点。

（1）这是一种最为耗时、成本较高的分析手段。

（2）在制订受到延误后的未来进度计划时，可能还会存在得出理论结论的机会。

（3）严重依赖基准计划的质量和准确性，需要检查和核实实际进度，有时无法反映实际发生的情况。

（4）在每一次更新进度计划时，需要获得充分的一致的进度数据。

在国际工程司法判决 Skanska Construction UK Ltd. 诉 Egger（Barony）Ltd.〔2004〕EWHC1748（TCC）案中，法官对被告提供的使用时间影响分析法进行的极为复杂的分析提出了批评。被告向法院提交了200多页图表，法官认为这些图表太过复杂，使人无法轻易理解所得出的结论。虽然 Skanska Construction UK Ltd. 诉 Egger（Barony）案件中法官对时间影响分析法的复杂性提出了质疑，但不可否认，时间影响分析法仍是目前使用最为普遍的一种可以接受的工期延误分析方法。

9.3.5 对分析方法的选用

1. 对分析方法的综合评价

通过上述的介绍和分析，可以看出各种工期索赔的计算方法各有利弊，不可一概定论孰优孰劣，本节从计算依据进度计划的类型、计算手段、方法难易程度以及可信度等几个方面对上述工期索赔计算方法进行对比，汇总结果见表9-2。

值得注意的是，应在充分考虑工程项目具体情况和事实的基础上，根据项目所使用的合同规定，工程项目的复杂性、文件的要求、合同适用的法律以及解决争议的方式等，选择工期延误的分析方法。

表9-2 国际工程工期索赔常用分析方法对比表

分析方法	分析的依据—进度计划的类型				分析手段	方法难易程度	可信度
	原始进度计划	调整进度计划	实际数据更新计划	实际进度计划			
实际与计划对比法	√	—	—	√	观察	易	低
计划进度分析法	√	√	—	—	插入	中等	较低
实际进度分析法	√	√	—	√	扣除	中等	较高
时间影响分析法	√	√	—	√	插入	难	高

2. SCL准则对选用方法的建议

SCL准则认为，使用哪一种分析方法分析延误事件的影响，确定承包商有权索赔工期延长的期限，主要取决于已有事实材料的种类。SCL 准则建议见表 9 - 3。

表 9 - 3   **SCL 准则建议表**

分析类型	无网络技术支持的竣工进度计划	基于网络技术的竣工进度计划	基于网络技术的更新的竣工进度计划	竣工记录
实际与计划工期对比法	X	或 X	和 X	或 X
计划进度影响法		X		
影响事件剔除法				X
时间影响分析法		X	或 X	和 X

注：X 为选项。

3. 选用分析方法应注意的问题

（1）在合同明确要求使用网络技术编制进度计划和管理项目时，承包商应与业主或业主代表事先确定所使用的项目计划管理程序，事先确定使用哪一种方法进行延误分析，做好延误事件的记录和填表工作，以月或周为单位定期更新进度计划。在发生延误事件后，仔细核对现场记录，及时分析每一个延误事件对竣工日期的影响，决定工程延误的时间和有权要求工期延长的时间。

（2）承包商在使用这些延误分析技术时，应特别注意每一种分析方法的优缺点和局限性。可采取在谈判时使用简单的分析方法，而在发生争议、仲裁或诉讼时采用复杂的、更有说服力的分析方法。

（3）在国际工程工期索赔实践中，工期索赔分析的方法多种多样，除了上述各种常用的计算方法外，还有其他确定索赔天数的方法，如在干扰事件发生前由合同双方商讨确定；在变更协议或其他附加协议中直接确定；或按照实际工期延长记录来确定等，具体应用中各种方法的选择并不唯一，承包商应根据工程项目实际及索赔具体情况选择对自己最有利且最有说服力的计算方法，并依托于大量相关的索赔证据，取得工期索赔的成功。

第 10 章   工 期 索 赔 案 例

在 EPC 总承包项目实践中，许多承包商成功地利用合同条件获得了工期索赔，有效地维护了承包企业的利益，为同行的索赔工作提供了值得借鉴的经验。本章介绍 EPC 工期索赔案例，共 12 例。其中，工期索赔算例 5 例，侧重于在实践和研究中工期索赔算法的介绍；其他 7 例划分为业主违约、工程变更、其他类型情况下的工期索赔案例，侧重于工期索赔条件分析与索赔过程的经验介绍。

10.1   工 期 索 赔 算 例

10.1.1   网络计划分析法的算例

【摘要】

网络计划技术作为一种新型的管理技术，不仅是一种编制计划的方法，也是一种科学的合同管理方法，在工程索赔方面及其他方面都有较大的作用。本例对工期索赔进行分析，说明网络计划技术在处理工期索赔中的重要作用。

【索赔背景】

某工程的分部工程网络计划如图 10-1 所示，其工期满足合同条款所规定的工期要求，并经业主方认可批准。在工程实施过程中，各工作的持续时间因不同原因有所延长，具体变化及原因见表 10-1。该分部工程即将完工时，承包商提出了 19 天的工期索赔要求和经济索赔要求，并符合索赔程序。

表 10-1 　　　　　　　　　　　各工序实际发生延期时间

工作代号	持续时间延长原因及天数（d）			持续时间延长总值
	业主	不可抗力	承包商	
A	1	1	1	3
B	2	1	0	3
C	0	1	0	1
D	1	0	0	1
E	1	0	2	3
F	0	1		1

工作代号	持续时间延长原因及天数（d）			持续时间延长总值
	业主	不可抗力	承包商	
G	2	4	0	6
H	0	0	2	2
I	0	0	1	1
G	1	0	0	1
K	2	1	1	4
合计	10	9	7	26

【处理分析】

1. 背景分析

根据背景材料，引起该分部工程延期的原因有三方面：业主、不可抗力和承包商。为了准确分析和处理工期索赔，将各种延期因素进行不同组合，分析不同组合情况下计算，工期及其延期的差异的原因，进而得出公正、合理的处理方案。图 10-1 为原网络计划图，图 10-2～图 10-6 为各种原因引起的工期延期网络计划图。其各网络计划图的计算工期时间分别为 t_1、t_2、t_3、t_4、t_5、t_6，并标注各网络计划图的关键线路于各图。

2. 各计划网络图基本情况分析

（1）根据图 10-1，该分部工程计划工期 $t_1=29$d，其网络计划的关键线路为：①→②→③→⑤→⑥→⑦→⑧。

（2）根据图 10-2，考虑全部延期原因影响下的实际网络计划计算工期为 $t_2=40$d。实际工程延期为 $t_2=40$d，$\Delta t_2=t_2-t_1=40-29=11$d。其网络计划的关键线路为：①→②→③→⑤→⑥→⑧。

（3）根据图 10-3，考虑非承包商延期原因影响下的网络计划计算工期为 $t_3=36$d。按此图分析，则可原谅延期为 $\Delta t_3=t_3-t_1=36-29=27$d。该网络计划的关键线路有 2 条：①→②→③→⑤→⑥→⑧，①→②→③→④→⑦→⑧。

（4）根据图 10-4，只考虑业主延期原因影响下的网络计划图的计算工期为 $t_4=32$d。按此图分析，则可原谅且可得到经济补偿的延期为 $t_4=t_4-t_1=32-29=3$d。该网络计划的关键线路有 2 条为①→②→③→⑤→⑥→⑦→⑧、①→②→③→⑤→⑥→⑧。

（5）根据图 10-5，只考虑不可抗力延期原因影响下的网络计划图的计算工期为 $t_5=32$d。按此图分析，则可原谅但不给予补偿的延期为 $\Delta t_5=t_5-t_1=32-29=3$d。该网络计划的关键线路 3 条，分别为：①→②→③→④→⑦→⑧、①→②→③→⑤→⑥→⑦→⑧和①→②→③→⑤→⑥→⑧。

（6）根据图 10-6，只考虑承包商延期原因影响下的网络计划图的计算工期为 $t_6=33$d。按此图分析，则不可原谅延期为 $\Delta t_6=t_6-t_1=33-29=4$d。该网络计划的关键线路为：①→②→③→⑤→⑥→⑦→⑧。

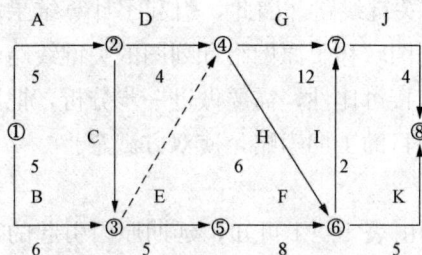

图 10-1　原网络计划图 ($t_1=29$d)　　图 10-2　三种因素作用下的网络图 ($t_2=40$d)

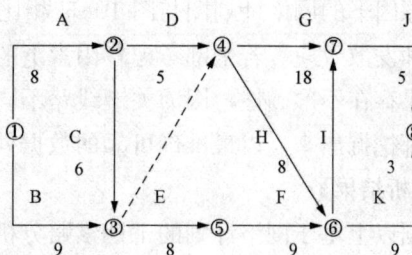

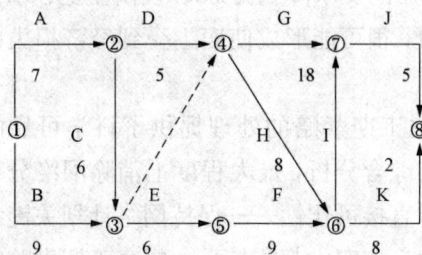

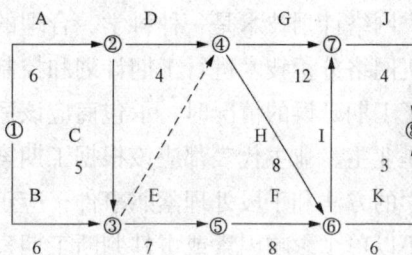

图 10-3　非承包商原因作用下的网络图 ($t_3=36$d)　图 10-4　业主原因作用下的网络图 ($t_4=32$d)

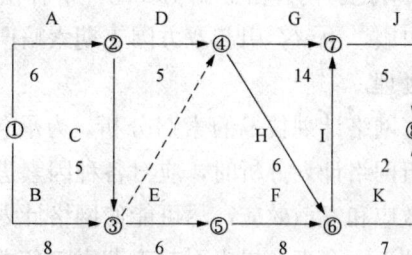

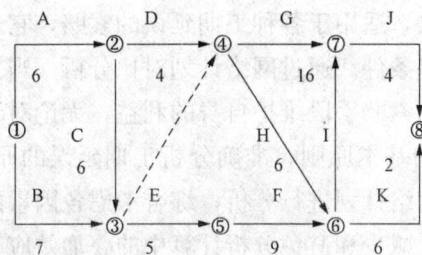

图 10-5　不可抗力作用下的原网络图 ($t_5=32$d)　图 10-6　业主作用下的网络图 ($t_6=33$d)

3. 各种网络计划组合比较分析

(1) 图 10-3 是非承包商延期原因网络计划，包括了图 10-4 业主延期原因和图 10-5 不可抗力延期原因，但其分别考虑和综合考虑的延期计算值不同，即 $\Delta t_4+\Delta t_5=6$d$\neq\Delta t_3=7$d，这说明利用网络计划技术分析工期延期各个因素单独考虑和各个因素综合考虑会出现不同的计算结果，有叠加效应（根据情况不同，也可能是发散效应）。

(2) 图 10-4～图 10-6 分别是单独考虑雇主、不可抗力和承包商延期原因影响下的网络计划与考虑全部延期因素的图 10-2 计算的延期值相等，即 $\Delta t_2=11$d$\neq\Delta t_4+\Delta t_5+\Delta t_6=10$d。这说明：分别考虑各延期原因的组合与综合考虑全部延期原因下的工期延期的时间计算结果不同，存在着叠加效应（根据情况不同，也可能是发散效应）。

4. 各种延期原因条件下的网络计划综合分析

根据上述分析结果与 2（2）中各项分析计算结果的比较，图 10-4、图 10-5、图 10-6 所考虑延期原因下的网络计划图与图 10-2 相比，转移了关键线路，图 10-4、图 10-5 所考虑延期原因下的网络计划图与图 10-3 相比，转移了关键线路。因此，引起了计算结果的叠加效应和发散效应。若全部考虑各因素下的网络计划图转移了原网络计划图的关键线路，其计算结果存在不准确性，因为关键线路不同，没有直接可比性，需要做进一步分析，把所有的潜力都挖掘出来，以最准确可靠的数据处理工程项目的工期索赔，使双方满意。

【分析结果】

根据以上基于网络计划的工期索赔分析，本案例由表 10-1 可知，延期原因引起的工期总延期为 11d，其中不可原谅延期为 4d，可原谅延期为 7d，在这 7d 中承包商可得到经济补偿的延期仅为 3d，可原谅不予补偿的延期为 4d。若业主或业主代表不是基于对网络计划的分析，就没有足够的理由提出 19d 的经济补偿，工期索赔的要求降到为 7d，且使业主、承包商都心服口服，也就会引起双方因工期索赔产生的纠纷，很可能形成使雇主受到经济损失的工期索赔处理。

基于网络计划技术的索赔分析，为承包商、业主工期索赔的处理提供了科学可靠的依据。进行网络计划分析时，应对各种因素进行分解、综合分析，最大程度上消除网络分析中的叠加效应和发散效应，尽可能使网络计划分析具有直接可比性——保持网络计划关键线路不变，公正、合理地提出引起工期索赔各类延期天数，使双方都能接受，提高工期索赔的准确性和索赔的成功率，有效、及时地维护双方的合法利益。

【算法评价】

（1）网络计划技术是一种科学、合理的分析方法，适用于各种工期延误的索赔，它通常以计算机网络分析技术进行工期计划和控制作为前提条件。通过网络计划对比分析，当工程中出现了工期延误的情况时，承包商应该适时地利用索赔手段维护自身的利益，无论对于承包商还是业主、业主代表都应该根据工期索赔处理的基本原则，准确分析工期延误的原因，采用科学的方法和手段处理索赔事件；应正确应用网络计划进行分析，综合考虑各因素的影响，而不以单个影响因素或事件判断工期索赔问题，减少和避免分析计算中的叠加效应和发散效应，使工期索赔处理具有科学性、严谨性、公正性、合法性，维护业主和承包商的合法权益。

（2）工期延误总是发生在一项具体的工序或作业上，因此，工期索赔分析必须要判断发生在工序或作业上的延误是否引起总工期的延误。利用网络技术分析，一般发生在关键线路上的延误，会影响总工期，可以进行索赔。而表面上看，发生在非关键线路上的延误因不能影响总工期而不能赔偿。但应特别注意的是关键线路是动态的，施工进度的变化也可能使非关键线路变成关键线路，因而发生在非关键线路上工序的延误，也可能导致总工期的延误，这决定于工序的时差与延误时间的长短，需进行具体分析和计算才能确定。

（3）运用网络技术应注意它的"叠加效应"和"发散效应"。工程项目工期索赔处理中，利用网络计划技术的分析，要注意各个因素单独考虑与各个因素综合考虑可能会得出不同的结果，不同的因素组合会产生不同的影响，这是由各个因素引起网络计划中的工序持续时间的改变，对最终工期拖延的影响具有"叠加效应"和"发散效应"。这里"叠加效应"是指延期因素综合考虑与局部分别考虑，在网络计划技术分析中的加剧延期的现象，即综合考虑的延期大于局部分别考虑的延期之和。"发散效应"与"叠加效应"相反，它是指延期因素综合考虑与局部分别考虑，在网络计划技术分析中的延期减弱现象，即综合因素考虑的延期小于各局部因素分别考虑的各延期之和。产生这两个效应的原因是考虑不同因素组合下引起网络计划关键线路的转移所致。因此，在处理工程项目工期索赔时，应以批准的原网络计划为基准，全面综合分析各种因素情况下对工期延期的影响，严格区分和界定引起工期延期的各方责任，准确确定不可原谅延期、可原谅且不予补偿延期与可原谅且可得到经济补偿的延期。

10.1.2 比例法和权利补偿法算例

【摘要】

EPC总承包工程以及其他承包模式合同工程中，经常发生工程款延期支付的现象，一般容易造成索赔事件，对于由工程款延期支付引起的费用索赔承包商较为容易计算，而对于工期索赔的计算存在诸多困难。目前还没有能被普遍接受和承认的由拖欠工程款而索赔工期的计算方法。本案例通过银皮书的有关支付条款的规定，提出了采用比例法和权利补偿法两种方法进行工期索赔计算的建议。

【索赔算法】

1. 比例法

在FIDIC编制的银皮书的通用条款中，对工程款的付款时间有如下规定：第14.7款【支付的时间安排】规定：（a）在合同开始实施和生效日期后42天，或雇主收到按照第4.2款【履约担保】和第14.2款【预付款】的规定提出的文件后21天，二者中较晚的日期内支付首期预付款；（b）在收到有关报表和证明文件后56天内，最终报表除外，支付每期报表的应付款额；（c）在收到按照第14.11款【最终付款的申请】和第14.12款【结清证明】的规定提出的最终报表和书面结清证明42天内，支付应付的最终款额；每种货币的应付款额应汇入位于合同（为此货币）指定的付款国境内承包商指定的银行账户。

第14.8款【延误的付款】规定：如果承包商没有在按照第14.7款【付款的时间安排】规定的时间收到付款，承包商应有权就未付款按月计算复利，收取延误期的融资费用。除非专用条件中另有规定，上述融资费用应以高出付款货币所在国中央银行的贴现率三个百分点的年利率进行计算，并应用同种货币支付。承包商应有权得到上述付款，无须正式通知，且不损害他的任何其他权利或对其补偿。

该条款对工程款的支付时间给出了明确定义，如果业主未能在规定时间内支付工程款，那么承包商有权要求业主支付延期支付的利息。基于EPC/交钥匙合同制定的本款规定，结合实际支付的日期可以计算出该期工程款延期支付的拖延时间，而该期工程款应支付总额和合同总价为已知，则各期工程款延期支付对整合同工期造成的累计延误可用式（10-1）计算。

$$T_D = \sum_{i=1}^{n} \left(\frac{T_{LCi}P_iR_{LC} + T_{FCi}P_iP_{FC}}{P_C} \right) \tag{10-1}$$

式（10-1）中：T_D 表示各期工程款延期对合同工期造成的累计延误的时间；T_{LCi} 表示第 i 期工程款支付证书中的当地币部分延误的支付时间；T_{FCi} 表示第 i 期工程款支付证书中外币部分延误支付的时间；P_i 表示第 i 期工程款支付证书中工程师批准的金额；R_{LC} 表示合

同中规定的中当地币支付比例；R_{FC} 表示合同中规定的中外地币支付比例；P_C 表示合同总价。

根据以往的实践经验，大多数大型的国际项目的合同中会要求使用工程所在国的当地币和外币（多数情况下为美元）支付，并同时给出两种货币的支付比例和汇率换算的规定条款。由于各期工程款中存在两种不同的货币，FIDIC 系列合同条款中，对于两种货币的应该支付时间一般是不同的，例如，在某一国际总承包工程中规定：当地币需要在业主签发的支付证书后的 14d 内支付给承包商，而外币部分则是在业主签发的支付证书后的 28d 内支付。

如果合同中只规定以单一货币作为支付货币可以令式（10-1）中的 $R_{LC}=1$，$R_{FC}=0$ 即可。使用式（10-1）时需要注意如下问题。

（1）合同总价 P_C 是否包括不可预见费用（暂定项费用）。

（2）第 i 工程款 P_i 支付证书中的工程师批准的金额的取值问题，一般情况下 P_i 是指工程师在确认当期工程款后还要减去应扣款项（预付款返还，保留金等）的余额，而承包商倾向于采用不扣除预付款返还金额，应扣保留金数额，应扣税金额的账单总额。

（3）当地币和外币应该支付的截止时间是从工程师签发支付证书之日起计算，还是从业主签收支付证书之日起计算。

（4）存在平行延误和同期延误造成的延误时间重复计算问题，由于可能存在诸如第 i 期工程款延误支付的时间延续到了第 $i+1$ 期，甚至持续到了 $i+2$ 期，这时就存在同期延误的情况，对于大型的国际项目一般有合同总价较高，工期较长的特点，第 i 期工程款相对整个合同总价比例不大，因此各期工程款延误时间相对总工期有一个缩放比例，除某几期工程款存在的同期延误时间特别大时需要考虑延误时间重复计算的影响，一般情况下可忽略其影响。

（5）鉴于预付款对于承包商的重要意义，不应只考虑预付款占合同总价的比，而是在计算预付款延误支付所造成的总工期延误时引入重要性调节系数 ω（$\omega \geqslant 1$），则考虑预付款延误对整个合同工期造成的累计延误时间的计算公式为：

$$T_D = \left(\frac{T_{LCA}P_A R_{LCA} + T_{FCA}P_A R_{FCA}}{P_C} \right)\omega + \sum_{i=1}^{n} \left(\frac{T_{LCi}P_i R_{LC} + T_{FCi}P_i R_{FC}}{P_C} \right) \quad (10-2)$$

式（10-2）中：T_{LCA} 表示预付款中当地币部分的延误无支付时间；T_{FCA} 表示预付款中外币部分的延误支付时间；R_{LCA} 表示预付款中当地币部分的支付比例；R_{FCA} 表示预付款中外币部分的支付比例；P_C 表示合同规定预付款总额；ω 表示重要性调节系数（$\omega \geqslant 1$）；其他同式（10-1）中的定义。

2. 权力补充法

FIDIC 合同条件下一般会规定业主预付款延误支付承包商享有的权利。在 EPC/交钥匙合同条件的通用条款中对承包商享有的权利做如下规定。

EPC/交钥匙合同条件第 16.1 款【承包商暂停工作的权利】规定：如果雇主未能遵守第 2.4 款【雇主的资金安排】或第 14.7 款【付款的时间安排】的规定，承包商可在不少于 21

天前通知雇主，暂停工作（或放慢工作速度），除非并直到承包商根据情况和通知中所述，收到付款证书、合理的证明或付款为止。承包商的上述行动不应影响他根据第 14.8 款【延误的付款】的规定获得融资费用和根据第 16.2 款【由承包商终止】的规定提出终止的权利。

如果在发出终止通知前承包商随后收到了上述证明或付款（如有关条款和上述通知中所述），承包商应在合理可能情况下，尽快恢复正常工作。如果因按照本款暂停工作（或放慢工作速度）承包商遭受延误和（或）招致费用，承包商应向雇主发出通知，有权根据第 20.1 款【承包商的索赔】的规定提出：（a）根据第 8.4 款【竣工时间的延长】的规定，如竣工已（或将）受到延误，对任何此类延误给予延长期；（b）任何此类费用和合理的利润，应加入合同价格，给予支持。雇主收到此通知后，应按照第 3.5 款【确定】的要求对这些事项进行商定或确定。上述条款中明确了承包商有权在业主延误支付的时间超过期限后，再给出通知的前提下停工，但在实际施工中，考虑到和业主的友好关系，以及工程的重要性等原因，承包商一般不会做出停工的决定，即承包商保留停工的权利而未使用，这时承包商如果按照合同规定的程序，基于工程款延期支付这一事件向业主提交了各种支持性文件以及可以停工的事先通知，在合同规定的期限到来后，承包商保留停工权力，继续施工并未放慢工作进度，运用权力补偿法来计算本应可以的停工时间及延误时间，计算方法为：

$$T_D = \left(T_a + \sum_{i=1}^{n} T_i\right) - T_r \tag{10-3}$$

式中　T_D——各期工程延误期对合同工期造成的累计延误时间；

　　　　T_a——由预付款延误支付引起的承包商有权停工的时间；

　　　　T_i——由第 i 期工程款延误支付承包商有权停工时间；

　　　　T_r——被重复计算了的停工时间。

运用式（10-3）时应注意的问题有以下几点。

（1）一般情况下，FIDIC 合同条件中预付款延误支付引起的承包商有权停工时间计算的起始日期和各期工程款延误支付引起的停工时间计算的起始日期是不同的；

（2）承包商应在业主付款期限截止的第一时间提交可以停工的事先通知并抄送工程师，附上各种支持性材料。

（3）由于可能存在诸如第 i 期工程款延误支付的时间延续到了第 $i+1$ 期，甚至持续到了第 $i+2$ 期，造成承包商有权停工的时间存在重叠部分，这些重叠部分的时间应该只计算一次不应多次计算，被重复计算了的停工时间的计算可借助"横道图"等进行，剔除重复部分。

【索赔算例】

某国际工程采用的 EPC 合同条件，合同总价 19200 000 000 当地币，合同工期 749d（日历日），其他关于工程款支付在通用条款和特殊条款中有如下规定：

（1）业主应在收到支付证书后 14d 内支付当地币，42d 内支付美元。对于竣工结算，业主应在收到支付证书后 28d 内支付当地币，56d 内支付美元。如果业主未能在规定时间内支付相应工程款，从应该支付之日起，按年利率 8% 计算拖欠工程款利息。

（2）如果业主未能在规定时间内支付工程款，承包商在发给业主 28d 的事先通知并将复印件送交工程师后，有权暂停工作或者放慢工作进度。实际业主支付情况和延迟支付时间见

表 10-2。

表 10-2 某工程支付情况统计

账单号	支付证书金额（当地币）	业主收到支付证书日期	应支付日期 当地币部分	应支付日期 美元部分	实际支付日期 当地币部分	实际支付日期 美元部分	延误时间 当地币部分	延误时间 美元部分
1	1928818352.00	—	—	—	—	—	0	0
2	573317800.00	2009.05.20	2009.06.03	2009.07.01	2009.05.23	2009.09.18	0	78
3	952606889.00	2009.06.10	2009.06.24	2009.07.22	2009.07.07	2009.10.14	13	84
4	471522622.33	2009.07.08	2009.07.22	2009.08.19	2009.08.06	2009.10.14	15	56
5	715480211.09	2009.08.13	2009.08.27	2009.09.24	2009.10.24	2010.04.28	58	216
6	145021250.04	2009.10.12	2009.10.26	2009.11.23	2009.11.09	2010.04.28	14	156
7	851839691.00	2009.11.19	2009.12.03	2009.12.31	2010.01.09	2010.04.29	37	119
8	279504349.56	2009.12.22	2010.01.05	2010.02.02	2010.03.25	2010.06.30	79	148
9	762830929.44	2010.02.24	2010.03.10	2010.04.07	2010.06.23	2010.06.30	105	84

注：1号账单为预付款账单，且该工程尚未完工。各期工程款按60%当地款，40%美元分别支付，采取固定汇率60.9。

由式（10-1），用比例法计算得到2号账单延期支付引起的延误时间：

$TD_2 = (78 \times 573\ 317\ 800 \times 40\%) / 19\ 200\ 000\ 000 + (0 \times 573\ 317\ 800 \times 60\%) / 19\ 200\ 000\ 000 = 0.93$ d

以此类推得到由比例法计算的延误时间见表10-3。由表10-3得到不考虑同期延误用比例法计算的累计延误时间为：$TD = 17.28$ d。

根据合同条款，假设承包商在业主未能在规定的时间内支付工程款后的第一时间递交了事先停工通知及相关文件，采用权利补偿法计算的延误时间过程见表10-4。

通过表10-4结合"横道图法"剔除平行延误可得到由权利补偿法计算的有权停工时间段为2009.08.09—2009.10.14以及2009.10.22—2010.06.30，则由权利补偿法计算的累计延误时间为：$TD = 56 + 251 = 307$d。

表 10-3 比例法计算延误时间

账单号	实际统计延误时间 当地币部分	实际统计延误时间 美元部分	比例法计算的延误时间 当地币部分	比例法计算的延误时间 美元部分
1	0	0	0	0
2	0	78	0.00	0.93
3	13	84	0.39	1.67
4	15	56	0.22	0.55
5	58	216	1.30	3.22
6	14	156	0.06	0.47
7	37	119	0.98	2.11
8	79	148	0.69	0.86
9	105	84	2.50	1.33

表 10 - 4 权利补偿法计算延误时间

账单号	实际统计延误时间		权利补偿法计算的延误时间		有权停工起止时间	
	当地币部分	美元部分	当地币部分	美元部分	当地币部分	美元部分
1	0	0	0	0	—	—
2	0	78	0	0	—	—
3	13	84	0	56	—	2009.08.19—2009.10.14
4	15	56	0	28	—	2009.09.16—2009.10.14
5	58	216	0	188	—	2009.10.22—2010.04.28
6	14	156	0	128	—	2009.12.21—2010.04.28
7	37	119	9	91	2009.12.31—2010.01.09	2010.01.28—2010.04.29
8	79	148	51	120	2010.02.22—2010.03.25	2010.03.02—2010.06.30
9	105	84	77	56	2010.04.07—2010.06.23	2010.05.05—2010.06.30

【算法评价】

通过比例法和权利补偿法两种方法计算同一个工程的索赔工期时所得结论通常有较大差距，比例法计算的索赔工期结果通常小于用权利补偿法计算的结果，建议在实际使用时将两种方法结合起来使用，将两种方法计算的结果进行数学处理，辅以必要的说明得到一个业主和承包商都能接受的结果。另外工程款延期支付是由业主延误导致的索赔事件，如果在业主延误事件发生的同期发生承包商延误事件，根据工程惯例业主延误和承包商延误同期发生的平行延误，承包商可索赔事件将变成不可索赔事件，因此，在进行工期索赔计算时应注意此类特殊情况。

10.1.3 净挣值法工期索赔算例

【摘要】

EPC 总承包工程的索赔，起因复杂烦琐，过程长期持久，索赔成本较高，若按照传统方法计算索赔成本和索赔时间将异常复杂，有时难以实现，因此难有非常成功案例。本算例以某国际 EPC 工程项目多重因素导致工程延误的索赔操作的具体实例，在把握索赔本质原则的前提下，根据起因原则，厘清各索赔事件造成的影响；采用了净挣值曲线对比方法，而非纯粹的关键工作法计算项目的延误工期；在计算索赔的成本中从全项目周期角度不但索赔实际已经发生的损失，也包括了以后必定要发生的损失。算例中提供的新颖计算方法，方便实用，有助于索赔的成功解决和索赔新思维开拓，对 EPC 项目的工期索赔具有一定的借鉴意义。

【索赔背景】

中方公司在西非某国与当地政府机构于 2005 年 12 月以 EPC 方式签署了 10 万吨级矿石码头总承包合同，业主雇佣欧洲项目管理公司作为业主代表管理该项目。工程地点位于大西洋沿岸。工程从 2006 年 7 月 3 日开工，计划工期为 845 天。

　　工程开工不足一个月，承包商在进行施工准备时，某石油公司拟建矿石码头，以其拟建的装卸位置冲突为由，要求承包商立即停工，业主同意设计调整，最终于开工 160d 后，确认新工程位置。该期间已经进场的大部分人员调往承包商附近的其他项目工作。

　　项目新位置确定后，承包商立即开始项目实施。尽管业主拖欠工程款，但在业主一再承诺保证付款的前提下，承包商综合考虑各种因素，还是决定实施该项目，项目生产得以继续，但施工速度一直较为缓慢。其间，业主又通知承包商将该项目移交给另一个政府机构。直至项目原定工期接近结束时，新业主支付第一期工程款，此时项目仅实施了 37%。其后，业主支付工程款后恢复正常，承包商按原计划全面复工。

　　该 EPC 项目在实施初期即出现工程位置调整、工程款久拖不决、更换业主、工期严重拖延等一般项目中不常出现的意外情况。承包商若不进行索赔，不但要承担巨额的成本损失，还将面临高额的工期延误罚款。

【索赔策略】

　　承包商经过多方论证，确定了工期和补偿的原则，明确了项目索赔的三项原则。

　　(1) 获得成本增加的合理补偿，端正索赔工作态度。

　　(2) 确认索赔基础材料准备充分。

　　(3) 索赔论证易于理解和便于计算。

　　在此三项原则的基础上，承包商制定了索赔的具体策略，即按索赔事件分别提出和处理索赔；索赔时间和费用补偿，抓大放小；索赔过程中定期确认索赔，及时获得业主代表签字确认。

　　索赔原则体现了一个负责任的承包商的诚实信用，从态度上得到业主的认可。材料准备充分，表示各方对索赔论证、基础数据、计算方法、计算结果都有充足的证明材料，各方对材料论据、论证过程本身都没有异议，这样可以避免不必要的争异。论证易于理解，是因为业主没有工程技术和商业专业的背景，索赔的架构、计算和证明资料需要使业主易于理解和认同；便于计算表示计算方法要简单明了，避免在具体计算上纠缠。承包商的索赔原则和策略为索赔成功提供了坚实的基础。

　　针对该项目面临的复杂情况，承包商具体索赔策略如下。

　　1. 按索赔事件分别提出和处理索赔

　　根据该项目索赔事件发生的顺序，承包商分别及时提出了三项索赔：一是工程位置调换索赔；二是延迟付款引起的减缓施工速度索赔；三是延期付款融资费用索赔。

　　本案例中虽然三件事件造成了项目共同延误，但是承包商可以通过适当方法处理，把索赔事件以及相互影响进行有效分解。根据索赔处理理论，索赔事件尽量单独提出化整为零有利于索赔的解决。但是若实际情况很难分清哪个索赔事件所带来的影响时，就需要进行索赔的合并，可以尽量减少索赔费用和工期的计算，这样反而更有利于索赔的解决。

　　2. 工期计算采取综合工期计算方法

　　在与业主协商确认延长工期时，工程位置调整索赔按照开工日期与重新确定工程位置日期间隔时间为索赔工期，延迟付款引起缓慢施工速度的索赔通过净值曲线确认工期延期时间。

3. 索赔内容抓大放小，达成共识

有关索赔费用方面，减缓施工速度往往会给所有成本项带来影响，为尽快确认索赔金额，避免争议，在费用方面只考虑现场设备的折旧费用、现场的管理费，未考虑现场人员的闲置费用、材料的涨价费用、材料过期的损失费用、汇率损失费用等其他费用，得到业主代表的认同。

4. 索赔过程步步为营，持续巩固索赔成果

在项目初期，承包商既细化了工期计划和各项资源计划，如人员计划、设备计划和付款计划等，并得到业主代表的确认。索赔事件发生后，定期及时和业主代表签证现场施工极限值情况，并按月上报各项中期索赔报告，索赔报告所有数据均来源于签证资料，索赔结果直观明了，易于接受。

5. 利用外部索赔专家和律师专家的意见

考虑到东西方表达方式和思维方式的不同，针对外国人思维方式的不同，承包商聘用了英国索赔专家对索赔报告予以优化，使索赔更容易被业主接受。

【净挣值法计算】

对于工程位置调整引起的工期索赔，因是在工程初期即发生位置移位，包括勘察设计等所有关键线路上的工作都需要从确定新位置后重新开始，因此较容易确认工期的延长，即为160d。该工期索赔提出后即得到业主代表的确认。

对于延迟支付而引起的减缓施工速度的索赔工期计算，若按照一般教科书中的计算原则，则是考虑在减缓施工速度期间因为效率的损失导致关键工序工作时间的延长；或者重新编排施工进度计划，对工期计划进行对比，确定工期的延长。本案中借鉴了净值曲线分析法分析确认工期延长。通过计划值与实际值的对比，确认索赔工期。以业主每月批复的项目产值与项目初期拟定的批复产值进行对比，以确定项目工期的延误。计划产值与实际产值对比曲线图，如图10-7所示。通过对计划产值和实际产值的对比可以估算出恢复正常付款前工期延长374d，再加上付款后需要进行90d调遣时间，得出索赔补偿工期为464d。该索赔工期被业主采纳。

【算法评价】

本案在工期索赔计算中，根据实际情况灵活采用了关键线路法和净值曲线法计算延误的工期，通过已经确认无争议的数据，争取了承包商最大的利益。采用产值对比分析的优点主要有以下两点。

（1）若采取传统关键线路法，则首先需要重新编排更新施工计划，但是，有关合同计划的编排和确认本身就存在很大的争议，而本工期估算所需资料，全部都是由业主批复过的，不存在争议。

（2）承包商在减速施工期间主要实施的是制约工期的关键工作，用笨方法计算的工期比采用关键线路法计算的索赔工期长，对承包商有利。需要注意的是，承包商应分别评判两种方案的优劣。一般情况下，项目进行到后期再索赔时，采用关键线路法对承包商有利，应考虑采用关键线路法。

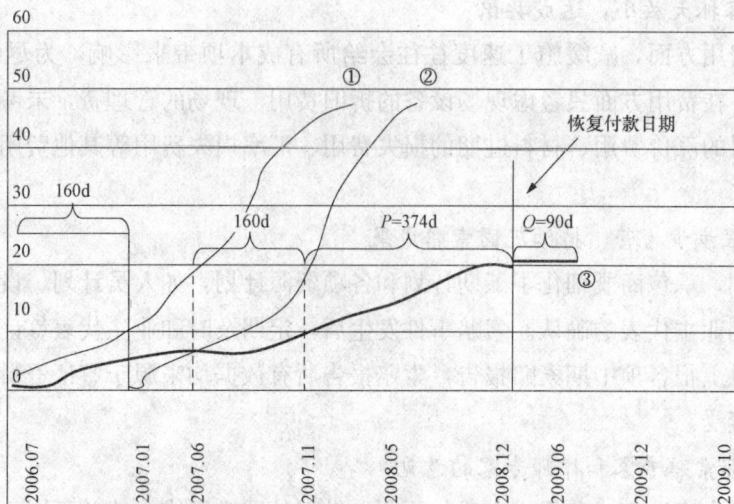

图 10-7　计划产值与实际产值对比曲线图

注：P 为因效率损失导致的工期延长值；Q 为项目重新启动而需要的时间；$P+Q$ 为索赔需要的补偿的工期；
　　曲线①为原合同计划产值曲线；曲线②为调整工程位移后合同计划产值曲线图；曲线③为实际批复产值
　　曲线，平直段为项目重新启动施工前准备期。

10.1.4　韦恩图法工期索赔算例

【摘要】

在国际 EPC 工程项目施工阶段的工期索赔中，由于受多因素影响，工期索赔责任归属难以判别和责任比例难以测定，现有单一方法不能完全解决问题，因此，本算例在已有的国际工程项目工期索赔计算方法研究成果的基础上，探索出一种更合理的工期索赔定量化计算方法，在其他方法的基础上，通过韦恩图将共同延误识别出来，进而对多因素影响下的工期延误责任进行较为精确合理的划分。

【韦恩图法】

工期索赔中，计算是索赔工作中的难点。多个索赔事件在某一时段内同时发生，这些事件分别属于应由业主、承包商分别承担责任的过错或风险，在此情形下，其涉及的因素较多，在双方利益发生冲突时，究竟由哪一方承担责任及承担多大责任，因各方对事件的认识不同而不能达成一致。其中最主要的原因是网络计划中存在浮时或过程时差，使得常用的一些索赔分析方法不能够准确地区分哪些是关键延误、哪些是非关键延误，所以也就不能识别被隐藏的共同延误，即使能够识别出来，也很难进行合理的量化分析。所以有必要对现有方法进行适当改进，探索出一种更加合理的工期索赔定量化的计算方法。

该方法是通过设置与各延误因素相关的变量，并利用图形表示出不同延误因素的各种组合情况，再结合原有的网络计划技术依次去除每种延误情况，算出相应的计算结果。此方法与原有方法最大的不同之处在于，它运用韦恩图把多因素影响下延误事件的组合划分成七个不同部分，能够清晰准确地识别出隐藏的共同延误，从而计算出各方应承担的延误责任，以及责任的大小。我们暂且将此种方法称为韦恩图方法。

【索赔案例】

某工程施工进度计划如图 10-8 所示。计划工期是 8d，但是实际工期在多因素影响下发生了延误（图中浅色阴影部分为实际进度，深色阴影部位则表示实际进度上的延误事件），使得此项目完工用了 11d。单独从业主的角度出发时，即使将业主带来的所有延误从实际进度中移除，但考虑承包商存在的 2d 延误，那么项目持续时间还是 10d，所以业主认为其只应承担 1d 的关键拖延，剩下 2d 关键拖延的责任归因于承包商。相反，从承包商角度分析，结果又会有所不同，移除承包商在实际进度中的拖延，项目持续时间还是 11 天，所以承包商认为整个项目的延期与自身的延误无关，延误责任都应由业主承担。为此，下面将利用改进后的新方法来解决此类问题。

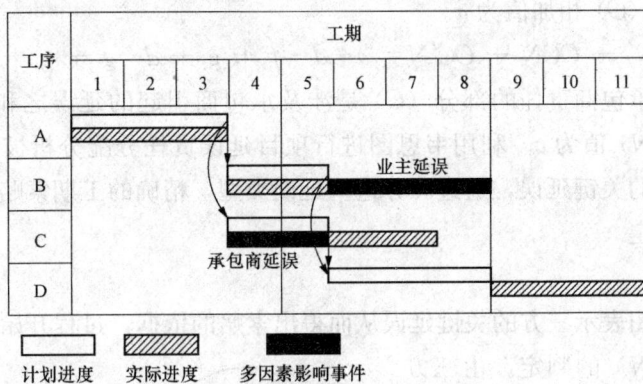

图 10-8　某工程施工进度计划

1. 工期干扰因素

当多因素影响导致工期延误时，先用"O"、"C"和"N"来分别记录一个延误事件中某因素（某一方）引起的延误，即各自表示业主、承包商和第三方（这里主要代指不可预见事件等客观因素）引起的延误，并将其标注在相应干扰事件的位置上。两个相临工序因延误事件中断而被分开，出现在这两个工序之间的新工序即为此延误事件，同时用相应的标志符号来表示各方的责任。

2. 共同延误分析

由于不同延误事件同时发生并引起不同工序的变化就产生了共同延误，在上面简单事例中有 $3O+2C=5d$，项目实际延误的净值却是 3d，这就表明一些工序延误不会影响到项目的关键路径，因为项目随着网络图复杂的动态变化会出现关键路径的转移，所以将各个工序延误时间简单相加是错误的。图 10-9 表示 6d 同时延误，分别涉及 O、C、N。分别考虑每一天，阴影部分的工序是关键工序，反之是非关键工序。前 3 天表示只涉及一个关键工序的延误，这种情况可以认为是单方延误；第 4d、第 5d 均有三个延误，其中有两个延误属于关键路径上的延误，这种情况叫作涉及两方的共同延误；最后第 6d 有三个延误，并且都是处于关键路径上的延误，即三方共同延误。

3. 多因素影响下延误责任的划分

下面引入韦恩图来进行延误责任划分。如图 10-9 所示三方之间可能存在的关键延误，

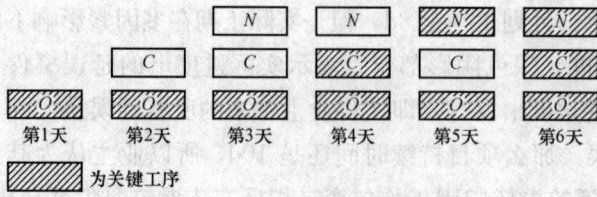

图 10-9 多因素影响下的共同延误

其中图中各部分相应地表示出了 C、O 和 N 在延误事件中起的作用。这里用大写字母的组合表示所有的延误类型，例如：$OC'N'$ 是指仅业主一方的单独延误，承包方和第三方没有延误；类似的，OCN' 指业主和承包商两方的延误。图中每部分的取值代表关键工序发生延误的时间，根据这一原则，在右图中对应的各部分用 7 个变量的组合来表示：a、b、c、d、e、f 和 g，并且所有含业主的责任部分（O）相加值为 a。

$$OC'N' + OCN' + OCN + OC'N = a-d-f+g+d-g+g+f-g=a$$

同理，所有含承包商责任的部分（C）是涉及承包商引起的延误之和，其值为 b；包含第三方责任部分（N）值为 c。利用韦恩图进行项目延误责任分配分析极为有效，它能清楚地展示出所有类型的关键延误，通过区分这些延误类型，精确的工期索赔就能依据图 10-10 中的各个部分来判定。

4. 计算原则

这里运用韦恩图表示三方的关键延误从而得出索赔的依据，过程开始于实际进度中的延误事件（O、C 和 N）的判定。由三方因素引起的延误可以表示为以下七种情况：O、C、N、$O+C$、$O+N$、$C+N$ 及 $O+C+N$。再结合网络计划技术从上述实际进度中依次移除各种不同的情况，结合图 10-10 计算，步骤见表 10-5。

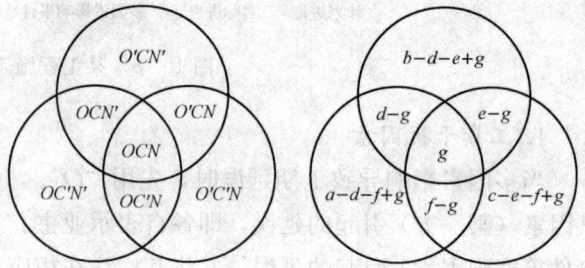

图 10-10 共同延误的划分

表 10-5 各方延误计算步骤

序号	移除项	新持续时间/天	对应的延误时间/天
1	$O+C+N$	$T_1 = 8$	$T_0-T_1=3=O \cup C \cup N = a+b+c-d-e-f+g$
2	O	$T_2 = 10$	$T_0-T_2=1=OC'N'=a-d-f+g$
3	C	$T_3 = 11$	$T_0-T_3=0=O'CN'=b-d-e+g=0$
4	N	$T_4 = 11$	$T_0-T_4=0=O'C'N=c-e-f+g=0$
5	$O+C$	$T_5 = 8$	$T_0-T_5=3=(O \cup C)N'=a+b-d-e-f+g$
6	$O+N$	$T_6 = 10$	$T_0-T_6=1=(O \cup N)C'=a+c-d-e-f+g$
7	$C+N$	$T_7 = 11$	$T_0-T_7=0=(C \cup N)O'=b+c-d-e-f+g$

注：T_0＝实际进度＝ 11d。

在表 10-5 的第一轮分析中，实际进度持续时间 $T_0=11$d 被确定下来，然后再假设去除

$O+C+N$ 的延误，得到新的项目持续时间 $T_1 = 8d$，此时的延误时间就是 T_0-T_1。根据图 10-10 中各变量之间的联系可知：$O \cup C \cup N = T_0-T_1=3=a+b+c-d-e-f+g$；在第二轮分析中，将所有关于业主的延误 (O) 从实际进度中单独去除，因此得出对应的项目持续时间 $T_2=10d$，所以仅因业主 (O) 引起的延误：$OC'N'=T_0-T_2=1=a-d-f+g$。

继续按照此过程依次去除七种情况的剩余部分，算出七个等式方程的结果从而确定出以下变量的值：$a=3$，$b=2$，$c=0$，$d=2$，$e=0$，$f=0$，$g=0$。基于这些值，韦恩图中的每一部分都能被计算出来，例如：$OC'N'=a-d-f+g=1$，$OCN'=d-g=2$。最后就将时间为 3 天的项目总延误的延误责任分配如下：$1OC'N'$（仅有业主延误）$+ 2OCN'$（业主和承包商共同延误）。上述引入韦恩图来划分延误责任的方法有效地解决了常用网络分析方法的缺陷，避免了网络计算中存在的"发散效应"与"叠加效应"。

运用韦恩图清晰准确地识别出了隐藏中的共同延误，从而能恰当地裁定共同延误的责任分配，同时也符合逻辑性和公平性。

【算法评价】

（1）本工期索赔计算方法是对原有国际工程项目工期索赔方法进行了改进，并提出一种定量化计算方法，使得运用新方法得出的索赔结果更具有说服力。多因素影响下的工期索赔不仅要考虑各种不同情况下，关于一方、两方或三方的共同延误，还需对延误责任进行合理划分，使得当事人的观点趋于一致、计算结果公平合理。

（2）本方法的另外一个优点是能够方便地嵌入计算程序内，计算参数根据工序的逻辑关系设置，计算过程则采用程序化的方法，实现工期索赔的动态管理，从而全面反映项目的工期进展情况，便于工程师根据情况调整工期进度。综上所述，此计算方法的定量化结果能为明确双方责任提供参考，并可作为双方提出合理索赔要求的依据。

10.1.5 基于 S 曲线比较法算例

【摘要】

针对国际工程中常见的工程进度款延迟支付现象，利用工程工期与工程付款相互制约，相互影响的关系，通过拟合工程进度款准时支付曲线和工程款延迟支付曲线相比较，推算出延误工期，以确保承包商的权益。

【S 曲线比较法】

S 曲线是以时间为横坐标绘制的累积费用、工时、工作百分比或其他数量的曲线图。在工程建设中，S 曲线一般用来表示项目的进度或成本随时间的变化曲线。根据工程建设过程的一般规律，项目开始时进度比较缓慢，随着大量资源的投入建设速度加快，收尾时又逐渐收敛、趋于平缓地结束，因此呈现出首尾较平缓、中间较陡峭的"S"形，故称之为 S 曲线。

根据施工进度图、资金使用计划，可以绘制出资金累积曲线作为索赔基准界限。因此，为了计算工程进度款延迟支付造成的工期延误，在本案例根据工程进度款批复情况和工程进度款的实际回收情况，建立以时间为横坐标绘制的工程进度款准时支付曲线和工程进度款的实际支付曲线，即工程进度款延迟支付曲线，如图 10-11 所示。

通过工程进度款准时支付曲线和工程进度款延迟支付曲线的对比，得出工程进度款延迟支付造成的工期延误。其中，c、d（或者a、b）之间的时间差 Δt，即为截止时间 d 时该项目因为工程进度款延迟支付所造成的工期延误。

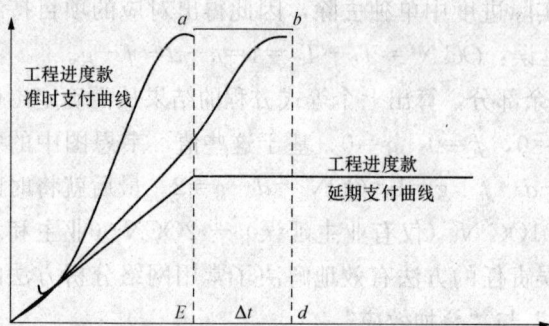

图 10-11　工程款累积 S 曲线图

【索赔算例】

某海外项目合同有关工程进度款支付的通用条款和特殊条款如下：

（1）工程预付款若延迟支付，不能索赔利息和工期。

（2）工程进度款申请必须在 28d 之内批复，并在 56d 之内支付。如果业主未能在规定时间内支付相应工程款，从应该支付之日起，按合同规定利率计算拖欠工程款利息。

（3）如果业主未能在规定时间内支付工程款，承包商在发给业主 14 d 的事先通知并将复印件送交工程师后，有权暂停工作或者放慢工作进度。

截至 2010 年 4 月 13 日，该项目的实际工程进度款批复情况和工程进度款支付情况见表 10-6。从表 10-6 可以看出，该项目各期工程进度款都存在着不同程度的延迟支付。

根据表 10-6 的情况，把所有支付按合同汇率换成当地货币，再用 Excel 累积绘制出工程进度款准时支付曲线和工程进度款延迟支付曲线。并通过多项式拟合，得到比较光滑的类似于图 10-11 的 S 曲线图（见图 10-12）。

表 10-6　　　　　　　　　截至 2010 年 4 月 13 日工程进度付款汇总表

账单编号	支付金额		开始延迟日期/年.月.日	支付日期/年.月.日		延迟天数	
	当地币	外币		当地币	外币	当地币	外币
1	180637453.91	1133084.20	2007.12.10	2008.1.22	2007.12.7	0	0
	100196455.95	628502.11		2008.12.21	2008.12.17	0	0
2	180637453.91	1133084.20	2008.1.22	2008.4.17	2008.4.23	0	0
	100196455.95	628502.11		2008.5.15	2008.5.14	0	0
3	20421751.30	128099.48	2008.7.27	2008.8.29	2008.8.25	33	29
	36815952.45	230891.94		2008.8.18	2008.8.25	29	29
4	25650382.22	100897.10	2008.11.14	2008.10.27	2008.11.13	0	0
	46243349.57	290070.57		2008.12.23	2008.12.23	39	39
5	28522238.01	178911.39	2009.1.27	2009.2.11	2009.3.30	48	87
	51420825.28	322547.31		2009.3.2	2009.3.2	56	59
6	37603077.66	235872.75	2009.4.10	2009.4.28	2009.4.1	77	51
	67792060.54	425239.12		2009.4.28	2009.4.28	77	77
7	48617352.12	304961.97	2009.5.7	2009.8.25	2009.6.9	105	33
	87648955.55	549795.43		2009.5.12	2009.5.13	5	6

账单编号	支付金额		开始延迟日期/年.月.日	支付日期/年.月.日		延迟天数	
	当地币	外币		当地币	外币	当地币	外币
8	49283983.15	309143.54	2009.6.14	2009.8.19	2009.9.11	70	98
	88850779.72	557334.11		2009.6.24	2009.6.24	18	18
9	59559502.96	63602.65	2009.7.18	2009.10.23	2010.2.1	97	198
	65784973.42	723400.91		2009.9.1	2009.8.31	45	44
10	46267475.00	49407.03	2009.8.30	2010.1.28	2010.2.26	151	180
	51102277.13	561943.44		2009.9.25	2009.9.22	26	23
11	86583773.53	92461.44	2009.10.13	2010.2.2	2010.2.26	112	136
	95633961.96	1051633.71		2009.10.30	2009.10.19	17	6
12	52815212.31	56400.53	2009.12.3	未支付	2010.2.26		85
	56159347.00	617558.73		2009.12.23	2009.12.23	20	20
13	55002032.72	58735.80	2010.1.17	未支付	未支付		
	60750632.55	668046.55		2010.2.3	2010.2.3	17	17
14	48743286.10	52052.19	2010.2.13	未支付	未支付		
	53837689.05	592028.74		2010.3.1	2010.3.2	16	17
14B	53837689.05	592028.74	2010.2.13	未支付	未支付		
15	43808472.91	46782.38	2010.3.19	未支付	未支付		
	48387063.40	532091.23		2010.4.13	2010.4.9	25	21
16	46317554.15	49461.78	2010.4.21	未支付	未支付		
	51158906.93	562566.16		未支付	未支付		

注：项目尚未竣工。不管是政府部分或者银行部分，都是按当地币种和外币7：3的比率支付，采用固定汇率68.3233。

图 10-12 中显示随着时间的推移，两条曲线离得越来越远。这表明，工程进度确实是被延误了，而且延误越来越严重。而 c、d 的时间差 Δt 即为截止到时间 d（2010 年 4 月 13 日）时项目因工程进度款延迟支付而引起的延误工期。

显而易见，根据模拟曲线的方程式可以计算出 c、d 的时间差 Δt，但是由于拟合公式复杂，求解比较困难，需要计算机求解。因此，本案例采用比例关系对拟合曲线进行分析从而计算 c、d 时间差 Δt，非常简单适用。

$$L_{cd}/L_e = \Delta t/|E|$$

式中　L_{cd}——cd 的长度；

L_e——单位刻度长度；

Δt——c、d 的时间差；

$|E|$——横坐标时间轴的单位刻度。

因此，可以算出该项目截止时间 d，可索赔由于工程进度款延迟支付造成工期延误 75 d。比较表 10-6 中的各期支付的延误时间，75d 是比较合理的。通过比例关系计算延误工期

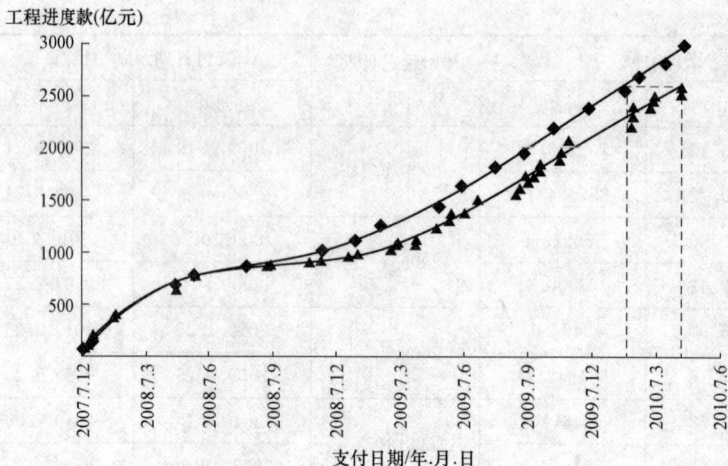

工程进度款(亿元)

支付日期/年.月.日

图 10-12 S 曲线对比图

的方法简单明了，但是计算的精确性依赖于 cd 距离的量取精度。索赔工期的长短不仅依赖
于索赔计算，也一定程度上依赖于与业主、工程师的关系，因此，这种允许范围之内的误差
是可以忽略不计的。而且，在项目初期，承包商为了跟业主建立良好的关系，一般不会因为
工程款一延误就马上索赔。此法正好满足此要求，可以累积到延迟支付一定工程款后，再进
行索赔。

【算法评价】

在国际工程项目中，承包商善于运用工期索赔的手段减少自身损失，维护自身的合同权
益。本案例针对工程经常出现的工程进度款延迟支付现象，利用工程工期与工程付款相互制
约、相互影响的关系，通过拟合工程进度款准时支付曲线和工程款延迟支付曲线进行比较，
从而推算出延误工期以确保承包商的权益。利用 Excel 拟合 S 曲线，再进行比例关系求解，
方法简单适用。

10.2 业主违约工期索赔案例

10.2.1 延迟付款工期索赔案例

【摘要】

工期是索赔管理的主线，对合同的双方都至关重要。在承包工程中，引起工期索赔的因
素是多方面的，业主延迟支付工程款致使承包商行使暂停工程的权利，导致工期延长是工期
索赔的重要原因之一。本案例通过境外大坝工程实践，在业主延迟付款的情况下，承包商行
使了暂停工程的权力后，对业主提出工期索赔的过程。

【索赔背景】

境外某大坝枢纽工程以灌溉为主，兼顾防洪发电。工程主要包括大坝、引水发电系
统、灌溉系统等，该项目为南亚某国的"百年工程"。厂坝工程项目，主要由碾压混凝土
重力拱坝、大坝下游防护工程、发电引水系统、鞍坝、场内永久道路等组成。中方总承

包商与业主签订了厂坝合同，厂坝工程签约合同额：8723 万美元，开工日期为 2007 年 6 月 19 日，工期 40 个月。合同条件为 FIDIC 1999 版银皮书合同。项目所在国部落纠纷严重，极端势力猖獗，工地周边的安全形势异常突出，安全因素一直是困扰项目履约的潜在威胁。

【索赔事件】

项目实施过程中出现的主要合同索赔事项汇总见表 10-7。

表 10-7　　　　　　　　　　　　　主 要 索 赔 事 件

序号	合同索赔事件	索赔原因
1	导流洞修补	
2	2008 年 6 月油荒	不可抗力
3	2008 年 10 月 13 日起减速施工	业主延迟付款
4	3 天停工	不可抗力
5	2010 年洪灾损失，开关站部分冲毁需要重建	不可抗力，保险公司给予经济赔偿，业主给予工期延长
6	2010 年 12 月 15 日停工，共计 81 天	业主延迟付款
...		
12	变更—开关站重建（并入第 5 项）	施工中，资料需要尽快整理（正进行可靠性运行试验，相关工程量签证正在咨询核实）
...		
29	发电机组设备因为资金短缺而延迟到场（归入业主延迟付款）	争执中（由业主延期付款导致工期延误，业主认为其已经给予了费用补偿，当前不存在争议）
...		

从表 10-7 可以看出，主要的索赔事件产生的原因是业主未遵照合同支付条件及时支付工程进度款，导致工期延误和竣工时间延长。根据合同规定，本项目按事先约定的里程碑结算支付，结算周期 56 天。

在 EPC 合同条件下，业主的职责就是"拍脑袋、掏票子、拿钥匙"。开工一年后，业主方因未得到政府的拨款，经常不按合同节点给承包商支付工程款，没有履行自己的合同职责。最严重的时候，业主拖欠承包商和分包商的款项高达 1390 万美元。

虽然承包商在工程前期投入了较大的流动资金，但由于业主违约，大量拖欠工程款项，致使承包商/分包商的资金链断裂，大宗施工物资无法采购，现场施工被迫减速，甚至部分工作面停止施工。

按照 FIDIC 银皮书第 16.1 款【承包商暂停工作的权利】和第 8.4 款【竣工时间延长】的约定，承包商有权放缓施工进度或停止施工，并因此获得工期和费用补偿。面对业主拖欠工程款，承包商先后进行了五个工程工期（EOT）的索赔。详见表 10-8。

表 10 - 8 承包商的五个工期索赔

描述	简 介
第一个 EOT 索赔	融合导流洞修补、2008 年 6 月油料短缺，2008 年 10 月 13 日起放缓施工进度；2009 年 6 月 27 日暂停施工 3 天等事宜，项目部提交了索赔报告
第二个 EOT 索赔	2010 年 12 月 9 日项目部再次就业主延期支付导致承包商放缓施工进度；2010 年 7、8 月份洪灾损失等事宜，向业主提交索赔报告
第三个 EOT 索赔	公司项目部就业主拖欠巨额工程款项不予解决，遵照合同规定执行全面减速施工，就 2010 年 12 月 15 日至 2011 年 3 月 5 日全面减速施工期间发生的损失向业主提交索赔报告
第四个 EOT 索赔	因业主遭遇财务困难，经常性延误支付工程款，致使项目履约遭到严重延误，施工进度远远滞后，我方再次提交索赔报告
第五个 EOT 索赔	因业主未履行合同支付责任，项目部再次提交索赔报告

【合同相关条款】

1. 延期支付条款

第 14.8【延误的付款】：如果承包商没有按照第 14.7 款【付款的时间安排】规定的时间收到付款，承包商应有权就未付款按月计算复利，收取延误期的融资费用。除非专用条件中另有规定，上述融资费用应以高出付款货币所在国中央银行的贴现率三个百分点的年利率进行计算，并应用同种货币支付。承包商应有权得到上述付款，无须正式通知，且不损害他的任何其他权利或对其补偿。

2. 减速施工条款和终止合同条款

第 16.1 款【承包商暂停工作的权利】：如果雇主未能遵守第 2.4 款【雇主的资金安排】或第 14.7 款【付款的时间安排】的规定，承包商可在不少于 21 天前通知雇主，暂停工作（或放慢工作速度），除非并直到承包商根据情况和通知中所述，收到付款证书、合理的证明或付款为止。

承包商的上述行动不应影响他根据第 14.8 款【延误的付款】的规定获得融资费用和根据第 16.2 款【由承包商终止】的规定提出终止的权利。

如果在发出终止通知前承包商随后收到了上述证明或付款（如有关条款和上述通知中所述），承包商应在合理可能情况下，尽快恢复正常工作。如果因按照本款暂停工作（或放慢工作速度）承包商遭受延误和（或）招致费用，承包商应向雇主发出通知，有权根据第 20.1 款【承包商的索赔】的规定提出：①根据第 8.4 款【竣工时间的延长】的规定，如竣工已或将受到延误，对任何此类延误给予延长期；②任何此类费用和合理的利润，应加入合同价格，给予支持。

雇主收到此通知后，应按照第 3.5 款【确定】的要求对这些事项进行商定或确定。

3. 工期延误罚款条款

第 8.7 款【误期损害赔偿费】：如果承包商未能遵守第 8.2 款【竣工时间】的要求，承包商应当为其违约行为，根据第 2.5 款【雇主的索赔】的要求向雇主支付误期损害赔偿费。

此项误期损害赔偿费应按照专用条件中规定的每天应付金额，以接收证书上注明的日期超过相应的竣工时间的天数计算。但按本款计算的赔偿总额，不得超过专用条件中规定的误期损害赔偿费的最高限额（如果有）。

除在工程竣工前根据第 15.2 款【由雇主终止】的规定终止的情况外，这些误期损害赔偿费应是承包商为此类违约应付的唯一损害赔偿费。这些损害赔偿费不应解除承包商完成工程的义务，或合同规定的其可能承担的其他责任、义务或职责。特殊合同条款第 14.8 款具体规定，每天按照合同价格的 0.03% 进行罚款，总额不高于合同价格的 10%，最高罚款限额为 872.3 万美元。

【索赔结果】

1. 通过承包商的索赔，业主同意延长竣工时间共 981 天

承包商先后提交 5 个工期延长索赔报告，经过双方长时间多轮谈判，双方终于就工期延长达成一致，业主累计批复延长工期 981 天，其中第一个 EOT 延长工期 206 天，第二个 EOT 延长工期 243 天，第三个 EOT 延长工期 81 天，第四个 EOT 延长工期 344 天，第五个 EOT 延长工期 98 天，合理延长竣工时间共 981 天，最终延长工期至 2013 年 6 月 15 日。

工期的索赔双方达成一致后，就是关于索赔费用的计算。经过双方慎重讨论，最终，获赔按合同汇率折合 109.3 万美元，占中标合同总价的 1.25%。

2. 承包商及时索赔，避免了工期延误罚款

由于承包商抓住机会，及时提出工期索赔，不仅避免了可能的工期罚款，工期延误罚款上限为 872.3 万美元，对应的工期延误为 333 天。而且还取得费用补偿，弥补了由于工程延期承包商增加的管理成本以及人工和施工设备的闲置费用，有力地维护了承包商的合同权益。

【案例启示】

1. 熟悉合同文件

影响工期索赔的因素有很多，其中延迟支付工程款是引发工期索赔的常见类型。如本案例所分析的，FIDIC 编制的银皮书对延迟支付工期索赔有明确的规定，如果业主延期支付工程款，承包商有减缓、暂停、甚至解除合同的权力，其造成的工期延误，承包商有权索赔。我国制定的总承包示范文本中对此做出了与国际合同条件相同的规定。第 3.1 款【承包人的主要权利和义务】3.1.5 规定：对因发包人原因，给承包人带来任何损失、损害或造成工程关键路径延误的，承包人有权要求赔偿或/和延长竣工日期。第 14.9 款【付款时间延误】14.9.2 规定：协商签订延期付款协议书的；发包人应按延期付款协议书中约定的期数、时间、金额和利息付款；当双方未能达成延期付款协议，导致工程无法实施，承包人可停止部分或全部工程，发包人应承担违约责任，导致工程关键路径延误时，竣工日期顺延。为此，承包商应该熟悉合同文件的有关规定，利用索赔条款开展索赔。

2. 索赔要及时

时机稍纵即逝，承包商应该及时索赔。FIDIC 银皮书下有 36 条分别规定了具体时限。也就是说从开工、提交保函、进度计划的审批、技术文件的审核、申请期中付款、提交索赔报告、索赔报告处理、竣工试验和竣工验收每一项合同工作都有严格时限规定。第 20.1 款

【承包商的索赔】规定，索赔通知应尽快在承包商察觉或应已察觉该事件或情况后 28 天内发出。如果承包商未能在上述 28 天期限内发出索赔通知，则竣工时间不得延长，承包商应无权获得追加付款。为了避免时机稍纵即逝，项目人员的工期索赔就需要将 28 天时限规定熟记于心。否则就可能在合同事件发生后，由于没有及时发出通知而失去工期索赔的机会。

3. 扎实做好施工日志

做好日常的施工记录，奠定日后工期索赔的基石，翔实的现场同期记录是项目实施的真实反映，也是日后项目索赔的有力依据。本案例项目的统计记录一共做了 3096 份，而且每份都得到了业主和主承包商的签认，详细地记录了每日、每个工作面的人员投入、施工机械配置和工程执行的进展情况等。这些同期记录作为强有力的支持性材料支撑着项目部提交的第一期到第五期的 EOT 索赔。

4. 把握应对分寸

虽然由于业主严重拖欠工程款项，从合同角度来讲，根据业主欠款的额度和欠款时间长短，承包商完全可以终止合同，合同也赋予承包商这方面的权利，但承包商从未如此运作，也没有全面暂停工作。根据业主欠款情况，承包商仅仅是部分减速、全面减速、部分暂停，没有与业主搞僵，而是继续与业主保持合同关系，直至工程完工，既保护了承包商的权益，也保护了业主的利益，业主的最大利益是工程尽快完工。并且承包商的后方总部和前方项目部及时互动，交替与业主沟通、施压，动之以情，晓之以理，促使业主愿意与承包商坐下来协商解决工程延期及费用补偿。

向业主要变更，提出索赔很难，尤其是 EPC 合同条件下向业主索赔更是难上加难。为了维护承包商的利益，项目管理人员要时刻具备合同意识。因此，承包商在日常管理中要把合同的变更与索赔纳入项目管理的日常工作中来，积极寻求和发现变更与索赔点，建立基础资料收集与保存系统。当发生变更与索赔事件时，才能提供强有力的基础支撑材料。积极促使业主面对变更与索赔，解决同时应该注意合同变更，与开展索赔的程序，严格规范操作程序。

5. 强化信息管理

强化"信息管理"意识，确保对外信息的一致，当进行索赔交涉时，业主和主承包商会找项目部的不同部门索要资料和工程数据，由于各个职能部门站的立场不同，很有可能从自己的角度给他们提供资料或数据，可能造成对外多渠道所提供资料的不一致。为此，在日常合同管理中强化"信息管理"意识，确保一个口对外，这样才能确保提供的资料和数据一致。本案承包商由于对项目实施了有效的合同管理，使项目履约摆脱了因为工程延期而带来的误期罚款，同时，也为承包商争取到了有利的履约环境。

10.2.2　材料供应短缺工期索赔案例

【摘要】

本案例通过对境外水电工程实践，分析了 EPC/交钥匙合同条款特点，结合合同条款、商法原则和商业惯例，对该工程项目的索赔条件进行分析，为利用 EPC 工程合同条件下，进行工期索赔提供了相应的经验。

【索赔背景】

1. 工程情况

境外某国水电站是该国推行的第二能源计划中的一个重要工程。工程由 RCC 坝、岸边侧向进水口无闸门控制的溢洪道、由导流洞改建的放空孔及放水孔、导流洞、引水发电系统组成，电站装机容量 944MW（4×236 MW）。该项目由该国能源公司授予中方集团公司，EPC 合同总价约为 58 亿元人民币，计划工期为 60 个月。

2. 合同简介

该水电站工程签订合同模式为 EPC/交钥匙合同，是包括了设计、设备采购、施工、安装和调试，直至竣工移交的总承包模式。中方水利发展公司和驻该国水利发展分公司为牵头方，中方某水利勘察设计院、机械设备公司、水电工程局以及其他施工单位作为合作方，以"编队出海"的方式，总承包了该水电站工程。水利发展公司和其分公司负责主持本项目 EPC/交钥匙合同的全面履行，协调各合作方工作，全面负责监督、检查和控制工程进度、质量、成本、安全和环境保护等；水利勘察设计院负责工程的设计工作和提供现场技术服务等；机械设备公司主要负责工程永久机电设备的采购、运输等，水电工程局负责主体及辅助工程的施工、压力钢管等金属结构的制造及运输等。

3. 合同特点

在国际上 EPC/交钥匙合同模式已经相对较成熟，工程的业主之所以选择了 EPC/交钥匙合同来招标和执行，是因为这种模式相对传统合同模式可以大大缩短工程从规划、设计到竣工的周期，能够较早地取得利益。马来西亚该工程合同条款以典型的 EPC/交钥匙合同模式为主体，又有一些特色性的成分，归结为以下几点。

（1）管理关系简单。业主仅需负责整体的、原则的、目标的管理和控制，而承包商则统一对设计、采购和施工进行总承包并直接对业主负责，做到了资源合理化安排，显著减少了项目成本。

（2）中国标准。工程的建设全部是以中国规范为标准的，这一特点在国际上是鲜有的，可以说该工程的实施实现了三峡集团公司国外工程"中国标准"的建立。

（3）人民币和外币报价。工程是以人民币和该国币两个币种报价、执行、支付的，这一特点可有效规避单一报价的汇率风险。

（4）主材价格调整。对于炸药、钢筋（型钢、钢板）、水泥、粉煤灰、柴油等主材市场价格的浮动，业主负责补偿价格差异。

（5）地质风险按暂定价方式处理。工程 EPC 合同规定了把由地质缺陷和钢筋搭接数量引起的费用增加，纳入通用条款 13.5 款【暂列金额】内，以规避风险。

（6）支持合理的变更和索赔。工程 EPC/交钥匙合同在通用条款的基础上针对工程实际情况设立了相应专用条款和纠纷、索赔适用的原则，对于变更和索赔均留有诉求的余地。

【索赔条款分析】

根据该工程采用 EPC 合同条件的通用条款和专用条款，据承包商不完全统计，在下列情况出现时，承包商有权向业主提出工期索赔的诉求。

1. 业主的指令

在本案例的 EPC 合同的执行过程中，业主会向承包商发出一些指令，而这些指令有些会造成或将会造成承包商的工期延误，这些指令包括以下内容。

(1) 通用条款第 4.24 款【化石】中叙述的施工过程因发现化石等有价值的物品或文物时，业主根据合同会发出指令要求暂停施工；暂停如果延误关键线路上的工期，承包商可以提出工期索赔。

(2) 通用条款第 8.9 款【暂停的后果】规定，业主可以随时指令承包商暂停整个或部分工程的施工，造成工期延误的承包商可以提出工期索赔。

(3) 工程变更和调整指令。在该工程建设过程中，业主也会对设计的局部提出设计变更和调整要求，当然，从严格意义上讲，这一项应属于变更类。设计变更如果工期延长，承包商可以提出工期索赔。

2. 业主的失误

(1) 通用条款第 5.1 款【设计义务一般要求】规定，对于合同中规定的或属于业主责任需要提供的位置、数据和信息，整个工程执行或试验标准以及承包商不能复核的位置、数据和信息等都属于业主的责任。如果在投标报价时，承包商依据这些数据而进行设计或者投标报价，在执行过程中发现有变化而招致工期延误的，承包商可以向业主提出工期索赔。

(2) 通用条款第 16.1 款【承包商暂停工作的权利】规定，如果业主不能履行财政计划，或者不能按照 EPC 合同第 14.7 款【付款的时间安排】的支付时间进行支付，承包商在通知业主 21 天后有权停工或者降低工程进度，复工后工期延误的，承包商可以向业主提出工期索赔。

3. 业主的延误

(1) 通用条款第 2.1 款【现场进入权】和第 11.7 款【进入权】分别陈述了业主须及时给承包商提供进入和占用现场，承包商开出履约保函后就有权进入和占有整个工程并组织设备人员物资进场，由于业主原因导致承包商工期延误的，可以提出工期索赔。

(2) 为了制约业主的支付，在第 14.8 款【延误的付款】中指出了业主应当在第 14.7 款【支付时间】内支付承包商相应款项，未能按时支付，承包商减缓、暂停工程，延误工期的，承包商可以向业主提出工期索赔。

(3) 该工程 EPC 合同专用条款第 2.6 款中，合同规定了水库清库和移民安置等均属业主的责任，如果业主未能履行自己的责任，延误工期由业主负责。

(4) 专用条款第 2.7 款规定，电力传输线路的安装、试验和试运行均属业主责任，包括业主需按合同规定时间向电站进行"倒送电"，如有延期则承包商有权按照第 20.1 款【承包商的索赔】对工期、成本和利润进行索赔。

(5) 专用条款第 4.15 款规定，该项目的对外交通也是业主责任范围，业主应在 2011 年 3 月 31 日前提供一条永久道路投入使用，如果业主延误，承包商有权对工期索赔。

(6) 通用条款第 10.3 款【对竣工试验的干扰】、第 12.2 款【延误的试验】以及第 12.4 款【未能通过的竣工后试验】阐明了业主对工程竣工试验的干扰并做了明确规定，业主无理拖延致使工程不能按期竣工和接收，承包商有权进行索赔。以上情况均是对业主的延误或过失的规定，如有发生，承包商均有权根据合同条款进行相应工期等索赔的诉求。

4. 业主的风险和不可抗力

本案的 EPC 合同通用条款和工程项目合同专用条款第 17.4 款【业主的风险】和第 19 条款【不可抗力】这两条款均阐明了由于战争、暴动和非承包方原因导致的混乱、罢工等情况所引起的工程延误和增加费用属于业主的风险范围，承包商有权据此提出工期索赔。

5. 当局的延误

通用条款第 8.5 款【当局造成的延误】规定，承包商认真执行当局要求的程序而这些当局延误或干扰了承包商的工作，这些延误和干扰是有经验承包商在投标前所不能预料的，由此而造成的工期延误或工程中断应被认为延长工期的理由，承包商有权提出工期索赔诉求。

6. 法律变更

通用条款第 13.7 款【因法律改变的调整】规定，如果在投标基准日期后，工程所在国的法律有改变，或对此类法律的司法或政府解释有变，使承包商已（或将）遭受延误，承包商可以据此向业主提出工期索赔。

【索赔事件】

本案工程实施进展比较顺利，但有些条件因非承包商原因未达到，总承包商向业主提出了相关索赔诉求，事发当时总承包商工作细致，全面收集整理资料，包括每一份来往信函以及电子邮件等，形成了完整的证据链。利用上述中相应的合同条款、合同原则和商业惯例，经过数次谈判，最终取得了多项索赔，下面就两个典型索赔事件做简要分析。

1. 火工材料供应短缺工期拖延索赔

由于业主指定炸药供应商及警署等政府部门拖延批准等因素，正值该工程开挖高峰时期，火工材料出现了间断性的严重短缺情况，这直接影响了工程的关键工期，并导致了开挖工作面的窝工、降效乃至停工。

按照 EPC 交钥匙合同的通用条款的常规要求，从工程材料的采购、运输一直到加工使用均属总承包商自身的责任范围，上述火工材料短缺导致的影响不应向业主提出索赔，但该工程有自身的特殊性：在发生火工材料短缺的时间段内，业主是通过其"指定分包商"直接对该工程的火工材料进行统一管理、调配，而业主的"指定分包商"又与总承包商不属同一法人，所以承包商以这一点为突破口，依靠合同条款与业主积极沟通、友好协商，并针对业主违约造成承包商损失展开"定量"的索赔谈判。最终承包商成功地索赔了 3 个月工期以及相应的窝工降效费用。

2. 业主未能按时提供永久道路工期延误索赔

由于业主和第三方某公司未能就道路维护费用等事项达成一致，该工程对外交通道路被第三方某公司禁行 7 天，限行（仅限车货总重 35 吨以下通行）约 92 天，此次时间持续时间长达 3 个月之多，特别是在道路完全禁行期间，生活物资都无法保障，给总承包商乃至整个工程造成了严重的影响。

鉴于上述情况，总承包商在第一时间给业主正式信函，通报了对外交通情况并重点阐述了根据 FIDIC 银皮书第 4.13 款【道路通行权于设施】确定对外交通责任系属业主的责任范围，做好索赔基础。同时，总承包商一方面积极配合业主解决堵路问题，另一方面在现场做好基础资料的签认和收集整理工作，包括人员、设备的窝工降效签证单等，并根据道路封锁情况和物资到货情况动态地调整总进度计划，在总进度计划中，分析各个部位的滞后工期，严格遵守 FIDIC 银皮书第 20 款【索赔、争端和仲裁】关于索赔时效性的规定，及时以正式文件形式向业主提出相应索赔要求。

上述道路封锁事件索赔谈判期间，业主又主动提出了"要求承包商测算，2011 年 3 月 31 日前，业主不能提供永久道路将会产生哪些工期增加或费用增加"。业主之所以主动提出这个问题，首先是业主从事实上的确不能在该时间前提供永久道路，另一重要原因前文已有描述："根据本工程 EPC 专用条款第 4.15 款规定，该工程的对外交通属业主责任范围，业主应在合同约定日期前提供一条永久道路投入使用，否则，由此造成的工期延误和费用增加，承包商有权提出索赔"。

最终，总承包商凭借有利的合同条件和双方友好协商态度，成功索赔了 4 个月工期和数亿元人民币的费用补偿，同时原定的球阀、转子、变压器等重大件的陆路运输方案，也因此调整为水路运输（从该工程下游 30 km 处的电站水库码头逆流而上直至该水电站厂房），业主也支付了由于工期延误承包商相应增加的费用。

【案例启示】

（1）本案所列举的火工材料供应短缺按照合同规定应属于承包商自己的责任但该工作是业主通过其"指定分包商"直接对该工程的火工材料进行统一管理、调配的，承包商以此为突破口，成功地将责任推给了业主；业主未能按时提供永久道路事件，按照合同规定显然属于业主责任范围。两索赔事件是业主违约而造成的。依据合同规定，业主违约要承担由此造成的影响工期的责任，承包商有权向业主提出工期索赔。水电站是该承包商在海外承包的第一个项目。通过工期索赔，最后，该水电站按照双方的约定日期，顺利实现导流洞下闸，开始蓄水，工程的顺利完工，总承包商在实践中积累了经验。

（2）重视 EPC 合同工期索赔的管理，积极开展工期索赔工作就要熟悉合同有关条件，运用好合同条件。该总承包商十分重视对合同条款的分析和把握，寻找索赔的机会，有效地利用合同条件进行成功的索赔，其经验值得同行借鉴。

（3）积极发现索赔机会，及时收集索赔资料是索赔成功的关键。本案列举的两个索赔事件，总承包商都十分重视索赔资料的收集，为索赔成功提供了有力的工期索赔依据，工期索赔需要的一套真实的、全面的、具有法律效力和关联性的证据支撑，最终证据资料一般包括以下内容。

1）招标文件。它是工程项目合同文件的基础，包括通用条件、专用条件、施工技术规程、工程量表、工程范围说明、现场水文地质资料等文本，都是工程成本的基础资料。

2）投标报价文件。在投标报价文件中，承包商对各主要工种的施工单价进行了分析计算，对各主要工程量的施工效率和进度进行了分析，对施工所需的设备和材料列出了数量和价值，对施工过程中各阶段所需的资金数额提出了要求等。所有这些文件，在中标及签订施工协议书以后，都成为正式合同文件的组成部分，也成为施工索赔的基本依据。

3）施工协议书及其附属文件。在签订施工协议书以前合同双方对于中标价格、施工计划合同条件等问题的讨论纪要文件中，如果对招标文件中的某个合同条款做了修改或解释，则这个纪要就是将来索赔计价的依据。

4）来往信件。如工程师（或业主）的工程变更指令、口头变更确认函、加速施工指令、施工单价变更通知、对承包商问题的书面回答等等，这些信函（包括电传、传真资料）都具有与合同文件同等的效力，是结算和索赔的依据资料。

5）会议记录。如标前会议纪要、施工协调会议纪要、施工进度变更会议纪要、施工技术讨论会议纪要、索赔会议纪要等等。对于重要的会议纪要，要建立审阅制度，即由做纪要的一方写好纪要稿后，送交对方传阅核签，如有不同意见，可在纪要稿上修改，也可规定"核签期限"（如 7 天），如纪要稿送出后 7 天内不返回"核签意见"，即认为同意。这对会议纪要稿的合法性是很必要的。

6）施工现场记录。主要包括施工日志、施工检查记录、工时记录、质量检查记录、设备或材料使用记录、施工进度记录或者工程照片、录像等等。对于重要记录，如质量检查、验收记录，还应有工程师派遣的监理员签名。

7）工程财务记录。如工程进度款每月支付申请表，工人劳动计时卡和工资单，设备、材料和零配件采购单、付款收据，工程开支月报等等。在索赔计价工作中，财务单证十分重要。

8）现场气象记录。许多的工期拖延索赔与气象条件有关。施工现场应注意记录和收集气象资料，如每月降水量、风力、气温、河水位、河水流量、洪水位、基坑地下水状况等等。

9）市场信息资料。对于大中型土建工程，一般工期长达数年，对物价变动等报道资料，应系统地收集整理，这对于工程款的调价计算是必不可少的，对索赔亦同等重要。如工程所在国官方出版的物价报道、外汇兑换率行情、工人工资调整等。

10）工程所在国家的政策法令文件。如货币汇兑限制指令、调整工资的决定、税收变更指令、工程仲裁规则等。对于重大的索赔事项，如遇到复杂的法律问题时，承包商还需要聘请律师，专门处理这方面的问题。

10.3　工程变更工期索赔案例

10.3.1　业主变更工期索赔案例

【摘要】

通过业主变更，对工期进行索赔，是在实践中最常见、发生次数最频繁的索赔活动。本案例介绍了业主变更采取的方式，即明示与暗示变更；介绍了承包商处理业主隐含变更争取到了业主批准，为承包商争取一定的利益的索赔过程。同时，总结了通过变更索赔和变更审批等手段，促使业主减少或取消，或批准业主的变更和项目变更，保护承包商利益的经验。

【索赔背景】

境外某公司建设一座储量为 45000m³ 尿素散装仓库 5 条从生产厂到仓库的皮带机，输送能力 288t/h；5 条从仓库到码头装船线 1000t/h 皮带机。项目类型为 BLT（建设、租赁、移交），其中 EPC（设计、采购、施工）合同固定总价 1350 万美元，总工期 18 个月。主要专业为机运、建筑、结构、电气和仪表。EPC 合同及技术附件对该项目采用的标准规范、设备材料规格、设备制造厂商等均有明确的规定。

【变更方式分析】

1. 隐含的业主变更

由于各方面的原因业主参加工程建设管理的人员并非是投标和合同谈判时的参与人员，因而对合同的理解有差异。在项目实施过程中提出一些要求，这些要求对项目和业主是有利的，但其中有些是超出合同范围的，实际上构成了变更，却不是以变更的形式提出。因此，承包商一定要及时分辨出其变更部分，按变更程序处理，争取承包商的合法权益，避免不必要的损失。本案例在下列项目过程中或多或少地出现隐含的业主变更。

(1) 在业主提交的基础工程设计资料 BEDD (Basic Engineering Design Data) 中，业主补充和完善了项目技术要求 (Specification)，其中部分超出合同范围，实际上是业主变更。

(2) 项目协调会、周会、月会等会议纪要中涉及合同范围、标准等，部分内容属于业主变更。

(3) 基础工程设计审查会，业主审查意见和要求中涉及合同范围、标准等内容属于业主变更。

(4) 详细工程设计审查会，业主审查意见和要求中涉及合同范围、标准等内容属于业主变更。

在各专业收到上述文件 2 周内，应提出有变更的部分，最迟在一个月内向业主提出属于变更方面的意见。

上述文件中属于变更的内容包括：电气设备、机械设备、灯具、电缆、钢结构、屋面墙面材料、油漆等设备材料的增加。

2. 明确的业主变更

在项目执行中，业主经过更仔细考虑将来的发展、扩建以及与老厂的联系等，提出新的要求，并指明是业主变更，承担相应的进度和（或）费用等方面的责任和义务。该工程中，业主提出两条明确变更要求，并要求承包商报价、进度安排，在原合同项目同一时间完成全部工作，包括以下两条。

(1) 拟增建一个仓库，其蒸汽管线，消防水管线，中压柜等与该工程共享等变更 (Change Order)。

(2) 增加污水处理管线、明沟、混凝土地坪、大门等变更 (Change Order)。

3. 项目的变更

在项目执行过程中，经过各专业对合同仔细研究和专业技术评审，可能会发现合同技术附件的规定不是最佳方案。在保证项目质量的前提下，进行适当的变更，有时可以达到缩短工期，节约投资的目的，也可能使质量层次更高而需要增加工期以及费用。无论哪种情况，一般情况下，项目内部变更特别是方案变更，最好是设法将项目变更通过业主的批准变成业主的变更，该项目有以下较大的内部变更。

(1) 合格厂商变更。按照 EPC 合同，项目的除湿系统厂商只有一家，不符合国际惯例，无法招标获得公正的质量、价格评比；主要设备皮带机厂商全部为美国、日本等国际品牌，采购周期较长、费用较大，对项目影响较大。项目执行过程中，承包商通过提供公司批准的合格厂商资料、厂商在类似项目的业绩，以及实际考察等措施，将这些内部变更最终得到用户的批准，仅这两项，有效地缩短了工期，同时为项目减少项目硬件成本约 50 万美元。

（2）技术方案变更。对 EPC 项目，承包商应注意对工期的控制。工期控制可以保证承包商按期完成项目，这是业主子项目早日投产，获取利润的保证，与工期控制最为紧密就是设计方案的优化。设计方案复杂，工期长，费用大，设计优化则可以大大缩短工期，节约成本。该项目合同技术附件的仓库平面为 50m 宽，245m 长，纵向"柱距"为 5m，共 50 榀主框架。如果将纵向"柱距"改为 9m 为主，主框架总榀数减少到 29 榀，可节约加工及安装时间近 1 个月，节约钢材消耗量约 100t，减少成本近 10 万美元。遗憾的是该方案未获得业主批准。但通过类似的内部变更，也是工期控制应该考虑的思路之一。

【索赔过程】

不管是内部的、还是外部的，明确的、还是隐含的变更，对进度都是有一定的影响的，对于业主的变更，总承包商应在有关的索赔文件中注明其变更对进度的影响，必要时可直接提交业主变更的进度索赔，并得到业主的认可，工期索赔事件可以是肯定的，也可以是间接的，当出现总体进度推迟时，可以归属到业主原因，避免业主对总承包商由于工期拖延而遭受到罚款。

本案项目与业主的老厂的相关性较为显著，场地平整、全厂的 PLC 条件，除湿机的蒸汽供应，开车尿素准备，老厂的转换料斗等属于业主范围，在项目执行过程中，各项工程项目至少提前 2～3 周通知业主做好准备，配合项目运行和备忘，暗含项目进度延误要由业主承担责任。

该项目合同工期 18 个月，生效为 2011 年 2 月 19 日，2012 年 7 月 23 日机械竣工，项目验收签署时间为 2012 年 10 月 6 日，实际项目验收日期比合同工期推迟 1 个多月，业主曾提出违约罚款的问题，但在总承包商出示的大量证据（如业主变更、业主责任索赔等），业主面临承包商其他索赔的压力最终放弃了对承包商因为工期拖延而进行的违约罚款，基本达到了总承包商的预期目的。

该项目的钢结构材料、屋面墙面材料、皮带机延长等变更导致的费用索赔，最终协议约 15 万美元。

承包商在对变更索赔的过程中，业主决定取消一些新的要求，按原合同要求执行。如该项目业主曾经要求从老厂接事故电缆，新增事故变压器。承包商据理力争，认为这是变更需要索赔，最后业主取消了这些要求，而回到原合同，最后只考虑事故应急照明灯。再如业主在文件审核时将钢构件的电镀锌改为热浸锌，新的变更要求工期长、且价格较高，承包商告诉业主需要变更索赔，通过承包商的变更索赔，业主也取消了这些要求。如果没有索赔这个过程，总承包商将遭受不必要的工期延长和费用损失。

【案例启示】

1. 有关条款分析

本案例属于业主变更而引起的工期索赔实例，依据 FIDIC 银皮书有关变更工期索赔条款如下。

FIIC 银皮书第 1.1.6.8 目："变更"是指按照第 13 条【变更和调整】的规定，经指示或批准作为变更的，对雇主要求或工程所做的任何更改。

第 3.4 款【指示】：雇主可向承包商发出为承包商根据合同履行义务所需要的指示。每项指示都应是书面的，并说明其有关的义务，以及规定这些义务的条款（或合同的其他条款）。如果任何此类指示构成一项变更时，应按照第 13 条【变更和调整】的规定办理。

第 8.4 款【竣工时间延长】：变更（除非已根据第 13.3 款【变更程序】的规定商定调整了竣工时间）……；可以延长工期。

第 8.11 款【托长的暂停】：如果第 8.8 款【暂时停工】所述的暂停已持续 84 天以上，承包商可以要求雇主允许继续施工。如在提出这一要求后 28 天内，雇主没有给出许可，承包商可以通知雇主，将工程受暂停影响的部分视为根据第 13 条【变更和调整】规定的删减项目。若暂停影响到整个工程，承包商可以根据第 16.2 款【由承包商终止】的规定发出终止的通知。

第 13.2 款【价值工程】：承包商可随时向雇主提交书面建议，提出（他认为）采纳后将：(a) 加快竣工；(b) 降低雇主的工程施工、维护或运行的费用；(c) 提高雇主的竣工工程的效率或价值；(d) 给雇主带来其他利益的建议。此类建议书应由承包商自费编制，并应包括的第 13.3 款【变更程序】所列内容。

第 13.3 款【变更程序】规定：承包商对于变更可根据的第 8.3 款【进度计划】和竣工时间的要求，承包商对进度计划做出必要修改的建议书。

2. 变更基本程序

进行变更工期索赔，就要把握变更的程序，通过变更程序，得到业主的批准才能按照基本的索赔程序进行的索赔才有可能获得成功。为此，在变更工期索赔中，掌握好工程变更的程序至关重要。从上述案例工程情况看，在项目执行过程中，项目的变更是以多种形式存在的，如业主明确要求的、业主在项目文件中隐含要求的或项目内部要求的等等，其差别在于这些变更对项目进度、费用、风险等的影响程度有所不同，变更控制和管理是项目管理的主要工作内容之一。承包商要做好变更索赔的管理工作，在项目策划时应编制"变更管理程序"，该程序至少应包括下列内容。

(1) 目的、意义综述。通过评估和编制变更对项目进度、费用、质量的影响，并得到业主对变更的批准，避免总承包商的损失。

(2) 合同范围描述。主合同及技术附件是项目执行的依据。项目开工时应组织专业负责人以上的项目管理成员学习合同，特别是技术附件。对合同要求的工作范围、规范标准、质量和进度必须完全掌握，才能及时发现项目执行中的各种形式的变更要求。

(3) 项目成员职责。应当明确专业负责人、费用控制工程师、计划工程师、设计经理、采购经理、项目经理等在变更控制中的相应职责。

(4) 变更文件管理。记录和保存各种与变更有关的全套文件是索赔的主要证据，索赔成功与否与文件（证据）是否充分有很大关系。

(5) 业主变更。鼓励项目成员辨别各种文件中的可能存在的变更内容，不管是明确的还是隐含的、直接的或间接的、强制的或选择性的变更。

(6) 内部变更提出。鼓励项目各专业在项目初始阶段优化方案，加强方案评审，提出内部变更建议，供项目组决策。无论合同范围内、外均可建议。

（7）时效规定。各专业收到文件后，应在规定的时间内及时报告变更内容，以便决策后，及时通报业主，择机处理。

（8）变更工程量编制。编制对比表、依据、计算书等是各设计专业职责范围。

（9）变更费用编制。费用控制专业在各设计专业变更工程量的基础上编制。

（10）变更进度、质量、安全等。项目工程师等负责编制，汇总。

（11）项目评审、审批，同业主协调、谈判，补充变更协议，按协议收款，等等。

当前，按照国际惯例管理的工程项目会越来越多，即使是国内工程与国际接轨也是必然的，工程索赔是项目管理过程中不可缺少的一个组成部分。将工期等索赔作为保证总承包商权益的一种手段，避免项目损失，进而保护总承包商的利益。

10.3.2　设计变更工期索赔案例

【摘要】

设计变更、工程量增加、延误试验对工期都将产生很大的影响，往往成为工期索赔的重点和难点。本案例对上述情况下，如何利用"外脑"，邀请外国的法律专家协助承包商进行索赔与反索赔做法进行了介绍，对承包商在 EPC 项目索赔管理体系建设中的创新和成功实践，为同行提供了十分宝贵经验。

【索赔背景】

中方公司在境外某国开发了一个上亿美元的工业 EPC 总承包项目，其工作包括一条工业生产线及余热发电站的设计、采购、施工和竣工试验（包括试运行和性能考核）。业主为该国政府全资子公司，资金来源包括世界银行、其他多边金融组织、中国进出口银行和业主自筹。该项目采用 FIDIC1999 版《生产设备与设计—施工合同条件》，即新黄皮书，业主聘请英国某工程咨询公司行使合同中"工程师"的职责。合同价格原则上采用固定总价，但部分工程（主要是现场土建和安装工程）采用工程量清单的单价方式。合同依据法律为东道国法律（受英国普通法影响），争议解决方式包括工程师确定、争议裁决委员会（DAB）和国际仲裁。

【索赔事件】

1. 厂区道路设计变更

合同约定厂区道路设计与施工在总承包商工作范围内，仅在工程量清单某子项中描述道路法为"Two coat surface dressing"。对此，总承包公司认为只需要采用水泥与河沙/红土即满足合同要求，而工程师坚持认为"Two coat surface dressing"属于专业术语，应使用沥青。双方争执不下，总承包商转而寻求律师顾问的支持。律师经过分析，认为这实质是一个有关 EPC 承包商设计责任的合同解释问题，需要法律和技术专家配合完成。鉴此，律师通过其强大的专业资源和数据库，建议总承包商选聘了一位在热带道路设计领域拥有国际领先业绩的技术专家。该技术专家在独立分析报告中，以扎实的论据和相关判例证明"Two coat surface dressing"并非具有国际通用含义的专业术语。据此，律师则为总承包商起草一份法律意见书，其要点如下。

合同中关于道路设计并没具体规范，而工程量清单中的"Two coat surface dressing"

也没定义。独立专家报告表明，"Two coat surface dressing"并无国际通用含义，作为 EPC 总承包商，在此条件下应有设计选择权。现有设计方案既满足合同目的（该道路没有特殊功能要求），也是安全可靠的，而且不违背东道国强制性法律，因此，是符合合同约定的。如果工程师坚持沥青方案，则应按工程变更处理。在这样一份依据充分、论证严密的法律意见书面前，工程师很快放弃了此前坚持的主张。总承包商成功避免了由于改变计划所引起的工期延长和计划成本外的费用损失。

2. 大幅增加的桩基数量

总承包商负责桩的设计，但设计的桩的预计数量（3887 根）大幅超过工程量清单中列明的预估数量。这不仅将对工期造成实质性影响（预计延误约 4 个月），而且由于当地水泥价格大幅上涨 100%，直接成本也受到很大影响。对此，工程师不仅在一次工作会议上明确拒绝考虑延长工期和提高单价，而且还进一步要求总承包商就已经延误的进度提交赶工计划（当期导致进度延误的各类原因，主要属于承包商风险）。

因地下工程量大幅增加而导致项目进度严重延误和成本巨额亏损的情形，是总承包商在 EPC 合同中的典型高风险之一。由于此类风险往往出现在项目实施前期，如果总承包商不能采取有效的索赔措施，不仅会导致项目在初期就笼罩在亏损的阴影下，而且会对项目管理团队的士气和信心形成负面影响，进而形成恶性循环。总承包商通常的结局要么是被迫投入巨额成本赶工，要么是向业主支付高额误期损害赔偿，甚至保函被没收，合同被解除。

但是，本案总承包商并没有重蹈其他中国承包商的覆辙，而是按国际工程规则办事，采取了一系列有效的措施。首先，总承包商在律师的帮助下，制定了分步骤实施的策略，其核心是在工程师之前已明确删除 FIDIC 合同的有利于承包商的相关条款的条件下，如何论证工程量大幅增加已经构成变更——这是索赔工期和费用的出发点和成功关键。其次，总承包商在律师的帮助下选聘了一家在国际工程索赔领域享有盛誉的咨询公司，用国际通行的计算方法和模型实施进度分析和成本测算。最后，在律师和咨询公司的协作之下，形成一份详细充分的索赔报告。面对这样一份具有国际一流水准的索赔报告，工程师无法形成有效反驳。总承包商成功扭转了被动局面，逐渐取得了博弈的主动权，并最终在六个月后取得了工期顺延 115 天、业主追加 1000 多万美元的索赔成果。

3. 竣工试验延误

在工业 EPC 项目中，当进入试运行阶段开始以后，由于业主已经实质性占有工程，总承包商的博弈力往往大幅下降。同时，由于往往涉及较为复杂的技术和工艺问题，因此双方责任不易划分，总承包商会因此更加被动。这样一来，如果总承包商不能顺利通过竣工试验和接收，将会面临较大的误期赔偿和性能赔偿风险——这在传统施工承包项目中通常是不明显的。因此，EPC 总承包商在竣工试验阶段的索赔管理，既是重点也是难点。

在本项目竣工试验阶段，由于工程未能在合同规定的竣工时间内通过连续 72 小时性能试验，工程师向总承包商发出索赔通知，要求总承包商支付总额约为 550 万美元误期赔偿金。为此，总承包商面临的主要矛盾和工作目标，是如何通过工期索赔来避免承担高额误期赔偿金，其核心内容则是如何有效主张竣工试验未通过的原因主要是由业主造成的。尽管与项目施工阶段的索赔相比，总承包商在该阶段的索赔工作难度更大，但是由于该总承包商引入"外脑",已经形成了成熟有效的索赔管理机制,因此,总承包商只需要"复制"此前的最佳实践,即取得了工期顺延至实际竣工日期,未承担任何误期赔偿金的优异成果。

【案例启示】

1．"外脑"索赔带来的综合效益

三件索赔事件中提到的"律师""外脑",就是一家与总承包商具有长期合作关系的某国际律师事务所,项目伊始,被承包商聘为顾问机构的牵头人。尽管总承包商是中国较早进入国际成套设备出口领域的商务型企业,但是在 EPC 经验相对缺乏,公司管理层充分意识到EPC 总承包合同具有显著的高风险特征,如果仅依靠总承包公司现有人力资源和项目管理水平,将难以适应本项目的客观要求。因此,有必要通过引入"外脑",帮助公司提升项目风险管理,特别是索赔管理能力。

尽管通过借助"外脑"进行项目索赔管理体系创新需要花费一定成本,但这与通过这一创新所取得的综合效益相比,总承包商管理层认为是一笔相当划算的投资。在没有采用成本高昂的 DAB 和国际仲裁等多级争议解决机制的条件下,通过高质量的索赔,在工期方面,累计延长到实际竣工日期,总承包商未承担任何误期违约金——特别是考虑到总承包商在EPC 合同所需承担的高风险,以及自身在管理方面的不足,在工期索赔方面所获得的经济效益实际是相当可观的;在费用方面,累计追加超过 1300 万美元(超过合同金额 10%)。

2．"外脑"所做的工作

(1) 在合同签订阶段。在合同签订阶段,国际律师即开始工作,主要任务是以合同草稿为基础进行重大风险分析,起草合同修改建议,降低风险措施并帮助实行合同谈判。尽管律师在该阶段的风险管理和价值创造是否充分发挥,在很大程度上取决于承包商自身的商业地位和谈判力,但实践证明,律师在该阶段的介入,有利于承包商更全面地把握项目风险特征,有利于承包商提高谈判能力,有利于更有效地实现风险的事前控制。

(2) 项目执行阶段。本项目中国籍律师的工作主要是集中在项目执行阶段。自 2005 年始,国际律师为总包商提供了超过五年的全过程索赔顾问服务,成为该项目索赔管理体系建设的一大亮点,国际律师在该阶段的工作形式主要包括以下几点。

①面向总承包管理层进行合同交底,面向项目管理层人员举办 EPC 合同履行专题研讨会,建立以合同为纽带的项目风险管理机制。

②协助进行主分包合同的起草和谈判工作。

③就项目执行期间的关键问题提供咨询意见和解决方案。

④起草、审核或定稿与工程师/业主之间的重要往来信函。

⑤起草既满足合同索赔条款要求,又兼顾承包商不希望因索赔影响与业主或工程师合作关系的索赔通知范本。

⑥审核潜在索赔的依据并提出建议和论点。

⑦根据不同索赔事项的工作需要,帮助选聘和协调有关工料测量、进度以及专业工程技术领域的各类专家。

⑧起草索赔报告。

⑨协助进行索赔谈判。

国际律师在施工阶段为承包商提供建议和索赔顾问支持的事项主要包括：

①取得签证延误的凭证。

②取得运输机械设备和材料的船舶故障的凭证。

③取得承包商设备免税延误的凭证。

④关于大幅增加的桩基工程量的索赔。

⑤关于业主支付合同价款的能力的索赔。

⑥关于厂区道路设计的索赔。

⑦关于提供必备零部件的索赔。

⑧取得剩余机械设备和材料的所有权的凭证。

⑨关于挖掘和回填工程的测量的索赔。

⑩因付款证书纠纷意欲放缓施工速度/暂停工程的索赔。

（3）在竣工试验阶段。在竣工试验阶段，由于出现了一系列导致试验延误的情形，国际律师还为总承包公司围绕以下事件提供以工期索赔为主线的顾问支持：

①业主供应原材料不及时。

②业主供应的生产设备的缺陷。

③业主对承包商供应设备的选型实施干预。

中方总承包商管理层在 EPC 项目索赔管理思路上的大胆创新和成功实践，是不可多得的实证案例，对于中方总承包商克服主要依靠个人能力决定项目成败的顽疾、依靠科学的管理体系来控制 EPC 项目的高风险，具有非常重要的研究和应用参考价值。

10.3.3　技术方案变更工期索赔案例

【摘要】

工程变更是引起工期索赔的重要因素，本案例根据实际项目经验，分析变更的原因，提出变更和索赔的一般程序，对承包商所经历的变更和索赔经验加以总结，对于同行交流由于变更引起的工期索赔经验具有一定的意义。

【索赔背景】

某承包商承包了某煤化工程项目的"卸储煤系统"，该卸储煤系统为整个煤化工程中的热电站装置、联合化工装置分别提供燃料煤、原料煤。燃料煤的年设计量为 340 万 t，原料煤的年设计量为 500 万 t，合计 840 万 t。合同采用 EPC 合同固定总价模式。

【变更原因】

1. 明确的业主变更

由于 EPC 合同一般为固定总价合同，大多数风险由总承包商承担，除非业主主动提出，合同价格不变。项目进行过程中，业主考虑到建设组织管理合理、生产便利需要，提出新的要求，并明确为变更，变更实施由业主承担相应的工期延长以及工程费用，要求承包商对于工期延长测算，以及相应的报价，作为原 EPC 合同价格的增加部分，经评审通过后实施。本项目中，由业主提起的明确变更指令主要有以下两点。

（1）技术方案变更：储煤方式由 EPC 合同中的圆形储煤场改为储煤筒仓。

（2）工作范围变更：增加区域内场地平整工作；增加原 EPC 合同中没有的桩基工程以

及翻车机安装工作。

2. 隐含的业主变更

隐含的变更是指承包商根据合同、基础设计资料、设计审查会、项目建设协调会纪要等项目文件中涉及合同范围、标准、价格变化的内容提起的变更。根据隐含的变更提起费用索赔是承包商实现项目盈利最重要的途径。

有经验的承包商能够在项目实施的各个阶段不断发掘隐含的变更。业主在项目实施过程中提出的一些对其有利的要求其实已经超出了合同的范围，构成了变更，却并不以变更的形式提出。承包商必须对此类隐含变更及时做出反应，辨识出变更的内容，双方约定的变更程序处理，避免工期延长受到业主的罚款以及经济损失和成本增加。

3. 非业主原因的变更

业主在合同关系中一般处于强势地位，EPC 合同一般约定除业主原因和不可抗力外的所有风险均由承包商承担。对于非业主原因的变更，总承包商需组织相关人员及时做出评价，对引起费用增加的变更及时优化调整，减少损失；对能够减少投资的变更及时提交业主，利益共享。

【变更和索赔的机会】

总承包商应着重从以下项目文件中寻找变更和索赔机会。

（1）招投标和合同文件。项目前期策划阶段，不确定性因素较多，招投标和合同签订过程中业主的相关承诺和约定（如三通一平）在执行过程中有可能不能完全兑现或发生变化，承包商可提起变更。

本项目要求承包商投标报价中施工水电费按照业主提供的价格进行组价，但由于业主与当地电力主管部门最终协商的价格较原定价格提高很多，承包商在结算时根据实际用电价格和数量要求业主给予补偿，获得成功。

（2）设计基础资料。业主根据勘察、初步设计或基础设计文件进行招标，但在实际执行中对设计基础资料做出调整、补充和完善，造成了合同范围、规模或执行条件的更改。EPC 合同签订后，承包商设计部门应及时对设计基础资料进行详细审查，发现符合条件的变更及时提交项目管理人员，做好提请变更的准备。

（3）详细设计审查联络会纪要。根据 EPC 合同，详细设计需经过几次各方联合审查后方能实施，业主在此期间提出的设计合同范围、标准等变化需要承包商特别注意，比如钢结构除锈等级、防火等级、地面硬化标准和范围、装修材料变化等。

（4）项目实施过程中会议纪要。项目建设涉及相关方较多，难免出现影响项目正常实施的突发事件，造成合同行条件的变化。为了项目顺利进行，项目实施过程中往往通过各种协调会，来划分合同中未明确的相关方责任和权利，其中部分属于业主变更的内容。

【变更结果】

通常情况下，变更导致项目原有的计划被打乱，工期延长以及费用增加。项目承包商通过索赔，减少和避免变更对自身造成的损失。

业主出于尽早投产盈利的考虑，对工期的要求比较严格。对于较为复杂的工业项目，承包商如果不能成功进行工期索赔，将受到业主的巨额罚款。工期索赔往往伴随费用索赔出现，但多数承包商并没有给予足够的重视。

该项目合同约定交工日期为 2009 年 9 月 30 日，但实际交工日期为 2009 年 11 月 30 日。承包商利用基础设计方案变更造成实际开工时间推迟，业主提供调试用水、用电时间较晚，其他承包商占用施工场地等情况，提出工期索赔，并取得业主批准。

除此之外，针对本项目隐含的业主变更即供电系统变电所面积为 $495m^2$ 变更为供电系统变电所面积变为 $1197m^2$；将采暖媒介由热水改为蒸汽的变更，承包商对于变更引起的成本增加向业主提出了费用索赔，并获成功。

【变更程序】

变更从提起到批准涉及多个部门的工作，做好变更工期索赔管理工作，需要有专人跟踪整个流程。

1. 变更的发起

项目负责人需要及时敏锐地捕捉到能够提起工期索赔的变更，无论这种变更是来自项目的任何参与方，变更发起的时效性是项目管理人员容易忽略的一点，然而在项目出现问题、争议时，它是项目参与任何一方都无法回避的变更索赔要素。

这并不是说要在变更出现当时即提出索赔的具体工期，它可以只是一个简单的索赔意向通知或者是初步的索赔影响评估通知，由于变更影响的持续性和造成成本的累加性，承包商需要在项目执行期间不断搜集和整理变更的过程记录文件。

项目执行过程中，出现变更工期索赔的机会很多，为了避免由于变更索赔过度引起业主的反感和排斥，维护同业主的良好关系，保证工作顺利开展，建议承包商有选择地发起变更工期索赔。对证据充分、成功几率较大、涉及金额较多的变更，承包商应着重关注和跟踪。

2. 业主方的反馈

该项目中，变更首先由承包商以变更建议书的方式提起。建议书中承包商阐述变更的原因，并提供引起变更的支持性材料，初步评估变更引起工期、费用、质量的变化，表明必须通过变更消除和降低风险的必要性。

业主的合同或商务管理部门会组织相关人员根据合同文件对承包商提起的变更建议书做出判定，在确定该项变更构成有效变更后，方通知承包商上报详细的变更执行方案，否则，就判定为无效变更予以驳回。

针对业主在 EPC 合同条件中限制构成有效变更的条件，比如单项变更金额小于某一限值的变更不予批准，承包商可创造条件将本来属于不同单项的变更进行合并，从而避免由于变更额较小而被驳回。

判定的过程需要经过双方的博弈，业主和承包商会有多次的洽商、谈判，需要承包商提供充分的证明材料。本项目中，业主驳回了承包商提出的包括 10kV 变电所功能改造、翻车机调试用电增加等变更，但也批准了"采样间"改造、临时办公区搬迁等小额费用索赔。

3. 变更方案

变更有效性得到确认后，承包商即可提交工期、费用的明确变更执行方案。此过程需要项目部乃至公司层面各部门的支持。包括会议纪要、工作联系函、设计评审文件、设计变更单（图纸）、签证单、调整后的施工方案、材料询价单、工程量清单、报价书等都将成为变更执行方案的一部分，业主还会根据要求提供变更前后的对比表、计算书等。

变更执行方案的编制应由项目经理组织设计、商务、采购、施工、费控、计划等各相关人员共同编制。对某项变更执行可能会对项目其他参与方的工作开展造成影响的，承包商需要在变更执行方案中做出陈述，避免反索赔。

4. 业主的评审

根据变更对工期、费用、技术、安全的影响程度，业主会对变更的实行不同的评审权限。同样，评审过程中会与承包商进行多次的谈判。此时，承包商需要选派精干的谈判小组，充分准备、采用各种策略和方法，争取合同利益。与合同谈判时的劣势不同，承包商在提交变更方案时已取得变更条款的编制权，虽然条款需双方进一步商讨确定，但可"先入为主"为自己增利避害，规避风险。例如，争取对紧急变更要求业主支付后才执行，对大额变更要求及早支付，减少资金占用的时间成本。双方就变更的费用和工期等达成初步意见后，形成变更审批报告。

5. 变更的执行

变更审批报告签署后，根据变更的复杂程度和影响大小或形成变更单，或形成合同补充协议，双方按照约定执行。

【案例启示】

（1）及早提出工期及费用变更索赔意向。除了法律对变更签证的时效性进行约束外，由于业主多数项目建设管理人员在项目竣工结算时都已撤离，补充证据相对困难，建议总承包商及早提出变更意向，避免变更和签证索赔与项目结算一并进行。

（2）尽量减少内部设计变更。在不影响工程质量、安全、使用性能的前提下，尽量减少承包商内部设计变更。此类设计变更可能影响业主和监理对承包商能力的信赖程度，其引起的工期延长以及费用增加都难以获得业主的批准。

（3）注重对合同的学习。EPC总承包商不同于施工单位，项目的每个参与者都可能从自身的角度发现合同执行条件的变化对成本造成的影响，从而提起变更，发起索赔。

（4）形成企业级的经验。总承包商如果能根据多年的项目经验形成一套有效的变更索赔管理办法和制度，将在很大程度上提升企业的盈利能力。

现代大型工业项目采用EPC总承包模式较多，变更和索赔成为总承包商项目管理中不可避免的环节。总承包商可根据变更事项发生的原因，发起索赔，或避免损失，或创造效益，维护自身合理的利益。

10.4 其他类型工期索赔案例

10.4.1 超常规雨量工期索赔案例

【摘要】

这是一起某国际EPC/交钥匙工程实施过程中，总承包商意外遇到超常规雨量后提出工期索赔的案例。案例阐述了索赔过程，分析了索赔结果，总结了该案例所反映的工程索赔应注意的一般问题，为EPC总承包商的合同管理人员提供借鉴和参考。

【索赔背景】

中方承包商与境外某国石油公司签署了天然气管道 EPC 项目合同，该项目管道管径 28in，长度 303km，工期 450d。中方总承包商，全面负责项目实施和管理，包括项目管理、设计、采办和施工。总承包商将部分工作进行分包，分包商负责干线设计和施工。该项目共分为 A、B、C 三段，总承包商下属某油田单位分包实施 A 段，B、C 两段通过招标分包给当地一家承包商，施工分包合同条款与总包合同条款采用背对背方式，各项条款基本一致。

1. 合同价格构成

根据不同工作内容，EPC/交钥匙总包合同价格和性质分为几项：①管理费固定总价；②设计费固定总价；③采购费用固定总价，其中，钢管由业主提供；④施工费采用单价计价方法。通过单价分解表列明施工费的构成名目、价格和工作量，如根据施工地段不同，分为普通施工段、山区施工段、水淹地施工段等，分别列明各段施工费的单价和估算的施工长度，项目施工最终结算额以实际施工长度乘以单价为准。在水淹地施工段中列有"特殊工作"施工费子项，这种费用标准比其他项目都高。EPC 合同规定：除非合同另有规定，承包商不得调整施工费单价和固定的管理费、设计费及采办费。

2. 工期

该 EPC 合同工期为 450d，合同在 450d 基础上，明确给予总包商 2 个月宽限期。宽限期过后，如果项目仍未完工，每延迟 1d，业主罚款为合同额的 0.02%，延迟达 30d 以上，罚款比例提高到合同额的 0.07%，直至罚款总额达到 EPC 总合同额的 10%。

3. 水淹地施工

水淹地是指施工线路积水达到一定量，根据施工技术要求，需要将该区段的钢管进行特别处理的地段。通常处理方式采用水泥夹克管，即在普通管材外面包上一定厚度的水泥，增加管材重量和稳固，避免积水的浮力导致管道上浮或移动。合同规定，水泥夹克管预制需由施工方完成。

一般情况下，遇到水淹地施工段，至少 2 根以上的钢管需要预制成水泥夹克管，而且几根水泥夹克管需要焊接后同时起吊下沟。当某地段需要 2 根以上水泥夹克管时，根据焊接工艺和施工标准，每道焊口必须一次焊接成功，因为水泥夹克管重量大，如果一道焊口经过多次焊接，起吊时焊口容易断裂。而且水泥夹克管对于起吊设备的起吊能力要求高，需要多台承重能力高的吊管机同时起吊。根据业主提供的最初地质资料，整个项目水淹地长度约为 26029m，其中 A 段 13509m，B 段 8766m，C 段 3754m，总包商和分包商分别根据各自负责的长度进行施工费预算报价。

4. 特殊工作量

如前所述，"特殊工作"为水淹地施工段中的子项，这种工作的费用标准在施工费中最高。合同附件对于特殊工作没有具体定义，泛指水淹地地段中需要进行特殊施工的地段。"特殊工作"地段的施工费约是普通地段施工费的 4 倍。根据本项目地貌资料，需要"特殊工作"的地段施工长度为 8820m，其中 A 段 6141m，B 段 2679m，C 段 0m，总承包商和分包商分别根据各自负责的长度报出施工费总价。

5. 雨天

因项目所在国属于热带雨林气候，每年雨季时间长达 3 个月。雨天对项目施工进度造成很大影响，现场雨量超过一定程度将无法施工。雨季问题成为影响合同工期的最重要因素。合同中针对雨季问题进行了特别规定：如"合同给予的工期已经考虑了的雨天天数，超过这个数量后，工期将根据有关附件的规定给予工期延长和设备、人员费用补偿"。

【索赔事件】

工程实施过程中，合同原有工期中包含的 15d 早早用完。因雨量增加，施工现场积水增多，水淹地长度大幅增加，从而水泥夹克管的用量也相应增加。因合同条件发生了变更，导致工作量增多，承包商的各项成本大幅增加，需要向业主索赔工期以及相应费用损失。

【索赔过程】

1. 合同工期

水淹地长度的增加和预制水泥夹克管数量的增多导致施工期延长，另加雨天超出合同工期原来规定，总承包商要求根据附件计算公式延长 115d 工期。

2. 提出替代方案

鉴于水淹地长度增加，在讨论是否全部水淹地工段使用水泥夹克管时，承包商从施工难易程度和项目预算角度出发提出用沙袋沉管法替代水泥夹克管。沙袋沉管法是指在普通管子上压上盛有沙石的特殊材质沙袋，增加钢管重力，避免积水的浮力造成钢管漂浮或移动。这种方案，价格更为便宜，但效果不如水泥夹克管好，并需从国外采购进口沙袋，周期较长。另外，业主认为承包商对于沙袋的报价偏高，要求降低价格，缩短供货周期。总承包商提出，可以保证供货周期，但是价格不可调整。

3. 核算水淹地长度

承包商就新增加的水淹地长度向业主提出工程量变更，业主认为承包商提供的数字不准确，新的水淹地长度至少比实际长度多出 4000m。双方对此争执不下，最终决定一起进行全线实地测量。

4. 定义水淹地"特殊工作"

因雨量过多造成施工现场积水，很多水淹地需要用圆木铺垫，以便施工设备和人员进场。承包商认为，凡是铺设圆木的地段，均应按照"特殊工作"计算施工费。业主认为，铺设圆木是为了开道，属于正常施工的一部分，其费用已经包括在水泥夹克管的施工费中，不另行支付费用。只有需要挖掘机等特殊开挖设备的地段，才能按照"特殊工作"计算。

【索赔初步结果】

(1) 工期延长天数：根据合同中对于雨天对工期影响的计算公式，工期应延长 115d，但业主只给予了 100d 的延期。

(2) 技术方案：经过评估，业主认为承包商对于沙袋沉管法的报价过高，不比采用水泥夹克管的价格有优势，而水泥夹克管的效果更好，经过综合考虑，决定仍采用水泥夹克管的施工方案。

(3) 水淹地长度：经过实地测量，业主认为需要使用的水泥夹克管长度增加了 31974m，约增加了 81%。特殊工作量增加了 20500m，增加了 78%。虽然承包商对于统计标准有异议，但由于雨季已过，现场积水不断减少，如果重新测量，水淹地长度可能缩短，从而水泥夹克管数量会相应减少。经过权衡，承包商接受了这个数字。

（4）水淹地施工价格：根据合同规定，增加的水淹地施工费应按照合同原有价格计算。根据业主的内部管理程序，如果合同变更额超过合同总额 15％以上需要经董事会审批，这样，索赔批准时间要经过业主烦琐的内部报批程序，时间过长，为了尽快拿到工程款，承包商同意了按原单价的 95％计算，使索赔额控制在合同总额的 15％以内。

【再次索赔】

此次索赔可谓取得了阶段性成果，业主对水泥夹克管和特殊地段相应延长了工期，施工进行了费用补偿，双方对已经达成一致的部分尽快以书面形式确认下来。但是，承包商在下列 3 个方面需要向业主进一步索赔。

（1）工期延长。根据合同计算标准，应给予承包商 115d 工期延长，业主只给予 100d。但是，合同工期对于承包商能否按时完工以及是否遭受业主的延迟完工罚款至关重要，尤其到了项目实施后期，不可控因素增加，如采办进度跟不上，采购货物因各种原因不能按时到达现场，错过施工最佳气候条件等多种因素导致施工进度滞后和工期延误等。所以，每延长 1d 工期对于承包商都非常重要。针对应给予承包商的 115d 工期与业主实际批准工期之间的 100d 差距，承包商在 100d 的基础上有权再次要求业主给予 15d 的工期延长。

（2）设计费。水淹地长度大幅增加，特殊工段长度的增加导致承包商设计出现变更，设计难度增加，设计工时增多，人工费等各项费用增加，故承包商应向业主主张设计费补偿。

（3）管理费。合同工作量大幅增加，合同工期延长了 3 个多月，总包商的管理工作和管理成本大幅增加，也应向业主主张管理费补偿。在执行大型项目时，即使不进行现场施工，仅人工费、设备租赁费和折旧费、办公费等固定管理费每天就多达几十万甚至上百万元人民币。所以，因工作量增加导致工期延长情况下，费用的增加真实合理，总包商有权索赔该部分费用。

对于上述设计费和管理费索赔，可能会受到质疑，因为合同价格构成中规定了设计费和管理费为固定费用，除非合同另有规定不得调整。但是，所谓的固定费用是基于签订合同时的工作量和合同工期所定，如果非承包商的原因导致合同条件发生了重大变更，承包商有权利索赔，否则，合同显失公平。另外，合同中的设计、采办和施工三者之间有连锁反应，如设计的进度滞后会影响采办滞后，进而更多地影响施工进度，最终导致整个合同工期拖后。如果合同条件发生变更，这三者之间的影响也是联动的，所以施工工作量增加、施工条件变更，设计工作量和其他费用也会相应增加，总包商应向业主索赔设计费和管理费。而且，"除非合同另有规定不得调整"的字眼意味着灵活性，只要双方同意，就可以补充协议形式进行变更和调整。

【案例启示】

我国总承包企业对于国际工程索赔及技巧经过了由不认识到逐渐认识、由逐渐认识到逐步掌握的一个实践过程。开始涉足国际工程承包市场时，由于报价失误、管理不善等原因，交了不少学费。对于本来应该索赔的工期以及费用，由于缺乏正确的认识或索赔技巧，失去了取得合理补偿的机会。一项成功的索赔工作，应从以下几个方面着手：

1. 提高工程项目质量

成功索赔的首要条件是承包商认真根据合同要求实施工程，保证工程项目整体质量，达到业主和工程师满意。实践证明，如果承包商认真实施合同，工程进度符合合同要求，工程质量合格并按规定的交工日期竣工，会为成功索赔奠定良好基础。有些难以实现的索赔要求或在索赔程序上有所疏忽，都能取得业主和工程师的谅解，使索赔要求得到比较满意的结果。

与此相反，如果承包商热衷于索赔，而不重视施工质量，工期不断拖后，会使业主和工程师对于承包商的履约行为不满，他们会提出种种理由拒绝索赔要求或无限期地拖延下去，即使是有合同根据的索赔事项，也可能被业主拒绝或不了了之。有的业主和工程师赞赏承包商的良好履约表现，除按照合同规定满足承包商工期索赔要求外，还可能满足"道义索赔"，即在承包商面临亏损情况下，向其支付一定数额的经济补偿以减轻承包商的损失。本案例中，业主同期实施的所有工程项目中，承包企业承担的项目进度最快，履约情况最好，也为索赔工作奠定了良好的基础，业主基本没有刁难承包商提出的索赔，谈判进行得也比较顺利。

2. 熟练掌握索赔条款

承包商进行工程索赔，要有索赔依据或索赔权，否则，不论承包商承受了多大损失，都无权从业主方获得任何经济补偿。在全部合同文件中，涉及索赔权的主要条款，大多包括在合同通用条件中，尤其涉及工程变更的条款，如工程范围变更、工作项目变更、施工条件变更、工序变更、工期延长、单价变更、物价上涨、汇率调整，等等。对这些条款的含义，要研究透彻，做到熟练运用。本案例中水淹地施工费的索赔就是根据工程范围变更和单价变更计算的，而管理费索赔是依据合同条件变更和公平合理原则提出的。

除了工程项目合同文件外，承包商还可依据工程所在国的法律规定或类似情况索赔案例开展索赔。反之，如果承包商压低报价以求中标或报价时漏项失误等，造成工程亏损均属于承包商的风险，如果属于承包商责任而发生的工期延误或费用超支等，承包商不仅无权索赔，还要自费赶工，以免受到罚款。

3. 合理计算索赔数额

计算索赔额的依据是合同条件中有关工期延误或计价条款。计算工期延长天数，应根据索赔事件的实际，合同约定的计算公式，或工程基准进度网络图，选择合适的方法进行，工期索赔的最终目的是免遭业主的罚款；对于索赔款的计算应采用合理的计价方法，最好采用实际费用法，进行单项索赔，合理计算出有权要求补偿的额外费用。因此，项目应做好成本管理和索赔证据的积累，成本管理人员应熟悉索赔款的计价方法，使索赔建立在正确合理的计价方法上，并有充分的说服力。本案例中，承包商在技术方案中提出的沙袋沉管法报价过高，业主稍加核算，就可得知承包商的利润过高，虽然施工方法简单，但被业主拒绝。

另外，施工索赔需要大量完整的成本资料和单据，使索赔要求具有充分的证据和成本分析计算资料，易于说服业主接受承包商提出的索赔额。本案中的管理费索赔，承包商向业主提供了详尽的费用计算资料，虽然业主在第一次索赔中拒绝了承包商的要求，但为下一阶段的索赔奠定了基础，一是取得了业主的理解，二是让业主认识到这些费用确实真实存在，并非承包商漫天要价。

4. 善于进行索赔谈判

工程索赔工作通常需要持续一个相当长的时间，并通过反复的协商和谈判才能得到解决。所以，索赔人员的谈判能力对索赔事项的成败至关重要，必须熟悉合同，懂得工程技术，具有利用合同知识论证己方索赔要求的能力。在索赔谈判中，会谈双方均应信守一个原则，就是力争通过协商和谈判友好地解决索赔争端，避免把谈判引入尖锐对抗的死胡同而导致必须通过国际仲裁或诉讼来解决。实践证明，仲裁或诉讼往往造成两败俱伤。

索赔谈判中应注意做到严格按照合同条件和客观事实进行讨论，不要采取强加于人的态度，双方应客观冷静，以理服人，具有灵活性，为谈判解决留有余地善于采取对方的合理意见，在坚持原则的基础上适当让步，寻求双方可能接受的解决办法要有耐性，不要首先退出会谈，不宜率先宣布谈判破裂。

本案例中，承包商基本上贯彻了上述原则，索赔谈判取得了阶段性成果。如确定水淹地施工费单价时，为了业主内部程序更为简单，能够尽早拿到索赔款，缓解了项目现金流的紧张状况，承包商接受了稍微降低单价的方案。实际上，承包商在最初索赔中就提出了管理费补偿的问题，但被业主以合同中规定管理费为固定费用的理由拒绝。承包商最终选择了更容易达成一致的索赔项，而将管理费和工期分歧暂时搁置，以补充协议形式落实已有索赔成果，其他问题留待下一次进行索赔。因为，随着项目的进展和与业主不断增加沟通，业主将更能体会到承包商的困难，某些最初不被业主接受的事项可能下一阶段的索赔中更易成功，所以，一次成功、寸步不让的理念和做法在工程索赔中并不被提倡。

另外，对于某些索赔项目，虽然业主不给予批准，但是总承包商可以用来作为与业主商谈其他项目的砝码。例如，本案例中，如果总承包商未能按时完工，而业主没有给予 15d 工期延期，业主在采取延期罚款的决定时，总承包商可以与业主谈判，因为当初业主单方缩减 15d 工期，总承包商考虑到业主的困难而接受了，此时，业主在采取罚款行动前会充分考虑到这点，一般情况下会放弃对承包商的罚款。或者，这 15d 的工期可以与其他项目"冲抵"，如总承包商在设计或施工方面存在一些问题，业主在考虑对于总承包商采取罚款时，总承包商可将以前业主未满足总承包商要求的事项与业主谈判，进行"错误相抵"，从而减少总承包商的风险和损失。

10.4.2　资金冻结工期索赔案例

【摘要】

本案例是中方承包商在境外电力工程中成功的索赔案例，对工期以及费用索赔的全过程进行了详细的介绍，体现出国际工程索赔与国内索赔截然不同处，总结了该项目成功索赔的经验。

【索赔背景】

中方承包商与境外一家国有电力公司签订了电力工程输电线路和变电站总承包合同，施工过程中，由于政治原因，业主当地货币资金被冻结，在合同额中，建安工程款都是用当地货币进行支付，资金冻结必然导致工程进度款的支付暂停并影响工程进度，得知这一消息后，中方承包商立即召集会议分析形式，讨论应对措施。

　　中方承包商属于我国较早进入该国市场，并成功执行完成1个输电线路总承包工程，对该国国情及政策已非常熟悉，为进一步扩大该国市场，签订了该总承包合同，并对合同额进行适当的让利，现在又面临政治风险，项目部经营压力增大。经研究决定困难是暂时的，从长远来看，该国的电力政策不会有太大改变，项目应继续推进下去，但是为了规避风险，工程进度也适度放缓，静观其变。一年后，资金解冻，业主开始支付拖欠承包商的工程款，工程得以继续向前开展，面对如此艰难的困境，承包商并未放弃，而是遵守合同承诺，并将索赔工作放到工作的重中之重，索赔工作主要从以下两个方面逐步展开。

【工期索赔】

　　工期索赔与费用索赔相互关联，往往不可分割，只有取得工期的合法延长，才可能顺理成章地取得费用索赔。2009年12月中方承包商经与业主高层多次沟通和探讨，认为索赔条件已经成熟，应首先全面消除工期拖延的罚款风险，并正式取得业主批准的工期延长文件，使项目延期合法化，然后再进行费用索赔。

　　中方总承包商以资金冻结、改线、变电站架构位置迟迟不能提供等原因为由，要求工期从施工之日算起，延长12个月。在致函后经多番催促，项目咨询和业主均未对工期延长给予回复。项目部认为业主和项目咨询已承认工期延长为业主原因，项目超期所带来的罚款问题已不存在，2010年3月中方承包商开始向业主和咨询工程师正式递交索赔报告和工期延长申请。经过反复沟通、商谈，2010年8月项目部最终与业主及咨询工程师就工期延长达成一致意见，并签署了会议纪要，业主同意工期延长至2012年10月底。

【费用索赔】

　　在工期索赔取得成功之后，中方总承包商将工作重点放在费用索赔上，2010年期间，随着项目执行不断深入，根据工程进展的实际情况和设计咨询、项目咨询的组织调整、人员变动，采取不同的对策，选择合适时机，开展了费用索赔的攻坚工作，并取得了阶段性成果。经过持续不懈的努力，2011年终于与业主及咨询工程师就索赔额度达成一致意见，并签署了会议纪要。双方确认的索赔额度有待于业主上报该国公共采购管理局审批，同年12月索赔额度获得该国公共采购局批准，索赔额度约为原合同额的40%。

【案例启示】

　　索赔成功后，中方总承包商梳理了全部索赔过程中的工作，共总结出以下10方面的经验，正是脚踏实地走好每一步，才最终取得索赔的成功。

　　1. 以合同为依据，做好索赔策划

　　合同索赔事件发生后，首先，查找合同相关，找到索赔的依据并致函业主说明索赔事项已经发生，并保留费用索赔的权利；其次，针对合同索赔事项认真组织分析研究，了解变更事项的背景和对项目的影响，并针对性地研究合同相关条款，提出索赔的对策措施，并编制索赔策划书；最后，应用国际惯例编制索赔文件、促进理解沟通。

　　2. 摸清对方态度，制定对策相宜

　　在向业主咨询正式致函之前应非正式透露索赔事件和索赔意向，摸清业主、咨询的接受程度，以便采取相应的对策，避免因盲目或操之过急造成被动局面。

3. 分而治之、寻求支持

由于业主、咨询工程师的工作角度和文化背景不同，对同一问题的看法和处理方式不同，应尽量争取对事件态度有利于承包商的一方的理解和支持，做好与另外一方的沟通工作。索赔是业主最不情愿的事情，有些业主工程师了解国际惯例，有时往往主观臆断。咨询公司由于处于第三方、而且咨询工程师大都有国际工程管理经验，熟悉 FIDIC 条款和国际惯例。因此，在处理变更引起的索赔问题时应尽量争取咨询工程师的支持，让咨询公司跟业主沟通容易说服业主。另外，一些业主高层管理人员也受过良好的西方教育，了解国际惯例，懂礼知法，应该设法获得这些人员的理解和支持，争取尽快推进索赔工作。

4. 群策群力、考虑周全

在提出索赔报告及索赔计算和谈判过程中应充分发挥全公司专家团队的作用，集中集体的智慧。事先应做好策划，准备充足的证据，根据预测的问题制定上、中、下三种对策，争取最满意的结果。

5. 持之以恒、目标始终

索赔由于涉及双方利益，工作难度较大且周期较长、交涉和争执难免；这是一个体现心力和智慧的工作，处理索赔的人员应抱定必胜信念，耐心细致地处理过程中的每一个问题，不厌其烦、坚持到底，争取获得最佳结果。

6. 分析形势，准确掌握索赔时机

在业主资金冻结时，业主聘请的咨询公司为规避风险，已从该国市场撤出，当业主资金冻结解除后，咨询重新返回，介入到项目管理中。对于众多承包商对业主资金冻结提出的索赔，咨询公司在重返后制定了对承包商索赔报告严格的评估标准，以否决和降低承包商的索赔额为主要目的。鉴于当时的情况，中方不应成为进行首批索赔的承包商，以避免递交索赔报告后被咨询公司或业主书面否决，如果咨询公司否决索赔报告，将对日后的索赔造成很大的困难。因此，中方承包商制定了先观望，后行动的策略，在索赔时间上既不靠前，也不落后的原则。按照此原则，在利用咨询公司主要索赔管理人员休假的时机，完成了全部索赔报告的提交，在咨询没有力量介入的情况下与业主签订了索赔谈判会议纪要，确保索赔过程不受"干扰"。因此，在索赔前，应做到知己知彼，认真分析形势，准确掌握索赔时机。

7. 协调一致，统一思想

索赔是一项系统工作，需各部门之间相互配合、公司总部给予全力支持才能使索赔成功成为可能。在编制索赔报告需要各种数据支撑时，总部各部门需要快速反应，给予数据和资料支持

8. 收集索赔资料，借鉴他人索赔技巧

对于国际工程总承包的合同管理，中方承包商和成熟的西方公司差距还很大，而索赔工作作为合同管理中的一个重要组成部分，中方的经验更加欠缺。这就要求中方必须挖掘一切可利用的资源，借鉴和学习其他同类公司的成熟索赔经验和技巧，从模仿开始逐步走向融会贯通，到自如地进行索赔报告的编制，形成一套自己的索赔经验。中方承包商项目执行期间，项目部收集大量索赔资料，主要包括 ABB 公司向业主递交的 2 份索赔报告、同期不同标段承包商向业主递交的索赔报告、咨询对其他承包商的索赔报告的评估意见、从该国国家

统计局收集的近五年的物价指数和通货膨胀率、咨询和业主制定的索赔评估标准、线路工程各工程材料调价公式的应用等文件。这些文件的收集和消化对项目的索赔工作起到了至关重要的作用。

9. 发挥代理公司的桥梁和纽带作用

国际工程经常能看到中介代理公司的身影，特别向经济比较落后，政府腐败较为严重的国家，这些代理公司与业主都有某种特殊关系，当索赔工作遇到困难时，通过第三方调解作用非常关键，虽然代理公司的工作主要集中在项目招标阶段，但代理费用的支付都是分期付款，直到项目竣工验收后付清，因此，在项目执行过程中完全可以发挥代理的作用，这也是项目成功索赔必须要借助的力量。

10. 确保索赔资金的到位

索赔批准并不代表索赔结束，只有索赔资金到账索赔才算真正的成功，项目索赔获批，并不能说索赔就获得成功，这要依据每个国家的具体国情和信誉程度，该项目业主是国有企业，资金来源于国家预算，因此，即使索赔额获得业主批准并写入补充合同中，但如果资金不能得到批准，业主会以没有资金为由拒绝支付。在本案中方承包商索赔数额获得业主同意后，就将落实前期索赔款的支付作为索赔工作的重中之重，它关系到项目的最终收益。根据索赔工作的进展，尽快与业主签订合同补充协议；就索赔款支付方式和支付时间与业主进行沟通，力争使索赔款尽早得到支付，在持续地跟踪与沟通下，索赔款项陆续到账，至此才意味着索赔取得成功。

以本案中方总承包商工期以及费用成功索赔的案例分析，国际工程总承包项目在索赔事件发生后，要想成功获得工期以及费用索赔，要从以下四个方面入手。

(1) 要研究项目所在国国情，采取针对策略。该项目所在国原属英殖民国家，项目管理比较注重合同，只要在合同条款内的索赔都会受理，但该国的国情是政府相对腐败，注重合同的表面工作，许多问题其实只是打着合同幌子，真正问题的处理方式又与合同相违。像这样的国家要想索赔成功，首先必须以合同为依据，站稳脚跟后再有针对性地进行公关和铺垫工作。

(2) 要了解不同国家对索赔文件编制的通行做法。项目索赔文件的编制很关键，如果对项目所在国的情况不是很了解，最好采用国际通行做法，数据的采用也使用国际公认的数据。例如，本案其中一项索赔是由于项目资金冻结期内物价上涨导致的设备及材料采购价格上涨的索赔，虽然采用的都是中国设备，如果按照国内物价指数这期间的金属价格涨幅只有6%，但依据英国伦敦金属交易所发布的指数，价格涨幅为40%，而且使用英国伦敦交易所发布的数据业主更愿意接受，最终该项目总索赔额达到合同额的40%，这在国内合同管理中是无法想象的。原因正是我们没有按照国内索赔计算的惯性思维，而是按照国际通行做法去编制和计算索赔额，使得索赔额度大幅提高。

(3) 要了解项目所在国索赔的审批流程。例如该项目的索赔，业主并没有审批权，而是由政府下属的"公共采购局"统一审核批准，这就增加了索赔难度，虽然业主同意索赔，但他也仅同意将索赔上报，真正的批准权是在政府，这就需要一关一关地去过，但即使政府审批了，业主又可以以各种理由不去执行，当这些情况都了解后，才能真正地采取应对措施。

（4）国际工程从项目招标到项目竣工结算，都离不开代理公司的影响。因此，索赔工作一定要有代理公司来参与，代理公司对所在国国情比较了解并拥有强大的关系网，代理公司往往与业主及该国的政府部门都存在利益关系，充分发挥代理公司桥梁和纽带作用，才能达到利益共赢。

第 11 章　费用索赔原理

EPC 工程项目合同一般是总价合同，有人认为不存在索赔和追加项目费用。其实不尽然，EPC 项目只是和传统合同相比，具有许多的特殊性，为此总承包商索赔的机会大大降低了，但是，如果细心研究合同条款，总承包商仍然有很多索赔的机会。本章在介绍费用索赔原理的基础上，对 FIDIC 银皮书下的费用索赔有关问题做初步探讨。

11.1　费用索赔的基本概念

11.1.1　费用索赔的定义

费用索赔是指由于业主的原因或双方不可控制的因素发生变化而遭受损失的条件下，承包商向业主提出补偿损失的要求。费用索赔是合同索赔的重要内容，当这类风险发生并影响承包商的工程成本时，承包商提出费用索赔是一种正常的现象和合理行为。因为费用直接涉及双方的经济利益，所以费用索赔工作是最困难的，也往往成为双方分歧的最大焦点。

11.1.2　费用索赔的重要性

1. 费用索赔是合同实施的重要保障

在 EPC 合同签订之后，合同双方即产生了权利和义务的关系。这种权利是受法律保护的，这种义务是受法律约束的。合同的双方必须根据合同所规定的条款实施自己的权利，履行自己的义务。合同双方为了避免对方的索赔，会自觉履行合同所规定的义务，一旦承包商发现业主并没有履行自己的义务，没有按照合同所规定的条款为承包商提供必要的措施而影响承包商的利益的时候，承包商就完全有权利考虑是否提出索赔。因此，费用索赔是总承包合同实施的重要保障。

2. 费用索赔是风险承担比例合理的再分配

费用索赔使得承包商与业主之间对于风险承担比例进行合理的再分配。EPC 总承包合同所承包的工程其特点是工程量大、投资多、结构复杂、技术和质量要求高、工期长。工程本身和工程的环境存在很多的不确定性，它们在工程实施的过程中存在很多变化。然而承包商通过招投标与业主签订合同时，并不能很准确地估计在将来的整个工程建设过程中的一些不确定因素是否对自己的利益有所影响，进而影响工程项目的实施。费用索赔就为承包商提供了一个能够使得风险转移的有效途径。当出现一些不可预知的人为的风险而导致工程出现的一些问题的时候，承包商即可向业主提出索赔，这样大大地降低了承包商的风险承担比例。

3. 费用索赔是承包商取得利润的有效手段

在工程建设承包市场的竞争中，费用索赔已经成为了许多承包商的经营策略之一，"赚钱靠索赔"是许多承包商的经验谈。由于工程建设市场的竞争激烈，承包商为了取得工程，只好压低报价，以低价中标。而业主为了节约投资，千方百计地与承包商讨价还价，通过在招标文件中提出一些苛刻的要求，使承包商处于不利地位。而承包商的主要对策之一是通过工程实施过程中的索赔，减少或转移工程风险，保护自己，避免亏损，赢得利润。如果承包商不注重索赔，不仅会失去索赔机会，经济受到损失，而且还会有许多纠缠不清的烦恼，损失大量的时间和金钱。

4. 费用索赔是招投标价格控制的一项重要工作

在 EPC 项目的招投标工程中，固定总价格要以合同的形式固定下来，对于业主的设计变更、超过合同范围的工作量、不可预见费、不可抗力以及对方违约造成的损失，则需要通过索赔的形式来维护自己的利益。因此，招投标工程的索赔有其独特的规律，是一种先算账后干活的动态控制方法，这就要求承包商具有很强的经营意识，从合同的缔结直至履行完毕，始终追求扩大经济效益这一根本目的，一切活动都是为了实现这一根本目的。所以，承包商要充分发挥主观能动性，把费用索赔作为提高经济效益的重要途径，在事件发生前就考虑应采取的措施，积极主动地研究利用和控制风险的方法，在费用索赔时效内，按费用索赔程序，依照可靠的证据，提出费用索赔理由和索赔内容，编制索赔文件。

11.1.3 费用索赔的特点

1. 索赔费用值的计算相当复杂

在业主与承包商产生费用纠纷时，索赔费用值的确定是很复杂的。索赔费用值的确定受多方面的因素影响。由于承包商的索赔费用值的计算方法、对索赔的态度，以及收集资料的完整程度的不同，最后确定的索赔费用值也不完全相同。

2. 费用索赔道路极为艰难

由于受工程建设业"买方市场"的影响，业主始终在市场上占有主动的地位，这样使得处于被动地位的承包商在索赔的道路上极为艰难。业主常常通过从应付工程款中扣除或没收履约保函、扣留保留金甚至留置承包商的材料设备作为抵押来实现自己的索赔要求，而承包商与业主的谈判则变得举步维艰。

3. 费用索赔是一种事后索赔

只有实际发生了经济损失或者权利损害，才能够向对方提出索赔要求。而对于没有发生甚至还处于预测阶段的一些损失或者权利损害，受害的一方是没有权利向对方提出索赔要求的。

4. 费用索赔是合同单方的行为

费用索赔是一种未经认可的单方行为，对双方尚未形成约束力。在现实索赔的过程中，合同的一方必须主动提出索赔要求，在通过双方协商、谈判、调解、争议（评审、仲裁或诉讼）过程后，征到对方认可后，才能保证索赔成功进行。

11.2 费用索赔的依据

11.2.1 FIDIC 银皮书费用索赔条款

费用索赔的前提是在实际施工的过程中，所发生的费用超过了投标报价书中对该项工作所做的预算费用，而超支的责任不在承包商方面，也不属于承包商的风险范围。总的来说，可索赔的费用超支主要来自以下几个方面：一是 EPC 项目受到干扰，导致工作效率降低，从而增加了额外费用；二是业主指令工程变更或产生额外工程，导致成本增加。

FIDIC 银皮书中关于费用索赔条款详见第 7 章第 7.2 所述。银皮书中可以进行费用索赔的条款共 26 款，其中只能索赔费用（C）的共 11 款，即第 8.10 款【暂停时对生产设备和材料的付款】、第 11.2 款【修补缺陷的费用】、第 11.6 款【进一步试验】、第 13.8 款【因成本改变的调整】、第 14.8 款【延误的付款】、第 18.1 款【有关保险的一般要求】、第 18.2 款【工程和承包商设备的保险】、第 18.3 款【人身伤害和财产损害保险】、第 18.4 款【承包商人员的保险】、第 19.6 款【自主选择终止、付款和解除】、第 19.7 款【根据法律解除履约】。既可以索赔工期，还可以索赔费用的（T+C）共 10 款；既可以索赔费用，又可以索赔利润的（C+P）共 11 款；可以同时索赔工期、费用和利润（T+C+P）的共 5 款。

11.2.2 国内示范文本费用索赔条款

依据我国《建设项目工程总承包合同示范文本试行》（GF-2011-0216）和 2012 年颁布的《中华人民共和国标准设计施工总承包招标文件》，涉及费用（C）索赔的共 48 款；只能进行费用（C）索赔的 9 款；既能进行费用索赔，又能进行工期索赔的（T+C）共 37 款；可以同时索赔费用、利润、工期的（T+C+P）共 35 款。详见第 13 章表 13-1 所示。

11.3 费用索赔的计算方法

费用索赔都是以补偿实际损失为原则，实际损失包括直接损失和间接损失两个方面。其中要注意的一点是索赔对业主不具有任何惩罚的性质。因此，所有干扰事件引起的损失以及这些损失的计算都应有详细的证明，并在索赔报告中出具这些证据，没有这些证据，索赔是不能成立的。

11.3.1 费用索赔的组成

EPC 工程总承包施工阶段费用索赔的主要组成部分同工程款的计价内容相似，按照我国现行的规定（参见《建筑安装工程费用项目组成》（建标〔2013〕44 号），建安工程合同价包括直接费、间接费、利润和税金。我国的这种规定，同国际上通行的做法还不完全一致。按国际工程惯例，承包商一般可索赔费用主要组成详见表 11-1。

从原则上来说，FIDIC 合同条件下承包商具有索赔权的工程成本增加，都是可以索赔的费用，但是对于不同原因引起的索赔，承包商可以索赔的具体费用内容是不完全一样的，哪些内容可索赔，要按照各项费用的特点、条件进行分析论证。表 11-2 即索赔种类与索赔费用构成关系表中，列出了延误索赔、工程范围变更索赔、加速施工索赔和现场条件变更索赔下可能索赔到的费用。因此，在工程建设过程中，一旦发生索赔事件，承包商首先应客观、准确地评估索赔事件对其施工成本造成的影响，或因此遭受的损失或损害；然后根据 EPC/交钥匙合同条件的规定，确定费用索赔目标；最后按照不同的索赔事件性质对索赔费用内容进行分析和量化，及确定不同性质的索赔事件赋予承包商可索赔的费用所包括的内容。

1. 人工费

人工费是指由于非承包商的责任，导致花费增加的部分。人工费在索赔费用中往往占的比重较大，包括额外增加的施工人员的基本工资、工资性质的津贴、加班费、奖金以及法定的安全福利费等费用。但是对于不同的索赔事件人工费所考虑的内容也不尽相同。

伴随工期延长的人工费，主要考虑延长期间人工工资上涨补差，以及现场工程暂停、窝工和不合理使用劳动力，使生产效率降低而增加的人工费用、超过法定时间的加班劳动等费用。

伴随工程中断的人工费，主要考虑工程中断期间工地留守人员的工资、施工人员的遣散费和重新招雇人员所发生的费用以及对工人的赔偿金等。

在这里应注意的是，工期延长和工程中断是不同的两个概念。工程中断是指整个工程停止施工，即属于全场性质的停止施工，且持续时间比较长。工程暂停是指部分工程的暂停施工，属于局部性质的停止施工，且持续时间通常较短。承包商为降低成本，工程中断一般会造成工人的遣散和重新招雇；而工程暂停则不需要遣散和重新招雇工人。

伴随业主和工程师指令加速的人工费，主要考虑工人的加班费，以及因工程的加速施工而增加人工的投入、不经济地使用劳动力、生产效率降低所增加的人工费用。

表 11 - 1   索 赔 费 用 组 成 表

序号	组成	详 细 内 容
1	直接费	人工费、材料费、施工机械使用费
2	间接费	保函手续费、保险费、临时设施费、咨询费、交通设施费、代理费、利息、税金、其他
3	分包费	
4	现场管理费	管理人员工资、通信费、办公费、差旅费、职工福利费
5	总部管理费	管理人员工资、通信费、总部管理费、办公费、差旅费、职工福利费

表 11 - 2   索赔种类与索赔费用构成关系表

序号	索赔费用内容	索 赔 种 类			
		延误索赔	工程范围变更索赔	加速施工索赔	现场条件变更索赔
1	人工工时增加费	×	×	×	√
2	生产率降低引起的人工损失	√	○	√	○
3	人工单价上涨费	√	○	√	○
4	材料用量增加费		√	○	○
5	材料单价上涨费	√	√	○	○

续表

序号	索赔费用内容	索 赔 种 类			
		延误索赔	工程范围变更索赔	加速施工索赔	现场条件变更索赔
6	新增的分包工程量	×	√	×	○
7	新增的分包工程单价上涨费用	√	○	○	√
8	租赁设备费	○	√	√	√
9	自由机械设备出租费	√	√	○	√
10	自由机械合法费用上涨费	○	×	○	○
11	现场管理费（可变）	○	√	○	√
12	现场管理费（固定）	√	×	×	○
13	企业管理费（可变）	○	√	○	○
14	企业管理费（固定）	√	○	×	○
15	成本利息	√	○	○	○
16	利润	○	√	○	√
17	机会利润损失	○	○	○	○

注：表示一般情况下，√表示可以索赔；×表示不包含；○可以包含，也可以不包含，视具体情况而定。

2. 材料费

索赔材料费的内容包括：由于索赔事项材料实际用量超过计划用量而增加的材料费；新增材料的费用；由于客观原因造成材料价格大幅上涨；由于非承包商责任工程延期导致的材料价格上涨和超期储存费用。材料费中应包括采购费、运输费、仓储费、二次倒运费，以及合理的消耗费用。如果由于承包商管理不善，造成材料毁坏失效，则不能列入索赔计价。承包商应该建立健全物资管理制度，记录建筑材料的进货日期和价格，建立领料耗用制度，以便索赔时能够准确分离出索赔事项所引起的材料额外耗用量。为了证明材料的单价上涨，成本包商应提供可靠的订货单、采购单，或官方公布的材料价格调整指数。

3. 施工机械使用费

施工机械索赔使用费的内容包括：由于完成的额外工作所增加的机械使用费；非承包商责任的工效降低所增加的机械使用费；由于业主或监理的原因导致机械停工的窝工费。机械设备使用费具体包括台班费、停置费、折旧费、保养费、租赁费、额外进退场费等。机械设备费相对于不同的索赔事件，所考虑的内容也不尽相同。

伴随工期延长的机械设备费，主要包括折旧费、租赁费、保养费，以及额外的进、退场费。

伴随工程中断的机械设备费，主要包括停置费、租赁费，以及额外的进、退场费。

伴随业主指令加速施工的机械设备费，主要包括因指令加速而增加机械设备的投入所增加的机械设备使用的台班费。

4. 分包费用

分包费用索赔是指分包商的索赔费，一般也包括人工费、材料费、施工机械使用费等的索赔。分包商的索赔应如数列入总承包商的索赔款总额以内。分包费用一般只在伴随工期延长的索赔事件中考虑。

5. 现场管理费

索赔款中的现场管理费是指承包商完成额外工程、索赔事项工作以及工期延长时间的现场管理费，包括管理人员的工资、津贴、现场办公设施费用、日常管理费用、通信、交通费等。此类费用一般只在伴随工期延长的索赔事件中考虑，即发生在延长期的上述费用包括在承包商的索赔费用中。在工程实践中，现场管理费一般分摊在综合单价中。

6. 总部（企业）管理费

总部管理费一般可在工期延长和工程中断两种索赔中加以考虑。索赔款中的总部管理费主要指工程延期期间所增加的管理费。包括总部职工工资、办公大楼、办公用品、财务管理、通信设施以及总部领导人赴工地检查指导工作等开支。这项索赔款目前没有统一的方法。总部管理费的计算有以下几种思路。

（1）按投标书书中总数管理费的比例（3%～8%）计算：

总部管理费＝合同中总部管理费比率（%）×（直接费索赔款额＋现场管理费索赔款额等）

（2）按照公司总部统一规定的管理费比率计算：

总部管理费＝公司管理费比率×（直接费索赔款额＋现场管理费索赔款额等）

（3）以工程延长的总天数为基础计算总部管理费索赔额，计算步骤如下：

对某一工程提取的管理费＝同期内公司的总管理费×该工程的合同额/同期内公司的总合同额

该工程的每日管理费＝该工程向总部上缴的管理费/合同实施天数

索赔的总部管理费＝该工程的每日管理费×工程延期的天数

7. 保函、保险费

这项费用只在伴随工期延长和工期中断索赔事件中考虑。即无论是工期延长还是工程中断，因需要继续保持履约保函和工程保险的有效性而增加的相关费用，应包括在索赔费用中。

8. 利息

在索赔款的计算中经常包括利息。利息一般在工程中断和指令加速施工的索赔事件中考虑。因业主拖欠工程款，承包商也可以索赔利息。实践中，利息的索赔经常发生于下列情况：业主拖期付工程款而产生的利息；因增加施工投入而产生的利息；索赔款应计的利息；错误扣款所产生的利息。至于具体利率应该是多少，在国际工程实践中没有统一的规定。可以采用不同的标准，主要有以下几种规定：按当时银行的贷款利率计取；按当时银行的透支利率计取；按业主和承包商双方协议的利率计取；按中央银行贴现率加三个百分点计取。

11.3.2 费用索赔计算方法

承包商在寻求对业主的费用补偿时，采取正确、合理的计价方法，对顺利解决费用索赔要求有着十分重要的意义。实践证明，承包商要取得费用的成功，仅仅享有索赔权是不够的，还必须采取正确、合理的计价方法。否则，毫无事实根据地随意或故意扩大索赔款额，漫天要价，往往会对费用索赔的处理产生负面影响，使本来可以顺利解决的索赔要求，遭到业主或工程师的质疑，增加处理的难度，甚至招致失败。因此，恰当的选取费用构成因素，采取合理的计价方式，是能否取得索赔成功的关键环节。在索赔中，具体采取计价的方法有很多，应根据具体索赔事件的不同而采取不同的计价方法。但是根据合同条件的规定和合理计价取费的原则分析，索赔费用计价方法的基本思路大致有以下几种。

1. 总费用法

总费用法就是当发生多次索赔事件后，重新计算该工程的实际总费用，实际总费用减去投标报价时的估算总费用，即为索赔费用。即：

索赔费用＝实际总费用－投标报价估算总费用

但不少人对使用该方法计算索赔费用持批评的态度，认为实际发生的总费用种可能包括承包商原因，例如，施工管理组织不善、材料浪费、效率低等引起而增加的费用；这部分费用是不应该索赔的。同时投标报价估算的总费用也可能是为了中标而价格过低，或原合同价也可能工程变更或单价合同中的工程量变化等原因也不能代表真正的工程成本，所以这种方法只有在难以采用实际费用时才能应用。为此这种方法容易引起争议，故一般不常用。但是在某些特殊情况下当需要具体计算金额有困难时，甚至不可能时，则也有采用这种方法的，在这种情况下，应具体核算已开支的实际费用，扣除不合理部分，以求接近实际情况。

2. 修正的总费用法

原则上讲，修正的总费用法与总费用法基本相同，或者说是对总费用法的改进，即在总费用计算的原则上，去掉一些不合理因素，使其更合理。需要修正和调整的内容主要有两项。

（1）将计算索赔款的时段仅限于受索赔事件影响或干扰的时间段，而不是整个施工期；只计算受到影响的时段内，与索赔事件相关工作所受影响的损失，而不是计算该时段内所有施工工作遭受的损失；与受索赔事件影响无关的费用不能列入总费用之中。

（2）即对投标报价费用重新进行核算。按受影响时间段内，与索赔事件相关的工作的实际单价进行计算，乘以实际完成的该项工作的工作量，得出调整后的报价费用。修正后的某项工作实际总费用减去该项工作的报价费用就是索赔费用。即：

索赔费用＝某项工作修正后的实际总费用①－该项工作的报价费用②

修正的总费用法与总费用法相比，有了实质性的改进，它的准确程度已经接近与实际费用法的计算结果。

由于修正的总费用法使用受到索赔事件影响的那一部分工作的实际费用，减去投标报价书中的相应部分的估算费用。因此，计算出的索赔款额，可能与采用实际费用法计算出来的索赔款额很接近，也更容易为业主或业主代表所接受。

3. 实际费用法

实际费用法的基本思路是在承包商某项具体的索赔事件中所实际支付的费用为依据，向业主提出索赔要求。针对每一项索赔费用，仅限于因为索赔事件引起的，超过原计划开支的费用，即额外费用。也就是在工程项目施工过程中发生了非预期非计划的人工费、材料费、机械设备费以及相应的管理费和其他费用。这些非预期、非计划的费用就是承包商索赔报告中要求业主给予补偿的费用。这也符合合同条件的基本索赔原则：只有发生了超过合同规定的实际的损失或损害，承包商才能够提出索赔。用实际费用法计算索赔费用时，有以下关系式：

　　　索赔费用＝额外的直接费用＋应得的间接费＋应得的利润

　　由于实际费用法所依据的是实际发生的成本记录或单据，所以在施工过程中，系统而准确地积累资料是非常重要的。

　　4. 合理价值法

　　合理价值法是一种按照公平合理的原则急性补偿的做法。当承包商完成了合同范围以外的额外工程或施工条件完全变化了的工程项目而出现经济亏损时，有权按照公平合理原则要求业主给予费用补偿。如果合同中对此类情况有明确规定，则按照合同条款有关规定，计算索赔费用。只有在合同中没有明确规定此类情况时，或合同已被终止，承包商才有权按照合理价值法的原则，要求业主对自己已经完成的工作给予公正合理的经济补偿。

　　在实践中，采用此种方法进行索赔费用的难度比较大。第一，因为在合同中没有对此类经济亏损给予补偿的具体规定，难以操作；第二，工程施工已经结束，业主一般不会轻易地签发合同以外的费用文件。因此，一般通过调剂机构，或合同仲裁机构，或人民法院来解决此类索赔争端。

　　5. 审判裁定法

　　所谓审判裁定法，是指通过法律诉讼来解决索赔争端的方法，是解决索赔争端的最后方法。在法庭调查过程中，双方提供的依据和证据资料的全面性、真实性、有效性至关重要，当工程费用索赔最终采取法律诉讼手段解决时，邀请一个既精通施工合同管理，又熟悉法律诉讼的律师，对业主和承包商双方而言都是十分重要的。

　　从上述五种计算思路的特点来说，前三种思路属于工程合同框架内的索赔计算思路，需要合同双方协商一致。后两种思路属于工程合同约束以外的处理方法，前三种思路应用较为多见。

11.4　物价上涨费用索赔计价

　　FIDIC 银皮书第 13.8 款【因成本改变的调整】规定，当合同价格要根据劳动力、货物以及工程的其他投入的成本的升降进行调整时，应按照专用条件的规定进行计算。EPC 工程总承包商应争取在专用条款中做出明确规定，一般约定按照 FIDIC 施工合同条件即红皮书条件中的调整公式进行计算。

11.4.1　价格调整的必要性

　　合同价格调整其实是工程项目合同管理的必然要求。通常情况下，国际 EPC 工程项目基本上具有工程规模大、地形地质条件复杂、施工期长的特点，国际 EPC 工程项目的建设由于受全球及区域政治经济的影响，导致工程项目在施工过程中的材料价格等往往具有很强的不确定性和不稳定性，尤其是在通货膨胀严重、货币兑换不稳定等发展中国家和地区，物价的涨落会直接影响工程成本的高低，进而影响工程造价，这一风险很容易引起业主和

EPC承包商的矛盾和纠纷。因此，合同双方在签订合同时，都必须考虑到与工程有关的价格波动，尤其是对EPC承包商而言，这关系到承包商的经营效益。为此，EPC承包商应根据工程进展中所在地的经济形势变化，在专用条款中确定价格上涨时价格调整的计算方法，突破EPC合同条款对调价的限制，积极运用专用合同条件中的价格调整的条款，及时对业主进行价格调整索赔。工程实践证明，价格调整是承包商避免风险，获取利润的重要手段之一，通常情况下可使承包商获取5%左右的收益。

11.4.2　调价公式简介

对于FIDIC合同条件下的工程项目，采用费用指数法进行价格调整是一种广泛应用的方式（此调整不适用于基于费用或现行价格计算价值的工作），FIDIC推荐的调价公式为：

$$P_n = a + b\frac{L_n}{L_0} + c\frac{E_n}{E_0} + d\frac{M_n}{M_0} + \cdots \qquad (11-1)$$

式中　　　　P_n——对第"n"期间内所完成工作以相应货币所估算的合同价值所采用的调整系数，"n"应该在投标书附录中明确，它是合同调价的时间单元，这个期间通常是一个月、一季或一年；"n"期间越短，调价越能反映市场价格的变化。

　　　　　　a——在相关调整数据资料表中规定的一个固定系数，代表合同支付中不调整的部分；其具体取值在投标附录的相关数据调整资料表中明确，在国际工程承包中，一般a的取值最低在0.1～0.2。

b、c、d、$e\cdots$——相关调整数据资料表中规定的一个可变系数，代表与实施工程有关的每项成本因素的估算比例，此表中显示的成本因素可表示为资源，如劳务、设备和材料；可变系数一旦在调整数据资料表中明确，则在合同执行期间一般不可变动，除非由于变更使调整数据资料表中所列成本要素的系数变得不合理、不平衡和不适用时，才应对其进行调整。

L_n、E_n、$M_n\cdots$——适用于（与特定付款证书有关的）期间最后一日之前第49天前的表列相关成本要素的第n期间现成成本指数或参照价格。

L_0、E_0、$M_0\cdots$——适用于基准日期时表列相关成本要素的基准成本指数或参照价格。其中"基准日期"是指提交指标书截止日期前28天的日期。

注意：因为$a+b+c+\cdots=1$，所以在对报价所需材料进行分析后，应选取有说服力的因素，为计算方便，因素不宜过多，分析结果的证据要有足够的说服力。

设n期间合同估价值为P_0，物价涨落时的调整系数为P_n，物价调整后业主实付承包商合同价格为P，则$P=P_0\times P_n$，当$P_n>1$时，承包商得到价格补偿；当$P_n<1$时，从理论上讲，业主应该扣除相应价差。

11.4.3　对调价公式的分析

1. 调价公式的适用

FIDIC的有关调价条款规定，"调整数据表"系投标书附录中填好的调整数据表，如无此表，本款应不适用。在国际工程承包中，当工期较长时，特别是一般在一年以上的工程项目承包人将面临着物价上涨等价格的风险因素，为了避免价格上涨对承包人带来的亏损风险，承包人在投标时，就必须充分考虑这一可能出现的问题，进而在投标书附录中明确采用调价公式。

2. 关于 a 固定系数

a 为固定系数，表示了合同价款不予调整部分，因为 FIDIC 合同条件规定，a、b、c、d、e… 之和不能大于 1，即（$a+b+c+d+\cdots=1$）。经过数学分析表明：a 越大，在同样的物价上涨情况下，承包商得到的调价补差越小，对承包商越不利。实际上，a 在调价公式中发挥了一个控制物价波动的反向因子作用，a 值越大，在未来期间因价格调整可能产生的受益就会减小；反之 a 值越小，在未来期间因价格调整可能产生的受益就会增多，但可能产生的损失也会增多。所以除了参考上述理论 a 值数据外，不同的企业也可以根据自身的抗风险能力对 a 值进行一定程度的调整。a 一般采取 $0.10\sim0.35$。影响 a 值的因素很多，不同的企业、不同的项目该值会有很大的差异，承包商在报价时应根据自己的报价资料测算出一个理论的 a 值。

实际上，a 的最终取值是通过与业主的谈判得来的，在当前国际货币秩序的情况下，由于长时期受通货膨胀、货币贬值的影响，物价始终呈现上涨的趋势，所以绝大多数理论研究都建议承包商与业主谈判过程中，应将 a 值作为自己的底线，尽可能地争取最小的 a 值。但是作为一个市场波动的典型特例，2008 年国际市场很多成本要素的价格急剧下跌，如果在此阶段使用调价公式，则 a 的取值越小，合同价格下调越大，承包人的损失也就越多。因此，建议承包商在确定 a 值前应充分了解市场价格的历史走势，预计价格走向的大致趋势。

3. 成本要素系数（权重）"b、c、d、e…"的选择

成本要素即调价的项目。成本要素一般会选择在工程实践中具有典型或代表性的材料或消耗品，一般常见的有劳动力、机械台班、水泥、钢材、木材、砂石、铝合金、沥青、机电设备、电缆、航海运费（航海燃油）、陆运费（汽油和柴油）、杂项费、零星费用、CPI 指数等。在实施操作中，承包商应认真预测各成本要素的价格趋势，并经过测算，在调整公式中仅列出对自身有利的却对合同价格有重要影响的相关成本要素，这样容易取得相应证据，一是在合同签订阶段容易提出过硬的证据，让业主接受；二是在中间结算时，因证据提供容易和准确，也容易使工程师同意签付。同时，选取成本因素时一定不要将工程的主要材料忽略掉。

各成本要素的权重即 b、c、d、e…变数较多，不同的工程差异很大，该数据可通过承包人的报价数据的计算求得，但要注意未列入成本要素的材料价格的摊派。理论上，未来物价上涨趋势最大的成本要素被摊派得越大越好，但是由于对各成本要素走势的估计不易获得十分精确的数据，所以实际过程中，常采用平均分摊的方式对各权重系数同时调整。最终权重系数和固定系数应满足：$a+b+c+d+\cdots=1$。

4. 价格指数"L、E、M…"的选择

价格指数是物价指数的一种，物价指数是说明不同时期商品价格的相对变化趋势和程度的指标，它是研究价格动态变化的一种重要工具。按商品范围分类分为：单项商品价格指数、分类物价指数和物价总指数。价格指数是说明单价商品相对变化趋势和变化幅度的指标，反映了不同时期建设工程施工中，人工、材料、设备等价格报告期对基期的比值。

在国际工程承包活动中采用的价格指数，通常是分类物价指数或单项商品价格指数。如劳务价格指数，按类可区别于材料、设备等类别的价格指数，也可以再细分为不同等级的劳务。材料、设备两个指数，也都是分类物价指数。工程领域基本不采用物价总指数。与基期对应的是基准价格指数，与报告期对应的是现行价格指数。

在运用调价公式时，对国际工程而言，承包商应尽量选取工程所在国国内发布的数据作为价格指数的来源，以防止业主依靠地缘优势在未来对价格指数进行人为操控或倾向性解读，尤其是针对一些政治体制、经济环境、行业规范不够成熟的国家此种风险更大。

对于确有大量材料需要在项目所在国当地采购，且业主强制选用当地价格指数的工程，可首选政府机构或商业协会发布的数据，尽量避免营利性机构、小型刊物等，以保证数据的独立性和权威性，同时应检验是否有足够多的定期发布的历史数据，并且该历史数据与国际市场走势是否具有关联性，以确保数据的延续性和准确性。

对于材料采购在中国国内或第三国进行的工程，可直接选用中国或第三方官方发布的数据作为价格指数的来源，但对于合同语言并非中文或第三国语言的国际工程，应提前考虑未来实施过程中必不可少的公正手续。

此外，承包商在选择价格指数时也应该对价格质素本身的信息进行一定程度的研究。如价格指数是年度、季度还是月度发布，价格指数的当期数据反映的是多久以前的市场价格，有多久的滞后效应，价格指数每次发布的时间是否准时等诸如此类的问题，这些问题都可能在未来对合同实施产生严重的影响。

5. 关于对 P_n 的限定

如上所述，当承包商列入调价公式中的各成本因素后，还要认真测算确定各成本因素前的相应系数，要尽量避免出现 $P_n < 1$ 的情况，否则按照 FIDIC 合同条件的规定从理论上讲业主在支付承包商工程款时将扣减相应价格调整。这就是说如果预测市场上某种建材可能下降，在计算时应将其归类到固定因素的 a 系数中去，承担可能涨价的风险，则可避免下降的风险。下面举例说明对 P_n 的限定：中方某承包公司，中标境外某一水电站工程项目，在投标附录中提出如下调价公式计算价格系数 P_n。

$$P_n = 0.15 + 0.16L_n/L_0 + 0.15E_n/E_0 + 0.25M_n/M_0 + 0.13C_n/C_0 + 0.10S_n/S_0 + 0.06T_n/T_0 + \cdots$$

式中　L_n、E_n、M_n、C_n、S_n、T_n——适用于特定付款证书最后 49 天前的出国人员工资、当地人员工资、施工机械费、水泥价格、钢材价格、木材价格，它们均为某一特定付款时间相关的现行价格。

L_0、E_0、M_0、C_0、S_0、T_0——适用于基准日、出国人员工资、当地人员工资、施工机械费、水泥价格、钢材价格、木材价格，它们均为基准价格。在某一期付款期间相关的估算合同价值 P_0 为 800000 美元，经物价调查，上述各成本因素价格指数涨落比例，见表 11-3。

表 11 - 3　　　　　　　　　　　各成本因素价格涨落比例

L_n/L_0	E_n/E_0	M_n/M_0	C_n/C_0	S_n/S_0	T_n/T_0
1.12	1.10	1.09	1.06	1.14	0.80

经计算，价格调整系数 $P_n=1.0665$，则业主应支付的实际价款 P 应为：

$$P=P_n\times P_0=1.0665\times 800000=853200 \text{ 美元}$$

但在投标时，承包商判断木材价格上涨的可能性极大，而钢材的价格与施工机械费涨价的可能性小，因而没有计入两项，提出如下调价公式来计算价格调整系数 P_n。

$$P_n=0.36+0.16L_n/L_0+0.25M_n/M_0+0.13C_n/C_0+0.06T_n/T_0+\cdots$$

经计算 $P_n=0.9975$，则业主支付的实际价款为 P：

$$P=P_n\times P_0=0.9975\times 800000=798000 \text{ 美元}$$

这样承包商不仅没有得到补偿反而损失了 2000 美元，即 $800000-798000=2000$ 美元。

上述示例说明，承包商在投标时一定要精心预测价格，并认真选择各成本因素前的可变系数大小，各因素有一定的均衡性，不可随意忽略某一成本因素，以防实际值与预期值不符，同时各系数 a、b、c、$d\cdots$之和必须等于1。

11.4.4　汇率对调价公式的影响

1. 汇率变化调价公式的一般表达

在国际工程合同中，合同价款的支付通常不是单一货币，材料和货物的采购也可能跨国进行。依据合同通用条款的解释，当价格指数对应的货币与相应支付的货币不一致时，应按照工程所在国中央银行规定的使用日期的卖出汇率，将价格指数换算成相应支付货币。这样应在调价公式对应调价项下引入一个汇率因子公式 11 - 1 则修正为：

$$P_n=a+b\frac{L_n}{L_0}\times\frac{E_xL_0}{E_xL_n}+c\frac{E_n}{E_0}\times\frac{E_xE_0}{E_xE_n}+d\frac{M_n}{M_0}\times\frac{E_xM_0}{E_xM_n}+\cdots \tag{11-2}$$

其中：E_xL_n、E_xE_n、E_xM_n，$\cdots$ 为第 n 期间调价项的现行汇率；E_xL_0、E_xE_0、E_xM_0，$\cdots$为递交投标书截止日期之前第 28 天（基准日期）的调价项的卖出汇率。式（11 - 2）与式（11 - 1）一样，其计算的结果大于 1，则价格调增，小于 1 则价格调减。但其计算结果与公式中涉及的价格指数、调价项、价格调整权重系数以及汇率的选择是否正确有直接的关系。

仅对于汇率因子（如 E_xL_0/E_xL_n）来说，如果出口国货币贬值时，汇率因子小于 1（如 $E_xL_0/E_xL_n<1$）价格调减；出口国货币升值时，汇率因子大于 1，（如 $E_xL_0/E_xL_n>1$）价格调增。调价公式的反向弥补效应说明，价格由于汇率修正指数产生调减是因为合同产生了汇率收益，需要冲抵该部分汇率收益。反之，产生调增是因为合同产生了汇率亏损。

2. 汇率标价法对结果的影响分析

国际工程的投标报价方式可分为两大类，即单一货币报价和多种货币报价。单一货币报价是指以工程所在国货币（当地币）或某一硬通货（如美元）计价；多种货币报价则是根据工程不同部分实际所支付的外币种类进行计价，通常包括当地币和不超过 3 种的外币。两种报价方式均可以事先在合同中约定业主所支付的当地币和外币的种类和数量。

如图 11 - 1 所示，分为两种情况：①项目支付货币种为当地币和 3 种外币；②项目支付当地币和 1 种外币（如美元）或仅支付 1 种外币。

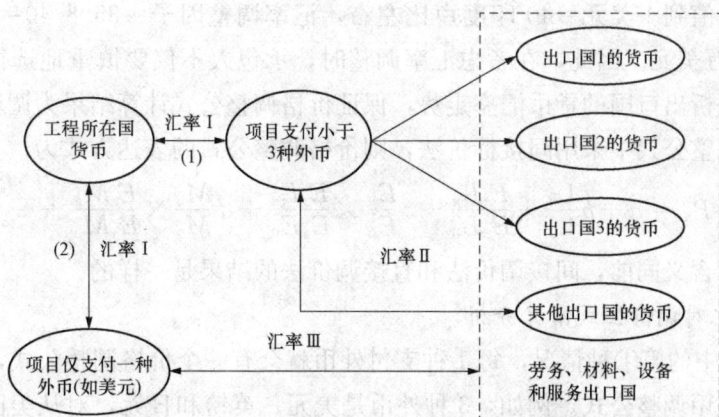

图 11-1　工程项目涉及货币币种及汇率类别

对第①种情况，所采用的汇率是工程所在国货币与项目所支付外币间的汇率（汇率Ⅰ），以及由于项目需要多于 3 种的外币，但合同约定只能支付 3 种外币，无法满足实际所需要外币种类的要求。此时，价格调整公式中会采用项目合同约定的 3 种支付外币之一与某国出口国货币之间的汇率变化作为调价的依据（汇率Ⅱ）。

对第②种情况，涉及汇率Ⅰ，以及支付外币与实际使用的外币间的汇率（汇率Ⅲ）。

价格调整公式中的汇率在招标文件中通常定义为每单位支付外币可以兑换的劳务、材料、设备的出口国货币的数量（出口国汇率），即 1 单位支付外币＝EX 单位出口国货币。这种汇率标价方法为直接标价法，也称作应付标价法。

由于业主支付的外币往往比较坚挺（如美元），出口国的货币相对于支付外币则常常贬值，出现：在出口国物价上涨的情况下，如果出口国货币贬值，则汇率调整因子（如 E_xL_0/E_xL_n）小于 1。因此，由于汇率变化会减调，而非增调；如果出口国货币相对于支付外币升值，则汇率调整因子（如 E_xL_0/E_xL_n）会大于 1，有利于承包人的调价。

第二种汇率标价方法是间接标价法，又称为应收标价法，是以一定单位的本国货币为标准，折算为一定数额的外币来表示其汇率，一定单位的本国货币折算的外币数量增多，说明本国货币汇率上涨，即本国货币升值或外币贬值。反之，一定单位的本国货币折算的外币数量减少，说明本国货币汇率下跌，即本国货币贬值或外币升值。英国一向使用间接标价法。

直接标价法和间接标价法，所表示的汇率涨跌的含义正好相反，所以在引用某种货币的汇率和说明其汇率高低涨跌时，必须在承包合同中明确采用那种标价方法，以免混淆。而在价格调整公式中也应该明确是采用哪种标价方法。

价格调整公式中加入了汇率因素（项目采用浮动汇率，而非固定汇率），如式（11-2）所示，则承包人将承担比较大的汇率风险。

例如，某国际公司与尼泊尔签订了河道防护工程项目，工期两年。合同金额 700 万美元，美元支付比例为 66%（支付外币只有一种），计划从印度进口材料，因此，美元的价格指数选择的是印度价格指数，并且价格调整公式中含有汇率调整因子，签约时 1 美元＝35印度卢比（汇率Ⅲ，直接标价法），在项目实施过程中，虽然印度价格指数增加到 35.8，但由于印度卢比贬值到 1 美元＝40 印度卢比左右，汇率调整因子＝35.8/40＝0.895，最终该项目调减 30 多万美元。因此，在考虑汇率调整时，承包人不仅要慎重地选择价格指数的来源，还要仔细分析出口国的货币汇率走势，保证价格调整公式计算结果为调增。

如果价格调整公式中采用间接标价法，则价格调整公式的表达方式为：

$$P_n = a + b\frac{L_n}{L_0} + \frac{E_x L_n}{E_x L_0} + c\frac{E_n}{E_0} \times \frac{E_x E_n}{E_x E_0} + d\frac{M_n}{M_0} \times \frac{E_x M_n}{E_x M_0} + \cdots \qquad (11-3)$$

式中各符号含义同前，间接调价法和直接调价法的结果是一样的。

3. 汇率变化对调价公式情况分析

对图 11-1 中的第①种情况，每 1 种支付外币就会有一个价格调整公式，如果有 3 种外币就会有 3 个外币调整公式。例如，3 种外币是美元、英镑和日元，对从美国、英国和日本采购的劳务、材料和设备，在进行价格调整时，汇率因子等于 1，只考虑价格上涨的因素。而对从此三国以外的其他国家进行采购时，则需要考虑汇率的变化。例如从中国采购货物，此时的汇率Ⅱ可能是美元（或英镑、或日元）与人民币的汇率，选其中之一。这取决于报价时，将计划从中国采购货物划归在哪一种支付外币中。

对图 11-1 中的第②种情况，只有一个外币的价格调整公式，涉及汇率Ⅲ。如果计价货币是美元，除从美国进口的材料和设备外（汇率＝1），均需要在价格调整公式中考虑美元与其他外币的汇率变化。

对同一个价格调整公式中的调价项，可以采用不同国家的价格指数和汇率，但对同一调价项，其价格指数和汇率来源必须是同一个国家的同一机构所颁布的。由此可以看到价格指数和汇率往往是一对矛盾，出口国物价上涨时，通常货币会贬值。如果汇率采用直接标价法，就会出现价格指数因子大于 1，而汇率因子小于 1，两者乘积出现>1、＝1、<1 这三种情况，在<1 的情况下，将出现价格调增。因此，加强对汇率风险的预测是非常重要的。

11.4.5　对调价约定问题的对策

1. 对调价款删除约定的对策

如果遇到业主对工期较长的项目合同中不对物价上涨等外部因素支持承包商调价，则总承包商应注意在报价中预先列入风险保障金，将这些潜在的损失在投标时就分摊到永久工程的单价中，以保护自身的经济利益。

2. 现行价格无法确定的对策

总承包商在提出期中付款要求时，如果无法获得调整数据表中所列成本要素的现行成本指数（现行价格），此时，总承包商要争取使工程师先行确定一个临时确定一个临时指数，已完成在期中支付款中的价格差，进而避免可能损失的一笔差价款的利息收入。

11.4.6　调价公式应用举例

1. 调价公式的应用

中方公司与境外某国政府部门签订了一份 EPC 项目合同，合同工期三年，从 2006 年 6 月 1 日至 2009 年 5 月 31 日，由于工程量增加而延长工期 7 个月，延期后的合同竣工日期为 2009 年 12 月 31 日，合同金额为 1.44 亿比尔（ETB），其中 30% 为当地币支付，70% 为外币（美元）支付。该项合同在特殊条款中规定价格调整参照 FIDIC 新红皮书有关调价公式执行，调价基本公式为：

$$P_n = a + bE_n/E_0 + cB_n/B_0 + dF_n/F_0 + eC_n/C_0 + fL_n/L_0$$

式中各因子为：$a = 0.10$；$b = 0.30$，$c = 0.25$，$d = 0.10$，$e = 0.05$，$f = 0.20$。各项基准价格指数/基准价格所代表的含义、数值、来源，见表 11-4。

表 11-4 　　　　　　　　　　　　基本价格指数表

指数代号	指数含义	基准价格指数/基准价格	指数来源
E（Equipment）	设备	178	英国工贸部指数
B（Bitumen）	沥青	118	新加坡房屋建设部指数
F（Fuel）	油料	2.8（ETB/Liter）	项目所在国油料公司
C（Cement）	水泥	800（ETB/Ton）	项目所在国国家水泥厂
L（Labor）	人工	110	中国国家信息中心

2. 对调价公式的安排

（1）选择主要材料作为成本要素。在本项目中，选择用量大、总价占合同金额高的水泥作为调价项目之一。项目执行期间水泥价格从 800ETB/吨上涨到 1600ETB/吨，整个合同期间共使用水泥 9000 吨，因此，完全依据调价公式计算由于水泥价格上涨带来的合同成本增加的数额（假定其他所有的汇率、指数/价格都没有发生变化，即 E_n/E_0、B_n/B_0、F_n/F_0、L_n/L_0、S_n/S_0、Z_n/Z_0 的值均为 1），最后通过调价获得赔偿金额为：

$P_0 \times (P_n - 1) = 14400$ 万 ETB $\times$ [（$0.10 + 0.30 \times 1 + 0.25 \times 1 + 0.10 \times 1 + 0.05 \times 1600/800 + 0.20 \times 1$）$-1$] $= 720$ 万 ETB

调价金额占合同金额的比例为 5%（720 万 ETB/14400 万 ETB×100%＝5%）。因此，通过合理地选择调价项目，可以帮助承包人最大程度地弥补由于价格变化带来的成本损失。

（2）选择较低的基准价格指数/价格。本项目中水泥的价格有两种：一是出厂价 500ETB/t；二是运抵首都的价格 800ETB/t（出厂价＋运输费用）。承包商选择了运抵首都价格作为基准价格，如前所述，在其他调价因子不变的情况下，获得 720 万 ETB 的价格调整。但假如选择出厂价作为基准价格，可获得的价格调整额则为：

$P_0 \times (P_n - 1) = 14400$ 万 ETB $\times$ {[$0.10 + 0.30 \times 1 + 0.25 \times 1 + 0.10 \times 1 + 0.05 \times$（$1600 - 300$）/（$800 - 300$）$+ 0.20 \times 1$] -1} $= 1152$ 万 ETB

两者之差为 1152 万－720 万 = 432 万 ETB，因此，在可选择的条件下，选择较低的基准价格指数/价格，能够在增长幅度相同的情况下获得较大的调价系数，从而获得较大的调整数额，减少损失。

（3）合理分配调价项目权重。合理分配调价项目权重。在投标阶段，承包商有权确定调价公式各项的权重，如果承包商对调价公式的本质有充分的认识，并且准确预测可能影响成本因素的未来变化趋势，就可以通过调整权重值来提高投标价格的竞争力和未来合同执行的利润水平。

　　具体的操作方法是，将价格波动较小的成本组成项的权重降低，而将价格波动较大的成本组成项的权重提高，在满足 $a+b+c+d=1$ 的条件下，通过调价公式增加收入。

　　在本项目中，如果承包商有足够的经验，就可以通过降低机械设备和人工费用的权重，并且将所降低的权重放到油料、沥青和水泥这三种材料的权重之中，从而在执行合同的过程中获得较大的调整额。假设承包商的调价因子权重调整见表 11 - 5。

表 11 - 5　　　　　　　　　　　　　　调价因子的权重调整

指数代号	指数含义	初始权重	调整后权重
E（Equipment）	设备	0.30	0.10
B（Bitumen）	沥青	0.25	0.35
F（Fuel）	油料	0.10	0.20
C（Cement）	水泥	0.05	0.20
L（Labor）	人工	0.20	0.05

　　在实际合同执行过程中，如果机械设备项和人工费用项的实际价格增加 50%，即机械设备项的最终价格指数为 267，人工费用项的最终价格指数为 165；沥青、油料价格上涨 200%，水泥价格上涨 100%，即沥青最终价格指数为 354，油料最终价格为 8.4ETB/L，水泥最终价格为 1600ETB/t。按照调整权重后的调价公式计算，整个项目合同期调价金额为：

$$P_0 \times (P_n-1) = (14400 \,万\, ETB \times 1/2) \times [\,(0.10+0.10 \times 267/178+0.35 \times 354/118+0.20 \times 8.4/2.8+0.20 \times 1600/800+0.05 \times 165/110)\,-1] = 10620 \,万\, ETB$$

　　计算时采用 1/2 的合同金额是考虑了价格增长趋势是个持续的过程，整个增长水平为最终增长幅度的 50%。如果不进行权重调整，按照实际的成本构成来计算，那么整个项目合同期调价金额为：

$$P_0 \times (P_n-1) = 14400 \,万\, ETB \times 1/2 \times [\,(0.10+0.30 \times 267/178+0.25 \times 354/118+0.10 \times 8.4/2.8+0.05 \times 1600/800+0.20 \times 165/110)\,-1] = 7200 \,万\, ETB$$

　　因此，采用权重调整的方法所带来的额外收入增加为 10620 万－7200 万＝3420 万 ETB。

　　（4）选择正确反映实际价格波动的价格指数/价格。价格指数和价格来源有很多，对承包商而言，应结合项目背景，选择能够准确反映价格变化的价格指数和价格来源。在本案例中，沥青指数选择的是新加坡房屋和建筑部发布的 Bulletin 指数，基本上反映了国际市场沥青价格的走势。该调价项目的价格指数和价格来源见表 11 - 6。

表 11 - 6　　　　　　　　　　　　　不同来源的价格指数/价格对比表

指数来源 / 价格指数	新加坡房屋和建设部 Bulletin 指数	美国加利福尼亚 统计局发布指数
基准价格指数	118	200
实际价格指数	236	300
增长幅度	100%	50%
所获赔金额（美元）	600000	300000

该项目沥青的采购价格在合同期间从基准日期的 300 美元/t，加到 2008 年 6 月的 600 美元/t。从表 11 - 6 可以看出，新加坡房屋和建筑部发布的 Bulletin 指数增幅和实际价格增幅一致，而在另外一个采用美国加利福尼亚州统计局发布的沥青价格指数的 N 项目上，指数的增长幅度仅为 50%，严重偏离实际价格上涨情况。在此期间，项目采购沥青 2000t，对比预期的基准价格，额外增加成本为 60 万美元。而在得到的费用补偿方面，采用新加坡房屋和建筑部发布 Bulletin 指数，所得到的费用补偿为：

期间完成合同额 $\times$ (P_x-1) ＝240 万美元 $\times$（0.10＋0.30 $\times$ 1＋0.25 $\times$ 236/118＋0.10 $\times$ 1＋0.05 $\times$ 1＋0.20 $\times$ 1－1）＝60 万美元

而采用美国加利福尼亚州统计局发布的沥青指数的 N 项目，指数增长幅度为 50%，得到的费用补偿为：

期间完成合同额 $\times$ (P_x-1) ＝240 万美元 $\times$（0.10＋0.30 $\times$ 1＋0.25 $\times$ 300/200＋0.10 $\times$ 1＋0.05 $\times$ 1＋0.20 $\times$ 1－1）＝30 万美元

3. 汇率变动条件下调价公式的应用与安排

（1）考虑汇率影响的调价公式。在国际工程合同中，合同价款的支付通常不是单一货币，材料和货物的采购也可能跨国进行。在上述案例中，合同价款中 70% 采用美元支付、30% 采用项目所在国货币比尔支付，而沥青价格指数采用了新加坡房屋和建筑部发布的 Bulletin 指数。因此，为了更加准确地反映多币种支付条件下汇率变动对价格因素的影响，在付款的货币不同于基准价格指数或者参考价格所采用的货币时，还应该在调价公式对应的调价项下引入一个汇率因子 Z_0/Z_n。本案例的调价公式为：

$$P_n=A+bE_n/E_0 \times Z_0/Z_n+cB_n/B_0 \times Z_0/Z_n+dF_n/F_0 \times Z_0/Z_n+eC_n/C_0 \times Z_0/Z_n+fL_n/L_0 \times Z_0/Z_n$$

对于汇率因子 Z_0/Z_n，如果出口国货币贬值时，Z_0/Z_n 小于 1，价格调减；出口国货币升值时，Z_0/Z_n 大于 1，价格调增。调价公式的反向弥补效应说明，价格由于汇率修正指数产生调减是因为合同产生了汇率收益，需要冲抵该部分的汇率收益。反之，产生调增是因为合同产生了汇率亏损。

（2）调价公式在汇率变动下的应用与安排。在本案例中，外币结算部分为美元，其中调价项目沥青指数来源国为新加坡，新加坡元对美元的汇率修正指数 Z_0/Z_n 持续从 1 增长到 1.24，从形式上体现出汇率调整项由于汇率因子的因素而调增，从而弥补该部分由于新加坡元对美元升值而带来的汇率亏损。

而在另外一个项目中，采用了含有汇率因子的调价公式。根据招标文件和投标文件的约定，当地币的部分占 30%，外币的部分（欧元）占 70%，不可调部分为 10%。当地币的部分燃油和水泥可以调价，其中燃油占 73%、水泥占 17%；外币部分人工、设备、沥青、钢筋可以调价，其中人工占 22%、设备占 50%、沥青占 16%、钢筋占 2%。

授标谈判会议纪要约定：人工、钢筋指数采用中国国家统计局的指数，沥青为新加坡指数，设备为英国指数。

当地币（比尔）的调价比例：30%

当地币的部分调价系数：$PAF(n)=0.1+0.73 \times (F_n/F_0)+0.17 \times (C_n/C_0)$

外币部分（欧元）调价比例：70%

外币部分调价系数：$PAF(n) = 0.1 + 0.22 \times (L_n/L_0) \times (Z'_0/Z'_n)$
$+ 0.5 \times (P_n/P_0) \times (Z''_0/Z''_n) + 0.16 \times (B_n/B_0) \times (Z'''_0/Z'''_n) + 0.02 \times (S_n/S_0) \times (Z'_0/Z'_n)$

其中，Z'_0 为欧元对人民币汇率；Z''_0 为欧元对英镑汇率；Z'''_0 为欧元对新加坡元汇率。

项目合同于 2001 年 11 月 16 日开标，外币选择欧元，汇率为 1 欧元兑 7.63 当地币（ETB）。在合同执行过程中，欧元对人民币、当地币（ETB）、英镑、新加坡元都持续升值，到 2009 年项目竣工时，汇率为 1 欧元兑 16.86 当地币（ETB）。到 2010 年业主提出反索赔时汇率为 1 欧元兑 21.89 当地币（ETB）。此外，合同执行过程中承包商一直没有采用汇率因子进行调整，因此，汇率变化产生的收益超过 700 万欧元。最终在 2010 年，业主提出反索赔，要求承包商按照调价公式进行汇率因子的计算调整，简单计算结果见表 11-7 和表 11-8。

表 11-7   未采用汇率因子时的外币调整金额

量单号 (摘部分)	期间		外币调价部分								调价金额
			不可调比例						0.1		
			人工		设备		沥青		钢筋		综合调整系数	应调整金额
			权重	0.22	权重	0.5	权重	0.16	权重	0.02		
	起	止	L_0	93	P_0	159	B_0	101	S_0	93.5		外币
			L_n		P_n		B_n		S_n		P_nf	欧元
No. 1	Nov-02	Feb-03	90.2		174.0		112.0		108.1		1.0610949	22461.43
No. 8	May-04	May-04	103.0		183.0		118.0		134.5		1.1348284	49685.68
No. 18	Jul-05	Oct-05	164.1		220.0		127.0		143.5		1.4119008	348967.56
No. 27	Jul-06	Aug-06	202.2		227.0		155.0		149.7		1.5697250	182262.05
No. 38	Oct-07	Oct-07	241.6		237.0		158.0		167.5		1.7029358	444543.84
No. 40	Jan-08	Mar-08	191.1		247.0		170.0		188.7		1.6384646	240918.16
量单外币调整金额合计（第 1 期到 43 期）											9306863.15

表 11-8   采用汇率因子时的外币调整金额

对应量单号	各期量单对应的汇率因子						综合调整系数	采用汇率因子后应调整金额
	EURO/CNY		EURO/SGD		EURO/GBP			
	Z'_0	Z'_n	Z''_0	Z''_n	Z'''_0	Z'''_n	P_nf	欧元
No. 1	7.3101	8.9656	1.6167	1.8795	0.6162	0.6539	0.9610702	−14312.47
No. 8	7.3101	9.952	1.6167	2.0471	0.6162	0.6743	0.9736225	−9720.40
No. 18	7.3101	9.7534	1.6167	2.036	0.6162	0.6822	1.1986016	168257.81
No. 27	7.3101	10.2255	1.6167	2.0249	0.6162	0.6827	1.3051882	97633.45
No. 38	7.3101	10.6678	1.6167	2.102	0.6162	0.6954	1.2457418	155409.64
No. 40	7.3101	10.8135	1.6167	2.1187	0.6162	0.7636	1.2242435	84616.00
量单外币采用汇率因子后调整金额合计（第 1 期到第 43 期）								3667899.47

由上表可知，采用汇率因子后，整个项目期间（第 1 期到第 43 期量单）应该调整的外币金额为 3667899.47 欧元，而未采用汇率因子时的外币调整金额为 9306863.15 欧元，单纯从汇率变化上承包商就多收入了 563.9 万欧元，而这部分金额也因为采用汇率因子进行调价而返还给业主。事实上，汇率因子还是为承包商带来了相当多的收益，返还给业主的金额是由于没有采用汇率因子而额外多收入的外币调整金额。如果考虑整个项目的外币调整，汇率的变化还是给承包商带来了超过百万欧元的收益。

因此，从承包商的角度，如果能够充分利用调价公式相关影响因素来合理盈利或者规避风险，便不能忽视汇率可能带来的收益。承包商风险管理机构应有专人负责，防范风险的发生，为公司创造经济效益。具体对策包括如下几点。

（1）如果调价项目（如劳务、材料或设备）出口国货币呈贬值趋势，承包商在与业主签订合同时，应争取在价格调整公式中除去汇率调整因子，以规避汇率风险。

（2）在可能的情况下，争取采用多种货币报价，根据实际需要的外币种类和数量，要求业主支付多种外币，可减小汇兑风险。

（3）加强对相关国家的汇率预测，以使价格指数因子与汇率修正因子的乘积大于 1，产生价格调增的效果，并将其变化同成本组成项下的百分比有机结合起来，预测影响成本因素的每个调整项。

从承包商的角度看，选择合理的调价项目和调价指数，预测未来的价格上涨或者下降趋势、巧妙分配本外币的需求比例、选择有利的外汇币种和外汇比例、加强有关指数和汇率的研究，并且保证调价公式的最终结果大于 1，就能带来价格调增的效果。此外，如果实际发生的成本有所增加，必然给承包商带来额外的收益。

第12章 费用索赔案例

费用指建设成本，是工程建设的资金保障，如果成本亏损了就谈不上企业列润，必定是一个失败的项目。为此，费用索赔历来是工程索赔的重点和企业索赔的目的。随着我国企业不断走出国门，在国际承包市场已经占有一席之地，在 EPC 实践中在这方面逐步积累了一定的经验，本章共介绍费用索赔案例 17 例。其中，费用索赔算例 4 例，变更费用索赔 6 例，合同缺陷费用索赔 3 例，开工拖延费用索赔 2 例，其他原因引起的费用索赔 2 例。

12.1 费用索赔算例

12.1.1 拖延付款费用索赔算例

【摘要】

本案例以境外铁路 EPC 项目为例，叙述了由于业主拖延付款造成施工暂停所引起的费用索赔，介绍了暂停索赔费用计算过程以及在本项目中的变更索赔点和因变更索赔而取得经济效益。

【索赔背景】

某境外铁路工程项目，全长和 38.612km，新建双线轨道 28.73km，既有线改造 9.96km，新建车站 3 个，隧道 4 座总长 3591m，桥梁 1715.006m，路基土石方 1318 万 m³，通信、信号、电力 94.46km，设计时速客运 100km/h，货运 80km/h，轨距 1520mm。该 EPC 项目 2010 年中标，合同总额 3.039 亿瑞士法郎（CHF）。

【延付索赔计算】

由于业主未能按照合同约定支付工程款，总承包商行使了暂停施工的权利，总承包商按照 FIDIC 条款规定书面通知业主之后，开始暂停现场工作。停工后现场管理人员和工人闲置。因机械设备停止施工，增加了承包商的机械折旧和闲置、看管等费用，总承包商对因付款拖延而造成暂停施工的损失进行计算如下：

从该项目因为此原因停工共计 25 天，发生费用共计：3355132.96CHF，由此延迟工期 190 天，人工费共计 2173174.71CHF：

（1）人员交通费：248 名中国工人回国，发生机票费用 192192.91CHF；

（2）回国工人购买机票后在等待飞机航班期间，248 人等待 25 天，工资标准：2138.40/（人·月），等待期间发生工资 441936CHF，即（2138.40/30）×25×248

=441936CHF。

（3）未回国人员，在此期间等候的工资费用为 1494025CHF；每月总工资 17928.30/（人·月），未回国人员 100 人，即（17928.30/30）×25×100=1494025CHF

（4）现场看守人员：现场共计停止施工 18 处，每处看守工人 4 人昼夜值班，看守人员月工资税前 650CHF/人，共计 650×4×18＝46800CHF，25 天合计 46800/30×25=39000CHF；

（5）站场聘用的当地工人共 18 人：每个月总工资 450CHF/（人·月）×6 人＋625CHF/（人·月）×1 人＋300CHF/（人·月）×3 人＋375CHF/（人·月）×8 人＝7225CHF/月，25 天合计 7225/30×25＝6020.8GEL，在充分与业主、监理友好协商后，上述经济索赔得到了业主的认可，挽回了经济损失。

【变更索赔】

1. 施工工艺的变更

项目隧道地质均属于软弱泥质沉积岩，围岩强度不高，但围岩整体结构很好、破碎程度低，原设计的隧道施工法为"钻爆法"，在当地国对炸药管理极其严格，束缚了隧道的掘进，总承包商一线的管理技术人员积极探索，深入研究，提出了试用"破碎锤掘进"的工法，由国内传统的"钻爆法"转变为"破碎锤掘进法"。结果取得良好的效果，并且逐步掌握了在掘进时的力度、角度、间距、进尺安全距离等参数，最后在全线 5 座隧道进行推广。

该方法的应用一是降低了成本，节约了昂贵的炸药和雷管费用；二是有效地控制了超欠挖，减少了对隧道围岩的扰动；三是加快了工序转换时间和减少了爆破后的空气污染；四是更加安全可靠；五是保证了掘进速度。每天两个半到三个循环，每个循环根据围岩类别不同进尺，不超过 1.2m，用这样的方法得到了各级领导、专家的认可。

2. 主体结构变更

相比国内项目，海外 EPC 项目的最大特点为：总承包商具有较大的设计变更权限，在尊重合同的基础上，只要有足够充沛的理由，说服业主和监理，基本上可以得到设计优化变更。

原设计 288.55m 的钢梁桥，设计变更为路基的实施方案，总承包商的理由为在工期较为紧凑的情况，钢桥梁的快速施工难度较大，因为项目所在国没有能够生产并精加工的钢结构厂商，基本要从别国进口，从预订加工到进口运输再到施工现场，工期耗费较大；再者，项目所在城市属于海滨城市，年降雨量充沛，钢结构容易锈蚀，从而使得钢桥的后期维护成本较大；最后，承包方技术人员详细勘查了现场，周边有一块公园湿地，如果硬生生地架一座桥梁，显然与周边的环境景观不相协调。因此，该设计变更经承包商与主业的详细沟通后，得到了业主的认可。

在总价包干合同的前提下，两项变更总共节省费用 9468521 瑞士法郎（CHF），约合人民币 61545386 元，取得了良好的经济效益。

【算例评价】

（1）由于业主延期支付工程款，导致总承包商暂停施工，对于暂停施工阶段造成的损失，总承包商对暂停期间所遭受的损失主张赔偿是符合合同约定的，无论哪种合同背景对此都有明确的规定，成为工程索赔实践中常见费用索赔的类型。本案例采用的是实际费用计算方法，即对停工期间承包商在各方面所遭受的损失逐一列出，其总和数值为索赔数额。由于实际费用法所依据的是实际发生的成本损失记录或单据，所以在施工过程中，对于因业主原因引起的停工现场，要详细做好记录，在友好协商的情况下，应积极申报索赔。

（2）通过本案例的设计优化还为我们提供了以下经验。

1）海外 EPC 项目在总价合同的前提下，相比国内的单纯施工承包，具有主动设计的特点，在基本尊重合同和 FIDIC 条款的前提下，总承包商通过与业主和监理的良好沟通，基于主动设计的理念，可以利用优化设计，将施工成本降低，达到经济效益的目的。

2）在我国"一带一路"的对外经济战略格局下，国内越来越多的建筑企业将参与海外的 EPC 工程项目，在总价包干的前提下，如何充分地利用好变更索赔的利器，将项目效益提升至极致，是海外项目管理人员必须严肃面对的一个问题。本案列举了变更索赔的成功经过，以点带面，在基本尊重 FIDIC 合同条款的前提下，通过与业主、监理的充分沟通，上述变更得到了认可，取得了良好的经济效益。

3）在国际工程中，由于工程项目相对较为复杂，因而合同管理工作也相对较为复杂，由于国际 EPC 工程项目的特殊性，要求合同管理人员不但要掌握专业知识，还要求管理人员精通各类外语，对于金融、管理、法律、索赔等知识也必须有所涉猎。另外，还要求国际工程管理人员不断总结和探索国际工程管理中的经验，从而保证国际工程项目能够顺利推进，保质保量地完成，使得企业在国际中的综合竞争力有所提升。

12.1.2　政权更迭停工费用索赔算例

【摘要】

本案例是以橘皮书为合同背景的国际 EPC 项目，由于项目所在国政府更迭，使得用于工程的本地货币被冻结，导致费用索赔，对单价调整、延误支付、额外工程等造成的损失介绍了索赔额计算过程。

【索赔背景】

中方公司经过竞标获得境外某国家输电线路 EPC 工程项目，业主为其国家电网公司，设计咨询为欧洲公司，合同是以 FIDIC《设计-建造与交钥匙合同文件》（橘皮书）范本为参考，项目合同总额为近亿美元（未计入增加和后续工程），工期 18 个月。

在该项目的执行过程中，由于项目所在国政府更迭，使得用于工程的本地货币被冻结，以及国际金融环境危机，使工程处于长时间不能正常履行的状态。在业主重新启动工程后，项目部充分抓住机遇，据理进行索赔，经过多方努力，最终取得了比较满意的索赔结果。共获得赔偿费用占合同总额的 51%，并获得了能够保证工程移交的工期。

【费用计算】

1. 单价调整

该合同是工程量清单计价模式下的单价合同。项目所在国由于总统换届等政治原因导致当地货币冻结，项目进度受到严重的影响。国际金融环境的恶化，导致国际市场如钢铁、铝等原材料上涨，工程所在国国内货币贬值，通货膨胀严重，直接导致当地施工材料如钢筋、水泥、沙子的大幅度提价；国际劳动力市场人工成本急剧增加等因素导致了材料采购、施工成本和管理费大大增加，也影响了该工程的竣工时间。根据合同条款和国际咨询联合会 FIDIC 的第 13.8 款【因成本改变的调整】的规定：当合同价格要根据劳动力、货物、以及工程的其他投入的成本的升降进行调整时，应按照专用条件的规定进行计算。

该项索赔额计算的关键是调价指数，具体到调价指数通常指项目所在国、设备材料供应国国家统计局提供的价格指数，国外采购设备材料也可使用伦敦期货市场、纽约期货市场的价格变化指数，中国物价指数由国家统计局经济景气研究中心提供。也可采用印度、土耳其等亚洲国家的 CIP 指数，或者其他同类承包商已获得的且被业主认可的价格变化指数。

项目部按照 FIDIC《土木施工合同条件》的第 13.8 款调价系数公式，组织人员搜集比对亚洲、欧洲、美洲和非洲等地区的原材料、机械、人力的涨价指数，最后将合同成功调价，同时因当地货币冻结而延误的工期 33 个月也得到合理补偿。

2. 延误支付造成的损失

按照 FIDIC《生产设备和设计—施工合同文件》第 14.8 款规定，如果承包商在规定的时间内没有收到付款，承包商应有权就未付款按月计算复利，收取延误期的融资费。

项目部详细地计算每笔款额，包括预付款和进度款，核对应付时间和实际支付时间的差额，通过利用中国银行和该国央行的利息，成功地获得了延误造成的损失。

3. 额外工程

在工程施工的过程中，因线路跨越当地军事设施和该国的一所大学，业主要求改线，在接到业主正式的改线致函后，项目部计算了改线后引起的费用变更（包括合理的费用变更）和工期变化，提交业主工程师进行审核。最后，项目部也成功获得了因额外工程引起的费用和工期索赔。

4. 管理费（工程中断）

由于总统换届等政治原因导致当地货币冻结，项目进度受到影响，同时也招致项目管理费的增加，包括管理人员的工资、到场施工机具的折旧费、当地雇员工资、项目基地的租赁费、咨询和业主工程师费，以及 20 人次的签证费用和中国工程师等人员的往返机票费用。项目管理费用按照以上费用的 7% 计取、项目利润按照以上费用的 5% 计取，项目部保存了以上所有原始证据，后经过多次谈判协商，最终获得合理性的赔偿。

5. 其他费用补偿

对于工程量清单中只有单价没有数量的情况，如果在工程的实施过程中，该项工程量发生变化，在取得工程师的批准后，也可以获得相应的补偿。

此外，本工程项目因现场进入权‐通行权问题、设计图纸批复延误等问题，对该项也取得了合理的工期索赔。

【算例评价】

本案是一起政权更迭停工费用索赔计算案例，在停工期间使承包商遭受的损失，损失包括由于价格上涨、成本增加和工程款拖欠致使总承包商遭受的费用。对价格上涨总承包商成功地运用了调价公式；对于工程款拖欠除索赔了赢得的工程款外，根据合同约定，并向业主讨回了拖欠款所应得的利息。为行业计算索赔费用提供了经验。同时案例还为同行提供了以下经验。

1. 索赔是承包商规避风险，维护自身利益的重要手段

国外总承包工程具有工期长、规模大、风险高、技术含量高且复杂的特点。在工程执行过程中，因外部政治条件、经济条件、社会环境、施工现场条件而导致工程计划实施过程中与实际情况不一致的情况常有发生，而总承包商根据法律及合同约定，对非自己的过错或疏忽，并且属于业主承担的责任的情况提出索赔要求，是总承包商维护自身经济利益的重要手段。

2. 建立健全完善的机制是确保索赔成功的重要基础

索赔是一项贯穿于项目全过程的、综合性的合同管理工作，包括技术资料的收集、整理、分析、跟踪及谈判的过程，非一朝一夕之事，这就要求总承包商建立健全索赔管理机制，包括组织体系、工作程序、工作措施都要跟进、到位。例如，成立企业各级主管参加的索赔小组，定期召开工程索赔工作会议，加强对索赔工作的管控力度。项目部针对各个索赔点及时收集证据，按照工作流程处理索赔事件，对索赔事件进行规范化处理，使得索赔工作趋向于科学化、规范化、制度化，为成功索赔打下基础。

3. 与业主、咨询的沟通协调是保证索赔成功的关键

索赔是业主与总承包商博弈的过程，即使在事实清楚、证据确凿的情况下，索赔也不见得能顺利取得成功，业主也会频繁地让承包商提供补充、支持性文件，不断地要求解释、誊清、补正，并以各种理由拖延而不予以正面回答。为此，项目部定期邀请业主各级人员参观现场，利用各种方式和场合，充分向业主说明我们的损失，请业主考察现场地质情况、建材市场行情、提供设计图纸让进行工程量的比较，说明承包商的损失是客观存在的，索赔是为了总承包商更好地执行项目，为项目提供必要的资金支持，而不是通过索赔使总承包商获得高额利润，从而得到业主、咨询公司对索赔的理解和支持，为索赔洽谈做好感情上的铺垫。

4. 索赔还要运用良好的公关艺术，积极协调处理好与业主、咨询的关系，遵循有理、有力、有节的原则，既不能一味施压，也不能拖泥带水，注重刚柔并举，这样不但能够促使索赔成功，也有利于项目后期的执行，有利于总承包商与业主保持长期的合作。

通过合理、有效的索赔工作，可以减少或避免总承包商利益的损失，更重要的是作为一个有竞争力的国际型工程公司，有效的索赔工作也是我国国际工程商务能力和专业能力的良好体现，也将得到业主和咨询公司的认同和尊重。

12.1.3　赶工费用索赔算例

【摘要】

赶工费用索赔针对不同合同条件、不同项目可能采取不同的方式和方法。但对于因业主方正常要求承包商提前工期造成的费用增加，其赶工费的形成基本相同，原理也基本一致。如何计算申请加快进度而增加的费用呢？如何能得到业主的合理补偿呢？这是承包商十分关心的问题。本案例结合国内某工程赶工索赔全过程，详细介绍了赶工索赔的背景、措施方案、费用申请、费用审批和费用谈判情况，为总承包商赶工索赔额的计算提供了思路。

【索赔背景】

在国内某盐田港填海二期工程中，按照当地政府的要求，必须缩短原计划工期，在一定期限内，将项目二通隧道口的 120 万立方米石料全部开采完毕，并达到设计场平标高，形成局部区域工程工期提前，为项目二通隧道口和大桥的施工提前时间和空间的保障，业主先后

下发了三个红头文件，同时要求必须响应业主和市政府的号召和指令，进行阶段性赶工，确保后续工程快速施工。

【商务策划】

（1）针对业主的赶工意向，总承包商认真研究了合同文件，依据掌握的实际情况做了周密部署和人员分工安排，并进行策划；

（2）根据工程的进度需要，业主致函需要进行赶工，项目部立即按照策划方案上报赶工期的初步措施方案和措施估算费用，及时向业主和监理提出索赔意向书；

（3）按照业主和监理的合理要求不断修改完善赶工方案和倒排工期，形成赶工措施；

（4）业主组织的节点工期措施方案经过专家评审论证，形成书面纪要，为审计减少了风险和提供了强有力的证据；

（5）根据专家的评审意见，将赶工费划为几个部分，组成编制工程量计算书和费用预算；

（6）及时找业主、监理工程师签认完成的实物工程量，为节点工期措施费索赔成功奠定基础；

（7）由于当地政府工程的特殊性，多次咨询定额站和咨询公司，主要从提高功效、加快进度和施工安全的角度出发考虑措施费为重点计算费用。

【赶工措施方案】

（1）加速进度、倒排工期、方案保证、安全保障；

（2）方案确定、按部就班、施工有序、社会效应；

（3）方案对比、增加措施、加大投入、重点分析；

（4）特邀专家、评审方案、多方认证；

（5）智慧运作、综合评估、依据方案、上报费用。

【赶工措施费计算】

1. 缩短工期，增加额外投入

本项目主要是大型土石方，为赶工投入了大量的人员和机械设备，因此增加了人员住宿和机械进出场费用和场地停放费用。

（1）人员、机械设备数量＝（最高峰期完成月工作量－合同约定计划完成月最大工程量）×定额工日或定额机械台班/30d

（2）费用＝增加人员数量×每个人住宿费＋机械台次数量×单台进出场费＋场地停放费

2. 集中生产，施工便道修筑费用

均衡生产转变为集中生产，施工便道不间断地修筑和拆除，工作面严重受损，致使功效降低，费用按照当地市政工程定额编制的说明计算：功效降低费＝节点工程范围完成工程量（人工费＋机械费）×10%。

3. 正常施工转变为加速昼夜施工，加大投入

正常施工转变为加速昼夜施工，加大投入，启动夜间施工，致使功效降低且增加夜班加班费，费用按照当地市政工程定额编制的说明计算：

（1）功效降低费＝夜间人工消耗量×普通工日单价×40%

（2）节假日加班费＝节点工期投入人员数×普通工日单价×2倍（双休）×双休日天数

＋节点投入人员数×普通工日单价×3倍（法定节）×法定节天数

4. 爆破施工方案改变，导致费用增加

石方日爆破产量加大，降低爆破震动干扰和飞石控制，在爆破规范中寻求控制爆破范围受限制，因此优化爆破参数，一般的石方爆破转变为孔内空外微差爆破，爆破施工方案改变，导致费用增加。费用按照一般石方爆破和控制爆破定额计算差价。

5. 爆破防护措施费用

爆破产量加大，周边环境受到影响，为确保爆破安全，方案增加爆破源主动和被动防护措施（防护排架），费用根据实际发生签证量和定额组价后进行计算。

6. 开挖二次倒运增加费用

由于单日爆破量大，正常的挖方运输和推评工作的压力大，为了提高运输和挖装效率，增加工作面，形成土石方开挖二次倒运，增加费用。费用按照实际发生工作量签证和"定额组价"后计算。

7. 其他额外多投人员费

为确保工期的顺利实现而增加的人员差旅费，提供人员和机械工作效率，保障各个工序进度加快，所支出的奖金和其他保证工期措施的费用虽然不是太多，但在上报时必须考虑进去和提出，此类费用一般不好计算，虽然发生但说服力不强，只是作为和业主谈判取得其他方面多补偿的筹码。

【审批过程】

（1）缩短工期（增加人员住宿和设备的进出场费和场地停放费）审批意见：合同边缘条件满足（合同约定：月最高土石方产量 30 万 m^3，实际要求月完成产量远远大于合同约定），同时按照合同的下浮比例进行下浮。

（2）工效降低费审批意见：按照本工程的特殊性，同时考虑了其他方案（如二次倒运、夜间施工、控制爆破保证措施）的有力保证，节点工期顺利完成，措施的保证提高了工效，节点工期工效降低的范围必须是难度最大、作业面较为狭窄的区域，最终谈判费用的组成为：工效减低费＝节点工期范围内完成工程量（人工费＋机械费）×7％。

（3）夜间施工增加费审批意见：符合专家评审意见，施工现场确实是按照夜间施工标准进行施工，经咨询定额站和咨询公司此费用可以给予批复。

（4）节假日加班增加费审批意见：合同工期为日历天，按照业主和市定额的要求，施工的优化组织和人员的调休是承包商自行安排的，市定额计价约定无此条款，此费用被否定。

（5）控制爆破增加费审批意见：控制爆破符合专家评审的方案，从爆破的角度出发，完全符合爆破规定，措施保证较为合理，控制爆破范围必须按照爆破规程和爆破定额的类别划分进行确定。

（6）爆破保护费审批意见：按照现场实际投入和发生的防护措施进行签证确认。

（7）二次倒运费审批意见：按照现场实际发生的二次倒运量进行几方测量并签证确认，单价按照"定额组价"计算，同时按照合同的下浮比例适当下浮。

（8）其他措施费审批意见：其他措施费难以界定，属于承包方未完成合同工程，理应在合同范围内保证满足的，补为你作为上报费用的理由。

【措施费谈判策略】

（1）熟悉理解合同条款和意图，充分利用合同条款，抓住重点，突出难点，寻求索赔的有力点和切入点，这是费用索赔的重头戏。最有把握索回的费用部分，资料必须做到尽善尽美，无懈可击，大概能要回多少费用，要心中有数，谈判时灵活掌握。

（2）对于把握不大的索赔项目，多方面、多角度寻求证据和信息资料，完善好索赔计算资料和证据。寻求最合适的上报索赔费用，争取利润最大化。

（3）对于连业主和监理都通不过的索赔项目，如何处理，是否就不上报呢？作为承包商肯定要上报，但是这部分不是谈判索赔的重点，这部分往往是业主和监理要砍掉的费用。承包商要懂得取舍，适当让出此部分的费用，作为有利于其他费用获得索赔的筹码。

【算例评价】

（1）FIDIC制定的银皮书、新黄皮书对于赶工索赔都没有明确的专门条款规定，但我国的《建设项目工程总承包合同范本》（GF—2011—0216）第4.1.4目则规定："发包人的赶工要求合同实施过程中发包人书面提出加快设计、采购、施工、竣工试验的赶工要求，被承包人接受时，承包人应提交赶工方案，采取赶工措施。因赶工引起的费用增加按13.2.4项的变更约定执行。"第13.2.4项规定："发包人的赶工指令。承包人接受了发包人的书面指示，以发包人认为必要的方式加快设计、施工或其他任何部分的进度时，承包人为实施该赶工指令需对项目进度计划进行调整，并对所增加的措施和资源提出估算，经发包人批准后，作为一项变更。发包人未能批准此项变更的，承包人有权按合同约定的相关阶段的进度计划执行……"

（2）工程赶工索赔是索赔管理中处于较为重要的地位。赶工索赔额数量的多少，直接影响到工程利润的高低。在赶工索赔中要多去研究合同条件，寻求索赔机会，多从方案入手，多收集基础资料，项目要多方参与索赔的过程，多注意索赔的要点，充分了解业主的意图。

（3）良好的心理素质是保障索赔获取成功的关键。为此，在赶工索赔过程中，总承包商要做到开始有信心、事事要小心、过程要耐心、底线有良心。

12.1.4　价格上涨费用索赔算例

【摘要】

本案例叙述了承包商EPC合同签订以来，遭遇了执行工程的施工成本和价格急剧上涨，导致承包商遭受巨大的经济损失，而合同规定其价格在任何情况下都不能加以调整，承包商仔细分析了合同条款，寻找提出合同调价索赔的突破口，最终获得了索赔的成功，并提出具体建议。

【索赔背景】

1. 工程背景

本案例为水电项目，合同工期48个月，首台机组发电工期35个月，合同价格1.28亿美元（其中15%为预付款，剩余85%由承包商以卖方信贷的方式提供）。厂房总装机容量为8×12MW，工程包括工程设计、引水渠、厂房、尾水渠施工，机电设备采购、制造、运输、机电设备现场安装和调试，开关站以及132kV输电线路等。2006年2月18日工程开工。

2. 索赔合同条款分析

虽然EPC合同施行总价格一般不能调整，但在FIDIC/交钥匙合同中，仍有一些明确规定（或隐含）了承包商有权进行索赔的条款，见表 12 - 1 银皮书中赋予承包商索赔权利的合同条款，列举如下。

表 12 - 1　　　　　　　　　银皮书中赋予承包商索赔权利的合同条款

序号	条款编号	条款名称	条款类型
1	1.3	Communications	隐含的
2	1.8	Care and Supply of Documents	隐含的
3	1.13	Compliance with Laws	隐含的
4	2.1	Right of Access to the Site	明示的
5	2.3	Employer's Personnel	隐含的
6	3.3	Delegated Persons	隐含的
7	3.4	Instruction	明示的
8	4.6	Co - operation	明示的
9	4.10	Site Data	隐含的
10	4.24	Fossils	明示的
11	5.1	General Design Obligations	隐含的
12	5.2	Contractor's Documents	隐含的
13	5.4	Technical Standards and Regulations	明示的
14	7.3	Inspection	隐含的
15	7.4	Testing	明示的
16	8.3	Programme	隐含的
17	8.4	Extension of Time for Completion	明示的
18	8.5	Delays Caused by Authorities	明示的
19	8.9	Consequences of Suspension	明示的
20	8.11	Prolonged Suspension	明示的
21	9.2	Delayed Tests	明示的
22	10.3	Interference with Tests on Completion	明示的
23	13.1	Right to Vary	明示的
24	13.3	Variation Procedure	明示的
25	13.7	Adjustment for Changes in Legislation	明示的
26	13.8	Adjustments for Changes in Costs	明示的
27	16.1	Contractor's Entitlement to Suspend Work	明示的
28	17.4	Consequences of Employer's Risks	明示的
29	19.4	Consequences of Force Majeure	明示的
30	20.1	Contractor's Claims	明示的

【调价突破口】

1. 突破口

本工程项目专用合同条件第13.8款"因成本改变的调整"规定："本合同价格将不因工程任何投入成本的变化进行调整"，这无疑使合同调价索赔的希望变得更加渺茫。为绕开这一条款，向业主提出合同调价索赔，弥补承包商的损失，JHP项目承包商管理者和商务人员在悉心研究合同条款后，成功找到了一些突破口。

（1）因业主原因造成项目延迟开工18个月，使承包商遭受了无法预计的额外成本和支出；

（2）因工程投入成本和原材料价格非正常涨价，承包商遭受了巨大的损失，并造成了工程进度的延误，若这种情况不能得到改善，势必将造成工程进度的进一步延误；

（3）因工程项目所在国电力严重短缺，业主承受了当地政府和人民的巨大压力，从而渴望JHP项目尽早发电。

2. 突破口理由陈述

（1）因业主原因造成的工程延迟开工18个月。

该项目业主在签发的中标函中明确规定，项目满足以下条件后开始生效：①业主所在国相关政府部门的批准；②承包商所在国相关政府部门的批准；③承包商和承包商所在国银行之间安排卖方信贷的协议生效；④根据第4.2款（履约保函）的规定，承包商向业主提交了履约保函。

在正常情况下，合同双方可能需要半年左右的时间来完成上述手续，以便合同开始生效，工程尽早开工。通过努力，承包商于签订中标函后8个月2004年7月19日获得了承包商所在国政府同意以卖方信贷方式执行工程的批文，并正式向业主提交了履约保函和预付款保函，至此，承包完成了合同中规定的程序手续。同样的，业主也应在相应合理的时间内完成他应完成的程序手续，并顺利开工。

然而，业主用了远远超出了合理的时间才获得业主所在国政府部门的批准，该项目直到承包商完成程序手续一年半后才正式开工。由此可推算，从工程合理开工日期算起，整整推后了18个月。显然，这种情况完全超出了承包商的控制，也是任何有经验的承包商在签署合同时无法预计的。

在工程开工延期的18个月里，执行该水电项目的成本包括人工、材料和设备价格都出现了普遍上涨，承包商被迫遭受了无法预见的额外成本。这些额外成本就是表12-2中所示的"应该执行期"（此期间内施工投入的价格较低）和"实际执行期"（此期间内施工投入的价格很高）之间施工投入之差。

（2）所有施工投入的成本和价格暴涨。

从签署水电项目合同协议书以来，执行工程的施工材料和其他投入的价格持续增长，而且还发生了暴涨。表12-3分为"合同签订时""合同生效时""最高"和"当前"等四个时段该项目现场主要材料和人工的价格统计。

表 12 - 2　　　　　　　　　工程开工延期的 18 个月施工投入对比表

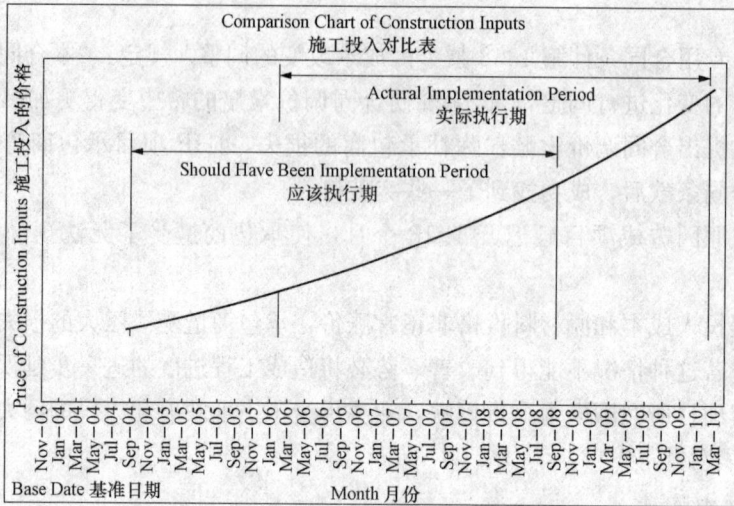

表 12 - 3　　　　　　　　　项目所在国人工、材料分时段统计表

序号	名称	单价	合同签订时价	合同生效时价	最高价	当前价
1	燃油	当地货币/L	22	37	80	80
2	钢筋	当地货币/t	30000	45000	90000	70000
3	水泥	当地货币/t	4000	5000	6600	7800
4	矿渣	当地货币/t	3600	4500	10400	10400
5	劳工	当地货币/M	2500	3000	7000	7000

显而易见，这些材料和人工成本在合同生效后及工程正式开工后的平均价格相较合同签订阶段而言，价格普遍出现了 2～3 倍的上涨。对这一情形是任何有经验的承包商在合同谈判和签约时不能合理预见的，也超出了承包商的控制，其结果是严重影响了承包商资金预算，造成承包商在执行合同过程中财务状况不断恶化，以致无法应对，最终影响工程进度。承包商从情理、合同和法理等多个方面提出索赔方案，要求业主认真考虑和决定对承包商进行补偿，以便将承包商从危机和延误工程进度的严重的财务困境中解脱出来，促使工程执行回到正常的轨道上来，最终实现业主和承包商双赢。

【调价模型】

1. 模型建立

经过与业主及其咨询公司的反复讨论、协商和谈判，最终双方同意采用调价公式法对合同价格进行调整。价格调整是一种对执行工程的成本输入如人工、材料和机具等的价格增加和减少进行应对的机制，此机制可平衡合同双方对完成工程的价格波动不可预知的风险。FIDIC 和其他组织为了国际金融机构提供资金工程的正常执行，通常采用调价公式来处理调价事宜。调价公式通常是按实际工程的单价分析和其他类似工程的实践来确定。

由于该水电项目是 EPC 项目，承包商的工作主要分为两部分，一部分是在工程所在国执行，主要是现场的建安工程；另一部分则是在承包商所在国执行，主要包括工程设计、设备采购等。鉴于此，承包商在建立合同调价模型时，就将原合同价格组成拆分当地支出和国外支出两部分，分别进行调价。

合同调价有两种情况，一种是对具体项目如钢筋、水泥、矿渣、油料、人工等单价分别进行调整，即当单价出现变化时，调整价差，进而达到合同总价调整的目的；另一种则是使用调价公式对每期完成的合同额进行调整，其关键就是确定调价因子，建立相应的公式。

总承包商作为水电承包商在项目所在国经营多年，成功执行过多项国际工程，这些项目在合同中都约定有相应的调价公式。考虑到业主会比较容易接受这种调价方式，因此，该项目合同调价索赔就采用其他类似国际工程的调价公式。

（1）确定当地支出的调价公式的调价因子直接引用类似国际成功调价因子如下：

$$LPAF_n = a + b \times L_n/L_0 + c \times F_n/F_0 + d \times C_n/C_0 + e \times S_n/S_0 + f \times E_n/E_0 + g \times M_n/M_0$$

式中
$LPAF_n$——当地支出的每月调价系数；

a——固定系数，表示当地支出中不可调部分，包括管理费、利润和税金等，通常取值 20%；

b——工程中劳工成本因子的权重百分比的系数，通常等于 10%；

c、d、e——工程中燃油、水泥和钢材成本因子的权重百分比的系数，在 JHP 项目中，这些系数分别按燃油、水泥和钢材投标总价占当地支出的比例计算，分别为 7%、5% 和 19%；

f——工程中承包商设备和机具成本因子的权重百分比的系数，数值 = 100% - 20% - 10% - 7% - 5% - 19% - 23%（参见下面一项的数值）= 16%；

g——工程中杂项材料成本因子的权重百分比的系数，本工程项目参考其他类似工程的实践，按 23% 计；

L_n、F_n、C_n、S_n、E_n 及 M_n——应用于每个成本因子的每月现行价格指数或参考价格，可在当地官方统计局发布的统计月报中找到；

L_0、F_0、C_0、S_0、E_0 和 M_0——对应于以上成本因子的基准价格指数或参考价格。

这样，可确定当地支出的调价公式因子如下：

$$LPAF_n = 0.20 + 0.10 \times L_n/L_0 + 0.07 \times F_n/F_0 + 0.05 \times C_n/C_0 + 0.19 \times S_n/S_0 + 0.16 \times E_n/E_0 + 0.23 \times M_n/M_0$$

（2）确定国外支出的调价公式的调价因子。

该水电项目国外支出主要是项目设计成本和机电设备采购支出，由于设计成本远远小于机电设备采购支出，故国外支出部分基本上由机电设备采购支出来主导。因机电设备的价格走向一般以工业品出厂价格指数来衡量，故国外支出的调价公式的调价因子建立如下：

$$FPAF_n = a + b \times MG_n/MG_0$$

式中　$FPAF_n$——国外支出的每年调价系数；

　　　　a——固定系数，表示国外支出中不可调部分，包括设计成本、管理费、利润和税金等，通常按20%计；

　　　　b——工程中工业品的权重百分比的系数，等于80%；

　　　MG_0——工业品在基准年的价格指数；

　　　MG_n——工业品在基准年后的每年价格指数，可从统计局官方网站上获取。

因此，国外支出的每年调价公式的调价因子最终确定如下：

$$FPAF_n = 0.20 + 0.80 \times MG_n/MG_0$$

2. 对调价公式的评审

业主咨询工程师是由业主聘用的5家咨询公司（4个当地公司，1个外国公司）组成的联营体。在收到承包商提交的该项目合同调价的原则和方法之后，业主咨询工程师完成了评审报告，报告中的审阅意见简要表述如下。

（1）调价的范围。承包商提交的工程调价的范围包括当地支出和国外支出两部分。咨询工程师原则上认可对当地支出进行调价，但是基于以下原因完全拒绝了对国外支出进行调价。

①承包商没有提供和供货商的采购合同来证明其机电设备的采购价格。

②一旦承包商与供货商签署了采购合同，机电设备的采购价格就被确定，承包商不会因为时间的流逝而遭受价格上涨造成的损失。

（2）调价的原则。承包商提交的国际工程调价的原则是在基准日期（签发中标函日）后的任何涨价都应考虑进行调价。咨询工程师基于以下原因，不完全同意承包商的观点。

①作为一个有经验的执行EPC/交钥匙合同的承包商，在签署合同时就应考虑承担基准日期后合同执行期内的正常价格上涨，也就是说任何与基准日期前4年相比的正常价格上涨，都应完全是承包商的风险和责任。

②只有与基准日期前4年相比，作为一个富有经验的承包商在签署合同时无法合理预见的非正常价格上涨，才可考虑进行调整。为便于理解，如图12-1、图12-2所示。

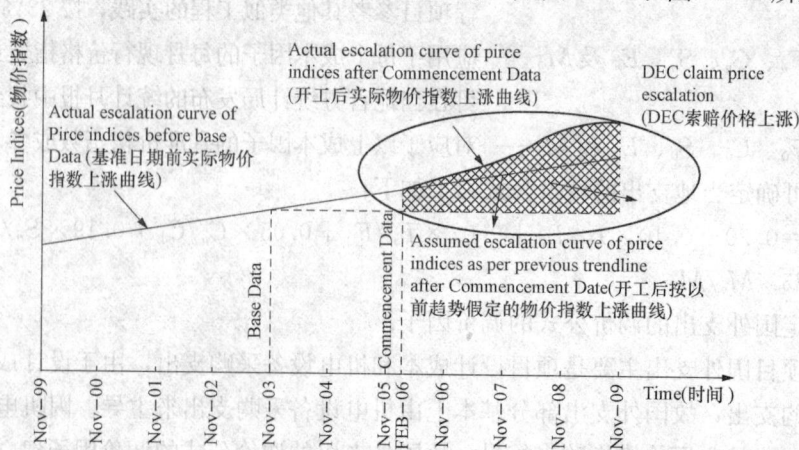

图12-1　与基准日期前4年相比的价格指数上涨区域图

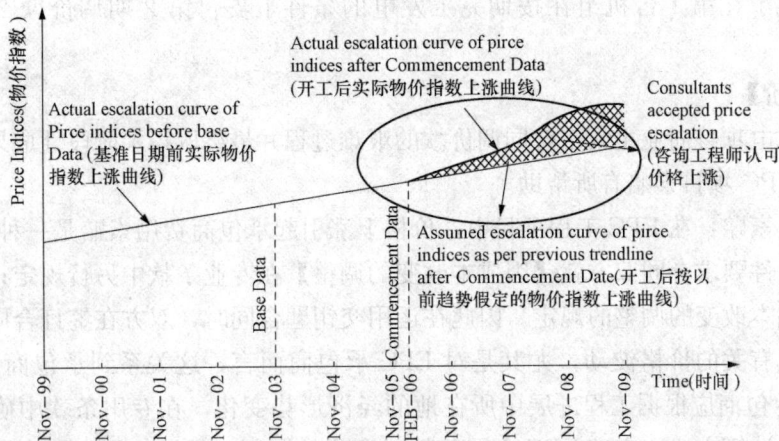

图 12-2 与基准日期前 4 年相比的价格指数非正常上涨区域图

③当地支出调价公式中固定系数的权重百分比。工程所在国的工程协会出版的"调价标准程序和公式"的规定，EPC 项目调价公式中的固定系数应为 30%。据此，业主咨询工程师将承包商标准的调价公式中的固定系数从 20% 调整到 30%。

【商务谈判】

为了敦促业主能早日支付工程调价款，承包商利用一切契机向业主和水电项目所在国各个层面做出积极、有效的反映，反复强调以下观点。

（1）承包商与业主自签署合同以来，由于工程投入成本和价格暴涨，这是任何富有经验的承包商在合同谈判和签约时不能合理预见的，导致承包商遭受了巨大的损失，并造成了工程进度的延误，如果不能得到妥善的处理，势必将造成工程进度的进一步延误。

（2）尽管工程有不少波折，业主和承包商必须接受各种各样的挑战和困难继续执行工程。合同双方具有充分的智慧和能力来克服这些挑战和困难，期望业主尽快支付调价款来解决承包商的财务困难，以便工程尽早完工。

（3）加快国际工程施工进度的唯一和最好的办法就是尽早支付调价款，这是无可争议的事实和毋庸置疑的信念，以便承包商和业主达到双赢局面，即不仅承包商能从造成延误工程进度的恶劣财务困境中解脱出来，而且业主将从早日发电中受益。

与此同时，承包商采取各种措施来加快工程施工进度，以实际行动让业主看到发电的希望。

该水电项目管理者和商务人员在寻找公式法调价要求的依据、确定调价公式、选定物价指数、细化单价分析、澄清业主方质疑等一系列重大原则问题上，倾心尽力，做了大量繁杂细致的工作，对索赔数据进行了多方案、跨时段的分析、计算，编制索赔报告，向业主提出了几千万美元的索赔。在承包商长期艰苦的努力下，业主最终决定和承包商就工程调价进行谈判。合同双方都及时成立了合同调价工作组，开始了正式的商务谈判。

双方分别举行第 1 次和第 2 次合同调价谈判会议，最终双方达成了支付第 1 期调价款 200 万美元的协议，随后业主将此款支付给承包商。不久举行了第 3 次的合同调价谈判会议，双方达成了在第 1 台机组在按期完工发电的条件下支付第 2 期调价款 250 万美元的协议。

【算例评价】

回顾该水电项目向业主索赔合同调价款的艰难过程并最终取得了阶段性成果，以下几点体会或许对 EPC 项目索赔有所帮助。

（1）积极索赔：在 EPC 工程项目中，价格上涨引起承包商费用索赔是一种常态。EPC/交钥匙合同条件要求合同双方就【因成本改变的调整】在专业条款中另行规定；新黄皮书则做出可以因成本改变的调整的规定。因此在运用交钥匙合同时，双方在签订合同时，都必须考虑到与工程有关的价格波动，尤其是对 EPC 承包商而言，这关系到承包商的经营效益。为此，EPC 承包商应根据工程进展中所在地的经济形势变化，在专用条款中确定价格上涨时价格调整的计算方法，突破 EPC 合同条款对调价的限制，积极运用专用合同条件中的价格调整的条款，及时对业主进行价格调整索赔。

（2）制定好策略：如果 EPC 专业合同条款中做出"本合同价格将不因工程任何投入成本的变化进行调整"的规定，则对承包商因成本上涨而提出费用索赔将造成很大的困难。但是主要运用好索赔策略，也不是完全不可以进行调整的。本案例就是最好的例证。

（3）勇于索赔：承包商不主动提出并坚持索赔，业主是绝不会主动对承包商进行任何性质或者形式的补偿的。所以承包商要有信心和恒心，坚持不懈地以合同为依据向业主提出合情合理的索赔。而只要有一线希望，承包商就应尽百倍的努力来争取索赔。

（4）善于索赔：其实，FIDIC 标准合同范本中有很多条款或明确或隐含的赋予了承包商索赔的权力，在执行项目的过程中，根据自身的经验积极捕捉任何索赔机会，以信函或者其他书面形式做好索赔记录，并随时注意收集索赔的支撑资料。不仅如此，还要建立适当的调价机制，并确定各种系数。

（5）努力完工：承包商不仅应在各种场合利用各种机会，有礼有节有据地表达要求业主对 EPC/交钥匙合同进行调价，而且应采取各种有效的措施来加快工程施工，让业主看到能够发电的曙光，这样他才有心思去关注承包商的索赔。

（6）合作双赢：承包商通过调价可改善项目的财务状况；而业主将从尽早发电中受益。业主不是慈善家，要说服业主有舍才有得，让他认识到合作可以共赢。巴基斯坦真纳水电项目合同调价索赔的成功，是大家的共同努力所赢得的，这是具有里程碑意义的成果。

12.2 工程变更费用索赔案例

12.2.1 设计优化费用索赔案例

【摘要】

在 EPC 合同实施过程中，承包商对业主提供的初步设计图纸提出了优化方案，优化方案经过业主的批准。结算时业主主张按照变更处理，删减工程量对原费用核减，而承包商不同意，认为优化后的方案为业主节约了成本，不应该减扣合同价款。

【索赔背景】

中方某石油气管道局作为总承包商承包了某石油工程开发项目，业主采用的是国际上近年来流行的"设计、采购、施工"总承包模式即 EPC 合同模式。在这种模式下，EPC 总承包商必须按合同完成相关设计工作，而且要负责工程的采购和施工。

【索赔事件】

在本工程实施过程中，业主在招标之前负责部分设计工作，其设计深度也因项目不同而有所差异。在本项目中，业主给出的设计深度只是介于概念设计与基础设计之间，总承包商需要完善基础设计以及完成详细设计。在总承包商的设计过程中，总承包商设计部门对业主原来的设计提出了优化建议书，通过重新选择管线线路而将原来的管线长度减少了 40km。

业主在得到总承包商此设计优化不影响工程的原定各项技术指标的保证后，以变更的形式批准了总承包商优化建议书并提出按合同规定的变更处理，即根据删减的工程量来减扣合同价款。总承包商不同意，并坚持认为，此项设计变更不影响原工程的各类技术指标，并且有助于工程按时甚至提前完工，应该按照合同标明的"固定合同价"不应该减费用，而且按照国际惯例，总承包商提出设计优化给项目带来的利益应由合同双方分享，而不能由业主一方单独享有，业主只能根据删减的工程量扣除一定比例的款项。

【索赔结果】

经双方协商，参考国际工程通用的做法，本项目业主和总承包商最终按照优化设计节约投资的 40％比例与 EPC 承包商达成协议，双方都从设计优化中得到利益。

【案例启示】

（1）设计是 EPC 项目的龙头，设计工作的好坏直接关系到 EPC 总承包商的项目效益。EPC 总承包商在设计中对业主提供的初步设计进行优化，体现了 EPC 总承包商的技术力量，在本项目中，EPC 总承包商认为既然合同为"固定总合同价"即使减少了工作量，也应该拿到原合同额。EPC 总承包商的这种认识，其实是对"固定总合同价"概念的误解。

所谓"固定总合同价"，一般是指在合同涉及所有条件不变的情况下，合同价格不变，但不是绝对的。若根据合同实施变更，其合同价格也应该做相应调整（增加或减少）。即使本标题为"固定总合同价"也并不意味着合同价格的"绝对不变"。

（2）本项目在 EPC 合同中没有明确规定总承包商的设计优化带来何种好处，在工程结算时应如何调整，所以造成在工程结算时双方产生分歧。为此，当事双方在签订合同时，必须双方予以明确，避免类似纠纷发生。

（3）在国际惯例中，为了避免出现此类误解，在国际工程标准合同范本中，如 FIDIC 合同条件下，无论是"总价合同"或是"单价合同"，在合同条件中都有类似"标题和旁注"，构成合同解释的内容。另外还有一个"价值工程"条款就是规定设计优化的，并规定了相关的处理方法。

（4）业主和总承包商对于整个项目是战略伙伴关系，优化设计节约的利益应有业主和总承包商共同分享，以此作为实施优化的前提。在 EPC 项目招标和合同谈判时，应借鉴国际工程做法，充分考虑如何从设计优化中获取最大利益。对于设计优化带来的利益分配问题，EPC 总承包商在合同谈判中就应该提出，并在合同中明确利益分配的具体方式，使合同双方都能达到双赢的目的。

12.2.2 现场地质条件变化费用索赔案例

【摘要】

在国际工程中，现场条件的变化是影响工程费用和工期的一个重要原因，也是引起索赔甚至工程争端的最频繁的因素。本案例通过输油管线系统建设实践，对 EPC 条件下的现场条件的变化索赔的可能性进行了探讨，并提出了建议。

【索赔背景】

某石油管线系统工程是境外某国联合投资组建的，业主为一石油营运公司，中方某石油气管道公司局作为该项目的总承包商，承担了该项目的整个输油管线系统的建设。该项目为 EPC 合同，总承包商负责工程的设计、采购和施工工作。

【索赔事件】

管沟开挖是本项目一项主要的工作。按照合同规定，管道应埋入地表 1.5m 下。总承包商在管沟开挖中遇到了大量的石方段，与合同中"工作范围"描述的管线地质情况严重不符。总承包商在其技术标和商务标中报价的石方段只有 70km，而实际开挖过程中碰到的石方段多达 600km 以上。因此，总承包商向业主提出了索赔。业主在收到初步索赔报告后，出于反索赔策略方面的原因，答复将对总承包商的索赔报告进行研究。当工程进入收尾阶段时，业主致函总承包商，不同意索赔。主要理由是：本合同条件有关规定："业主在合同文件中给出任何数据和信息仅仅供承包商参考，业主不负责承包商依据此类数据得出的结论的正确性……""对现场条件的不了解不解除承包商的履约义务也不能作为承包商的索赔依据"。

在总承包商提出索赔后，就针对业主方可能提出的拒绝索赔的理由，进行了充分的准备，组织相关索赔专家一起，并咨询了当地的律师意见，商定了索赔方案，并从法律与合同角度对索赔权的成立进行了详细的论证，对业主观点给予反驳。

（1）承包商投标阶段依据招标文件的规定以及相关信息，对施工现场进行了充分的了解，但"充分了解"应被认为是"在客观条件允许的情况下所进行的切实可行的了解"，而不是对现场的任何情况都了解。因为投标时总承包商只能通过两种方式了解现场：一是招标文件，二是现场考察。业主的招标文件对管线现场的描述为"只在红海山区有大约 10km 的岩石区，需要爆破作业"。通过投标阶段的现场考察，在投标书中的工作范围中，提出本投标报价是以石方段为 70km 为基础进行报价的，施工发现的大量石方段均属于"浅表层为土，实际为石方"的情况，是总承包商在投标阶段无法预见的。因此，超越此工作范围的内容应为"额外工作"。

（2）任何合同语言必须运用其所适用法律进行理解。本合同的适用法律为工程施工所在地的法律。该国的民法典规定："若由于不可预见的情况，使合同工作的实施变得繁重……，并当工作量超过原来的 2/3 时，可以考虑将合同义务修改到合理的程度……，任何与本规定有矛盾的合同条款，应予以取消。"本合同所遇到的情况符合适用法律的规定。因此，业主引用合同条件款规定拒绝总承包商的索赔是不成立的。

【索赔结果】

经过合同双方反复信函来往和谈判，总承包商列举了大量的事实以及相关案例，来证明承包商索赔的合理性。最终使得业主感到，若将此索赔提交仲裁，其获胜的希望不大。在总承包商也做出让步的情况下，同意给予总承包商合理的补偿，总承包商的索赔取得了成功。

【索赔体会】

（1）由于本项目 EPC 设计范围与国外 EPC 项目不同造成初步设计与施工图设计发生变更。EPC 在投标前没有认真研究招标文件，进行现场考察，充分了解当地地形地质，外界条件影响情况。

（2）本项目招标文件中没有对"不可预见外界条件"进行必要的阐述来排除承包商索赔的可能。在国际工程中，因 FIDIC 编制的合同条件文本质量高，处理问题公正、而且在全球范围的工程市场被广泛采用。其中 FIDIC 施工合同条件的第 4.12 款【不可预见的外界条件】是业主和总承包商索赔反索赔的所依据的，最频繁使用的条款。最终业主同意按照变更对 EPC 的地质条件变化发生的费用，给予合理补偿。

（3）为便于今后 EPC 项目对此类问题的索赔，总承包商可借鉴 FIDIC 编制的新红皮书第 4.12 款【不可预见的外界条件】，第 4.12 款打破了合同双方风险的不平衡。

但是一般的 EPC 合同则基本排除了总承包商索赔的可能性，除非合同另有约定。EPC 项目的业主认为，EPC 总承包商在投标报价阶段已经取得对工程可能产生影响的有关风险、意外事件以及其他情况的必要资料，因此，EPC 项目业主对 EPC 总承包商未预见到的任何困难和费用不予考虑。

如果 EPC 承包商在一定程度上遇到了不可预见的外界条件，且因此而遭受了延误和/或导致了费用的增加，EPC 总承包商应该是有权依据合同第 20.1 款【承包商的索赔】，向业主要求工期和费用索赔的，但是在最终商定或确定给予增加费用前，业主还可以审查工程类似部分的其他物质条件，是否比承包商提交投标书时能合理预见的更为有利。如果能达到预见这些更为有利条件的程度，业主还可以提出费用的反索赔。因此，风险不再是一个负面概念，在某些情况下，风险可能是积极的和正面的。

（4）从索赔策略上讲，总承包商当时考虑提出索赔的时既不能太早，又不能违反合同的索赔通知程序。若总承包商提出石方段索赔太早，不利于业主现场监理人员对石方段开挖工作的认证，特别是对于土石混合地段。后面的索赔过程印证了这一点。但若总承包商不按合同要求发出索赔通知，就会失去索赔权。而业主在答复总承包商的索赔中也采取了一定的反索赔策略，不急于给出承包商一个明确的拒绝，因为当时工程实施正处于一个紧张阶段，明确的拒绝可能降低总承包商快速施工的积极性，以致影响工程进度。

因此，业主方利用合同没有明确规定答复承包商索赔的期限这一有利条件，拖延答复，从而加大总承包商的索赔难度。在国际工程合同中对于总承包商的索赔通知期限一般都有明确规定，但很多情况下，对于业主方答复索赔的时间并没有明确的限制。因此，在前期的合同签订中，总承包商应争取在合同写入要求业主对每次索赔的答复时间，以免在索赔中限于被动。具体可以参照 FIDIC1999 年新版合同第 20 条的相关规定，即业主工程师必须在收到总承包商的索赔报告后的 28d 内给出答复。

（5）本例索赔一个重要的经验是：总承包商在国际工程中碰到影响较大的索赔时，应善于利用外部合同专家与律师的专业意见，这有助于进行正确的索赔决策，事半功倍的索赔效果。

12.2.3　地基处理方式改变费用索赔案例

【摘要】

本案例对目前 EPC 合同设计条款引起的地基处理变化索赔的原因进行了简要分析。与此同时，提出了解决问题的方法。

【索赔背景】

某石油开发项目是由多家国际投资公司在项目所在国联合投资组建的，业主为一石油营运公司，中方石油管道集团为总承包商，承担了该项目的整个输油管线系统的建设，本案采用的是 PMT＋PMC＋EPC 管理模式。PMT 是业主自行组建的管理机构，授权决定项目的重大和关键问题，他通过 PM 中的项目管理承包商（PMC）来实现对项目管理的目的。项目管理承包商 PMC 代表 PMT 对项目实行全过程、全方位的项目管理，是 PMT 的延伸，就项目的全过程的总体规划和计划的执行对 PMT 负责，PMC 与 PMT 的目标和利益保持一致。承包商 EPC 在 PMC 的监督管理下负责工程项目的设计、采购、施工安装全过程的总承包，以及项目建成后的试运行服务。

【索赔事件】

本项目招标时，PMT、PMC 提供给 EPC 投标商的初步设计资料中，对占场地基描述为"根据现场调研，沿线各站如位于盐渍土或湿陷性黄土地区，……亦可采用夯实法处理"，但 EPC 在施工图设计时发现，占场附近民房较多且距离较近，考虑今后施工干扰和赔偿影响，提出地基处理变更为 CFG 桩，并提出增加费用。PMT、PMC 同意了变更，但驳回增加费用申请。总承包商不同意，并认为既然 PMT 同意变更，就应该按照招标文件中规定的"按与 PMT 协商价格支付"。此案例产生索赔原因分析如下。

（1）由于本项目 EPC 设计范围与国外 EPC 项目不同，造成初步设计与施工图设计发生变更。EPC 承包商在投标前没有认真研究招标文件，进行现场考察，充分了解当地地形地质，外界条件影响情况。

（2）本项目招标文件中没有对"不可预见外界条件"进行必要的阐述来排除承包商索赔的可能。在国际工程中，因 FIDIC 编制的合同条件文本质量高，处理问题公正、而且在全球范围的工程市场被广泛采用。其中 FIDIC 施工合同条件的第 4.12 款【不可预见的外界条件】是业主和承包商索赔与反索赔的所依据的，最频繁使用的条款。

【索赔结果】

双方经过多次协商，最终，本案例业主参考国际惯例的做法，同意按照变更对 EPC 的 CFG 基桩处理，并对其费用进行调整，但扣除原投标文件中强夯地基处理和相关影响的费用。

【案例启示】

（1）为便于今后 EPC 项目对此类问题的索赔，可借鉴 FIDIC 编制的新红皮书第 4.12 款【不可预见的外界条件】，打破合同双方风险的平衡。但是 EPC 合同则基本排除了承包商索赔的可能性，除非合同另有约定。EPC 项目的业主认为，EPC 承包商在投标报价阶段已经取得对工程可能产生影响的有关风险、意外事件以及其他情况的必要资料。

因此，EPC项目业主对EPC承包商未预见到的任何困难和费用不予考虑。如果EPC承包商在一定程度上遇到了不可预见的外界条件，且因此而遭受了延误和/或导致了费用的增加，EPC承包商应该是有权依据合同第20.1款【承包商的索赔】，向业主要求工期和费用索赔。但是在最终商定或确定给予增加费用前，业主还可以审查工程类似部分的其他物质条件，是否比承包商提交标书时能合理预见的更为有利。如果能够达到预见这些更为有利的条件的程度，业主还可以提出反索赔。

（2）通过PMT＋PMC＋EPC工程项目管理模式，可以解决涉及采购、施工、试运行整个环节中存在的突出矛盾，是工程项目获得优质、高效、低成本、低风险的效果。PMT＋PMC＋EPC工程项目管理模式中，合同条款的签订还存在许多不足，需要从事工程管理人员、工程造价和合同管理人员加强学习，为以后PMT＋PMC＋EPC工程招标和合同谈判进行充足的储备。

12.2.4 桩量大幅增加等费用索赔案例

【摘要】

本案例对在国际EPC项目中，桩基量大幅增加、设计变更、延误试验事件，承包商对上述事件索赔的处理过程进行了介绍，为同行在处理此类似索赔事件时，提供了有益的经验。

【案例背景】

中方某公司承接了一个境外某国际EPC项目作为总承包商，其工作范围包括一条工业生产线及余热发电站的设计、采购、施工和竣工试验（包括试运行和性能考核）。该项目是该公司在本地区开发的第一个上亿美金的工业EPC总承包项目。由于在EPC总承包领域的经验相对缺乏，因此，管理层决定引入与该公司具有长期合作关系的某国际律师事务所（国际律师）作为牵头顾问机构，来帮助公司提升项目风险管理，特别是索赔管理能力。

在合同订立阶段，国际律师即开始工作，主要任务是以合同草稿为基础进行重大风险分析，起草合同修改建议，降低风险措施并帮助进行合同谈判。尽管律师在该阶段的风险管理和价值创造功能是否得以充分发挥，在很大程度上取决于承包商自身的商业地位和谈判力，但实践证明，律师在该阶段的介入，有利于承包商更全面地把握项目风险的特征，有利于总承包商提高谈判能力，有利于更有效地实现风险的事前控制，本案例选取桩基数量大幅增加等三个典型索赔事件进行简要介绍。

【桩量大幅增加事件的处理】

总承包商负责桩的设计，但设计桩的预计数量（约3887根）大幅超过工程量清单中列明的预估数量。这不仅将对工期造成实质性影响（预计延误约4个月），而且由于当地水泥价格大幅上涨100%，直接成本也受到很大影响。对此，工程师不仅在一次工作会议上明确拒绝考虑提高单价和延长工期，而且还进一步要求承包商就已经延误的进度提交赶工计划（当期导致进度延误的各种原因主要属于承包商风险）。

因地下工程量大幅增加而导致项目进度严重延误和成本巨额亏损的情形，是承包商在EPC合同中的典型高风险之一。由于此类风险往往出现在项目实施前期，如果承包商不能采取有效的索赔措施，不仅会导致项目在初期就笼罩在亏损的阴影下，而且会对项目管理团队的士气和信心构成负面影响，进而形成恶性循环。中国承包商的通常结局要么是被迫投入巨额成本赶工，要么是向业主支付高额误期损害赔偿，甚至保函被没收，合同被解除。

为此，总承包商并没有重蹈其他中国承包商的覆辙，而是按国际工程游戏规则办事，采取了一系列有效的索赔措施。首先，总承包商在律师的帮助下，制定了分步骤实施的索赔策略，其核心是在工程师之前已明确删除 FIDIC 合同的有利于承包商的相关条款的条件下，如何论证工程量大幅增加已经构成变更——这是索赔工期和费用的出发点和成功关键。其次，总承包商在律师的帮助下选聘了一家在国际工程索赔领域享有盛誉的咨询公司，用国际通行的计算方法和模型实施进度分析和成本测算。最后，在律师和咨询公司的协作之下，形成一份翔实充分的索赔报告。

面对这样一份具有国际一流水准的索赔，工程师无法形成有效反驳，因而帮助总承包商成功扭转了被动局面，逐渐取得了博弈的主动权，并最终在六个月后取得了工期顺延 115 天，费用追加 1000 多万美元的索赔成果。

【设计变更事件的处理】

合同约定厂区道路设计与施工在承包商工作范围内，仅在工程量清单某子项中描述道路做法为"Two coat surface dressing"。对此，总承包商认为只需要采用水泥与河沙红土即满足合同要求，而工程师坚持认为"Two coat surface dressing"属于专业术语，应使用沥青。双方争执不下，总承包商转而寻求律师的顾问支持。律师经过分析，认为这实质是一个有关 EPC 承包商设计责任的合同解释问题，需要法律和技术专家配合完成。鉴此，律师通过其强大的专业资源和数据库，协助总承包商选聘了一位在热带道路设计领域拥有国际领先业绩的技术专家。该技术专家在独立分析报告中，以扎实的论据和相关判例证明"Two coat surface dressing"并非具有国际通用含义的专业术语。据此，律师为总承包商起草了一份法律意见书，其要点如下："合同中关于道路设计并没有具体规范，而工程量清单中的"Two coat surface dressing"也没有定义。独立专家报告表明，"Two coat surface dressing"并无国际通用含义，该公司作为 EPC 总承包商，在此条件下应有设计选择权。现有设计方案既满足合同目的（该道路没有特殊功能要求），也是安全可靠的，而且不违背东道国强制性法律，因此是符合合同约定的。如果工程师坚持沥青方案，则应按工程变更处理。"在这样一份论据充分、论证严密的法律意见书面前，工程师很快放弃了此前坚持的主张。总承包商成功避免了一笔较大金额的额外费用损失。

【试验延误事件的处理】

在工业 EPC 项目中，当项目试运行阶段开始以后，由于业主已经实质性占有工程，总承包商的博弈力往往会大幅下降。同时，由于往往涉及较为复杂的技术和工艺问题，因此双方责任不易划分，因此总承包商会更加被动。这样一来，如果总承包商不能顺利通过竣工试验和接收，将会面临较大的误期赔偿和性能赔偿风险——这在传统施工承包项目中通常是不明显的。因此，EPC 总承包商在竣工试验阶段的索赔管理，既是重点也是难点。

在本项目竣工试验阶段，由于工程未能在合同规定的竣工时间内通过连续 72 小时性能试验，工程师向总承包商发出索赔通知，要求总承包商支付总额约为 550 万美元误期赔偿金。为此，总承包商面临的主要矛盾和工作目标，是如何通过工期索赔来避免承担高额误期赔偿金，其核心内容则是如何有效主张竣工试验，未通过的原因主要是由业主造成的。

【索赔体会】

对于初涉境外 EPC 工程项目的承包商来说，由于缺乏经验，对项目所在国的法律环境不是很熟悉，往往给索赔带来困难，如何解决这一问题，本案承包商提供了很好的经验，邀请国外法律专家，协助承包商工作，不失为一个很好的选择。尽管通过借助国外法律专家进行项目索赔管理需要花费一定的成本，但这与总承包公司通过这一举措所取得的综合效益相比，总承包商管理层认为这是一笔相当划算的投资。

12.2.5 不良地质条件费用索赔案例

【摘要】

这是一起由于总承包商对于 EPC 项目投标前未能详勘而引发规划设计与施工现场具体情况差异很大，总承包商利用不可预见的不良地质条件有关条款，成功索赔的经验，同时对于其他原因引发的变更事件索赔处理的过程也做了详细的介绍。

【案例背景】

境外某电信工程项目是中方公司在该国中标的框架合同，金额为 6400 万美元的 EPC/交钥匙工程，共包括有 165 个 BTS 基站和一个中心机房的建设，工作内容为：网络规划设计和站点土建设计、设备和物料的采购和供应、土建工程和电信设备安装工程的实施、网络优化和调测，最终交付业主商用。工程内容既有土建工程如中心机房土建装修、基站铁塔建设、方舱和油机的安装等，也有电信设备的安装调测如 MSC、BTS 以及微波等的主设备提供安装等。施工范围分布在该国经济较发达的 5 个州。

【索赔事件】

由于前期投标时，总承包商没有进行详勘，站点选点等工作，电网规划设计与现实中的具体情况差异很大，再加上单纯地追求低价，且时间仓促，导致合同 BOQ 的 TK 部分极其粗糙，存在很多问题，具体列举如下。

（1）中心机房现实情况和原 BOQ 几乎完全不同，远远超过原 BOQ 报价（2 台油机由 250kVA 变为 500kVA，精密空调数量和制冷量都变大，机房装修面积由 150m² 变为 250m²，等等）。

（2）BOQ 中所报的铁塔全部是 40m，后来经勘察后中心机房高度为 70m，由于国内采购铁塔生产和运输周期长，特别是中心机房，业主却要求 10 月中旬完成其所有的土建，铁塔安装，主设备安装调试工作，总承包商考虑在征得业主的同意后，本地采购一批铁塔。

（3）新 BOQ 中的站点模型由以前的 5 个增加到 9 个，各种类型的塔高都有增加，相应地必须加大铁塔基础，扩大站点面积。

（4）由于其中一个州区域地质条件复杂，大部分站点所在地的土壤为回填土，地下水位高，地质条件差，承载能力基本都达不到老土持力层独立基础或"筏板"基础的要求（最小 50kPa），必须进行桩基础施工来加固铁塔基础，施工难度加大，费用大增，但是在原 BOQ 里，根本没有对铁塔基础报打桩费用，而经过设计院人员详勘后，更加证实了大部分站点需要桩基础的必要性。

（5）站点面积的扩大意味着铁栅栏围墙也得随之加大，原 BOQ 所报的围墙尺寸不能满足实际的需要。

【索赔过程】

由于以上原因，实际的土建工程实施造价高出原投标价300万～400万美元。如果后期工程实施不能够成功地向业主提出变更索赔的话，将导致总承包商企业的巨大利润损失。而该片区的业主经理认为，该项目的合同商务已经很好，合同价格完全可以涵盖变更费用，而且以上问题都属于总承包商的投标失误造成，向业主提出变更索赔似乎于理不合。

总承包商经过主合同分析，发现主合同的内容大部分涉及的是主设备的销售、安装和维护，对于TK部分提及甚少，有关土建服务的内容几乎没有涉及，很多条款含混不清，合同没有明确，是单价合同还是总价合同，在主合同中对变更没有任何明确说明，这些使得后期很难向业主提出变更，并且变更内容和价格争议很大。

为了避免损失，项目组从主合同、技术方案、合同价格、文档管理方面加强管理与分析，及时与业主澄清主合同类型，引导业主同意将主合同定义为可调总价合同，为变更索赔的提出创造了法理基础，同时将变更价格定义为分包合同价格基础上加上10％项目管理费的形式，并且征得了业主的认可。

对于上述（1）、（2）、（3）、（5）情况，总承包商经过分析，发现主要是原报价BOQ由于没有经过详勘而与项目实际现场情况不符，如果按照实际条件实施项目就超出了项目的工作范围（SOW），超出部分应该按照变更处理。总承包商引用了FIDIC合同的第13.1款【变更权】，给永久工程增加的任何必需工作，包括生产设备、材料和服务以及有关的竣工试验，钻孔和其他试验和勘探工作可以变更。通过耐心和业主沟通，解释说明，成功引导业主认可上述事项按变更处理。

对于上述（4）情况，由于原BOQ没有相关铁塔地基桩基础施工的报价，而按照现场三个州的地质条件，估计大约会有80％的站点需要打桩，每个站点打桩成本按3万美元计算达到270万美元，对公司来说将会是一笔巨大的费用损失。针对这种情况，总承包商分析FIDIC合同的第4.12款【不可预见的外部条件】："本款中的外部条件为承包商在现场施工时遇到的自然物质条件和人为的及其他物质障碍和污染物，包括地下和水文条件，但不包括气候条件。"

总承包商认为，该种情况属于不良地质条件，应该界定为总承包商不能预见现场地表以下的条件，属于总承包商可以向业主索赔范畴，索赔的内容包括工期和费用。通过和业主沟通，解释FIDIC合同为国际惯例，最终成功说服业主同意此项索赔事项。

【索赔结果】

本案项目组先后向业主提出了5份变更申请，总金额约为185万美元。总承包商在管理中主要做到在项目管理方面做到精化管理、及时做好文档记录，及时向业主提出变更索赔需求，并要求业主现场签署变更文档，使该项目的工程变更为土建工程挽回了经济损失。5件索赔事件如下。

（1）根据"规网"的情况，在完成无线网规划和TK网规划的全面设计和报价后，总承包商完成了公司内部的合同更改，由于投标时总承包商没有进行详勘，最初的TK设计方案中，主要用到了40m和50m的轻、重型铁塔，但项目启动详勘后，在网络规划设计上做了一些改动，主要是铁塔在原有的塔型上增加了 60m、70m、45m 的轻、重型塔，方仓和FENCE 的规格尺寸也随之增大。为了及时地记录此项变更信息，总承包商的主要成员与业主方的项目经理进行了澄清，并提交变更申请，书面说明了由这些变化带来的相关费用由业主承担，从业主处拿到了 49.82 万美元（未含税）的变更。

（2）由于国内采购铁塔周期长，不能满足项目一期某区域工程的需求，特别是中心机房，业主要求提前完成其所有的土建，铁塔安装，主设备安装调试工作，项目组经考虑后决定本地采购中心机房一座 70m 重型塔和 6 个样板点共 6 座 45m 轻型塔，以满足工期的需要。在业主书面同意的情况下，总承包商向业主提出了第二次有关本地铁塔采购的变更，赢得了11.3 万美元（未含税）的变更款。

（3）中心机房开工时，铁塔部分土建安装工作正式展开，由于中心机房位于一个海岛，该区域地质条件复杂，土壤条件未达到正常开挖的要求，必须进行打桩来加固铁塔基础，施工难度加大，为此，总承包商请业主方的项目经理亲自去现场证实，得到了他们的充分信任。在此基础上，总承包商准确地记录了该项变更事实，对于新增的打桩和由铁塔基础扩大引起的费用提出了第三次变更，业主在较短的时间内给予了肯定的回复，并同意相应增加该部分变更所附加的项目管理费，变更金额为 8.62 万美元（含税）。

（4）在中心机房装修一个半月后，总承包商根据分包商已经完成的情况和图纸设计，对整个装修工作量进行了精确的核算。这与早前报价中的价格差异很大。不过，总承包项目组在开工前就与他们交谈有关中心机房变更事宜，同时，业主方的项目经理经常去站点督察，因此他们对现场的施工情况和装修的复杂性有着全面的了解。在各方面信息全面收集，并与业主方的责任矩阵清楚界定后，总承包商向业主提出了第四份变更需求，变更金额达到67.45 万美元（含税）。

（5）通过设计院勘察人员现场勘察后提供的图纸和图片，电网规划经理发现原 BOQ 中的站点面积不能满足实际情况的需要。为此，总承包项目组内部召开讨论会，对各区域的BSC 和 BTS 站的设计图纸进行了合理性的分析。会上，总承包项目成员间达成充分的共识，原有的站点面积需要被修改，铁栅栏和挡土墙必须做相应地扩大和增高，另外，站点门口的斜坡可先在设计图纸上规划出来，是否作为必要选项，由总承包商征求业主同意后再做决定。次日，业主应总承包商邀请参加了关于站点设计变更的会议，总承包商把此项变更的合理性进行了详细的阐述，并将变更需求提交给了业主的项目经理。收到变更申请两天后，客户方代表口头答应了这次由于站点面积扩大引起的相关变更，并答应本月内给予书面答复。此项变更金额达 44 万美元（含项目管理费和增值税）。

【案例启示】

（1）投标前承包商对现场进行详细的勘察，是保证设计符合实际的重要步骤。本案承包商未能在投标前对该项目进行详细勘察，引发项目设计与实际存在很多问题，是承包商增加了成本，这一教训是值得承包商吸取的。EPC 合同对于设计义务一般要求条款明确规定，业主对设计标准和计算的正确性不负责任，这就更显得现场勘察的重要性。

（2）本案合同属于缺陷合同，尤其是土建服务部分的条款存在模糊不清的情况，但总承包商在项目管理方面做到精化管理、及时做好文档记录，寻找索赔突破口，及时向业主提出变更索赔需求，并要求业主现场签署变更文档，使该项目的工程变更为土建工程挽回了经济损失。为类似非正常合同状态下，承包商实施费用索赔提供了经验。

12.2.6　设计变更等费用索赔案例

【摘要】

结合海外某铁路项目索赔的实践，介绍了设计变更等原因引发的索赔经验体会，包括如何进行海外项目索赔时机的选择、对合同文件的理解、开展合同谈判等方面，可为我国在国外参与建设的公司提供参考借鉴。

【索赔背景】

从境外某国铁路工程实践中发现，项目所在国市场铁路项目一般为设计采购施工 EPC 总承包和 DB 总承包。这些项目都是用了该国国家铁路投资局发布的铁路工程标准合同，该合同条款与国际通用的 FIDIC 制定的 EPC 合同有一定的区别，尤其是缺乏对承包商利益的保护。在技术方面，该国在铁路工程方面一般采用欧洲标准和法国标准。由于国内标准差异较大，中方总承包商一般不能很快地适应（尤其是设计方面）。同时，这些项目都会邀请欧洲监理公司（法国、德国等）实施监理，他们对设计和施工的要求都非常严格，任何问题都是根据合同、按照程序来处理。这种总承包项目对合同管理，尤其是索赔管理的水平要求都很高，索赔是否得当，会直接影响到项目的盈利。根据本案例索赔实践，对搞好索赔管理工作有以下几点体会。

【索赔体会】

1. 索赔意识

做好索赔管理工作的前提是转变观念。许多人一听到索赔两个字，很容易联想到争议的仲裁、诉讼或者双方激烈的对抗，因此，往往认为应当尽可能避免索赔，担心因为索赔而影响双方的合作或感情。索赔实质上是一种正当的权利或要求，是合情、合理、合法的行为，它是在正确履行合同的基础上争取合理的偿付，不是无中生有、无力争利。索赔同守约、合作并不矛盾，索赔本身就是市场经济中合作的一部分，只要是符合有关规定、合法的或符合有关惯例的，就可以合情合理地、主动地向对方索赔。在从事国际工程承包的实践中，作为一个总承包商，如果在应该索赔的时候不进行索赔，默默地承担着损失或亏损，无论总承包商是由于对索赔缺乏信心，或是怕搞坏了同业主的关系，都得不到好的印象。精明的业主即使省了钱，还会认为是总承包商不懂工程承包知识，认为其管理水平太低。

2. 把握索赔时机

国际工程总承包的实践证明，总承包商的索赔要及早提出，并尽快解决。否则，合理额索赔要求一拖再拖，一旦工程建成，索赔就要落空。一般来说，发现索赔可能发生阶段，从投标时就开始了，可以延续至工程建设完成一半时为止。晚于这个时间的索赔，往往会拖到工程建成后也得不到解决。在工程建成 1/4～3/4 时段内，是解决索赔问题的最佳时机，大量的索赔事件应该争取在这一时间段解决。整个工程的索赔谈判和解决阶段应在全部工程完工以前，不宜拖延。最理想的是在竣工日的前夕解决一切索赔争端。这一宏观的索赔安排如图 12-3 所示。

本案铁路项目合同通用条款的实效性与 FIDLC 条款规定不同，"承包商必须在觉察或已

投标

100%（建成）

80%

60%

40%

20%

1/4 1/2 3/4

工程全部建成 合同完成

时间 T

0发现索赔

索赔论证

报告及证据

施工准备 谈判解决

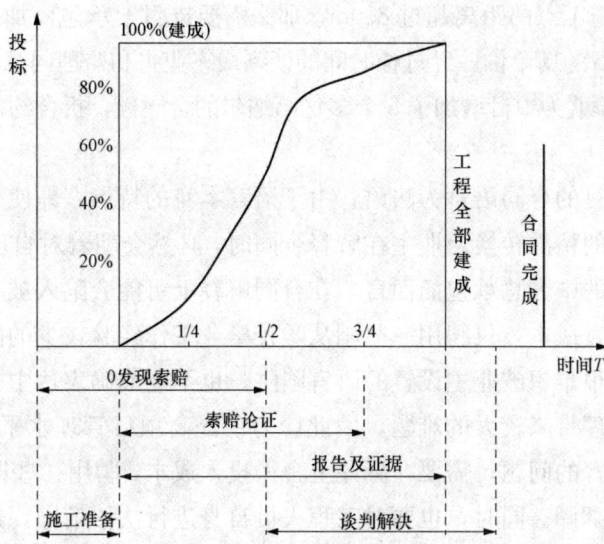

图 12-3　索赔与施工进度相结合示意图

经觉察该事件或情况后的 28d 内向工程师发出通知"，为此，承包商不注意索赔时限吃了不少亏。例如，在 67km 铁路复线项目中，在施工过程中经历了几次业主直接提出变更，如业主决定将设计时速 120km/h 提速至 160km/h，业主正式来函宣布由使用 RSSL 型轨枕改为使用 VAXU31 型轨枕等，这种变更或多或少的给总承包商造成损失，在这些改变更发生后，总承包商都向业主提交了将来要索赔的提醒函，但由于种种原因，在工程施工的高峰期，却没有把索赔作为重要的事情来处理，而是在工程基本完工后，才将所有索赔进行费用计算并整体打包向业主提出，显而易见，业主始终没有合理的答复。

3. 熟悉合同文件

熟悉工程项目的全部合同文件，能够从索赔的角度理解合同条款，而不失去任何应有的索赔机会。针对海外项目合同文件页数较多而且为外语翻译，经常会出现翻译的文字不能准确表达合同的原意，尤其是涉及一些专用术语的时候。因此，很多条款需要反复研读并加以核对，才得到正确的理解。对于该国项目的合同条款，如果不联系实际情况和出现的具体问题，难以成功索赔。如该国 55km 铁路复线项目是典型的单价合同。其中，路基的填方有一个专门的单价（1.19－取土填方），该单价的价格定义是："此价格支付来自取土点的填方。它包含和支付以下详列的操作：土料的装载；运输；卸土填方；按要求填出形状和压实；洒水，以便得到规定的含水量；路基成形和修整；此价格按照与业主代表对测量出来的借土填方量来计算的，以 m³ 计价。"

根据之前项目的经验，一开始就认为该单价是指从取土场材料，然后运输到路基填方点并将其压实成型的费用。但后来仔细研究技术条款，发现关于取土填方的章节中有如下的描述："考虑运输方量的问题，超过 800m 的运距必须由业主批准后才能执行。拆除和施工准备的费用均包含在单价表中，小于 800m 的装载和运输费用也被列入其中"。根据这点，总承包商向业主提出了索赔的意向：合同中的取土填方价格中包含运输，但运输距离只限定在 800m 范围内，如果取土场距离路基施工点的距离超过 800m，那么需要支付给承包商加费；同时，给业主提交了一个超运距附加费的新单价。经过长时间的谈判最终业主和监理同意了"填方超运距附加费"新单价，就此一项就为项目增加了 8 个多亿第纳尔的合同额，折合约 6000 万元人民币。

4. 语言的重要性

针对本案铁路项目的合同语言为法语，由于语言本身的特点，即使是高质量的翻译也可能无法做到合同意义的精准转换。业主在解释合同时，必然会朝着对自己有利的角度进行表述。对于不熟悉法语的中方总承包商而言，在合同解释上可能会陷入被动的境地。

一些项目为了节省成本，只聘用一些刚从学校毕业工作经验较少的翻译。这样就会出现谈判过程中中方人员很难识破业主设置的语言陷阱，也不能准确表达中方人员的思想。语言沟通的障碍为索赔管理带来较大的难题。因此，为了提高项目管理水平，尤其是索赔能力，总承包商必须重视语言的问题，需要在翻译上舍得投入成本，聘用一些既精通法语又具备法律和工程专业背景的翻译。同时，也要对工程人员自身进行法语培训，这样才能事半功倍。

5. 重视专家作用

充分发挥索赔专家、法律顾问分析和判断索赔中出现的重大问题，是索赔成功的关键，是其他无法替代的。索赔专家和法律顾问专业的实际知识在索赔中会有不可估量的贡献。

大型的国际总承包项目合同管理对人才的要求是非常高的，既要求其综合能力很强，同时，也需要其在语言、专业、法律等各方面都非常出色，对于总承包项目部来说，要把这些能力集中到一两个合同管理人员身上几乎是不可能的，尤其是在对当地法律的研究以及办事程序的领悟方面。

因此，一般的做法是聘请当地的或在当地长期工作的合同、法律专家协助项目，进行合同管理工作。例如，中方公司承建的 175km 铁路电气化新线项目，因为封顶价问题与业主存在着严重的分歧，为此，中方公司聘请了当地的两位合同专家、欧洲的一位索赔专家。事实证明，三位专家在项目的合同管理中发挥了很重要的作用，尤其是在重要信函的书写、重大会议的出席及会议纪要的起草、索赔谈判中发挥了非常积极的作用。

6. 注意谈判策略

合同谈判要善于进行沟通和变通。在变更索赔的实际操作过程中，考虑到项目的实际情况，及不同的业主咨询，不能完全依照合同中的条款进行变更索赔。在进行变更索赔谈判时，要善于沟通和变通，采纳对方合理的意见，在坚持原则的基础上做出适当让步，寻求双方都能接受的解决办法，这样才能够达到事半功倍的效果。

在必要的时候，也可以使用停工、放慢施工进度或者起诉等比较强硬的手段，迫使业主做出让步。如中方公司在该国实施的一项石油专用线，业主为一家国有企业，项目计价款分为第纳尔部分和欧元部分。当年该国政府发起了"反腐风暴"，加强了对国家外汇支出的监管，导致项目在临验结束后，欧元部分的 40% 业主仍然没有支付，甚至都不同意与该公司见面谈判。该公司多次发函要求解决无果，争论持续两年多。最后，中方公司只能向该业主发去了律师函，准备申请法院裁决。该业主知道自己并不占理，主动与中方公司联系并解决了该问题。因此，必要的时候申请法庭裁决也是解决索赔争端的一种有效途径。

12.3　合同缺陷费用索赔纠纷案例

12.3.1　工作范围不明费用索赔案例

【摘要】

在国际 EPC 工程承包中，合同是双方履约的唯一依据。然而，由于国际工程项目的特殊性与复杂性，合同的规定往往不够清楚、完整，从而导致承包商的索赔以及业主的反索赔甚至争端。恰当地处理工程索赔以及争端，是国际工程合同管理的一项重要内容，也是一项十分复杂和棘手的管理过程。本案例结合索赔实践，从承包商的角度，介绍了由于工作范围不明而引起的纠纷处理。

【索赔背景】

境外某国的石油开发项目是由多家国际投资公司联合投资组建的，业主为一石油营运公司，咨询公司为第三国技术咨询公司。本项目由两个标段组成。中方公司作为一标的总承包商，承担了该项目的整个输油管线系统的建设；二标为"监控、报警和数据采集"系统和泵站，总承包商是一家来自第三国的公司。两个标段分别为独立的 EPC 合同。业主采用的是国际上近年来流行的 EPC 合同模式。

【索赔事件】

EPC 合同模式最大的优点是能使整个项目的设计、采购、施工一体化，能提高整个 EPC 项目的工作效率。但其缺点是：由于前期的部门设计工作是由业主方实施的，这容易导致合同范围有时界定得不十分清楚，易引起双方争执。在本合同执行过程中就出现了关于线路的附属工程 - 简易机场是否属于 EPC 工作范围的争议。

在本项目中，业主为了方便整个管道工程的交通与应急检修，在合同工作范围中规定："若在工程的配套设施—A 炼厂和 B 炼厂各自的 50km 以内，设有简易机场，则承包商应在这两个炼厂的 50km 内的区域各自修建一个简易机场。"在工程开工后的现场详细勘察中，中方总承包商的设计部发现在距两个炼厂的 50km 范围内，实际上已经分别存在简易机场了。于是，中方总承包商的设计部就致函业主，按照合同不再修建简易机场。业主最初回信，同意不再修建简易机场。并据此发出工作范围的删减的工程变更令，同时要求中方总承包商将 EPC 合同价格进行分解，以便从中将修建两个简易机场的费用扣除。

但后来业主发现，其中一个炼厂附近的简易机场是军用的，不允许商业使用，因此又重新来函要求中方总承包商必须修建一个简易机场，并将另一个不需要修建的简易机场的费用从合同价格中扣除。中方总承包商回函，不认可此项变更，既不同意修建一个机场，也不同意扣除另一个简易机场的费用。理由是：从合同的措辞来看，只要是两个炼厂 50km 以内有简易机场，就可以不再修建。而且承包商在其投标报价中根本没有包括简易机场建设费用。若业主坚持要再修建简易机场，业主必须下达追加工作的变更命令，而不是删减工作变更命令，并对总承包商进行费用和工期补偿。

业主不同意总承包商的说法，因为业主发现，作为 EPC 合同一部分的总承包商技术建议书的内容中包括了简易场，在总承包商的商务建议书中的报价中，必然包含有此费用。所以，总承包商必须自费修建一个简易机场，并从合同价格中扣除另一个不修建的简易机场的费用。

中方总承包商致函业主，在承包商的技术建议书中出现了简易机场的设计是一个"笔误"（clerical error），因为承包商在投标前期原计划修建简易机场，但在投标勘查阶段发现存在简易机场，就将简易机场的工作内容从技建议书中删除了，只是在承包商的技术建议书的一个目录中忽略了删除"简易机场的设计"这几个字。在详细的设计、施工计划中，并没有具体描述简易机场设计和施工的内容。同时，对合同价格进行了分解，以证明其中没有包含简易机场的费用。

【索赔结果】

双方经过多次谈判，最终达成协议，中方总承包商自费修建一个简易机场，另一个简易机场不再修建，业主也不再从合同价格扣除其费用。

【案例启示】

（1）对中方总承包商而言，在开工后再以信函的形式向业主提出不修建机场的做法不妥，导致业主认为总承包商原来是计划修建简易机场的，况且总承包商的技术建议书中还包括简易机场的设计等措辞，所以业主将该项工作的删减作为工程变更并扣除相关费用，看起来也是合理的。总承包商成功抗辩的地方有两处：一是建议书中出现"简易机场的设计"的措辞是笔误，并用事实进行合理的论证；另一个是对 EPC 合同价格进行分解，以证明没有将简易机场修建费用包括进去。双方最终相互让步，友好地解决了争端。

（2）本案例对 EPC 总承包商一个最大的教训是：在 EPC 项目投标阶段，总承包商在编制投标文件时一定要仔细认真，技术建议书的编制应恰当地反映原招标文件的要求以及现场勘查实际情况，并与商务建议书中的报价一一对应。若出现漏项，就会在项目实施过程中造成损失。另外，总承包商在此争端中的最终让步也是合理的，因为严格地讲，在一个炼厂 50km 以内存在的"军用机场"实质上不属于合同规定的那类"简易机场"。若就此提交仲裁总承包商是无法取得有利的仲裁裁决的。这一合理的让步既避免了进一步的损失也有利于保持与业主的良好关系，这是合同管理的核心所在。

12.3.2　永久设备关税索赔案例

【摘要】

以境外某国 EPC 项目关税索赔为例，分析在 EPC 项目中对于永久设备关税索赔的思路和方式，总结相关经验。实践中，深深体会到只有提高 EPC 项目管理水平，才能真正和国际先进管理水平接轨，有效地维护承包商的权益。

【索赔背景】

为确保该项目顺利实施，总承包商要从中国、德国、日本、芬兰、瑞士等国大量进口设备和材料。根据 EPC 合同有关条款规定，进口设备和材料可按照用途及性质的差异可分为两大类："永久设备和材料"和"施工设备和材料"。按照国际惯例，业主承担"永久设备和材料"关税；承包商承担"施工设备和材料"关税。合同规定的关税承担主体与国际惯例相一致。

工程实施后，总承包商以业主名义办理进口了两批外加剂，要求港口和清关公司向业主开具发票，两批外加剂关税和清关费用合计为 7228.74 美元。项目部根据合同第 7.1.1 款的规定，总承包商认为进口"永久设备和材料"的关税和清关费用应该由业主承担，但业主认为，其仅应承担"永久设备和材料"的关税，而不应承担关税以外的其他相关费用。双方对项目合同第 7.1.1 款的理解存在重大分歧。

总承包商提出。在该分歧解决之前，为保证项目正常施工，"永久设备和材料"进口过程不能延误，总承包商暂时垫付除关税外的上述进口费用，若最终明确应由业主承担上述进口费用，业主应补偿项目部所承担的上述进口费用和相应利息（利率按照项目所在国中央银行同期贷款利率计算）。

【索赔过程】

1. 初始索赔计划

分歧发生后，总承包商就业主在"永久设备和材料"进口费用承担主体方面存在的分歧向业主提交了 1 号争议，申请业主根据合同第 7.1.1 款的规定，承担"永久设备和材料"相关进口费用，包括仓储费、鉴定费、装货费、港内运输费、保险费和清关费。

2. 索赔计划的调整

因双方多次沟通后仍然存在严重分歧，总承包商进一步解读了合同，通过解读合同，总承包商发现业主拒不承担"永久设备和材料"进口费用的依据是第 3.3 款："业主应承担所有进口设备和材料（包括永久设备和材料和施工设备和材料）的关税，承包商应承担所有进口设备和材料除关税外的相关进口费用。"但根据合同第 7 条的规定，业主应承担进口"永久设备和材料"的关税和相关进口费用，总承包商项目部应承担"施工设备和材料"进口的关税和相关进口费用。总承包商紧扣本项目合同第 3.3 款（B）条的定义备注，认为第 3.3 款和第 7 条存在矛盾，业主或者采用第 3.3 款，或者采用第 7 条，但两条款不能同时混合使用。总承包商和业主对合同的理解上存在的分歧见表 12 - 4。

表 12 - 4 关税及进口费用承担主体比较表

设备及材料类别	费用类别	费用承担方		对比结论
		合同第 3.3 款	合同第 7 条	
永久设备和材料	关税	业主	业主	认定一致
	其他进口费用	承包商	业主	存在分歧
施工设备和材料	关税	业主	承包商	存在分歧
	其他进口费用	承包商	承包商	认定一致

针对合同中存在的矛盾，总承包商调整了索赔策略。总承包商向业主提交了 2 号争议：由于合同条款第 3.3 款和第 7 条存在矛盾，请业主在补偿"施工设备和材料"关税和补偿"永久设备和材料"的进口费用之间选择一项执行。

这一申请是项目部进行了充分的经济对比分析后做出的决策。以三年计算为例，该项目共发生"施工设备和材料"关税 1382.24×10000 美元，"永久设备和材料"的进口费用 103.54×10000 美元，两个数值相差 1278.70×10000 美元。

针对上述分析，承包商认为按照本项目合同第 3.3 款索赔有望取得更大的利益，即索赔进口"施工设备和材料"关税，将获得补偿 1. 742. 24×10000 美元，而索赔进口"永久设备和材料"的进口费用，将有望获得补偿 192. 38×10000 美元。因此，总承包商撤销了 1 号争议，将其并入 2 争议，具体分析见表 12 - 5。

表 12 - 5   两种索赔方案索赔金额对比表

序号	年份	进口施工设备和材料关税	进口永久设备和材料进口费用	
			保险费	其他进口费用
1	2008—2013 年（实际）	1832. 24	37. 84	65. 69
2	2014 年—完工（预估）	360. 00	18. 72	70. 12
	合计	1742. 24	56. 57	135. 81

3. 索赔具体过程

（1）成立索赔团队。总承包项目部成立了由承包商主要领导、国际合同专家（中国和德国）、南美合同专家（澳大利亚和委内瑞拉）、项目所在国律师及该项目部的合同部、财务部、设备物质部成员共同组成了索赔团队。索赔团队内部采用英语作为沟通语言，以便于及时沟通和协商。对外采用西班牙语进行陈述和致函。

（2）确保索赔程序有效性。自成立索赔团队起，无论业主接受与否，每月末都将本月发生的进口费用的票据报送业主索赔相应费用，并在每期支付申请中索赔进口费用和业主逾期支付利息。自递交变更意向的 28d 内，即递交变更令申请和索赔报告，定期更新索赔报告，确保守住索赔的时效性和通知性义务。

（3）引进"争议联合委员会"机制。由于地域特色，不管总承包商提交何种变更索赔，业主一律拒绝，为此，总承包商根据 EPC 合同的有关规定，引入 CDB 机制维护承包商的权益。

经过 3 个月的筹备，该项目第 1 届争议联合委员会在项目所在国正式成立。经与业主协商，双方各自从国际上推荐了一名 CDB 委员，并与他们指定双方均认可的第 3 名委员为主席。

成立争议委员会 5 个月后，CDB 就 2 号争议举行听证会，双方就各自的观点进行了阐述，经过计算比较，承包商按照对自身利益最大化的思路进行答辩，即索赔"进口施工设备和材料"的关税答辩。

【对条款的理解】

在本次索赔工作中，总承包商与业主就双方存在的分期进行了多次沟通，但始终未能取得进展。鉴于双方谈判陷于僵局的状态，总承包商组织专人对合同条款进行了信息的解读，确保索赔程序的有效性，并邀请当地的律师对业主提出的该国民法条款进行了回应。这三项工作的推进，为 CDB 听证会上成功答辩，为索赔最终取得成功奠定了良好的基础。

1. 对合同条款进行解读和充分应用

在国际工程项目索赔过程中，总承包商只有对合同条款进行深入解读和把握，充分利用索赔条款，才能使索赔获得成功。总承包商根据索赔初期就合同第7.1款和业主谈判未果的情况下，进一步深入解读了合同条款。

首先，总承包商认为合同中有关"设备和材料"进口费用会支出责任存在矛盾：本项目合同第3.3款规定由承包商支付，而第7.1.1款规定由业主支付；其次承包商提出合同中对有关进口"进口施工设备和材料"关税支付责任的规定存在矛盾：第3.3款规定由业主承担，而第7.1.2款规定由承包商承担。

针对上述矛盾，总承包商认为解决争议的关键点是与业主协商，业主只能两个条款中的一个条款作为最终条款，或采用第3.3款或采用第7条，不能两款同时混用。

根据国际惯例和项目部的利益，总承包商更倾向于采用第7条中的规定，因为该条款对关税和进口费用都做出了正对性的具体规定，而且明确了双方费用分配的具体方式。而第3.3款是关于承包商的义务，其中有第3.3（B），(b)（c）（d）是与"设备和材料"进口及费用相关。

但业主认为，总承包商应该支付进口"施工设备和材料"的关税，以及"永久设备和材料""施工设备和材料"进口费用。业主的论据基于合同的第2.2款即有关解决条款矛盾的优先顺序，其中指出，如果根据此顺序未能解决该矛盾或冲突，就应该优先采用对总承包商更为严格的条款。根据这样的理解，更严格的条款应该选择第3.3（B），(b)款，因为其中规定，总承包商应该支付所有进口费用，无论是"永久设备和材料"还是"施工设备和材料"。

总承包商对第2.2款的理解与业主不一致，总承包商认为，合同第2.2款指的是合同规定之间的冲突，并不是业主认为的合同条款或部分之间的冲突，因此，业主认为更严格的条款是合同第3.3（B），(b)款是不能成立的。

2. 加深对当地法律的理解

除了深入理解合同条款外，对项目所在国法律的理解和应用也是取得成功的重中之重。

业主提出根据对该国民法中有关合同规定的理解。首先，应该考虑更符合合同本质的规定（民法第1579章），同时，对合同条款应依次解读，即应对合同条款整体解读，业主对项目所在国民法的这种理解。业主认为合同第3.3（B）款是对承包商支付成本的规定，而非对业主义务的规定。同时合同第7条对关税进行了详细规定，因此，合同第3.3款排除了应由业主承担关税的情况。

针对业主提出的该国民法，总承包商也邀请了当地的律师进行应对，当地律师认为：总承包商提出的权利和义务都应按照合同第31.2款规定，在该国签订的商务合同应当受到该国实体法的制约，并按照其规定进行解读。通过总承包商的解读，该国民法第1579章、第1580章的规定非常明确，业主认为其不应再承担相应的关税和进口费用是与合同和民法不相符的，应对合同进行整体解读，以确定合同责任应该如何分配才最符合EPC合同的本质和精神。

3. 加深对EPC合同类型的理解

经过索赔纠纷，项目部发现除对具体合同条款和当地法律进行解读外，业主还尝试对合同性质进行解读，以拒绝补偿关税。因此，在项目实施前，总承包商加强对EPC合同类型的理解和解读非常重要。

业主认为，EPC 合同的目的就是让总承包商承担项目的全部责任和风险，设备和材料的所有成本均包含在 EPC 价格中，因此，业主不应产生任何额外的成本，业主强调，总承包商应该在现场交付所有设备和材料，承担这些货物的运输和进口风险。同时，尽管这些设备和材料的购买、运输和进口所产生的保险费、装船费和都是以业主的名义开具发票，但这些费用都已经包含在 EPC 价格之中。

总承包商认为，根据本项目签订的合同第 7.1 款规定，所有与"永久设备和材料"的进口有关费用都是业主的责任，而"施工设备和材料"进口的有关费用是总承包商的责任，即责任应该按照权利、义务和责任平衡概念划分，这样才能符合 EPC 合同的国际惯例。更能反映合同签订前双方谈判的结果。

合同条款对双方各项责任进行了明确规定，对于合同条款之间存在分歧和矛盾的情况，应对存在矛盾的条款进行和谐理解和解释，并应考虑何种解释更能符合 EPC 合同的本质。原则上应该按照明确总承包商责任的理解进行解读，但也应该优先考虑解读具备特殊和明确情况的条款。

本案例合同第 3.3 款规定，总承包商负责支付"永久设备和材料"以及"施工设备和材料"的进口费用，而应有业主负责两种情况下的进口关税，这一合同责任的分配最符合 EPC 合同的精神。因为应由一家国有企业负责对其有益的进口税，同时，实际上业主也因为其国有企业的性质而更易获得税务豁免。在以业主名义进口的情况下，这样的豁免对于承包商也同样有利。

【索赔结果】

案例项目所采用的 EPC 合同，是有别于 FIDIC 编制的 EPC/交钥匙合同条件。不属于关税减免的优惠合同。但经过不懈的努力，总承包商依然创纪录地索赔到进口"施工设备和材料"的关税，最大程度地保证了企业的经济利益，产生了积极影响。经测算，该索赔额达到上千万美元，增加项目净利润上千万美元（扣除员工分红和所得税），减少资金占用成本三百多万美元。

【案例启示】

该索赔之所以能成功，得益于以下几点。

1. 领导高度重视

总承包商企业总部和项目部给予高度重视，是索赔取得成功的前提条件。项目部领导多次组织关税索赔专题研究会，确定索赔方针、对项目部各种资源整合，对索赔方针的贯彻落实，提供了便利条件。

同时，总部领导和项目部坚持以合同为本，保障企业利益。组织人员认真解读、分析合同相关条款，为索赔工作提供有利的理论和法律依据。确保了索赔人员在于业主沟通的过程中，有法可依，有章可循。

2. 成立索赔团队

成立索赔团队是取得索赔成功的必要保障。项目部成立了极具专业性和权威性的索赔团队。索赔团队由主要领导构成：项目经理出任索赔组长，项目商务经理和总会计师出任副组长，组成人员为：中国和德国国际合同专家、来自澳大利亚和委内瑞拉的南美合同专家、当地律师、项目部合同部、财务部、设备物资部的相关部门人员。

合同部为索赔团队提供长期办公用房，负责组织内部协调，与当地律师进行沟通，提供索赔函件模板给物资部，编制变更令申请和索赔报告，同时负责分析和调整索赔策略，组织素材，编制争议通知和立场报告，在听证会上组织答辩素材，与业主进行谈判。合同部还负责审查所有批次的进口单据，按季节发函给业主进行索赔。

物资部主要负责提供相关进口资料和信息。负责发文给业主，索赔开工以来永久设备和材料的相关进口费用，提供相关进口资料和信息，协助合同部进行索赔谈判。同时负责统计开工以来所有批次的进口关税，提供开工以来所有批次的进口单据给合同部，包括海关税单、形式发票、提单、装箱单。进口批次总数为 733 批。

财务部主要配合合同部和物资部进行资料准备、数据提供、原始单据核查、并参与财务税务工作等相关度高的谈判。在索赔前期阶段，主要负责提供进口费用的资料并进行数据统计，分析测算每种索赔方案对项目部经济的影响，对物资部提供的资料进行审核，配合咨询公司进行所有索赔资料的现场审核，并开具补偿发票。

3. 成功引入 CDB 机制

当承包商与业主发生分歧，无法达成统一后，承包商根据本项目合同第 30 条规定筹划组建 CDB，使索赔工作"柳暗花明又一村"。

引入作为中立的 CDB，目的是避免耗时费钱的国际仲裁和诉讼，公正合理地解决争议，寻求双方友好合作关系。CDB 机制有其严格的程序要求，与仲裁和诉讼等方式既有区别，又有密切的关系。

国际工程合同争议解决推荐 CDB 机制有客观的必然性和科学性，弥补了解决索赔争议传统的方式的不足，具有现场性、程序性、预防性、保密性、效力性等特点，有利于平衡合同双方的利益，解决合同索赔纠纷。承包商通过采取机制，成功地解决了索赔争议，消除了承包商与业主的纠纷，有力地推动了项目的顺利完成。

4. 充分理解合同条款和当地法律

本次索赔工作中，总承包商将充分理解合同条款和当地法律为索赔成功提供了必要条件。合同是索赔的依据，总承包商通过组织人员专题认真研究、解读合同条款，找出有利于问题解决的理解，为和业主沟通提供了有利的理解依据。邀请当地律师解读当地法律，使得总承包商有能力对业主提出的法律问题进行回应，并依照更为合理的方式进行答辩。两项工作为索赔取得重大突破提供了理论支撑和法律保证。

12.3.3 文件优先次序纠纷索赔案例

【摘要】

由于 EPC 工程比较复杂，可能出现合同文件不明确或文件之间相互抵触的情况，出现问题后到底以谁为准？往往成为索赔纠纷的焦点。因此，明确文件优先解释顺序，对于化解纠纷具有重要的意义。本案就是一起由于文件相互矛盾引发的费用索赔纠纷案例。

【索赔背景】

在一份原油处理厂 EPC 总承包合同，合同中"工程范围"规定该合同项下的原油处理厂的设计能力为接受原油 150000BPD，但合同协议附件"技术规范"规定设计能力为出口量 150000BPD，工艺流程图显示也是 150000BPD。如果按照工艺流程图处理能力设计，与合同协议附件规定的处理量相比，该原油处理厂的处理能力要增大约 1%，整个系统的设备、设施参数都要做相应调整。

【索赔纠纷】

业主认为设计规范和工艺图都明确表示为处理量 150000BPD，同时，项目性能担保也规定为 150000BPD。因此，业主要求总承包商按照原油处理厂处理能力为 150000BPD 设计。总承包商则认为"工程范围"作为合同协议的附件二，而"技术规范"是合同协议的附件四，前者应当优先于后者，因此，该原油处理厂的处理能力应当为接受能力 150000BPD。如果业主要求按照出口能力 150000BPD 规模设计，那么属于合同工作范围变更，业主应当给予变更补偿。为此，双方发生争端。

【索赔分析】

在本案例中，由于合同不同文件对合同标的规定不一致，导致总承包商与业主之间就工程处理量的理解发生分歧。该 EPC 总承包合同对合同文件优先顺序做了规定，即如果合同组成部分相互之间含混不清或者矛盾，其解释优先顺序按照附件排列顺序，附件二"工程范围"应当优先于附件四"技术规范"和附件七"性能担保"。因此，从合同规定来看，该合同的设计能力应以原油进口量为准。如果业主坚持总承包商按照出口量为 150000BPD 规模设计，那么，应当属于合同变更。一般 FIDIC 合同条件对于文件优先次序都有专门的规定，例如，EPC/交钥匙工程合同条件第 1.5 款【文件优先次序】对此做了专门性的规定，文件的优先次序如下：（a）合同协议书；（b）专用条件；（c）本通用条件；（d）雇主要求；（e）投标书和构成合同组成部分的其他文件。当遇到合同纠纷，涉及合同文件优先次序时，应按照合同有关条款进行解释和处理。

【案例启示】

无论是明确索赔责任，还是执行索赔程序，都离不开对 FIDIC 合同条件中索赔条款的应用，准确引用相应的条款让索赔工作事半功倍。尤其需要注意的是：明确合同文件效力的优先次序，以及在索赔报告中全面、准确地引用相关条款，是承包商获取索赔成功的关键。

12.4　开工拖延费用索赔案例

12.4.1　未按时提供现场费用索赔案例

【摘要】

以境外某国发电站 EPC 工程项目为例，介绍工程索赔中遇到的困难，以及为了合理索赔在索赔前所准备的资料。本项目成功索赔 1500 万美元，无论是索赔依据、索赔策略，还是索赔时机的把握，都显示出一个大国公司的风范。

【索赔背景】

该发电站项目是 EPC 工程项目，为新建 1×135MW 循环硫化床褐煤机组。土建项目自正式开工后，先后受该国地方委员会介入、土地不能按期交付、村民阻挠施工、特别许可、工作签证等一系列问题的出现，严重影响了施工进度，现场累计大停工 5 次，中方人员被迫撤离现场 2 次，导致工期拖延 17 个月，使总承包商成本大幅度增加。为此，总承包商提出索赔报告。总承包商的索赔报告递交业主以后，业主一直采取回避态度，反而施加压力强烈要求中方总承包商承诺新的工期。双方博弈历经 16 个月，最终确定了索赔赔偿额和新的并网工期，成功地为总承包商挽回了经济损失。

【索赔过程】

索赔是一个长期、变化的博弈过程，因而索赔的策略也应该不是一成不变。依据三步的索赔过程，将本项目索赔的阶段性策略归纳如下。

1. 索赔前以研究合同为主

合同是贯穿 EPC 项目全过程的纲领性文件，只有熟悉双方的权利和义务才能全面发现索赔机会；只有了解了合同的具体规定才能将索赔事件及时上报，确保其有效性，只有全面把握了合同条款才能找出确凿的合同依据、把握索赔的主动权。例如，本项目特殊许可是影响工期拖延的主要因素，但是合同中对于特殊许可责任的界定不明确，苯胺项目合同的第 3.8 款规定，所有许可责任在承包商的范围之内。因此，业主就从字面上认为特殊许可属于许可的一部分，应该由总承包商负责办理。中方总承包商经过认真研究条款和相关资料之后，提出：

(1) 项目所在国政府关于特殊许可的《1958 年外国人（保护区）法令》是内务部的命令，总承包商无法从市面上收集到（内务部官员也证实了这一点），业主未在招标文件中说明。业主都无法收集到，何况外国公司；另外如果业主了解此信息但没有告诉中方总承包商，业主则有诈骗嫌疑。鉴于此，中方总承包商认为特殊许可应属于合同条件变更。

(2)《1958 年外国人（保护区）法令》未发生变化，但是在合同执行期内执行标准发生变化，因此，中方总承包商认为应属于法律执行标准的改变应该按照合同约定的法律执行标准变更约定处理。

(3)《1958 年外国人（保护区）法令》明确规定特殊许可办理应该由该国政府认可的中介才有资格办理，且所有颁发的许可中都有明确约定"应有业主申请本许可"。由此可见，办理特殊许可的责任应该由业主承担。业主在谈判中，对于总承包商提出的逻辑分析，只能是一再强调第 3.8 款约定："许可在承包商范围内。"最终业主还是接受了中方总承包商的索赔理由，依据实际影响对中方承包商给予了相应的工期索赔及费用补偿。

从特殊许可索赔理由的逻辑分析可以看出，对合同的认识不应仅仅就停留在事件的表面，仅仅有第 3.8 款："许可在承包商范围内"就无法索赔了。突破口的发现是依赖于中方总承包商对合同条款的深刻研究和理解。

另外，在合同中对索赔事件发生后的上报、审批程序也要有明确的规定，比如第 15.2 款约定："不可抗力发生后应在 7 天内提出不可抗力影响通知，并尽快提出不可抗力评估报告。"因此，不可抗力事件发生后，承包商严格按照约定执行，避免因书面资料不到位而增加索赔难度。

2. 施工中前期以保留证据为主

索赔中最主要的支持性资料就是双方来往的信函、报纸、图片等，完善的索赔资料无疑可以提高索赔的成功率。降低索赔的难度。因此，总承包商在索赔的过程中注意了以下问题。

（1）建立完善的信函来往、处理、审批、归档等程序制度并严格执行。

（2）项目部建立索赔机制，对索赔事件及时发现、上报、评估、立案；索赔信函的起草、损失计算、报告编制、索赔谈判等进行细致的分工，将责任严格落实到各个部门。

（3）培养全员索赔意识，在第一时间收集补充索赔证据。

（4）索赔事件发生后，应有责任部门立即对索赔事件发生的时间。影响进行确认，事件和影响资料应做到尽量全面、具体，为以后的索赔打好基础。

（5）注意索赔事件发生阶段性的基础资料收集，如承包商和分包商机械、人员、材料数量等，并且做好资料的动态收集工作。

（6）注意动员期的资料收集工作，本项目合同第 5.3 款规定："对于停工导致的后续工期影响可给以承包商补偿。"但是对于动员期的时间确定和定性则比较困难，因此，承包商注意做好基础资料的准备，比如动员期将分包商人员数量及时分阶段上报业主。

3. 施工中后期提交索赔报告

项目的索赔事件往往发生在土建施工期内，也就是施工前期，鉴于索赔确定需要较长时间，施工中后期应提交索赔报告。索赔报告的提出可能对于双方的合作产生一定影响，但是如果索赔报告提出过晚，承包商索赔对于业主的主动性就会越来越小，总承包商的索赔筹码就会越来越少，施工中后期提交索赔报告并不需要业主立即确定，主要目的有以下几点。

（1）将总承包商的损失告诉业主，希望业主了解总承包商目前的处境和困难，让业主发生心态变化，为后续索要工程款和索赔的确认做好铺垫工作。

（2）随着索赔事件的拖延，业主心理上的优势将会逐步减少，为后续索赔谈判工作争取一定的主动性。

（3）对于业主提出的额外要求，总承包商有充足的时间去准备。

（4）可以依据业主对于索赔的态度，为承包商后续采取措施留出充分的时间。

4. 施工后期可以申请业主代付工程款，减轻承包商资金压力

索赔是把"双刃剑"。本项目中，业主能拖就拖，但总承包商往往拖不起，总承包商如果得不到补偿，将陷入严重的亏损之中。但项目一旦开始，总承包商与业主形有了共同利益，那就是双方都希望项目顺利完工，如果总承包商不提出索赔，业主就容易接受些，因为工程师都是业主雇用而来，没人愿意承担这个责任。尽管工程师知道不是承包商的责任。在索赔这个事情上如果总承包商逼得太紧，并非好的策略。因此，本案总承包商申请业主代付工程款，既显示了总承包商对于工程的诚意，业主接受也容易些。通过这些措施，总承包商共向业主申请到合同预付款 5.4 亿卢比，既保证了工程进度，也避免总承包商陷入亏损的旋涡里。

5. 调试初期以不断督促为主

索赔不是业主一朝一夕所能认定的，作为业主也只有看到顺利完工的希望后，才会愿意协商索赔事宜。总承包商在提交索赔报告，一定要以信函的形式或者会议的形式督促业主尽快确认索赔事宜，增加后期索赔谈判的主动性。

6. 调试中后期加强督促力度，争取并往前确定索赔事宜

调试中后期，实现发电指日可待，这时业主已经看到了希望，需要提醒业主对于索赔事件应该有一个明确交代了。总承包商已经完成项目，并付出了极大的努力，供货商余款、分包商索赔、缺件补供、厂家服务等都需要结算，巨额费用需要支出，本案总承包商说服供货、分包商为了业主的利益要坚持到最后，希望业主能够给予参建各方一个清楚的交代。业主也知道为了工程顺利完工，总承包商付出了许多额外的费用。

【案例启示】

在索赔博弈的过程中，总承包商必须时刻保持警惕，把握阶段性重点，拿捏准分寸，避免给以后带来被动或弄巧成拙。

1. 索赔报告必须严谨，费用索赔计算必须有理有据

期望通过索赔为企业带来更多的利益，这往往是承包商的一般心态。但是承包商在索赔报告中一味地追求扩大索赔金额，而忽视了合同依据和支持性资料，那么，这样做的结果不仅影响承包商的合理索赔，而且会给业主留下一个恶意索赔的印象，反而会增加索赔难度。为此，索赔报告编制完成后，项目部应该进行内部评审，并站在双方的角度梳理出辩证的逻辑关系。

2. 定期的经营分析是指导索赔底线的重要依据

索赔的目的是弥补承包商的经济损失，因此，总承包商必须对项目的经营情况有一个清楚而全面的认识，这样才能划出索赔的底线。

经营分析的另一个作用是通过整体盈亏分析，确定项目的经营底线和索赔额度。如本项目的最后一次索赔报告，项目部综合考虑了合同额、项目实际成本、面临的最大罚款、分包队伍的索赔等收支后，确定了项目确保盈利的索赔目标，并据此展开同业主的索赔谈判。

3. 工程质量是索赔的筹码

工期和质量是业主支付工程款的基础，也是总承包商索赔的筹码。过硬的工程质量和准确的工期，不仅是总承包商索赔的底气，也是让业主乐意为总承包商索赔买单的动力，从而降低索赔的难度。不合格的工程质量和承包商原因造成的工期延误只能导致业主的罚款，甚至攻城拒收的严重后果。

4. 索赔中善于将压力转变为推力

本项目的工程后期面临着分包商供应不积极和催促总承包商确认索赔的压力，同时也受到业主催促加快进度，确定新工期的压力。总承包商借助业主的力量加快施工进度，利用现场给业主施加压力推动索赔工作，从而达到将压力转换为推动工程进度和解决索赔的动力。

5. 索赔采取的措施应该有分寸，遵从公司对业主的战略定位

索赔过程必然充满火药味，如果拿捏不好分寸可能会对双方的合作产生不好的影响。因此，承包商采取的督促措施必须以公司与客户的战略关系定位为指导，避免因为蝇头小利而影响公司的战略发展。

索赔是对工期和质量的一次检验，也是对合同理解的一次辩论。是工程和商务部、项目部和总部各部门的密切配合的过程。建设工程合同索赔涉及经济、技术、法律、管理、金融等各个方面的知识，也是这些知识融会贯通的一次大检阅。增强索赔意识，加强索赔意识，加强合同和索赔管理，掌握施工合同索赔技术是施工企业避免经济损失，保障工期、质量和提高经济效率的有效途径。合同是工程索赔的依据，索赔则是合同管理的延续。建设工程的索赔管理的应用，应该综合考虑发包方、承包方、管理方等多方人员、施工前后多方的因素。只有承包商牢固树立了索赔意识，掌握好索赔艺术，落实抓好这项工作，才能在瞬息万变的市场环境中创造出有利境地，顺利地扭转乾坤，牢牢把握住自己的经济命脉。

12.4.2　开工延期等费用索赔案例

【摘要】

本案例针对 EPC/交钥匙合同和工程的实际特点，分析、寻找索赔突破点，并采取符合工程所在国的特点的索赔策略，先后对开工延期、土建项目工程量变更等事件进行了成功的工期等索赔，维护了总承包商的合法利益。

【索赔背景】

境外国某大坝及水电站工程的业主为该国能源部的水利局，由中国进出口银行、该国穷人和伤残军人救助基金会联合提供融资。工程主要功能为蓄水灌溉兼顾发电，总库容 4.4 亿 m^3，年发电量 1.76 亿 kW · h。

该大坝及水电站项目由中方经济合作公司与项目所在国当地公司组成的联营体，与该国业主签署。合同签订后，中方水利建设集团又与联营体由分包土建的模式转化为联营模式，中方经济合作公司为联营体牵头方。该项 EPC 工程正式开工后，根据项目实施的需要，水利建设集团以主导地位全面接管项目实施，为项目的顺利实施和最大程度减少合同执行过程中的障碍，水利建设集团向项目业主提出合同主体变更的要求。

项目由于其复杂的背景和合同关系，在项目主合同签署之后的实施阶段面临着极其复杂的局面。由于融资、保函开具滞后，导致开工时间推迟；由于原合同主体联合体内部争议，导致合同义务的重新划分和合同范围的分割；由于中方经济合作公司在执行合同的初期进展缓慢，导致了中方水利建设集团构成了实施变更。

【索赔策略】

该项目合同属于 EPC（设计、采购、施工一揽子承包）固定总价交钥匙合同，除法律变更以外，无论是工程量还是通货膨胀引起的物价上涨都是合同规定不允许索赔的项目。因而，进行全面的索赔难度极大。为了达成理想的索赔效果，建设集团项目部采取了逐项谈判、循序渐进、阶段性地修改工程量清单确认索赔额度并进入支付程序的操作方式。实践证明，对于伊朗这种计划经济体制为主导、审批程序繁复的国家，这种操作方式是较为适宜的。本工程项目索赔的特点如下。

（1）总额索赔类型单一。EPC 项目的特点之一即为承包商承担设计责任，不存在设计变更（无论是业主要求还是承包商建议）要求索赔补偿的可能。因而，项目的索赔补偿只能划分为两类：一般索赔项目和其他索赔项目。

（2）索赔持续时间长、金额大。索赔方式属于单项谈判、总体（阶段性）确认的方式。大部分单项索赔金额在 3 万～10 万美元，但总体确认时往往需涉及几个至数十个项目，确认金额一般在 100 万美元以上。

（3）索赔难度大。索赔的基点在于取得业主工程师的理解和信任，并能寻求业主工程师在不违背合同原则规定条件下能够接受的索赔理由（或借口），以及可能涉及国际、伊朗和中国市场状况的相关证据。因此，一项索赔的提出和支撑性资料的准备往往需要半年至一年的时间。

（4）阶段性确认的时机选择不易。即便单项索赔补偿能够达成共识，按照伊朗惯例，业主工程师也不会立即对所同意的单项索赔予以书面确认并报送政府有关部门核准。一般情况下，项目部需要选择对承包商最有利的时机向业主工程师施加压力，迫使其对已商谈确定的若干补偿项目一次性予以确认并启动批准、支付（议付）程序，并同时确认下一阶段一旦出现类似问题的处理原则。

由于 EPC 合同的性质和主合同条款的制约，该项目的索赔必然办理难度大、谈判时间长。又由于开工时间滞后、当地市场通货膨胀、中国国内机电产品价格上涨、人民币升值以及当地法律法规变更等因素的影响，导致项目的实施成本大幅度上升，承包商在执行本项目时将面临重大亏损的局面，决定该项目盈亏的重要因素在于承包商能否得到合理的索赔补偿。

自从水利建设集团正式全面接管了本案项目后，随着项目的进展和对项目背景情况了解的逐步深入，水利集团项目部越来越感受到项目商务管理工作和索赔工作的重要性和迫切性。经过近一年的努力理顺项目运作关系、改变项目实施环境并使项目的进展局面出现实质性改观、承包商的信誉和能力得到业主工程师认可之后，项目部开始适时将索赔工作作为工程项目管理的重要内容之一。

鉴于索赔涉及的范围较广，按照其涵盖面以及合同中承包商可利用的条款，大致可划分开工延误、工程量变更、法律变更、通货膨胀以及汇率变动等方面的内容。项目部根据该项目的实施情况和伊朗市场的特点，确定了总体索赔目标，并制定了依据工程实施进度适时提出索赔请求、分步进行索赔谈判、分阶段取得索赔成果的索赔策略。分步索赔的策略一方面可以规避伊朗现行法规对合同调价的限制、避免项目实施因合同纠纷出现大的波动；另一方面可以使业主理解总承包商索赔要求的合理性、易于接受总承包商的索赔请求。

【索赔过程】

总承包商先后完成的索赔工作有：开工延误索赔、土建项目工程量变更索赔、关税、社会福利保险法律变更索赔和机电设备基础补偿及机电供货项目索赔等。

1. 开工延误索赔

本案项目的正式开工时间与合同签订时间滞后 2 年 8 个月。期间，涉及信用证、履约保函的开出时间。鉴于影响开工时间的制约因素较多，而影响因素之一的融资方式的变更对降低业主的融资成本有利，总承包商以此为突破口作为索赔依据，并将索赔目标定位于解决因开工滞后造成的土建工程成本上涨部分补偿。2004 年 6 月，项目部正式向业主工程师提交了索赔报告和支撑性文件。

开工时间滞后的原因原则上可以划分成项目融资阶段和开具保函阶段。延误责任的归属因涉及项目运作的复杂背景已难以清晰具体地进行划分。主要难点是：

（1）完成融资的责任方是承包商而非业主。据工程师声明，在融资阶段业主曾多次致函中方经济合作公司，要求其加快融资进度，并指责其融资进度缓慢已严重影响项目开工。

（2）中方经济合作公司在履约保函和预付款保函开具时花费了较多时间，尽管存在银行之间对保函格式的分歧以及经济合作公司与地方公司之间的争议，应当说此期间的延误明显是属于总承包商的责任。

在进行延误责任的归属划分谈判时，总承包商以：①融资进度滞后的原因之一是项目的信贷方式的改变，总承包商花费很长时间为业主争取到了政府优惠贷款，降低了项目的建设成本，受益者是该国政府和业主；②水利建设集团介入和事实上接管项目后项目进展情况的改变是包括能源部在内的各方有目共睹的，项目的正常运行和实施的前提是水利建设集团不应蒙受不应承担的经济损失。从项目实施的大局出发，业主应当主动承担开工延误的责任。

通过数轮谈判，业主工程师原则接受了项目部关于延误责任划分的建议，即在 2 年 8 个月的延误期中，业主作为信贷方式变更的受益者，承担 2 年的延误责任，经济合作公司因保函开具延误，承担 8 个月的延误责任。按照这一责任划分原则，并依据项目所在国同期通货膨胀指数，对承包商进行调价补偿。土建工程部分价格调整的比例为 20%，价格调整额度约为 330 万美元，价格调整通过单价调整的方式实行。最终，该国最高技术委员会对该项目开工延误索赔补偿予以正式批复，项目部获得补偿金额为 175 万美元。

开工延误期间索赔的成功为整个项目今后的其他方面索赔工作的开展打开了一个良好的局面。特别是在此次索赔谈判中所达成的工程量变更享受同等调价比例的原则，为项目工程量变更索赔工作的开展奠定了很好的基础。

2. 土建项目工程量变更索赔

该项目合同结算的原则为总价包干，在主合同中也有规定不予调价的条款。而本项目的工程量报价基础为业主提供的参考工程量清单，这一清单在签署合同后成为合同文件的一部分，与通常的 EPC 合同的做法有所不同。

该项目启动实施后，由于地质条件的变化和设计需要，实施的土建工程项目和工程量均大幅度超过报价时参考工程量清单的规定，土建部分实际工程量已超过合同工程量的 50%。

总承包项目部在认真研究合同后，利用合同规定的差异向业主工程师提出了索赔要求，并将索赔目标定位于主体工程项目按照工程师审批的设计工程量进行单价结算的原则。项目部正式启动了所实施合同项下土建部分的工程量变更索赔工作后，向业主及监理工程师提交了"土建部分工程量变更报告"及相应的支持性文件。

在与业主工程师进行有关工程数量调整的谈判中，总承包项目部成功地说服业主工程师接受了按实际审批（设计）工程数量修改工程量清单并适时更新、单价结算两个重大原则，并据此原则就条件成熟的新增项目和已基本确定的变更工程量进行了具体的磋商，达成了一致意见。

根据此次索赔所确定的工程量结算清单适时更新的原则，至 2006 年 5 月份经项目业主工程师审批的土建项目工程量变更索赔额度约 594 万美元。

土建项目工程量变更索赔的成功实施，改变了合同性质，消除了 EPC 合同性质所决定的工程量增加风险，减少了莫拉萨德拉项目的亏损因素，并为机电项目的工程量变更索赔奠定了基础。

3. 法律变更索赔

项目所在国是一个法律种类繁多、相互矛盾且经常变化的国家，本项目自合同签署以来已近 6 年，期间发生大量的法律变更案例，如何利用该国法律变更频繁、政出多门的特点规避承包商的风险、保护承包商的利益并进而争取获得因法律矛盾和变更带来的获利机遇，一直是总承包项目部研究的课题。

至项目完工，总承包项目部已利用法律变更的矛盾向业主工程师提出了社会福利保险扣减、永久设备进口关税征收、合同税扣减三个项目的索赔要求和意向，并取得了 100 余万美元的变更索赔补偿。

4. 机电供货项目索赔

机电供货项目索赔项目部主要从三个方面提出索赔：①设备配置改变；②通货膨胀；③项目部认为合同未包含的项目。

总承包项目部与工程师就该项目机电供货项目的索赔和合同价格的总体调整进行了商务谈判，最终并得到业主工程师审核确认的机电供货项目索赔金额为 278 万美元。

该项目部在变更索赔方面取得较大突破，先后已完成了大部分变更索赔补偿的谈判、确认工作。至工程后期，先后与业主工程师共计商定变更索赔金额 10472874 美元，占原合同金额的 25.78%；在已商定的 10472874 美元变更索赔金额中，有 5224344 美元已经业主及该国政府相关部门批准确认，5248350 美元有待业主正式批准。

【案例启示】

本项目是中方水利集团公司进入国外 EPC 市场的第一个项目，该项目的介入和运作不可避免地带有进入市场、积累经验的目的。

由于该项目投标阶段由中方经济合作公司委托当地公司编标，不可避免地带有该国当地项目运作的习惯，对于融资项目操作的复杂性和国外公司在该国运作项目的难度未予深入考虑，而是过多地期望于类似当地政府投资项目的惯例调价，因此，造成了本项目实施成本的大幅度上升。在中方建设集团以主导地位全面接管该项目之后，曾对该项目进行了一次较为详细的成本测算，反映其总体经营结果的现金利润为 −641627 美元，预示着承包商可能面临重大亏损的局面。

为确保该项目在实现工期目标、创造水利建设集团信誉的同时，力争取得好的经营效益，获得全面、合理的索赔补偿成为该项目实施成败的关键因素。项目部为实现既定的索赔目标，依据项目运作的现状、实施的环境、与业主工程师及政府部门关系协调的程度，研究确定了分步索赔的策略，适时提出索赔请求并力争取得积极的成果。从目前取得的进展来看，这种策略是较为成功的。总体评估预测，该项目若能完成既定的索赔目标，即可实现保本经营的基本目标；随着相关索赔工作的进一步深入开展，该项目通过索赔变更最终有望实现保本微利的经营目标，这将成为承包公司在独立承包实施、经营国际工程并获取良好经济效益历史上的重大突破。为水利建设集团国际工程经营与管理积累了宝贵的经验。通过索赔事件，对于国际 EPC 工程项目索赔工作有如下体会。

（1）以良好的项目实施进度和工程形象，使业主工程师相信承包商的信誉和能力，是承包商说服业主、工程师理解、支持索赔的基石。

（2）需了解和收集大量当地市场信息，为索赔成功提供确凿的事实依据。

（3）熟悉当地的国情及法律法规，大量收集与项目有关的法律法规资料，为索赔工作提供合理的依据。

（4）建立良好的社会合作关系，充分利用当地公司或分包商对当地国情及惯例的熟悉程度，为索赔工作的顺利进行提供便利和创造捷径。

（5）与业主、工程师保持良好的合作关系。

（6）规范往来文件及资料的收集与整理，做到有据可查。

（7）熟悉合同及融资文件，最大限度地利用合同条款寻求和创造索赔契机。成功的索赔与项目的良好运作，和对当地市场、当地法律法规的熟悉程度息息相关。海外工程项目的特点决定了变更索赔工作是防范项目亏损风险以及拓宽项目盈利空间的重要手段之一。

12.5　其他类型费用索赔案例

12.5.1　法律改变永久设备进口税索赔案例

【摘要】

境外某国水利枢纽工程是中方某水电集团对外签约的大型 EPC 交钥匙工程，根据总价合同条款规定，承包商报价中应充分考虑并承担各种风险以及政府税费。合同执行过程中，出现了许多承包商无法预见和无法控制的风险，承包商合理利用合同条款，据此向业主提出索赔。永久设备进口税的成功索赔是其中第一例，也为该项目其他索赔内容纳入法律改变的范畴提供了可借鉴的经验。

【索赔背景】

该水利枢纽工程是由中方总承包商利用中国进出口银行买方信贷向业主提供融资 85%，项目所在国能源部辖的水组织出资 15%承建的 EPC 交钥匙工程。工程建设总工期 46 个月，主要由高 104m，填筑方达 1530 万方的黏土心墙堆石坝，溢洪道和装机 18MW 的地下厂房组成。

该 EPC/交钥匙工程主合同的范围包括：卖方信贷融资，设计，采购，施工，安装调试及竣工移交并修补其任何缺陷等一揽子工作。该项目合同为固定封顶总价的单价计量结算合同形式，合同总价约为 14900 万美元，其中包括 C&F 约为 2030 万美元的机电设备，金属结构，大坝观测仪器，实验设备供货。业主所有付款都将通过在同一的、不可撤销信用证项下支付。根据合同规定在该国境内外的任何进出口环节税费都将由承包商承担，业主协助承包商办理进出口有关手续。

【索赔事件】

建设过程中，开工一年后，总承包商从天津新港起运永久设备的第三批大坝观测仪器，总价值 390434 美元，并按照信用证要求提供了齐全的单证在议付行交单议付，议付后的单证通过中国银行转该国中央银行。一个月后，该批海运货物顺利到达该国的目的港，总承包项目部凭借该国的水组织函件从该国中央银行提取背书的正本单证用于港口海关清关。海关通知：根据该国海关总署最新下发的批文规定，已从当年初，以前各部委关于减免税的文件一律作废，信用证上设定的税则号同时取消，所有进出口物资全部按最新颁布的海关税则表上分项设定的税率计征关税和商业利润率。对比前三批顺利清关的大坝观测仪器和实验仪器，按此新规定征税的税率将原来的2%上升到20%，并且计税的美元兑该国币的兑换率也将从1755RLS/USD上升至8261RSL/USD，项目部为此将损失约76000美元，将会对今后大批量的永久设备进口承担高额税费。

为此，总承包项目部综合分析了各种利弊关系以及合同条款，尽管该批货物推迟到达现场将会危及到仪器埋设和大坝大规模填筑的工期，仍然果断地向业主提出了索赔意向，并积极与业主商讨应对措施以便开展下一步工作。

【索赔依据】

(1) 这种特殊情况的产生源于基准日期后项目所在国的法律变更，尽管是EPC/交钥匙工程，但这是任何有经验的国际承包商所无法控制和规避的风险。根据EPC/交钥匙合同条款第13.7款【因法律改变的调整】规定：在基准日期后，工程所在国的法律有改变（包括施用新的法律，废止或修改现有法律），或对此类法律的司法造成的任何费用增减，进行调整。如果由于这些基准日期后做出的法律或此类解释的改变，使承包商已遭受延误和招致费用增加，承包商应向雇主发出通知，并应有权根据第20.1款【承包商的索赔】的规定提出，根据第8.4款的规定，如果竣工已将受到延误，对任何此类延误给予延长期，任何此类费用应加入合同价款给予支付，承包商有权获得因改变而造成损失的补偿。

(2) 根据EPC合同第14.1款【合同价格】规定：合同价可进行调价的前提条件只是因法律改变的调整，尽管承包商将支付按合同要求的所有税金，关税和费用，并且合同价将不得为了任何这些费用而进行的调价，但在第13.7款中所规定的除外。

【索赔结果】

经过八个回合的谈判，双方仔细研究了合同条款和总承包项目部提供的各种书面证据，并分析了事件发生的前因后果，为此业主又专门到各部咨询确认，最后业主接受税率因法律改变应进行调整的事实，并书面通知同意进行补偿。但海关外汇汇率调整暂不予认可，仍作为一个遗留问题待今后处理。大坝观测仪器进口税补偿以第三批海关计税单作为计算补偿的依据，同时，对今后其他永久设备进口税凡高于2%的差额将由业主补偿，根据承包商初步估算，业主方将补偿150万美元以上。

【案例启示】

根据以上经验，对EPCT合同项目的费用索赔工作有以下几点启示。

(1) 索赔人员应熟悉合同通用条款和专用条款，善于把握机遇打擦边球，从边界条件中找出内在的本质联系和相关的有力证据。由于该索赔属于合约外索赔，其索赔内容和权利难以在合同中找到依据，权利来自普通法律，所以要多方收集第一手基础资料，尤其要注意收集工程所在国与工程有关的法律法规变更的相关文件。同时还必须有坚持不懈和锲而不舍的耐心，做好打持久战和心理战的思想准备。

(2) 索赔谈判要有理有据，切勿急躁，要多次旁征博引地交换意见。总承包商提出索赔意向后应主动约请谈判，谈判时直接切入主题，对于业主方的辩解要及时用收集的相关资料给予反驳指正，谈判要把握节奏，软硬兼施，对于谈判过程中出现的僵局暂且给对方一个缓和气氛的台阶，关键的焦点问题决不妥协，步步紧逼。

（3）声东击西，讲究策略。该项索赔的目的是税率索赔，是主攻方向。由于项目合同价全部采用美元结算，实际上已从通货膨胀中受益，而总承包商故意夸大其词地抛出计税汇率索赔仅仅是陪衬，其作用是转移对方的注意力，掩护主攻得手，并且这将作为项目结束时双方交换条件的一个筹码。

（4）通过大坝观测仪器进口税索赔进一步引申到其他永久设备，从眼前利益兼顾长远利益，先让对方接受点，再延伸到面，水到渠成，顺理成章。

（5）防患于未然。在合同生效前，严格审核银行开出的信用证条款，确保各项支付标定与合同内容相符。

（6）总承包商签约前对工程所在国的法律法规应了解得深入透彻，在合同中明确承包商应承担的法律规定的税种和税率。该国有些货物进口的关税为零，但商业利润税却是极高，在主合同关于进口物资的谈判时应咨询有经验的有关人士和当地法律顾问。否则，在真正实际操作过程中遇到问题时，业主又会以承包商应在投标前熟悉该国法律为由推卸责任，并且口头承诺的君子协定必须以书面形式出现在合同上。

总之，大坝观测仪器进口税索赔取得了预期的成果，其索赔依据和程序同样适用于其他永久设备进口税的索赔，可为中方总承包公司挽回 150 万美元以上的经济损失。其成功索赔圆满地解决了今后大批量永久设备进口的潜在困难，避免了中方总承包商承担高额税费，也为其他公司今后在类似国际工程投标签约时，工程所在国税收因法律改变对工程包价的影响提供可借鉴的经验。

12.5.2　增值税纠纷索赔案例

【摘要】

境外某国石油公司对石油工程地面设施公开招标，要求承包商一揽子报价。中方承包商认为增值税不应包含在 EPC 合同价格内，应作为价外税处理，没有响应业主的招标要求进行了报价。业主发现后要求承包商书面做出 EPC 价格包含增值税（VAT）的承诺。EPC 合同签订后，承包商随即发起了 VAT 索赔。本案例从项目所在国的税法、招投标法和国际惯例对该争议进行法律分析，认为承包商的索赔没有法律依据，该教训给我国承包商的警示是应高度重视合同的法律工作。

【索赔背景】

"低价中标，高价索赔"是众多国际承包商成功经验的总结，然而该游戏规则是建立在承包商谙熟工程所在国法律基础上的，否则会弄巧成拙。我国某承包商在投中东某油田地面工程 EPC 总承包标时，没有响应业主的要求，采用"隐蔽"的方式在其所报的商务标中标注 EPC 价格不包含增值税（VAT），业主发现后，致函所有投标人要求所报价格必须为EPC 一揽子价格，并包含 VAT，否则将视为废标。该承包商采取了"低价中标，高价索赔"的策略，按照业主的要求做出了书面承诺，签订了 EPC 合同，合同金额为 7.6 亿美元。合同签订后，中方承包商随即以增值税为价外税为由，向业主提出了约占合同额 7% 的VAT 索赔。那么承包商索赔的法律依据是什么呢？索赔能成功吗？

【索赔事件】

本案项目所在国的一家石油公司发布招标文件，对油田地面设施 EPC 工程总承包招标，在招标期间，共有 12 家 EPC 承包商组成的联合体进行了投标。在标书澄清过程中，有承包商质询业主，EPC 合同价格不应包含增值税，增值税应按价外税处理。随后，业主通过信书面对 12 家投标人做出澄清，EPC 合同价格是一揽子价格（Lump Sum Price），包含 VAT。中方总承包商采取了"低价中标，高价索赔"的策略，在标书中暗含了所报商务价格不包含 VAT，VAT 作为价外税由业主承担的内容。业主发现后，致函各投标人：技术标不变，必须取消商务报价中不包含 VAT 的偏离，所有承包商必须承诺商务报价中包含 VAT，否则视为废标，商务标调整价格后重新递交。经过评标和定标，正式授标给中方总承包商。在合同谈判期间，中方总承包商提出根据该国的《增值税法案》和税务实务操作惯例，增值税作为价外税，应由业主承担，但业主认为总承包商已经书面取消了商务报价不包含 VAT 的内容，如果总承包商再坚持所报价格不包含 VAT，则宣布为废标，由排名第二的候选人进入合同谈判程序。迫于压力，双方正式签订了 EPC 总承包合同，合同随之生效。该合同工期为 52 个月。

合同签订后，在业主支付预付款时，中方总承包商随即展开了 VAT 索赔。中方承包商诉求是 VAT 应该由业主承担，理由只要有：①该项目的 EPC 商务报价不含该国境内增值税；②业主应尊重该国《增值税法案》和操作惯例，承担该项目的增值税，并按法定程序支付给承包商；③作为 EPC 承包商，无法承担数额巨大的增值税，面临巨大的成本和税收风险。

业主据理力争，认为一揽子价格已经包含了 VAT，中方总承包商没有索赔权。为了避免税收审计风险、巨额罚款和刑事法律责任，中方总承包商在业主拒付 VAT 的情况下，在每笔进度款中垫付了 VAT，希望通过索赔的方法得到业主补偿。占合同额 7% 的增值税对双方影响都很大，双方面临通过仲裁的方式解决该争议。

【增值税法的属性与在 EPC 中的适用】

项目所在国 VAT 法律在 EPC 合同中是否适用呢？该国政府原来实行的是销售税，后来政府批准了该国的《增值税法案》，增值税取代销售税。税率由 3% 每年递增 1%，直至 8%。三年后增值税率由 6% 陡升到 8%。据总承包商初步估算，该 EPC 合同的增值税额约占合同总额的 7%，5460 万美元。如果索赔失败，总承包商的利润将归于零。

项目所在国的增值税与世界各国的增值税法律属性基本一致，其实质是以商品或服务在流转过程中产生的增值额作为计税征收的一种流转税。增值税本质上属于价外税，由最终的消费者或者用户承担，有增值才征税，没有增值不征税。该国《增值税法案》第 8 条规定了纳税主体："Any person engaged in supply and provision or importation and exportation of goods and services shall be considered as taxpayer and be subject to the provisions of this Act"。

从计税原理上说，增值税是对商品生产、流通、劳务服务中多个环节的新增价值或商品的附加值征收的一种流转税。计缴方法采用的是国际上通行的税款扣抵的方法，即根据销售商品或服务的销售额，按该国政府每年规定的税率计算出销售税额，然后扣除取得该商品或服务时所支付的增值税款（进项税额），其差额部分就是增值部分应交的税额，这种方法体现了按增值因素计税的原则。

将该国增值税放入到 EPC 合同关系中，总承包商为销售者，业主为购买者，标的物为总承包商向业主提供的 EPC 服务。总承包商应按该国政府颁布的税率，从业主取得以 EPC 合同额为基数计算的增值税销项税额，总承包商与其分包商签订分包合同并支付给分包商按分包合同额为基数计算的增值税进项税额，最终由承包商按季将销项税额扣减进项税额的差额到税务局申报清缴。每增加一层合同关系，买方应向卖方按政府规定的税率支付。由于增值税本质上属于价外税，如果没有特别说明，承包商的报价不应包含增值税，增值税应在合同总价的基础上单独按适用税率计算。按照该国《增值税法案》19 条之规定：

"Taxpayers are required to issue an invoice in the Guild Union's Law, against supply of this Act. This invoice should contain detailed information of transacting parties and the transacted object in the manner to be determined and announced by INTA. The payable tax should be entered in the related column in the invoice and collected"。

在 EPC 合同中，增值税的纳税主体应为业主，而不是承包商。根据该国增值税管理法和国际 EPC 合同惯例，承包商在每次向业主提交里程碑付款发票时，应以发票金额为基础单独计算出增值税额，由业主将发票金额和增值税的合数一并支付给承包商，承包商收到业主支付的增值税后，通过两种渠道将收到的增值税如数支付，一部分按照同样的方式支付给下一级分包商或供应商，另一部分则按季到税务局清缴。

在正常的实务操作过程中，总承包商从业主收到的增值税与支付和清缴的税额是一致的。如果业主不支付给总承包商增值税，总承包商不能从合同总价中换算出增值税的金额，也就是只要 EPC 总承包商未提交完所有的发票，该 EPC 合同的总价实际上是不确定的，总承包商根本没有办法准确计算出 EPC 合同不含增值税的价格。通常情况下，增值税不会对总承包商的成本或利润造成影响。如果把增值税按价内税处理，在实务上不具有可操作性。

【国际惯例与合同 VAT 规定】

EPC/交钥匙工程合同条件作为国际通用的 EPC 合同范本，从某种程度上反映了国际工程实践的惯例和通行做法。FIDIC 银皮书第 13.7 款对【因法律改变的调整】做出了规定："对于基准日期工程所在国的法律有改变（包含施用新的法律，废除或修改现有法律），或对此类法律的司法或政府解释有改变，影响承包商履行合同规定的义务的，合同价格应考虑由上述改变导致的任何费用增减进行调整。""如果由于这些基准日期后做出的法律或此类解释的改变，使承包商已（或将）遭受延误和（或）已（或将）招致增加费用，承包商应向雇主发出通知，并应有权根据第 20.1 款【承包商的索赔】进行工期或费用索赔。"

从上述规定可以看出，国际惯例处理法律变更的基本原则是：基准日期（递交投标书截止日期前 28 天的日期）前法律法规的变化风险由承包商承担；基准日期后法律法规变更，引起的费用增加或工期的延长，风险责任由业主承担。承包商编制标书的依据之一就是工程所在国的法律法规，由于 EPC 工程建设周期长，一般 3 年到 10 年，对于合同签订后工程所在国的法律法规变化带来的风险，作为有经验的国际 EPC 承包商是无法遇见的。因此，后继法律法规的变更所带来的风险让业主承担是较公平合理的。

本案例 EPC 合同第二部分"合同条款"第 9.0 款"承包商应遵守的法律"中，对项目所在国法律法规变化做出了与 FIDIC 条款相同的规定：基准日期后，该国法律法规变化引起的风险由业主承担。但对于税法引起的变化，第 38.10 款做出了特别规定：

"Should there be any changed in laws and regulations in Islamic Republic of Iran after the effective date to Contract which increase Contractor's costs regarding governmental charges and levies, such increase will not be compensated by the Company"。即 EPC 合同生效后，该国税法变更引起的费用增加，业主不予补偿。

第 38.1 款规定了承包商需承担项目所在国政府对承包商征收的一切税，但不包含对业主征收的部分："Contractor shall be solely responsible for the payment of all levies charges fees and taxes imposed on it by applicable law in and outside Iran in connection with its performance of the Service hereunder"。

据此，承包商认为 VAT 的征收对象是业主，不是承包商。本合同第 38.2 款对承包商的纳税范围进行了更严格的规定，即使在基准日期后税法出现变更，承包商仍负有纳税的义务。由于业主在合同第五部分"付款和补偿"条款中特别加入了承包商取消了 EPC 合同价格不包含 VAT 的书面承诺，按照合同的整体解释，该 EPC 合同中清晰地规定了 VAT 应由承包商支付。

从 VAT 的法律属性和国际惯例可以得出，VAT 作为合同的价外税，不应包含在 EPC 合同价格中业主把本来应自己支付的 VAT 放在 EPC 合同总价中，确实存在一定瑕疵。EPC 合同有三大特征：单一责任（a single point of responsibility）、固定的日期（a guaranteed completion date）和固定的总价（a fixed contract price）。

不同合同模式下业主和承包商所承担的风险区别很大，其中成本加酬金合同业主所承担的责任最大，单价合同承包商与业主承担的风险均衡，固定总价合同（EPC 合同）承包商所承担的风险最大。在 EPC 合同模式下，承包商过多地承担了大部分风险。由于 EPC 承包商具有勘察、设计、采购、施工、性能测试、试运行等全方位的能力，承包商在承担过多的风险的同时，必然在投标报价中考虑相应的风险费，甚至报价的额度大大超过由业主自身来承担的风险费用，而这些风险费构成了 EPC 合同价格的一部分。

因此，在 EPC 合同模式下，把本来应由业主承担 VAT 的义务转转嫁给承包商支付，承包商完全可以在预算的成本上考虑加入 VAT 额度进行整体报价。承包商和业主完全可以依据"意思自由"的原则进行交易，业主的行为并不构成违法。

【招投标管理法的适用】

本案项目所在国制定的招投标管理法在 EPC 合同中是否的适用呢？根据该 EPC 合同第 9 条之规定，承包商应遵守该国的法律法规，并承担相应的违法后果。第 43 条仲裁条款规定：发生纠纷后，仲裁的地点选择在该国首都，仲裁委员会选择该国首都仲裁委员会，仲裁语言为英语，准据法为该国法律，仲裁规则选择《联合国国际贸易法委员会仲裁规则》（UNCITRAL）。根据上述两条的规定，该 EPC 合同的招标依据和仲裁依据是项目所在国的法律。满足招标人所制定的招标技术标准是国际工程领域的普遍做法。例如，中国的《招投标法实施条例》第 51 条规定：投标文件没有对招标文件的实质性要求和文件做出响应的，评标委员会应否决其投标。伊朗的招投标法也做出了相同的规定，根据项目所在国的《招投标管理法》（Tendering Administration Law）第 12 条："投标人质量评定"之规定，"The quality assessment of tender participants will be performed through following procedures: 1. Determining the quality assessment criteria and their weight …" 即标书是否合格取决于是否满足招标人所制定的招标质量标准。

第 17 条规定了如果投标人认为招标书存在歧义、模糊或者错误，可向招标人提出澄清。投标人的答复，须同时抄送所有投标人：

"Description of deeds: A - If a participant finds any ambiguous or errors in tender documents, he can ask the tender inviter for more description. B - The description and reply to the tender participant questions and also holding session (documents description session), copy of the session shall be sent for all participants whom receive the documents equally"。对于投标人对招标人的招标存在不满，该法第 25 条"投诉处理"（The consideration manner on complains）给了投标人相应的救济权利和救济途径，投标人可到招标委员会（Tender Inviter Organization）投诉。

在招投标期间，对于承包商质疑 EPC 合同价格不包含 VAT，业主通过信函分别致函了 12 家投标人，明确商务标书中的 EPC 价格包含 VAT，该行为符合该国招投标法第 17 条之规定。EPC 承包商擅自在其标书中暗含所报价格不包含 VAT，明显违反了该国《招投标管理法》第 12 条之规定，招标人应判定其为废标。对于业主的要求，投标人如果不满意可以选择拒绝投标或者按照第 25 条进行司法救济，但承包商为保持价格上的优势，采取了"低价中标，高价索赔"的策略，按照招标人的要求进行了书面承诺正式签订了 EPC 总承包合同。

通过以上分析，业主在整个招标过程中，招标程序基本上符合项目所在国的招投标管理法和国际惯例，唯一存在的瑕疵是把本来应该由业主自己承担的增值税包含在 EPC 合同价格中，加大了 EPC 总承包商的风险。VAT 是项目所在国政府新增的税种，试验期短，公众认知度低，业主存在一定的认识误区。中方总承包商虽然对 VAT 有一定的认识，但贸然错误地采取了"低价中标，高价索赔"的策略，其行为明显违反了该国招投标管理法和国际惯例，明显存在"恶意"行为，最终受到损害的是自己。至此，可以得出结论：中方总承包商的 VAT 索赔没有法律依据。

【案例启示】

该案例告诫我国的承包商，从事国际工程总承包应高度重视合同法务工作的建设。承包商应根据法律风险防控的基本要求，结合境外业务的实际，围绕境外工程合同签约和履行的过程主线，从市场调研、市场开发、投标、合同洽谈、合同签订到履行合同、完工验收的全过程，识别并防控法律风险。

在市场调研阶段对有关法律法规为核心内容的法律环境进行深入调研和分析；在投标前由法律部门认真研读招标文件与合同草本，对涉及相对人、工作量、补偿机制、权利义务、作业风险与赔偿责任以及管辖法律和争议解决等条款进行重点判断分析，识别不利条款，及时提出合同条款异议，为后续的合同谈判创造条件。在投标及合同签约阶段严格履行有关商务会审程序，保证签订的合同条款内容完整准确、权利义务对等公平、风险分担合理；在合同履行之前对全体管理人员进行项目合同交底，要求项目管理人员熟悉合同内容，严格按照合同要求和国际惯例履行合同义务，避免承担违约责任；在合同履行过程中，由项目管理人员会同法律人员针对对方所出现的违约情形，及时有效地行使合同赋予的权利，积极维护承包商的权益。

第 13 章 利润索赔原理

费用索赔只能保证承包商不致亏损，而成功的利润索赔才能使承包商在保本的基础上的盈利。在 EPC 工程实践中，有些总承包商往往只重视费用索赔，而对应得的利润索赔却重视不够，从而使企业遭受不必要的经济损失。本章对利润索赔原理进行分析阐述。

13.1 利润索赔综述

13.1.1 利润的概念与特征

利润索赔工作之所以经常引起争议，很大一部分原因是因为双方对于利润的认识不够充分和系统。利润除了经济学中的意义外，在工程中还具有特定的含义。在工程建设中，我们常说的利润是指承包商完成所承包工程的总收入与总成本的差额，且不包含税金。可以说是经济学上的经济利润，也可以说是会计学上的纯利润。利润作为业主对承包商按合同约定完成工程建设任务，并承担一定承包风险给予的成本以外的报酬，是承包商从事经营活动的最终目的。

由于工程建设处于特殊环境，其利润也具有区别于一般工业产品利润的特征。

（1）差异性。由于每个建设项目的使用要求、所处的地理环境和经济环境不同，导致建筑产品具有个体差异性，即使结构和造型完全相同，由于所处的地理环境和经济环境不同，工程的建造价格，所取的各种费率标准不同，所获得的利润也不尽相同。

（2）动态性。任何一个工程项目从投资决策到竣工投产都要经历一段较长的时期。在这段时期内，影响工程造价的因素很多，如工程变更、费率和利率的变化及其他不可预测的因素等，都会直接影响承包商所获得的利润，也就是说，承包商所获得的利润也是动态变化的。

（3）复杂性。首先是利润计算过程的多次性。由于工程造价的动态性，在整个工程建设过程中要进行多次计算，而利润隐含在工程造价中，实际上也进行了多次计算。其次是计算方法的多样性，不同的工程、不同的合同背景所采用的利润计算方法也不同，比如有的工程是选取一定的计费基础，按照固定费率计取利润；有的工程则是将利润单独列项，根据所完成工程量和单价的不同，进行利润的计取。

13.1.2 利润索赔的类型

利润与费用索赔关系密切。费用索赔的原则是使承包商不致因索赔事件而遭受任何损失，但也不能因索赔而额外受益。一般来说，可以归纳为下述两个原则：一是所有赔偿金额都应该是承包商为履行合同所必须支出的费用；二是按此金额赔偿后，应使承包商恢复到未发生事件前的财务状况。不同的索赔原因导致费用索赔计算的内容不同，对于利润问题的处理方法也不相同。为了方便利润问题的处理，我们可以将利润索赔过程中，根据不同情况而造成的利润损失分为以下三种类型。

1. 计划利润损失

计划利润损失是指由于合同变更、综合单价变化或额外成本支出所引起的利润损失。现阶段我国已经普遍实行工程量清单计价模式进行招投标，投标报价包括：分部分项工程费、措施项目费、其他项目费、规费和税金。《建设工程工程量清单计价规范》第4.4.3款规定："实行工程量清单计价的工程，宜采用单价合同。"单价合同是指承包人按工程量清单内分部分项工作内容填报单价，以实际完成工程量乘以所包单价结算价款的合同。这也是目前我国招投标项目常用的一种合同形式。单价合同中的"单价"一般是指包含了人工费、材料费、施工机械使用费、管理费、利润和风险的综合单价，其中利润是以直接工程费和管理费为基础（人工土石方是以人工费为基础）乘以相应的利润率得到的。也就是说，分部分项工程费、措施项目费和其他项目费里都包含有利润。所以，在实际工程中由于工程量变化而引起的索赔，在计算费用时，都包含了此项利润。

2. 预期利润损失

如果由于业主原因导致合同提前终止或解除，承包商有权就预期利润，即剩余未完成合同工作的利润损失提出赔偿，即对所建工程的预期利润赔偿。此时，承包商是否可以得到利润索赔及其数量的多少，取决于该合同的实际赢利性，以及截止到合同终止时对已完工程的付款数额。

3. 机会利润损失

如果由于业主原因引起合同延期，承包商不得不继续在本合同项目保留原已安排用于其他工程的人员、设备和流动资金等，从而导致承包商丧失了可以承揽其他新工程而取得利润的机会，承包商由此而遭受的损失即机会利润损失（也可称为延期利润损失），可以向业主提出索赔。利润索赔的类型及引起的原因大致如图13-1所示。

13.1.3 利润索赔类型分析

1. 索赔机会利润损失的情况

机会利润又称为延期利润。由于业主原因造成合同延期的情况有很多，如增加工程量或新的工作内容引起延期，工程性质、质量要求或设计参数变化引起的延期等，总的结果是造成合同工期的延误。理论上来说，承包商的机会利润索赔不是以其额外工作的数量或直接损失的程度为依据，而是以承包商的潜在盈利能力为依据。一般情况下，业主可从承包商在本

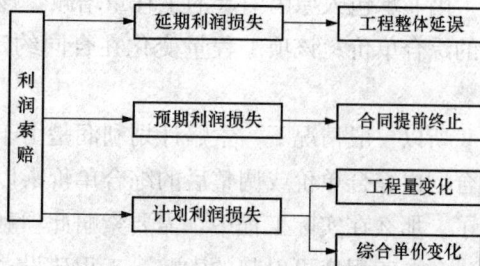

图13-1 利润索赔的类型及引起的原因

工程内的盈利程度来进行同等水平的估计。但在实际工程中，承包商一般很少提出此类索赔，即使提出，也很难获得相应赔偿。其理由如下所述。

（1）由于业主原因引起的合同延期，不管具体原因发生在何时何地，承包商应当在原因发生时的索赔期限内，就具体的延期原因提出索赔。对于应该索赔利润的原因应当都得到相应的补偿，所以工程延期并未削减承包商所获的利润。

（2）一般承包商出于企业战略和长远发展的需要，为了开拓市场或与业主维持长期的友好合作关系，并不会提出此项索赔。

2. 索赔预期利润损失的情况

由于业主原因造成工程提前终止或解除，承包商未获得或未完全获得预期收益。此时，承包商可就本应获得的利润进行索赔。但由于承包商实际并没有完成所有工作，所以一般情况下不能按照合同规定的费率计取利润，而是下浮一定比例或双方协商确定赔偿的利润数额。

3. 索赔计划利润损失的情况

由上述定义可知，计划利润索赔是工程中最常见也是最重要的。由于单价合同中所列的工程量并非实际工程量，只是暂时估算的工程量，故单价合同的执行原则是：量变价不变。也就是说，一般情况下，合同中所列综合单价不变，结算时，以合同单价乘以实物工程量计算费用。清单计价模式下的合同风险分担原则是：业主承担量的风险，承包商承担价的风险。但是在实际签订合同过程当中，为了双方利益，往往会有一些风险合理再分配的条目，如双方约定当工程量变化超过一定比例后，应当进行单价调整。

如果工程建设中出现施工图纸（包含设计变更）与工程量清单项目特征描述不符的情况，承发包双方应按新的项目特征确定相应工程量清单项目的综合单价。因分部分项工程量清单漏项或非承包人原因引起的工程变更，造成增加新的工程量清单项目，其对应的综合单价确定为以下方法。

（1）合同中已有适用的综合单价，按合同中已有的综合单价确定。

（2）合同中有类似的综合单价，参照类似的综合单价确定。

（3）合同中没有适用或类似的综合单价，由承包商人提出综合单价，经发包人确认后执行。

因非承包人原因引起的工程量增减，该项工程量变化在合同约定幅度以内的，应执行原有的综合单价；该项工程量变化在合同约定幅度以外的，其综合单价及措施项目费应予以调整。

所以一般情况下，索赔计划利润是由于发生工程量的变化，由于计算索赔费用时采用的是合同内综合单价或调整后的综合单价乘以实际工程量，故实际上相应的利润也已经计算在内了。那么在实际工程中，需要索赔此项利润的情况如下。

（1）工程变更引起的索赔：工程建设过程中，监理工程师认为必要时，会对工程或其任何部分的外形、质量或数量做出变更或改变施工顺序和时间等。针对这些变更，承包商可对变更引起的附加费用进行索赔。根据 FIDIC 合同条款的相关规定，一切根据监理工程师的指令完成的额外或附加工作或加以取消的工作应以合同中规定的费率和价格确定其费用。所以实际处理过程中一般都是按照或比照工程量清单中的综合单价来计算索赔费用，故此项的利润包含在内。

（2）业主提供基准资料错误或变更，导致承包商返工引起的索赔。虽然没有造成工程外形、质量或数量的变化，但是承包商实际完成的工程量增加了，故索赔时，以综合单价乘以相应实际工程量计算的费用中应包含此项利润。

（3）由于业主的原因，如图纸拖延、未按时提交施工现场、材料供应中断、工程款拖欠等造成的窝工损失。窝工使承包商不能按照原来的施工进度计划进行施工并获取相应利润，若最后引起总工期的拖延，又会使承包商丧失承包其他工程的机会，故应进行利润索赔。但由于承包商在窝工期内并没有进行施工，所以只能索赔合理利润，一般可以在合同中专门约定，或在合同利润率基础上下浮一定比例计取。

13.2　利润索赔的依据

13.2.1　银皮书中利润索赔条款

利润索赔是指非承包商原因造成承包商的经济损失，在某种条件下，业主在补偿承包商费用的同时，还应赔偿承包商除成本损失外的利润损失。利润损失索赔往往是与费用索赔同步的，而不能单独成立；而且造成承包商利润损失的责任不是承包商，不属于承包商承担的风险范围。总的来说，利润索赔主要来自以下几个方面：一是业主违约导致承包商整个合同被延误，致使承包商的利润损失；二是业主违约导致合同提前终止，造成承包商预期利润的丧失；三是业主根据合同做出变更安排，承包商为执行变更指令，而造成承包商的利润损失。依据银皮书分析，涉及以上三部分内容的条款简述如下。

1. 业主违约导致承包商整个合同被延误

涉及这种情况的合同条款有第2.1款【现场进入权】：……如果雇主未能够及时提供给承包商进入和占用现场的权利，使承包商遭受延误和（或）招致增加费用，承包商可以获得工期延长、费用和合理利润的索赔权利。

此外，银皮书第7.4款【试验】、第10.3款【对竣工试验的干扰】、第16.1款【承包商暂停工作的权利】等，上述原因造成整个合同工期延误，则承包商在主张其他权利的同时，可以向业主索赔利润。

2. 业主违约导致合同提前终止

涉及此类情况的合同条款有第16.4款【终止时的付款】：由承包商终止合同，在业主付款时应按照有关规定，付给承包商因此项终止而蒙受的任何利润损失或其他损失或损害的款额。相关条款还包括第19.6款【自主选择的终止、支付和解除】等。

3. 业主根据合同做出变更安排

涉及工程变更利润索赔的条款有第13.3款【变更程序】：为指示或批准一项变更，雇主应对合同价格和付款计划表的调整。这些调整应包括合理的利润。

此外，涉及此类利润索赔的条款还有第11.8款【承包商调查】、第13.6【计日工作】等。

利润索赔条款详见第 7 章第 7.3 节所述。通过 7.3 节分析可以看出银皮书中可以进行利润（P）索赔的条款共 11 款，其中既可以进行费用索赔，又能进行利润索赔（C＋P）的共有 6 款；可以同时索赔工期、费用、利润（T＋C＋P）的共有 5 款。

从合同的规定可以看出，利润索赔一般很难单独成立。当业主下指令出现工程变更、合同整体延误、工程提前终止等情况下，承包商在进行费用索赔时，还可以进行利润索赔。

13.2.2　国内示范文本中利润索赔条款

就我国情况而言，我国的相关法律也明确了对预期利益的保护，明确了违约方就其违约行为给守约方造成的间接损失，也要承担赔偿责任。从我国《民法通则》第 117 条规定看，被侵权人预期利益的损失或间接损失已经列入法律保护的范畴。根据《中华人民共和国合同法》第 113 条规定："当事人一方不履行合同义务或者履行合同义务不符合约定，给对方造成损失的，损失赔偿额应当相当于因违约所造成的损失，包括合同履行后可以获得的利益，但不得超过违反合同一方订立合同时预见到或者应当预见到的因违反合同可能造成的损失。"所以当发包人违反合同规定，将原合同范围外的工作交由承包商完成、设计或施工变更等违约行为发生时致使承包商预期利润损失的，承包商提出预期利益索赔是有法可依的。

依据《建设项目工程总承包合同范本》（GF－2011－0216）和《标准设计施工总承包招标文件》（2012 年版），涉及利润索赔（P）的共 37 款；既能索赔成本，又能索赔利润的（C＋P）共 37 款，可见利润与成本是紧密联系的；只能索赔成本（C），而不能索赔利润（P）的共 11 款。详见表 13-1。

表 13-1　建设项目工程总承包合同范本索赔条款汇总

序号	条/款	项	款项内容	索赔内容
1	3.1 承包人的主要权利和义务	3.1.5	对因发包人原因，给承包人带来任何损失、损害或造成工程关键路径延误的，承包人有权要求赔偿或/和延长竣工日期	T＋C＋P
2	4.1 项目进度计划	4.1.3【进度计划的调整】	因发包人提供的项目基础资料和现场障碍资料有误；或未能按约定付款，导致约定的设计、采购、施工开工日期延误的；或导致某个设计阶段审核会议时间的延误；或按合同约定的时间延长的；或合同约定的其他可延长竣工日期的情况，竣工日期应相应顺延	T
3		4.1.4【发包人赶工要求】	书面提出加快设计、采购、施工、竣工试验的赶工要求，因赶工引起的费用增加，发包人应予以承包商补偿	C
4	4.2 设计进度计划	4.2.3【设计开工日延误】	因发包人未能按约定提供设计基础资料、现场障碍资料等相关资料或未按约定的预付款金额和支付时间按时支付预付款，造成设计开工日期延误的，设计开工日期和工程竣工日期相应顺延，给承包人造成经济损失的，应支付相应费用	T＋C＋P

序号	条/款	项	款 项 内 容	索赔内容
5		4.2.4【设计阶段审查日期的延误】	因发包人原因，未能遵守合同约定的设计阶段审查会议的时间安排，造成某个设计阶段审查会议延误的，竣工日期相应顺延。因此给承包人带来的窝工损失由发包人承担	T+C+P
6	4.3采购进度计划	4.3.3【采购进度延误】	因发包人原因导致采购延误，给承包人造成的停工、窝工损失，由发包人承担，若造成关键路径延误，竣工日期相应顺延	T+C+P
7	4.4施工进度计划	4.4.2【施工开工日期延误】	（1）因发包人原因造成承包人不能按时开工的开竣工日期相应顺延。给承包人造成经济损失的应支付相应费用。……（2）因不可抗力造成施工开工日期延误的竣工日期相应顺延	T+C+P
8	4.6暂停	4.6.7【工程暂停时的付款】	发包人原因暂停的复工后，未影响整个工程实施时，发包人负责因这暂停给承包人所增加的合理费用。因发包人原因暂停的复工后影响到部分工程实施时，发包人应从合同价格中调减该部分款项，同时，发包人还应该暂停所承包人增加的合理费用	C
9	5.2设计	5.2.1【发包人的义务】	因发包人提供的项目基础资料、现场障碍资料不及时、有误；发包人因纠正错误、造成承包人设计变更、停工、返工、或设计修改的，发包人应赔偿承包人额外增加的设计工作量赔偿其损失。造成工程关键路径延误的竣工日期相应顺延	T+C+P
10	6.1 工程物资的提供	6.1.1【发包人提供的工程物资】	发包人采购提供的工程物资等不符合或新颁布的国家强制性标准、给承包人造成窝工、停工或导致关键路径延误的按变更和合同价款调整处理。如委托承包人修复作为一项变更。发包人请承包人参加境外采购工作时所发生的费用由发包人承担	T+C+P
11	6.2 检验	6.2.3【未能按时参检】	发包人未按约定时间参检。发包人有权在此后，以变更指令通知承包人重新检查、检验、检测和试验或增加试验细节或改变试验地点。工程物资经质检合格的，所发生的费用由发包人承担，造成工程关键路径延误的，竣工日期相应顺延	T+C+P
12		6.2.5【质量监督部门等的参检】	质量监督部门等参检其费用由发包人承担。造成工程关键路径延误的竣工日期相应顺延。因上述部门在参检中提出的修改、更换等意见所增加的相关费用，发包方负责提供的，发包人承担	T+C+P

序号	条/款	项	款 项 内 容	索赔内容
13	6.3 采购关清关和商检	6.3.2	因工程物资报关、清关和商检的延误造成工程关键路径延误时，发包人负责进口采购的竣工日期给予相应延长承包人由此增加的费用由发包人承担	T+C+P
14	6.5 重新订货及后果	6.5.1	由发包人负责提供的工程物资存在缺陷时，经发包人组织修复仍不合格的由发包人负责重新订货并运抵现场。因此造成承包人停工、窝工的，由发包人承担所发生的实际费用导致关键路径延误时竣工日期相应顺延	T+C+P
15	7.1 发包人的义务	7.1.3【进场条件进场日期】	因发包人原因造成承包人进场时间延误的竣工日期相应顺延。发包人承担承包人因此发生的相关窝工费用	T+C+P
16		7.1.4【提供临时用水、用电等和节点铺设】	发包人无法或未能按约定的品质、数量和时间提供的水、电等或未能按约定的类别和时间完成节点铺设，给承包人造成的损失的，由发包人承担相关费用，导致工程关键路径延误的竣工日期相应顺延	T+C+P
17		7.1.6【发包人办理的批准】	因发包人未能按时办妥各项批准手续，给承包人造成的窝工损失由发包人承担。导致工程关键路径延误的竣工日期相应顺延	T+C+P
18		7.1.7【提供施工障碍资料】	因发包人未能提供上述施工障碍资料或提供的资料有误，给承包人造成损失或损害的由发包人承担赔偿责任。导致工程关键路径延误的竣工日期相应顺延	T+C+P
19		7.1.8【发包人新发现的施工障碍】	发包人承担处理施工障碍相关费用，对于新发现的施工障碍承包人可依据施工变更范围的约定提交变更申请对于承包人的合理请求发包人应予以批准。施工障碍导致工程关键路径延误的竣工日期相应顺延	T+C+P
20	7.5 质量与检验	7.5.1【质量检验】	发包人提供的工程物资经承包人检查、检验、检测和试验不合格的，发包人应自费修复和或更换，因此造成关键路径延误的竣工日期相应顺延。承包人因此增加的费用由发包人承担	T+C+P
21		7.5.5【重新进行质量检查】	发包人要求重新进行质量检查，当检验、检测、试验的结果合格时，承包人增加的费用由发包人承担，工程关键路径延误的竣工日期相应顺延	T+C+P
22		7.5.6	因发包人代表和/或监理人的指令失误或其他非承包人原因发生的追加施工费用由发包人承担。造成工程关键路径延误的竣工日期相应顺延	T+C+P

序号	条/款	项	款　项　内　容	索赔内容
23	7.6 隐蔽工程和中间验收	7.6.3【未能按时参加验收】	因应发包人和/或监理人要求所进行延期验收造成关键路径延误的竣工日期相应顺延给承包人造成的停工、窝工损失由发包人承担	T+C+P
24		7.6.4【再检验】	发包人和/或监理人在任何时间内，均有权要求对已经验收的隐蔽工程重新检验。经检验合格的承包人因此增加的费用由发包人承担，工程关键路径延误的竣工日期相应顺延	T+C+P
25	7.8 职业健康安全环境保护	7.8【职业健康安全环境保护管理】	在承包人实施职业健康、安全、环境保护管理实施计划的过程中，发包人需要在该计划之外采取特殊措施的，按变更和合同价格调整约定，作为变更处理	T+C+P
26		7.8.3 现场安全管理	发包人、监理人及其现场工作人员的原因，导致的人身伤害和财产损失由发包人承担相关责任及所发生的费用。工程关键路径延误时竣工日期给予顺延	T+C+P
27	8.1 竣工试验义务	8.1.2【发包人的义务】	发包人在合同实施过程中委托承包人进行竣工试验的依据第13条变更和合同价格调整的约定作为变更处理	T+C+P
28	8.2 竣工试验的检验和验收	8.2.2	因发包人提供的竣工试验条件延误给承包人带来的窝工损失由发包人负责。导致竣工试验进度延误的竣工日期相应顺延	T+C+P
29		8.2.5	如重新试验合格承包人的费用和/或竣工日期的延长按照13条变更和合同价格调整的约定作为变更处理	T+C+P
30	8.3 竣工试验的安全和检查	8.3.5	因发包人的原因造成的事故由发包人承担相应责任、费用和赔偿。造成工程竣工试验进度计划延误时竣工日期相应顺延	T+C+P
31	8.4 延误的竣工试验	8.4.4	发包人未能根据8.1.2款的约定履行其义务，导致承包人竣工试验延误，发包人应承担承包人因此发生的合理费用，竣工试验进度计划延误时竣工日期相应顺延	T+C+P
32	8.7 竣工试验结果的争议	8.7.2	竣工试验结果有的争议，责任方为发包人时，所需的鉴定费用及因此造成承包人增加的合理费用由发包人承担，竣工日期相应顺延	T+C

序号	条/款	项	款 项 内 容	索赔内容
33	9.4 未能接收工程	9.4.2	发包人未能遵守本款约定，使用或强令接收不符合接收条件的单项工程和（或）工程的，将承担 9.3 款接收工程约定的相关责任，以及已被使用或强令接收的单项工程和（或）工程后进行操作、使用等所造成的损失、损坏、损害和（或）赔偿责任	C
34	10.2 竣工后试验程序	10.2.5	因发包人原因，未能在接收单项工程和（或）工程的 20 日内或在专用条款中约定的日期内进行竣工后试验，发包人应自第 21 日开始或按约定的开始日期后的第二日开始，承担承包人由此发生的相关窝工等损失费用及其合理利润	T+C+P
35	10.5 重新进行竣工后试验	10.5.3	因承包人原因，重新进行竣工后试验，给发包人增加了额外费用时，发包人有权根据 16.2.1 款的约定向承包人提出索赔	C
36	第 1 条变更和合同价格调整 13.2 变更范围	13.2.4【发包人的赶工指令】	发包人认为必要的方式加快设计、施工或其他任何部分的进度时，承包人应以必要的方式加快设计、施工或其他任何部分的进度时，承包人为实施该赶工指令需对项目进度计划进行调整，并对所增加的措施和资源提出估算，经发包人批准后，作为变更处理	C
37	13.3 变更程序	13.3.2	如承包人接受发包人变更通知中的变更时，发包人应赔偿实施此项变更承包人增加的费用、管理费和合理利润的百分比，此项变更引起竣工日期延长时，应在报告中说明理由，并提交与此项变更相关的进度计划	T+C+P
38	13.4 紧急性变更程序	13.4.2	承包人应在紧急性变更指令执行完成后的 10 日内，向发包人提交实施此项变更的工作内容，资源消耗和估算。因执行此项变更造成工程关键路径延误时，可提出竣工日期延长要求	T+C+P
39		13.4.3	发包人应在接到承包人根据 13.4.2 款提交的书面资料后的 10 日内，以书面形式通知承包人被批准的合理估算和（或）给予竣工日期的合理延长	T+C+P
40	13.7 合同价格调整		合同签订后，因法律、国家政策和需遵守的行业规定发生变化；工程造价管理部门公布的价格调整；一周内非承包人原因的停水、停电、停气、道路中断等，造成工程现场停工累计超过 8 小时的；发包人变更程序中批准的变更估算的增减；本合同约定的其他增减的款项调整。应价格调整	C
41	14.9 付款时间延误	14.9.1	因发包人的原因未能按约定的时间向承包人支付工程进度款的，应从发包人收到付款申请报告后的第 26 日开始，以中国人民银行颁布的同期同类贷款利率向承包人支付延期付款的利息，作为延期付款的违约金额	C

序号	条/款	项	款 项 内 容	索赔内容
42		14.9.2	双方协商签订延期付款协议书的；发包人应按延期付款协议书中约定的期数、时间、金额和利息付款；当双方未能达成延期付款协议，导致工程无法实施，承包人可停止部分或全部工程，发包人应承担违约责任，导致工程关键路径延误时，竣工日期顺延	T+C+P
43		14.9.3	发包人的延误付款达 60 日以上，并影响到整个工程实施的，承包人可向发包人发出解除合同的通知，并有权就此增加的相关费用向发包人提出索赔	C+P
44	14.12 竣工结算	14.12.5【发包人未能结清竣工结算的款项】	发包人未能在约定的 30 日内对竣工结算资料提出修改意见和答复，也未能向承包人支付竣工结算款项的余额的，应从承包人提交该报告后的第 31 日起，支付拖欠的竣工结算款项的余额，并按中国人民银行同期同类贷款利率支付相应利息	C
45	16.1 违约责任	16.1.1【发包人的违约责任】	发包人未能按约定时提供正确工艺技术和（或）建筑设计方案、项目基础资料和现场障碍资料；未能按约定调整合同价格；未能按有关预付款、工程进度款、竣工结算约定的款项类别、金额、承包人指定的账户和时间支付相应款项；未能履行合同中约定的其他责任和义务。发包人应赔偿因上述违约行为给承包人造成的损失。因其违约行为造成工程关键路径延误时，竣工日期顺延	T+C+P
46	第 17 条 不可抗力/ 17.2 不可抗力后果		因不可抗力事件导致的永久性工程和工程物资等的损失、损害，由发包人承担；承包人恢复建设，所需的清理、修复费用由发包人承担，恢复建设的竣工日期合理顺延	T+C
47	第 18 条 合同解除/ 18.2 承包人解除合同	18.2.1	由承包人解除合同后，发包人接到承包人根据本款第（1）项发包人延误付款达 60 天、（2）项发包人实质上未能根据合同约定履行其义务、（3）项发包人未能按约定提交支付保函的，承包商解除合同的通知后，发包人随后给予了付款，或同意复工、或继续履行其义务、或提供了支付保函时，承包人应尽快安排并恢复正常工作。因此造成关键路线延误时，竣工日期顺延；承包人因此增加的费用，由发包人承担	T+C+P
48		18.2.2	承包人发出解除合同的通知后，有权停止和必须进行的工作如下：向发包人提交全部分包合同及执行情况说明，由发包人承担其费用	C+P
49		18.2.4【解除合同后的结算】	如合同解除时，承包人尚有其他未能收回的应收款余额，而合同未约定发包人按提交支付保函时，发包人应根据约定，经协商一致的解除合同日期结算资料后的第 1 日起，按中国人民银行同期同类贷款利率，支付拖欠款项的利息	C

13.3　预期利润索赔分析

在实践中，由于人们对预期利润索赔的实质认识不清，合同双方对其理解各有不同，往往产生争议和纠纷，成为利润索赔类型中的难点和热点，为此，我们单就预期利润索赔做进一步探讨。

13.3.1　预期利润索赔的要件

承包商预期利润索赔是指因为业主不履行或不适当履行合同（以下简称"索赔事由"）致使承包商本可以实现和取得的财产增值的利益（以下简称"索赔费用"）不能实现和取得，承包商向业主提起赔偿损失的单方面主张。而一般所称的工程索赔是指"在合同履行过程中，对于并非自己的过错，而是应由对方承担责任的情况造成的实际损失，向对方提出经济补偿和（或）工期顺延的要求"。与一般工程索赔相比，承包商预期利润索赔有着以下两个要件。

1. 索赔事由带有明显的违约性

一般工程索赔事由是出现了"并非自己的过错，而是应由对方承担责任的情况"。在EPC 工程中的具体情形通常包括：工程变更、物价上涨、法律变更、工程拖延、合同终止等。其中，大部分是合同约定由一方承担的客观风险，而非由该方违约而引起。这是由于合同索赔条款约定"业主和承包商之间承担风险比例的合理再分配"的实质所决定的。而承包商预期利润索赔事由是"业主不履行或不适当履行施工合同"的行为。"不履行"包括部分不履行和全部不履行，"不适当履行"指虽已履行但履行结果不符合合同约定，二者均是典型的违约行为。如预期利润索赔的原由是业主拖欠进度款而导致合同终止这一违约行为。由此可知，预期利润索赔的事由带有明显的违约性，不同于一般工程索赔的非一方违约的客观风险。

2. 索赔金额是可以确定的

承包商预期利润如何确定呢？依据有关合同法律确立的损失赔偿，不得超过违反合同一方订立合同时预见到或者应当预见到的因违反合同可能造成的损失的规则。该预见性规则有三个要件。

（1）预见的主体为违约人，而不是守约人。

（2）预见的时间为订立合同之时，而不是违约之时。

（3）预见的内容为违约后可能发生的损失种类和损失大小。

该规则应用于承包商预期利润索赔，承包商可以索赔的预期利润是业主在签订合同时可以预见的承包商利润。如何认定业主在签订合同时可以预见的承包商利润？显然不能凭业主的主观臆断，而应依据一定的客观标准。

从法理上讲，这种客观标准一般指根据合同的性质、目的和交易习惯等标准，以一个理性人的身份来审查判断。从工程实践角度讲，这种客观标准比较容易解决。按照工程定额及一定下浮比例投标报价的，定额利润率（一般为 7%）减去下浮率，即为业主在签订合同时可以预见的承包商利润率。按照工程量清单投标报价的，承包商在报价时或开工前一般要报送包含利润比例的费用拆分表，其中的利润率即是业主在签订合同时可以预见的承包人利润率等等。可见，损失计算的可预见性规则及工程交易特点决定了承包商可索赔的预期利润是相对确定的。

预期利润索赔金额确定性意味着该索赔的证据易于收集，金额易于计算并确定，索赔成功率自然较高。以上承包商预期可得利益索赔的两个构成要件，索赔事由违约性意味着索赔事由的出现，这对承包商影响是较大的，承包商应该给予高度的重视。承包商预期利润索赔是对承包商有相当价值的一类索赔，尽管其出现频率相对较低，但一旦其出现，利润索赔的回报将是相对丰厚的。

13.3.2 预期利润索赔成因

一般来说，承包商可以索赔预期利润的情形有两种：一是业主擅自将合同工作自行实施或交由其他承包商实施；二是因为业主原因致使承包商终止合同。

（1）业主删减工作由他人完成：业主擅自将承包商合同范围内的工作删除，将删除工作自行实施或交由其他承包商实施时，根据国际工程惯例，承包商对这一部分工作的预期利润的损失是可以向业主进行索赔的。例如，FIDIC 银皮书第 13.1 款【变更权】规定：在颁发工程接收证书前的任何时间，雇主可通过发布指示或要求承包商提交建议书的方式，提出变更。变更不应包括准备交他人进行的任何工作的删减。也即业主不应为了要自己实施或安排另外的承包商实施工程合同中的工作内容，否则，原承包商可以索赔损失的预期利润。

（2）业主的原因导致承包商终止合同：在合同履行过程中，因为业主未能履行合同义务或违反合同法人约定导致承包商行使终止合同的权利时承包商可以索赔预期利润。比如，业主久久不能提供施工现场、未能按照约定支付工程款、雇主实质上未能根据合同规定履行其义务等情形时，承包商有权终止合同，按照 FIDIC 银皮书第 16.4 款【终止时的付款】规定，按照有关规定，业主应向承包商付款，且应承担承包商因此而发生的费用损失以及预期利润损失。

13.3.3 预期利润索赔的误区

对于预期利润的索赔的认识存在两个误区：一是认为业主删除工程，承包商就可以索赔预期利润；二是认为业主提前终止合同，承包商就可以索赔预期利润。

1. 业主删除工程是否可以索赔预期利润的问题

在任何合同模式下，业主都有进行工程变更的权利，当然也就包括了删除工程的权利。业主在行使变更权的时候，只需要补偿承包商额外增加或损失的费用开支（直接费和管理费），并支付已经完成工作的价款，但不必补偿承包商被删除工作而相应减少的利润。因此，根据雇主的变更权，雇主在删除任何合同内工程而又不是将该部分工程自行实施或委托其他承包商实施，承包商是不能就该部分工程量的删除提出利润索赔的。

2. 业主终止合同的预期利润索赔问题

（1）约定解除：根据国际惯例，业主有根据自身利益解除合同的权利。许多政府的采购合同（比如美国政府采购的相关规定）都约定了业主可以根据自身便利无条件地解除合同，且只需赔偿因此而导致承包商的所有损失，但是不包括预期利润损失。这并非是因为买方市场关系，而是因为投资方在投资项目中面临着很多的风险，且通常是投资者很难预料也很难控制的（比如说政治风险、金融风暴等）。相比之下承包商在工程施工中所面临的风险就小得多，而且也容易处置得多。业主在遇到自身不能控制的风险时选择删除工程、解除合同是为了避免遭受更大的损失。因此，可以把业主的这种权利理解为业主（投资方）削弱风险影响的一种合理的措施。

（2）法定解除：承包商未能提供担保、拒绝履行合同义务或未能按照合同规定履行合同义务、非法转包分包工程等法律规定的情形出现，业主就有权解除合同。业主在解除合同后可以自行或委托其他承包商完成剩余工作，费用从原承包商合同价款中扣除。如果实际实施费用高于原合同剩余金额，则高出的部分，业主有权向由原承包商追索。

在这种情况下，业主终止合同是行使合同权利，而并非违约，因而不构成承包商的索赔理由，更不存在预期利润的索赔，此时承包商只能根据合同获得相应的付款。根据FIDIC银皮书的第19.6款【自主选择终止、付款和解除】，承包商可以获得的付款包括：

1）已完成的、合同中有价格规定的任何工作的应付金额。

2）为工程订购的、已交付给承包商或承包商有责任接受交付的生产设备和材料的费用。当雇主支付上述费用后，此项生产设备和材料应成为雇主的财产（风险也由其承担），承包商应将其交由雇主处置。

3）在承包商原预期要完成工程的情况下，导致的任何其他合理的费用或债务。

4）将临时工程和承包商设备撤离现场，并运回承包商注册地的费用（或运往任何其他目的地，但其费用不得超过前者）。

5）在终止合同时，承包商将那些完全为本工程雇用的员工遣返的费用。

即承包商只能获得已发生费用和增加损失的付款，当然也包括已完工程的利润，但是不能索赔未完工程的预期利润。

13.4　利润索赔量化分析

在工程建设项目承包中，一般来说承包商在确定某个合同工程的报价时，首先是对完成整个合同工程的基本费用（人员、设备、材料、现场管理费用、融资费用、分包合同费用以及合同规定应由承包商承担的不可预见的风险的估价等）做出预算，然后就需要在这一基础上对实施工程的利润进行预算，确定一定比例的利润。基本费用、总部管理费和利润最后构成整个合同的价格。

在13.1.3利润索赔类型分析中，我们顺便简要地介绍了利润索赔额的计算问题，下面我们按照雇主违约导致承包商整个合同被延误、雇主违约导致合同提前终止和业主根据合同做出变更安排这三种情况，分别对利润索赔的量化问题做进一步的探讨。

13.4.1　合同整体延误利润索赔额确定

从法律上讲，如果业主的违约没有导致合同整体延误，例如，延误不是发生在工程进度计划的关键路径上，该延误可能被工程整个进度计划所吸收，承包商原则上不能索赔利润的损失，因为合同的利润实际并没有因为这种延误受到损失，但承包商可以索赔延误期间增加的现场直接费用。

如果业主的违约导致了整个合同工期的延误，承包商一般有权索赔机会利润损失，机会利润损失是指在生产销售或提供服务的合同中，生产者、销售者或服务提供者因对方的违约行为而受到的预期纯利润的损失。也就是说，合同延误的利润索赔并不取决于合同本身的获利性，而是承包商的机会利润。我国《合同法》第 113 条第 1 款规定："当事人一方不履行合同义务或者履行合同义务不符合约定给对方造成损失的，损失赔偿额应当相当于因违约所造成的损失，包括合同履行后可以获得的利益。"其法理依据是：合同工期的整体延误使承包商被套在原来的合同项目中不能及时脱身，从而失去了从事新的合同项目的机会。换言之，如果没有这种整体延误，承包商在原合同下的所有资源就可以在被延误的时间内投入到新的工程项目中去，赚取新的合同利润。由于合同工期的延误导致了承包商利润的损失。因此，承包商有权索赔这种损失。

实践中，对于这种损失的精确量化存在着许多困难。英国和美国的承包商在索赔中采取公式计算方法，英国在其司法实践中确立了哈得孙（Hudson）公式，美国则确立了恩奇利（Ench leay）公式。该公式是 1970 年在英国有名的《Hudson 论建筑与工程合同》一书中提出来的，在这里我们可以借鉴英国估算总部间接费的哈得公式，采用公式法估算，利润估算公式表达如下：

$$利润索赔额＝（利润率×合同额）÷（原合同工期×延误时间）\qquad(13-1)$$

式（13-1）很显然是将承包商在被延误的合同下可获得的利润类推适用于合同延误阶段。这一公式有两个主要的假设条件。

①有良好的市场背景（并非要求有俯拾皆是的商业机会），同时承包商也有良好的成功的商业历史，多年来有持续赢利的能力，承包商凭借其定价能力和缔约效率完全可以在合同延误期间获得有恰当的利润和总部管理费的新的合同项目。

②承包商的资源是有限的，在承包商用于被延误的合同的工作资产和合同组织没有脱离延误的合同之前，承包商无法承接新的合同项目。这两个基本的假设条件也是承包商在运用这一公式索赔利润时必须证明的事实。

在满足上述假设条件的情况下，应用该公式的关键在于如何确定一个适当的利润综合费率。在国际工程实务中，有采用承包商社会平均投标报价中确定的利润率的；也有适用从承包商以往几年财务报表中摘出的一个平均利润率的。因为投标报价利润率与实际预期可得利润是完全不同的概念，第一种做法受到了普遍的批评；第二种做法也存在很大的缺陷，因为通过会计方法核算出的企业利润率与一个项目部的盈利能力悬殊很大。结合我国建筑企业管理体制，项目经理部具有一定的固定性和相对独立性，是工程成本的核算中心和效益考核中心。在一个会计核算年度内，假如该承包商整体是亏损的，并不能影响一个具有较强竞争力的项目部的较高的盈利。因此，在应用该公式时，利润率采用承担该工程的项目部近几年的平均利润率较为合理，其计算方法是：

$$利润率＝（合同额－直接成本－公司总部管理费）÷合同金额\qquad(13-2)$$

在式（13-2）中，直接成本包括除公司管理费之外的完成合同项目的所有费用，该费用根据项目管理资料很容易得到，公司总部管理费一般按企业内部规定的合同额的百分比计算。

　　承包商在运用上述公式索赔时,应证明在合同延误阶段市场情况没有实质性的变化,即承包商总的说来有机会获得新的工程项目,并应证明合同的延误导致了承包商资源紧张或资源受限,从而无法承接新的合同项目。一般情况下,承包商的这种举证是比较困难的。除非一国经济进入了萧条期,建设项目明显缩减,原则上该确认公式能够适用,当然业主有确切证据证明相反的情况除外。

13.4.2　合同提前终止利润索赔额计算

　　工程合同在履行过程中会遇到多种情况而无法继续履行。实践当中常见的因业主违约导致合同终止的情况有以下几种。

　　(1)业主的资金安排不能在合同规定的时间内到位。

　　(2)业主未能按照合同规定支付工程的期中付款。

　　(3)业主拖长暂时停工,影响到整个工程的进行,使承包商陷于长时间的等待。

　　(4)业主实质上未能根据合同履行其义务。

　　(5)业主破产或无力偿债,停业清理,或已有对其财产的接管令,与债权人达成和解,或为其债权人的利益在财产接管人、委托人或管理人的监督下营业,或采取了任何行动或发生任何事件(根据有关适用法律)具有与前述行动或事件相似的效果。

　　在上述情况下,承包商有权终止合同,并开启索赔程序。对上述情况,FIDIC银皮书第16.2款【由承包商的终止】、第16.4【终止时的付款】有明确规定。同时,我国最高人民法院《关于审理建设工程施工合同纠纷案件适用法律问题的解释》和现行《建设项目设计施工总承包示范合同文本》通用条款也同样规定:在下列情况下承包人可以申请解除合同:(a)发包人无法继续履行或明确表示不履行或实质上已停止履行合同的。(b)由于发包人违约,承包人按通用条款22.2.2项暂停施工28天后,发包人仍不纠正违约行为的。合同解除后不影响承包人根据通用条款22.2.4项的约定享有的索赔权利,其中包括可得预期利润的索赔。

　　从理论上讲,当业主违约导致合同终止时,承包商一般来说应有权索赔剩余工程的利润,因为这属于承包商依据合同预期可以获得的收益,为此,我们可以将这种利润称为"预期利润"。如果从整个合同的收益角度来说,承包商在合同终止时就有权索赔整个合同的价格减去已经获得的支付和完成全部剩余工程的直接成本后的余额。该赔偿规则在英美法系由Robinson(罗宾逊)诉Harman(哈曼)案例中是得到确立的。

　　对剩余工程利润的索赔计算与证实都很困难,承包商必须证明剩余工程的合同价格在事实上是有利润的(实际损失原则),而不能仅仅证明投标报价中的利润率是合理的。事实上剩余工程的利润取决于原合同价格估算的准确性,以及承包商在合同履行过程中的成本控制水平。因此,对剩余工程的可得利润可按下列步骤测算:

　　(1)分析项目部(承包商)近几年类似工程的投标报价和报价利润率,根据工程管理资料计算平均实际成本(C_1)和平均实际利润水平(V_1)。

　　(2)根据工程管理资料计算该项目已完部分的实际成本(C_2),根据原合同价款(P_0)和合同终止前的已完工程量,计算出承包商已完工程应得的价款(P_2),进而计算出承包商在该项目上已完工程的实际利润率(V_2)。

$$V_2 = (P_2 - C_2)/P_2$$

（3）计算剩余工程原合同价格：

$$P_3 = P_0（原合同价格）- P_2$$

按照合同关于合同价款调整条款的约定，根据投标时的物价指数 K_1 和合同终止时的物价指数 K_2 对 P_3 修正：

$$P_{31} = P_3 \times K_2/K_1$$

（4）赋予实际利润率不同的权重，例如，V_1：30%，V_2：70%，计算剩余工程利润率（V_0）

$$V_0 = 30\% \times V_1 + 70\% \times V_2$$

（5）计算剩余工程可得利润 $= P_{31} \times V_0$。

这种分析计算比较反映实际情况，符合预期可得利润索赔数值计算的基本原理。同时应注意，这种分析计算方法只适用于正常的投标报价情况。如果承包商在合同报价时采取了"不平衡报价"方法，即在不影响总标价的情况下，对前期项目的报价增加权重（将单价确定在正常水平之上），而对后期项目则可能不计利润，只计成本，承包商要索赔后期工程的利润就会遭到发包方有关后期工程实际无利润的抗辩，承包商的索赔很可能不成功。

理论上，承包商可以在合同因业主违约而终止时这样索赔。但是承包商在具体索赔时可能会面临减损规则的限制，从合同法上讲，守约的一方在条件许可的情况下，有采取措施减轻违约一方违约损害后果的责任。否则守约的一方不能就未能采取可以采取的措施导致的损失扩大部分向违约一方索赔。因此，在条件许可的情况下，承包商负有减轻业主违约的损害后果的责任。具体而言，如果承包商在合同因业主违约终止后能够立即获得有利润的新的合同项目，承包商从事新的合同项目来获取利润应当冲抵可得利润的损失。当然，承包商为获取新的项目所支出的必要费用，如投标费用、签订合同费用等仍由发包人承担。在市场相对繁荣或平稳的情况下，因为承包商在合同终止后很快又能找到新的有利润的项目，业主通常会提出这样的抗辩，并可能获得成功。但是，在经济萧条时期，由于市场萎缩，业主就很难建立起这样的抗辩。

综合分析合同延误和合同终止两种情况，我们发现，承包商在合同终止下的利润的索赔与合同整体被延误的情况下的索赔形成鲜明对照，承包商要索赔前者，即合同延误就要证明其在合同终止后完全没有可能立即获得新的合同项目；要索赔后者，即合同终止则恰恰需要相反的证明。因此，如果合同终止前合同已经整体被延误一段时间，承包商不仅会想到索赔剩余工程的利润，还会提出延误时间内的利润的索赔。如上所述，承包商在这两种索赔下的证明义务正好是相反的。因此，承包商应当注意到这两种索赔的互斥性，根据客观的市场情况决定取舍。

13.4.3 工程变更安排利润索赔额计算

工程项目的复杂性决定业主在招标阶段所确定的方案往往存在某些方面的不足，同时也可能在施工过程中遇到不可预见的物质条件。因此，业主在工程施工期间需要对工程的范围、技术要求等进行修改。所以，工程承包合同一般均规定了业主有权提出变更，承包商应当执行雇主的变更指令。

就 EPC 合同来说，一般对工程变更范围做了规定。例如，我国《建设项目总承包合同示范文本》通用条款第 13.2 款【变更范围】对设计、采购和施工分别做了较为详细的规定：

（1）设计变更范围包括：①对生产工艺流程的调整，但未扩大或缩小初步设计批准的生产路线和规模、或未扩大或缩小合同约定的生产路线和规模；②对平面布置、竖面布置、局部使用功能的调整，但未扩大初步设计批准的建筑规模，未改变初步设计批准的使用功能或未扩大合同约定的建设规模，未改变合同约定的使用功能；③对配套工程系统的工艺调整、使用功能调整；④对区域内基准控制点、基准标高和基准线的调整；⑤对设备、材料、部件的性能、规格和数量的调整；⑥因执行基准日期之后新颁布的法律、标准、规范引起的变更；⑦其他超出合同约定的设计事项；⑧上述变更所需的附加工作。

（2）采购变更范围：①承包人已按合同约定的程序，与相关供货商签订采购合同或已开始加工制造、供货、运输等，发包人通知承包人选择另一家供货商；②因执行基准日期之后新颁布的法律、标准、规范引起的变更；③发包人要求改变检查、检验、检测、试验的地点和增加的附加试验；④发包人要求增减合同中约定的备品备件、专用工具、竣工后试验物资的采购数量；⑤上述变更所需的附加工作。

（3）施工变更范围：①根据设计变更，造成施工方法改变、设备、材料、部件、人工和工程量的增减；②发包人要求增加的附加试验、改变试验地点；③新增加的施工障碍处理；④发包人对竣工试验经验收或视为验收合格的项目，通知重新进行竣工试验；⑤因执行基准日期之后新颁布的法律、标准、规范引起的变更；⑥现场其他签证；⑦上述变更所需的附加工作。

在工程合同中规定变更条款还有以下原因：①可以使业主在工程需要变更时处于对承包商讨价还价的比较公平的地位；②赋予承包商执行工程师的指示后，从雇主处获得变更支付救济权利；③为变更工作的估价提供了效率，这是指变更条款可使双方当事人事先确定合意的基础来确定变更工作的估价，避免事后当事人双方的机会主义，从而降低了交易成本，提高了效率。

当然，FIDIC 编制的银皮书第 13.1 款【变更权】在规定业主的变更权的同时，也规定承包商应遵守并执行每项变更。除非承包商及时向雇主发出通知，说明（附详细根据）：（i）承包商难以取得所需要的货物；（ii）变更将降低工程的安全性或适用性；（iii）将对履约保证的完成产生不利的影响，雇主接到此类通知后应取消、确认或改变原指示。

英美法系国家的大多数标准合同都规定，对于每一项工程变更，均应进行估价，并相应地调整合同的价格。虽然大多数标准合同都规定了工程变更的估价原则，但不同性质的变更对承包商利润影响差异很大。

（1）如果工程的变更涉及工程量的增加和永久性工程的增加，原则上承包商完成附加的工程实体和增加的工程量理应有权获得适当的利润分摊额。因此，对此种变更的估价应当考虑利润的成分。利润量化方法是：如果变更的工程项目在原工程量清单中有对应的项目，其估价方式一般采用原合同价原则，即已标价工程量清单中有适用于变更工作的子目的，采用该子目的单价。在这种类型下，如果承包商原始投标价格有利润的话，变更的工作也应有利润。但如果原始合同价格被低估了，由于最终变更估价仍然适用，变更工作的获利性就成了问题。如果变更的子项目与原合同工程量清单项目的不相同，即新增项目，其估价方式一般采用成本加酬金原则，即以实际成本为基础，加上间接费和利润。一般来说，应当以恰当的资料表中注明的相应百分率计算的实际增加工程量的金额的一个百分比确定利润的金额。如果没有此类百分比，应当采用投标书附录中注明的百分率。

需要注意的是，如果在工程变更涉及工程实体和工程量的增加的情况下，执行变更的结果导致了承包商整个合同工期的延误，承包商无疑有权获得合同工期顺延，但承包商通常不能再索赔延误阶段的利润，因为承包商在合同延误期间是在从事包含了利润的额外增量工作，变更的工作已经估价，计入合同价格，承包商不能获得双倍的利润。但是，如果承包商完成额外增量工作的时间少于延误的时间，承包商对余下的延误时间仍可以索赔利润。

（2）如果工程变更对工程实体没有影响，但却造成合同工期的延误，例如，改变合同中一项工作的施工时间或改变已批准的施工工艺或顺序。在这种情形下，承包商可以采用上述合同整体延误的情况下承包商对利润索赔的原理索赔利润。

（3）关于变更涉及工作的删减。就一般工程合同而言，当工程的变更涉及的是对某项工作的删减时，同样必须对删减的工作进行测量和估价，以作相应的价格调整。分为三种情况。

1）如果合同签订时没有规定业主有权删减合同工作，业主删减合同工作就违反了允许承包商完成全部合同工作的义务，因而构成违约。业主必须赔偿承包商在被删减的合同工作上的利润。因为这是包含在中标金额中的款额，如果该项工作没有被删减，承包商就可以挣得这笔利润。

2）如果合同规定业主有权删减合同工作，并且业主这样做是将被删减的工作交给其他承包商或指定的分包商去完成，按照国际惯例与 EPC 合同规定（如 FIDIC 金银皮书、新黄皮书第 13.1 款【变更权】），业主删减该合同工作就是一种违约行为，业主必须赔偿承包商在被删减的合同工作上的利润，承包商理应获得利润索赔。

3）如果合同规定业主有权删减合同工作，并且业主这样做不是为了将被删减的工作交给其他承包商或指定的分包商去完成，业主删减该合同工作就是一种正当的工程变更。由于合同规定对于删减的工作应当进行合同价格调整，承包商将不能获得被删减的工作的工程款（包括利润的分摊）。尽管这种有权的删减与业主违约的删减对承包商造成的损失是同样的，并且是业主基于自身利益的需要所导致的。但是，由于合同已经通过上述有关价格调整的规定将业主有权删减合同工作的利益风险分配给了承包商，承包商就只能承担这种工程变更带来的利益损失。这与上述业主有权终止合同的风险分配是同样的道理。并且，如果业主删减的工作恰好是分包商承担的工作，承包商就面临与业主有权终止合同导致分包合同终止一样的法律问题，即承包商只有通过保持总包合同与分包合同的一致性才能避免分包商的索赔。

由以上可见，由于业主有权删减承包商合同的工程，同时不涉及违约问题时，承包商能否获得利润的补偿完全取决于合同的风险分配。

最后，我们还应当注意到：在一定情况下，因为工程所在国法律的改变（包括适用新的法律和废止或修改现有的法律）或对此类法律的司法或政府解释有改变，从而影响承包商履行合同义务的，合同价格应考虑上述改变导致的任何费用增减而做出相应调整。具体而言，如果工程所在国的法律或法律解释的改变，使承包商遭受延误和招致额外费用，承包商应当通知雇主的工程师，对遭受的延误和增加的费用（包括利润）做出类似变更的处理，即对延误的时间给予延长期，对增加费用（包括利润）计入合同价格，给予支付。但有些情况下不可进行利润索赔，如物价上涨造成人工费和材料费的增加；由于交通干扰等造成的拖延所引起的费用索赔。

总之，建设工程合同利润索赔涉及许多法律、会计核算、工程管理等实务问题，同时，利润的期待性、未来性、不确定性给承包商利润的成功索赔带来较大的困难，而利润的损失又是确确实实存在的。因此，承发包双方应遵循诚实信用的原则，妥善解决工程合同的利润索赔问题，尊重双方的利益。

13.5　利润索赔的实施

利润损失作为承包商为按照合同约定履行合同义务而发生的超出合同价款给予的报酬之外的经济损失，是承包商为履约所付出的额外代价。对利润进行索赔，是合同赋予承包商的权利。承包商应重视并有效利用此权利，来减少合同履行过程中所蒙受的损失，保护自身的合法权益，增加工程款收入。为此，承包商应做到以下几点。

（1）强化利润索赔意识。近几年来，工程索赔的理念已经被大多数承包商所接受，但利润索赔作为一种特殊的工程索赔，尤其是对由于工程延期造成的机会利润索赔，往往被承包商所忽视。作为争取自身权益的一种方式，承包商应加强自身对于利润索赔重要性的认识，积极把握机会进行利润索赔。

（2）增强合同管理能力。同任何一项施工索赔一样，利润索赔需要承包商依据合同约定进行。只有根据合同确定索赔事件是否成立并合理计算利润索赔额，索赔才可能被发包人所接受。

（3）提高经营管理水平。承包商进行利润索赔的前提是利润损失是由业主或监理工程师原因导致的。只有承包商加强成本观念，提高成本管理水平，才可以有效防止由自身原因导致的利润损失，及时对由业主或监理工程师原因导致的利润损失进行索赔。

第14章 利润索赔案例

利润是承包企业生存和持续发展的保障，是工程合同索赔的主要内容。就利润索赔的计算原理来讲，无论何种合同条件下，其利润计算原理都是相同的，且目前国内外对利润索赔的方法并无统一的规定，按照合同双方事先约定，无约定按照国际惯例或双方协商进行。本章共介绍承包商利润损失索赔的5个算例，案例12例。其中，利润索赔算例8例，工期延误、合同提前终止原因引起的利润索赔各1例，因合同改变原因引起的索赔案例2例。

14.1 利润索赔算例

14.1.1 依据合同约定利润率算例

【摘要】

合同签订具有法律效力，受法律保护。实践中依据合同约定的利润率计算利润索赔额的方法，是最为简单和被双方容易接受的算法，本案例就是一起在我国司法实践中运用合同约定法计算利润索赔的判例。

【索赔背景】

业主为某银行向社会公开招标"中银花园二期工程"，中技集团通过此次招投标，确定为中标人，并向中技集团下发了中标通知书双方签订了建设工程合同，约定中技集团承包"中银花园二期工程"2号楼西楼，1号楼的土建工程及一般水、电、暖通、安装全部工程，工期为15个月，合同价款为1325万元。合同签订后，中技集团即开始筹建临时设施及开展相关的基础工作及其他工作。后因涉案银行迟迟未通知原告开工，也未办理施工许可证，致使中技集团不能按期开工。

依据业主（银行）发布的招标文件中规定承包商企业利润按7%计取。中技集团的投标文件也承诺承包企业利润按7%计取，并测算预期利润为79.7252万元。业主（银行）三年始终未能下达开工令，给承包商造成重大损失。于是承包商向法院提出解除与业主（银行）的承包合同，并要求赔偿预期利润79.7252万元及各项损失101.43万元。

【利润计算】

法庭认为，中技集团、业主（银行）双方签订的合同系双方真实意思表示，不违反法律规定，对此双方均无异议，应认定合法有效。合同签订后，因业主（银行）一直未通知中技集团开工，也未办理施工许可证，造成工程无法按期开工。对此，业主（银行）应当承担违约责任。业主（银行）则辩称，未开工是因为城市规划的改变，因业主（银行）并未提供证据，中技集团对此也不予认可。对此，原审法院不予采信。因合同约定开工日期至今已达三年之久，且至今业主（银行）也未通知中技集团开工，工程实际已无法履行，且中技集团在三方会谈纪要中也提出如果三个月内仍不能履行，有权解除合同。依照双方签订的合同，对中技集团除造成的实际损失外，还应给以预期利润赔偿。

因业主（银行）在招标文件中已规定承包企业利润按 7% 计取，而中技集团在投标文件中预算的工程利润也是依照被告的招标文件规定按 7% 计算的，即预期利润为 79.7252 万元，在庭审业主（银行）对中技集团的投标文件并无异议，且双方又依据评标结果签订了建设工程合同，故对预期利润 92.75 万元，原审法院及后来上诉的中级法院均予以认定：赔偿利润金额按 7% 计算，即预期利润为 79.7252 万元。

【算法评价】

关于利润率的确定，一般来说，如果合同中约定了利润水平，则可以直接利用约定法加以计算，例如成本加酬金合同。长期以来预期利润损失的计算是我国合同法理及司法实践的难点问题，理论上一般有约定法、收益对比法、估算法等，实践中具体有多种方法不尽一致。由于受工程实践的复杂性及预期利润本身的相对不确定性特点影响，各种方法在确定预期利润数额时都具有自己局限性，很难说哪一种方法绝对合理。

相对而言，合同中约定利润率的方法对双方当事人来说是最为合理的。按合同中约定的利润率进行计算可以很好地从可预见性方面进行诠释，因为它是当事人订立合同时确定的，理应作为当事人预见预期利润的依据，因此原则上当事人在合同中约定的利润计算方法应优先采用。

14.1.2　依据费用项目拆分表利润率算例

【摘要】

工程项目费用拆分表是指在对工程项目所需费用总额做出合理估计的前提下，为了确定项目实际执行情况的基准而把整个费用分配到各个工作单元上去。费用拆分表是工程项目建设全过程中进行费用控制的基本依据。本案例是利用费用项目拆分表的利润率作为对工程承包的预期利润率，计算利润的索赔金额的仲裁案。

【索赔背景】

业主系一家国外跨国公司在我国注册成立的独资企业。在华东某市投巨资开发一个大型商业设施。该工程经招标，由一家中国承包商以 1.6 亿元中标。合同中约定工程进度款按月支付，承包商需在每月的 28 日向业主提交当月完成工程量的月报表，业主应在 1 个月内予以确认，并在确认后的 28 日内予以支付；如业主不能按约付款，承包商可就此发出书面通知，业主应在此后的 7 日内予以支付；如业主仍不能支付，则承包商有权解除合同。同时，合同还规定，由于业主原因导致合同终止，业主应赔偿承包商因此遭受的任何直接损失或损坏。

在签订合同之后，承包商随即开始实施，在施工阶段，当施工完成约 5000 万元工作量时，业主因为遭遇金融危机无力继续支付工程款，承包商向业主发出通知，要求其在 7 日内支付应付的款项，否则将按合同约定暂停工程，但业主没有回应。最后承包商致函业主，要求支付价款及赔偿，合同终止后承包商损失总计 2000 万美元，并保留调整索赔总额和再次提出对其损失和其他直接费用索赔进行调整的权利。其后双方进行了多次磋商，但始终未能达成一致。

最后，承包商向业主发出仲裁意向，并全部撤离工地。承包商根据合同约定解除了合同，并提出包括预期利润在内的费用索赔。双方协商不成，提请仲裁，仲裁要求，对被迫终止合同责任，业主应支付包括预期利润在内的 2500 万元的补偿。

【利润计算】

在仲裁的过程中，仲裁庭认为，直接损失指因合同终止直接引起的承包商的所有损失，包括剩余工程预期可得利益的损失，而预期利润应看作预期可得利益。如何确定利润率？仲裁庭则根据承包商在开工前报送的费用项目拆分表中相应项的利润率，该项利润率为 2%，该费用是发包人应当预见的，因业主违约而给承包商造成的损失。最后，仲裁庭裁定业主应赔偿承包商 800 万元，其中包括剩余工程的预期利润损失为 220 万元。

【算法评价】

在工程司法实践中，合同当事人双方对工程项目的利润率并未做出明确的规定，这就要寻求其他的计算方法。预期利润应是可以确认的，预期利润应该是可以计算或是有据可查、且应该是合理、合法、公平的。本案例是采用费用项目拆分表寻求计算索赔利润额的方法，符合上述预期利润的特征。在案例中，虽然仲裁庭采用的这种方法与承包商期望的相去甚远，但利用费用项目拆分表计算为利润索赔的司法纠纷解决提供了一种可行的计算思路，使得此类利润索赔顺利得以解决。

14.1.3 依据工程量清单利润率算例

【摘要】

工程量清单是把承包合同中规定的准备实施的全部工程项目和内容，按工程部位、性质及它们的数量、单价、合价等列表表示出来，用于投标报价和中标后计算工程价款的依据，是合同文件的重要组成部分。本例是一起机会利润索赔的实例，它是利用工程量清单计算利润索赔额，为利润索赔提供了一种计算思路。

【索赔背景】

中方建筑企业在境外某国承接了该国邮电通信部一个五星级酒店项目，酒店为核心混凝土结构，地下室 3 层，地上 22 层，总高度达 100m，是 W 国最高建筑。合同内容包括土建工程、装饰工程、机电工程的施工，以及装修、机电的深化设计任务。当该五星级酒店项目主体结顶时，由于西班牙设计单位无法确定装修风格和思路，工程随即陷入停顿。随后，业主被迫向承包商下达停工令。对此，承包商项目部就停工索赔进行了认真讨论，制订了索赔方案。

【利润计算】

对于停工延误引起的索赔，承包商除了索赔人工费、现场管理费、材料费、保函延期手续费、保险延期损失、总部管理费、分包费用等外，提出了利润损失赔偿，由于利润是包含在每项工程内容价格之内的，而延长工期只是延迟了利润的获得时间，并未导致利润损失，因此监理工程师不会接受在停工的费用索赔中加入利润损失。但由于业主原因造成停工，承包商不得不在工程现场保留相当数量的机械设备、管理人员及流动资金，而这些资源本来可以转移到另一个工程项目上并产生利润。承包商要索赔的是"机会利润损失"。这在理论上是讲的通的，但是举证比较困难，因此，承包商积极同监理沟通，做好说服解释工作。

利润率是依据工程量清单报价中的利润率加以计算，公式如下

利润索赔额＝（索赔直接费＋索赔现场管理费＋索赔总部管理费＋索赔保函手续费＋索赔保险费＋分包索赔）×利润百分比

利润百分比通常与报价单中的利润率相一致。由于本工程采用工程量清单报价，因此，可以采用同类国际工程的一般利润率即 10％～15％。

【算法评价】

实践中，如果合同中没有明确规定，但承包商的投标书中有反映的，也理应可以确定。但在实践中却可能存在很大问题，如承包商在投标时采用不平衡报价或恶意提高利润率，则按照这样的利润率计算补偿对雇主显然是不公平的。根据我国合同法精神，损失赔偿额应相当于因违约所造成的损失，包括合同履行后可以获得的利益，但不得超过违反合同一方订立合同时所能预见或者应当预见的因违反合同应承担的损失。

工程量清单计价方式，是在建设工程招投标中，招标人自行或委托具有资质的中介机构编制反映工程实体消耗和措施性消耗的工程量清单，并作为招标文件的一部分提供给投标人，由投标人依据工程量清单自主报价的计价方式。在工程招标中采用工程量清单计价是国际上较为通行的做法。其中工程单价需要明确利润。在招投标中工程量清单是招标人确定标价、投标人报价的重要依据，其中注明的各项利润是当事人双方明确的，是可以预见的。由于本索赔方案算例是延期停工利润索赔，最后利润索赔虽然未能获得成功，但不失为一种确定利润率的方法。

14.1.4　利用建筑安装定额利润率算例

【摘要】

建筑安装工程费由直接费、间接费、利润和税金组成，利润是指承包企业完成所承包工程获得的盈利。本算例是利用建筑安装定额利润率计算预期利润的判例。

【索赔背景】

某承包商与某房地产开发公司（业主）就办公楼项目签订了建设工程合同，合同约定按《福建省建筑安装工程费用定额》（当年现行版）进行计价，工程按二类计算。此后，业主单方解除合同，将工程交由他人完成。承包商以预期利润赔偿提起诉讼。

【利润计算】

法院认为双方在合同中约定了按《福建省建筑安装工程费用定额》（当年现行版）作为计价依据，该定额中有利润率数值，该数值即为双方订立合同时预见的承包人的预期利润率，所以承包商的利润按涉案工程对应类别在该定额的中的利润率进行计算。

【算法评价】

建设工程费用定额是合同价款确定的重要依据之一，依据费用定额计算索赔利润在我国司法实践中不乏判例。本案涉及的《福建省建筑安装工程费用定额》（当年现行版）中对利润做出如下规定：建筑、安装、市政、仿古建筑及园林绿化和房屋修缮等工程的利润，根据

单位工程的类别计算，建筑工程的土石方、桩基础、室外道路、挡土墙工程及其他市政工程按三类计算，根据费用定额相应项利润率来计算索赔预期利润也是我国司法判决的一种计算方法。

14.1.5 依据当年统计年鉴利润率算例

【摘要】

统计年鉴是对全国或者各地区当年经济、社会各方面的统计数据，以及多个重要历史年份和近年的主要统计数据，是一部全面反映经济和社会发展情况的资料性年刊。在承发包双方发生利润索赔纠纷时，可以利用当年的统计年鉴有关行业利润数据对利润进行计算，本算例就是利用当年统计年鉴数据计算预期利润的仲裁案。

【索赔背景】

广东某承包商与华南一所大学（业主）签订工程合同，承包该业主科技交流中心二次装修工程，合同总造价1856.3252万元。承包商按照约定日期进入施工现场，开始搭建临时设施及施工前的准备工作。此后，由于业主的原因，一直未取得建设工程许可证，承包商先后收到发包方要求解除合同的通知书。为此，承包商向仲裁委员会申请仲裁，要求业主赔偿费用损失，并要求业主按该省统计局当年统计年鉴显示的建筑企业的利润率3.48%，以合同总造价为基数，赔偿预期利润损失64.6001万元。

【利润计算】

工程造价鉴定机构认为，承包商提出的工程预期利润按项目所在省统计局当年统计年鉴显示的建筑企业的利润率计算属合理范围。仲裁委对其他索赔费用给予支持，却以承包商主张赔偿工期预期利润损失64.6001万元超出合理的范围为由，驳回利润索赔。

【算法评价】

本案例中，在工程造价鉴定机构认定承包商提出的工程预期利润按该省统计局当统计年鉴显示的建筑企业的利润率计算属合理范围的情况下，仲裁委却以承包商主张赔偿工期预期利润损失64.6001万元超出合理的范围为由，驳回承包商关于预期利润的请求，有以表面的合理性原则来否定承包商的合法权益之嫌。

就目前国内法律、行政法规对建筑工程纠纷中的预期利润的计算标准没有做出规定。在司法实践中，承包商要对预期利润进行索赔就要举证证明自身的利润率。但一个建筑企业在施工项目中将要获得的利润受到各种各样因素的影响，很难准确计算，这就产生了一种举证难的问题。在本案例中，承包商主张以该省统计局当年统计年鉴显示的利润率计算预期利润额，获得造价评估单位的认可，其实，当预期利润无据可依时，统计年鉴数据也不失计算利润索赔的一种方法。

14.1.6 利用合理低价与合同价差额算例

【摘要】

合理低价是指能够保证工程顺利实施的具有科学的，合理施工技术措施的最低报价。在我国司法实践中，利用合理低价与合同价格的差额作为承包商的索赔预期利润的判例有之，本算例就是如此。

【索赔背景】

　　某承包商通过投标取得上海城市某公寓 8 号、9 号楼工程的承包权，业主房产公司向承包商发出中标通知书。并双方签订了工程承包合同，工程总造价 1750 万元。合同签订后，承包商即组织相关施工人员及机械进场。此后，业主房产公司未能依约向承包商发出开工令，致使承包商项目部机械设备和临时设施仍搁置施工现场，人员无法调用，造成极大损失。此后，业主即房产公司重新组织招投标，将涉案的 8 号、9 号楼交由其他单位完成，单方解除了与承包商的合同，承包商以预期利润等赔偿提起诉讼。

【利润计算】

　　法院以该业主即房产公司就案涉工程招标时设定的合理最低价 1705.9954 万元作为基数，认为承包商投标报价中高于该基数的即为利润。将承包商的预期利润定为 44.0046 万元，即招标时设定的合理最低价－承包方投标报价＝1750－1705.9954＝44.0046（万元）的差额。

【算法评价】

　　按照招投标时的合理低价与合同价的差额确定预期利润是司法实践中的一种方法。但是，由于我国当前招投标过程不尽规范，很多时候并没有确定合理低价，有时确定了标底价但也没有对外公开，事后更是难以证明。另外，个别时候甚至出现合同价低于标底价的情形，这些情况下就没有办法按此方法确定承包商的预期利润。

14.1.7　依据行业利润率算例

【摘要】

　　行业利润率是指本行业所有企业一定时期的利润总额同企业成本费用总额的平均比率。本案是在利润索赔实践中，利用行业利润率计算索赔利润的一起法院判例。

【索赔背景】

　　业主与某承包企业签订建设工程合同之后，将合同约定应由该承包商负责施工的价值为 33.2255 万元的工程交给其他人完成。随后承包商以预期利润赔偿向法院提起诉讼。

【利润计算】

　　法院认为，关于原告承包公司要求被告业主赔偿其可得利益损失的诉讼请求，根据我国《合同法》的规定，当事人一方不履行合同义务给对方造成损失的，损失赔偿额包括合同履行后可以获得的利益。本案中，由于被告业主没有全面履行合同义务，将合同约定应由原告承包商负责承揽施工的工程（价值为 33.2255 万元）转交给其他公司完成，违反了合同的约定，确实造成了原告承包商预期可得利益的损失，法院参考同行业可得利润率，并结合本案实际情况，酌情确定由被告业主赔偿原告该承包商可得利益损失 49838.25 元。遗憾的是判决书未明确同行业利润率的确定方法，该数值如何得到无法得知。

【算法评价】

　　本算例是按建筑业的平均利润率计算，一定程度上体现了公平性。但是行业平均利润率是整个行业的中间值，不同企业的盈利能力是具有很大差别的，在个案中可能与具体的承包商的实际利润率存在差距，针对一些盈利能力高的企业按照中间值计算就可能产生较大的预期利润损失；而对于盈利能力较低的承包企业就有可能超出其盈利预期。

14.1.8 依据企业利润率和行业利率算例

【摘要】本例是一起利用承包企业利润率和行业利润率来计算预期利润的判例。与此同时，对于预期利润索赔利润率的确定、风险费是否属于预期利润，完全补偿是否合适等方面进行了探讨。

【索赔背景】

某企业为了扩大生产规模，投资建厂。该工程项目经过邀请招标，由某承包公司以3 300万元中标，并签订了工程承包合同。但合同尚未履行，业主就将工程委托给了另外一家承包商，并由这家承包商完成了该厂的建设。该承包公司到法院起诉，向业主索赔该工程的建设承包合同的预期利润。法庭支持承包商的要求，但如何计算预期可得利润却产生了问题。承包商的报价是依据当地的预算定额编制的，在合同中承包商承诺在预算价格的基础上让利12％。而从报价书中却无法确定承包商的预期可得利润。

【利润计算】

最后经协商，法院采用了按照该承包商近几年工程承包的实际利润率（由于该承包商专门从事工程承包，所以工程承包的实际利润也就是企业平均利润）和当地同类企业的平均利润率加权平均的办法来测算本工程的可得利润率。法庭委托政府主管价格部门设立的价格鉴定机构测算承包商的可得利润。鉴定依据是价格法和地方的价格评估暂行办法、工程预算定额和工程费用定额、当地的工程造价信息、当地统计局资料、中标单位的价格鉴定基准日之前3年经审计合格的资产负债表和损益表及本工程施工合同和图纸、预算书。鉴定方法采用的是重置成本法和市场比较法。

（1）按照施工图纸和预算定额测算，本工程预算造价为3300万元。

（2）根据该企业前3年经过审计的财务会计报表，该承包企业的税前利润率分别为3.36％、2.88％和3.4％，前三年的平均税前利润率为3.22％。

（3）通过统计年鉴，该市近三年全市同类建筑企业的平均利润率分别为3.0％、2.9％、3.6％。

（4）按照本次委托鉴定的目的和要求，对被测算对象赋予不同的权重，即该承包企业的利润率权重为0.60，当地近3个年度中同类建筑企业的平均利润率分别赋予0.10、0.10、0.20的权重，则可得利润率的测算值为

可得利润率＝3.22％×0.60＋3.0％×0.10＋2.9％×0.10＋3.6％×0.20＝3.24％

（5）计算承包商的可得利润。

承包商的可得利润＝预算总造价×（1－承诺的下浮率）合同价×可得利润率＝3300×（1-12％）×3.24％＝94.09（万元）

这种分析计算比较反映实际情况，符合索赔数额计算的基本原则。

【算法评价】

在国际工程实践中，进行预期利润索赔通常是根据行业近几年的平均利润率与合同造价或未完工程的造价相乘，得出承包商损失掉的预期利润，这种方法较好地体现了实际损失原则。

在本案例中，法院则采取了结合企业利润率和行业利润率计算预期可得利润的方法。既

考虑了企业的实际盈利状况，又考虑了行业平均盈利情况。

按建筑业平均利润率与承包商个别利润率结合的方法相对较为公平，但是行业平均利润率与承包商个别利润率如何结合也存在争议，本案例中为什么采用 60%，10%、10%、20%的比例组合而不使用其他比例，这些问题都无法给出一个完美的理由。另外，在承包商财务资料不规范或者承包商刚刚成立的情况下，承包商的个别利润率就没有办法确定。为此，承包商应注意以下问题。

（1）在订立建设工程合同时，在合同中明确约定损害赔偿计算的方法。由于在合同对损害赔偿的计算方法有约定的情况下，直接适用该计算方法而不能另外主张预期利润，在这种情况下，承包人在订立合同时就应该充分考虑发包人的违约行为可能对承包人取得利润的影响，在约定损害赔偿计算方法时把这些影响也应该计算进去。这样，在产生纠纷时就可以直接适用损害赔偿的计算方法，而不用另外主张预期利润则可以起到保护预期利润的效果。

（2）在工程报价或预算材料中把利润单列出来。考虑到在建设工程合同谈判中承包商的弱势地位，承包商要修改合同条款而使合同条款体现承包商的利益比较难，在产生纠纷时，承包人要举证证明预期利润额非常困难。如果承包人在投标报价或预算材料中明确利润率或利润数额，而这些材料又能作为合同的附件并在经过双方确认的情况下，当产生纠纷时，就直接可以使用已经确定的利润率或利润数额对预期利润进行索赔，减轻了举证上的劣势。

（3）承包商应完善自身财务管理。在合同没有约定损害赔偿的计算方法或利润率的情况下，承包人对预期利润进行索赔时，就要对预期利润的数额和有关成本进行举证，如果承包商能把自身的财务利润问题、成本情况在有关的财务报表中反映出来，则能作为索赔的强有力的证据。

14.2 工期延误利润索赔案例

【摘要】

工期延误无论是何种合同背景，都是承包商可以索赔利润的情形之一。本案介绍的是由于业主负责供应的材料未及时到场，造成承包商工期延误，承包商向业主提出经济补偿及延期利润的判例。

【案例背景】

2013 年 2 月 18 日，某建设有限公司（以下简称"承包商"）与某房地产开发公司（以下简称"业主"）签订了工程合同，约定由承包商承建某大厦建筑工程，工程暂估总金额人民币 1.70 亿元，其中由承包企业垫付资金至主体结构封顶，垫资利息按年息 10%计取。双方在合同中约定，工程主体结构封顶 7 日内业主须还清全部垫付资金。工程计划开工日期为 2013 年 3 月 15 日，土建工程计划竣工日期为 2013 年 11 月 30 日。

在项目工程施工过程中，由于业主供应材料未到场及其指定的分包商不听从施工现场管理人员的调动指挥等原因，导致工程工期一再拖延并最终导致承包商无法按期收回前期人、财、物的投资。承包商因此亦无法履行与另一发包人先前签署的某生态城可持续发展中心项目的建设工程施工合同，并因此被此项目业主追究违约责任。

该项工程项目的工期拖延亦导致承包商无力继续垫资建设至项目主体结构封顶。承发包双方遂于 2013 年 9 月 25 日签订了承包补充合同，（以下简称"补充合同"），明确了工程延期的原因并调整了工程承包范围，双方同时约定以该项目用地已建构筑物作为偿还承包商垫付资金的担保，且业主售楼资金的 75% 须用于支付工程价款。补充合同签订后，业主并未依约办理在建工程抵押登记手续。

截至 2014 年 1 月 16 日，承发包双方就项目工程的后续施工又签署了协议书，约定承包商不再继续施工和投入资金，剩余工程在工程项目部管理下由业主负责建设，并向承包商交纳完成投资的 2% 作为管理费（不含设备费）。

2014 年 2 月 8 日，双方签署协议书，确认承包商已完成该工程地下一层、地上四层混凝土结构工程，业主应在 2014 年 5 月 30 日前偿还承包商垫付的工程款 1500 万元，2014 年 7 月 30 日前偿还承包商垫付的工程款 1500 万元，剩余工程款在 2014 年 10 月 30 日前付清；如不能按前述期限支付工程价款的，则业主按照最终结算价格承担 17 010 的利息。

2014 年 2 月 10 日，双方签署了工程结算书，确认该项目土建工程费用、安装工程费用及工程垫资利息共计 42265775 元。2014 年 3 月底，承包商项目部与业主对已完工程完成交接。

另经承包商核算，该项目除土建工程、安装工程外，业主尚有土建工程临时设施费用 1217256 元未予以支付。

【仲裁过程】

由于业主拒绝支付工程价款，2014 年 6 月 30 日，承包商依照合同约定提起仲裁申请。承包商认为，双方就涉案项目工程价款支付事宜签署的相关文件系当事人间真实意思表示，合法有效。承包商已经将工程完工并移交业主，然而业主并未依约办理用于担保工程价款支付的相关抵押手续，且未向承包商支付任何工程价款。由此可见，业主已经以自己的行为表明其拒绝履行价款给付义务，虽然工程价款支付期限尚未全部届满，但为保护承包商作为守约方的合法权益，维护诚信的市场交易秩序，保障公平法治的投资环境，亦出于对业主履约能力及商业信誉的合理怀疑，根据最高人民法院（法发〔2009〕40 号）《关于当前形势下审理民商事合同纠纷案件若干问题的指导意见》第 6 条的规定，承包商有权请求仲裁庭合理使用不安抗辩权规则精神，裁决业主向承包商支付全部工程价款。承包商同时要求确认对该项目地下一层、地上四层混凝土结构工程享有优先受偿权，就该工程折价或者拍卖的价款优先受偿。

同时，因业主原因造成工程延期，导致承包商资金无法按期回流且无法按预期计划承建新的工程项目，承包商就其因此向另一项目业主承担的违约责任及未能承建新项目而遭受的机会利润损失，向业主提出了索赔。

【仲裁结果】

经仲裁庭调解，业主同意支付工程款，并酌情赔偿承包商因未能承建新项目而产生的延期利润损失。

【案例启示】

（1）责任分析。造成工期延期的原因通常是多方面的，例如，业主未能及时提供施工现场、由业主负责的设计缺陷和错误、业主提供的材料或设备短缺不能及时到位、气候条件变化、业主违约引发承包商行使暂停造成工期延误等。本案例是由于业主供应材料未到场及其指定分包商不听从施工现场管理人员的调动指挥等原因造成的，因此，工期延误属于业主责任。

（2）延期利润索赔要件。如前所述，延期利润又称为机会利润，工程项目利润索赔成立有两个要件：一个是合同对方违约，而一般工程索赔可以是因为客观原因。如果合同当事人在履行合同义务，但由于发生了各方不能控制的事件或情况（包括但不限于不可抗力），而受损的一方是不能索赔预期利润的。另一个是，预期利润是可以合理预见的，或可以计算的、有据可依的。如果延期（机会）利润不能预见，无据可依，则不能获得延期利润的索赔。本案一个是由于业主负责的材料未能及时提供而延误工期，属于业主违约；另一个是由于工程延误妨碍了承包商承揽其他工程项目获利的机会，两要件成立。

（3）合同有关条款。对于工期延误造成的利润索赔许多合同都有明确的规定，例如，FIDIC 交钥匙合同第 8.4 款【竣工时间延长】规定，如果……（c）由雇主、雇主人员，或在现场的雇主的其他承包商造成或引起的任何延误、妨碍和阻碍，承包商有权提出延长竣工时间、费用和利润的索赔。我国总承包示范文本第 4.4.2 项【施工开工日期延误】规定，因发包人原因造成承包人不能按时开工的开竣工日期相应顺延，给承包人造成经济损失的应支付相应费用，应包括合理利润。

第 6.1.1 项【发包人提供的工程物资】规定，发包人采购提供的工程物资等不符合或新颁布的国家强制性标准给承包人造成窝工、停工或导致关键路径延误的按变更和合同价款调整处理。如委托承包人修复作为一项变更。发包人请承包人参加境外采购工作时所发生的费用由发包人承担，应包括合理利润。

第 16.1.1 项【发包人的违约责任】规定，发包人未能按约定按时提供正确工艺技术和（或）建筑设计方案、项目基础资料和现场障碍资料；未能按约定调整合同价格；未能按有关预付款、工程进度款、竣工结算约定的款项类别、金额、承包人指定的账户和时间支付相应款项；未能履行合同中约定的其他责任和义务。发包人应赔偿因上述违约行为给承包人造成的损失。因其违约行为造成工程关键路径延误时，竣工日期顺延，应包括合理利润。

从以上分析可知，本案仲裁庭调解合同双方的解决方案，最终赔偿承包商预期利润的结果是正确的。

应该指出的是，尽管本案承包商所遭受的延期（机会）利润损失得到了赔偿，但实践中对延期（机会）利润索赔情况还是比较少的。司法实践中，承包商对于延期（机会）利润损失提出索赔的情况并非普遍，原因在于，该种延期（机会）利润损失往往都不在业主的合理预见范围内，根据合同法规定，违约损害赔偿责任应具有可预见性。本案则具有特殊性，因为该案的工程延期影响了到了原定完工后承包商对下一个工程项目合同的履行，工期延误的结果丧失了其利润获取的机会。因此，该索赔请求最终得到人民法院或仲裁庭的支持。

14.3 合同提前终止预期利润索赔案例

【摘要】

工程实践中，往往由于业主的原因，造成合同提前终止，使承包商遭受损失。在此种情况下，工程虽未完工，但承包商是可以索赔未完工程的预期利润的。本案介绍的就是这样一个提前终止合同，承包商向业主索赔利润的案例。

【索赔背景】

某外商独资企业，为建设总投资 1.5 亿美元的商业项目的业主，该合同经过竞标，发包给法国某承包商。双方合同约定：工程总价为 1.5 亿美元；业主应按月支付进度款，在完成当月工程量后，承包商向业主提交月报表，业主在 28 天内予以确认，并与确认后的 28 天内予以支付。如业主不能按期支付，承包商可就此发出书面通知，业主应在 7 天内予以支付。如业主仍不能支付，承包商可以解除合同；因业主原因导致合同终止的，业主应赔偿承包商任何直接损失或损坏。

【索赔事件】

当合同完成 4000 万美元时，由于受全球金融形势影响，导致业主无力支付期间款，且已超出合同所规定的期限。因此，承包商按照合同有关条款，通知业主解除合同，并向业主提出预期利润的索赔，因协商不成，最终承包商向某国际仲裁委员会提起仲裁，就合同终止要求业主支付 2500 万美元。

【索赔结果】

在仲裁过程中，业主辩解认为：业主不能继续履行合同，是由于不能预计、不能克服的因素——全球金融形势造成的；合同约定的索赔对象是直接损失，不包括预期可得利益的损失。仲裁庭则认为，直接损失指因合同终止直接引起的承包商的所有损失，包括剩余工程预期利润损失。预期利润应视为预期可得利益。根据承包商投标时保送的项目拆分表，风险费 1.5%、利润 2%，该费用是业主应该预见到的因违反合同造成的损失，最终仲裁庭同意了承包商的索赔利润要求，业主应赔偿承包商 700 万美元，其中尚未支付已完工程价款为 200 万美元，终止合同后的直接损失为 100 万美元，剩余工程利润损失为 250 万美元，风险损失为 150 万美元。

【案例启示】

1. 预期利润索赔要件分析

预期利润的索赔是由于合同的一方当事人的责任而导致合同的另一方的预期利润无法实现，受损失的一方就此向对方提出索赔。如本案例中的合同提前终止，承包商尚未施工工程的预期可得利润；或由于承包商延期交付工程，业主因工程未能按期投入使用而损失的预期利润等。由此可见，预期利润索赔必须具备两个要件：一是索赔事由带有明显的违约性，索赔预期可得利益的前提是合同对方的违约，而一般工程索赔可以是因为客观原因。如果合同当事人在履行合同义务，但由于发生了各方不能控制的事件或情况（包括但不限于不可抗力）而解除合同，则受损失的一方是不能索赔预期利润的。二是预期利润是可以预见的，是可以确认的，预期利润应该是可以计算或是有据可查、合理合法的。

2. 关于利润索赔的合法性

依据工程合同条款，合同终止承包商可得利益可以索赔，不用干完工程照样可以取得利润。目前，许多总承包文本都对此有明确的规定，如EPC/交钥匙合同条款第16.4【终止时的付款】规定："在根据第16.2款【由承包商终止】的规定发出的终止通知生效后，雇主应迅速：（a）将履约担保退还承包商；（b）按照19.6款【自主选择的终止、支付和解除】的规定，向承包商付款；（c）付给承包商因此项终止而蒙受的任何利润损失或其他损失或损害的款额。"住建部制定的《建设项目工程总承包合同示范文本》（GF—2011—0216）第18.2款【由承包人解除合同】规定：发包人延误付款60日以上，承包人有权以书面的形式通知发包人解除合同，但在发出解除合同通知前15日前告知发包人。发包人应给付所欠承包商的各种合理费用，包括预期利润。

3. 符合合同法及合同文本规定

即使按照合同法，对于业主违约导致承包商终止合同，业主应该赔偿承包商预期的收益。我国的《合同法》第113条规定："当事人一方不履行合同义务或者履行合同义务不符合约定，给对方造成损失的，损失赔偿额应当相当于因违约所造成的损失，包括合同履行后可以获得的利益，但不得超过违反合同一方订立合同时预见到或者应当预见到的因违反合同可能造成的损失。"该规定第一次以法律的形式明确了国内经济合同的预期可得利益可以索赔，为承包商进行预期可得利益索赔提供了法律基础。

同时，FIDIC合同文本及国内各种标准合同文本对于业主违约，导致承包商提前终止合同的处理都有明确的规定。例如，FIDIC银皮书第16.2款【由承包商终止】规定，在雇主实质上未能根据合同规定履行其义务情况下，承包商可以终止合同；第16.4款【终止时的付款】规定，终止时业主应该付给承包商因此项终止而蒙受的任何利润损失或其他损失或损害的款额。

4. 仲裁计算利润方法分析

但在该案例中仲裁庭依据承包商开工前报送的项目费用拆分表的利润率来计算利润索赔额，这在理论上是对的，但这种算法可能存在很大问题。报价中的利润率和风险可能不是承包商真正的预期收益，如果承包商采用不平衡报价或恶意欺诈，提高利润率，按照这个利润率计算时常常不符合"预期"的要求。

5. 关于风险费索赔的仲裁

风险费是指报价中包含的，承包商拟用来支付合同履行期间因承包商风险导致成本增加的预留费用，虽然它通常在报价时与利润捆绑计算，但它们性质不同，风险是否会发生在项目为完工以前是一个未知数。如果预计的风险没有发生，剩余工程对应的，则风险费用成为承包商的利润。如果风险发生，剩余的风险费用将全部支出，甚至需要用承包商的利润补贴，所以它在性质上不是预期利润。而且由于地区金融形势恶化导致业主损失，工程不能继续的情况下，还要求业主支付承包商的风险金，将风险金转化为承包商的预期收益，这似乎有些不当。

6. 关于承包商对利润全额补偿要求的分析

业主在金融形势严峻的情况下，无力支付工程进度款，承包商提前终止合同后，承包商虽然损失了预期利润，但应该考虑承包商将他的机械设备、施工设备是否有可能又投入到其他的工程项目中去，从而可能获得一定程度的经济损失补偿，只有承包商不存在这种机会时，承包商要求全额补偿其利润才是合理的。

14.4　合同改变预期利润索赔案例

14.4.1　供材改变预期利润索赔案例

【摘要】

合同一经签订，只要合同合法，则成为一个法律文件。工程过程的一切活动都是为了履行合同，都必须按合同办事，双方的行为主要靠合同来约束。本案例从业主自身利益出发，利用自己的优势地位，擅自变更合同条件，承包商要求利润索赔，最终导致业主工程造价增加，此教训值得深思。

【索赔背景】

某科技公司作为业主与承包商签订了一份新建厂区工程承包合同。承包范围为车间、办公楼、科研楼、仓库、辅房等土建、水电及消防工程。建筑面积：58814m²，质量标准为合格，工期240天（日历天），合同价款暂定4480万元。该合同约定为固定单价合同形式，工程预付款为合同价款的10%，中间付款为每月按形象进度支付到75%，工程竣工验收合格经审定后付到工程结算价的95%，余款5%为工程质量保修金。工期每延误一天，按审定数的万分之五向发包商支付违约金。

合同签订后，承包商按合同约定时间如期进行施工，但在工程开工后，业主口头上将钢筋改成业主供材；又将钢结构屋面、门、窗、外墙涂料等另行分包；因办公楼、科研楼等需要二次装饰，将楼地面找平层、天棚粉刷、楼梯栏杆等工程项目取消。

该工程完工后，顺利通过竣工验收，同时承包商将结算资料上报业主，并一同转送审计单位。送审造价4396万元，审计单位经过二个月的计算、分析、核对，初审造价为2785万元。承包商当时只承认了经过核对的工程量，不承认此造价。承包商要求取消原合同、投标条件，按实结算。

【责任分析】

1. 钢筋变成了业主供材

合同中的主材钢筋由承包商供材，却变成了业主供材。承包商要求在扣除业主所供材钢筋的费用后，按实结算。

首先，在合同履行的原则中明确指出在合同履行过程中，为了保障合同的严肃性，一方当事人不得擅自变更。如果发生需要变更的情况，按照我国《合同法》的规定，应根据自愿原则，取得对方当事人的同意，并且不得违背法律、行政法规强制性的规定即可变更合同。因此，变更合同的方式类似签订合同，需要经过提议和接受两个步骤，一方面要求变更合同的一方当事人提出变更合同的建议，当事人应明确变更的内容，以及变更合同引起的财产后果的处理；然后经另一方当事人对变更建议表示接受。一般来说，当事人凡以书面形式签订的合同，变更协议，也应采用书面形式。而在本案例中，业主在签订合同后，从自身利益出发擅自在施工过程中才将主材钢筋变更为业主供材料，改变了原合同，致使承包商的投标条件改变，显然是业主违约。

同时，本案合同通用条款规定：实行业主供应材料设备的，双方应当约定发包人供应材料设备的一览表，作为合同附件。一览表包括业主供应材料设备的品种、规格、型号、数量、单价、质量等级、提供时间和地点。业主按约定的内容提供材料设备，并向承包商提供产品合格证明，对其质量负责。本案中业主未按规定向承包商提供一览表，而承包商作为弱势群体依照"潜规则"继续施工。因此，在竣工结算时承包商提出扣除业主供钢筋后，按实结算的要求是合理的。

2. 业主方另行分包的项目和直接取消的项目导致施工单位利润损失

我国《合同法》的规定，一方当事人不得擅自将权利义务转让，并对以下情况不得转让：根据合同性质不得转让、按照当事人约定不得转让、依照法律规定不得转让。FIDIC 系列合同对业主变更部分不得再转让给其他承包商完成的规定。例如，FIDIC 银皮书规定，业主可以对工程变更，但这些变更权仅限于业主不需要这些工程，业主不能将这些变更删减的工程再另行分包给其他承包商实施。

本案例中业主将开工后将钢结构屋面、门、窗、外墙涂料等另行分包；因办公楼、科研楼等要进行二装饰，又将楼地面找平、天棚粉刷、楼梯栏杆等项目取消。承包商有权对另行分包的钢结构屋面、门、窗、外墙涂料等工程包含的利润进行索赔。同时，因变更导致合同价的增减及承包商的损失，由业主承担，延误的工期承包商可以要求顺延。由此可见，承包商提出的利润索赔是有法律依据的。同时，承包商提出要求取消承包合同、投标文件，按实结算也是有法律依据的。

【索赔结果】

初审结果出来后，业主、承包商、审计单位经过多次协商，业主考虑到其中有分包工程的工期延误，仅对工期延误的工期不予追究，但对于利润索赔的损失不予确认，取消投标条件、按实结算不予承认。承包商对业主的态度十分不满。这样审计结算又拖了一年之久，承包商因工程造价未得到最终确认，而且其所开的发票税收同他们所剩工程款相差不大，所以承包商不愿意开具最终的工程发票。恰好当时业主在进行中外合资谈判，必须有其工程造价的证明资料。最后通过多次协商、调解，两个车间的管理费和利润由原来投标时的 5%、3% 调整至 10%、6%，致使工程总造价增加约为 65 万元。

【案例启示】

（1）在履行合同过程中，业主往往利用自己的优势地位，将合同条件改变，将部分利润较大的项目另行分包，造成承包商利润损失，承包商应该对这一利润损失实施索赔。此类预期利润索赔在 FIDIC 银皮书、新黄皮书等合同条件中都有相应的规定。如 EPC/交钥匙合同文件第 13.1 款【变更权】规定，在颁发工程接收证书前的任何时间，雇主可通过发布指示或要求承包商提交建议书的方式，提出变更。变更不应包括准备交他人进行的任何工作的删减。同样，FIDIC 生产设备和设计施工合同条件第 13.1 款【变更权】也规定，颁发工程接收证书前的任何时间，工程师都可通过发布指示或要求承包商提交建议书的方式，提出变更。变更不应包括准备交他人进行的任何工作的删减。

实际上随意改变合同条件，将部分项目改为另行分包不但对承包商造成损失，对业主方也是一种损失，对整个社会也是一种损失。在此案例中，业主另行分包的造价也不比业主原投标价格低，是一种社会资源的浪费。

(2) 通过此案例可以看出，为避免此类索赔发生，合同双方就要提高合同管理水平和对合同法律地位的认识，将合同管理贯穿到合同签订、合同履行、合同终止的全过程之中，作为业主来说在招投标项目中，最好不要去变更合同，合同改变往往会引发不必要的法律与合同纠纷。

14.4.2　删减工作另行发包利润索赔案例

【摘要】

增减工程是业主在合同约定中的权利，但业主将删减工作另行发包给第三人，则违背了EPC合同的有关条款，构成了业主违约。本案例对某工程业主删减工作违法另行承包进行费用及利润索赔的分析。

【索赔背景】

某国际博览中心项目，由中德双方（统称业主）共同投资。经招标投标，业主确定某联合体为钢结构工程的承包方，双方据此签订了分包协议书。该联合体的承包范围为1至4号展览厅等的钢结构工程的深化设计、制作与安装，合同价款为9000万元。协议书还约定，"工程师应有权从承包商的工程中取消任何一个项目、工作和专业工种的内容等，并让雇主或其他承包商负责实施"，"如果工程师或业主按照本条款规定，实施自己的权利，则承包商无权向雇主提出任何索赔要求"。

随后，业主将其在钢结构分包协议中的权利义务一并概括转让给该项目的总承包商，该联合体成了指定分包商。为保证该工程提前交付使用，在钢结构工程依据合同并没有拖延的情况下，工程师指令联合体将其承包范围的4号展览厅钢结构工程移交给其他承包商施工。此时，联合体已经完成该部分钢结构构件的深化设计及制作工作。在该情况下，联合体向业主提出索赔。

【责任分析】

合同工作删除是工程变更还是合同变更？这是该案例的核心问题，也是合同工作删除索赔需要澄清的关键问题。工程变更是工程合同赋予业主（或工程师）的单方面的权利，业主行使该权利谈不上违约。例如，FIDIC编制的银皮书等系列标准合同以及我国新版的各类工程承包示范文本都规定，业主有权发出有关"增减合同中约定的工程量"的变更指令，承包商应该无条件接受。工程变更计价一般均遵循扣除删除项目的合同报价，增加新增项目价格的规则，而不涉及因此引起的承包商的损失赔偿。除非合同另有约定，工程变更引起的承包商的损失往往得不到赔偿。

合同变更是当事人双方经协商一致对合同内容做出的变更。我国《合同法》第8条规定："依法成立的合同，对当事人具有法律约束力。当事人应当按照约定履行自己的义务，不得擅自变更或者解除合同"。未经相对方同意，单方面变更合同一方必须承担违约责任，包括赔偿损失。可见，工程变更往往无须赔偿损失，合同变更则必须赔偿损失，二者的法律责任大不一样。

此案例中的合同工作删减不应认定为工程变更，而应认定为合同变更。工程合同赋予业主（或工程师）单方面进行工程变更权利的目的在于确保合同工作的正确、充分实施。工程变更本质上并不能改变合同的标的，不能对合同实质性地修改，否则合同赋予一方随意变更合同的约定本身显失公平，依法可以撤销。

在本案例中，尽管合同文件赋予了业主或总承包商单方面删减分包合同范围的工程另行指定分包的权利，但该规定免除其业主（及总承包商）单方无故解除合同的责任、排除指定分包商依约依法获得赔偿的权利，显失公平。依据我国《合同法》第 54 条规定，此类情况承包商可以撤销该条条款。就实质而言，业主（及总承包人）未经指定分包商同意，擅自变更分包合同的实质内容，是一种一方擅自终止部分合同的严重违约行为，依法应该承担损失赔偿责任。从各种标准合同文本的规定来看，业主此行为属于违约行为，例如，FIDIC 银皮书第 13.1 款【变更权】规定，在颁发工程接收证书前的任何时间，雇主可通过发布指示或要求承包商提交建议书的方式，提出变更。变更不应包括准备交他人进行的任何工作的删减。故本案指定分包商在申请撤销该合同条款之后，可以要求业主（或总承包商）支付已完设计及钢结构制作的价款，补偿预期利益的损失及其他所有因工作删减造成的损失。

【案例启示】

1. 不要轻易放弃索赔预期可得利益的权利

预期利益是法律及合同赋予承包商的一项民事权利，可因承包商的放弃而丧失。比如，本案例中的指定分包商签订有工程师删减合同工作、承包商不得索赔等约定的协议书，就是对预期利益索赔权利的放弃。在合同管理过程中，承包商应高度重视两个过程中的弃权：

（1）在招标投标过程中的弃权。通常说来，承包商在该过程中没有拟定合同条款的权利。业主在招标文件中已经规定所有的合同条款，包括如合同终止时承包商的索赔仅限于直接损失、不含预期利益等苛刻条款，不允许承包商做任何修改，否则承包商的投标书就是废标。在该种情况下，承包商应该分析该种苛刻规定所蕴含的风险。有模糊之处的，在投标答疑时可要求业主澄清；特别苛刻、显失公平的，在签订合同后一年之内视必要性，请求法院或仲裁庭撤销。

（2）签署有关合同终止、合同工作删减的协议、结算书等文件时的弃权。在该过程中，承包商占有相对的主动权，在双方尚未提及预期利益赔偿问题或未就此达成一致意见时，可以注明"其他问题，双方另行协商"之类的话，千万别注明"双方无其他争议"之类的意思。

2. 签约前后书面告知业主承包工程的利润

签约前后书面告知业主承包工程的利润是预期利益索赔金额的确定性的要求。如果不事先告知，承包商在索赔时要确定预计利润就很困难了，具体而言：

（1）告知按照工程定额及一定下浮比例投标报价的情况：一般来说，定额利润率（7%）减去利润下浮率，即承包商预期利润率。但利润下浮率过大（如大于 7%）时，承包商在投标书中应做编制说明。比如，"定额利润由 7% 下浮到 4%、定额间接费由原 15% 下浮到

11%，机械费考虑利用闲置机械总价下浮 3%，总计利润下浮 10%"。

（2）告知按照工程量清单投标报价的情况：承包商可根据招标文件的要求或者该种报价方法的交易习惯，在报价时或开工前向业主报送费用拆分表，该费用拆分表包含利润、企业管理费、现场管理费等比例。

（3）告知其他情况：可参照前两种方法，或在投标书中注明，或另行说明。

3. 把握合同终止和合同工作删减索赔的时机和主动权

如前所述承包商预期可得利益索赔，主要发生在业主原因导致的合同终止和合同工作删减的情况。工程项目建设的实践情况错综复杂，承发包双方过错往往相互交错。哪一方选择了有利的时机、把握问题的主动权，哪一方就容易索赔成功。同时在选择索赔时机的同时，承包商不要因过了诉讼时效（两年）而丧失胜诉权。特别是合同工作删减的情形下，该种情形发生在施工过程中，等竣工结算，则往往过了诉讼时效。

4. 聘请专业律师作为索赔顾问

预期利益索赔是一类新型的索赔，涉及的新问题很多，需要具体情况具体分析。比如，承包商应如何有效地终止合同，如何收集索赔证据，如何保留索赔权利等。既熟悉中国的法律、又熟悉工程交易习惯和工程造价的专业律师，在承包商预期利益索赔中能够发挥较大的作用，一方面能较有力地促进协商成功，另一方面即使协商不成也可为诉讼或仲裁做好证据方面的准备。

下篇 索赔管理

第15章 索赔管理原理

索赔活动贯穿工程建设全过程，与工程建设的各项活动息息相关，涉及人的方方面面的行为与参与，以及不同层次、不同部门的配合。同时，索赔活动又是一种多层次、多学科综合运用的复杂过程。因此，总承包商企业如何运用管理理论建立起一整套索赔管理体系就显得十分重要。实践证明，索赔管理在索赔实践中起着非常关键的作用，一个成功的总承包企业，必须要建立完整的索赔管理体系，加强索赔管理工作。

15.1 索赔管理概述

15.1.1 索赔管理的概念

1. 索赔管理定义

从管理学的一般定义来说，索赔管理是指总承包企业对自身索赔活动的规划、组织、指挥、协调及控制的全过程。具体来讲，是指承包商围绕工程项目管理目标，参与项目的管理人员在项目投标和建设过程的环节，培育良好的索赔意识，全面执行索赔管理流程，建立健全全面索赔管理体系，包括索赔组织职能体系、合同管理体系、索赔程序体系、索赔信息文档系统和索赔技术支持系统，从而以最为经济有效的保障企业权益的全面管理过程和方法。索赔管理有以下特点。

（1）索赔管理的全员性。索赔管理是全员参与的管理，合同部、财务部、法律部、商务部等，项目层面的经理、经理代表、管工、测量师、文员等在索赔中都承担相应的角色。

（2）索赔管理范围的全面性。索赔策划从投标时就开始，通过对标书的研究、参与投标的人员就开始研究和发现潜在的索赔机会，并做出相应的部署。因此，索赔贯穿投标、施工、保修的全过程。

（3）索赔管理方法的全面性。索赔工作涉及合同法律、工程技术、贸易财会、国际惯例、公共关系、管理艺术等多种专业学科知识，综合运用现代管理方法、管理手段和技术手段，例如经济分析、技术论证、数理统计等手段都是索赔管理中常用的方法。

（4）索赔管理效益的全面性。高效的索赔管理不仅能够保障承包商的合法利益，对于业主、业主项目以及项目对社会效益都会有益的。及时的索赔通知和论证，能够帮助业主对工程变更做出适当的决策，提高决策效率和效果，同时可以减少争议，避免因为争议的解决造成社会资源的浪费和项目费用的提高，因此，索赔管理对各方的效益都是有力的。

2. 索赔管理的主体

索赔管理主体是指掌握承包企业管理权力，承担索赔管理责任，决定索赔管理方向和进程的有关组织和人员。索赔管理者和索赔管理机构是管理主体的两个有机组成。索赔管理主体具有阶层性、部门性和全员性。建设企业集团、公司、项目部构成不同层次的索赔管理主体，索赔管理需要各部门的配合，在一个索赔组织中，基层和中层的管理者又有其不同的管理分属领域，对于不同管理部门的管理者来说，从整体着眼，从本职着手是很重要的，从更宽泛的视角来理解索赔管理主体，组织中的每个成员都是他本职工作岗位和领域中的管理主体。各级管理者如何发挥全体成员的工作自主性和积极性，是索赔管理实施的重要条件。

3. 索赔管理的客体

索赔管理的客体即对象是索赔事件，包括引发索赔事件的潜在因素和既成事实的索赔事件两种类型。引发索赔事件的潜在因素是指在项目实施过程中可能形成索赔事件的各种原因，承包商必须对这些因素保持清醒的认识、及时的辨识和敏感的判断，及时发现，并准备预备方案或通过适当的方式进行有效规避和转移，以维护索赔事件牵涉各方的正当权益。索赔管理的另一个对象则是既成事实的索赔事件，是指已经发生的，致使参与工程的一方正当利益受到侵害的索赔事件。也就是说承包商由于没能及时发现、规避、转移引发索赔事件的因素，索赔事件已然发生并对当事人产生利益损失的后果，承包商应对此类事件采取积极的补救措施，以保障 EPC 工程项目的顺利完成。

4. 索赔管理的技术

索赔管理运用的主要技术手段包括发现和处理索赔事件的方法和技术、索赔的基本程序、索赔谈判的技巧、索赔证据的收集组织技术、索赔策略与对策研究等。

15.1.2　索赔管理的范围

承包商索赔管理范围涉及面较为广泛，单就 EPC 合同而言，包括业主、总承包商本身、各专业分包商、供应商及任何第三方等各方之间所发生的索赔事件的管理，既包括总承包商与业主之间的索赔与反索赔，也包括总承包商与专业分包商之间的索赔，包括对专业分包商之间发生索赔纠纷的管理，还包括专业分包商与供应商之间索赔纠纷的管理。总承包商只有正确及时处理好各方面的索赔诉求，才能避免对工程进度和质量的影响。总承包商索赔管理的范围示意图，如图 15-1 所示。

15.1.3　索赔管理的意义

1. 提高项目管理能力的助动力

就项目管理的整体内容来讲，一般包括项目计划制订、项目计划管理、项目整体变更控制。其中计划管理主要包括进度控制和费用控制。而索赔管理必须分析在工程建设过程中工程实际实施的计划与原工程计划的偏离程度。比如工期索赔管理就是通过实际过程中与原计划的关键路线分析比较，才能判断能否索赔成功，其费用索赔往往也是基于成本管理分析。因此，在某种意义上讲，离开了计划管理，索赔管理将成为一句空话。反过来讲，加强索赔管理，承包商就必须十分重视和加强项目的计划管理，为索赔分析提供可靠依据。为此，总的来说，加强索赔管理工作，对强化项目管理能力提出了更高的要求，索赔管理是项目管理的助动力。

2. 合同管理的重要组成部分

合同是工程项目建设实施的法律文件，是项目活动的依据。为此，工程项目建设实施过程中必须进行有效的合同管理。合同管理包括合同的订立、合同的分析和实施、合同的信息管理、合同执行的监控、合同的索赔管理等项内容。如上所述索赔管理是指在所索赔处理过程中，对索赔机会的分析和识别方法、索赔的规则、索赔的基本程序、索赔策略和技巧、反索赔策略的制定、索赔组织的组成等的管理工作。

索赔管理离不开合同管理，索赔管理与合同管理有紧密联系，承包商从工程投标之日开始就要对合同进行分析。

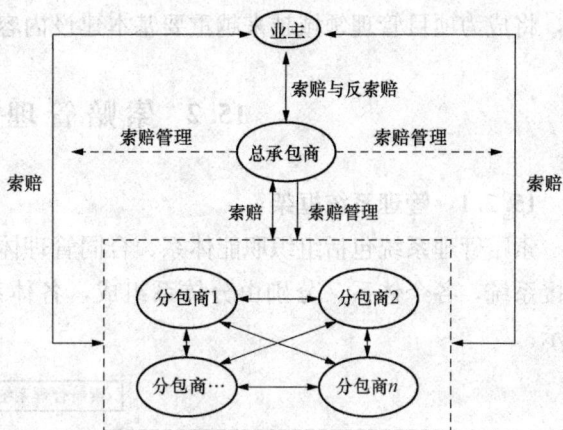

图 15 - 1　总承包商索赔管理范围示意图

项目开工以后，合同管理人员要将每日实施合同的情况与原合同分析的结果相对照，一旦出现合同规定以外的情况，或合同实施受到干扰，承包商就要研究是否就此提出索赔。日常的单项索赔的处理可由合同管理人员来完成。对于重大的一揽子索赔，要依靠合同管理人员从日常积累的工程文件中提供证据，供合同管理方面的专家进行分析。因此，合同管理为索赔管理提供基础支撑，而索赔管理又为合同管理取得成效提供保证。

3. 可以促进文档管理的水平

索赔要有证据，证据是索赔报告的重要组成部分，证据不足或没有证据，索赔就不能成立。由于 EPC 工程项目比较复杂，工期又长，工程文件资料多，如果文档管理混乱，许多资料没有得到及时整理和保存，就会给索赔证据的获得带来极大的困难。因此，加强索赔管理首先要加强文档的管理工作，才能为索赔提供及时、准确、有力的证据。承包商应委派专人负责工程资料和各种经济活动的资料收集，并分门别类地归档整理，特别要学会利用先进的计算机管理信息系统，提高对文档工作的管理水平。因此，加强索赔管理工作对于文档管理工作同样提出了高标准、高要求，将有效地促进承包商的文档管理工作。

4. 提高索赔成功率的重要保障

索赔管理是合同管理的重要组成部分和有效手段，体现了承包商对项目的管理水平高低，也决定了承包商处理索赔事件水平的高低。加强索赔管理可以及时发现索赔机会，有效提高索赔的成功率，因此，索赔管理关系到挽回成本损失，确保公司利润的大问题。在建设工程市场实践中，由于某些承包商忽视索赔管理工作，索赔不及时，程序、方法、策略不当，或索赔证据不全，造成举证不利，导致承包商索赔失败的例子举不胜举，使承包商遭受本可以挽回最终却丧失了成本、利润的情况。目前，无论是国际还是国内的工程建设市场竞争残酷，承包商在利润微薄的局面下，如何加强索赔管理，提高索赔水平和成功率，减少自己的损失，保障自己合法权益，是承包商面临的重要课题。

总之，索赔管理是采用机制、制度、程序、方法、策略等措施进行项目管理、合同管理的有效手段，对承包商来说，反映了承包商对项目管理水平的高低和承包商处理索赔问题水平的高低。索赔管理随着我国"一带一路"战略的实施和我国建设工程承包市场的不断发展，将成为项目管理领域越来越重要基本建设内容。

15.2　索赔管理体系建设

15.2.1　管理系统框架

索赔管理系统包括组织职能体系、合同管理体系、索赔程序体系、信息文档系统和技术支援系统，各个体系又分别由分体系组成，各体系、分体系的构成和相互关系如图 15 - 2 所示。

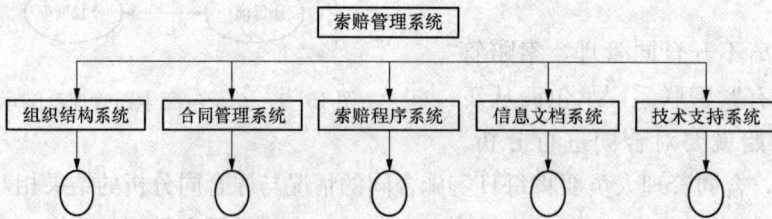

图 15 - 2　索赔管理系统图

首先，对索赔程序管理体系加以说明，通常的做法是将其纳入合同管理部门的工作之中，但是索赔管理既是合同管理的重要组成部分，也是合同管理任务的延续。鉴于索赔程序管理的重要性和特殊性，在这里我们有必要将索赔程序管理单列为一个系统加以控制。

在索赔管理体系框架中，各个组成部分是密切相关的。其中，组织结构系统是其他各个体系或系统的主体和执行者，它保证合同管理系统、索赔程序系统、信息文档系统和技术支持系统得以实施，组织职能体系也是项目其他职能的实行者。合同管理系十分重要，因为合同管理是项目管理的依据和归宿，也是索赔的法理依据和信息资源，项目其他管理职能的成果为索赔事件的发展提供线索，也为索赔论证和定量评估提供证据；信息文档系统是各项管理过程的记录和证据保存，是沟通的媒介和枢纽；索赔程序系统也对项目的职能管理提出要求，将信息反馈给合同管理部门；技术支持系统为各个系统提供案例、工程技术、数值手段等的支持。索赔管理各系统之间的相互关系如图 15 - 3 所示。

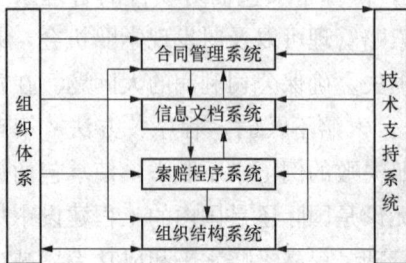

图 15 - 3　索赔管理各系统之间的相互关系图

15.2.2　组织结构系统

组织不仅指组织机构的实体，也只组织行为（活动），即通过一定的权力和影响力，为达到一定的目标对所需的资源进行合理的处置，处理人和人、事和事、人和物等各种关系的活动过程。组织管理职能是通过组织机构和组织行为的有机结合实现的，组织工具是组织基本理论应用的手段，基本的组织工具是由组织的结构图、任务分工表、管理职能分工表和工作流程图等。

钥匙管理工作有效，一个健全的组织结构是极为重要的，组织结构形成一种决定各级管理人员职责关系的模式，职责分明，排除为工作分配的混乱和多变所造成的故障。并能提供反映和支持其目标决策的沟通网络。

设置索赔管理的组织结构时，还应考虑组织结构的阶段性、附属性和索赔活动的自身特点因素。所谓组织结构的阶段性是指项目是有阶段性的，索赔也是具有阶段性的特点，投标与施工阶段是有区别的。组织结构的附属性是指一般来说投标是在上层进行而项目管理是在项目组织层面上进行，因此设置组织结构要考虑上下衔接的问题。索赔活动的自身特点，一是索赔事件发生是不可预见的，配备大量人员去等待处理索赔事件是否经济？二是索赔涉及知识面很广，需要参与人员很多，如何组织结构设计？

一般而言，承包商都采用矩阵式组织模式，投标、施工阶段都成立一个索赔管理组。在投标阶段，由于项目部尚未成立，投标工作通常在公司承层面进行，索赔管理人员由公司职能部门担任。合同部经理担任索赔组长，负责索赔的统筹工作，以及把投标时索赔信息和规划移交给中标后的项目部。投标阶段的索赔管理基础资料包括：索赔机会记录；工程策划（进度计划、施工方法、程序、措施等）；投标时的成本估算和成本计划；资金计划和财务安排等，这些资料和记录在工程中标后的索赔工作都构成了重要的基础资料。投标阶段的矩阵式索赔管理组织结构图如图15-4所示。

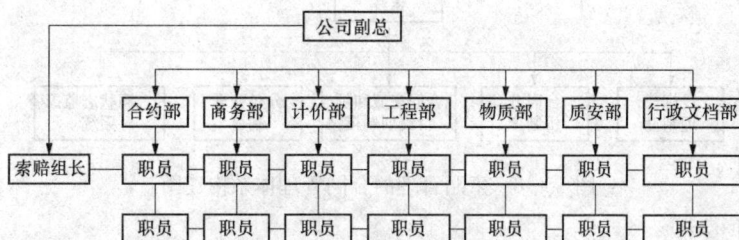

图15-4　投标阶段矩阵式索赔管理组织结构图

在施工阶段，通常的做法是采用项目部经理负责制，项目部经理的权力比较大，索赔管理也适用于矩阵式结构，索赔组长由项目经理自己兼任或由合同经理担任。类似的，施工阶段的索赔管理组织结构如图15-5所示。

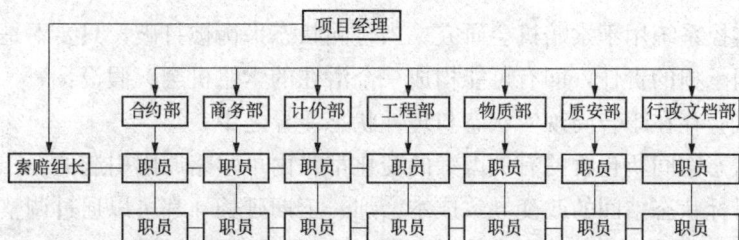

图15-5　施工阶段矩阵式索赔管理组织结构图

之所以采用矩阵式管理组织结构模式有以下优点。

（1）将索赔管理与其他职能部门有机联系起来，充分发挥他们对索赔事件处理的作用，也满足索赔需要的多种知识领域的要求，是承包商的资源得到充分利用。

（2）将索赔管理职能单独列出，设立专门的索赔小组，使有关人员明白自己在索赔小组的重要职责。

（3）强化索赔管理的领导，对重大索赔事件的处理均由项目经理或合同经理担任索赔小组组长，也可设专职索赔人员担任常务副组长，能够保证索赔管理的有序进行。

（4）公司和项目各部门、施工现场均设兼职索赔管理员，负责及时提供施工过程中的索赔线索。

本节所描述的索赔管理组是一个虚拟常设机构，即除个别专职索赔人员外，所有人员都是兼职的，通过分工授权赋予他们在索赔小组中的地位和责任。项目经理可以根据实际情况，将索赔过程中的工作分解，再建立职能分工表，将任务分配到成员中去，再制定相应的组织激励措施，促使所有项目成员按照已经建立的工作程序积极主动地去履行自己的职责，使索赔工作全面、持续、有序地进行。

15. 2. 3　合同管理系统

1. 合同管理系统构建

索赔管理的合同管理系统构建如图 15 - 6 所示。

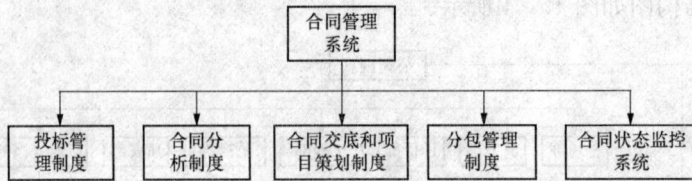

图 15 - 6　索赔管理的合同管理体系构建图

2. 合同状态监控系统

合同状态是指从合同签约开始，到合同结束为止的整个合同实施过程中，任意时刻所对应的全部计划合同目标、按照合同目标应该具有的合同基本条件等方面所包含的全部要素的综合。由于与合同有关的目标和合同条件是随时变化的，所有合同状态是事件的函数，合同状态主要包括合同初始状态、合同理想状态、合同现实状态和合同目标状态四种。

合同状态监控系统用于索赔机会研究。当合同状态平衡被打破，只要不是承包商自身原因或非承包商因承担的责任，即有可能构成一个潜在的索赔机会。假设：

（1）索赔机会存在于合同现实状态与理性状态差异之中。

（2）索赔状态空间所包含的有关因素的变化都是由可索赔原因引起的。

（3）合同目标状态空间的改变导致成本增加、工期延长，都可以通过调整合同价格和工期而获得补偿。

15. 2. 4　索赔程序系统

1. 索赔程序系统的构成

承包商的索赔是一种承包商权利的主张，一般在合同中都有明确的规定，以便当事人双方共同遵守，因此，合同内的索赔必须依据合同约定的程序进行。当索赔必须通过仲裁或诉讼解决时则必须依据仲裁协议、仲裁规则和相关法律程序进行；合同外索赔则必须按国际惯例和合同所在的法律环境所需要遵守的程序进行。

本章将合同管理索赔程序分为五个小系统或工作。索赔程序系统组成图如图 15 - 7所示。

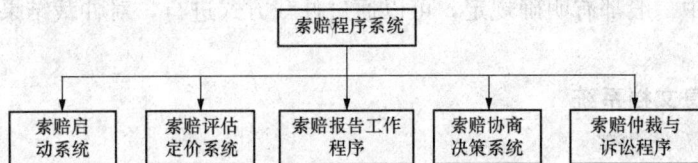

图 15 - 7　索赔程序系统的组成图

2. 索赔程序的内容

（1）索赔启动系统。索赔事件主要受两方面因素的影响，一方面是对索赔原因的可能类型进行辨识；二是现场启动索赔的行动。也就是说首先承包商对可能的索赔事件有感知，并触发业主或其代理人对索赔的处理行动，索赔事件才能真正启动。因此，索赔系统应包括：索赔机会研究、索赔事件的发现、索赔规划、索赔通知等内容。

（2）索赔评估定价系统。承包商有对索赔进行论证、计算和提交证据的义务，承包商索赔的标的分为工期延长、费用或两者兼有，采用所选择的国际惯例或双方确认定的计算模式进行量化评估，使索赔的论证更容易被业主接受。因此，建立评估与定价系统应包括工期延长、费用评估系统，并按照系统的要求收集证据，使索赔的论证工作达到事半功倍的效果。

（3）索赔报告工作程序。承包商索赔资料提交应按照合同约定时间并以一定的格式编写报告。这一阶段的索赔报告工作递交程序如图 15-8 所示。报告的编写水平至关重要，与索赔能够取得成功关系密切。索赔报告包括索赔权的论证和对索赔数值的计算。为使论证周密、计算准确、证据充分、表达清晰、逻辑性强，报告书应包含必备的要件并以适当的格式来表达。

一般来说，一份索赔报告书可以按如下顺序和内容准备：报告书封面和目录、索赔事项总论（序言、索赔事项概述、索赔工期天数和费用额、报告编写和审核人员）、索赔权论证、索赔数值计算分析、证据清单并进行编号（相关合同条款引用、事件时间表、索赔文件清单）、附件（将

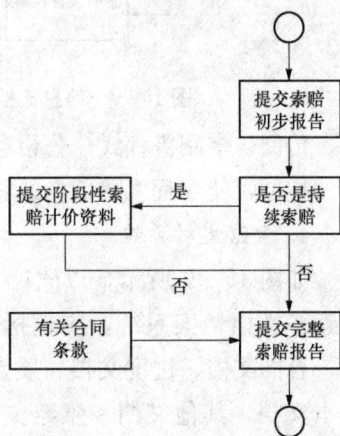

图 15 - 8　索赔报告工作递交程序

所有证件清单所列明的文件复印件用附件的形式附在索赔报表后边，印上相应的编号）。

（4）索赔协商决策系统。当索赔事件发生，需要合同双方面对面协商解决时，应将不能解决的问题列入会议作为协商的专题，提交会议协商解决，第一次协商应该是非正式的，如果不能取得一致意见，就举行正式协商会议，即进入索赔谈判阶段。索赔谈判是很讲究策略

和技巧的商业活动。因此，承包商建立一个索赔协商决策系统将对索赔成功起到非常重要的作用。

协商决策系统应包括：组织谈判小组、谈判方案准备、谈判资料采集、谈判结果预测、谈判决策等。

（5）索赔仲裁与诉讼程序。当索赔最终不能取得一致意见时，就成为争端，关于争端的解决，合同条款中一般都有明确规定，可以通过仲裁方式进行，对仲裁结果不满时，可以通过法院判决。

15.2.5　信息文档系统

1. 信息文档系统构架

索赔管理可以看作是对信息流的管理，从索赔机会的发现、索赔通知、索赔定价到索赔报告索赔举证等都是信息流动的过程。工程项目中，文件是信息的载体，信息管理主要表现在文件的管理上。与索赔管理相关的文件包括招投标文件、合同文件附件、备忘录、修正案、来往信件、业主变更指令、会议纪要、进度计划、天气记录、气候报告、工地交接记录、市场行情等。信息文档系统应包括对文件管理流程、管理程式和文件档案系统的建立和执行。信息文档系统框架如图15-9所示。

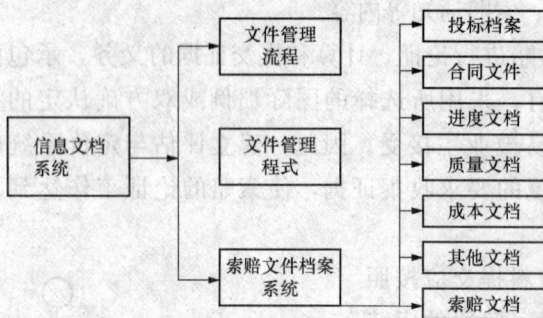

图15-9　信息文档系统

2. 信息文档管理流程

对于文件的管理，需要建立一个清晰的处理流程，才能够使文件传递的信息能够及时得到识别和处理，使信息流动畅通和及时，防止文件的丢失。信息文档系统流程如图15-10所示。

3. 文档管理程式

文档管理程式是指对文件进行编号、登记、标识、文件副本、更改、签收、存档、传阅、借阅等程式，公司和项目部都必须制定上述文档管理的一系列程式，以确保对文件的控制，使工程索赔信息的获取、处理、传递、交流、存储的过程能够方便和有效。

4. 索赔文档系统

如图15-9所示，以索赔为导向的索赔文档档案系统，应包括投标文档、合同文档、进度文档、质量文档、成本文档、其他文档和索赔文档。其中其他文档包括往来信件、施工日志

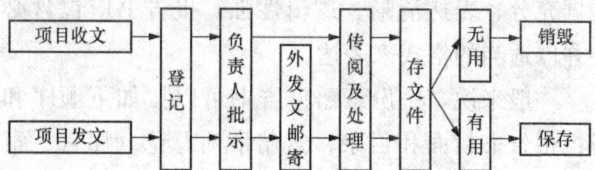

图15-10　索赔文档管理流程图

等，为了便于索赔管理，承包商还应建立专门的索赔文件档案系统。索赔文件档案系统应包括内部索赔程序文件、潜在索赔趋势资料、内部索赔文件、索赔通知、正式的索赔报告、工程师对索赔报告的回复意见、索赔情况综合分析报告、索赔商务会议记录、索赔统计报表等。

15.2.6 技术支持系统

1. 技术支持系统构成

EPC工程项目是一项融技术、经济、合同法律、国际惯例、管理策略为一体的工作，其过程涉及大量不同领域的知识、资料和数据基础，建立索赔技术支持系统，目的是为了索赔人员在索赔的知识和技术层面上提供支持，为索赔人员在索赔工作上提供指南。承包商可根据自身的具体情况，技术支持系统可以采用数据库方式，或者采用计算机辅助决策方式，或者采用文件记录方式。技术支持系统可以分为四个部分，如图 15-11 所示。

2. 技术支持系统内容

(1) 合同资料系统。索赔必须遵从的程序以及索赔权是否成立的法律不依据是合同有关条款，例如 EPC/交钥匙合同条款、生产设备设计施工条件、施工合同条款等，承包商必须针对不同的合同条件，建立对应的索赔条款资料库，并给出相应的条款说明，建立相应的索赔工作程序，用以指导索赔工作。

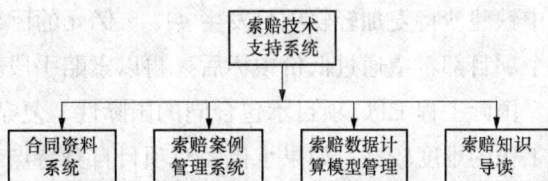

图 15-11 索赔管理技术支持系统组成

(2) 索赔案例管理系统。承包商在索赔过程中可以通过调查研究收集案例、判例，建立自己的索赔案例管理系统，针对不同类型的索赔建立案例索引和查询系统，以方便索赔管理人员在论证索赔事件时引用和查证。

(3) 索赔数值模型管理系统。在论证索赔权以后，承包商还必须对索赔标的进行定量分析。索赔分为工期延长、费用索赔及利润索赔。工期延长索赔定量方法见第 9 章有关内容所述；费用索赔定量的方法见第 11 章有关内容所述；利润索赔见第 13 章有关内容所述。

(4) 索赔知识导读。索赔管理技术支持系统还有一个功能就是为全体索赔人员学习索赔知识、培养索赔意识，因此，建立一个索赔知识导读系统也是十分重要的。建立索赔知识库，将索赔的基本知识分类存入相应的数据库，并对其进行有效的管理，索赔管理人员可以按照目录学习和查找资料。

15.3 索赔管理现状调查分析

了解当前我国企业在国外的索赔基本状况，分析在索赔活动中承包企业存在的主要问题和缺陷，积极商讨对策，才能明确索赔管理工作的重点，做到有的放矢，进一步提高索赔管理的效率。

15.3.1 现状调查安排

合同是建设项目管理的基础，而索赔是合同管理的重要内容。随着中国承包企业以设计—采购—施工（EPC）承包模式参与国际竞争越来越普遍，了解国际工程 EPC 项目索赔管理现状，对于指导境外项目及国内 EPC 的推广都具有重要的理论和实践意义。现将某科研机构对我国境外 EPC 项目索赔管理现状进行调研的情况做如下介绍。

1. 调查方向与目的

EPC 项目承包模式中，承包商受业主委托，按照合同约定对工程建设项目的设计、采购、施工、试运行等实行全过程的承包，一般采用固定总价合同。如前所述，这类项目具有以下特点。

（1）对最终价格和施工时间的确定性要求较高。

（2）承包商负责项目的设计、采购和施工，业主介入较少。

以上特点使 EPC 项目承包商能够充分发挥其设计、采购和施工一体化管理的优势，更好地实现项目质量、成本和进度目标。但同时，承包商在 EPC 项目中所承担的风险相对传统承包模式也更高，一旦管理不当，项目目标实现过程中便可能出现巨大偏差；例如 2010年中铁建沙特麦加轻轨项目发生 41.5 亿元的巨额亏损，波兰 A2 高速公路项目失败。以上两个项目都希望通过低价中标后，再以索赔手段获得盈利，结果均未达到预期目标。

国际工程 EPC 项目承包合同的国际性、复杂性、长期性和风险性等特点决定了索赔管理工作的难度较高，如果承包商对项目自身特点和对所在国自然、政治、经济和法律法规的了解不充分，则难以针对性地进行有效索赔管理。但现有关于 EPC 项目索赔管理的研究主要集中于合同条款分析和索赔程序方面，对合同变更、索赔管理方法和导致索赔的原因等方面缺乏系统性的实证研究。为此，有必要系统调研我国承包商国际工程 EPC 项目索赔管理工作，以揭示我国承包商国际工程 EPC 项目索赔管理现状，并提出相应的管理策略与建议。

2. 调研方法与对象

本次调查了国际工程 EPC 项目的合同管理情况，主要研究方法包括实地考察、问卷调研、项目管理人员访谈和案例资料收集。调查问卷共收回 124 份，问卷的地域分布如下：24份（赤道几内亚），28 份（巴基斯坦），10 份（加纳），11 份（斐济），6 份（伊朗），29份（赞比亚），15 份（印度尼西亚）；访谈项目部中高层管理人员 48 人次；收集案例 7 个。对以上国际工程 EPC 项目合同管理相关数据分析结果如下。

15.3.2　现状调查结果

1. 现状调查统计

调查过程中要求受访者对国际工程 EPC 水电项目中承包商合同管理情况发生频率进行打分（1＝很少发生；5 ＝ 经常发生），结果见表 15-1。从表 15-1 中可以看出承包商向业主提出索赔发生频率相对较高，得分为 3.67，表明尽管国际工程 EPC 项目相对于传统承包模式的索赔难度较大，但承包商仍有向业主索赔的机会；业主拖欠或拒付工程款事件的发生频率排名第二，承包商需在合同管理中加以重视；在各项变更中，工期变更较为常见；其他变更也有一定程度的发生。

为调研我国承包商在国际工程 EPC 项目中索赔管理方法的运用情况，调研中要求受访者对国际工程 EPC 项目中承包商索赔管理方法进行符合性打分（1＝很不符合；5＝很符合），结果见表 15-2。表 15-2 显示，承包商对保留充分的索赔证据和详细的记录方面的工作最为重视，同时也注重通过分析合同、跟踪合同执行过程、项目实施数据分析和部门间合同管理知识共享等方法加强合同管理，以规避合同索赔管理风险。

表 15-1　　　　　　　　　合同管理情况

序号	合同管理方面经常发生的事项	得分	排序
1	向业主提出索赔	3.67	1
2	业主拖欠或拒付款	3.20	2
3	总包合同工期变更	3.16	3
4	分包合同工期变更	2.86	4
5	总包合同费用变更	2.77	5
6	分包合同费用变更	2.77	6
7	业主对承包商的反索赔	2.45	7
8	分包合同条款变更	2.38	8
9	总包合同条款变更	2.29	9

表 15-2　　　　　　　　　索 赔 管 理 方 法

序号	索赔管理的具体方法	得分	排序
1	保留充分的索赔证据和详细的记录	4.10	1
2	分析合同,找出漏洞,并采取方式弥补漏洞	3.97	2
3	根据合同制订管理计划,随时跟踪	3.94	3
4	广泛收集工程项目各种数据信息,进行分析整理	3.77	4
5	合约部门向其他部门进行合约内容讲解和传递	3.72	5

2. 调查对象举例分析

(1) 赤道几内亚项目 A。该项目业主为政府部门,由于赤道几内亚经济基础较为薄弱,补偿费用的问题业主一般都不予受理,因此,承包商主要考虑工期索赔。该项目合同规定以下情况可以申请延长工期:①有关合同的额外工作;②工程暂停(不是因承包商的任何错误或疏忽引起);③由于业主的任何错误或行为引起;④如果有的话,是业主任何其他在现场工作的分包商的任何错误或行为引起;⑤任何不可抗力事件;⑥任何意外的负面天气条件,如暴雨、台风等其他任何可能发生的特殊情况,而不是由承包商的错误引起;⑦合同规定的任何延期的原因,将给予承包商一定的延期权利以便使工程完成。在项目实施过程中,业主未及时按合同要求提供进场公路,影响了货物的正常运输,承包商通过索赔工期获得了工期延长。

(2) 巴基斯坦项目。B 承包商所完成的索赔主要包括:①由于业主未能在施工阶段前完成几条进场公路的施工,承包商与业主签订了道路施工的补充协定。几条进场公路的开挖工程量与主体工程开挖量相当,承包商因此增加了项目利润;②由于政治安全原因,承包商被迫撤出工地,由此引发的索赔,双方没有太大异议,承包商成功获得工期和费用补偿;③调价补偿;④自然灾害索赔。该项目所在地 2005 年发生大地震,承包商通过保险公司进行索赔,由于承包商对保险条款的风险了解较为全面,因此获得了超出项目部原有估计的满意结果。

(3) 巴基斯坦项目 C。承包商进行了四个工期延长及费用索赔,索赔历时漫长。因业主资金短缺，工期索赔方面相对容易，费用索赔谈判较为艰难，对承包商前期资金造成较大压力。最终，正常工程量结算产值、调差款、费用补偿和逾期付款财务利息四项累计批复金额约占中标合同总价的 128.75%。此外，项目所在地 2010 年遭受 50 年一遇暴雨，引发泥石流地质灾害，致使即将完工的开关站被毁，灾害发生后项目部及时致函保险公司进行现场勘察，获得预期的索赔结果。

（4）斐济项目 D。承包商提出 29 项索赔，其中由自然灾害（台风等）、社会治安、业主/工程师原因和地质条件与标书不符等引起的问题获得 25 项工期延长；由工程变更导致的工程量增加获得 4 项费用索赔，分别为开关站增加开关站间隔、压力管道增加保护层、开关站的道路修复和增加厂房进场道路 1.4km 混凝土路面施工。

（5）伊朗项目 E。承包商提出了共 36 项索赔，业主根据 EPC 项目合同拒绝了 34 项，只有以下 2 项成功：①因当地工人大罢工影响了项目的正常施工，业主同意延长工期；②承包商因业主原因获得海关关税索赔。以上索赔成功率显示了国际工程 EPC 项目索赔的难度。

（6）赞比亚项目 F。承包商向业主的索赔主要包括：①由于业主不能及时移交工作面和拖延支付，影响了项目实施，承包商成功索赔工期 17 个月，利息约 240 万美元；②由于业主不能帮助承包商及时办理免税批文，承包商就缴纳关税、增值税提出索赔；③由于厂房发生火灾，造成了人员伤亡和重大的经济损失，承包商通过保险公司提出了不可抗力索赔。

（7）印度尼西亚项目 G。由于业主交付现场的延迟与当地社会治安的影响，承包商依据合同条款，注重基础资料的收集，及时向业主提交索赔报告，通过与业主的艰苦谈判，最终赢得业主批复的 248 天工期延长。

3. 调查分析结论

以上对国际工程 EPC 项目合同管理的问卷调研和案例分析结论如下。

（1）EPC 项目合同变更管理情况调研结果显示，承包商"向业主提出索赔""业主拖欠或拒付款""总包合同工期变更"发生频率位列前三位，表明尽管 EPC 总包项目相对于传统承包模式的索赔难度较大，但承包商仍有向业主索赔的机会。同时，承包商需重视业主拖欠或拒付款问题和工期变更管理。"总包合同费用变更"发生频率排名第五，显示在 EPC 项目中费用索赔难度较大。

（2）对 7 个国际工程 EPC 项目的案例分析。结果表明，承包商索赔的原因主要包括：①业主未能按合同要求满足施工条件，如未及时提供进场公路和移交工作面等；②业主因资金问题拖延或拒付工程款；③工程变更；④政治因素，如罢工、社会治安问题；⑤自然灾害；⑥业主未能及时提供批文，导致额外费用增加，如关税、增值税等。

（3）对承包商索赔管理方法的调研结果表明，"保留充分的索赔证据和详细的记录""分析合同，找出漏洞，并采取方式弥补漏洞""根据合同制订管理计划，随时跟踪""广泛收集工程项目各种数据信息，进行分析整理""合约部门向其他部门进行合约内容讲解和传递"等方法均较为常用。承包商需注重索赔证据收集、合同分析、合同执行过程跟踪、项目实施数据分析和部门间合同管理知识共享，以规避合同管理风险。

EPC 项目中承包商相对传统承包模式承担了更大的风险，在未来国际 EPC 项目合同管理过程中，承包商需改变"中标靠低价，盈利靠索赔"的观念，力求通过提高报价准确性、提升项目实施能力和加强合同管理，实现国际工程 EPC 项目的目标。

15.3.3　索赔管理建议

索赔管理是目前我国工程项目管理工作中最薄弱的环节之一，由于承包商本身的原因和我国的工程环境，在当前市场环境下，无论国内外项目，不懂得和不敢主动索赔，由此造成的直接经济损失十分巨大，有时甚至危及企业的正常生产活动。尤其是我国企业在国外承揽的工程，索赔管理现状更是令人担忧，亟须提出相应对策来改善这种情况。

索赔管理工作的薄弱并不仅是技术与理论上的不足，而是与许多问题相牵连，有法律的、经济的、文化的等多种因素。索赔的环境是不能迅速改变的，这就需要我们既要有应时的短期对策，又要有长远的解决方法，以务实的态度尽快提高我国索赔管理的水平，缩短与发达国家的差距。

1. 索赔管理滞后因素分析

（1）承包商索赔意识薄弱，不想也不敢索赔的健康开展是保证合同实施，落实和调整合同双方经济责权利关系的手段，是承发包商合作的方式。但是，现在有些承发包商认为，索赔是双方的对立，是一种惩罚。由于中国现在建筑市场是买方市场，承包商就是意识到了索赔的重要性，也不敢索赔。

（2）对 EPC 工程合同不了解、不熟悉。我国实施 EPC 承包模式的历史不长，实践经验不足，对于 EPC 承包合同条款缺乏深入的了解，即使承包商敢于向业主提出索赔，但不善于索赔，失败率高，成功率低。从索赔管理角度看，主要是因为企业没有完善的学习机制，忽视对合同条件的学习和运用。

（3）行业结构与素质方面的原因：我国建筑行业企业数量多、规模小，"优不胜，劣不汰"的现象依然存在。众多的小建筑公司没有专业的索赔管理机构。小而多的企业构成市场主体，这种行业结构限制了索赔工作专业化的发展。

（4）从业人员执业能力不够，合同管理人才缺乏：进行索赔管理的人员首先应是一个工程技术人员，其次应熟练掌握和运用各种法律、法规，精通公司业务，胜任合同拟订、修改、谈判和解释，熟悉合同履行和工程索赔管理，熟悉工程造价和会计账务，可阅读和翻译外文合同文本。现在的施工企业工程技术人员不缺，但是精通技术、经济和法律的通才不多。

（5）制定一个完善合理的合同比较困难：对于确定的工程，相应的合同条件就是以后进行工程管理的法律基础，承包商在未来的工程实施过程中，哪些情况可以索赔，按照什么原则进行索赔，都已经做了原则性的规定。所以，争取签订一个比较公正合理的合同就显得尤为重要，也是以后承包商能否索赔成功的关键。由于工程是一次性项目，影响因素多，合同条件烦琐，并且甲乙双方的地位不平等，签订一个完善合理的合同就比较困难。

2. 改善索赔管理薄弱对策

在承包商的合同管理工作中，应把索赔管理放在重要地位，并贯彻在工程项目合同管理的全过程。加强索赔管理工作中，最主要的应做好以下工作。

（1）加强增加索赔管理意识宣传制度。由于我国承包商大多受到其在国内进行工程承包管理模式的影响，参与国际工程尤其是 EPC 项目的实践较少，索赔意识较为薄弱。对此承包商应该突破自身管理的思维惯性，应当在投标之初便树立良好的索赔意识。"索赔意识"也可以说就是索赔的"自觉性"。承包商应从合同双方一开始合作，就仔细研究合同中双方的权利义务，并充分考虑在工程承包中可能出现的风险和合同中对于这些风险在业主和承包商之间是如何进行划分的，对哪些可以索赔、哪些不可以做到自己心知肚明。事先便要估计出哪些问题将来可能出现索赔机会，然后留待问题出现后进行索赔，而不是仅仅被动地等待引起索赔的干扰事件发生后，才被动地考虑索赔。对于合同中业主不合理的免责条件，承包商应在签约前向业主提出修改，并通过书面确认，做好相关文件的保留归档工作。只有这样在将来一旦问题发生，承包商便可以从合同文件中找到索赔的法律依据，为最终索赔成功奠定基础。

（2）健全索赔管理机制。承包商要从建立健全索赔管理机制上入手，培养索赔意识才不是空中楼阁。索赔是一项系统的综合性工作，包括技术资料的收集、整理、分析、宣传、跟踪及谈判等过程，非一朝一夕之事，这就要求承包商建立健全索赔管理机制。要成立企业主要领导参加的施工索赔工作小组，针对索赔工作过程进行细致的分工和布置，定期召开工程索赔的工作会议，组织工程管理人员和技术人员认真学习有关索赔条款及合同规范，进行施工现场的勘查对比，使索赔工作科学化、规范化、制度化，为成功地索赔打下基础。

1）领导重视，责任到人。领导首先要提高对工程索赔和决算工作重要性的认识，把它当作提高经济效益的重要工作来抓。索赔工作贯穿于施工全过程，不只是工程竣工后计划预算人员写写画画的事，企业各级要选一名领导重点负责该项工作，同时明确各职能部门的职责并落实到个人。合同是工程索赔的主要法律文件，因此，承发包商在合同签订过程中，应对明显加大自己经营风险的条款和业主开脱责任的条款及时提出修改要求，对于涉及重大利益的问题，只能给予适当让步，切不可做原则性妥协；同时应尽量争取在合同中加入不可预见因素处理条款和权责明确的双向约束条款，为今后可能出现的索赔留出空间。

在此建议承包商在项目中设立专职商务经理职位。由于索赔工作程序复杂，涉及大量资料证据的收集、整理，并存在与工程师不断交涉的问题。承包商可以聘请一位社交能力相当强的具有丰富索赔经验的专门从事索赔工作的商务经理。由他负责及时对有关会议文件及其他相关资料进行分析，发现产生索赔的干扰事件，提供确凿的索赔依据，并由其负责全方位的索赔控制与管理工作。另外，商务经理还负责与业主（或工程师）的沟通工作，充分发挥其优异的沟通能力，为索赔工作进行人为"润滑"，有理有节地将索赔问题顺利解决。

2）全员参与，落实到位。承包商要制定索赔管理办法和完成增收指标的保证措施及奖惩办法。加强各个部门之间横向联系与沟通，纵向信息反馈要迅速准确，同时明确各职能部门的责任，施工技术部门负责提供有效的现场签证资料；物资部门负责材料价格的确认，收集各种材料的原始凭证，以备工程索赔使用；计划部门要认真研究合同条款，在有效现场签证的基础上做好计量与索赔工作；同时要领会吃透合同，研究分析可能引起的工程索赔。对已竣工的工程项目要按照合同条款的规定及时与业主决算，形成债权债务关系。要与业主及时签订还款合同，并相应在合同条款中注明还款期限、延付损失如何补偿等有利索赔条款，为索赔做好准备，尽量减少损失。

3）建立及时应对索赔的应对机制。时间观念在国际工程承包索赔中十分关键。要进行成功的索赔，承包商还要有明确的时间观念。所谓时间观念，就是任何索赔都有时间限制。只有及时提出索赔，进行索赔，索赔才有效，否则承包商将丧失索赔的权利。例如，根据FIDIC银皮书的规定，索赔事件发生28天内，向业主发出索赔意向通知书，如果在28天之后发出索赔意向通知书则业主有权不予受理。因此在每个索赔事件发生后，承包商均应及时提出索赔要求，并进行索赔。

从总体来说，对于每一个承包项目都可能有许多索赔事件，它们发生的时间有先有后，而每一个索赔事件从发现到解决都需要一个相当长的过程，承包商应在总的索赔计划安排中统筹考虑。一般来讲，发现索赔的阶段，虽然索赔理论上是伴随工程始终的，但是实际上从投标初始并延续至工程建成一半的时，晚于这个时间提出的具体索赔事项往往来不及得到彻底的解决。在工程建成20％～75％这一阶段承包商应大量地有效地处理索赔事项，并争取在这一阶段基本解决。整个项目的索赔谈判和解决应放在工程全部建成竣工这一时期。并在竣工前夕解决一切的索赔争端。在每个具体的索赔事件的处理过程中，各阶段的索赔工作也要进行时间安排，并力争尽早解决。在国际工程承包中，时间就是金钱，失去时间就等于损失利益，所以对时间的把握尤为重要。

4）完善基础档案管理制度。变更索赔的另一个关键是要有正当的理由和有利、真实、全面的证据。编制索赔文件实行招标投标承包工程中，承包商常用的策略是"中标靠低价，赚钱靠索赔"。如果说中标报价是保本经营，那么索赔是获取利润的主要手段和最佳方法，为此必须有充分的基础资料，科学的费用计算和合格的索赔文件。基础资料和费用计算的主要依据如下。

工程项目方面的资料：①合同文件；②与业主及委托人的谈话记录、会议纪要和来往信件；③与监理工程师的来往信件和谈话记录；④国家或当地政府、主管部门及上级领导的文件及指示等。

施工管理方面的资料：①各种原始记录及质量检查记录；②施工备忘录及施工日记；③材料和设备的订购、租赁及闲置记录；④与原设计文件出入较大的工程地质、水文条件、土石方成分比例及实地测量的资料记录；⑤工程照片（应标明拍摄日期和工程进度及其影响原因的真实形象）和同期记录；⑥工程变更、自然灾害、社会原因所造成工期延长或增加费用的有关记载等。

工程成本方面的资料：①计量及支付表；②工时、工资类会计凭证；③材料和设备类的会计资料及采购发票等。

工程索赔资料要做到全面、正确。"全面"有两层含义：一是指工程索赔资料的形式，从文字、图片、照片、录音、录像等资料，做到应有尽有，"立体"地展示工程索赔事项。二是指工程索赔资料记录有头有尾，能通过查阅这些资料，了解整个工程索赔事项过程的来龙去脉，达到一清二楚的目的。"正确"是指工程索赔资料的可信程度，经得起推敲。要让人觉得无法驳倒你，就要做到实事求是、内容翔实、针对问题。这里还强调一点就是一定要将所有可能作为证据的资料从一开始就一式两份，一份交给对方，另一份做好严格地保留存档工作，切不可草草置之，因为国际工程索赔中往往只有原件才是有法律效力。

5）建立长效索赔人才培养制度。我国建设企业往往缺乏索赔人才，由于索赔是一个综合性的系统工程，又受到很强的时间约束，因此，承包企业"急来抱佛脚式"的应急培养索赔人员或抽调人员从事索赔很难达到预期的索赔效果，为此承包商必须有计划地专门培养一批精通索赔业务的管理与业务人才。要求索赔人员必须有较高的综合素质，这批人才应该熟悉 FIDIC 系列合同条件、国际工程惯例、经济有关法律、合同法等与索赔管理有关的法律法规，还要熟悉现场管理，掌握相关的技术知识，又要有广泛的施工实践经验，并且要了解造价方面的基本知识。只有这些真正合格的复合型人才能够担此重任，成功地进行索赔工作。

建设工程企业对于短期需要来讲，可以从以下两个方面解决专业人才缺乏的问题：一是要挑选部分优秀的工程技术人员进行系统的培训；二是从外界直接引进专门人才，如聘请外界索赔专家、法律专家等为承包企业服务。

建设工程承包商没有足够的实力组织起专业的索赔管理部门，而又亟须弥补自己的不足，在这样的前提下，监理行业和工程造价咨询行业相结合，发展自身优势，积极涉足专业的索赔管理业务，开展独立于其他业务之外的索赔服务，为索赔依据的收集分析和索赔的量化计算提供技术支持。承包商通过购买这种服务弥补自身的不足。

另外，与国外公司合资、合作或共同承包项目，在共同管理过程中，学习国外先进的索赔经验。积极与国外承包商开展全方位的合作，取长补短，完善自己。这种通过合资、合作来达到提高自身管理水平的方法是非常有效的，在其他行业领域已经表现得非常明显。

15.4　索赔管理制度编制示例

本节介绍三个建设工程企业编制的索赔管理办法，内容各有侧重，供 EPC 总承包企业参考。

15.4.1　建设工程施工索赔管理办法

【摘要】

本示例对企业施工索赔管理办法做了详细规定，包括索赔的目的适用范围、职责；工程施工索赔成立的条件；施工索赔的内容；索赔工作程序（索赔事件的分析、索赔的计算等）；编制索赔报告注意的事项，等等，做了全面指导性规范。

工程施工索赔管理办法

1. 目的

为维护企业利益，增强各单位索赔意识，确保工程项目收益最大化，根据上级有关规定，结合我公司实际情况制定本办法。

2. 适用范围

本办法适用于公司所属各单位工程项目施工索赔管理工作。

3. 职责

3.1 公司成立以主管生产领导为组长，三总师为副组长，相关科室参加的索赔领导小组，办公室设在成本管理部，其主要职责是：

3.1.1 负责制定工程项目施工索赔管理办法，并不断完善。

3.1.2 督促、指导工程项目的施工索赔管理工作，确保项目收益最大化。

3.1.3 负责对项目索赔考核，按有关规定进行奖罚。

3.2 各项目要"以索增效"，坚决维护企业利益，成立以项目经理为组长，总工程师（总经济师）为副组长，相关科室参加的索赔领导小组，其主要职责是：

3.2.1 制定索赔计划、目标、方案。

3.2.2 负责索赔资料的收集、整理。

3.2.3 负责索赔工作的实施。

4. 工程施工索赔成立的条件

工程施工索赔是指当事人在合同实施过程中，根据法律合同规定及惯例，对不应由自己承担责任的情况造成的损失，向合同的另一方当事人提出给予赔偿或补偿要求的行为。其成立的条件为：

4.1 与合同相对照，事件已造成了承包人施工成本的额外支出，或总工期延误。

4.2 工期延误事件必须在经批准的进度计划关键线路上，或非关键线路上延误的工期大于总时差。

4.3 造成费用增加、工期延误的原因，按照合同约定不属于承包人应承担的责任，包括行为责任或风险责任。

4.4 承包人按合同规定的程序提交了索赔意向通知书和索赔报告。

5. 工程施工索赔的内容

工程施工索赔实施中主要是按索赔的目的分类而进行的工期索赔、费用索赔，或工期和费用的双索赔。

5.1 工期索赔

5.1.1 工期索赔：由于非承包人责任的原因而导致施工进度延误，要求批准顺延合同工期从而可能提前工期得到奖励或免除承担拖期违约赔偿风险的索赔。

5.1.2 工期索赔事件

下列事件经工程师批准后，可以顺延合同工期。

a. 延误发放图纸；

b. 延误移交施工现场。

c. 承包商依据工程师提供的错误数据导致放线错误。

d. 不可预见的外界条件。

e. 施工中遇到文物和古迹而对施工进度的干扰。

f. 非承包商原因检验导致施工的延误。

g. 发生变更或合同中实际工程量与计划工程量出现实质性变化。

h. 施工中遇到有经验的承包商不能合理预见的异常不利气候条件影响。

i. 由于传染病或政府行为导致工期的延误。

j. 施工中受到业主或其他承包商的干扰。

k. 施工涉及有关公共部门原因引起的延误。

l. 业主提前占用工程导致对后续施工的延误。

m. 非承包商原因使竣工检验不能按计划正常进行。

n. 后续法规调整引起的延误。

o. 发生不可抗力事件的影响。

p. 一周内非承包人原因停水、停电、停气造成停工累计超过 8 小时。

q. 专用条款中约定或工程师同意工期顺延的其他情况。

5.2 费用索赔

5.2.1 费用索赔：当施工的客观条件改变导致承包人增加开支而要求的经济补偿，以挽回不应由承包人承担的经济损失。

5.2.2 费用索赔事件

a. 工程变更索赔。一是工程变更增加的费用索赔；二是工程变更超限度索赔，即工程变更超过一定限度时（一般不超过±20%）使承包商遭受损失而进行的索赔，通常这类索赔包括三种。

①工程量增加索赔，即当按原始价估算的工程量增加量超过原始合同价的一定比例（总价合同为 20%、维修合同为 50%、单价合同为 25%、成本加费用合同为 50%）时承包商可以索取超过限额以外的工程的补偿。

②工程量减少索赔，即当按原始价估算的工程压减量超过原始合同价的一定比例（总价合同为 20%、维修合同为 50%、单价合同为 5%、成本加费用合同为 33%）时承包商有权索取赔偿。

③子项工程性质发生变化，即设计修改必然导致子项工程性质发生变化，当工程增加量超过 1/3 或工程减少超过 1/4 时，承包商即有权索赔。

b. 工期延误纯属业主和监理工程师方面的原因造成的。

c. 地质条件变化（含地下水）引起的导致费用损失加大或工期延误。

d. 地下障碍物处理导致工程费用增加。

e. 业主要求加速施工或提前总工期导致投入周转材料、劳动力的增加。

f. 业主风险和特殊风险（如战争、暴乱等）等不可抗力和不可预见事件引起的从而使承包商遭受严重损失的。

g. 业主拖欠工程款引起承包商资金周转困难，影响工程进度甚至终止合同的。

h. 因合同文字模糊不清甚至错误引起承包商损失的索赔，如隧道开挖石方量计算到开挖"设计轮廓线"和"从开挖设计轮廓线"，前者可以理解为"自然方"计量，后者则理解为开挖后"松方"计量。

i. 改变结构、提高标准引起费用的增加。

j. 因业主或监理工程师原因造成的临时停工或施工中断及不合理指令造成的工效大幅度降低，从而导致费用增加。

k. 业主不正当地终止工程施工或终止合同。

l. 由于国家和地方的任何法规、法令、政令或其他法律、规章发生了变更导致承包商成本增加及货币汇率变化引起的。

5.3 工期、费用双索赔

5.3.1 工期、费用双索赔，即工期索赔中含有费用索赔，费用索赔中又伴有工期索赔。

5.3.2 工期、费用双索赔事件

a. 合同论述含糊（非承包商原因）。

b. 业主或工程师原因拖期。

c. 不利自然条件（与招标不符）。

d. 因工程师数据差错或交桩错误。

e. 工程师剥露或破坏检查（检查后合格）。

f. 业主的风险及修复。

g. 发现化石、古迹等地下障碍物。

h. 中途暂停施工或终止合同或加速施工（非承包商原因）。

i. 业主未能提供现场和相应施工条件。

j. 工程变更。

k. 特殊风险引起的工程破坏。

l. 业主违约未及时拨付工程款。

m. 法规变化、货币及汇率变化等。

6. 工作程序

6.1 工程开工前，项目进行索赔教育和索赔知识培训，研究合同文件和设计资料，进行施工现场调查，发现索赔线索，找出索赔点，制订索赔计划，确定索赔目标。

6.2 一旦出现索赔机会，应做好以下工作。

6.2.1 进行事态调查。通过对合同实施的跟踪、分析了解事件经过、前因后果，掌握事件详细情况。

6.2.2 损害事件原因分析。分析索赔事件是由何种原因引起，责任应由谁来承担，划分责任范围。

6.2.3 分析索赔理由。主要依据合同文件判明索赔事件是否属于合同规定义务或未正确履行合同义务导致，是否在合同规定的赔偿范围之内。只有符合合同规定的索赔要求才有合法性，才能成立。

6.2.4 实际损失分析。即分析索赔事件的影响，主要表现为工期的延长和费用的增加。损失调查的重点是分析、对比实际和计划的施工进度，工程成本和费用方面的资料，在此基础上核算索赔值。

6.2.4.1 工期索赔的计算：有网络图分析和比例计算法两种。

a. 网络分析法是利用进度计划的网络图，分析其关键线路。如果延误的工作为关键工作，则总延误的时间为批准顺延的工期；如果延误的工作为非关键工作，当该工作由于延误超过时差限制而成为关键工作时，可以批准延误时间与时差的差值；若该工作延误后仍为非关键工作，则不存在工期索赔问题。

b. 比例计算法。

对于已知部分工程的延期的时间

工期索赔值 ＝受干扰部分工程的合同价/原合同总价×该受干扰部分工期拖延时间

对于已知额外增加工程量的时间

工期索赔值 ＝额外或新增工程量的价格/原合同总价×原合同总工期

注：比例计算法不适用于变更施工顺序、加速施工、删减工程量等事件的索赔。

6.2.4.2 索赔费用的计算

a. 人工费：包括增加工作内容的人工费、停工损失费和工作效率降低的损失费等累计，但不能简单地用计日工费计算。具体计算方法如下。

①完成合同之外的额外工作花费的人工费用＝人工工日单价×人工工日消耗量。

②由于非承包商责任的工效降低所增加的人工费用＝采用实际用工×计划工资－计划用工×计划工资

③非承包商责任造成的人员窝工费和工资上涨费＝人员窝工费不能按照人工工日单价计算，而应按折减的人工工日单价计算（人工工日单价折减系数 0.6～0.7）或按最低工资标准计算。

b. 施工机械使用费。

①完成额外工作增加的机械使用费＝机械台班单价×机械台班消耗量。

②非承包商责任机械工效降低增加的机械使用费。

③非承包商责任机械窝工费。自有设备：按台班折旧费计算，而不能按台班单价计算；租赁设备：一般按照实际租金和调进调出费分摊计算。

c. 材料费。

①由于索赔事项材料实际用量超过计划用量而增加的材料费。

②由于客观原因材料价格大幅度上涨。

③由于非承包商责任造成工程延误导致的材料价格上涨和超期储存费用。

④额外工程：材料费＝材料预算价格×材料消耗量。

材料费中应包括运输费、仓储费，以及合理的损耗费用。

d. 保函手续费：工程延期时，保函手续费相应增加，反之，取消部分工程且发包人与承包人达成提前竣工协议时，承包人的保函金额相应折减，则计入合同价内的保函手续费也应扣减。

e. 贷款利息：利息的索赔通常发生于以下情况。

①拖期付款的利息。

②由于工程变更和工程延期增加投资的利息。

③索赔款的利息。

④错误扣款的利息。

利息的具体利率主要有按当时的银行贷款利率、按当时的银行透支利率、按合同双方协议的利率和按中央银行贴现率加三个百分点计算。

f. 保险费：按保险项目和实际发生的损失及延误工期增加保险的费用计算。

g. 利润：一般来说，由于工程范围变更、文件有缺陷或技术性错误、业主未能提供现场等引起的索赔，承包商可以列入利润，但对于工程延期或暂停的索赔，由于利润通常包括在每项实施工程内容的价格之内，而延长工期并未影响某些项目的实施，而导致利润减少，所以，一般很难同意索赔利润。

h. 管理费：包括现场管理费和公司管理费。

现场管理费：

①额外工程：按照规定的计算方法计算，可以以直接费与工地管理费二者之和为计算基数，乘以公司管理费的比例得到。

②工期延长：

每天的公司管理费＝合同中公司管理费/合同工期

工期延长的公司管理费＝每天的公司管理费×工期延长的天数

6.2.4.3 工期费用双索赔计算

工期、双索赔计算同上述工期索赔计算和费用索赔计算。

6.2.5 证据资料分析。主要分析证据资料的有效性、合理性、正确性，这是索赔要求有效的前提条件。如果在索赔报告中提不出证明其索赔理由、索赔事件的影响、索赔数值的计算等方面的详细资料，索赔则不能成立。

6.2.5.1 工程施工索赔的证据。《建设工程施工合同文本》中规定，当合同当事人的一方向另一方提出索赔时，要有正当索赔理由，且有索赔事件发生时有效证据，因此，任何索赔事件的确立，其前提条件是必须有正当的索赔理由，且对正当索赔理由说明必须具有证据，靠有效的证据说话。

6.2.5.2 收集索赔证据的原则。

a. 真实性。索赔证据必须是在实施合同过程中确定存在和发生的，必须完全反映实际情况，能经得起推敲。

b. 全面性。所提供的索赔证据应能说明事件的全过程，不能零乱和支离破碎。

c. 关联性。索赔证据应当能够相互说明，相互具有关联性，不能相互矛盾。

d. 及时性。索赔证据的取得及提供应当及时。

e. 具有法律证明效力。一般要求证据必须是书面文件，有双方签字的记录、协议和纪要；工程中重大事件、特殊情况记录统计必须由监理工程师签字认可。

6.2.5.3 索赔证据的种类。

a. 招标文件、工程合同及附件、业主认可的施工组织设计、工程图纸、技术规范等。

b. 工程各项有关设计交底记录、变更图纸和变更施工指令等。

c. 工程各项经业主或监理工程师签认的签证。

d. 工程各项往来信件、指令、信函、通知和答复等。

e. 工程各项会议纪要。

f. 经工程师认可的施工计划及现场实施情况记录。

g. 施工日报及施工日记和备忘录。

h. 工程送电、送水、道路开通、封闭的日期及数量。

i. 工程停电、停水和干扰事件影响的日期及恢复施工的日期。

j. 工程预付款、进度款拨付的数额和日期记录。

k. 工程图纸、图纸变更、交底记录的送达份数和日期记录。

l. 工程有关施工部位的照片及录像资料等。

m. 工程现场有关天气的温度、风力、雨雪等气候记录。

n. 工程检查和验收报告及各项技术鉴定报告等。

o. 工程材料采购、订货、运输、进场、验收、使用等方面的凭证。

m. 工程现场有关天气的温度、风力、雨雪等气候记录。

n. 工程检查和验收报告及各项技术鉴定报告等。

o. 工程材料采购、订货、运输、进场、验收、使用等方面的凭证。

p. 按监理工程师要求的时间间隔定期提出阶段索赔报告。

q. 工程会计核算资料及各类财务凭证。

r. 国家、省、市和地方有关影响工程造价、工期的文件、规定等。

s. 汇率变化表。

t. 其他有关资料。

6.3 索赔事件发生后 3 天内，项目部直接责任人应请业主（监理工程师）到现场确认事实，进行索赔定性，由总工程师（或技术负责人）负责提出索赔意向通知（包括索赔的内容和理由），并做好同期记录。

6.4 索赔意向通知提交后的 3 天内，由总工程师提供索赔事件发生的原因、证据资料和工程量，总经济师（或计划负责人）计算索赔补偿金额和/或工期顺延天数，形成索赔报告，并督促监理、设计等部门确认，确认后按月验工计价（或业主要求的日期）上报业主进行金额索赔。

6.4.1 索赔报告的组成：索赔报告通常包括四个部分，即首先是言简意赅的概括索赔核心内容的标题；其次是对索赔事件的描述，阐明索赔的事实和理由及其合理合法性；再次是损失计算与要求赔偿金额及工期；最后是附证明材料的附件。

6.4.2 编制索赔报告时，应注意以下几点。

6.4.2.1 索赔事件要真实、证据确凿，令对方无可推卸和辩驳，对索赔事件叙述要清楚明确，避免使用"可能""也许"等估计猜测性语言，造成索赔说服力不强。

6.4.2.2 计算索赔值要合理、准确，要将计算的依据、方法、结果详细说明列出，这样易于对方接受，减少争议和纠纷。

6.4.2.3 责任分析要清楚，在索赔报告中必须明确对方负全部责任，而不可用含糊的语言，这样会丧失自己在索赔中的有利地位，使索赔失败。

6.4.2.4 在索赔报告中，要强调事件的不可预见性和突发性，说明承包商对它不可能有准备，也无法预防，并且承包商为了避免和减少该事件的影响和损失已尽了最大的努力，采取了能够采取的措施，从而使索赔理由更加充分，更易于对方接受。

6.4.2.5 明确阐述由于干扰事件的影响，使承包商的工程施工受到严重干扰，并为此增加了支出，拖延了工期，表明干扰事件与索赔有直接的因果关系。

6.4.2.6 索赔报告书用语应尽量婉转，避免使用强硬、不客气的语言，否则会给索赔带来不利的影响。

6.5 每月末要设专人及时整理已批复的索赔资料，单独装盒存放，以备竣工结算提供证据。同时每月随验工计价、统计报表上报公司计划科一份工程变更索赔情况统计表，附工程变更索赔情况统计表。

6.6 不可抗力风险承担责任的原则。

6.6.1 工程本身的损害由业主承担。

6.6.2 人员伤亡由其所属单位负责，并承担相应费用。

6.6.3 造成施工单位机械、设备的损坏及停工等损失，由施工单位承担。

6.6.4 所需清理、修复工作的费用，由建设单位承担。

6.6.5 工期给予顺延。

6.7 关于工程变更。

6.7.1 工程变更事项。

6.7.1.1 合同中包括的任何工作内容的数量的改变（但此类改变不一定构成变更）。

6.7.1.2 任何工作内容的质量或其他特性的改变。

6.7.1.3 任何部分工程的标高、位置和（或）尺寸的改变。

6.7.1.4 任何工程的删减，但要交他人实施的工作除外。

6.7.1.5 永久工程所需的任何附加工作、生产设备、材料或服务，包括任何有关的竣工试验、钻孔和其他试验和勘探工作。

6.7.1.6 实施工程的顺序或时间安排的改变。

6.7.2 变更合同价款的调整原则。

6.7.2.1 合同中已有适用于变更工程单价的，按合同已有的单价计算和变更合同价款。

6.7.2.2 合同中只有类似于变更工程单价的，可参照它来确定变更价格和变更合同价款。

6.7.2.3 合同中没有上述单价时，由承包商提出相应价格，经监理工程师确认后执行。

6.7.3 确定变更价款的程序。变更发生后 14 天内，承包商应提出变更价款报告，经监理工程师确认后，调整合同价，具体同索赔程序。

6.8 业主反索赔，即承包人未能按合同约定履行自己的各项义务或发生错误而给业主造成损失，追究承包人违约行为，通常业主的索赔主要限于施工质量缺陷和拖延工期等违约行为，故在施工工程中要避免类似情况的发生。

6.9 索赔其他注意事项。

6.9.1 各级要"以索促管"，规范项目管理行为。要加强合同、成本、质量、进度、安全和环境管理，既要保证索赔的成功率，又要防止业主反索赔（为避免对方索赔造成经济损失而实施的合理行为）。

6.9.2 主动创造索赔机会。在施工过程中坚持以监理工程师的书面命令为凭证，即使在特殊情况下必须执行其口头命令，亦应于事后立即要求其书面文件确认，或者至函给监理工程师，确认已执行其口头命令；当工程师下达的命令前后矛盾时，可提醒之，但不应拒不执行，应将其相互矛盾的命令妥善保存作为索赔依据。

6.9.3 及时抓住索赔机遇。一旦发生可索赔的事件，立即发出索赔通知，千万不要等到工程竣工验收时再提索赔。

6.9.4 投标报价时应冷静分析，对那些日后可提索赔或可能增加的工程部分，单价应尽可能定高些，以备将来计算索赔时能要高价。

6.9.5 以合同为依据，认真编制索赔报告，做到令人信服，经得起推敲。

6.9.6 充分准备索赔时供监理、业主审核的文件和材料。

6.9.7 努力掌握索赔知识，尽量避免打官司，避免一锤子买卖，自力更生索赔可争取主动，还可省节资金。

6.9.8 注意同业主、监理搞好关系，以诚实、信义取人。

6.9.9 当双方发生争议可通过下列途径寻求解决。

6.9.9.1 协商和解。

6.9.9.2 有关部门调解。

6.9.9.3 按合同约定的仲裁条款或仲裁协调申请仲裁。

6.9.9.4 向有管辖权的法院起诉。

（索赔工作程序如图 15-12 所示）。

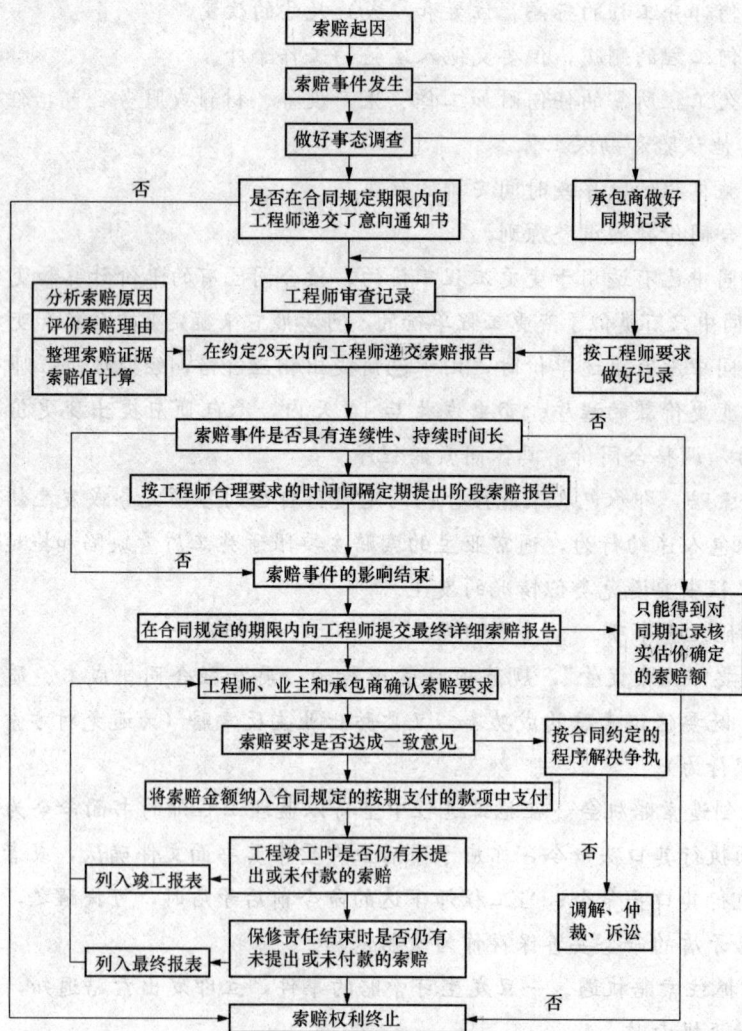

图 15-12　索赔工作程序

7. 相关文件

《企业管理文件汇编》有关管理办法。

8. 相关记录

8.1 业主批复的工程变更索赔资料及变更索赔价款支付资料。

8.2 工程变更索赔情况统计表（见表 15 - 3）。

表 15 - 3 工程变更索赔情况统计表

工程名称： 年 月 日 金额单位： 元

序号	分项工程名称	单位	上报业主情况			业主批复情况			剩余未报部分			对下已批复索赔情况			备注
			工程量	单价	合价	工程量	单价	合价	工程量	单价	合价	工程量	单价	合价	
一	开工累计索赔				√			√			√			√	
二	本年索赔				√			√			√			√	
三	本月索赔														
1			√	√	√	√	√	√	√	√	√	√	√	√	
2															
3															

编制： 审核： 单位负责人：

15.4.2 某建设集团变更索赔管理办法

【摘要】 本办法是建设集团针对其下属的各项目部，在工程实践中的变更索赔管理机制提出要求。包括提高索赔意识的总原则、组织体系与组织职责、管理组织与各部门的工作职责分工、工作运行机制方面。并在实施细则中对变更索赔的分类、变更索赔管理做了较为详细的规范。

某建设集团变更索赔管理办法（试行）

第一章 总则

第一条 为规范向外的变更索赔及向下的反变更索赔工作，提高变更索赔工作水平，增强工程项目创效能力，改善项目实施经济质量，结合工程实际，特制定本管理规定（试行）。

第二条 本办法所称变更索赔是指在工程项目合同执行过程中，有目的、有针对性地开展增加项目经济效益和防止分包恶意索赔的活动及为此目的所做的有关工作。

第三条 变更索赔工作应贯穿于项目管理的全过程，各部门要把变更索赔作为一项重要日常管理工作。

第四条 变更索赔是工程项目增盈减亏的重要手段，是项目实现效益的重要途径，必须在确保安全、质量、工期和环保的前提下，紧紧围绕效益最大化的目标展开。

第五条 变更索赔工作必须强化法制意识和风险防范意识，控制风险，不留隐患，并要防止反索赔事件的发生。

第二章　组织体系及工作职责

第六条 项目部成立变更索赔工作领导小组和工作小组。领导小组的主要职责是增强管理协调合力，加大沟通交流力度，并制定本项目变更索赔管理办法和实施细则；完善与变更索赔职责相配套的内部经济政策。工作小组负责对项目变更索赔工作进行管理并具体实施。

第三章　管理组织及工作职责

第七条 项目经理是本项目变更索赔的第一责任人。项目副经理黄耀春为变更索赔业务执行总负责人。项目副经理兼总工为变更索赔的技术总负责人，计划合同部是项目变更索赔工作的牵头管理部门，工程部、设备物资部、财务部、质量安全管理部、行政部等部门是项目变更索赔工作的协助部门。各部门应按照职责分工，积极主动，密切配合，协同做好项目的变更索赔工作。

1. 合同部：牵头组织研究项目合同条款，策划变更索赔工作方案，制订变更索赔工作计划；定期组织变更索赔工作会议，明确各相关部门的工作内容、时限及需达到的质量要求，督促各相关部门完成工作计划，及时对工作计划进行调整；牵头组织项目的变更索赔工作，落实制订的策划方案及工作计划；配合设计管理部对重大技术方案进行变更，配合工程部对重大施工方案进行变更；对各部门提供的资料汇总、梳理，在完善资料的基础上编制变更索赔报告；与业主、监理具体沟通，办理变更索赔报批的相关业务工作；根据项目经理部领导的要求，牵头组织变更索赔的其他工作。

2. 工程部：积极参与项目变更索赔工作的方案策划和落实；负责工前优化设计、工程数量进蓝图工作；积极履行工中变更设计的主体责任，负责变更发起、现场签认、各方沟通的相关业务工作；负责收集整理有关变更索赔工作的所有现场影像记录、会议纪要、文件信函、施工进度表、业主代表和监理指示记录及现场签认手续、气象报告等。基础资料；配合合同部门做好技术经济分析、工程数量审核等相关工作。

3. 设备物资部：负责提供实际发生的各种工程材料、机械设备台班数量、单价，材料运杂费标准及工程所在国有关费用调整的文件、规定等情况和相关凭证；根据费用调整的有关文件规定或合同条款，提出材料调差、运杂费调整、机械设备使用费调整等变更索赔方案，并负责编写变更索赔报告的相关内容。

4. 财务部：负责提供人工费支付凭证、购买物资设备的原始票据以及其他有关费用支付凭证；根据工程所在国金融政策、地方政府相关收费标准等提出变更索赔建议，协助合同部门做好有关工作。

5. 相关部门和工区：负责收集整理变更索赔所需的相关基础资料，及时向合同部门提供，做好相关配合工作。

第四章 工作运行机制

第八条 变更索赔工作实行预控管理。工作领导小组和工作小组对变更索赔工作进行周密策划；在勘察现场、研究合同条款和工程图纸的基础上，定方向、定目标、定方案、定人员、定方法、定奖罚，制定出项目变更索赔的工作大纲和作业指导书。

第九条 变更索赔工作要上下联动，横向沟通，齐抓共管，形成合力。各部门要根据职责分工，各负其责，全过程、全方位地推进变更索赔工作，分阶段、分层次落实工作目标。

第十条 工作小组每季度召开一次变更索赔分析会，及时总结工作，分析问题，研究对策，明确方向，确保变更索赔工作始终在有序可控的轨道上运行

第十一条 项目部建立变更索赔考核体系，实行年度考核奖罚；开展变更索赔评先评优活动，对工作和业绩突出的部门和个人实施物质和精神奖励。项目部建立一事一奖制度，根据具体变更索赔事项的工作难度、受益情况对有功人员及时表彰奖励。

第十二条 加强基础台账建设，建立部门变更索赔工作的基础记录台账。

第五章 保障措施

第十三条 各部门要高度重视，切实支持变更索赔工作，为变更索赔工作创造良好的环境。主要领导和部门领导要根据工作需要，及时出面沟通协调内外部的各种关系，真正为变更索赔工作排忧解难。为了确保各阶段工作的连续性，从事变更索赔工作的人员要保持相对稳定，一般不得随意更换。

第十四条 项目经理部及各部门要不断加强制度及流程建设，坚持通过制度建设统一思想认识，完善工作机制，明确工作职责，界定工作程序，规范工作行为，提高工作效率。

第六章 附 则

第十五条 各部门要加强变更索赔工作管理，注重总结工程变更索赔案例经验教训，加强学习和研究，针对不同合同性质、不同建设环境制定相应的变更索赔工作管理办法，逐步提高项目变更索赔创效水平。

第十六条 变更索赔实施细则见附件二。

附件一：

×× 项目 变更索赔工作领导小组

组　长：×× 项目经理

副组长：×× 分管项目副经理

成　员：×× 项目副经理兼总工

　　　　×× 财务总监

　　　　×× 计划合同部部长

　　　　×× 工程部部长

　　　　×× 设计管理部部长

××项目变更索赔工作小组

组　　长：×× 分管项目副经理

副组长：×× 计划合同部部长

成　　员：×× 工程部部长

　　　　　×× 工程部副部长

　　　　　×× 设计管理部部长

　　　　　×× 设备物资部部长

　　　　　×× 财务部部长

　　　　　×× 质安部部长

　　　　　×× 行政部部长

附件二：××项目变更索赔管理实施细则（试行）

第一章　变更索赔分类

第一条　变更是指由于业主的原因修正设计图纸发生的变更；索赔是指在合同履行过程中，对于非自身过错，应由对方承担责任的事件造成的实际损失向对方提出经济补偿和/或工期顺延的要求。

第二条　变更设计主要有：

（1）现场实际施工环境与设计图纸不符，主要表现为地质情况的差异；

（2）业主出于质量、造价、使用等原因，要求增减的工程项目，以及为满足环保等要求需增设的工程；

（3）应当地政府和居民要求需增设的工程。

第三条　索赔：根据发生的原因不同，分为以下几类：

3.1　外部环境：由于业主供图、提供的条件、居民干扰等原因造成工期和费用损失而产生。

3.2　不可抗力：因地质条件、恶劣气候等现场条件变化引起的不可抗力造成的损失。

3.3　工期变化：由于业主要求提前竣工或由于业主原因导致工期延误后，业主仍要求按期竣工而引起的施工单位费用增加。

3.4　工程保险：施工单位在遭受损失时，根据投保的险制，在规定期限和范围内向保险公司提出的索赔。

3.5　其他：合同约定的其他索赔。

第四条　政策性调整：指工程所在国政策发生变化或建设单位项目的标准发生变化，引起工程数量和工程造价的增加。

第二章　变更索赔管理

第五条　变更索赔工作必须坚持依法办事、有理有据的原则。要认真分析合同条款，所有的变更索赔资料必须是符合法律法规要求，符合合同约定。

第六条　项目经理部及各部门要高度重视工程项目变更索赔工作，项目经理是第一责任人，副经理兼总工程师是变更索赔技术负责人，分管副经理是具体实施负责人，计划合同部长是主办责任人,设计管理部部长是分管变更设计的直接责任人,工程部长是分管变更施工的直接责任人。项目部建立变更索赔责任制,明确分工,各小组成员应树立全方位、全过程的变更索赔观念,本项目应重点做好施工过程中以及工程竣工阶段的变更索赔工作。

1. 计划合同部需组织有关人员分析合同条款,全面熟悉营销背景和工作重点。

坚持投标技术文件中施工工艺、方法、设备等满足招标文件要求的标准为我项目标准。避免设计变更后建设标准提高或施工工艺改变而单价不提高的情况。

2. 施工过程中的变更索赔工作。工程开工后,分管项目副经理应定期组织相关人员研究合同条款,招、投标文件,随时提出变更索赔及反索赔事项,明确各自职责分工。

2.1 做好图纸会审工作,并提出合理的修改方案。图纸会审应注意以下几个问题:

(1) 设计图纸中漏项而实际施工必须发生或技术合同文件独立支付的部分工程量。

(2) 施工现场地质或水文条件使施工作业受到限制或招标文件标定的自然或人为条件与实际情况不符,使投标文件确定的施工工艺、施工方法、施工程序发生改变,从而使工程数量或支付细目单价发生改变。

2.2 变更设计。工程变更应以业主批准或许可为基础,坚持不平衡报价和有利项目利益和方便施工为原则。在选择变更方案的同时,要以完善使用功能为原则,以满足业主综合需要为依据,注意多种方案的经济比较,力争投入与产出最佳结合。如尽量增加工程量清单中支付单价高的工程量,减少支付单价明显偏低的工程量;增加工程量清单中没有支付项的工程量,争取重新确定新增工程量单价的机会。

2.2.1 变更设计的主要技术负责人是总工程师,预算负责人是计划合同部长。

2.2.2 变更设计应做好现场签认和变更文件办理工作,建立管理台账。设计变更的现场签认和变更文件是办理计量支付的重要依据,也是构成工程造价的主要组成部分,必须高度重视。做好签认工作必须做到:

(1) 项目经理部领导重视,加强工程部和计划合同部的协调配合能力;

(2) 项目部配备业务水平高、责任心强的人员从事签认和变更工作,并对相关人员进行培训提高专业人员的预算水平;

(3) 有关人员必须经常深入现场,了解施工现场发生的各种事件,应尽量收集和整理相关资料,同时要加强和协调好与业主代表、监理工程师的关系,签证资料中列明合同依据、变更理由、拟调整的工程量或费用,确保在合同规定期限内取得业主、监理的签认。

2.3 索赔。索赔工作要遵循及时、真实、合法三个原则,因此要深刻理解合同条款,加强合同管理,树立合同意识,提高合同履约率,协调好与业主、监理等多方的利益,全面履行合同的义务,认真分析进行索赔的可能性,采取有效的索赔策略,争取在合同条件规定的范围内获得最大利益。

2.3.1 索赔主要条件有:

(1) 业主的违约行为造成的索赔;

(2) 不可预见因素(异常气候条件)造成的损失、损害或一个有经验的施工单位无法预见的外部障碍或自然条件;

(3) 其他因业主的风险造成的损失和延误;

（4）工程所在国政策性变化增加的费用索赔等。

2.3.2　索赔的程序：当上述索赔条件发生，工作小组应按照下列程序进行费用或工期索赔。

（1）索赔意向通知；

（2）同期记录；

（3）索赔证明或报告。

2.3.3索赔的策略。由于种种原因，施工单位在合同履行中往往处于劣势，项目的索赔策略制定在施工管理过程中非常重要。

（1）索赔是合同履行过程中施工单位维护自身利益的理性行为，争取得到业主、监理的理解和配合，营造索赔的良好外部环境；

（2）项目部建立和健全索赔管理制度，设立索赔领导和工作小组，开展施工全过程的索赔；

（3）熟悉招标文件和图纸，并结合施工现场，利用工程变更主动寻找机会索赔；

（4）定期召开索赔专题会议，总结得失，分析形势，及时明确和提出索赔意向；

（5）提高索赔报告编写和谈判人员的素质，提高索赔成功率。

3.工程竣工阶段的变更索赔工作。计划合同部要认真办理竣工决算。决算编制工作由分管副经理牵头、副经理兼总工程师技术总负责，工程部提供工程决算数量（必须与竣工图数量保持一致），计划合同部根据数量编制决算资料。

15.4.3　施工公司工程变更索赔管理办法

【摘要】

本办法是建设公司为落实总集团公司制定的索赔管理办法而制定的。

包括：变更索赔管理体系、变更索赔业务分工、变更索赔类别及统计、变更索赔考核及奖惩等进行规范。

第一章　总　则

第一条　为了规范变更、索赔工作，强化业务管理，提高全公司变更索赔水平，充分调动全员、特别是各级机构和管理人员进行变更索赔工作的主动性和积极性，实现工程项目减亏、增盈及企业效益最大化，参照股份公司及集团公司有关意见和办法，特制定本办法。

第二条　本办法的适用范围，公司全部工程项目。

第三条　本办法所指的变更是指在满足业主要求的前提下，从项目立项跟踪直至竣工审计全过程中发生的建设范围、实施时间或价款调整的任何行为，通过主动地、有目的性地依据项目实际与合同约定进行总体策划、工程变更，达到优化设计、增收节支、便于施工、维护企业自身权益的目的。索赔则是指在合同实施过程中，根据合同及法律规定，对并非由于自己的过错且应由业主或第三方承担责任的情况所造成的实际损失，凭有关证据向业主或工程师，指监理单位或第三方提出的赔偿，包括变更、补差、其他索赔事项。

第二章 变更索赔管理体系

第四条 变更索赔工作贯穿于企业管理和项目管理的全过程，是企业管理和项目管理中的一项重要的日常工作，各单位务必引起高度重视为加强变更索赔工作的管理，公司特成立工程变更索赔领导小组。由董事长、总经理任组长，总工程师、总经济师、总会计师任副组长，经济管理部、经营部、工程技术、设部备运输物资部、财务部、安全质量监察部、法律事务部等部门负责人为组员。变更索赔管理办公室设在公司经济管理部。

第五条 项目经理部（工程指挥部）组建后，同步成立以项目经理指挥长为组长，总工程师为副组长，计划合同部、工程技术部、物资设备部、财务部、征地拆迁办公室、试验室、安全质量监察部等部门负责人为成员的项目变更索赔工作领导小组，全面负责项目变更设计、索赔工作等日常工作。

第三章 变更索赔业务分工

第六条 公司变更索赔管理的主管部门是经济管理部，实施主体是公司所属项目经理部工程指挥部。

1. 经济管理部负责全公司变更索赔工作的日常管理。根据上级下达的计划和各项目的实施情况，分解下达公司变更索赔计划，审批变更索赔奖励基金的分配方案，建立变更索赔管理台账，定期进行检查和督导。

2. 项目经理部、工程指挥部、负责变更索赔方案的策划和上报，并按下达的变更索赔计划认真落实各项具体工作，提出变更索赔奖励基金的分配和奖励方案等。

第七条 项目经理、指挥长是变更索赔第一责任人。总工程师是项目变更索赔业务负责人。计划合同部、工程部是变更索赔业务主办部门。项目应根据工程特点，细化责任到具体人员。

第八条 在实施变更索赔的过程中，涉及数量的签认资料应由项目总工程师牵头，工程部门负责完成。涉及费用的资料应由计划合同部门牵头，相关部门或人员配合完成。按项目职责分工及索赔发生的范围，宜由其他部门签证的资料应指定其他部门按期完成签证。所有签证完成的资料应及时移交计划合同部门留存备案。

第九条 基础资料作为变更索赔的重要依据，各单位必须加强对施工过程中基础资料的签证与收集，所有变更索赔基础资料必须保存完好并在项目完工后存档备查，项目的相关人员工作关系发生变化时，变更索赔基础资料应一并移交，否则，追究相关人员责任，并不得安排新的工作岗位。

第四章 变更索赔类别及统计

第十条 变更是指修正设计图纸中的错误、漏项、增减工程以及为优化设计、方便施工发生的变更。工程变更一般伴有费用变化，变更的范围也非常广泛。工程变更的定义包括广义和狭义两种：广义的工程变更包含合同变更的全部内容，如设计方案和施工方案的变更、工程量清单数量的增减、工程质量和工期要求的变动、建设规模和建设标准的调整、政府行政法规的调整、合同条款的修改以及合同主体的变更，等等；而狭义的工程变更只包括以工程变更令形式变更的内容，如建筑物尺寸的变动、桥梁基础形式的调整、施工条件的变化等。

索赔是指在合同实施过程中，因非自身原因造成的工程延期、费用增加而要求业主给予补偿损失的权利要求。

第十一条　变更索赔的分类

一、变更设计

因修正设计图纸中的错误、漏项和改变结构、增减单项工程致使施工单位增减费用以及为优化设计、方便施工发生的变更。主要有：

1. 现场实际施工环境与设计图纸不符，主要表现为地质情况的差异、地面横断面变化、分项工程数量差等。

2. 业主基于质量、安全、造价、竣工后使用等原因，要求增减的工程项目，以及为满足环保等要求需增设的工程。

3. 应地方政府和当地群众要求需增设的工程。

二、施工图量差

铁路项目：采用技术设计或初步设计资料进行投招标的项目、施工图数量与投标数量变化引起的工程造价调整。

公路项目：采用一阶段设计图与二阶段施工图公路项目，采用一阶段设计图与二阶段施工图之间的量差引起的工程造价调整。

三、索赔

根据发生的原因不同，分六种情况。

1. 外部环境：由于业主供图、供料、村民干扰等原因造成停工、赶工费用损失而产生的费用。

2. 不可抗力：因地质条件、恶劣气候等现场条件变化引起的以及地震、洪涝等其他不可抗力造成的损失。

3. 工期变化：由于业主要求提前竣工或由于业主原因导致工期延误而引起的施工费用增加。

4. 价格变化：物价上涨超过一定幅度、物资运输价格或方案发生变化等增加的费用。

5. 工程保险：施工单位在遭受损失时，根据投保的内容，在规定期限和范围内向保险公司提出的索赔。

6. 其他：合同约定的其他索赔条款。

四、政策性调整

指国家政策发生变化、建设项目的标准发生改变、技术方案和工程措施调整引起工程项目数量和造价的增加。主要指铁路工程中的价差调整、建设标准提高增加费用。

第十二条　变更索赔的统计口径

铁路项目：

一、纳入统计项目

1. 风险包干费、暂列金额、激励奖金、安全生产费，在合同额内不统计，超过部分按实际统计。

2. 施工图量差，列入变更索赔额统计。

3. 人工、材料价差，列入变更索赔额统计。

4. 铁路Ⅰ类变更或其他行业可单独计价的变更。按业主已批复并计价的实际变更索赔额进行统计。

5. 对总价承包项目，不扣减合同总价的负变更也按其绝对值进行统计。

6. 对于自然灾害、不可抗力、停工损失、保险、地方各类收费、补偿等非承包人原因造成的索赔事件以实际批复计价额进行统计。

7. 对于实现正收益或减亏的负变更，按其绝对值列入统计。

8. 其他变更索赔的费用按已计价额列入统计。

二、不纳入统计项目

1. 业主重大变更：如增建二线、改线、扩建、续建工程。但该部分工程的变更索赔部分纳入统计；

2. 合同外附加工程：如新增合同标段；

3. 合同内的暂列金额、风险包干费、激励奖金、安全生产费等。

路外项目：

暂定金额内发生的变更索赔也列入统计，其他按索赔总额计列（结合股份公司《工程变更索赔定期报表》统一统计口径）。

第五章 变更索赔考核及奖惩

第十三条 变更索赔是一项涉及法律法规、技术性很强且又十分错综复杂的综合工程。为激发和提高变更索赔人员的积极性，落实变更索赔责任制，公司建立变更索赔的考核和奖惩制度。

第十四条 变更索赔工作的考核

实行年度考核制度。考核指标包括目标规划、管理体制、运转机制、基础工作、激励措施、上级下达指标完成情况等六大方面。根据各单位年度考核成绩通报表彰先进单位。对工作表现突出的先进个人，在公司范围内通报表彰。

第十五条 变更索赔奖惩条件

1. 完成公司下达的分年度变更索赔考核计划指标。

2. 经业主、保险公司批复的有收益的变更索赔，并且业主已办理验工计价手续或保险公司已将理赔款划拨入账。

3. 已批复实际发生的变更索赔项目，对施工队伍的计价单价应控制在集团公司《工程项目施工成本指导价》最高限价内，工程数量按实计量并控制在业主批复的变更数量内。

第十六条 实行项目终结评估奖惩制，即在工程项目终结，工程价款确定后实施具体奖惩。计提的奖励基金用于变更索赔有关人员的奖励，奖励标准如下。

铁路工程项目按以下第1～7项标准采用累进法计算奖励基金：

1. 经投资检算及概算清理增加投资部分，施工图量差、标准提高、各种原因新增工程等，按以下标准计算：2000万元（含下同）以下，按其增加总额1％实施奖励；2000万元以上的部分按0.5％实施奖励；1亿元以上部分按0.25％实施奖励；2亿元以上部分按0.15％实施奖励；3亿元以上部分按0.1％实施奖励。

2. 变更设计增加投资部分，500万元以下按变更设计金额的2％实施奖励；500万～3000万元的部分按1％实施奖励；3000万元以上的部分按0.5％实施奖励、各种政策性调整增加投资部分，按增加总额的0.1％实施奖励。

3. 各种政策性调整增加投资部分，按增加总额的0.1％实施奖励。

4. 与业主签订的施工合同（含补充合同）中明确实行总承包风险包干的工程项目，对计量超过合同风险包干费部分按2％实施奖励。

5. 保险索赔按索赔额的3％实施奖励。

6. 其他索赔总额达1000万元及以下的，按其总额的3％实施奖励；1000万～3000万元的部分按2％实施奖励；3000万元的以上部分按1％实施奖励。

7. 协作施工项目，变更索赔奖励基金的计取基数按计提管理费实际增加额以5％实施奖励。

路外工程项目按以下第8项规定计算：

8. 路外工程（公路、地铁、市政、水利、房建等）项目按变更索赔增加合同总价（扣除暂定金额）以2％实施奖励，其中暂定金额索赔增加部分按增加额的1％实施奖励。

9. 在优化设计过程中，对于将中标单价低于成本价的工程项目，变更使得数量减少的，按照此项减亏额计算奖励。铁路项目列入其他索赔额内，路外项目列入索赔总额。

第十七条　由业主统一上报全线共性问题的Ⅰ类变更设计原则上不予奖励以上奖励不重复计列。

第十八条　项目经理部（指挥部）按其建安产值的0.05％提取变更索赔奖励专项费用，建安产值超过10亿元的工程项目按0.03％提取；用于奖励第十七条所列项目以外的变更索赔项目，实行专款专用，此项费用评估时直接列入项目管理费。实施奖励时需报公司经济管理部审批、备案。

第十九条　项目经理部（指挥部）应高度重视变更索赔工作，要求每个项目的工程变更索赔额必须达到该建设项目所有标段变更索赔的平均值以上。工作不力的，给予相应的经济与行政处罚：

1. 与业主签订的施工合同（含补充合同）中明确实行总承包风险包干的工程项目，合同风险包干费在决算中未能全额计价的，按其不足额的10％处罚。

2. 对可能变更而没有力争变更以及盲目变更给企业造成损失的，按其损失金额的3％～5％处罚。

3. 对变更索赔不主动，提供资料不及时，或不完整，影响变更索赔效果的相关人员分别给予5000～10000元罚款，不称职人员调离工作岗位。

第二十条　奖惩实施

1. 变更索赔奖惩按项目一次性实施。在工程项目终结、工程价款确定后，项目经理部（指挥部）将变更索赔收入情况、业主变更索赔费用批复件、保险公司索赔费用批复件、未次验工计量报表及奖励费用计算表一并上报至公司经济管理部，待审核后报主管领导审批。

2. 项目经理部（指挥部）按公司批复意见，提出变更索赔奖励分配意见报公司审批后实施。奖励应依个人贡献大小分配，重点是奖励有突出贡献人员严禁搞平均主义。

第六章 附 则

第二十一条 本办法自下发之日起实施，公司原相关变更索赔管理办法同时废止。已开工但未办理工程决算的项目亦适用于本办法。

第二十二条 本办法由公司经济管理部负责解释。项目经理部（指挥部）可依据本办法，制定具体的实施细则。

第 16 章 索 赔 基 本 程 序

索赔的启动和开展，每一个环节都离不开一定的规则和程序制约，否则，随意的索赔活动，其结果不是索赔的失败，就是已经丧失了索赔的权利。为此，索赔的基本程序成为索赔管理研究的重要内容之一。本章从承包商的角度以 EPC 合同条款为依据，探讨索赔活动的基本程序。

16.1 索赔的一般程序

在索赔过程中，承包商要正式向雇主提起索赔、得到补偿要求，就必须遵循严格的程序。FIDIC 银皮书第 20.1 款【承包商的索赔】体现了承包商索赔应遵循的程序，现归纳如下。

16.1.1 发出索赔通知

承包商则应在发现或应当发现该事件后的 28 日内按照合同规定通知业主。如果承包商依据合同条件中某些条款或与合同有关的其他文件，认为有权就某一事件得到工期延长和追加付款，承包商则应在发现或应当发现该事件的 28 日内向工程师发出通知，说明引起索赔的事件或情况。反之，如果承包商未能在上述期限 28 天内向工程师发出索赔通知，则无权获得任何时间和费用的补偿，而业主则可免除该索赔事件的全部责任。因此，在实际工作中，承包商应避免因未能遵守索赔时限而导致合理的索赔要求无效的情形。

16.1.2 准备有关资料

承包商还应提交所有有关该事件或情况的、合同要求的任何其他通知，以及支持索赔的详细资料。索赔事件一经发生，承包商就应当进行索赔资料的准备工作。一方面，根据合同要求及时向业主或业主代表提交支持索赔的有关通知和资料。另一方面，承包商应在现场或业主认可的另外地点，保持用以证明任何索赔可能需要的此类同期记录。业主收到根据本款发出的任何通知后，未承认责任前，可检查记录保持情况，并可指示承包商保持进一步的同期记录。承包商应允许业主检查所有这些记录，并应向业主（若有指示要求）提供复印件。

16.1.3 递交索赔报告

在承包商觉察（或应已觉察）引起索赔的事件或情况后 42 天内，或在承包商可能建议并经业主认可的其他期限内，承包商应向业主递交一份充分详细的索赔报告，包括索赔的依据、要求延长的时间和（或）追加的付款的全部详细资料。如果索赔事件具有连续影响，则可以认为第一份索赔报告是期中性质的，之后承包商需按月递交进一步的索赔报告，在索赔事件的影响终了后 28 日内（或业主认可的期限内）递交最终的索赔报告。

16.1.4　业主的处理

业主在收到索赔报告或对过去索赔的任何进一步证明资料后 42 天内，或在业主可能建议并经承包商认可的其他期限内，做出回应，表示批准，或不批准，并提出具体意见。业主还可以要求任何必需的进一步的资料，但业主仍要在上述时间内对索赔的原则做出回应。这一点与过去 FIDIC 合同版本相比，是 1999 版 FIDIC 合同的一大改进，即提出了对业主方在时间上的约束性要求。对于根据承包商的索赔书已能够证明的部分索赔款，应加入每月的支付证书中；业主方应按照第 3.15 款【决定】来决定承包商索赔的工期和款项。

在处理索赔的过程中，业主应按照合同有关条款的规定，确定可给予承包商的工期延长或追加付款额；在所有索赔处理结束之前，对能证明是有依据的、合理的那部分索赔，应将其追加付款加入到每月的付款证书中。

从上述索赔程序可以看出，EPC 工程总承包合同的索赔过程包括了三个阶段。

（1）在规定期限内承包商发出索赔意向通知。如果超出规定时间，即意味着放弃索赔权利。

（2）起草并提交详细的索赔报告并附相关证明资料。

（3）解决索赔。若有争执，可通过协调、调节、仲裁等方式解决。承包商索赔的处理流程如图 16-1 所示。

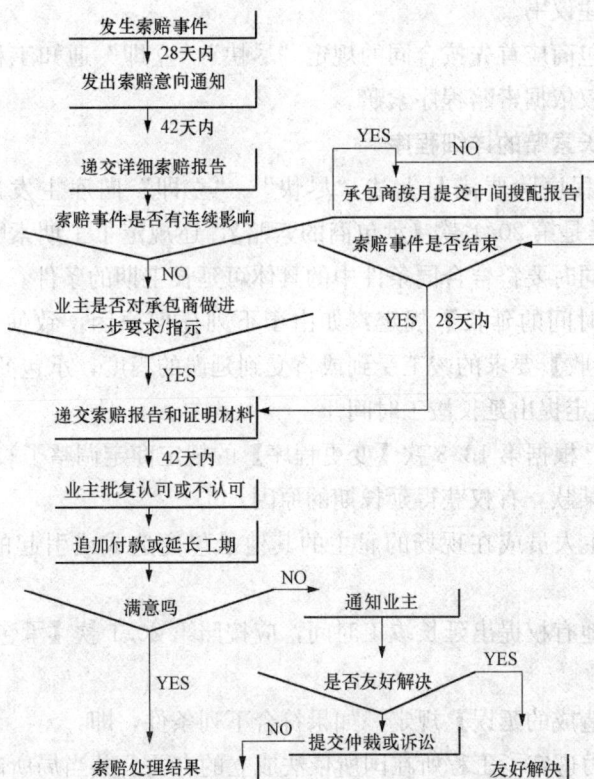

图 16-1　FIDIC 银皮书下承包商的索赔流程

16.2　索赔的详细程序

16.2.1　追加付款索赔的详细程序

FIDIC 银皮书第 20.1 款【承包商的索赔】规定了追加付款的索赔程序：如果承包商认为，根据本条件任何条款或与合同有关的其他文件，他有权得到竣工时间的任何延长期和（或）任何追加付款，承包商应向雇主发出通知，说明引起索赔的事件或情况。该通知应尽快在承包商察觉或应已察觉该事件或情况后 28 天内发出。

在此条款中，使用了"尽快"二字。根据特别法优于普通法和特殊条款优于普通条款的原则，承包商应首先遵守每个条款的特殊规定，并且总体上不能违反索赔程序的具体规定，这样，对于维护承包商的合法权益更有保障。有特别规定的"尽快""立即"通知条款还包括：

第 4.24 款【化石】规定：在现场发现的所有化石、硬币、有价值的物品或文物，以及具有地质或考古意义的结构物和其他遗迹或物品，应置于雇主的照管和权限下。承包商应采取合理的预防措施，防止承包商人员或其他人员移动或损坏任何这类发现物。一旦发现任何上述物品，承包商应立即通知雇主。再次，使用了"立即"二字。

第 13.3 款【变更程序】规定：如果雇主在发出变更指示前要求承包商提出一份建议书，承包商应尽快做出书面回应，或提出他不能照办的理由（如果情况如此），或提交……承包商对调整合同价格的建议书。

上述情况下，承包商应首先按合同的规定"尽快""立即"通知工程师，承包商只有完成了上述程序，才有权依据索赔程序索赔。

16.2.2　工期延长索赔的详细程序

工期延长的索赔程序除要满足上述"尽快""立即"向雇主发出通知索赔程序外，FIDIC 银皮书中，同样是第 20.1 款【承包商的索赔】，还规定了工期索赔的详细程序，承包商要获得工期延长，同时要符合合同条件中的具体可延长工期的条件。

第 8.4 款【竣工时间的延长】规定：如由于下列任何原因，致使达到按照第 10.1 款【工程和分项工程的接收】要求的竣工受到或将受到延误的程度，承包商有权按照第 20.1 款【承包商的索赔】的规定提出延长竣工时间。

（a）变更（除非已根据第 13.3 款【变更程序】的规定商定调整了竣工时间）。

（b）根据本条件某款，有权获得延长期的原因。

（c）由雇主、雇主人员或在现场的雇主的其他承包商造成或引起的任何延误、妨碍和阻碍。

如果承包商认为他有权提出延长竣工时间，应按照第 20.1 款【承包商的索赔】的规定，向雇主发出通知。

第 8.5 款【当局造成的延误】规定：如果符合下列条件，即：

（a）承包商已努力遵守了工程所在国所依法成立的有关公共当局所制定的程序。

（b）这些当局延误或打乱了承包商的工作。

（c）延误或打乱是一个有经验的承包商在递交投标书时无法合理预见的。则上述延误或中断应被视为根据第 8.4 款【竣工时间的延长】（b）项规定的延误的原因。

承包商在遇到满足上述有理由的工期延误后，应按照第 20.1 条【承包商的索赔】的规定，向工程师发出通知。工程师每次按照第 20.1 条款确定延长时间时，应对以前做出的确定进行审查，可以增加，但不得减少总的延长时间。

16.2.3 工程变更索赔的详细程序

FIDIC 银皮书第 13.3 款【变更程序】规定，如果雇主在发出变更指示前要求承包商提出一份建议书，承包商应尽快做出书面回应，或提出他不能照办的理由（如果情况如此），或提交：

（a）对建议的设计和（或）要完成的工作的说明，以及实施的进度计划。

（b）根据的 8.3 款【进度计划】和竣工时间的要求，承包商对进度计划做出必要修改的建议书。

（c）承包商对调整合同价格的建议书。

雇主收到此类（根据的 13.2 款【价值工程】的规定或其他规定）提出的建议书后，应尽快给予批准、不批准或提出意见的回复。在等待答复期间，承包商不应延误任何工作。应由雇主向承包商发出执行每项变更并附做好各项费用记录的任何要求的指示，承包商应确认收到该指示，为指示或批准一项变更，雇主应按照第 3.5 款【确定】的要求，商定或确定对合同价格和付款计划表的调整。这些调整应包括合理的利润，如果适用，并应考虑承包商根据第 13.2 款【价值工程】提交的建议。

16.2.4 报送索赔同期记录

当索赔事件发生时，承包商应有同期记录。同期记录中一般应包括索赔事件发生的时间、地点、索赔的直接依据，以及是否向业主或业主代表发出了索赔意向通知，业主是否收到。还应记录承包商已经采取了哪些措施等。工程师有义务审查该同期记录。承包商在要求工程师对同期记录进行审查时，应同时请业主或业主代表说明他是否要求承包商保持其他记录。如果承包商保持了同业主或业主代表的沟通，这对承包商是有利的。同期记录对承包商以后可能提出的任何索赔是相当必要的。但如果承包商没有同期记录，并不意味着承包商索赔请求权的消灭，他可依据争端解决程序实现索赔权。但承包商的索赔权的实现只能限于既有记录所证实的情况，如果没有既有记录的证实，承包商的索赔权将不能实现。因此，无论如何，承包商都应做好任何施工现场记录，这对于承包商的利益来说是至关重要的。

16.2.5 提交索赔证明材料

证明环节是索赔能否成功的关键，承包商应遵守如下程序：首先应在规定的时间内，向业主或业主代表提交证明资料。合同规定，提交证明资料的期限为承包商向工程发出索赔意向通知后的 28 天内，或在业主或业主代表师可能同意的其他合理时间内。如果提出索赔的事件具有连续影响时，在上述期限内所提交的详细报告只能被视为中间的，承包商应按业主或业主代表提出的合理时间间隔要求（一般按月），继续递交进一步的中间索赔证明资料，承包商应在索赔事件所产生的影响结束后 28 天之内递交一份最终索赔报告。但这里容易出现的问题是"索赔事件所产生的影响结束"的确定，实践中，某一具体事件的影响何时结束经常会发生争论，因此，承包商明智的做法是密切保持同业主或业主代表的关系，及时同业主沟通，取得业主的认可。提交的证明资料应包括以下内容。

（1）总论部分。概要地叙述发生索赔事项的日期和过程；说明承包商为了减轻因索赔造成的损失和损害而做的努力；索赔事项对承包商工期和费用的影响；承包商提出的索赔要求。

（2）论证索赔的依据和索赔额。论证索赔的依据应按照合同条件和工程所在国的法律规定，充分阐明索赔的法律理由，使索赔要求建立在合同和法律的基础上。同时，承包商应对索赔额和工期进行准确的估计，并进行有理有据的证明。一般包括：招标文件、投标报价文件、施工协议书及其附属文件、来往信件、会议记录、施工现场记录、工程财务记录、现场气象记录、市场信息资料、工程所在国家的政策法令文件、工程所在国的重大政治/经济/自然灾害的正式报道（罢工、动乱、地震、飓风、异常天气、税收、海关新规定、汇率变化、法律、工资和物价定期报道等）。

提供证据资料应注意引用的每个证据的证明力。比如，对一个重要的电话记录或对方的口头命令，仅附上承包商自己的记录是不够的，最好附以经对方签字的记录，或附上当时发给对方要求确认该电话记录或口头命令的往来函件，即使对方未复函确认或修改，亦说明责任在对方，按合同的有关规定及惯例应理解为对方已默认。

如果承包商未能提交合同条件规定的证明资料，则承包商所获得的有关款项只能限于业主或依据争端解决程序指定的任何仲裁人通过既有同期记录及其他记录所证实的情况来获得。也就是说，在此情况下，索赔程序不再适用，转而适用第 20.6 款【仲裁】的争端解决程序，承包商得到付款的权利将受到限制。

提供证据资料应注意引用的每个证据的证明力。比如，对一个重要的电话记录或对方的口头命令，仅附上承包商自己的记录是不够的，最好附以经对方签字的记录，或附上当时发给对方要求确认该电话记录或口头命令的往来函件，即使对方未复函确认或修改，亦说明责任在对方，按合同的有关规定及惯例应理解为对方已默认。如果承包商未能提交合同条件规定的证明资料，则承包商所获得的有关款项只能限于工程师或依据争端解决程序指定的任何仲裁人通过既有同期记录及其他记录所证实的情况来获得。也就是说，在此情况下，索赔程序不再适用，转而适用第 20.6 款【仲裁】的争端解决程序，承包商得到付款的权利将受到限制。

16.2.6　索赔款的支付程序

索赔额的确定应由业主和承包商适当协商，如果承包提供的证明不足以证实全部的索赔，则承包商有权获得已满足工程师要求的那部分细节所证明的索赔款项的支付。在业主收到报表和证明文件后 56 天内，业主向承包商支付索赔款项。如果业主未在上述付款时间内付款，则应向承包商支付应付之日起的上述应付款索赔额的利息。如果索赔事件具有持续的影响以致使索赔额的支付被列在最终付款证书中，那么业主应在收到最终付款证书后 56 天日之内向承包商支付，如果业主未在上述付款时间内付款，则应向承包商支付从应付之日起的按月计算上述应付索赔额的利息，除非专用条件中另有规定，上述费用应以高出支付货币所在国中央银行的贴现率三个百分点的年利率进行计算，并应用同种货币支付。

如果承包商的一项索赔事件没有持续性的影响，他应将应获得的索赔额包含在月报表中，依据业主颁发的临时证书获得索赔款的支付。如果承包商的索赔事件具有持续的影响，那么承包商按规定在影响结束的 28 天之内向业主提交最终详细报告，获得业主的确认后应及时将应得的索赔额包含进月报表或竣工报表，最迟也应包含在最终报表中。如果承包商没有将索赔款项包含在最终报表，则意味着雇主不再对任何付款承担责任，对于承包商来说，则意味着承包商自动放弃了自己的权利。因此，索赔款的支付程序对承包商来说同样重要，在重视索赔的同时，还应关注确实得到了索赔款的支付。

承包商只有满足了上述程序，业主才能受理承包商的索赔。如果承包商没有执行上述的程序，就只能求助于争端解决程序，且承包商是否能得到工期索赔以及得到的工期延长的期限将由仲裁庭根据能够证明的事实来确定。

16.3　索赔争端解决程序

如果承包商没有按索赔程序的要求保持同期记录，并且承包商仍要求从该项权利得到救济，则可求助于争端解决程序。提交仲裁是承包商索赔权救济的一部分，争端解决程序具体包括以下三个程序阶段。

16.3.1　将争端提交 DAB

根据 FIDIC 银皮书第 20.2 款【争端裁决委员会的委任】规定：DAB 应在投标书附录中规定的日期前，双方联合任命，由具有相应资格的一名或三名（成员）组成。如果对委员会人数没有规定，且双方没有另外协议，DAB 应有三人组成。对任何成员的任命，可以经过双方相互协议终止，但业主或承包商不能单独采取行动。除双方另有协议。

第 20.4 款【获得争端裁决委员会的决定】规定：任何起因于合同或工程实施的争端（不论任何种类），包括对业主的任何证书、确定、指示、意见或估价的任何争端，任一方可以将该争端以书面形式提交 DAB，并将副本送交另一方和业主，DAB 应在 84 天之内，或在可能由 DAB 建议并经双方认可的其他期限内，提出他的决定。除非合同已被放弃、拒绝或终止。即使进入了争端解决程序，承包商还应继续按照合同进行工程，并执行业主的指令。

与索赔程序不同的是，争端解决程序并未限定将争议提交 DAB 的时间。争议还可能发生在工程完成多年以后，只要合同适用的法律规定的时效允许，承包商就可依据争端解决程序，首先将争端提交 DAB，如果该 DAB 拒绝做出决定，则可直接进入国际仲裁。

如果承包商对 DAB 的决定不满或 DAB 未能在 84 天之内做出决定，则任一方可以在该期限满后 28 天内，向另一方发出不满通知。如果 DAB 已就争端事项向双方提交了他的决定，而任一方在收到 DAB 决定后 28 天内，均未发出表示不满的通知，则该决定应成为最终的决定，对双方均具有约束力。

16.3.2　优先友好解决

FIDIC 银皮书第 20.5 款【友好协商】规定，如果已按照第 20.4 款【获得争端委员会的决定】发出了不满的通知，双方应在着手仲裁前，努力以友好方式解决争端。但是，除非双方另有协议，仲裁可以在表示不满的通知发出后的第 56 天或其后着手做出，即使未曾做过友好解决的努力。

　　双方通过友好协商解决争端应该是对双方最有利的方法，一方面可以使双方当事人继续保持良好的合作关系，另一方面也会使双方减少诉讼和对抗所带来的负面影响。

16.3.3　索赔争端仲裁

　　对于承包商和业主来说，仲裁程序开始的前提是，经 DAB 对做出的决定（如果有）未能成为最终的和有约束力的任何争端或业主未在合同规定的时间内做出决定，一方已按规定将提交仲裁的意向通知了另一方；或者争议双方未达成友好解决。即使 DAB 的决定成为最终决定并有约束力后，如果一方未能遵守，那么另一方也可直接提交仲裁，不需要进一步决定和友好协商。如满足上述条件可根据 FIDIC 银皮书第 20.6【仲裁】的规定，通过国际仲裁对其做出最终解决。

　　仲裁裁决是终局的裁决。一裁终局原则是世界各国普遍接受的原则。裁决做出后，当事人如果就同一纠纷再申请仲裁或向法院起诉，仲裁机构或法院均不予受理。裁决书自做出了之日起发挥法律效力，当事人应当执行裁决，如一方拒绝执行，另一方可向有关法院申请执行。

　　任何合同都是在一定的"边界条件"下才能成立，而任何"边界条件"的变化都必须引起合同的变化，从这个意义上说这种变化对承包商来说是好事，是给承包商提供了索赔的机会。作为承包商应该了解，索赔是保护自己合法利益的合同武器，使合同双方的经济利益关系更加趋于平衡，必须正确对待索赔，它不是惩罚，而是合情合理的对实际损失的一种补偿。因此，每一个承包商都不仅要认真研究和掌握索赔的相关合同条款，而且要敢于和善于使用争议解决条款。国际承包市场在长期的发展过程中，不仅形成了比较公平的合同条款，而且形成了一整套比较完整的争议解决机制。只有敢于和善于使用这些条款、机制，承包商才能在实施合同过程中保护自己的合法权益。

16.3.4　DAB 详细介绍

　　在 1999 版 FIDIC 合同条件中提出一种崭新的争端解决方式——DAB 方法。在过去的 FIDIC 合同条件中，业主与承包商在履行合同时发生了争议，首先在工程师主持进行协商解决，失败后再向双方预先商定的争端裁决委员会（以下简称 DAB）提出，由争端裁决委员会裁决，它不属于仲裁泛范畴。为何 1999 版 FIDIC 合同条件提出 DAB 方式，主要有以下原因。

1. DAB 法提出的原因

　　国际工程项目的实施是一个十分复杂的管理过程，加之履约时间一般很长，涉及不同国家合同双方的经济利益以及公司的声誉，因此，矛盾和争端不可避免。根据美国建筑行业协会的争端预防与解决研究小组对 191 个单位（业主与承包商约各半）的调查，总结出项目施工阶段中产生争端的十大原因：

　　一是不切实际地和不公正地将风险转移给那些尚无准备或无力承担此类风险的当事人的合同条款；二是将不切实际的希望寄托于那些没有足够财力去完成他们的目标的当事人（一般指业主）；三是模糊不清的合同文件；四是承包商的投标价过低；五是项目有关各方之间

交流太少；六是总承包商的管理、监督与协作不力；七是项目参与各方不愿意及时地处理变更和意外情况；八是项目参与各方缺少团队精神；九是项目中某些或全部当事人之间有敌对倾向；十是合同管理者想避免做出棘手的决定而将问题转给组织内部更高的权力机构或律师，而不是在项目这一级范围内主动解决问题。

由于这些产生争端的原因在国际工程实施中也具有普遍性，国际咨询工程师联合会20在世纪90年代中期之前编制的合同文件，以旧红皮书（1987年第4版，1992年修正版）为代表，一直沿用首先将争端提交给监理工程师，由监理工程师进行调整并向合同双方提出解决争端的复审决定的办法。如合同双方均同意并执行此决定，则争端得到解决。如任一方不同意，或一开始双方均同意但事后又有一方不执行，则只有走向仲裁。在合同双方得到监理工程师的决定后，如果一方不同意并要求仲裁，还应经过一个56天的"友好解决"期，以便由监理工程师再进行调解。如调解不成功，则走向仲裁。

FIDIC合同条件在国际工程界广泛应用，但人们对于在合同条件中规定由监理工程师来处理争端提出了疑义和批评，这是因为虽然在合同条件中规定监理工程师应在管理合同中应该行为公正，但由于监理工程师是受雇于业主，因此，其复审决定的公正性往往是不可靠的，因为承包商向监理工程师提交的争端大多数是由监理工程师在工程实施过程中已做出的决定，当承包商有异议，再次提交监理工程师要求其做出复审决定，实际上就是要求监理工程师推翻或修改其原来的决定。因此，这种解决争端的做法的成功率将会很低，这一点在实践中也得到了证明。

有鉴于此，世界银行首先在其1995年1月出版的"工程采购标准招标文件"中借鉴了美国的经验，提出了用争端审议委员会（DRB）来替代监理工程师解决争端的作用，FIDIC 1996年对《土木工程施工合同条件》的增补中，提出了用争端裁决委员会（DAB）来替代过去版本中依靠监理工程师解决争端的作用。在1999年出版的新红皮书及银皮书等合同中普遍采用DAB，并且附有"争端裁决协议书的通用条件"和"程序规则"等文件，形成了系统解决国际工程争端的方法和组织机构。双方应在投标书附录中规定的日期前，联合任命一个DAB。

2. 关于对DAB的规定

银皮书第20.2款【争端裁决委员会的任命】规定：DAB由具有相应资格的一名或三名人员组成。如果对委员会人数没有规定，且双方没有另外协议，DAB应由三人组成。也就是DAB的委员一般是三人。

（1）DAB委员的聘任。DAB委员的聘任是由业主和承包商在投标函附录规定的时间内各提名1位委员，在经对方批准之后，由合同双方与这两位委员共同商定第三名成员作为的主席组成三人的成员或共同确定唯一成员。但三人成员均应与双方无经济往来和利益关系。如果组成DAB有困难，如一方的提名另一方不同意；或合同中任一方未能在投标函附录规定的日期内提出人选，则采用专用条件中指定的机构或官方提名任命DAB成员，该任命是最终的和具有决定性的。

一般在结算清单生效时，DAB委员的任期即告期满，如果要终止对某一委员的聘任，必须经双方同意。当委员与合同双方口头商定参与DAB的工作之后，即应签订一份"争端裁决协议书"（以下简称"协议书"）。协议书的范本格式附在 FIDIC 合同条件的文本中，主要包括"争端裁决协议通用条件"及对它的修改和补充、委员的酬金金额、DAB 委员应完成的协议中规定的义务、业主和承包商双方共同承担支付的义务及应遵守的法律。

（2）DAB 委员的酬金与支付。DAB 委员的酬金与支付包括月薪和日酬金：月薪用于委员在他的住址进行的与 DAB 有关工作的报酬；日酬金包括旅程（至多两天）及在现场工作的每一日的报酬；此外还应为 DAB 委员开支他们为履行职责的花费（如旅店费及补助、通信费等）及支付工程所在国向他们征收的税金。一般月薪等于三天的日酬金。月薪和日酬金额由委员与合同双方商定后写入协议书。在委员工作满两年后，酬金可以调整。合同条件中还规定了支付的程序、日期及如果合同一方未履行支付义务时的措施。

（3）DAB 方式解决争端的程序。

1）合同任一方都可将来源于项目实施的任何争端（包括不同意工程师的任何决定）直接提交给 DAB 委员，但同时应将副本提交给对方和监理工程师。双方有义务按照要求提供所需要的所有资料和其他便利条件。

2）DAB 在收到任一方提交材料后的 84 天内（或经 DAB 建议，在合同双方同意的时间内），根据合同协议，应就争端事宜做出书面决定。

3）如果合同任一方对 DAB 决定不满意，可在收到决定后 28 天内，将其不满通知对方或在 DAB 收到合同任一方的通知后 84 天未能做出决定，合同任一方也可在此后 28 天将其不满通知对方，并可就争端要求仲裁。

4）争端应在合同中确定的国际仲裁机构裁决。在仲裁过程中，合同双方及工程师均可提交新的证据，DAB 的决定也可作为一项证据。据上所叙，FIDIC 中的 DAB 方法运用的目的是：

① DAB 方法推行的目的消除监理工程师在工程管理中可能的不公正性。

② DAB 方法有利于合同双方争端的解决。

③ DAB 方法的执行对监理工程师处理争端的权力提出了挑战。

3. 我国应对 DAB 方法的措施

在"一带一路"战略实施过程中，我国各工程集团或公司进入其他国家承包工程的"门槛"将降低，将有更多的企业奔赴国际市场。国内工程市场也更多地使用 FIDIC 合同，了解国际上解决争端的新方法，积极采取应对措施是十分重要的。具体措施如下。

（1）抓紧学习和熟悉 DAB 这一新的争端解决方式。亚洲开发银行一贯全文采用 FIDIC 的有关合同条件，因此我们应该抓紧学习和熟悉 DAB。

（2）我国各公司（特别是大公司）应该设立一个"专家库"。FIDIC 的合同条件要求在投标函附录中规定的时间内共同任命 DAB 委员，如果事先没有准备，届时就会很被动。因此，各公司应该有一个"专家库"，包含各国的专家，这些专家在业务方面要通晓合同管理，这些专家最好和公司没有过多业务往来，特别是当前不能有经营和经济上的往来。按照一定的条件准备一个中外专家库并不是一朝一夕能完成，要经过长期准备、磨合。

（3）大力培养国际工程管理人才，做好项目合同管理工作。合同管理是项目管理的核心，任何一个项目均应设立合同管理部，负责管理合同实施中的各项工作，包括风险管理、索赔管理，以及有关文档资料管理。

在采用 DAB 后，对合同管理的要求更高了，因为 DAB 在收到一方有关争端事项的报告后，另一方要很快地递交自己的立场报告，一般 DAB 的委员一年来现场工作三次，每次两周左右，在委员要求各种资料和证据时，有关方应很快提供，如果某一方不同意 DAB 做出的决定，也需要很快地通过书面意见做出反应。

16.4　索赔程序案例

16.4.1　双索赔程序案例

【摘要】

索赔程序是索赔管理中最重要内容之一，因此任何索赔活动必须按照合同规定的程序进行。本案为一起国内承包公司参与的一个国际 EPC 工程索赔的成功案例，承包商对整个索赔的原则、准备工作、步骤程序及索赔过程进行了较为翔实地介绍。

【索赔背景】

该现代化糖厂项目位于南美洲某国，业主聘请英国咨询工程师对项目按 FIDIC 合同条件进行全程管理，中国企业为 EPC 总承包商。该合同施工部分以工程师估算的工程量计价清单为根据确定合同价款。该工程量清单中估算的打桩及制桩工作量为 33 长预制混凝土方桩 54250（按 30.6m 桩长计算，总桩数约为 1773 根）。

该工程于 2010 年 11 月正式开始施工，通过现场试桩，最终确定桩长为 30.6m。由于工程为 EPC 项目，施工初期，属于"边设计、边施工"状态。项目的管理程序为：中方设计单位向业主的代表工程师提交设计图纸—工程师对设计进行审核—审核批准后现场进行施工，设计是按建筑物逐步进行，现场施工也按同样顺序进行。

到 2011 年 3 月时，现场已获批准图纸的总桩数已经达到 1487 根。此时，工程师及承包商都已经意识到打桩的工程量将大幅度超原工程量清单估算工程量，于是，工程师调整工作程序，对其他建筑物的图纸不再采取审批办法，而是改为"签收，无评论"。

在 2010 年 11 月至 2011 年 3 月施工期间，承包商仍按照原定施工工期编制施工计划，但由于气候多雨、原材料供应不畅、人员配合不熟练等原因，编制的计划大多数没有完成，承包商采取了加班等措施，现场施工有一定的改善，但仍未完成承包商计划。承包商及工程师分别为索赔工作进行了如下的准备工作。

【索赔程序】

1. 总承包商提出索赔意向通知书

总承包商于 2011 年 4 月 3 日向工程师发出索赔意向通知书，说明由于实际桩的工程量已经远远超过原工程量清单估算数量，因此，承包商将就工程量增加导致的工期延长及额外费用增加进行索赔。

2. 工程师的初步回复

工程师根据合同条款第 20.1 款【承包商的索赔】中的规定，指示承包商在现场保持用以证明任何索赔可能需要的此类同期记录。工程师在未承认责任前，可检查记录保持情况，需保持及检查的记录包括但不限于：购货发票、提货单、工程进度计划、资源分配计划及现场实际进度报告等，并将首次检查日期确定为 2011 年 5 月 15 日。

3. 总承包商准备索赔报告

总承包商及邀请咨询公司对事件的详细分析结构如下。

（1）总承包商已经意识到基桩数量的增加可能带来的工程延误，由于基桩数量的增加引起的基础混凝土工作量及钢结构安装工作量的增加，也可同时造成工期延误，因此，承包商应提出的造成工期延长索赔的原因应包括此三部分工作量的内容。

（2）咨询工程师认为，工程量的增加其实应在合同最初签订时就发生了，只是那时并没有显现出来。承包商虽然及时提出了索赔意向通知，但承包商的索赔意向通知是否有效取决于承包商是否在发出意向通知时才意识到工程量的增加可能会造成工期延期？这一点的论证需要专业工程律师协助。

（3）承包商目前没有一份按原合同中列明的工作量编制的进度计划，这是由于承包商编制的进度计划都是根据实际工程量及原定工期编制的进度计划，这一点正是问题关键性所在，承包商需要一份按原合同中列明的工作量编制的进度计划，这份计划可以被称为基准进度计划，通过在基准进度计划中增加新增工作量对整个进度计划的影响得到要索赔的工程值。

（4）咨询工程师建议的工期索赔报告程序。

①准备基准进度计划，包括：审核原工作项目列表并进行必要修改；审核工作项目之间关联的逻辑性并进行必要的修改；审核工作项目的完成时间并作必要修改；对计划进行必要调整以保证其符合合同中规定的完工时间。

②列出可能造成基准进度计划延期的事项（如桩数量、混凝土工程量增加等），关键工作的延期会导致计划延期，其他工作的变化可能只反映出由此对相关工作造成的影响。

③将延期事项加入基准进度计划中得出新的进度计划，鉴别出所有由于这些事项所引起的矛盾项，并分析通过采取不增加费用措施可能减少的工期延长（如改变制桩的顺序或降低制桩费用，将此部分费用分配给基础混凝土后带来的影响）。

④调整基准进度计划，在计划中移出矛盾项目并反映出承包商可能采取的不增加费用及减少工期损失的措施。

⑤重复上述步骤，直到所有矛盾事项均从计划中去除，并且所有承包商可能采取的减少工期损失的措施已采用。

⑥准备索赔报告，内容包括：基准进度计划制定过程、修正工期的计算过程、由于增加工作量对进度产生的相关联的影响及采取的减少工期损失的措施的说明。

⑦准备索赔文件中所需要的季度计划图表及得出的总结论。

⑧准备索赔文件中的论据部分，包括工期索赔的权利的相关规定等。

（5）为完成上述工作，承包商准备了下述文件。

①承包商认定为新增工作量的桩位布置图。

②现场实际制桩进度统计。

③现场实际打桩进度统计。

④目前设计图纸中混凝土及钢结构工作量与原合同中估算工作量对比。

⑤进入现场工作人员的数量，与原计划人员数量的对比。

（6）费用索赔：承包商准备的费用索赔文件如下。

①每月间接费用分解明细。

②相关联的费用支出明细。

4. 总承包商的索赔报告

总承包商按上述原则编制的索赔报告的主要内容如下。

（1）工期索赔。总承包商按基准进度推算，全部桩工程原计划应于 2011 年 6 月 19 日完成，即在 2011 年 1 月 10 日至 6 月 19 日期间完成合同原估算的 1773 根桩的施工，日均生产效率应为 11 根，总承包商就超出原定工程量 10% 以外工程量进行工期索赔，即进行索赔的工程量为 1420 根（3370−1773×10%），桩索赔工期为 129 天，由桩基工程量增加造成的基础混凝土工作量及钢结构安装工程量增加共索赔工期为 28 天，累计索赔工期为 157 天。

（2）费用索赔。承包商的费用索赔包括五个部分。

①增加工程量的费用：由于物价上涨等因素，承包商提出了高于原计价清单单价的新单价。

②总承包方管理费：计价清单中的开办费中与时间相关项的管理费用系施工方的管理费，总承包方就工期增加造成的总承包方的管理费用进行索赔。

③保险费用：由于工期增加造成的保险费用增加，计算规则按原合同中日保险费率乘以索赔工期。

④保函的费用：由于工期的增加造成的履约保函费用增加，计算规则按原合同中日保函费率乘以索赔期。

⑤机票增加费用：由于工期延长造成部分工人的返程机票过期，重新购置机票的费用。

5. 工程师进行索赔准备工作

（1）工程师在意识到总桩数可能会大大超过原工程量清单估算数量时，将原来图纸批准的程序由"经工程师批准后施工"改为"只签收不评论"。工程师的用意正是避免在索赔过程中给承包商提供借口。同时，工程师为了验证桩设计是否存在问题，特邀资深英国设计咨询公司对全部桩设计图纸进行了重新审核，审核的结果为全部设计的 3370 根桩中，约有不到 100 根可以进一步优化，承包商的设计基本符合要求，不存在设计过量的现象。

（2）工程师对承包商在现场提交的进度计划及实际完成的情况进行统计和对比，结果显示按照承包商现场提交的进度计划，即平均日制桩及打桩 20 根，全部 3370 根桩完工日期应为 2011 年 7 月 15 日前。承包商在 4 月底前完成的打桩数量为 1487 根，平均 14 根/日。按照承包商最初的总进度计划，全部桩基工程应于 2011 年 6 月 19 日前完成，因此，工程师可接受的索赔工程为 6 月 19 日至 7 月 10 日的 22 天，由于承包商的原因造成的工期延误应由承包商负责。

6. 总承包商与工程师进行索赔磋商

由于总承包商与工程师就工期索赔的计算原则不同，因此双方很难达成一致。工程师以总承包商工期索赔天数超出业主授权范围，要求总承包商就索赔事项与业主进行谈判。

【索赔结果】

总承包商与工程师经过半个月的谈判，双方最终就索赔达成一致意见：业主尽管对承包商提出的工期索赔计算方法不认可，但由于总承包商邀请的是知名咨询工程师，各种索赔文件准备的相当详细，业主很难找到突破口，因此，提出总承包商由于施工组织不利，也应对工期延长承担一定的责任。考虑到糖厂的生产与甘蔗的生长密切相关，业主方提出将项目移交期限推迟一个榨季，即从原定 2012 年 10 月 31 日推迟至 2013 年 2 月 21 日，工期延长 114 天。

同时，对承包商提出的增加工程量费用、保险费用、保函费用、机票增加费用做了相应的赔偿。

【案例启示】

1. 索赔程序的启示

本案例对工程索赔额基本程序进行了详细的介绍，依据 FIDIC 银皮书第 20.1 条【承包商的索赔】规定，承包商介绍了六个索赔环节：①提出索赔意向通知书；②工程师的初步回复；③准备索赔报告；④递交索赔报告；⑤进行索赔准备工作；⑥当事人双方进行索赔磋商。

值得注意的是，本案例还提出了总承包商准备索赔报告的具体步骤程序的建议，值得借鉴。首先，分析了造成工期延长的各种因素问题、索赔事件的不可预见性问题、基准进度计划问题。在此基础上，咨询公司给出了工期索赔报告程序的几个程序步骤：①准备基准进度计划；②列出可能造成基准进度计划延期的事项；③将延期事项加入基准进度计划中得出新的进度计划，鉴别出所有由于这些事项所引起的矛盾项，并分析通过采取不增加费用措施可能减少的工期延长；④调整基准进度计划，在计划中移出矛盾项目并反映出承包商可能采取的不增加费用及减少工期损失的措施；⑤重复上述步骤直到所有矛盾事项，均从计划中去除，并且所有承包商可能采取的减少工期损失的措施已采用；⑥准备索赔报告，内容包括基准进度计划制订过程、修正工期的计算过程、由于增加工作量对进度产生的相关联的影响及采取的减少工期损失的措施的说明；⑦准备索赔文件中所需要的季度计划图表及得出的总结论；⑧准备索赔文件中的论据部分，包括工期索赔的权利的相关规定等。

2. 索赔技术的启示

EPC 项目中，由于打桩的工程量将大幅度超出原工程量清单估算工程量承包商向业主提出索赔，业主通常会要求总承包商对工作量进行估算。因此，总承包商应对工程量的准确性负责。本案例中由于项目历史的原因，最初拟单独分包的设计、设备采购、施工三部分最终组成一个 EPC 项目合同，因此，工程量的估算工作是由业主聘请的工程师完成的，总承包商也正是利用了工程师的估算错误，取得了索赔的成功。此案例尽管属于 EPC 项目较为特殊的例子，但仍有很高的借鉴价值。

(1) 无论是 EPC 总承包还是施工总承包，在项目实施准备阶段，一定要重视基准进度计划的编制和分析。基准进度计划是进行工程索赔的重要参考，根据基准进度计划计算出来的工效等指标也是进行工期索赔计算的依据。

(2) 现场的实际进度计划编制要以基准进行计划为依据。由于 EPC 项目的特点，通常会出现边设计边施工的情况，承包商在现场编制季度计划过程中，通常会陷入现场施工进度压力之中，而忽略了与设计单位等合作单位的沟通，对总工程量进行准确的预判，按编制现场进度计划时通常只以合同工期为依据编制进度计划，而忽略了工程量增加应得到的工期索赔。由于工期压力较大，承包商为满足原合同工期通常会采取加班、提高原计划工效的办法，但由于现场和资源的限制，当实际进度达不到现场计划时，会导致自己在索赔中处于较被动的局面。

（3）及时发出索赔意向通知并精心准备索赔报告，是索赔工作取得成功的关键所在。在本案中，由于总承包商聘请了知名咨询工程师参与索赔工作，因此，索赔的论据、证据及计算文件准备的相当充分，并对可能遇到的困难进行了精心准备，最终保证了索赔工作取得了预期的效果。

16.4.2　单索赔程序案例

【摘要】

本案例是一起涉外 EPC 项目费用索赔案例，介绍了由于业主原因延迟开工造成承包商经济损失的索赔，案例介绍了费用索赔的具体流程、步骤和索赔操作的方法，为同行提供了进行费用索赔基本程序的经验。

【索赔背景】

本案例是以机电工程为主的国外总包项目，合同是以《FIDIC 设计——建造与交钥匙工程合同条件》（橘皮书）为范本，于 2011 年第一季度签订，合同金额达 2 亿多美元。但项目真正实施是在 2012 年第三季度，比合同约定的开工日期晚了 1 年多，中间历经保函开具、业主场地更换和移交延迟等，最主要的问题是由于项目开工晚，遇到 2012 年下半年至 2014 年上半年的设备、物资和材料涨价高峰，造成项目执行困难、成本增加。据此，项目方于 2012 年第四季度向业主提出了合同索赔，通过两年多不懈努力，最终实现了成功索赔，索赔金额约达 2500 万美元。

【索赔程序】

1. 提交索赔函

FIDIC 合同被誉为"涉外工程项目的圣经"，是项目管理的大法，是索赔的重要依据。要进行索赔，就要明确为什么提出索赔？向谁提出索赔？索赔什么？何时提出索赔？在何处提出索赔？如何提出索赔？这些都需要认真研究合同文件，必须依据合同文件去做。另外，对项目所在国的相关法律法规、技术规范和国际惯例等都应进行认真研究，从中找到可以利用的、有利的依据，从行为、文件、证据上规避对承包商不利的地方，从而使索赔获得成功。

该项目在合同中约定，签订合同日后的三个月生效并开始计算工期，但因业主一再更换场地直至 2012 年 7 月才将场地移交给承包商。由于工程延误一年多，期间，多因素导致项目成本增加。所以，根据 EPC 合同条款和相关约定，正对业主由于原因给承包商造成的经济损失向业主提出索赔。经初步测算后，承包商在现场及时向业主和咨询公司正式提交了索赔函，锁定了索赔的权利。

2. 形成索赔证据链

由于国际工程比较复杂，业主始终处于主动、有利地位，因此承包商的索赔必须要有充分的、足够的证据来支持索赔工作。但是，作为 EPC 工程来说建设周期长、项目干系人多、关系错综复杂，证据的收集和整理的任务就显得十分艰巨。为此，承包商要有超前的合同意识和证据意识，并应该指定专人负责证据的收集和整理工作。

该项目索赔意向书发出后，承包商指定了专门部门和人员进行跟踪，在与业主往来的函件中，依据合同，摆事实，讲道理，提供支持性文件和证据。需要注意的是，在项目索赔过程中，不管承包商是否递交了索赔函，项目执行管理团队必须随时做好合同管理和日常文件、会议纪要、图纸、记录、摄像、电子文档等档案资料的收集和整理工作，并使之制度化、规范化，以便日后出现问题时能够及时找出可供索赔的机会和充分的索赔依据。在该项目中，由于我国局部地区遭受洪水灾害，从而造成关键设备发送和设计工作受阻，影响了项目工期，对承包商执行项目造成损失。总承包商都策略而及时地给业主发函，提供由贸促会出具的不可抗力证明书等，完善相关证据资料，形成完整的互相支持的证据链。

3. 组织索赔团队

索赔工作也是一个系统工程，需要组成专门的团队来运作，包括项目管理、专业设计与咨询、工程施工、法律、财务等相关部门需分工协作，统筹安排，并做好打持久战的准备，这是索赔成功的保障。该项目从索赔论证和损失测算开始，公司总经理亲自领导，主管副总经理直接指挥，现场指挥部、项目管理部、商务部、设计院组成索赔工作组，财务部、采购部和综合办等部门抽调专门人员协助，而且设立专项资金，保证索赔支出。在索赔过程中，公司董事长亲自参加双方高层会议谈判，主管副总经理主抓考察选聘律师事务所、会计师事务所等专业公司和编写索赔报告书、函件等的审阅，领导谈判团队与业主进行谈判，各相关部门分工协作，紧密配合，有力地推进了索赔工作。

4. 提交规范索赔文件

为了更专业、更有力地开展索赔工作，2013 年第一季度，总承包商请当地勘查公司对原合同约定场地与新场地分别进行勘查，并出具地质情况对比报告。第二季度，寻求律师事务所和会计师事务所的合作，一方面组织资深律师队伍作为法律支持单位，对于业主函件的回复和向业主发函，请律师进行法律审核并提出律师意见。

另外抽调注册会计师、评估师等专家团队，依据《国际审计准则》和《国际评估准则》，实施了检查合同、工程量清单、现场施工记录、实地勘察、市场调查与征询等科学规范的签证程序，对我们执行该项目经济损失金额及工期延误情况进行定量的计算和签证，分别出具了经济损失金额及工期延误报告书。2008 年第三季度，总承包商向业主提出修订后的经济损失和项目工期索赔报告书，全面、专业、翔实的索赔报告书让业主感受到了真正的压力。

5. 全力做好项目

承包商在索赔工作有条不紊进行的同时，组织分包商千方百计克服资金紧张、任务艰巨、天气炎热等各种困难，努力做好项目建设，使土建施工、设备供货与安装等的质量、安全、进度等按合同、按计划进行，定期邀请业主方高层参观现场，让业主对工程放心。

另外，总承包企业的各级各员利用各种方式和场合，充分向业主说明承包商的损失，请业主考察场地地质情况、建材市场行情，向咨询公司讲解数据计算过程，提供设计图纸进行工程量比较，说明我们的损失是实实在在的。索赔只是为了弥补损失并表示有能力继续把项目做好，而不是为了通过索赔赚钱，从而取得业主、咨询公司对损失和索赔的理解和认可，为索赔洽谈打下坚实的基础。而且与业主、咨询公司间沟通的渠道要始终保持畅通，尤其是对大金额的索赔，更要与业主高层加强沟通，保持良好的合作关系，不能一提索赔就剑拔弩张，堵塞了谈判的渠道。

【索赔结果】

该项目索赔几千万美元，业主明知证据确凿，但依然不情愿赔付。一方面让总承包商补充材料，一方面以董事会换届为由，拖延而不予正面答复。

2013年9月，总承包商抓住现场土建和设备安装施工的关键时刻致函业主，称承包方长期赊账采购材料，现在无钱可垫，材料无法进场，职工吃饭也成问题，第二天工程就开始受到影响。虽没有彻底停工，但业主自知理亏，5天后迫于工期压力，同意洽谈，后经过双方各层面交涉、谈判，赔付的目标值在靠近。

2014年10月，也是项目工期关键时刻，双方董事长和其他高层领导终于坐到一起，经过艰苦谈判，在一次性支付和30天内解决的前提下，双方达成赔付的框架性意向。好事多磨，历经5轮艰苦谈判，在第30天的最后时刻，双方才签订了赔付协议，又经不断努力，在元旦前两天，承包商收到业主的全部赔付款，弥补了项目经济损失，减少了合同执行风险，基本保住了项目预期收益。

【案例启示】

1. 索赔程序的启示

本案例总承包商对其索赔的过程、步骤进行了介绍，包括提交索赔函、形成索赔证据链、组织索赔团队、提交规范索赔文件、全力做好项目的五个环节，由于索赔有序，为最终赢得索赔奠定了基础，确保了企业的合法利益。

通过本案例的索赔过程介绍，我们可以得到两点启示。

一个是在索赔过程中形成索赔证据链，是总承包商索赔过程的关键的一环，也可以说是总承包商提出索赔的一项基本程序。没有完整的证据链，索赔不可能成功。如前所述，索赔证据一般包括：招标一系列文件、来往信件（书信、电子邮件等）、各种会议纪要、天气报告、各种检查验收报告和各种技术鉴定报告、工地的交接记录、图纸和各种资料交接记录、建筑材料和设备的采购、订货、运输、进场、使用方面的记录、凭证和报表、市场行情资料、各种会计核算资料等。

另一个启示是，承包商在向业主提出索赔的过程中，总承包商应始终努力做好工程项目的工作，这既是承包商履行合同义务的需要，也是索赔中应该注意的一个问题。如果总承包商因索赔工作而影响工程进度和质量，其索赔必然是失败的，最终必将遭到业主方的反索赔。一些案例证明，由于总承包商的努力工作，确保工程进度和质量，一些索赔要求最终都可以得到业主的认可，并给业主留下较好的印象，并为今后总承包商开拓市场奠定良好的形象。

2. 索赔技术启示

（1）把握时机，控制节奏，刚柔并济。对大金额的索赔，业主当然不会轻易答应。即使在事实清楚、证据确凿的情况下，业主方也会不停地让我们补充支持性文件，不停地要求解释、澄清、补正，并提出各种理由拖延而不予正面答复。因此，我们须把握好时机，控制好节奏，并且适时施加压力。一方面，在项目执行的关键时刻，采取非常而果断的措施，如部分停工（但是要行动规范，符合合同，而且要把握分寸见好就收，不能将事态扩大，被业主反索赔）等；另一方面，要利用里程碑事件、新年、财年等机会，积极进行洽谈。通过有理有据有情有节的索赔、洽谈、交涉而成功，既不能一味施压，也不能拖泥带水，注重刚柔并济。这样，才有利于项目的后期执行，有利于与业主保持长期的合作。

（2）培养熟练掌握索赔谈判技巧的人才。涉外工程索赔人员的谈判能力对索赔的成功作用很大，除必须熟悉合同条款与规范、当地的法律法规等文件外，在进行索赔谈判时还应注意以下几点：一是谈判应严格按照合同约定进行，做到有理有据；二是谈判时要思维敏捷，保持冷静，以理服人，并具有一定的灵活性，使谈判留有余地；三是谈判团队最好在风格、经验乃至性别等方面优势互补，分工协作；四是谈判前要做好充分准备，有明确的目标；五是洞察对方的想法，善于采纳对方的意见，在坚持原则的基础上可以做出适当的让步，努力寻求双方都能接受的方案等。

（3）在索赔的同时，做好防范反索赔工作。索赔具有双向性，承包商可以向业主提出索赔，业主也可以向承包商提出索赔。尤其是在我们已经向业主提出索赔的情况下，更要从以下三个方面予以注意：一是进一步完善相关证据链，支持总承包商的索赔，令人信服，经得起推敲；二是随时收集关于业主违约和/或我们没有违约的证据，防范业主反索赔；三是认真执行合同做好在建工程。在此前提下，才能既防范业主反索赔避免更大的损失，又取得索赔的成功。

（4）充分学习索赔经验和引用成功案例。学习国际、国内涉外工程尤其是相同（近）行业、国家（地区）索赔成功的经验，可以少走弯路。在证据引用时，也可以引用在该国类似情况业主赔付的案例，尤其是在实施判例法和受其影响深远的英美法系国家和地区，引证更有说服力。

第 17 章　索 赔 策 略 与 技 巧

在索赔活动中，承包商要做到不仅索赔目的能够顺利实现，有力地维护承包商自身的利益，而且还要不伤害与业主的感情，这就要制定正确的索赔策略和灵活运用索赔技巧。为此，索赔策略与技巧成为索赔管理的重要内容，承包商应给予高度重视。

17.1　索赔策略与技巧概述

17.1.1　策略与技巧的概念

策略，基本解释为：计策、谋略，是在一个大的"过程"中进行的一系列行动、思考和选择。依据人们对"策略"习惯性的理解，可以对"策略"一词做出以下的描述："策略"就是为了实现某一个目标，首先预先根据可能出现的问题制订的若干对应的方案，并且，在实现目标的过程中，根据形势的发展和变化来制订出新的方案，或者根据形势的发展和变化来选择相应的方案，最终实现目标。显然，策略具有明确的目的性、针对性和灵活性的特征。

"承包商索赔策略"就是指针对某一项目的具体情况和特定索赔事件，承包商灵活地选择事件处理的行动方式，以达到实现索赔的最终目的。

技巧，基本解释主要是指对一种生活或工作方法的熟练和灵活运用，应该属于"方法、操作"的一个范畴，"索赔技巧"就是在索赔管理中，应遵循的一些可以达到事半功倍的经验性做法。技巧不同于策略，策略在层次上要高于技巧，策略属于承包商对索赔事件所持的基本态度和将采取的行动指导方案，而索赔技巧属于能使索赔达到良好效果的具体方法、具体操作，或称为经过实践检验的做法。

17.1.2　运用索赔策略技巧意义

索赔策略对于成功获得索赔具有重大意义。当前工程承包市场是一个激烈竞争的市场，承包商要想以高价中标几乎是不可能的事，"中标靠低价，盈利靠索赔"是许多国际承包商总结的经验。索赔是承包商在建筑市场上保护自身权益、弥补损失、提高经济效益的重要和有效手段，许多大型国际工程项目通过成功的索赔能使工程收入达到工程造价的 $10\%\sim 20\%$，有些工程索赔额甚至超过了工程合同额本身。低价中标面临着诸多风险，稍有不慎，则会面临严重的亏损，因此，承包商要在承包市场中赢得发展，取胜盈利，关键在于承包商的索赔管理，承包商在索赔时，不仅要做到既不损失本身的利益，取得索赔的成功，还要做到不伤害双方的合作关系，争取为未来业务拓展业务，使双方皆大欢喜，这就涉及索赔策略和索赔技巧问题，索赔策略和技巧已成为承包商获取索赔成功的关键手段，不善于处理索赔的承包商不可能获得理想的经济效益，为此，对于承包商而言，把做好索赔策略的制定与对索赔技巧的运用，对处于激烈竞争下的承包企业而言，是保障自身利益和获取利润的重要手段。

17.2　索赔策略的制定

17.2.1　索赔策略制定原则

1. 必须以合同、法律为依据原则

制定索赔策略必须以合同及相关法律为依据原则，索赔策略方案的制定要与合同、相关法律相向，不能违背合同、法律法规的规定，否则，违法违背合同的索赔策略就不是一个成功的策略，最终达会导致索赔的失败，达不到预期目的。为此，承包企业应认真研究合同和相关法律法规，对合同条件、协议条款等有详细的了解，遇到大型的索赔事件时，以合同、法律为依据来制定索赔策略，策略要在合同、法律框架之内。

2. 充分了解项目实际情况原则

索赔策略的制定应因项目背景不同、类型不同、业主情况不同、索赔事件不同而应制定不同的索赔策略。因此，承包商要对项目的具体情况、业主的实际情况及索赔事件的具体情况定夺，针对不同情况制定出不同的，有的放矢的策略，才能对索赔活动具有充分的指导性和效率性，闭门造车、脱离具体情况的策略不是一个好的策略，甚至是一个促使索赔失败的策略。

3. 与企业战略相结合的原则

在工程承包实践中，索赔管理是承包商经营管理的一部分，对索赔策略的认识，实际上是个经营战略问题，经营战略直接制约着承包商的索赔策略和计划。承包商制定索赔策略，应与承包企业的经营战略相一致，以求达到长远利益和眼前利益、整体利益和局部利益的统一，应对经济利益、关系、信誉等方面进行综合权衡，既不能只讲关系、义气和情谊，忽视应有的合理索赔，致使企业遭受不应有的经济损失；又不能不顾关系，过分注重索赔，斤斤计较，缺乏长远眼光，以致影响合同关系、企业信誉和长期利益，这样做的结果不仅会影响和业主的继续合作，同时亦给自身在当地进一步开展业务蒙上了阴影。

17.2.2　索赔策略制定步骤

承包商对重大的索赔，必须进行策略研究，作为采取索赔行动，索赔谈判和处理索赔事件的依据，以指导索赔小组工作。索赔策略，对不同的情况包含不同的内容，有不同的重点，制定索赔策略时应从以下七个方面综合权衡。

1. 确定索赔目标

确定索赔目标是制定索赔策略的首要内容，确定目标分析包括以下三点。

（1）确定索赔所要达到的目标。承包商的索赔目标即为承包商索赔的基本要求，是承包商对索赔的最终期望，由承包商根据合同实施状况，所受的损失和其总的经营战略来确定。

在确定索赔目标的同时，还应对各个项目目标分析其实现的可能性，并做出书面目标分析报告。

（2）承包商是否满足实现索赔目标的基本条件。从承包商提出索赔申请到业主批复索赔期间，承包商除了要进行认真的，策略的索赔研究外，还应特别重视对工程项目的施工管理。此时，若承包商能更顺利地、圆满地履行自己的合同责任，使业主对工程质量等各方面满意，那么对索赔谈判会有积极的促进作用。

（3）分析实现目标的风险：在 EPC 总承包索赔过程中的风险是很多的，这些风险主要包括：

①承包商工作失误风险。承包商在履行合同责任时出现失误，这极有可能成为业主反驳的攻击点，如承包商没有在合同规定的索赔有效期内（通常为 28 天）提出索赔，没有完成合同规定的工程量，没有按合同规定的工期交付工程，没有达到合同所规定的质量标准，承包商在合同实施过程中有失误等。

②工程质量风险。如工程项目试运营时出现问题、工程不能顺利通过验收、已经出现并且可能还会出现一些工程质量问题等。

③其他方面风险。如业主可能提出合同处罚或索赔要求，或者其他方面可能有不利于承包商索赔的证词或证据等。

2. 承包商经营战略的分析

承包商经营战略直接制约着索赔策略和计划，在分析业主的目标、业主的情况及工程所在地（国）的情况后，承包商制定策略时还应考虑以下问题。

（1）业主有无新的工程项目以便与之开展新的业务合作。

（2）承包商是否打算在当地继续扩展业务，扩展业务的前景如何。

（3）承包商与业主之间的关系对在当地扩展业务有何影响。

3. 承包商的对外关系分析

在合同实施过程中，承包商有多方面的合作关系，如与业主、工程师、设计单位、业主的其他承包商和供应商、承包商的代理人或担保人、业主的上级主管部门或政府机关等。承包商对各方面要进行详细分析，利用这些关系，争取各方面的同情、合作和支持，创造有利于承包商的氛围，从各方面向业主施加影响，这往往比直接与业主谈判更为有效。

4. 对业主索赔的估计分析

在工程问题比较复杂，有些索赔事件发生双方可能都有责任，或工程索赔以一揽子方案解决的情况下，应对对方已提出的或可能还要提出的索赔进行分析和估算。对业主已经提出和可能提出的索赔项目进行分析，列出分析表，并分析业主这些索赔要求的合理性。

5. 双方索赔要求对比分析

将上面的分析结果列于同一表中，可以看出双方索赔要求的差异有两种情况：一是承包商提出索赔，其目的是通过索赔得到费用补偿，则双方估计值对比后，承包商应有余额；二是如承包商为反索赔，其目的是为了反击业主的索赔要求，不给业主以费用补偿，则双方估计值对比后至少应平衡。

6. 隐蔽实际期望

在实际索赔解决过程中，双方对索赔解决的实际期望是很难暴露出来的，双方都把违约责任推给对方，均表现出对索赔有很高的期望，而将真实情况隐蔽，这是常用的一种策略，承包商实施隐蔽实际期望策略的好处起码有以下两点。

（1）为自己在谈判中的让步留下余地，如果业主知道承包商索赔的实际期望，则可以直逼这条底线，要求承包商再做让步，致使承包商在谈判中处于不利地位。

（2）在谈判中能够使索赔得到有利的解决，而且能使业主对索赔的最终解决有得意感。由于承包商提出的索赔的底线加以隐蔽，经过双方谈判，承包商在谈判中做很大让步，这使得业主索赔谈判人员对自己的反索赔工作感到满意，使问题易于解决。

7. 谈判过程分析

一般工程索赔最终都在谈判桌上解决，索赔谈判是合同双方面对面的较量，是索赔能否取得成功的关键。索赔谈判应遵循一定的程序，可按下述步骤进行。

（1）进入谈判阶段。如何在一个友好和谐的气氛中将业主引入谈判，通常要从其关心的议题或对其有利的议题入手，按照分析业主感兴趣的问题订立相应的开始谈判方案。这个阶段的最终结果为达成谈判备忘录，承包商应将自己与索赔有关的问题纳入备忘录中。

（2）事态调查阶段：对合同实施情况进行回顾、分析、提出证据，这个阶段重点是弄清事件真实情况，承包商应不急于提费用索赔要求，应多提出证据，以推卸自己的责任。

（3）分析阶段：对干扰事件的责任进行分析。此阶段可能有不少争执，比如：对合同条文的解释不一致，双方各自提出事态对自己的影响及其结果，承包商在此提出工期和费用索赔。

（4）解决问题阶段：对于双方提出的索赔，讨论解决办法。经过双方的讨价还价，或通过其他方式得到一致最终解决。

17.3　索赔技巧的运用

17.3.1　做好收集签证工作

"有理才能走四方，有据才能达目标，按时才能不失效"。所以，必须在工程建设的全过程中及时做好索赔资料的收集、整理、签证工作。一般来说，工程索赔的依据有：一是各种图文资料，工程合同、施工图纸、工程量清单、技术规范；二是各种业务记录，定期与业主代表的谈话记录资料、会议记录、来往信函、施工备忘录、工程照片、记工卡的管理；三是工程进度记录，各种施工进度表、施工日志、进度日志、工程检查和验收报告、施工用料及设备的报表；四是工程会计资料等。索赔直接牵涉当事人双方的切身经济利益，靠花言巧语不行，靠胡搅蛮缠不行，靠不正当手段更不行。索赔成功的基础在于充分的事实、确凿的证据。而这些事实和证据只能来源于工程承包全过程的各个环节之中。关键在于用心收集、整理好，并辅之以相应的法律法规及合同条款，使之真正成为成功索赔的依据。收集证据应注意以下几点：

（1）承包商中标后，应及时、谨慎地与业主签订合同。应尽可能地考虑周详，措辞严谨,权利和义务明确,做到平等、互利。合同应明确工程范围、在专业条款中明确追加调整合同价款及索赔的政策、依据和计算公式,为竣工结算时调整工程造价和索赔提供合同依据和法律保障。

(2)在图纸会审中,应认真做好施工图会审纪要,因为施工图会审纪要是施工合同的重要组成部分,也是索赔的重要依据。

(3)施工中应及时进行预测性分析,发现可能发生索赔事项的分部分项工程,如遇到灾害性气候、发现地下障碍物、软弱基础或出土文物等外部环境影响等,及时通知业主,并收集保存现场情况作为索赔依据。

(4)业主要求变更工程项目的设计、功能,或改变原定工艺及数量,或调整施工材料等问题应有明确处理条款,为索赔变更管理提供法律依据。

(5)因业主或业主代表要求延缓施工或造成工程返工、窝工、增加工程量等。

以上这些事项均是提出索赔的充分理由和依据,都不能轻易放过。

17.3.2 主动创造索赔机会

在 EPC 工程总承包过程中,承包商应坚持业主的书面指令为主,即使在特殊情况下必须执行其口头命令,亦应在事后立即要求其用书面文件确认,或者致函业主确认。同时做好施工日志、技术资料等施工记录。每天应有专人记录,并请现场监理工程人员签字;当造成现场损失时,还应做好现场拍照、摄像的工作,以达到资料的完整性;对甲材料的进场时间、数量、质量等,都应做好详细记录;对设计变更、技术核定、工程量增减等。签证手续要齐全,确保资料完整;业主或其代表的临时变更、口头指令、会议研究、往来信函等应及时收集,整理成文字,必要时还可对施工过程进行摄影或摄像。

其次,在施工中需要更改设计或施工方案的也应及时做好修改、补充签证。另外,如施工中发生工伤、机械事故时,也应及时记录现场实际状况,分清职责;对人员、设备的闲置、工期的延误及对工程的损害程度等,都应及时办理签证手续。

此外要十分熟悉各种索赔事项的签证时间要求,区分 24 小时、48 小时、7 天、14 天、28 天等时间概念的具体含义。特别是一些隐蔽工程、挖土工程、拆除工程,都必须及时办理签证手续。否则时过境迁就容易引起扯皮,增加索赔难度。做到不忘、不漏、不缺、不少,眼勤、手勤、口勤、腿勤。不能因为业主的口头承诺而疏忽文字记录,也不能因为大家都知道就放松签证。这些都是工程索赔的原始凭证,应分类保管,以创造索赔的机遇。同时及时编制和提交索赔报告,编制索赔报告时应做到实事求是、准确无误、文字简练、组织严密、资料充足、条例清晰。

17.3.3 正确处理相互关系

承包商要处理好与业主及其代表之间的关系。索赔必须取得业主的认可,索赔的成功与否,业主代表起着关键性作用。索赔直接关系到业主的切身利益,承包商索赔的成败在很大程度上取决于业主代表的态度。因此,要正确处理好业主、工程师的关系,在实际工作中树立良好的信誉。古人云:"人无信不立,事无信不成,业无信不兴",诚信是整个社会发展成长的基石,健全承包商企业内部管理体系和质量保证体系,诚信服务,确保工程质量,树立品牌意识,加大管理力度,在业主与工程师的心目中赢得良好的信誉。比如,施工现场次序井然，场容整洁；项目经理做到令行禁止。对业主或业主代表的过失，承包商应表示理解和同情，用真诚换取对方的信任和理解。创造索赔的平和气氛，避免感情上的障碍。

17.3.4　重视运用谈判技巧

谈判技巧是索赔谈判成功的重要因素，要使谈判取得成功，必须做到以下几点。

1. 首先应事先做好谈判准备

"知己知彼，百战不殆"，认真做好谈判准备乃是促成谈判成功的首要因素，在同业主和其代表开展索赔谈判时，应事先研究和统一谈判口径和策略。谈判人员应在统一的原则下，根据实际情况采取灵活策略，以争取主动。谈判中，一要注意维护谈判组长的权威；二要不能丢了西瓜捡芝麻，不要斤斤计较；三要控制主动权，并留有余地。谈判的最终决策者应是承包商的领导人，可实行幕后指挥，以防僵局和陷于被动。

2. 注意谈判艺术和技巧

实践证明，在谈判中采取强硬态度或软弱立场都是不可取的，难以获得满意的效果。因此，采取刚柔相济的立场容易奏效，既能掌握原则性，又具有灵活性，才能应付复杂的谈判局面；在谈判中要随时研究和掌握对方的心理，了解对方的意图；不要使用尖刻的话语刺激对方，伤害对方的自尊心，要以理服人，求得对方的理解；善于利用机遇，因势利导，用长远合作的利益来启发和打动对方；准备有进有退的策略。在谈判中该争的要争，该让的要让，使双方有得有失，寻求折中的办法；在谈判中要有经受挫折的思想准备，绝不能首先退出谈判，发脾气。对分歧意见，应相互考虑对方的观点共同寻求妥协的解决办法等。

总之，索赔工作关系着施工企业的经济利益，所有施工管理人员都应重视索赔，知道索赔，善于索赔。必须做到：理由充分，证据确凿，按时签证，讲究谈判技巧，并把索赔工作贯穿于工程项目建设的全过程。

17.4　索赔策略制定案例

17.4.1　业主管理松弛下的索赔策略案例

【摘要】

本案例介绍了境外水泥厂建设项目，业主对工程管理缺乏经验，在项目执行期内又未聘请外部咨询工程师，采取自主管理的方式的情况下，承包商对于索赔所采取的索赔策略。

【索赔背景】

中方公司作为EPC总承包商承揽了境外水泥厂建设项目。项目业主的管理方式为：在项目执行期内未聘请外部咨询工程师，自行负责整体项目管理，但其管理人员大多为水泥厂运营技术人员出身，缺乏国际工程项目管理经验。该项目资金来源分为两部分：15％预付业主自筹，85％合同款通过中国银行转贷给项目所在国银行，再放款给业主。

该项目合同文本采用承包商推荐的EPC合同模版略做修改。业主的合同义务包括：办理承包商所有人员的签证邀请函；负责项目全部永久设备及承包商机具在项目所在国境内的货物清关、内陆运输及卸货至指定地点；提供项目现场地质、水文、气象等数据资料，并对其准确性负责等。合同价款支付方式为15％预付款采用电汇支付，剩余85％的合同金额采用即期信用证付款，其中土建安装工程款采用月进度款结算模式，双方只粗略划分了各个子项的总金额，按照各子项土建安装工作完成百分比结算月进度款，没有详细的工程量清单。

在项目执行前期由于资金需求量大，承包商向业主提出诉求：每月工程量比实际多结算一些，以方便资金周转。鉴于预付款比例较低，而且承包商为争取中国银行贷款垫付了融资费用，业主同意了承包商的请求，在签署月进度款申请时，只做原则性的审核。

【索赔事件】

在项目执行过程中，业主多次违约，如拖延支付进度款，延期开立信用证，办理邀请函不及时，货物清关及内陆运输时间超过合同规定等。上述事件虽然对承包商成本影响较小，但却导致工期拖延 6 个月左右。

【索赔策略】

1. 注重建立友好关系

（1）鉴于业主的投资人及实际控制人为境外某国总理，该总理与项目所在国领导人私交甚好，与当地政府及转贷银行也有密切关系，承包商出于未来在该国长期发展及与业主进行战略合作的长远目标考虑，在项目执行过程中非常重视与业主维护良好关系。总承包商向业主投资的项目所在地的一所中学捐赠了 30 台计算机，受到当地市长及市政府的表彰。

（2）总承包商的项目现场不但引入了业主推荐的当地分包商进行打桩作业，而且雇用了几十名与业主关键人员有亲属关系的当地员工。每次承包商管理人员赴现场时，均向业主相关人员赠送有纪念意义的中国特色礼品。

2. 收集整理索赔证据

总承包商一面维护与业主之间的友好关系，一面收集整理索赔证据。例如，针对业主货物清关及内陆运输不及时问题，认真记录每批货物的到港时间、海关放行时间、内陆运输时间，以及卸货时间；针对办理邀请函拖期问题，仔细记录每批劳工提交护照资料时间、移民局接收时间和邀请函下发时间；针对雨季延长影响施工效率问题，收集整理当地气象局发布的每天雨量报告、温度湿度报告等。

3. 准确计算实际拖延工期时间

在收集数据资料的基础上，总承包商采用关键路径法、挣得值分析法等仔细计算实际拖延工期时间。在保证优质完成各分部分项工程的同时，总承包商按照合同规定向业主发出索赔通知，通知中只写明索赔事件及工期拖延结果，未提及索赔证据及拖延工期的精确计算过程。

4. 采取"抓大放小"策略

总承包商在索赔管理上采用了"抓大放小"的策略。由于业主未采用公开招标方式选择承包商，而且项目使用了中国银行的转贷融资，合同金额相比同类型其他项目相对较高。总承包商考虑到一方面风险准备金充足，另一方面业主资金紧张，并且追加融资难度大，决定放弃因延期产生的管理费、保函延期费等金额不大的费用索赔，只提出对自身形象与信用影响较大的工期索赔。

此外，总承包商为了谋求将来更大的利润空间，放弃了一些对工期和费用影响较小的索赔机会，如主变电站至项目现场围墙间电缆桥架的敷设、中控楼墙面装饰、皮带输送机护栏安装等。

【索赔结果】

项目工期临近结束，实际施工进度只有 80%。业主要求总承包商支付误期损害赔偿费以作为其增加融资费用的补偿。总承包商此时拿出准备好的索赔报告及相关证据，并解释这不是索赔，仅是希望业主考虑这些影响工期的客观因素，说明工期延长不是总承包商的责任。经过双方友好协商，业主鉴于总承包商施工质量优良，态度诚恳，并且自费完成许多额外零散工作，同意工期延长 7 个月，并自行承担融资费用及拖延损失。

【案例启示】

（1）此项目业主管理经验不足，对项目合同管理不够重视，具体表现为：以总承包商提供的合同文本为蓝本；未聘请专业工程师进行项目管理；合同执行前期土建安装进度款超额支付等。鉴于业主的上述特点，总承包商考虑到未来在该国的长期发展及与业主的战略合作，其制定的索赔原则与策略如下：首先是与业主加强沟通，处理好与业主方面关键人员的人际关系；其次是在保证工程质量、控制工程成本的前提下，将索赔事件大事化小、小事化了；最后是积累索赔证据与资料，在关键时刻与业主展开谈判。

（2）总承包商在制定索赔策略时应充分考虑索赔的机会成本，这不仅包括总承包商准备索赔材料、参与索赔谈判、聘请专家团队等显性成本，还包括与业主关系恶化，在项目所在地商业信用降低，未来与业主合作建设项目的机会减小等隐形成本。此案例中，总承包商判断索赔或仲裁的机会成本过大，尤其是隐形成本过大，如提出索赔将会导致与业主关系恶化，失去将来更大的利润合作空间，在目标市场信用度降低，失去多年开拓耕耘的成果等情况出现，因此，理性的承包商应放弃索赔，采取与业主友好协商的策略。

（3）总承包商若在此项目中按照常规索赔思路与业主纠缠合同条款，不考虑隐性成本影响，虽然业主违约事实成立，仲裁结果也将对总承包商有利，但总承包商未来将无法在项目所在国承揽其他项目，这是只见树木不见森林的短视做法。由此可见，索赔策略不仅关乎一个项目的得失，还与企业的长远发展息息相关。

17.4.2　业主严格管理下的索赔策略案例

【摘要】

在一起中方承揽境外制糖厂的建设项目中，总承包商针对业主对项目管理十分严格，并聘请了具有丰富经验的咨询工程师的特点，在索赔中采取针锋相对的索赔策略，最终获取索赔偿成功的案例。

【索赔背景】

中方公司以 EPC 总承包模式承揽境外制糖厂建设项目，项目资金来自世行贷款。项目业主管理方式为：聘请英国皇家特许建造学会（CIOB）认证的工程师作为业主启用的咨询方，负责项目整体管理。项目合同条件采用 FIDIC《生产设备和设计—建造合同条件》即新黄皮书，但经过工程师的精心修改，条款内容更有利于业主。在专用条件中设置了【测量和估价】条款，内容套用 FIDIC 新红皮书第 12 条【测量和估价】，但删除了其中第 12.3 款【估价】（a）项"工程量变化超过 10%，需要重新制定新单价"的内容。通用条件还删除了第 13.6 款【计日工作】的内容。在专用条件第 13 条【变更和调整】

中增加以下内容：

（1）除非是由于变更令引起，清单中工程量的变化工程师无须发出任何指示。

（2）清单中的工程量仅为预估值，付款以实际工程量为基础，实际工程量由承包商测量经工程师认可，并以工程量清单中的单价，或价格，或以工程师根据合同条款定价来进行估价。

在项目支付方式方面，由于工程师在合同通用条件中增加了【测量和估价】条款，并且在资料表（Schedules，合同组成文件之一）中设立了工程量清单（BOQ），因此，项目的土建安装部分采用 BOQ 单价计价模式，BOQ 中的工程量是咨询方依据一个第三国糖厂工程的工程量清单改编而来，而非土建和安装图纸，项目的设备款及服务条款部分仍采用固定总价模式，按照里程碑方式支付。

【索赔事件】

为了赶进度，承包商"边设计、边审图、边施工"。当土建设计完成三分之二时，总承包商意识到实际桩基量和混凝土量大幅超出工程量清单中的预估值。如果不更改土建设计方案，并且维持承包商的正常施工效率不变，工期至少会延误 4 个月。根据工程量清单中的单价，增加的桩、混凝土及相关地基开挖与回填、模板等工作将使合同价格累计增加 1000 多万美元。此外，工程师还在合同专用条件中增加了这样的内容：无论工程量增加多少，承包商都不能调整单价、延长工期和增加费用。

承包商严格遵守合同规定的时限，向业主发出索赔通知，索赔通知包括三部分内容：一是工程量增加的事实陈述；二是明确此函为依据合同条件第 20.1 款【承包商索赔】的规定发出的索赔通知；三是表示以后将继续按照该条款规定提交索赔文件。

业主工程师重新审核土建设计图纸，依据审核报告代表业主向承包商提出反索赔，从以下三个方面反驳承包商的索赔。

（1）承包商的总承包合同义务：FIDIC 新黄皮书第 4.1 款【承包商的一般义务】规定，"承包商应按照合同设计、实施和完成工程，并修补工程中的任何缺陷。完成后，工程应能满足合同规定的工程预期目的"。

（2）设计保守：采用中国标准并且各种设计参数取值偏大。工程师依据合同条件第 3.5 款【确定】裁决业主可以拒绝对多余桩和混凝土的支付。

（3）基础设计延误和现场人员与施工机具不足：根据合同条件第 8.3 款【进度计划】和第 8.6 款【工程进度】的规定，工程师指示承包商提交包括赶工措施的新进度计划，并自负风险和费用进行赶工。

工程师具有丰富的反索赔经验，但其仅仅是在表面上占据了索赔博弈的主动和优势，承包商在索赔策略的把握上更胜一筹。索赔是一种博弈，"以结果论英雄"。总承包商以一个没有实质内容的索赔通知套出了工程师的整个反索赔思路。

【索赔策略】

针对此情况，总承包商采取了强硬的索赔策略，聘请了一家国际知名咨询公司负责编制索赔报告，索赔报告包括事实陈述、索赔依据、工期延长计算、额外费用计算及总结陈述五个部分。

除此以外，还将总承包商收集到的各种书面证据作为报告的附件，以支持承包商的索赔。其中，单价调整与额外费用采用了英国皇家特许测量师协会（RICS）测量和估价规范；而工期延长计算则采用了 Day One 模型。

该 Day One 模型是被邀请的国际知名咨询公司为总承包商索赔精心设计的，具体思路为：桩和混凝土的实际工程量并不是在土建图纸设计完成后才存在，而是在合同签约日（Day One）当天就已发生，只是在土建图纸设计完成后才被总承包商和工程师意识到。因此，总承包商在计算桩和混凝土量增加导致的工期延长时可以不考虑其他事件影响（这些事件在 Day One 的时候还没有发生），而是置身在 Day One 当天，以合同中的进度计划所显示的现场工效为计算依据，优化施工工序，保持现场各种资源条件不变，将实际桩和混凝土量套用到该进度计划中，从而计算出工程量增加所对应的"实际"工期。工程量增加导致的工期延长就应等于上述"实际"工期与原合同工期的差值。

【索赔结果】

收到总承包商的索赔报告后，业主工程师长时间保持沉默。业主不得不直接面对总承包商展开谈判。最终，业主与总承包商签订协议，同意延长工期 115 天，增加额外费用 53 万美元，并据实结算增加的工程量。

【案例启示】

此项目业主管理经验丰富，严格执行合同条款规定，重视索赔与反索赔管理，具体表现为：委托国际知名咨询公司的工程师作为业主的工程师，以加强项目管理力量；采用对业主有利的 FIDIC 新黄皮书作为合同蓝本，并删除多处对承包商有利的条款内容；反索赔中多处引用合同条款强调索赔的理论依据。该项目为世行贷款项目，承包商的项目管理水平应向世行充分展示，这种展示必将影响公司今后世行贷款项目的开发与执行。鉴于上述业主类型及项目特点，承包商制定了如下索赔策略。

一是严格遵守合同约定，按时发出索赔通知，高质量完成索赔报告；二是以充足的论据和精确的计算令业主及工程师真心信服；三是充分利用合同"默示条款"及"可推定变更"论证索赔权利，形成索赔依据。

合同"默示条款"是合同明示条款的对称，是指未经当事人在合同中明示，但被法院认为隐藏在合同之中的条款，是国际工程索赔依据的重要来源之一。本案例中承包商合理利用合同"默示条款"理论论证了桩和混凝土量的大幅增加可视为变更的索赔依据。

首先，FIDIC 新黄皮书第 1.1.6.9 款规定，"变更"系指根据第 13 条【变更和调整】的规定，经（工程师）指示或批准作为变更的，对业主要求或工程所做的任何更改。该定义清楚地说明变更的两个条件：一是工程师的指示或批准；二是对业主要求或工程的更改。

其次，工程师批准了包含桩和混凝土的土建图纸，此时可以合理推定其应知道桩和混凝土量会大幅增加，进而可以认为工程师在批准图纸的时候，就已经批准了工程量的更改。此条说明案例满足变更的条件一。

再次，上述工程师批准的工程量更改实质上是对工程的更改，也就是满足了变更条件二。

最后，在合同没有相关规定的前提下（工程师删除了相关条款内容），承包商就工程量增加获得额外费用和工期延长是有与案例同属英美法系的法庭判例支持的。在 Mitsui 诉 Attorney General of Hong Kong 和 Crosby 诉 Portland UDC 两个判例中，法官均支持了承包商的权利。

综上所述，工程量大幅增加构成了变更，承包商可以依据合同第 8.4 款（a）项，向业主索赔工期延长及费用增加。

在此案例中，总承包商以丰富的证据、严谨的推理、精确的计算，令业主及业主工程师心悦诚服，在索赔取得胜利的同时，也使业主及项目融资方世界银行对其项目管理水平与能力由衷敬佩。总承包商针对业主特点正确运用索赔策略，最终取得名利双收的结果，值得其他 EPC 总承包商借鉴。

17.4.3 两案例索赔策略的对比

索赔策略是指承包商根据不同的业主类型和项目特点制定有针对性的索赔原则与方案，充分运用索赔技巧，以期与业主最终达成一致，实现双赢的途径与方法。通过上述两个案例特点鲜明的案例对比可以看出，总承包商根据不同的业主类型采取了两种截然不同的索赔策略，但索赔结果却出奇的一致，总承包商不但获得了应有的工期延长及费用补偿，而且得到了业主的尊重与肯定，为与业主长期合作打下了坚实基础。

上述两个案例的业主特点很鲜明，总承包商较易选择有针对性的索赔策略取得索赔成功。但有些业主及项目特点介于上述两案例之间，总承包商需认真分析研究，制定相应的索赔原则与策略，并应在索赔管理中做到以下几点。

（1）应熟悉工程项目全部合同文件，能从变更索赔的角度解释合同条款，不失去任何应有的索赔机会。

（2）应该从投标报价阶段就仔细分析和掌握全部合同文件，了解合同中存在的各种隐藏风险，并有预见地避开一切可以防范的风险，尽可能减少承包商承担的风险损失。

（3）组织一支专业的索赔队伍，队员应具有丰富的施工管理经验，懂得施工技术，熟悉承包业务与相关法规，并具有一定的财务知识，还要有严谨细致和实事求是的工作态度。

（4）具有强烈的索赔意识和丰富的索赔经验，项目执行阶段随时收集和整理索赔证据资料。只有既重视宏观的索赔策略选择，又认真完成上述各项微观的细节工作，承包商才能在与不同类型业主的索赔博弈中立于不败之地。

索赔既是一门科学，又是一门艺术。通过分析上述两个国际 EPC 工程索赔案例可以看出，总承包商在工程实践中，若想索赔成功，就应根据不同类型业主的特点及工程的实际情况，有针对性地制定索赔策略并灵活运用，只有如此才能维护自身利益，不断提高项目管理水平。

两案例业主及项目特点、采用索赔策略比较表见表 17 - 1、表 17 - 2。

表 17 - 1   **业主及项目特点对比分析**

序号	类别	水泥厂项目案例	制糖厂项目案例
1	业主经验	欠缺	丰富
2	管理方式	自行管理	邀请国际知名英国认证工程师
3	融资方式	中国银行行业贷款	世行贷款
4	合同文本	承包商建议的 EPC 合同文本	FIIDC 新黄皮书，并删除多处对承包商有利的条款
5	合同执行力度	宽松	严格

表 17 - 2   **承包商索赔策略对比分析**

序号	类别	水泥厂项目案例	制糖厂项目案例
1	索赔证据	随时收集整理	随时收集整理
2	索赔通知	根据合同条款规定按时提交但内容粗略	根据合同条款规定按时提交但内容完整
3	索赔报告	未提交，仅将索赔证据作为影响工期的客观因素提交业主，望其考虑	邀请知名咨询公司编写报告，严格按合同规定提交报告，内容完整、翔实
4	索赔依据	只提交简单索赔通知，未提交索赔报告，不涉及索赔证据	明示、暗示条款及可推定变更等，工期延长采用了 Eggleston 原则，单价调整与额外费用计算采用 RICS 测量和估价规范
5	与业主关系处理	与业主加强沟通，注意处理好业主方的私人关系，考虑未来发展战略，大事化小，小事化了	向业主与融资方充分展示项目管理能力和水平，业主及工程师尊重比自己水平高的承包商，因此以实力令其信服口服

第 18 章　反 索 赔 管 理

在建设工程项目承包市场中，由于业主往往在承包合同中处于主导地位，市场是"买方市场"，业主在工程项目的索赔中具有不可争议的优势。在实践中，总承包商往往要面临业主索赔的威胁，这些来自业主方提出的索赔要求，有些不容与总承包商讨论，直接从应付给承包商的工程进度款中扣除，有时甚至不事先通知承包商。因此，加强对业主反索赔的管理和加强向业主的索赔管理一样，对于总承包来讲同等重要。

18.1　反 索 赔 的 含 义

18.1.1　反索赔概念的界定

业主向承包商提出的索赔，我们一般称为反索赔（以下我们将业主提出的索赔统一称为"反索赔"）。对反索赔的管理是指承包商对业主方提出索赔的管理工作。关于反索赔概念的理解，目前国内的意见并不一致，存在着一些分歧。

第一种观点认为：从法理和逻辑的角度，即依据合同法和合同条件来理解和解释反索赔，索赔指在工程合同履行过程中，合同当事人一方因对方不履行或未能正确履行合同或者由于其他非自身因素而受到经济损失或权利损害，通过合同规定的程序向对方提出经济或事件补偿要求的行为。

这种观点认为，甲乙双方的地位是平等的，乙方可以向甲方提出索赔，甲方也可以向乙方提出索赔。索赔事件发生时，双方都想找到对自己有力的证据，同时又想找到对另一方不利的证据或合同条款，尽量推卸自己的责任，争取对方的赔偿，防止自己可能发生的经济损失。据此，采用将追回己方损失的手段称为索赔，而把防止或减少合同对方向己方提出索赔的手段称为反索赔。也就是说，凡是主动提出权利要求的，均属于"索赔"行为，凡是针对对方"索赔"进行反驳、修改或拒绝的行为，均属于"反索赔"行为。

第二种观点则认为：索赔是指承包商根据合同赋予的权利，对由于非承包商原因引起的损失要求弥补损失并由此获利的手段。与此对应，反索赔则是指业主对于承包商原因导致的损失要求索赔的手段。简单来说，就是承包商向业主提出补偿要求即为索赔，而业主向承包商提出补偿要求则认为是反索赔。这种观点在工程界具有一定的普遍性。但是这种观点并没有明确指出当承包商向业主索赔时，业主根据合同以及其他证据对承包商索赔采取的辩驳行动是否属于"反索赔"的范畴。

　　根据国际工程施工索赔的经验，"反索赔"一般是指业主向承包商提出的，由于承包商违约而导致业主损失的补偿要求。反索赔要求以补偿实际损失为原则，这一定义已为国际工程承包界所公认和普遍应用，本书关于反索赔的概念采用的是第二种观点。

18.1.2　应对反索赔的意义

　　在 EPC 合同条件下，业主也可以向承包商提出反索赔，这是由双方之间的地位所决定的。工程建设中，业主对于某些干扰事件，往往尽量推卸自己的责任，认为属于承包商的责任，防止己方可能产生的经济损失，给承包商带来不利的经济后果。承包商积极应对反索赔能够减少自己的损失，提高自己的经济效益。因此，在工程建设中反索赔和索赔一样具有同等重要的地位，是索赔管理的重要组成部分，应对反索赔的意义主要表现在以下几点。

　　1. 防止和减少承包商的损失

　　积极应对反索赔可以直接影响到承包商的经济利益，当业主提出索赔要求后，承包商根据合同约定，结合干扰事件的具体情况以及相关资料，认真分析事件发生的原因，通过合同分析，分清己方责任的大小和损失的多少，对业主不合理的要求进行反驳、拒绝，对业主夸大的索赔部分进行修正，避免和减少承包商自身的经济损失。使承包商自身利益得到保障，从而降低工程风险，使工程造价更趋于合理。通过积极应对反索赔，可以确保工程进度和质量目标，促使建设项目按质、按期完工。

　　2. 提高承包商项目管理水平

　　承包商在应对反索赔，加强反索赔管理的过程中，是进一步提高自身项目管理水平的过程，应对反索赔能力的强弱是承包商管理水平的综合体现。承包商为了使工程顺利完工，就必须做好财务、技术与索赔管理工作，保证工程中各种问题能够及时解决，提前杜绝业主索赔事件的发生。当反索赔事件发生时，分清责任，积极应对反索赔事件。为此，反索赔管理成效的高低是承包商项目管理水平综合能力的考验，承包商通过反索赔管理来提高自己的项目管理经验。

　　3. 增强承包商管理的主动性

　　能够有效应对反索赔的管理者，必然能够巧妙地运用合同，系统地利用事实资料，变被动为主动，摆脱不利局面，使业主找不到索赔的理由，而无法推卸业主应负的责任，这样不仅可以减少承包商的经济损失，也可以鼓舞承包管理者的士气，有效提高管理者的工作积极性和主动性，促进后续工作的开展。

　　4. 有效遏制业主的恶意索赔

　　在许多国际工程中，由于承包商始终处于劣势地位，业主往往故意刁难，进行恶意反索赔，但由于项目管理者不熟悉索赔的程序，面对业主的索赔，却束手无策，非常被动，丧失了主动权，让业主牵着鼻子走，加强反索赔管理能够有效地节制业主的恶意索赔的攻势，从而减少反索赔时间的提出，减少承包商对反索赔处理的工作量，节省承包商在反索赔上耗费的时间和精力，促使承包商集中精力完成项目任务。

18.2 反索赔条件分析

18.2.1 反索赔条款分析

俗话说"知己知彼，百战不殆"，承包商只有充分了解反索赔的合同条款，了解合同赋予业主方哪些索赔权利的内容后，才能有效应对反索赔，做好反索赔管理工作，使自己立于不败之地。下面以 FIDIC 银皮书为例分析。

第2.5款【雇主的索赔】中明确规定了雇主索赔的权利，该款共分为四项：

第一项：如果雇主认为，根据本条件任何条款或合同有关的另外事项，他有权得到任何付款和（或）缺陷通知期限的任何延长，他应向承包商发出通知，说明细节。但对承包商根据第 4.19 款【电、水和燃气】和第 4.20 款【雇主的设备和免费供应的材料】规定的到期付款或承包商要求的其他服务的应付款，不需发出通知。

该项主要是规定了业主索赔的两种形式以及业主提出索赔的方式。索赔的内容主要分为两种：获得款和（或）获得缺陷通知期的延长，也可以称为费用索赔和工期索赔。在此，值得一提的是该条款所用的术语是"付款"而非"费用"，费用的定义在这里不包括利润。因此，可以认为业主的索赔是可以包括利润的。至于什么情况下包括利润，就要看业主索赔的缘由和引用的合同条款了。

在工程建设进程中，工期是个很重要的概念，工期是企业核算的重要指标，也是影响业主投资效益的重要因素。在 FIDIC 新红皮书第 10 款也规定：承包商可在他认为工程将完工并准备移交前 14 天内，向工程师发出申请接收证书的通知。如果工程分为区段，则承包商应同样为每一区段申请接收证书。而工程师在收到承包商的申请后 28 天内，做出颁发接收证书（经检验认为合格的工程）或驳回申请（经检验认为存在缺项的工程）的决定。该时段（工程师接到的承包商递交的接受申请到颁发接受证书或驳回承包商接受申请所经历的期间）即为缺陷通知期。条款规定，若在 28 天期限内工程师既未颁发接收证书也未驳回承包商的申请，而当工程或区段（视情况而定）基本符合合同要求时，应视为在上述期限内的最后一天已经颁发了接收证书。这一条业主则面临着很大的风险。因为 28 天的时间是非常短的，工程的每一项质量都需要认真检验，需要一定的时间里完成，这就造成了风险分担的不平衡。

FGIDIC 银皮书编制时为了平衡分担这一风险，设计了雇主工期的索赔权，就是将这一条款对雇主的不利赋予雇主事后索赔权的方式加以平衡。所以 FIDIC 新红皮书第 11.3 款【缺陷通知期的延长】明确规定：如果且在一定程度上工程、区段或主要永久设备（视情况而定，并且在接收以后）由于缺陷或损害而不能按照预定的目的进行使用，则雇主有权依据第 2.5 款【雇主的索赔】要求延长工程或区段的缺陷通知期。但缺陷通知期的延长不得超过两年。该条款就是对雇主时间索赔具体内容的规定。

第二项："通知应在雇主了解引起索赔的事件或情况后尽快发出。关于缺陷通知缺陷任何延长的通知，应在该期限到期前发出。"在规定业主索赔权的同时，该项给出了一个合理的期限（缺陷通知期），以督促业主及工程师及时主张权利，"关于缺陷通知缺陷任何延长的通知应在该期限到期前发出"否则该权利将丧失，如果事后再以该事由提出索赔主张，则只能转而寻求工期索赔（第 10.3 款【对竣工试验的干扰】），这无疑会增加了业主索赔的成本。

第三项："通知的细节应说明提出索赔根据的条款或其他依据，还应包括雇主认为根据合同他有权得到的索赔金额和（或）延长期的事实依据。然后，雇主应按照第 3.5 款【确定】的要求，商定或确定（a）雇主有权得到承包商支付的金额（如果有），和（或）（b）按照第 11.3 款【缺陷通知期限的延长】的规定，得到缺陷通知期限的延长期（如果有）。"

该项是业主索赔程序中的一种，即对工程师处理索赔程序进行概括性的规定。业主认为自己有权获得费用赔偿和（或）工期赔偿时，应按照第 3.5 款【确定】的规定，由双方当事人进行协商并尽力达成一致，如果未能达成一致，应按照合同规定，再适当考虑到所有情况后，雇主应对有关情况给予应有的考虑，按照合同做出公正的确定。当然在进入该程序之前，业主应就自己的索赔主张向承包商提供足够的详细事实依据以及法律依据。如果业主认为适当，他可以提出费用索赔和工期索赔，也可以在两者中间选择一种主张索赔权利。

第四项："雇主可将上述金额在给承包商的到期或将到期的任何应付款中扣减，雇主应仅有权根据本款或第 14.6 款【期中付款】（a）和（或）（b）项的规定，从给承包商的应付款中冲销或扣减，或另外对承包商提出索赔"。

该项对于业主一旦依据第 10.3 款【对竣工检验的干扰】的规定，对做出了成立的最终商定或决定后的获赔方式做了规定，业主获赔的方式有以下两种。

一是从支付证书中，将确定的款额扣除。在此，有必要对新红皮书合同价款以及支付证书的规定稍加说明。新红皮书与红皮书相比较，在业主的义务方面增加了一些新内容，以平衡合同双方的权利利益。例如第 2.4 款【业主的资金安排】，此外，还对业主的支付计划表、支付方式、支付时间以及延期支付款的违约责任等方面都进行了很好的修订。有了这些新规定，在合同价款的支付问题上，业主和承包商的权利和义务得到很好的平衡，业主与承包商双方依据第 12.3 款【估计】条款，在工程师对合同价款做出商定或决定后，业主所需支付的款额以及付款方式即于后续的支付证书（期中的支付证书与最终的支付证书）及付款计划表中得到确定。有了上述前提，业主索赔一旦得到工程师的认定，则相应的获赔额将在上述合同价格确定的款额中扣除。至此，业主的第一种获赔方式得以顺利实现。

二是业主依据该条款向承包商另行索赔。这中获赔方式主要适用于工程、区段或永久性设备在业主接收后发现具有不能按照预定目的进行使用的缺陷或者损害的情况。在这种情况下，由于业主已经验收，相应的工程款额已经由业主支付给了承包商，此时不再适用第一种获赔方式。如果业主的索赔要求这个时候提出来，那么只能依据第 2.5 款【雇主的索赔】向承包商另行提出。这就是该条款第二种获赔方式的适用情况。第 2.5 款【雇主的索赔】是对业主索赔所做的总规定，然而，涉及业主索赔的条款则分散在 FIDIC 银皮书的各个条款之中。下面将 FIDIC 银皮书中的有关反索赔条款做出梳理汇总，共 23 款，见表 18 - 1。

表 18 - 1　　　　　　　　　　　　FIDIC 银皮书中涉及反索赔的主要条款

序号	合同条款	条款主要内容	索赔权利
1	1.13	遵纪守法	保障业主免受损害
2	4.2	履约担保	履约担保金额或其他金额
3	4.14	避免干扰	保障业主免受损害
4	4.16	货物运输	保障业主受损害和支付赔偿费
5	4.19	电、水、燃气	电、水、燃气费
6	4.20	雇主设备和免费供应的材料	使用雇主设备的适当数量和应付费用
7	7.3	检验	除去覆盖和恢复使用的费用
8	7.5	拒收	拒收和再次试验所增加的费用
9	7.6	修补工作	未履行指示，业主为修补支付的费用
10	8.6	工程进度	修订方法导致业主的附加费用
11	8.7	误期损害赔偿费	未按时竣工的赔偿费
12	9.2	延误的试验	业主人员自行试验的费用
13	9.4	未能通过竣工试验	业主的价值损失
14	11.3	缺陷通知期的延长	提出缺陷延长期
15	11.4	未能修补缺陷	修补费用、核减合同价格和其他费用
16	11.5	移出有部分缺陷的工程	增加履约担保金额或其他担保
17	11.11	现场清理	有权收回处理和恢复现场的费用
18	14.2	预付款	收回尚未还清的预付款额
19	14.15	支付的货币	从其他货币的款额中收回该项差额
20	15.2	由雇主提出终止	承包商未结清的应付款
21	17.5	知识产权和工业产权	免受有关索赔的损害
22	18.1	有关保险的一般要求	保险费
23	18.2	工程和承包商设备的保险	为该类保险预期要支付的款项

18.2.2　反索赔因素分析

在 EPC 工程总承包合同条件下，业主关心的是项目建设的工期和建设质量，总承包商承担了所有的设计、采购和施工任务，在整个项目实施过程中，业主对项目建设介入相对其他项目承包模式较少，但也并非反索赔的机会就少。业主在 EPC 合同条件下，依据上述对银皮书条款分析，可能有以下索赔因素。

1. 履约保函索赔

第 4.2 款【履约担保】规定，在履约担保规定的期满日期 28 天前如果承包商还无权拿到履约保函，承包商应将履约保函延长至工程竣工和修补完任何缺陷为止，如果承包商不能延长其有效期限，业主可以索赔履约保函的全部金额。另外，如果承包商不支付业主的索赔或者在接到业主修复缺陷通知 42 天内不修复缺陷或者满足通用条款第 15.2 款中"业主中止合同"条件时，业主可以索赔履约保函的全部金额。

2. 设备材料等缺陷拒收

第 7.5 款【拒收】规定，对于测试、检查、测量或者试验不能通过或不符合合同要求的设备、材料、设计和工艺缺陷，业主有权拒收，并且业主可以要求重新测试，承包商应该给予积极配合。但如果此项拒收或重新测试导致了业主增加额外的费用，业主有权向承包商索赔。

3. 设备材料修补工作

第 7.6 款【修补工作】规定，业主可以指令承包商对于不符合合同要求的设备、材料移出施工现场，指令承包商修改设计或执行某项加固工程安全的工作。如果承包商不执行业主的指令，业主可以另行雇他人进行相关工作，所发生的费用业主可以向承包商索赔。

4. 承包商的误期罚款

第 8.7 款【误期损害赔偿费】规定，如果承包商不能按照完工计划完成工程，承包商应该向业主支付相应的误期罚款。具体的误期罚款在特殊条款中都有明确的规定，一般以实际完成时间和应该移交时间差额以每天罚款多少来计算，但不能超过最高罚款金额。

5. 性能指标罚款

在 EPC 合同中，业主为了达到投资预期目标，一般在 EPC 合同特殊条款中对工程性能指标做出具体的规定，如果承包商在完工试验中未能达到规定的性能指标，业主将会对承包商进行性能指标罚款，具体罚款的项目和罚款金额会在特殊条款中逐项列出。

6. 缺陷索赔

（1）第 11.3 款【缺陷通知期的延长】，因某项缺陷或损害使整个或部分工程或某项主要生产设备不能达到按照原定目的适用程度，业主可以索赔延长缺陷责任期。

（2）第 11.4 款【未能修补缺陷】规定，承包商在合理的或业主规定的时间内不能修补缺陷：①业主可以自己或者选择其他分包商进行修复工作，并向承包商索赔相关修复费用；②业主会同意或者决定降低合同总价；③如果缺陷或者损坏致使业主对整个工程或者工程的某一主要部分利益受损，业主有权要求返还对整个工程或该部位已经支付的所有金额并加上财务费用和拆除该工程或部位、清理现场和归还设备和材料给承包商所发生的费用。

7. 业主终止合同反索赔

第 15.2 款【由雇主提出终止】中规定，如者有里面列出的行为，业主有权终止合同，并要求承包商撤离现场，并将任何需要的货物、所有承包商文件以及由或为他做的其他设计文件交给业主。业主可以继续完成工程和（或）安排其他承包商完成。这时业主和其他承包商可以使用任何货物、承包商文件和由承包商或以其名义编制的其他设计文件。其后业主应发出通知，将在现场或其附近把承包商设备和临时工程放还给承包商。承包商应迅速自行承担风险和费用，安排将他们运走。但如果此时承包商还应付给业主的款项没有付清，业主可以出售这些物品，以收回欠款。收益的余款付给承包商。

8. 违反其他合同规定义务

如果承包商未能按照合同规定第 18.1 款【有关保险的一般要求】、第 18.2 款【工程和承包商设备的保险】等，办理相应的工程保险、设备保险等其他义务，业主有权自行办理相应的手续，所发生的费用业主可以向承包商索赔。

18.2.3 承包商责任分析

明确 EPC 总承包商的责任是为了确保承包商履行自己的责任，以利于防范反索赔事件发生。EPC 总承包商是项目参与各方中最重要的一方，它负责项目的总体实施，完成项目的设计、采购、施工，甚至试运行。除按合同约定提供的各种条件外，EPC 承包商还应提供完成项目所需的其他一切物资和条件。总承包商不仅有义务按期、保质地完成工程本身，而且还应保证在项目执行过程中其实施方式正确、恰当，不得危害业主、项目其他参与方、公众、雇员等方的利益，不得对环境造成损害。

1. 完成工程责任

对于 EPC 工程总包项目而言，业主采用这种承包模式的根本目的是希望在合同结束时承包商能提供一套"完整的设施"，使得业主"从 EPC 承包商手中接到钥匙后就可以直接运营该工程"。因此，对于 EPC 合同而言，业主往往更强调承包商"完成工程的责任"。此类完工义务通常包括下列含义。

（1）总承包商必须完成合同明示或必然隐含的各类工作。

（2）总承包商有义务接受业主指令去实施工程，若指令改变了原工作范围，可以按变更处理。

（3）总承包商依据合同文件，尤其是"业主的要求"中的规定，完成工程的设计深化，以满足项目的采购、施工以及试运行的要求。

（4）总承包商按照合同规定的技术标准、业主批准的承包商的各类技术和管理文件完成工程施工和试运行。

（5）采购安装到工程中的一切配套设备和施工所需材料。

（6）自行提供实施工程所需的各类施工机具，包括采购与租赁。

（7）自行雇用自己一方实施项目所需的一切人员，包括管理人员、技术人员和工人。

（8）编制工程实施所需的各类项目管理程序文件。

（9）编制各类工程竣工文件，包括操作维护手册。

（10）完成缺陷通知期/维修期内发现的任何缺陷的修复工作。

若承包商不履行上述义务，则业主有权利提出其他补救措施，并对承包商提出索赔，承包商按合同或法律规定承担其后果责任。

2. 质量保证责任

EPC 总承包商不但应完成合同所规定的全部工作范围，而且必须保证工程的质量，其质量保证责任主要体现在以下方面。

（1）所竣工的工程必须符合"业主的要求"中所定义的预期目的。

（2）竣工的工程必须达到竣工验收的各项标准以及性能保证中规定的各类指标。

（3）建立项目的质量保证体系，并提交业主备案或审查。

（4）有义务接受业主方对承包商的设计进行审查。

（5）有义务仅从合同中规定的供货商/厂家名单中采购所需要材料和设备。

（6）有义务接受业主方对各类材料样品质量进行检验。

（7）在实施过程中有义务接受业主方对材料和设备采购货源、加工制造工艺进行监督、检查。

（8）除非合同明文规定，只能在项目中使用无害材料。

（9）有义务接受业主方按合同约定进行施工检查。

（10）如果合同无规定，则必须采用良好的行业惯例。

对于总承包商违反质量要求的情况，业主有权要求其限期补救，承包商有义务对业主方拒绝的不合格的工作进行返工，直至符合合同要求。若承包商无视业主方的指令，无故拖延修复缺陷，业主有权雇用其他承包商来修复，费用由承包商承担。若最终验收不能达到某项指标，可以要求承包商修复，也可以根据该缺陷对业主的影响程度，按约定或商定赔偿业主一定的费用，如合同价格的 10% 等。

3. 工期保证责任

除了质量之外，工期也是业主方关心的主要因素。合同一般明确规定了工程竣工的时间。就工期而言，承包商的责任通常包括：

（1）承包商必须在规定的工期内完成工程、各类文件的编制以及竣工检验、试运行等工作，否则应承担合同约定的拖期延误赔偿费。

（2）承包商在收到开工通知后，应在合理的前提下尽快开工，并在之后以恰当的速度实施工程的设计、采购和施工等工作。

（3）在开工日期之后，承包商应编制并提供给业主一份详细完整的工程进度计划，包括设计文件报批的审核计划安排，各项工作实施的顺序，工程采购、施工中的各类检查、检验的顺序和时间安排。此进度计划应根据实际进度不断地进行调整与更新。

（4）若在工程实施过程中业主认为承包商的实际进度太慢或实际进度落后于计划进度，则承包商有义务制订赶工计划，送业主后进行赶工。

（5）承包商有义务向业主提交月进度报告，但随着项目管理的信息化程度越来越高，在当今的实践中有时还要求承包商提供周报，甚至日报。

当然，如果工期延误是业主自身原因或其负责的原因引起的，则承包商有权索赔工期。

4. 与业主合作的责任

合作是现代工程合同中所倡导的一种先进理念，有助于合同双方圆满地实施工程。与前面所述的业主的合作责任类似，承包商在项目实施过程中对业主方也有合作责任，主要包括：

（1）与业主方人员在现场中的工作保持配合。

（2）与业主雇用的其他承包商在现场上的工作保持配合。

（3）与在现场或附近工作的合法当局人员的工作保持配合。

（4）此类配合包括给予他们合理的工作机会以及协助。

（5）给予配合的依据是合同规定或业主方的指令。

若承包商提供的配合工作超出了 EPC 合同的工作范围，则承包商有权要求业主将此视为变更命令，并对其进行补偿。

5. 恰当方式履约责任

对于 EPC 合同来说，不仅要求承包商提供的最终产品符合合同要求，而且其实施的过程必须以恰当的方式来履约，目的在于项目的实施不影响项目其他利害有关方的利益。承包商的这一责任包括以下几点。

(1) 遵守工程所在国的各项法律。

(2) 选派专职的项目经理，作为履行项目的承包商的全权代表，对项目的实施过程进行管理。

(3) 保证其实施工程过程中的实施方式的安全性、稳定性、完整性、充分性、恰当性等。

(4) 承包商的现场作业应控制在现场区域以内，若需要另外作业区域，应自费获得土地所有人的同意。

(5) 保持现场的井然有序，材料设备应妥善储存或堆放，各类废弃物必须清理出现场。

(6) 承包商在项目实施期间对整个现场承担照管责任。如果项目财产遭受损害，除业主负责的风险导致的情况外，承包商承担相关责任。

(7) 职业健康方面，承包商应提供劳保福利，在现场提供恰当的医疗设施和医护人员，并针对流行病提出防护措施，为其项目员工提供安全卫生知识培训，同时与当地医疗机构合作，必要时寻求其帮助。

(8) 安全方面，承包商应遵守各类安全规章制度，指派专业的安全工程师，消除现场中存在的危险源在现场提供各类安全设施和服务，如照明、围栏、守卫等，保障项目人员的安全，同时也应保障公众的生命与财产的安全不受项目实施的影响，也不得因项目的作业影响公众的正常生活和工作。

(9) 环保方面，承包商有义务采取各种合理的措施，保护现场内外的环境，避免因项目实施对环境的破坏，包括尽量减少噪声、废物、废气排放等，其环保标准不低于法律和合同要求。

(10) 为保证其恰当履约而提交各类担保或保证，如履约保函、母公司担保、预付款保函、保留金保函等。

(11) 按合同约定，为工程的实施办理保险，保证项目因风险发生而遭受的损失得到资金补偿，从财务方面能够支持项目顺利进行。

6. 承包商的其他义务

除了上述主要义务外，根据 EPC 项目的具体情况，总承包商通常还需要履行下列义务。

(1) 接受业主变更指令的责任：若业主根据项目的具体情况按合同规定的程序对原工程要求进行变更，则承包商应执行变更命令，但合同工期和费用应相应调整。

(2) 承包商对业主的保障责任：若由于承包商负责的原因，如设计不当、施工不妥、渎职等，导致了业主遭到其他方的索赔，承包商有义务赔偿业主相关损失，包括处理该索赔的律师费和其他开支。

(3) 对分包商承担管理责任：同时就分包商承担的工作向业主负责。在雇用分包商以及安排分包商在现场工作时有义务通知业主一方，若合同约定须经过业主批准，则需要等待业主批准后才能雇用相关分包商。

（4）若无正当理由反对，承包商应接受业主指定的分包商。

（5）负责进场线路的选择。

（6）对项目所需的进出现场的临时通道或特别通道，承包商应自行去获得路由权并支付相关费用。

（7）保密义务：除工程实施必需的和业主批准的情况外，承包商有义务对涉及工程的各个方面进行保密。

（8）保证对分包商、供货商的恰当支付：有的 EPC 合同规定，承包商在申请最终支付时同时提交一份宣誓书，保证 EPC 承包商就项目实施已经付清了所有分包商和供应商的款项。

承包商的上述主要责任可分为项目终极目标管理和项目实施管理方面两个层面，覆盖了项目的完工、质量、工期、合作等各方面的责任。这些责任义务的体现形式是 EPC 合同中的明示规定和隐含规定之中。明示规定通常反映在 EPC 合同具体措辞之中；隐含规定除了体现在合同之外，还反映在各类相关的法律和行业惯例中。本节所述的只是国际工程的惯例做法，承包商的具体责任需要在 EPC 合同中具体化和明确规定。

18.3　反索赔的管理措施

应对反索赔措施主要有三个方面：第一，加强合同管理，提高项目合同执行力；预防业主提出索赔；第二，对业主的索赔提出其不符合合同条款的地方，或索赔事实不符的地方，使其索赔要求部分或全部被否定，反击业主的索赔；第三是利用工程合同条款赋予的权利，对业主违约的地方主动出击，积极提出索赔要求，抑制反索赔，以维护自己的合法权益。

18.3.1　预防反索赔的提出

要预防反索赔的提出，承包商应做好以下几点工作。

1. 研究合同，签订有利于己方的条款

合同条款对总承包商是否有利，是一个基本而又重要的问题。因为总承包合同是承发包双方进行索赔和反索赔的最直接的法律文件。如在已签订的合同中已存在单方面约束，责、权、利不平衡，以及隐含承担较大的风险等，就可能从根本上限制或否定了对方提出反索赔的资格条件。总承包商在签订合同时就应建立反索赔意识，通过合同维护自身的正当利益，认真分析合同的每一条款是否公平，对日后提出索赔是否有利，研究如何制定能够制约业主的条款，来限制业主日后可能提出的索赔，缓解业主对总包商的制约，使总承包商在合同签订阶段就处于不被业主制约的有利地位。

2. 熟悉合同，做好反索赔的预防工作

信守合同是业主和总承包商的共同义务，也是应对反索赔工作应遵循的原则。总承包企业从事索赔管理的人员必须认真研究所签订的工程承包合同，以及国内建设工程施工合同通用条款，对业主一切可能的反索赔项目应进行预测和评估，并与自己的索赔要求进行分析对比，找出双方要求的差异和利益平衡点。

3. 认真履行合同，防止自己违约

熟悉工程承包合同后，总承包商应按合同办事，把精力放在工程建设、提高效益上。通过有效的工程管理，排除干扰、减少损失、搞好协作、不发生违约，防止扯皮事件发生，使业主找不到反索赔的理由和根据。在项目管理方面，主要应做好以下两项工作。

(1) 狠抓工程项目进度控制。FIDIC 银皮书第 8.7 款【损害赔偿费】规定：如果承包商不能按照完工计划完成工程，承包商应该向业主支付相应的误期罚款。具体的误期罚款在特殊条款中都有明确的规定，承包商应对工程拖期完工给业主带来的经济损失予以补偿。对于承包商，应尽量避免工期拖延，但是，工程进度拖后是常见的现象，至于拖期的原因，应进行具体分析，以确定责任归属。

例如，某工程由于业主原因影响了工序进展，总承包商则向业主发出书面联系单，可业主未能及时协调，最终导致工期拖延。而当工程付款时，业主又以拖延工期为由对总承包商提出罚款，这显然是站不住脚的，因为工期拖后完全是业主引起的，而且，总承包商也尽了自己提醒业主的义务。由此看出，总承包商必须以事实为根据，对业主不合理的反索赔予以否定，以维护自己的利益不受侵犯。

(2) 狠抓工程质量控制，做好维修工作。在 EPC 合同中，业主为了达到投资预期目标，一般在 EPC 合同特殊条款中对工程性能指标做出具体的规定，如果承包商在完工试验中未能达到规定的性能指标，业主将会对承包商进行性能指标罚款。若承包商性能指标不达标或使用的设备和材料不符合规范要求或在保修期内未进行修补工作时，业主有权向承包商提出"工程缺陷"的索赔，而且其款额一般较高，往往不仅包括工程缺陷所产生的直接损失，也包括该缺陷引起的间接损失。

因此，总承包商必须高度重视工程项目的质量控制。首先要做到对各生产要素的控制，这包括对投入的人员、设备和材料的质量控制，对施工工艺的质量控制，对施工工序的质量控制。其次，要有完备的工程过程监督和隐蔽工程验收记录，使工程最终达到合同所规定的质量目标。此外，在保修阶段一定要进行工程质量跟踪，及时找出运营中的问题，精确描述问题，以分析责任，有时甚至需要邀请专家进行技术鉴定或认证。

4. 发现自己违约，及时采取补救措施

总承包商违约正是业主提出索赔的机会，无论事后业主是否提出索赔，总承包商都应做好以下两个方面的工作。

(1) 发现自己违约后，应及时采取补救措施，并客观地向业主做必要的解释，以求获得业主的谅解和宽容，使业主不再为此提出索赔。就目前国内的情况来看，对一些影响不大，经济损失较小，业主能够谅解的简单违约事件双方应着眼于长远的合作和主要目标的实现，并不一定计较那些细小的索赔。

(2) 总承包商违约后，应及时收集有关资料，分析合同责任，测算损失数额，做到心中有数，以应付反索赔。决不可待业主提出索赔后才恍然大悟，临时安排人员，现抓资料，被业主的索赔报告牵着鼻子走。

18.3.2 反驳反索赔要求

当业主提出反索赔要求时，必然会注明其索赔的理由和证据。反驳反索赔要求就是承包商利用所掌握的事实资料及合同文件，证明业主的索赔报告事实不准确，索赔理由不充分，计算不正确，以减轻或否定承包商自己应负的合同责任，最终达到不受损失或少受损失的目的。或者通过分析其索赔报告，找出漏洞或失误，让业主重写索赔报告。一旦发现其反索赔理由与事实不符，或反索赔事由有"自身相互矛盾"之处，则加以反驳、拒绝，达到降低或否定反索赔额的目的。

通常反驳反索赔要求，有以下关键点。

（1）事件分析：判断反索赔事件的真实性和准确性，事件发生的时间、地点是否真实，提供的各种数据是否准确，等等。

（2）事件责任分析：是否存在反索赔人自己疏忽大意、管理不善或自身或他原因的责任。

（3）事件影响分析：反索赔事件和影响之间是否存在因果关系、干扰事件的影响范围的大小、反索赔人是否尽到了自己的义务。

（4）索赔理由分析：反索赔要求是否和合同条款或有关法律法规的规定一致。

（5）索赔证据分析：证据是否存在不足、不当或者片面的情形。

（6）反索赔要求或者索赔报告的时限性：是否在合同规定时限内提出了反索赔要求和索赔报告。

（7）索赔额的审核：这是索赔反驳中的最后一步，也是关键的一个环节。分析的重点在于反索赔的各项数据是否准确，计算方法是否合理，各种取费是否合理、适度，有无重复计算等问题。

18.3.3　及时主动提出索赔

双方都有违约责任时，应采取以攻为守，总承包商应首先向业主提出索赔。对反索赔的应对，从整体上讲其性质是属于防守性的，但它却是一种积极意识，有时则表现为以攻为守，争取索赔博弈中的有利地位。当索赔事件错综复杂，双方责任都无法摆脱时，总不可能对等平分，承包商要首先抓住时机提出索赔，这就是承包商应对反索赔主动意识的体现。具体表现为以下几点。

（1）尽早提出索赔，防止超过索赔有效期限而失去索赔机会。

（2）尽早提出索赔，这样可体现本部门高水平的管理及迅速反应的能力，使对方有一种被迫感和迟钝感，在心理上处于劣势。

（3）对方接到索赔报告后，必然要花费精力和时间进行分析研究，以寻找反驳的理由。这就使对方进入己方思路考虑问题，总承包商则争取到了主动。

（4）为最终索赔的解决留有余地，这是因为在通常情况下，索赔的最终解决双方都须让步，首先提出索赔且数额较大者往往有利，但应本着实事求是的原则解决。

承包商要做到及时主动提出索赔，就要在平时做好以下工作。

1. 重视资料的收集工作

由于反索赔都在事件发生后，及时提出索赔，做到有理、有据、有节，这就要求总承包商平时积累一切涉及反索赔的证据资料。所以在日常工作中，要注意收集和积累以下资料：每日的现场资料，包括施工日志、进度计划；变更资料以及各种图纸；与业主的来往信函、签证资料，包括工程事项联系单；业主代表的指令单；隐蔽工程验收记录；增加工作量变更签证；工期顺延申请；工程例会会议纪要；各种声像资料等。

2. 注意反索赔程序规定

例如，FIDIC 银皮书第 2.5 款【雇主的索赔】中对雇主反索赔通知时限做了规定："如果雇主认为，根据本条件任何条款或合同有关的另外事项，他有权得到任何付款，和（或）缺陷通知期限的任何延长，他应向承包商发出通知，说明细节。通知应在雇主了解引起索赔的事件或情况后尽快发出。关于缺陷通知缺陷任何延长的通知，应在该期限到期前发出。"承包商应注意反索赔是否符合该项条款的规定。

3. 把握反索赔谈判技巧

处理反索赔事件通常要通过反复的协商和谈判得以解决，当谈判陷入进退维谷的境地时，就需要双方找出各自的差异和利益平衡点，共同解决争议，总承包商可采取如下谈判技巧。

（1）将谈判者与谈判问题分开，就事论事，切不可针对个人，应尊重业主的社会心理。

（2）把谈判集中于双方共同利益上，而不集中于各自的观点。索赔谈判以利益为原则，而不以立场为原则，不以辨明是非为目的。

（3）在达成协议前，为双方谈判的最终结果设想多种可供选择的方案。

（4）坚持采用客观标准和国际惯例。

综上所述，承包商应对反索赔的关键还是在于自身的项目管理上，如果承包商不注重工程项目的进度控制、质量控制、合同管理等内容，就不能有效地预防、处理好反索赔，承包商的预期目标就很难实现，只有切实加强工程项目管理，承包商才能有效预防和应对业主的反索赔。

18.4 反索赔的管理案例

18.4.1 反驳反索赔的成功案例

【摘要】

本案例是在一起水利工程项目建设中，指定分包商对业主提出的索赔要求进行反驳而获成功的案例，案例对反索赔管理的组织程序、工期延误分析等环节进行了翔实的介绍。

【反索背景】

某水利枢纽工程，河段地势开阔，附近地区人口稠密，为该地区的经济较发达地区之一。水利枢纽船闸为双线船闸，布置在外江右岸台地，船闸主要由上游引航道、靠船墩、双线船闸（1号船闸和2号船闸）、两孔冲砂闸、上游引航道及下游引航道导航墙、靠船墩等组成。

该水利枢纽工程的业主为省电力投资集团，江北水利水电公司为总承包商，地区水电工程局为业主指定分包商，分包范围为"下闸首"以下部位的所有土建工程施工。按合同文件要求，2004年6月1日开工，2006年5月31日完成船闸和冲砂闸混凝土浇筑，2006年10月20日具备通航条件。（其中1号船闸扩容后，业主要求其在2006年12月20日具备通航条件)。

指定分包商在施工过程中因受百年一遇洪水进基坑、1 号船闸扩容设计变更，以及业主资金不能及时支付的影响，至 2005 年 5 月底至，船闸主体工程进度未能满足施工进度要求，特别是 1 号船闸（含指定分包商施工的 1 号下闸首工程）的混凝土浇筑进度刚过半。此时，业主与工程师以"下闸首"是主体关键工程不能进行分包为由，要求收回 1 号下闸首工程由总承包商自行施工，并发函单独对 1 号下闸首工程进行 50 万元的工程延误罚款。针对上述情况，指定分包商（某水利工程局）项目部进行了专项应对反索赔的工作。

【反索赔工作组织程序】

指定分包商收到罚款函后，项目经理部立刻向局领导汇报，向总承包商、工程师、业主陈述工期延误的客观原因，并说明延误责任不在指定分包商，要求取消该罚款。局领导也多次在业主主持召开的会议上阐明了这一点，认为工期延期责任不是分包商的责任，责任在业主，并提出由于业主责任造成该分包工程的工期延误 8 个月以上，对此说法工程师、业主不同意。

为此，经理部组织了有关人员进行做一切准备工作以进行应对。首先是收集资料，包括合同资料、财务资料、地质资料、现场记录及签证、图片、会议纪要、往来文件、设计图纸、设计变更等，然后进行分析、审查、编制工期延误分析报告，然后再依据分析报告发一份反驳函给总承包商和工程监理单位。

【工期延误分析】

工期延误分析的主要内容是业主应承担的工期延误责任。首先进行合同条件分析，然后再进行其他资料分析。经过分析后认为可以就合同签订、征地拆迁、相邻标段干扰、洪灾、关键工程项目变更、地质条件变化、业主未及时支付资金这些事件进行反击。

1. 合同签订及征地拆工期延误分析

合同规定，2004 年 6 月 1 日开工，但承包商与业主到 2004 年 6 月 25 日才签订施工合同，签订合同后，立即组织施工设备、人员、材料进场 2004 年 7 月 10 日前，总承包商与指定分包商的人员、设备、材料按计划进场就绪，各项施工准备工作已就绪，开工条件已具备。

总承包商于 2004 年 7 月 12 日向监理工程师申请船闸土建及金属结构安装工程单位工程、船闸下引航道段开挖分部工程、船闸下闸首开挖（航下 0+214～航下 0+254）分部工程的开工申请书。但由于业主在此之前没有完成征地拆迁等工作，致使工程未能如期开工，由于当地村民阻拦交通要道，承包商与指定分包商只能进行零星的局部开挖及配合业主进行征地拆迁工作。承包商和指定分包商曾多次发文，并在每 10 天开一次的施工会议上要求业主尽快解决征地拆迁问题，但业主一拖再拖未果，直到 2004 年 10 月底，外江截流时才得到基本解决，2004 年 10 月 29 日，工程师才发出单位工程的开工指令，承包商和指定分包商按开工指令要求如期开工。

至工程师发出开工单为止，因合同签订及征地拆迁的影响造成船闸主体段工程工期延误天数，从 2004 年 6 月 1 日到 2004 年 10 月 29 日，前后共 151 天。

2. 洪水灾害工期延误分析

2005 年 6 月 22 日施工中该水利枢纽工程遭遇超百年一遇洪水，水位超过了围堰高程 EL28.0m，为确保上游围堰，经业主防洪度汛领导小组决定：在船闸下游预留土堤右侧破口充水，基坑全部被淹。在充水时，分包商船闸的门机（准备安装）构件被洪水冲毁，船闸的临建设施和未撤离的设备和材料等被洪水冲毁冲散。

分析：船闸下闸首属主体工程，是关键项目，从 2005 年 6 月 22 日因洪水进基坑至 2005 年 10 月 15 日恢复到洪水前 2 号下闸首施工面貌止，因洪灾造成船闸"下闸首"工程工期延误 116 天。

3. 设计变更工期延误分析

工程设计变更引起的工期延误主要是从等待变更时间、二次开挖及增加工程量所需的施工时间。2005 年 4 月 1 日，业主口头通知：1 号船闸由 1000 吨级需扩容到 2000 吨级，具体方案待定，1 号船闸暂缓施工。同日省勘察设计院签发了设计修改通知书中，证实了船闸扩容设计图纸未到的实事实。2005 年 9 月 18 日，指定分包商接到 1 号下闸首开挖图，从 2005 年 4 月 1 日船闸下闸首停工到 2005 年 9 月 18 日接到图纸，累计停工 171 天。

指定分包商接到图纸后，马上开始编制施工措施、施工准备工作，然后进行二次开挖。1 号船闸下闸首扩容前的位置是航下 0+214～航下 0+254，0−781.735，0−832.735，V−6.95,；扩容后的桩号位置是航下 0+239～航下 0+289，0−775.735，0−836.685，V−11.0；二次开挖时虽然方量小，但需重新布置，且各个部位均需重新开挖，开挖施工难度很大，其完成时间为 2005 年 12 月 18 日，并通过了基础验收。二次开挖的施工措施时间、施工准备工作时间、施工时间三项合计工期 92 天。

根据合同专用条款及通用条款的有关规定，当增加合同中关键项目的工程量超过 20% 时，承包商可要求业主给予延长合理的工期。1 号下闸首混凝土施工为下闸首工程的关键项目，其原合同工期为 303 天。扩容变更后的混凝土工程量增加 90.42%，需增加工期为：303（天）×（90.42%−20%）=214 天。由此可知，由于 1 号船闸由 1000 吨级，扩容到 2000 吨级所引起的工期延误为：171 天+92 天+214 天=477 天。

4. 延期支付洪灾赔偿款工期延误分析

指定分包商承担该水利枢纽工程外江 1−8 号孔泄水闸、重力坝和船闸下闸首及下引航道施工项目。在洪水灾害中，分包商损失惨重，大部分材料和机械设备被洪水淹没。经理部在外江工程、船闸土建及金属结构安装工程、船闸 I 标工程三个工程中直接经济损失共计约 3000 万元。

洪灾过后，分包商经理部积极响应业主、工程师的要求和业主重新调整后的施工计划，组织充足人力资源投入到恢复施工和赶工施工中，重新进场四台门机，并在一个月内安装完毕投入使用，2006 年 4 月，顺利实现了外江过流和桥面通车的节点目标。

由于洪灾损失索赔未得到任何兑现，恢复施工和赶工垫付大量人员和资金，经理部遇到了前所未有的资金短缺困难。分包商经理部曾给业主多次发函要求业主支付洪灾损失款项，但始终未得到业主的有关洪灾损失的赔偿。使得分包商经理部长期负债经营，举步维艰，无法按时支付施工队伍生活费，部分管理人员受到债主人身安全威胁并造成施工人员思想涣散、消极怠工、出工不出力等现象，一些生产物资无法采购投入使用等，施工效率大大降低，这样就造成了工期延误。具体延误时长难以计算。

但对于由于合同签订、征地拆迁、洪灾、设计变更引起的工期延误是可以计算的为：151 天＋116 天＋（477－116）天＝628 天，而且这些都是属于业主应承担的责任，加上业主不按时支付洪灾索赔款，而造成的工期延误共计 628 天以上，即"下闸首"具备通航条件应为 2008 年 7 月 9 日后。

【应对结果】

指定分包商按上述分析给总承包商和工程师发文反驳业主的索赔。

（a）分包商不接受业主对分包商的经济处罚；（b）工期滞后不是分包商的原因造成的；（c）分包商保留进行进一步对业主的索赔权利。

最终业主和工程师取消了该项罚款单，分包商取得了应对反索赔的成功。

【案例启示】

在工程项目过程中，项目主体之间可能存在各种索赔与反索赔，索赔工作是双方之间的一场博弈，应对反索赔更是一场艰难的博弈，这也是索赔管理中的难点。在一般情况下，业主总是采用"有罪推定"的原则，总是用怀疑的眼光审视承包商的一切工作，对于承包商提出的索赔，往往要求承包商拿出能证明他是"无罪"（工程建设系统符合合同要求）的"证据"，并对这些"证据"进行研究，以从中发现反索赔的机会。为此，承包商要随时注重资料的收集和分析整理以应对反索赔。

承包商在工程建设中，要善于应对业主的索赔，加强反索赔的管理，为承包商谋取最大的经济利益，力求弥补因竞争及工程施工中各种影响因素造成的损失。应对反索赔的方法有多种，其中反驳法是在实践中常用的一种方法。

18.4.2　积极出击防范反索赔案例

【摘要】

本案例是某 EPC 燃煤电站工程中，由于工期延误，承包商为防止业主对工期延误的罚款，承包商采取"积极提出索赔"的策略，转被动为主动，有效地削弱、抵制了业主的索赔，并为企业赢得了利润。

【案例背景】

境外某燃煤电站是该国为解决越南北部电力供应，与中国两家工程公司组成的联合体签署 EPC 总承包工程项目，建设主要包括 2 台 110MW 循环流化床锅炉汽轮发电机组的燃煤电厂，合同工期 33 个月。然而由于外方提供的实际使用燃煤质量与设计煤种不符，导致了设备安装调试时无法达到合同要求。并且在项目开工后，未及时提供相应的道路施工条件，导致了项目的延期。

【应对措施】

总承包公司项目组为避免业主对承包商的延期罚款，工程项目组就采取主动出击，先发制人的反索赔策略，对于业主原因导致工程延期的资料进行了收集整理，有关应对反索赔的证据如下。

（1）因煤质问题导致设计变更而引起的工期及费用资料。

（2）因业主道路延期而导致的工期延误。

（3）因汇率引起的费用损失。

（4）因原材料涨价引起的费用损失。

【应对结果】

对于上述 4 项损失统计汇总后，在项目竣工结算前按合同相关约定向业主方及时、主动地提交了索赔报告和索赔资料，从而为项目组保留了最终挽回损失的权利，并增加了项目结算谈判的依据，达到了反索赔的目的。

【案例启示】

本案例的承包商未雨绸缪，主动出击，在工程延期的情况下，为防止业主对工期延期罚款，积极向业主提出索赔，应对反索赔，为企业保留、赢得了利润空间。

主动出击建立在准确、完整掌握工程资料的基础之。为此，在项目执行期间，承包商应注意在项目执行过程中，保留证据，时刻注重索赔资料的收集与整理，加强文件档案管理，如有可能建立电子文档管理系统，从而使项目后期结算时有据可依。另外，承包商企业应通过以往经验的及时总结，吸收采纳国际同行业的成熟的反索赔经验，遇到业主索赔时，选择恰当反索赔措施，才能使企业"转危为安"从而维护企业的权益，强化企业的竞争力。

第 19 章 对分包商索赔的管理

EPC 总承包工程的项目管理是一项涉及诸多因素的系统工程，其中索赔管理与各参与者的经济效益密切相关。对总承包商而言，公平、公正地处理分包商的各种不同利益诉求事件，对控制工程风险、维护当事人的合同权益、树立总承包商在业主和各专业分包商中的信任和威信具有重要意义。

19.1 对分包商索赔管理的意义

如第 15 章所述，总承包商索赔管理范围包括以下部分：一是总承包商与业主之间的索赔与反索赔的管理；二是总承包商与专业分包商之间的索赔管理；三是总承包商对专业分包商之间索赔事件的管理。我们将后两种情形称为总承包商对分包商索赔的管理。

在 EPC 工程中，总承包商对参与建造的分包商及其相互之间发生的索赔事件进行管理的原因，是因为总承包商对整个 EPC 工程进度、质量负责，任何一方的索赔如果不能得到及时、合理的处理都将影响相关的工程，以致影响到 EPC 整个工程的完成。总承包商通过对分包商索赔管理，可以达到下述目的。

1. 减少索赔事件发生

总承包商有效的索赔管理可以减少或避免索赔事件的发生频率。通过对分包商索赔事件进行及时有效的处理，无论对索赔方，还是被索赔方，可以及时分辨责任，进一步明确他们自身的义务，促使他们提高索赔与反索赔的防范意识，从而减少或避免索赔事件的发生次数。

2. 维护各方合法权益

总承包商如果不对分包商索赔实施有效的管理，索赔事件得不到及时合理的解决，势必会影响分包项目的顺利展开，有些甚至会导致分包合同的中止，影响总合同目标的完成，最终给业主带来巨大损失。通过对分包商索赔有效的管理一方面能够促使索赔事件得到圆满解决，保证分包商得索赔要求能够及时合理的得到相应的补偿，维护分包商的合法权益，分包商才有顺利完成分项目的动力。另一方面，在索赔管理中对分包商不合理的索赔进行辨识，使他们不合理的要求得到有效控制，有利于对业主合法权益的维护，树立总承包商的良好形象。

总之，对分包商索赔的有效管理，最终目的是为了按时向业主提交一个质量合格的工程项目，为此，对分包商索赔的管理是业主、总承包商和分包商三方利益的集中体现，是保证整体项目顺利完成的护身符。

19.2 对分包商索赔管理的原则

19.2.1 公平合理原则

在索赔管理中，总承包商作为索赔管理的核心，必须公平行事。以没有偏见的方式解释和履行合同，独立地做出判断，行使自己的权力。由于总承包商、业主、专业分包商的利益和立场存在不一致，常常会在索赔问题上出现矛盾，甚至冲突，这时总承包商起着缓冲、协调的作用。其处理索赔原则有如下几个方面。

（1）从工程总目标出发。从工程整体效益、工程总目标的角度出发做出判断或采取行动。

（2）按照合同约定行事。合同是建设过程中的最高行为准则。作为总承包商更应该按合同办事，准确理解、正确执行合同。在索赔的解决和处理过程中应贯穿合同精神。

（3）从事实出发，实事求是。按照合同的实际实施过程、干扰事件的实情、承包人的实际损失和所提供的证据做出判断。

19.2.2 及时处理原则

在 EPC 工程项目中，总承包商对分包商索赔的管理必须及时地（有的分包合同规定具体的时间或"在合理的时间内"）行使权力，做出索赔决定及时回函，表示认可等，及时处理原则有如下重要作用。

（1）可以减少承包商的索赔几率；

（2）防止干扰事件影响的扩大；

（3）在收到承包商的索赔意向通知后应迅速做出反应，认真研究、密切注意干扰事件的发展；

（4）防止不及时地解决索赔问题将会加深双方的不理解、不一致和矛盾；

（5）避免不及时行事会造成索赔解决的困难。

19.2.3 协商优先原则

总承包商在处理和解决索赔问题时，应及时地与业主和分包商沟通，保持经常性的联系。在做出决定，特别是做出调整价格、决定工期和费用补偿决定前，应充分地与当事人双方协商，最好达成一致，取得共识。这是避免索赔争议的最有效的办法。总承包商应充分认识到，如果他的协调不成功使索赔争议升级，对当事人双方都是损失，将会严重影响工程项目的整体效益。在工程中，总承包商切不可凭借总承包地位和权力武断行事，滥用权力，特别对分包商不能随便以合同处罚相威胁或盛气凌人。

19.2.4 诚实信用原则

诚实信用原则是指总承包商在处理分包索赔活动中应讲信用，恪守诺言，诚实守信，在索赔管理中不损害分包商和业主的利益，追求维持业主、各专业分包商利益的平衡。总承包商在索赔管理中，对分包商索赔应坚持诚实信用原则，处理索赔事件要做到真实可信，一言九鼎、说到做到，这样才能得到分包商的认同，在专业分包商群体中树立其良好的形象，有利于解决事后再次可能出现的各种矛盾。

19.3　对分包商索赔管理的案例

19.3.1　借助分包商索赔扭转亏损案例

【摘要】

EPC 工程总承包商需要与众多的分包商法人合作，在工程建设中往往处于业主、分包及第三方相互之间索赔纠纷的中间位置，如何做好索赔管理工作，处理好分包商与总承包商、总承包商与业主、分包商之间、供应商之间的索赔事件是对总承包商的一种考验。本案例是在一起境外 EPC 工程项目中，由于材料上涨、异常天气所引发分包商向总承包商索赔，总承包商借助分包商索赔事件，依据合同项目所在国的当地法律，最终赢得了索赔的经验。

【材料上涨分包商索赔事件】

该项目是一个境外燃煤电站的设计、采购和施工的"交钥匙"工程，设计采用中国标准（土建设计需要进行相应的当地转换），主要设备从中国境内采购，施工和部分服务采用当地分包的方式。总承包合同采用 FIDIC 银皮书为范本，根据第 17 款【风险和责任】的内容来看，业主承担的风险和责任基本上与不可抗力的范围相重合，除此之外的索赔依据和索赔机会都很少。

由于总承包商是第一次进入该国市场，对当地造价水平缺乏了解，报价时虽然在参考国内经验的基础上已经作了一些调整，但国外部分的报价仍严重偏低，在主体工程当地分包招标的过程中即发现面临巨额亏损的风险。如何通过合理索赔减少亏损，就成为项目执行团队的一项重点工作。

项目执行的前期过程中，总承包商大大小小提出了一些索赔，但这些索赔对项目的影响程度和可以计算的索赔数额都相对较小，亏损面难以得到本质上的改善。此时，土建分包商向总承包商提交了一份厚厚的索赔申请函。索赔函提出，由于土建分包合同签订后一年内，钢材价格异常上涨，导致了分包商财务上的严重不平衡，钢材价格指数在合同签订后一年内上涨了 45%，而消费物价指数（IPCA）只上涨了 5%左右，如果按照分包合同规定的条件，即按照 IPCA 指数进行调价，无法体现钢材价格异常波动对分包商所造成的实际影响，将会导致其严重的财务不平衡。因此，申请按照钢材价格指数和消费物价指数两者的差额予以补偿。

对此，总承包商对照土建分包合同进行了认真研究，基本认定其要求无法成立。根据土建分包合同条件："分包合同价格自分包合同签订后每 12 个月调整一次，对应项目所在国统计局（IBGE）发布的 IPCA 指数波动"，以及"为避免歧义，附件 4（预估工程量清单及其单价）中的子目单价是固定的且任何情况下均不考虑调整"。可以明显看出，按照分包合同条件，分包商是无权要求上述索赔的。

对于总承包商根据合同条件做出的回绝，分包商进行了解释：由于项目业主是国有企业，适用《公共部门招标及合同法》，如果总承包商（或分包商）由于不可预见的因素而导致财务失衡，可以申请对合同进行变更或者要求费用补偿，以恢复到合同签署前的平衡状态。经过商讨，鉴于总承包商与分包商在土建分包合同中采用了"背靠背"的机制，总承包商同意将此索赔要求转交业主，由业主裁定。

根据向当地律师的咨询，确实存在一款专门针对国有企业的招标及合同法，即 8666 法规第 65 款规定，"本法所辖下的合同，基于恰当证明，在下述情况下可以进行变更：……（Ⅱ）双方协商一致：……（d）如不可预见的事情发生，或虽可预见但影响难以估计从而影响合同执行速度——迟滞或加速，或者由于不可抗力、偶然因素影响，或者受权力部门单边行动影响，造成财务异常或者侵权。在此类事件下，为了恢复合同订立之初时为提供工作、服务或采购而获得合理报酬的关系，从而达到保持合同订立之初的经济、财务平衡的目的。"

因为项目业主是所在国的国有企业，从这个角度来看，由于钢材价格异常波动，分包商（或总承包商）是有权申请合同变更的。索赔文件转发业主后不久，业主便要求总承包商补交证明资料。经过几个月艰苦细致的谈判，业主最终同意补偿 1000 多万美元。虽然这部分费用直接支付给了分包商，但也是作为总承包商在 EPC 合同下实现的一项索赔，结果令人颇感振奋。

【异常天气分包商索赔事件】

钢材价格索赔达成协议后不久，项目现场又发生了分包商全场罢工和连续降雨的异常天气，对项目进展造成了严重影响。事件发生后，总承包商严格按照 EPC 合同条件，及时发出了不可抗力事件的索赔通知并采取了相应补救措施。

根据 FIDIC 银皮书第 19 条的特殊条件，不可抗力的定义包含了异常天气和罢工，"只要是符合上述的（a）到（d）的条件，不可抗力包含但不限于下述所列的异常事件或情况：……（v）自然灾害比如地震、飓风、台风或火山活动，蓄意破坏、罢工、传染病，实际的或者据信的恐怖威胁、政府部门行为或其他按照本国法律构成不可抗力的事件。"但是，对于异常天气和罢工等归属于的第（v）类不可抗力，根据相应的合同条件，承包商却没有费用补偿的索赔权利。"如果承包商因不可抗力受阻履行其合同义务，关于此项通知已经按照合同条件第 19.2 款【不可抗力的通知】提交，并且因此遭受了延误和/或费用，根据合同条件第 20.1 款【承包商的索赔】，承包商有权获得（a）工期延长，如果按照分包合同条件第 8.4 款完工延误或将要延误；（b）费用补偿，如果时间或情形属于 19.1 '不可抗力的定义'中（i）到（iv）所描述的，以及发生于项目所在国的第（ii）到第（iv）种情形。"

尽管这样的风险分配原则是 FIDIC 合同惯例，但对于已经存在巨大亏损的总承包商来讲，不可抗力事件的影响更是"雪上加霜"，与工期补偿相比，费用的补偿尤为迫切。由于申请工期延长的依据比较明确，根据项目实际进展，承包商决定先进行工期索赔，申请对 EPC 工期进行相应的延长。之后的半年多里，通过往来信函和集中谈判，双方对工期延长达成一致并签署补充协议。

在进行商务索赔谈判的同时，总承包商克服各种困难，全力推进现场施工进展，项目逐步进入冲刺阶段。此时，总承包商的亏损逐渐显性化，资金和经营压力越来越大。这种情况下，结合之前钢材价格异常上涨的索赔经历和对当地法律的学习、理解，总承包商抓住时机，在汇总整理大量翔实、细致的支持性资料和数据后，全面计算出异常降雨和罢工期间的降效以及其他各类损失，包括停工（半停工）期间的机械租赁费用、当地分包商索赔和结算费用、当地脚手架等周转性材料的租赁费用、总承包商中方雇员在当地的人工费、现场管理费、国内管理费、中方设备厂家索赔、财务费用等，用大量数据和文件证明了承包商由于受到不可预见和不可控制因素而导致的额外财务负担，要求业主根据上述的 8666 法规，在工期延长的基础上，给予费用补偿，以便"恢复到合同订立之初时为提供工作、服务或采购而获得合理报酬的关系，从而达到保持合同订立之初的经济、财务平衡的目的。"

由于索赔数额巨大，业主在最初的回应上并不积极。针对这种情况，承包商与当地分包商紧密合作，加强沟通，并用现场一个又一个里程碑节点的顺利实现树立起业主对项目整体目标的信心。经过艰苦谈判和反复博弈，业主最终同意对承包商提出的上述额外损失补偿大约 4000 万美元，极大改善了承包商的经营局面。

【管理体会】

总结上述项目的 EPC 合同索赔实践，主要有以下几点体会：

（1）在 EPC 合同条件下，总承包商与分包商是命运共同体，因此，总承包商应积极对分包商的索赔进行管理，对于他们合理的索赔要及时给予分析、回应和配合，满足他们的合理诉求，处理好与分包商的关系，有利于工程总目标的实现。

（2）在当地工程分包过程中，要尽量争取"背靠背"的合同设计原则，至少在索赔方面要力争做到"背靠背"，建立与当地分包商的利益锁定。这样的安排一方面便于形成合力，另一方面，也能充分发挥分包商在当地建筑市场上的成熟经验，弥补承包商对新进入市场认知不足的弱点。

（3）通过本案我们可以看出，EPC 合同条件下承包商索赔难度很大，除了认真研究合同条件外，承包商还要有意识地加强对项目所在国相关法律的研究、咨询，挖掘合同条件之外的索赔依据。例如，情势变迁（或称艰难情势）的规定，项目所在国的民法典第 147 条："如果意外事件导致合同债务的履行虽非不能，但将使债务人承受重大损失之沉重负担，法官可根据具体情况，在平衡当事人双方的利益之后，将该沉重债务减轻至合同的程度，任何另外的约定均属无效"。

同样的原则也在关于承揽合同的第 653 条中述及："原材料、劳动力或其他成本的增加不构成承揽人请求增加合同价款的事由，即使此等增加的程度是如此之高以致合同难以履行。但由于发生当事人在缔结合同时一般不予考虑的异常事件，定作人与承揽人之间债务的经济均衡被打破，致使订立承揽合同的商业预期的基础丧失，法官可决定增加价款或者解除合同。"可见，在国际工程项目上充分利用此类法规依据，可以有效增加 EPC 合同下的索赔依据。

（4）索赔要结合项目实际，灵活把握策略。在项目执行过程中，要把握好索赔的节奏和层次，体现出轻重缓急；要结合好商务和施工"两条线"的尺度，不能一松一紧，要齐头并进，用施工来争取商务上的局面，用商务来争取施工上的条件，最终才能实现项目的整体目标。

19.3.2　对分包商索赔的处理案例

【摘要】

在 EPC 工程项目中遇到各种原因的停工缓建时，项目执行的条件都会发生一定程度的变化，对项目的顺利执行产生或多或少的影响。针对业主原因发生的电站项目停工缓建，总承包商都面临大量的分包商索赔，以及总承包商向业主的索赔等事件，本案例介绍了由于项目缓建，总承包商对分包商索赔的管理体会和经验。

【分包商的索赔事件】

电站项目 EPC 总承包商的分包一般包括设备供应、材料供应、建筑安装工程施工、技术服务等。其中，除施工企业承接的项目外，设备供应与建筑安装工程施工的分包占了很大比例。发生项目停工缓建的情况后，设备分包商与施工分包商的索赔所占比例也相应最高。

1. 设备分包商的索赔

电站项目停工缓建后经常会接到分包商发来的各种索赔函件，除要求涨价之外，经过缓建以后，很多设备厂家的供货时间已经不能保证满足最新的工期要求，这也是制约总承包商处理设备分包商索赔的重要障碍。

从大多数设备分包商的索赔要求看，可以总结出设备方面可能存在的以下索赔理由，要求涨价或支付相关保管费用或要求改变付款方式，增加进度款等。

（1）原材料涨价：特别是钢材涨价、有色金属价格波动引起设备和装置性材料价格的上涨；另外，目前人工费每年的增长也逐渐成为很多设备涨价谈判的因素。

（2）仓储费：指由于已产成设备占据仓储所发生的费用，一般进口设备出现的频率较高。

（3）返修费：包括仓储后再检查、再测试、再包装的费用以及易损件更换的费用。

（4）对外采购件：对外采购件超过了质保期产生的费用。

（5）合同终止的费用：指由于双方就有关条件不能达成一致，导致合同终止，对于此前已经发生的费用及相关损失进行赔付或支付违约金产生的费用等。

2. 施工分包商索赔

大多施工分包商在电站项目缓建时可能提出的索赔理由包括原材料、人工费用涨价，人员和机械二次进出场，大型施工机械安装拆卸费，设备和人员闲置损失、已购材料的资金占用、设备磨损等。

【对分包商索赔的处理】

遇到电站项目停缓建或结算期间发生的各类索赔、争议时，总承包商处理分包商索赔应积极采取一些必要的措施，从而避免争议升级，导致不必要的纠纷及损失。

1. 对涨价情况进行摸底调研

以当年全国范围建材价格持续上涨为例，涨幅之大史无前例，是任何一个分包商都无法预测，并且在投标报价时无法合理考虑和计取的，无论签署了怎样的合同条件，对总承包商是否有利，首先应立即调研涨价事实，从多个渠道取得涨价的基础数据，梳理盘点每个分包商提出涨价的合理性，对可能产生的索赔额度进行内部测算摸底，逐一做好应对索赔的准备。

2. 高度重视，及时决策，尽早解决

在电站总承包项目停工缓建等特殊情况下，总承包商与分包商、总承包商与业主等各方面矛盾较多，如果积累过多会最终爆发，涨价补偿的问题不解决，工程很难正常进展，计划工期也无法得到保证。同时，可能导致价格低、质量差的材料流入现场，影响工程质量安全、引发更大的风险。

商务人员和执行领导层应对可能存在的争议重点加以关注，并提前采取措施，避免矛盾积累、激化。

3. 以法律和合同为依据，具体情况具体分析

解决分包商索赔问题时，应以合同为依据，以事实为基础，合理确定各方的风险承担原则。

通过认真研究合同条款，及时驳回不必要的索赔，充分判断每个分包商索赔的合理性。

4. 保持沟通

工程停、缓建情况复杂，上下游结算不能尽快顺利解决时，往往会出现典型的三角债，甚至更加复杂的四角债关系。总承包商若预计将欠分包商工程款过久，首先要避免躲避的态度，而是经常与分包商沟通，分包商来电或来访时耐心解释，必要时做出书面澄清或承诺付款的具体时间，以便双方就当时情况达成一致的理解。

5. 及时答复律师来函

分包商往往在多次索要欠款无果后无奈向律师求救，向欠款企业发出律师催款函。遇到这种情况，总承包商应及时答复，做好与对方律师和分包商的沟通，避免矛盾激化。

【对总承包商向业主索赔的处理】

针对电站项目停工缓建的情况，总承包商向业主索赔的费用一般包括：因停工缓建原因导致的设备采购价差、因停工缓建原因导致的人工及材料价差、因停工原因导致停工期间发生的损失费用和分包商的其他索赔费用。

其中，因停工原因导致发生的损失可以包括：已经安装的大型施工机械安装拆卸费，人员和机械的二次进出场费及检验认证费，因缓建增加的机械租赁费、设备和人员闲置损失、已购材料的资金占用、设备磨损以及生活临时建筑维护或生活租赁增加的费用等。针对发生的这些损失，如果单据完整有效，一般不会产生较大争议，因此，停工到复工期间的索赔基础材料非常重要。

【管理体会】

相比分包商对总承包商的索赔，总承包商向业主的索赔往往更复杂，更需要严格的证据支持，包括合同条件的支持、单据的支持等。在索赔的过程中主要有以下几个方面建议。

1. 合同依据充分

例如，在合同中如果有约定："合同价格除以下原因外不予调整：（1）业主原因导致的工期延误、停工或合同终止造成的费用增加"……则项目缓建增加的费用应由业主承担，包括设备涨价、停工损失和人工、材料、机械费用增加等，这样的约定为总承包商索赔提供了依据、奠定了基础，也为双方友好协商提供了保障。

2. 原始资料保管齐全

电站总承包项目停工时，总承包商还应及时要求各分包商收集提交停工期间损失的资料，包括人员看守工资、管理费用、现场周转性材料租赁费、机械滞留现场费用和房屋租赁费等，

项目部责成专人负责催收和保管。复工后发生材料涨价时，作为总承包商，要及时收集当地工程造价信息文件、各地政府下发的关于材料价差的调整文件、各分包商购买材料的发票及经业主确认的各月完成工程量。业主总承包商索赔审核的基础，就是这些工程实施过程中每天都在发生的各类有关单据，只有提供完整的原始资料，才能确保更好地实现索赔目标。

3. 索赔过程中各专业人员协调配合

工程项目的执行不是项目经理或造价、商务经理一个人的事情，同样工程索赔也需要各个专业的协调配合，包括造价人员与商务、财务、工程管理人员的配合等。工程管理人员配合提供、整理工程索赔资料，商务人员分析索赔依据（包括双方合同、会议纪要、补充协议、国家相关文件等），财务人员提供财务成本和凭证，造价人员负责整理和计算等。

4. 提出索赔的时效性

针对电站工程总承包合同，在各类合同版本中，一般都会对索赔提出的时限进行明确且严格的约定，一般约定为索赔事件开始后 28 天，并对索赔的整个流程提出明确要求，甚至约定承包商承诺放弃在合同约定的索赔期限外提出索赔申请的权利。

随着国内的合同不断正规化和执行国际工程项目的要求，索赔的时限性越来越重要。即使业主对总承包商提出的索赔申请大多不予理睬或批准金额过低，总承包商及时提出索赔申请都成为今后与业主谈判及索赔申请获批的基础和筹码。在索赔时机的把握方面，建议在保证工程顺利实施的前提下，大量包括索赔资料整理和提交在内的索赔基础工作应同时进行。及时向业主提交索赔申请，并确保与业主的积极沟通，尽量在过程中一一解决。对少数费用较少、较难达成一致的，可在后期解决，但必要时也可根据合同约定及时采取停工措施或提交争议解决，避免造成更大损失。

5. 坚持索赔的信心、耐心沟通

工程索赔，尤其是电站工程总承包合同的索赔过程是艰难漫长的，必要时可派项目经理和造价人员长期驻守、实现及时有效的沟通，更有利于结算的早日完成。

在国际工程项目中，索赔与反索赔是业主和承包商共有的权利，很多大的国际工程公司积累了多年的工程项目执行与索赔经验，不断提高自身的风险防控能力。国内电站项目工程总承包行业从 70 年代至今，发展的时间还比较短，工程总承包单位的风险识别、转移的水平有限，遇到业主原因造成停工缓建的情况时不能较好地通过索赔达到风险合理分担的效果，导致预期外的亏损。国内电站工程总承包企业只有通过不断完善内部风险管理制度、学习好的管理经验，提高商务能力，才能在竞争中不断进步，为开拓国际电站工程总承包项目奠定良好的基础。

19.3.3 对指定分包商索赔的管理案例

【摘要】

指定分包商是由业主（或工程师）指定、选定，完成某项特定工作内容并与承包商签订分包合同的特殊分包商。由于其特殊地位，往往成为合同管理的难点。本案例介绍的是总承包商对指定分包商索赔管理的经验。

【案例背景】

某金融中心是以办公为主，集商贸、宾馆、观光、展览及其他公共设施为一体的大型超高层建筑项目，总建筑面积为 38 万 m^2，工程总承包价为 40 亿元，工期为 38 个月，由我国两家大型建筑集团以股份制的形式组建联合体（JV）共同承建，该工程建成后地上 101 层，地下 3 层，地面以上高度 492m，将成为目前世界上工程最高的大楼。

参与施工的海内外分包商、供应商多达 100 家，施工高峰期劳务多达 4 千人，施工交叉作业多，机电设备和装饰的标准高，海外大宗材料设备采购量大，主体工程钢结构安装总重达 6 万多吨。该工程是按照施工总承包与业主签约的，但在实施过程中业主要求按照 EPC 模式进行管理。为了满足业主的要求，总承包商向 EPC 模式总包商的身份转变，项目运行模式是几种国际通行的建设工程项目管理模式组合体，土建工程是施工承包、机电、装饰、幕墙等专业采用 EPC 管理模式，这给总承包商的管理带来了极大的挑战。

【分包商纠纷】

（1）业主与总承包联合体签署的总包合同明确规定，某专业工程将作为业主指定分包商来完成，业主向总承包商支付一定的管理费用，要求总承包商对该工程的成本、工期、质量和安全负责。

（2）由于分包商与业主就分包合同条款存在争议，经过多次谈判，业主花了 11 个月的时间才与分包商就上述分歧达成一致，同时，要求总承包商与该指定分包商签订分包合同。业主曾经对总承包商特别强调，在与分包商的合同谈判过程中，使业主感到该分包商的商务团队具有较高的水平。

（3）根据分包商合同签订时，总包商发布的总进度计划，分包工程的开工日期受到很大的延迟，指定分包商认为总承包商在分包合同签订时已发布的总进度计划应被视为合同计划，由于非分包商自身责任导致了该分包合同计划的延迟，为此，分包商向总承包商提出了延期索赔。并声称上述索赔权仅作为延误期索赔的中期报告，此后，指定分包商按分包合同的规定，每 14 天就上述索赔向总承包商提交书面的更新报告。

（4）该指定分包商提出索赔后，总承包商组织有关部门就该指定分包商提出的索赔进行了全面的分析，要求各部门必须在合同部门的组织下建立强大的防分包索赔体系，从生产管理到现场服务等各个方面协同运行，全力应对该指定分包商的索赔。

（5）通过进一步研读和分析该分包合同条款，总承包商发现业主所拟定的指定分包合同中许多条款对总承包商对该分包商的控制力进行了限制，总承包商的身份其实就是业主的一道防火墙，总承包商不能单方面扣除该指定分包商的工程款以及兑现指定分包商的保函，同时，总承包商不能单方面向该指定分包商收取误期损害赔偿费，这些规定，让总承包商失去了对该分包商的制约手段，使指定分包商在向总承包商索赔时感觉不到有约束条件的存在。

当然，在该指定分包合同中也发现了一些有利于总承包商抑制和反驳分包商的索赔条款。例如，分包商应遵从总承包商的进度安排，并不能延误总承包商的工程进度；不能保证分包商必定能连续不断地进行工程；因必须按照总承包商的施工进度计划而中断工程的索赔不予考虑；指定分包商应该配合工程项目总承包商弥补施工过程中的时间损失。

总承包商依据这些合同规定，对该分包商提出的索赔及时进行了回复。并对分包商每一项索赔要求一一进行了反驳，成功地抵御了该分包商索赔的攻势。但总承包商认为，防守不能从根本上解决分包商的不合理索赔，在创造条件支持分包商不断推进工程的同时，寻找机会消除分包商索赔的各种可能条件，以维护工程项目总承包商的正当权益。

（6）该指定分包商在项目中断后，提出可以将截止到当时的延期索赔金额予以一定数额的降低以解决截至当时的索赔，而且给总承包商一个月的考虑时间，逾期则不再予以降低。为了使总承包商接受这一索赔，该分包商还请业主对截至当时之前的索赔金额进行核定，随后要求在总承包商对业主核定的金额认可。

面对该分包商的索赔要求，总承包商并没有采取针锋相对的方式。总承包商认为当时解决索赔问题的时机还不成熟，总承包商选择了尊重事实、沉稳对待的态度。首先，总承包商对该分包商索赔的利害关系向业主进行了解释，业主认可了总承包商对待索赔的客观原则和相应观点，否认了分包商核定索赔金额的要求。在后续应对分包商的索赔过程中，总承包商成功地将该分包商的注意力引导到完成剩余工程量上。

（7）总承包商的合同部门对指定分包商的索赔资料进行了认真分析，与生产管理部门进行核对之后，总承包商依据该分包合同规定对上述索赔进行了逐一否定，总承包商意识到必须找合适的时机彻底消灭对该分包商不合理索赔的主张。

（8）在指定分包工程进度成为制约整个工程总体工期的情况下，为了确保整体工期，总承包商要求指定分包商对其施工管理和劳动安排做出相应的调整和补充，以免延误整体工程的工期。但分包商并未按照总承包商的要求去执行，认为总包商当初提出的总体工期并不现实，根据指定分包商的这种态度，分包工程实际进度无法满足总体工期目标的要求，从而延误了总体工期。在这种情况下，总承包商并没有一味地去追究分包商的责任，而是帮助指定分包商加速施工进度，总承包商提出了"现场工作以该专业分包工程为优先"的基本原则，并为此做了大量的工作：

1）总承包商组建了专门的团队负责分包工程的协调工作，并针对现场增加了专业工程师，对该工程施工中的存在问题进行及时协调，以保证其他分承包商对该工程的配合。

2）对该工程的施工进行专业技术指导，通过明确的任务目标和规范的操作程序，提高分包作业人员的工作效率。针对专业工程的施工现状，总承包商专门为分包商的作业人员编制了施工作业指导书，作业指导书的内容细化到每天完成多少工程量，需要多少台机具和多少名工人工作多少时间，如何采取安全和质量保证措施等。

3）总承包商为分包商制订了节点奖金及赶工措施补偿费等激励计划，总承包商根据剩余工作为分包商确定了考核节点，总承包商承诺每完成一个节点将给予分包商一定数额的奖金。如果分包商采取了积极的赶工措施，但由于客观原因没有达到总承包商的节点要求，总承包商也会给予一定数额的赶工补偿费。这些措施使分包商了解了总承包商激励计划的真实性，也让分包商体会到只有对工程做出了额外的实际付出才能得到额外的补偿和回报。总承包商以"该专业分包工程为中心"的调度方案以及及时兑现的激励计划，严控分包商的加快施工进度，避免了工期延误，赢得业主和分包商的尊重。

【管理体会】

1. 明确分包商工期延误的责任

在上述案例中，该专业分包工程进度成为整个工程工期的瓶颈后，总承包商一方面要求分包商对其施工管理和劳动安排做出相应的调整和补充，分包商未按照总承包商的要求去执行，最终在完成剩余工程时造成总工期的延误。总承包商又帮助分包商创造"立功补过"的条件，为前期工程延误与后期工程延误的对冲奠定了基础。

2. 依据合同条件进行公平评判

为了公平对专业分包商索赔进行评判，总承包商的重要依据是合同条件的三个约定条款。

（1）该分包工程进度必须遵从总承包工程的进度安排，不能延误总承包商的工程进度。这一规定说明分包商进度应该以总承包进度为前提条件，总承包商对整个工程进度有调整和控制权。

（2）业主在该分包商往来的信函中明确了分包工程剩余完成时间，这一规定为总包量化分包商工期延误责任提供了依据。

（3）如果该分包商有任何违反分包合同的行为，分包商应保障总承包商免于承担由此违约造成的任何损失，在这种情况下，总承包商可以从本应支付分包商的工程款中加以扣除。

3. 选择适当时机，否定分包商过度索赔要求

当该分包商完成剩余工程后，总承包商认为解决分包索赔的时机已经成熟，总承包商总经理向合同管理部门部署了解决分包商索赔的指导方案。向分包商提出索赔，保障该分包商正当权益的同时，也要保证总承包商和其他分包商的正当权益。针对分包商对索赔的强势反应，在相互索赔问题上双方无法达成共识，就通过仲裁途径加以解决，以实现各自权益的公正主张。

首先书面通知该分包商：总承包商将自身和其他分包商由于该分包工程工期的延误造成的额外工期和费用损失向该分包商索赔，并告知上述工期延误和额外损失正在统计之中，详细的索赔清单会及时通知该分包商。

总承包商依据工期延误状况统计额外损失分为两类：一类是实际发生的损失，包括总承包商和其他分包商的实际损失；另一类是实际未发生的理论损失。如何计算理论损失是十分关键的，理论损失不同于实际损失，理论损失可以在索赔与反索赔谈判中通过压缩或放弃为双方的让步或妥协提供空间。依据分包商提出的索赔方案，总承包商为体现"公平对等"的原则，也采取了同分包商相同的索赔额计算方法。

4. 采取果断措施，尽快解决索赔问题

总包商向分包商的索赔清单提出后，总承包商暂时冻结了该分包商工程保留金支付款，目的是敦促分包商能够和总承包商一起尽快解决相互之间的索赔问题。工程保留金支付款冻结后，分包商请求业主出面协调。业主随即要求总承包商尽快向该分包商支付工程保留金，认为合同规定总承包商不能扣留分包商工程款。总承包商则认为"扣除"工程款和"冻结"工程款是两个不同的概念。由于该分包商不遵守总进度计划所导致的工程延误为总承包商造成巨大额外损失，冻结期工程款是合同赋予总包商的权利，总承包商列举了支持该观点的有关合同条款。

同时总承包商答应以借款的方式给予分包商，保证其工程维修资金的需要。此外总承包商对分包商过度索赔的要求表现出强硬的态度，如果分包商不愿意通过友好协商的方式解决问题，总承包商将通过仲裁方式解决，总承包商已经做好了法律准备。总承包商前期低调退让和后期强势态度，充分表达了总承包商工程利益高于一切以及主张公平公正的鲜明态度。该分包商将总承包商的索赔和反索赔的意愿向其所属总部进行了汇报。

5. 获取事件发生后的准确信息积极推进

（1）根据该分包商的计算规则，总承包商提出的反索赔金额是其索赔金额的3倍，同时总承包商采取的上述措施，对分包商产生了一定的压力，在向业主寻求支持无果的情况下，该分包商认真分析和对比了索赔反索赔，将妥协意愿口头告知了总承包商，并请求总承包商取消冻结。总承包商认为给分包商正在寻求和解的方案，为此口头承诺可以放弃双方相互的索赔。但对于总承包商实际发生的损失项目，要通过一次专题会议解决。

（2）双方正式谈判前，分包商经理和总承包商经理进行了一次单独沟通，总承包商经理坚持认为分包商应该承担总承包商实际发生的损失，分包商经理也表示了愿意承担部分相关费用的意愿，这一信息表明了在解决实际损失费用补偿上双方取得共识。

6. 商务谈判，达成共识

（1）谈判前的准备未解决分包商的资金问题，确保现场工作的进行，总承包商以借款的方式为分包商提供完成剩余工程的资金支持，表达了总承包商对业主和整个工程负责的态度和与分包商共同解决索赔事宜的诚意。

总承包商对自身反索赔资料进行了分析，确定了谈判所要达到的目标：①要求分包商放弃所有向总承包商的索赔；②因分包商原因导致总承包商实际费用损失的责任分包商应该承担。

谈判前总承包商预估了上述目标实现的可能性并做出了相应的谈判部署。

（2）商务谈判结果。

1）分包商转变了"通过索赔获取利润"的态度，认为总承包商在索赔问题上求实、公平公正的原则，达成双方都有协商解决索赔事宜的诚意。

2）关于分包商与总承包商之间的索赔事宜，分包商希望能够相互冲抵，互不索赔。总承包商的索赔金额几乎是分包商索赔的金额，采用的计算方法是分包商自己采用的方法，因此，分包商提出的"相互冲抵，互不索赔"的建议，总承包商放弃的理论损失就要远远多于分包商，对此，总承包商经过慎重考虑，认为这一部分损失在自身内部进行消化以显示诚意。但对于实际已支出的费用，完全属于总承包商预算外的支出，分包商必须予以赔偿。

（3）双方通过合理分析和降低索赔金额的过程，分包商同意放弃所有向总承包上的索赔要求，并同意承担支付××万元作为总承包商实际损失补偿，并最终与总承包商签订了和解协议。

19.3.4　对分包商之间索赔纠纷的管理案例

【摘要】

EPC项目分包商众多，除分包商与总承包商之间的索赔纠纷外，分包商之间往往也会产生许多的索赔纠纷事件。总承包商如何处理好分包商之间的索赔纠纷，是总承包商需要解决的问题，在这方面本案例为总承包商提供了很好的索赔管理经验。

【分包商之间索赔纠纷事件】

某铁工建设公司为大型金融中心项目钢结构制作分包商（以下简称"制作公司"），属于业主指定的分包商。某钢结构工程公司是本项目钢结构安装单位，属于总承包商的直营分包商（以下简称"安装公司"）。2006 年总承包商和制作公司签署了有关"钢结构工程临时构件协议书"，根据协议书规定，制作公司向总承包商提供 $4 \times \times t$ 的临时构件，材料使用钢结构制作用的钢板边角料，作为报酬，总承包商向制作公司支付 $1 \times \times$ 万元。但是，如果制作公司提供的临时连接板重量超过 $4 \times \times t$，则超出部分的临时连接板的材料费加工费由总承包商承担。由于安装公司是临时连接板的最终使用单位，因此，在总承包商与制作公司签订"钢结构工程临时构件协议书"之前，安装公司向总承包商提供了书面承诺协议书，承诺总承包商由此产生的责任由安装公司承担，即同意总承包商支付给制作公司的 $1 \times \times$ 万元报酬从其工程款中扣除。今后若最终临时连接板超出协议约定重量，相关费用由其承担，总承包商也将此情况告知了制作公司。

在该项目钢结构工程完工后，制作公司对整个临时连接板重量进行了统计，结构超出原协议 $4 \times \times t$，因此，制作公司通过总承包商向安装公司提出了 $4 \times \times$ 万元的费用申请。但安装公司提出，由于在工程实施过程中，制作公司提供的钢构件没有按照总承包计划进厂，导致其工人大量窝工，在施工过程中安装公司多次反映此种情况，并说明保留索赔权利。钢结构工程完成后，安装公司对施工过程中的窝工数量进行统计、汇总，并通过总承包商向制作公司提出了 $5 \times \times$ 万元的窝工费用申请。

针对双方提出的费用索赔申请资料，总承包商首先将各自的资料转交给对方，由于双方申请的索赔金额较大，双方都不肯让步。对于制作公司、安装公司的相互索赔，为了公正起见，总承包商希望双方通过协商解决，分步实施。

组织安装公司和制作公司对临时连接板重量进行核对，然后写上价格。双方经过核对，临时连接板重量约定 $3 \times \times t$，但对于临时连接板材料费和加工费双方分歧较大，制作公司认为应按照合同制作单价和进口钢材采购价格进行计算每吨 $\times$ 万元。安装公司却认为原协议书没有约定材料费和加工费的计算方法，因此，不同意制作公司提出的计算方法，对此，总包商组织双方的多次谈判，没能取得进展。

对于安装公司提出的窝工费用申请，总承包商要求其提供详细的窝工证明材料，然后重新计算费用。按照总承包协调原则，安装公司重新核定了窝工费用，然后重新向总承包商提出 $3 \times \times$ 万元的窝工费用申请。经过总承包商组织双方多次协商，由于分歧仍然较大，双方未能达成一致意见。

【总包商对分包商纠纷的裁定】

在总承包商多次组织双方协商未果的情况下，制作公司和安装公司同时提出希望总承包商裁定，并承诺服从总承包商的裁定的任何结果。按照公平合理的原则，总承包商分别和安装公司和制作公司进行了协商。对于制作公司提出的临时连接板索赔费用的申请，总承包商明确超出部分的材料费和加工费应该由安装公司承担，由于原协议书中虽然没有约定材料费价格，但其中明确临时连接板使用钢材边脚料，因此，按照进口钢材价格进行计算不合理。对于安装公司提出的窝工索赔，总承包商认为，根据制作公司提交的资料，施工过程汇总确实发生了由于钢构件延迟进场，导致工人窝工，但窝工数量值得商榷。最终在双方提出的费用索赔申请充分调查审核后，总承包商裁定由安装公司向制作公司付 1×× 万元后，双方不再相互索赔。由于总承包商在协调过程中坚持公平、公正原则并在充分调查核实的基础上进行裁决，因此，双方对于总承包商的裁决结果均表示满意。

【管理体会】

1. 总承包商应遵循诚信公正原则

诚信、公正是总承包商处理分包索赔的基石，由于总承包商不具有绝对的公信力，如何使总承包商的索赔处理行为能够得到业主、分包商利益体在内的各方最终做到一致认可，那就必须要求总承包商在对待索赔事件上持有诚信、公正的态度，这是关系到总承包商威信力塑造的关键所在，更是解决索赔问题的基本原则和前提条件。一个诚信、公正的总承包商才能够使自身索赔管理工作得到各方的最积极的响应，从而达到预期的目的。

2. 加强对分包合同的管理

无论是处理分包商对总包商的索赔事件，还是总包商对待分包商之间的索赔事件，都需要建立在分包合同高效的管理基础之上，总承包商就要做到以下几点。

(1) 通晓工程项目全部合同文件，包括分包合同。尤其是从总合同高度上，对分包合同条款的制定和把握，要从索赔的角度指定和理解分包合同，杜绝分包商之间的索赔纠纷。

(2) 随时注意收集分包合同有关文件，做好管理分析工作，一旦发现分包行为超出合同规定时，及时提醒分包商，防止影响总体工程进度。

(3) 在反索赔或处理分包商之间的索赔纠纷时，要充分运用合同或分包合同的规定来审核、解释和论证索赔方补偿方案，并认真审核索赔工期和费用补偿额度。

3. 善于商务谈判

总承包商的索赔人员的谈判、协调能力，对处理分包商索赔和正确处理分包商之间的索赔成败关系重大，总承包商委派的谈判者必须熟悉合同条件，熟悉施工现场实际情况，并具有利用合约论证问题的能力，在商务谈判中应注意以下几点：

(1) 谈判按照合约条款进行，不要强加于人；

(2) 诚信公正以理服人，具有灵活性，为谈判解决问题留有余地；

(3) 谈判前应有充分准备，要对达到的目标做到心中有数；

(4) 善于采纳对方的合理意见，学会做出合理让步，寻求双方都能接受的解决方案。

4. 合同部门与生产部门紧密合作

合同管理部门是对总承包合同、分包合同责任义务最熟悉的部门，而生产部门是履行合同权利义务的主体，最了解施工现场的实际情况。合同管理部门会依据合同精神对索赔方案进行策划，生产管理部门则可以依据上述策划给予合同部门最为有力的支持。从案例可以看出，通过两大部门的相互配合，才能促进索赔事件的解决。

5. 索赔方案应寻求双方的共赢

有认为人索赔事件的解决不会达成各方的共赢结果的，这种方法是不正确的。总承包商进行索赔管理的目标就是寻求各方的共赢，如果有一方在索赔事件上吃了亏，说明总承包商的索赔管理是失败的，总承包商努力使索赔事件能够在一个各方都能接受的共赢点上得到解决。这种共赢点是存在的。因为各方所关注的利益是不同的，业主希望早日接收项目；总承包商和分包商希望能够获得一定的经济利益和社会效益，在这种情况下，必然有一个平衡点存在。总承包商索赔管理的目标就是寻找这一共赢点。当然，各方对于这一共赢点的满意度可能有所不同，但是不管怎样，共赢的结局是大家都能够共同接受的，也是总承包商索赔管理最终需要达到的结果。

参 考 文 献

[1] 刘玉珂. 建设项目工程总承包合同示范文本（试行）组成、结构与条款解读（上）[J]. 中国勘察设计. 2011. (11)：7-16.

[2] 刘玉珂. 建设项目工程总承包合同示范文本（试行）组成、结构与条款解读（下）[J]. 中国勘察设计. 2012. (2)：12-31.

[3] 牛田青. EPC 工程总承包项目的合同管理研究 [J]. 工程技术（引用版）. 2016.02

[4] 郭丽. 浅析 EPC 工程项目合同管理 [J]. 经济师. 2012, 07 (03：252-253).

[5] 刘文明, 赵万伟. EPC 总承包项目部的合同管理重点及措施 [J]. 项目管理技术, 2011, 09 (4)：79-82.

[6] 马梅等. 加强 EPC 工程项目分包合同管理 创造项目效益最大化 [J]. 石油工业技术监督, 2007, 23 (11)：33-35.

[7] 丁辉. 企业在实施 EPC 总承包模式下的分包合同管理研究 [J]. 中国石油和化工标准与质量, 2011.04

[8] 凌震. FIDIC 设计采购施工（EPC）/交钥匙工程合同条件下国际工程项目的索赔 [J]. 现代经济信息, 2012 (19)：165-166

[9] 吴颖. 浅谈 EPC 总承包项目中索赔的类型和处理方法 [J]. 北京：现代经济信息, 2012.19.

[10] 耿德全. 基于 EPC 模式承包商的索赔管理 [J]. 山西建筑, 2016, 36 (12)：242-243.

[11] 黄遥, 吴世铭. 国际工程项目工期索赔计算方法探讨 [J]. 项目管理技术, 2011, 09 (6)：49-52.

[12] 梁宏生. FIDIC 施工合同条件中调价公式的应用与分析 [J]. 国际经济合作, 2012 (3)：59-63.

[13] 段亚伟. 建设工程合同利润索赔原理及其定量分析——基于承包人索赔的角度 [J]. 建筑经济, 2009 (6)：14-17.

[14] 王建东, 杨国峰. 预期利益赔偿建设工程承包人合理利润索赔研究 [J]. 浙江学刊, 2015 (3).

[15] 高建峰. 海外 EPC 项目工程索赔的管理要点 [J]. 科技与企业, 2014 (6)：26-26.

[16] 沈文欣, 唐文哲, 雷振, 等. 我国承包商国际工程 EPC 项目索赔管理研究 [J]. 项目管理技术, 2013, 11 (11)：109-112.